건축 BIM 설계를 위한 가이드
REVIT
ARCHITECTURE
Autodesk Revit 2014~2017 버전 사용 가능
한상길·김진모·박종현 지음
도서출판대가

예제 파일 활용 및 다운로드

본 도서는 독자가 각 단원을 학습하면서 진행하기 어려운 부분이 발생할 때 결과를 미리 살펴볼 수 있도록 진행 단계별 프로젝트 파일 및 참고이미지 파일을 제공합니다. 독자에게 제공되는 프로젝트 파일은 사용자의 Revit 환경을 고려하여 2014 버전으로 제공됩니다.

2014 버전 이상의 Revit 환경에서 예제 파일을 오픈하실 경우 [모델링 업그레이드]가 자동으로 진행된 후 파일이 실행됩니다. 업그레이드 후 최신 버전에서 저장된 파일은 다시 낮은 버전의 Revit 환경에서 불러올 수 없으니 주의하시길 바랍니다.

예제 파일은 ucloud office에서 다운로드 받으실 수 있습니다.

http://office.ucloud.com
I D : bookdaega@ucloud.com
PW : 5354

My ucloud ▸ 게스트 폴더 ▸ 해당 도서 폴더를 선택한 후 폴더 패스워드 **62851700** 을 입력합니다.

이 책의 내용에 관하여 궁금한 사항은 메일(zioneye@naver.com)로 문의하시길 바랍니다.

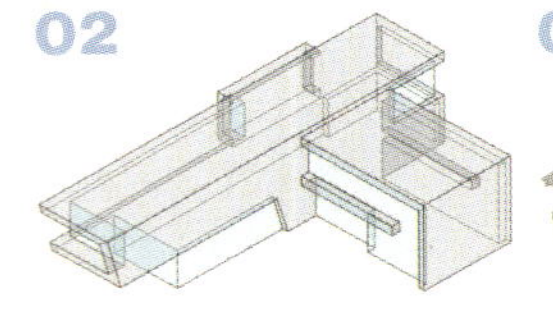

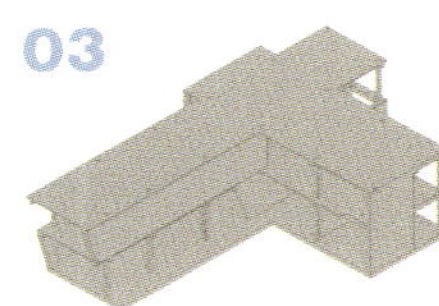

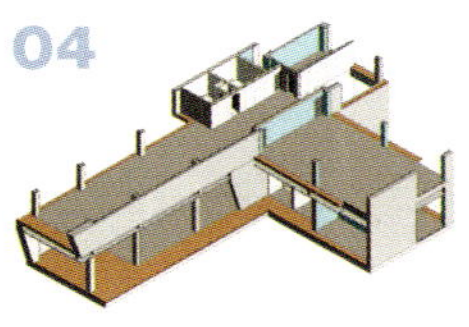

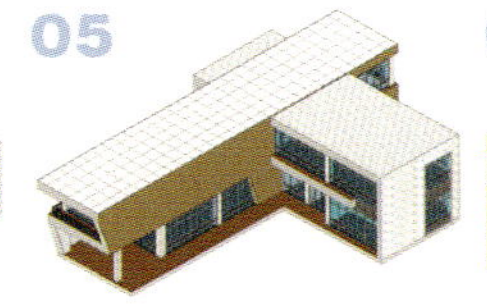

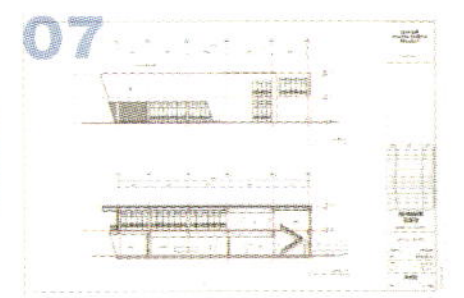

머 리 말

수작업을 통한 도면작성에서 CAD 환경으로의 변화가 그러했듯이 건축산업 전반에서의 BIM(Building Information Modeling_빌딩정보모델) 체제 도입이 더욱 급속하게 확장되어질 것이라는 점에는 의심할 여지가 없을듯합니다. BIM을 구축하기 위한 다양한 소프트웨어들은 그 활용에 있어 각각의 장단점들을 지니고 있지만 이 책에서 소개하고 있는 Autodesk 사의 Revit은 활용범위와 범용성에 있어 높은 경쟁력을 지닌 BIM 플랫폼 입니다.

이 책은 BIM을 전혀 모르는 건축 입문학도들도 쉽게 Revit 플랫폼을 이용할 수 있도록 기본적인 운용능력과 활용기법을 소개하는 안내서입니다. Revit에는 몇 권의 책으로는 모두 설명하지 못할 만큼 수많은 기능들이 있으며, 이 기능들의 활용방법은 더욱 방대할 수밖에 없습니다. Revit 활용이 미숙한 입문자가 가장 핵심적인 내용에 관한 이해와 기본적인 운용 능력이 없는 상태로 Revit의 모든 상세 기능들을 일시에 습득하기에는 시간과 노력의 소요가 클 수밖에 없습니다.

이 책은 소규모 건축 프로젝트 작성과정과 함께 Revit의 기본 운용기법부터 다양한 활용방법까지 총 여덟 파트로 구분된 50회의 레슨을 통해 소개하고 있습니다. 프로젝트는 매스스터디를 위한 매스 모델링, 주요 구조부재 작성, 건축 실/내외 및 대지 모델 작성, 모델의 도면화 및 건축도서 작성, BIM 데이터를 활용한 다양한 시각화 자료 작성 과정으로 진행되며, 각 과정별로 소개되는 Revit의 기능들은 입문자가 필수적으로 알아야할 내용들을 선별하여 쉽게 따라 할 수 있도록 상세하고 체계적으로 설명하고 있습니다.

이 책은 독자가 실습을 진행하면서 어려운 부분이 발생할 때 과정별 결과를 미리 살펴볼 수 있도록 다양한 포맷의 참고자료를 제공합니다. 도서에서는 각 파트의 첫 페이지에 해당 과정의 완성 결과가 제시되어 있으며, 고해상도 참조 이미지와 과정별 Revit 파일은 클라우드를 통해 다운로드가 가능합니다. (다운로드 방법은 책의 마지막 페이지를 참고하시길 바랍니다.)

이 책은 프로젝트 작성에 수반되는 기능들뿐만 아니라 실습과정에서 사용되지 않은 Revit의 주요한 기능들, 프로젝트 작성 시 발생할 수 있는 오류 및 해결방법, 효과적인 활용을 위한 다양한 노하우 등을 팁을 통해 제시하고 있습니다. 이 책을 통해 독자가 Revit을 쉽고 편리하게 접하길 바라며 나아가 고급 운용기술들을 스스로 학습해 나갈 수 있는 초석이 될 수 있길 희망합니다.

저자 일동

CONTENTS

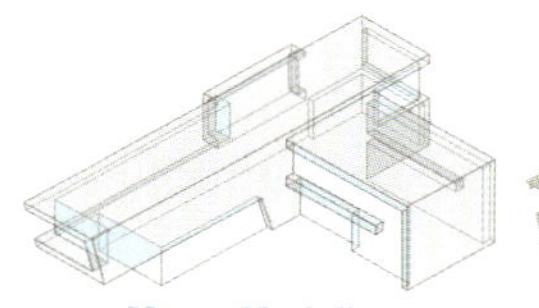
Mass Modeling
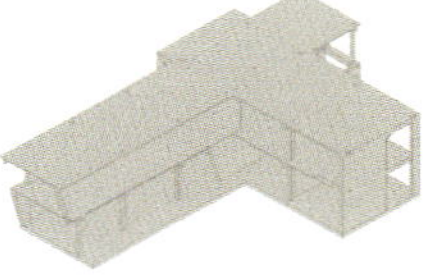
Structure Modeling
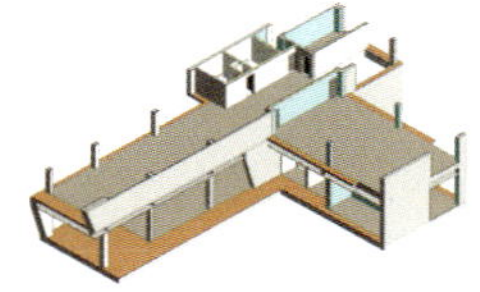
Interior Modeling
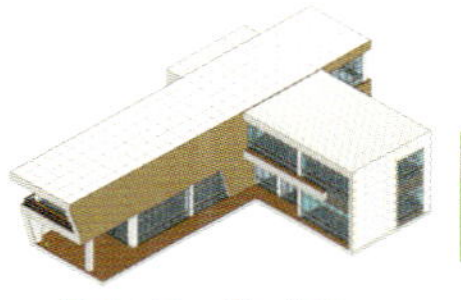
Exterior Modeling

Site Modeling
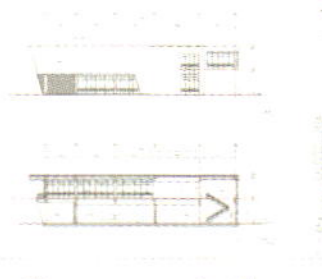
Documentation

Application

PART 01
Revit 시작하기

이번 파트에서는 Revit의 본격적인 활용훈련에 앞서 BIM의 일반적인 개념과 BIM 기반 설계과정의 특징, Revit 플랫폼의 특성과 주요어휘, Revit의 설치 및 인터페이스 사용방법 등을 소개합니다. 앞으로 진행될 실습과정의 기초 지식이 되는 주요 내용들임으로 충분히 숙지하실 수 있길 바랍니다.

LESSON 01 BIM 개요

Step 01 BIM 개요 및 정의

BIM은 빌딩 정보 모델(Building Information Modeling)의 약자로 3차원 정보모델을 기반으로 시설물의 생애주기에 걸쳐 발생하는 모든 정보를 통합하여 활용이 가능하도록 시설물의 형상, 속성 등을 정보로 표현한 디지털 모형을 의미합니다. BIM 기술은 2차원 도면 환경에서는 불가능했던 기획, 설계, 시공, 유지관리 단계에서의 모든 정보의 통합관리가 가능하게 해주며, 이는 설계 품질 및 생산성, 유지관리 체계화에 효율적인 향상을 가져옴으로 국내·외 선진 국가의 정부 및 건축 산업 전반에 걸쳐 점차적으로 적용빈도가 증가하고 있습니다. 활용영역과 정보수준에 따라 BIM의 의미는 크게 다음의 3가지로 구분할 수 있습니다.

첫째, BIM을 건물을 표현하는 하나의 정보 집합으로 보는 것으로 특정 소프트웨어에서 작성된 모델파일 즉, Building Information Model(건축정보모델)로 표현하는 초기 개념입니다.

둘째, BIM을 건물 생애 주기 동안의 정보처리 및 관리과정으로 보는 것으로, 최근에 주목받고 있는 BIM의 구현 및 관리방법 즉, Building Information Modeling 혹은 Management의 의미로 사용되는 개념입니다.

셋째, BIM을 Building Information Modeler 즉, 소프트웨어적인 관점에서 빌딩관리를 위한 도구로서 보는 관점입니다.

이상의 의미를 지닌 BIM은 국가별로 다양하게 정의되고 있으며 우리나라의 경우 2010년 국토해양부의 '건축분야 BIM 적용 가이드'를 통해 '건축, 토목, 플랜트를 포함한 건설 전 분야에서 시설물 객체의 물리적 혹은 기능적 특성에 의해 시설물 생애주기 동안 의사결정을 하는 데 신뢰할 수 있는 근거를 제공하는 디지털 모델과 그 작성을 위한 업무 절차를 포함해 지칭한다.'라고 정의하고 있습니다.

Step 02 BIM 설계 개념

BIM 설계의 목적은 디자인 정보를 명확하게 도출하여 설계의도를 빠른 시간 내에 전달/평가함으로서 신속한 의사결정을 유도하는데 있습니다. BIM은 현재 건축 계획 및 설계, 시공, 건물유지 및 에너지 관리 등 건설 산업의 전 분야에 걸쳐 광범위하게 적용되어 가고 있으며, 기존의 2차원 기반 도면정보 체계에서 실제 형상과 정보를 지니는 3차원 파라매트릭 모델링 기반의 정보체계로 건축 산업 전반의 패러다임을 변화시키고 있습니다.

01 BIM 설계 목표

a 자동화된 설계도서 작성 및 설계도서 품질 향상
b 설계 변경에 대한 효율적 대처
c 업무 효율 증대를 위한 통합 설계 진행
d 평가 및 협업 단계에서의 신속한 의사결정 지원
e 설계 분석, 환경 분석, 시각화 자료 작성 지원

02 BIM 설계 업무절차

2D CAD 시스템 기반의 건축설계 업무절차는 자료 조사, 분석, 개념화 단계에서 파생되는 다수의 데이터를 기본으로 건축물의 형상화 작업을 진행한 후, 평면도, 입면도, 단면도 등의 도면을 중심으로 각 분야가 협업을 통해 설계도서를 작성해 나가는 순차적인 업무 진행 방식을 보여줍니다. 이에 반하여 모든 정보를 통합하여 설계 과정이 동시적으로 진행되는 BIM 기술기반 설계에서는 기존의 순차적인 업무과정을 탈피한 통합설계 프로세스가 가능해집니다.

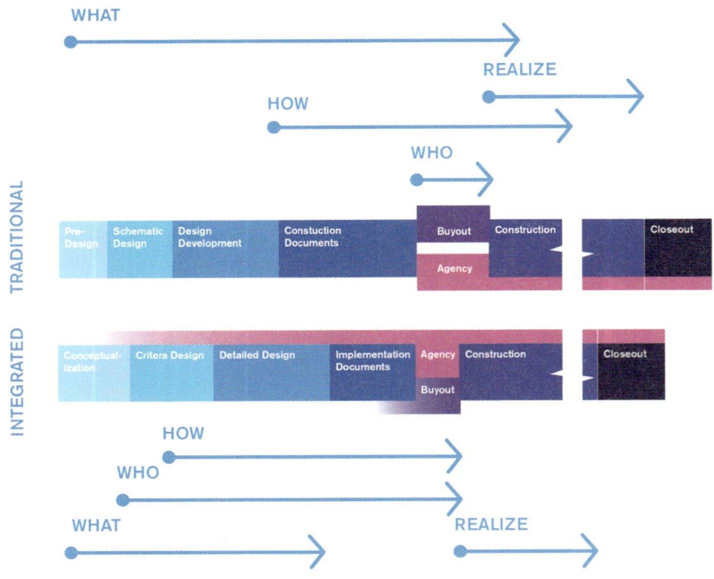

전통적 설계 업무 절차와 BIM 설계 업무 절차 비교 (출처: AIA Homepage)

03 개방형 BIM

BIM 기술을 구현하는 대표적 플랫폼인 Autodesk 사의 Revit, Graphisoft 사의 Archicad 등 범용으로 사용되고 있는 대부분의 BIM 프로그램들은 IFC 데이터를 읽고 저장하는 기능을 지원합니다. IFC (Industry Foundation Classes)는 공인된 국제 표준(ISO/PAS 16739) 규격을 통해 다양한 BIM 소프트웨어가 서로 공개적으로 모델 정보를 공유 또는 교환할 수 있도록 하는 데이터 형식으로, 각각의 BIM 소프트웨어에서 작성된 데이터가 표준화된 환경에서 사용될 수 있도록 개방형 BIM 환경을 만들어줍니다.

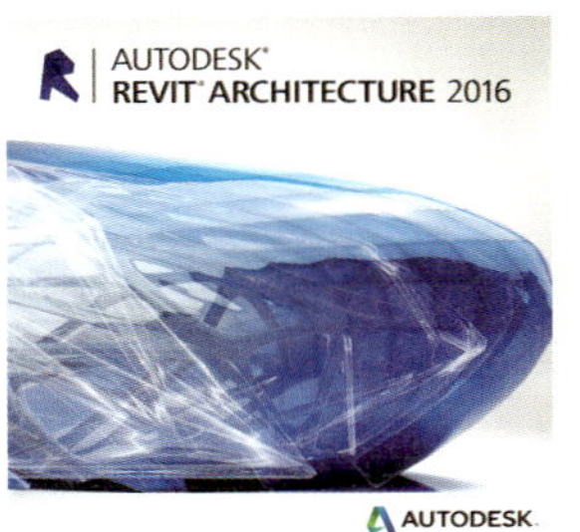

BIM 설계 관련 소프트웨어

LESSON 02 Autodesk Revit 소개

Autodesk사의 BIM기술 구현 프로그램인 Revit은 Revit Architecture(설계), Revit Structure(구조), Revit MEP(설비) 등 건축 각 분야에 적합하게 사용되도록 프로그램을 분류하고 있으며, 각 분야 간에 협업이 가능하도록 구성되어 있습니다. 범용의 BIM 프로그램들과 같이 Revit은 모델을 구성하는 객체간의 파라메트릭 관계(Parametric Relationship)와 작업의 양방향 연관성(Bidirectional Associativity)에 따라 구동됩니다.

Step 01 양방향 연관성

Revit의 핵심기능인 양방향 연관성은 설계의 어느 한 부분에 변화가 일어나면 연관된 모든 부분에 그 변화가 즉시 반영된다는 것을 의미합니다. 기존의 CAD 프로그램에서는 평면도, 입면도 등 각 도면이 독립적으로 작성됨으로 설계에 변경사항이 발생할 경우 모든 도면을 개별적으로 수정해야 하지만 Revit의 작업환경에서는 특정 뷰(평면 뷰, 입면 뷰 등)에서 수정된 사항이 연관된 모든 뷰에 동시적으로 반영됩니다. 양방향 연관성은 빌딩 정보를 구성하는 모든 요소 및 뷰에 자동적으로 적용되는 것으로 평면 뷰에서 벽 요소의 위치를 변경할 경우 입면, 단면 뷰 등 연관된 모든 뷰에서 벽 요소의 위치가 자동으로 수정되며, 벽의 위치 변화에 영향을 받는 창문, 문, 천장 등의 요소 및 벽에 대해 설정된 구속조건과 정렬에 의한 변화도 동시적으로 적용되게 됩니다.

Step 02 파라메트릭(parametric) 관계

파라메트릭(parametric)은 여러 개의 독립적 변수를 사용한 공식에 의하여 정의되는 직선이나 곡선 또는 표면 등의 그래픽 데이터를 처리하는 컴퓨터 지원 설계(CAD) 시스템기법입니다. 예로서 벽의 크기나 높이를 수정하고자 매개변수 값을 입력하면 프로그램이 이 수치를 인식하여 그래픽 데이터로 처리한 후 변경된 사항을 표시하는 것이 파라메트릭입니다. Revit에서의 빌딩정보모델은 파라메트릭 기법으로 표시되는 요소들 간의 관계로 작성됩니다.

Revit은 크게 기준요소(Datum Element), 모델요소(Model Elements), 뷰 특정요소(View-specific Element)의 3가지 파라메트릭 요소로 구성되며 사용자가 직접 작성하거나 수정하여 사용할 수 있습니다.

01 기준요소(Datum Element)

그리드, 레벨, 참조평면 등 프로젝트의 기준을 정의하는 요소

02 모델요소(Model Elements)

건물의 실제 3D 형상을 나타내고 모델 관련 뷰에 표시되는 벽, 창, 문, 지붕 등과 같은 요소로 '호스트 요소'와 '모델 구성 요소'로 구분됩니다.

a **호스트 요소**(Host Element)

- 벽, 천장, 구조 벽, 지붕 등

b **모델 구성 요소**(Model Components)

- 호스트 요소가 필요한 구성요소 : 문, 창문 등
- 호스트 요소가 필요 없는 구성 요소 : 테이블, 싱크대 등

03 **뷰 특정요소**(View-specific Element)

치수, 태그, 상세 선 등 모델을 설명하거나 도면화하기 위해 작성되는 요소들로 배치된 뷰에서만 표시되며 크게 주석요소와 상세정보로 분류됩니다.

a **주석요소**(Annotation Element)
치수, 태그 등 모델을 문서화하고 도면의 축척을 유지하는 2D 구성 요소

b **상세정보**(Details)
상세선, 채워진 영역 등 특정 뷰에서 모델의 상세정보를 제공하는 2D 요소

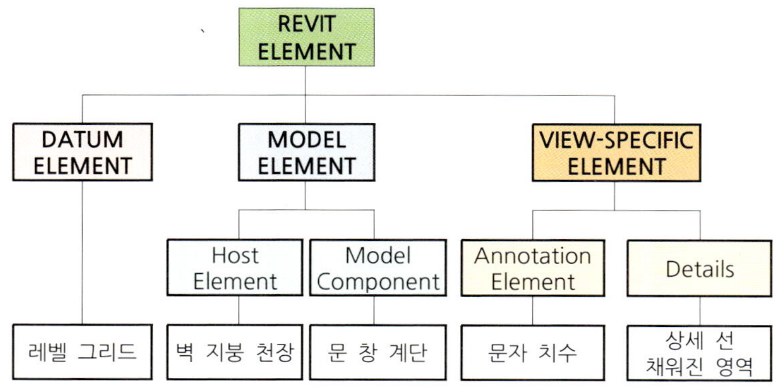

Revit의 요소 분류

Step 03 **매개변수**(Parameter)

매개변수(Parameter)는 파라메트릭 관계를 정의하는 수치와 특징을 의미합니다. Revit은 '공유 매개변수(Share Parameter)', '프로젝트 매개변수(Project Parameter)', '패밀리 매개변수(Family Parameter)의 3가지 매개변수를 통해 파라메트릭 관계를 형성합니다.

01 **프로젝트 매개변수**(Project Parameter)

해당 프로젝트에서만 사용되는 매개변수로 프로젝트 매개변수에 저장된 정보는 다른 프로젝트와 공유할 수 없습니다.

02 **패밀리 매개변수**(Family Parameter)

패밀리 매개변수는 치수 또는 재료 등 패밀리의 변수 값을 제어합니다. 패밀리 내부에서만 적용되는 매개변수로 패밀리 편집기에서 추가하여 사용할 수 있습니다.

03 **공유 매개변수**(Share Parameter)

여러 프로젝트 또는 패밀리에서 공유할 수 있는 매개변수 정의로 ODBC(Open Database Connectivity)로 내보낼 수 있습니다. 프로젝트 또는 패밀리에 공유 매개변수를 추가한 후 일람표와 태그로 표시되는 매개변수의 태그를 지정하고 일람표를 작성할 수 있습니다.

Step 04 Revit 기본용어

01 프로젝트(Project)

프로젝트는 단일 정보 데이터베이스의 건물 정보 모델을 의미하며, 건물 설계에 대한 모든 정보가 포함됩니다. Revit에서의 프로젝트는 rvt 확장자를 가지고 있는 파일을 말합니다.

02 요소(Element) & 인스턴스(instance)

요소는 프로젝트를 구성하는 기본구조로서 벽이나 창과 같은 건물을 구성하는 객체를 의미하며 모델에 추가한 요소를 그 요소 유형의 '인스턴스'라 합니다. Revit은 카테고리 별, 패밀리 별, 유형 별로 요소를 분류합니다.

03 카테고리(Category)

카테고리는 벽, 보, 기둥 등과 같이 건물 설계를 모델링 또는 문서화하는데 사용하는 요소 그룹입니다.

04 패밀리(Family)

패밀리는 매개변수라는 공통 특성 세트 및 관련된 그래픽 표현이 있는 요소 그룹입니다. 사각기둥, 원형기둥 등과 같이 비슷한 형상이나 특성을 가진 그룹으로 Revit은 유사한 유형의 요소들을 묶음으로 제공합니다.

05 유형(Type)

유형은 패밀리 안에 존재하는 정보의 집합체로 각 패밀리는 하나이상의 유형을 가지고 있으며, 일반적으로 파라메트릭한 치수와 함께 사용됩니다.

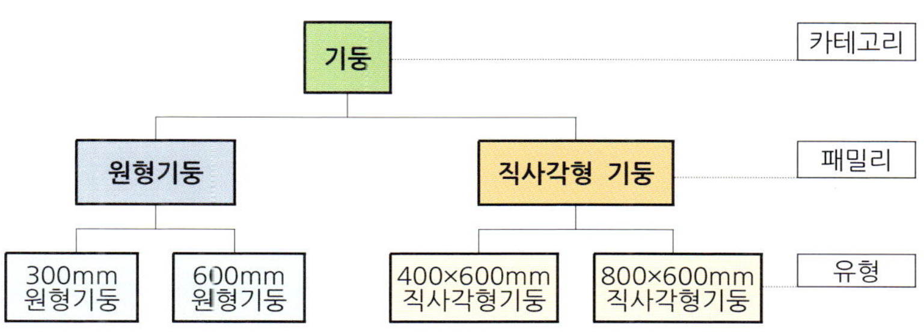

Revit 카테고리·패밀리·유형

Step 05 Revit 파일 포맷의 종류

01 *.rvt : 프로젝트 파일(Project File)

모델링 데이터를 포함하여 모든 설계 정보를 저장합니다.

02 *.rfa : 패밀리 파일(Family File)

Revit 프로젝트에 추가되는 모든 요소는 패밀리를 사용하여 작성됩니다. 패밀리 편집기를 통해 형상과 크기가 정의된 패밀리 파일은 일반적으로 단독으로 사용되기보다 프로젝트에 배치되어 사용되며 '*.rfa' 포멧으로 저장한 후 프로젝트에 로드할 수 있습니다.

03 *.rte : 템플릿 파일(Template File)

프로젝트에 사용될 각 종 뷰와 도면 작성에 필요한 스타일 설정 값 등을 저장합니다. 프로젝트를 수행할 때마다 동일한 작업을 반복하지 않도록 템플릿을 미리 설정하여 작업의 통일성과 효율성을 높일 수 있습니다.

Step 06 Revit 설치하기

01 오토데스크 코리아 홈페이지 (http://www.autodesk.co.kr)에 접속합니다. 홈페이지 상단의 '무료 체험판'을 클릭합니다.

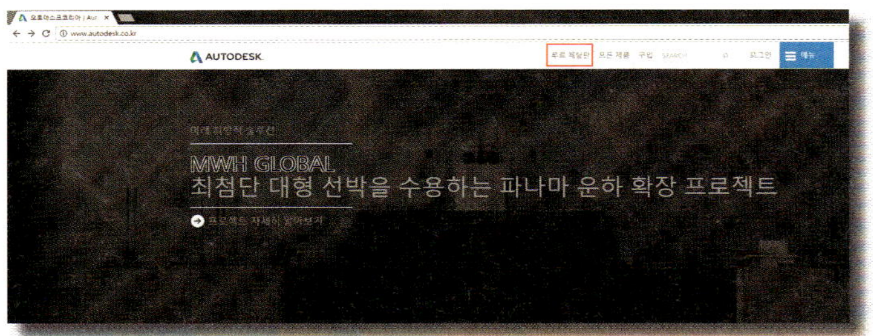

02 Autodesk 사에서 제공하는 다양한 프로그램의 체험판을 다운받을 수 있습니다. 'Revit' 프로그램을 선택합니다.

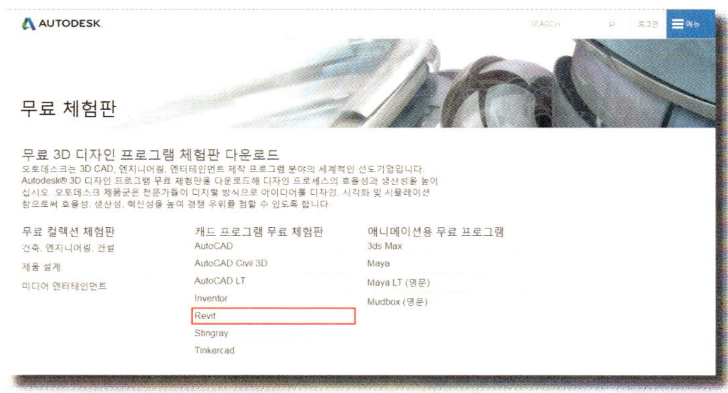

03 [로그인] 버튼을 클릭합니다. 계정이 없을 경우 먼저 계정을 생성합니다.

04 로그인 아이디와 패스워드를 입력합니다.

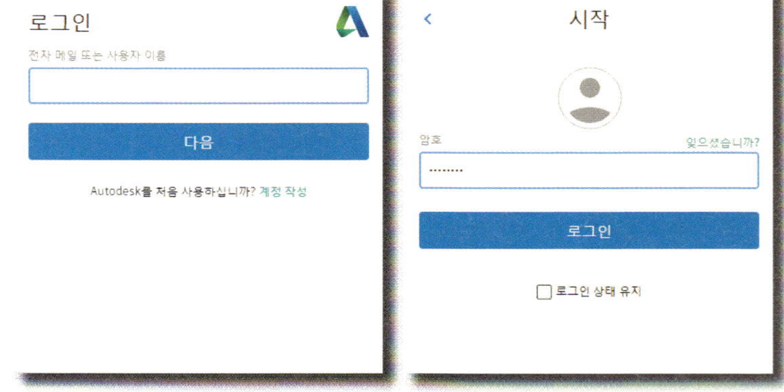

05 서비스 약관 동의 버튼을 활성화한 후 [계속] 버튼을 클릭합니다.

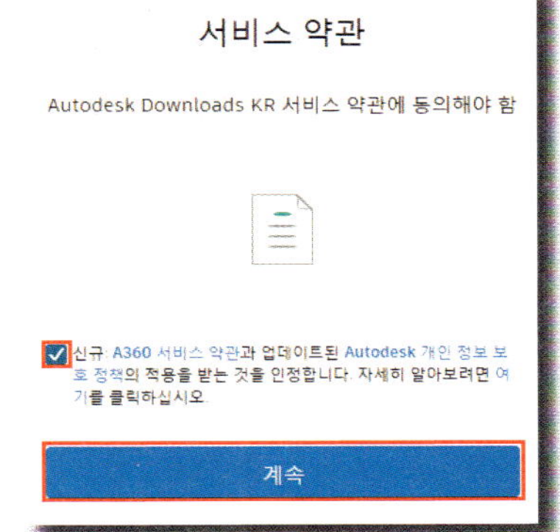

06 [다운로드시작] 버튼을 눌러 체험판 Revit을 다운받습니다.

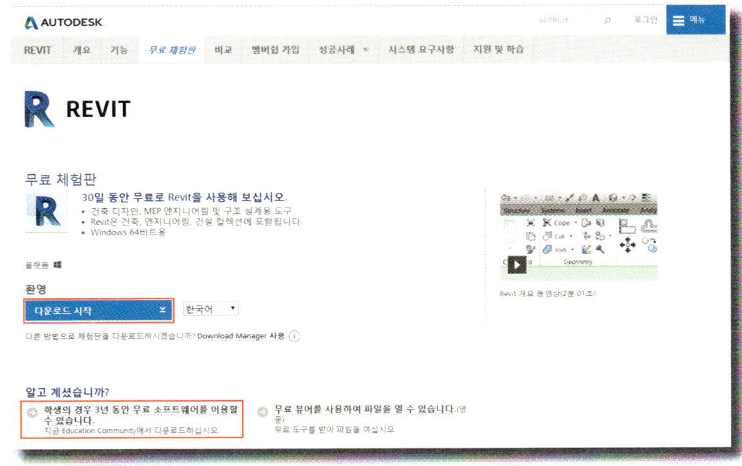

> **TIP**
>
> *프로그램을 사용할 사용자가 학생신분이라면 이메일 인증을 통해 3년간 무상으로 이용할 수 있는 라이센스를 발급받을 수 있습니다.*

07 [무료 체험판 이용 약관]을 확인합니다. 약관 동의를 체크한 후 [계속] 버튼을 클릭합니다. [다른 이름으로 저장] 창이 나타납니다. 프로그램을 다운받을 폴더를 선택한 후 [저장] 버튼을 클릭합니다.

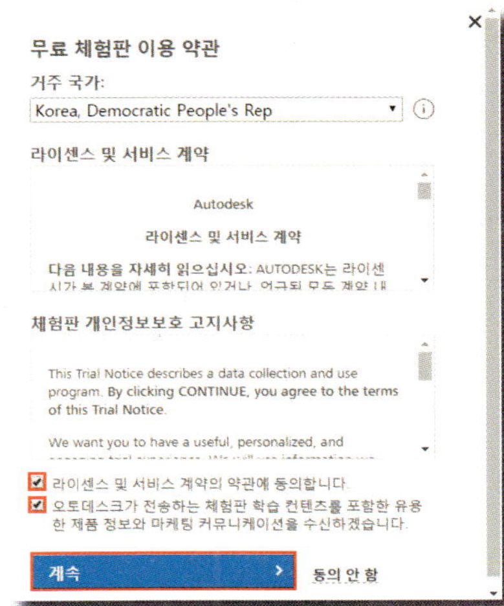

08 [설치 초기화] 창이 나타나며 설치 프로그램이 다운로드 됩니다.

09 설치 프로그램 다운로드가 완료되면 [설치] 버튼을 클릭합니다.

10 라이센스 계약서에 '동의함'을 체크한 후 [다음]을 클릭합니다.

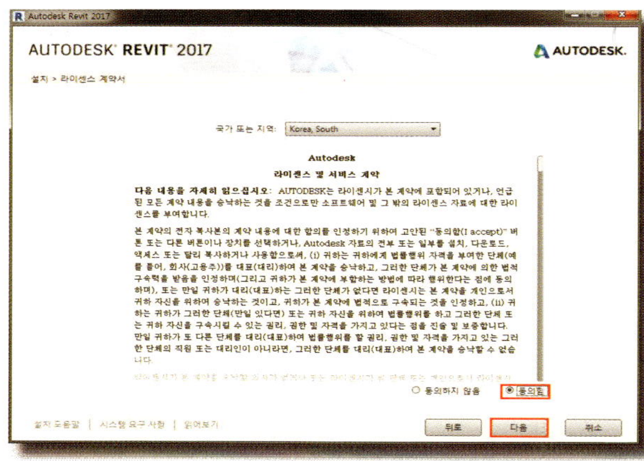

11 설치 구성과 경로를 확인한 후 [설치]를 시작합니다.

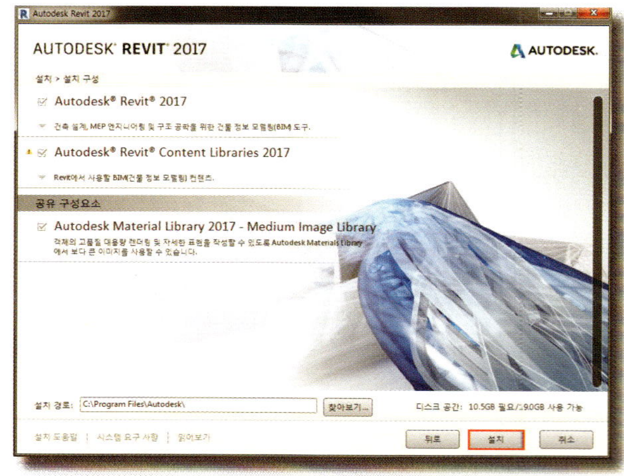

12 Revit 프로그램의 설치가 진행됩니다. 네트워크 상태에 따라 오랜 시간이 소요될 수 있습니다.

13 설치완료 창이 나타나면 [마침] 버튼을 눌러 설치를 완료합니다. 바탕화면의 아이콘을 더블클릭하여 프로그램을 실행한 후 개인 보호 정책에 동의함을 클릭합니다.

14 체험판인 경우 남은 사용가능 일수가 표시됩니다. [시도] 버튼을 클릭하여 Revit을 시작합니다. (라이센스가 있는 경우 [활성화] 버튼을 클릭하여 제품을 등록하도록 합니다.)

15 Revit 시작화면이 실행됩니다.

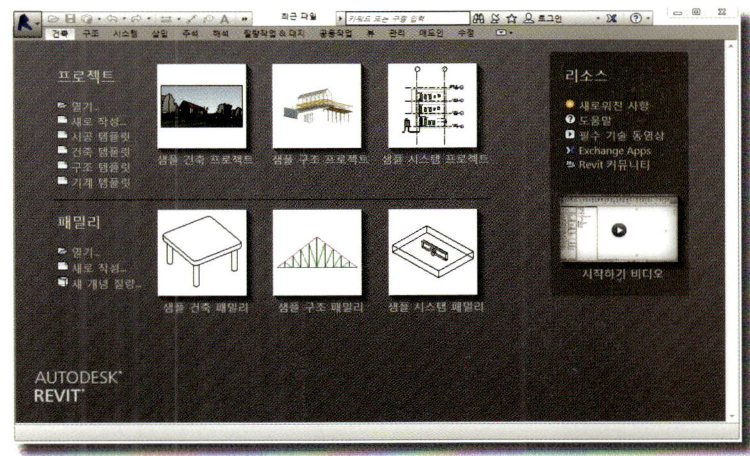

LESSON 03 Autodesk Revit 인터페이스

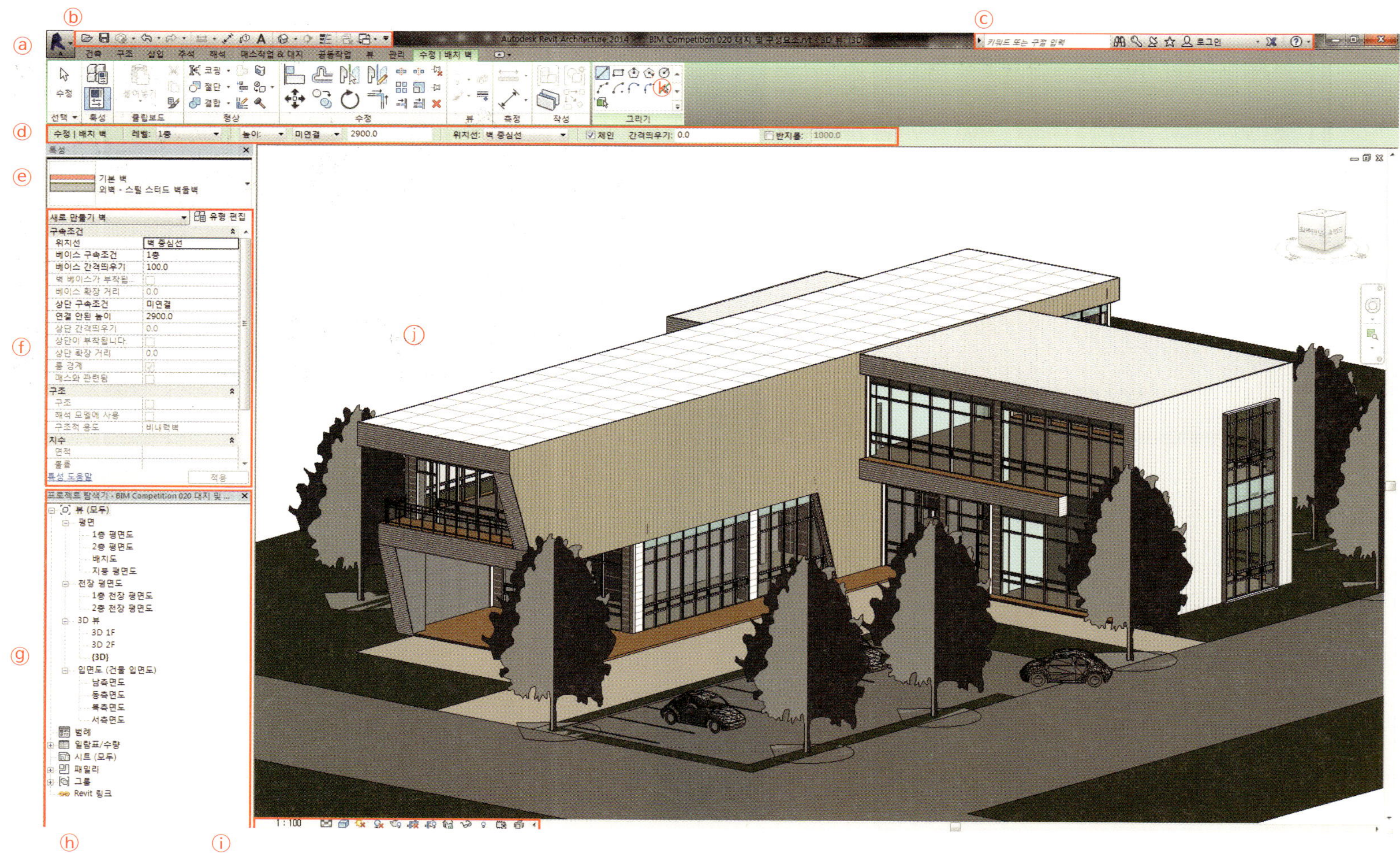

ⓐ **[시작 메뉴]** : [새로 만들기], [저장], [인쇄]와 같은 기본 명령들이 모여 있습니다.

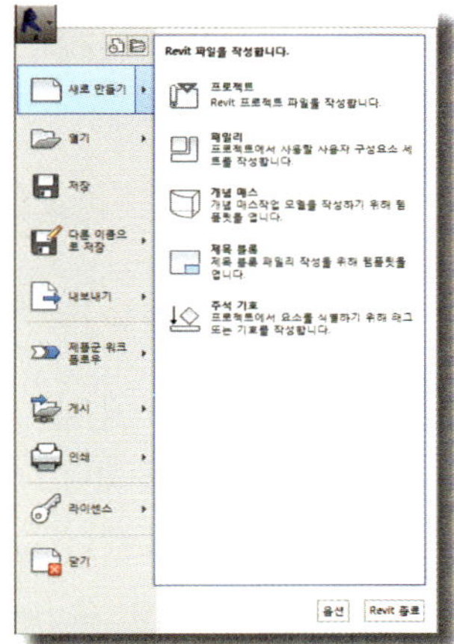

ⓑ **신속 접근 도구 막대** : 사용자가 자주 사용하는 도구를 추가하여 사용할 수 있습니다.

ⓒ **정보 센터** : Autodesk LiveUpdate를 통해 기술지원을 받을 수 있습니다.

ⓓ **[옵션 막대]** : 선택 요소 및 작업 상황에 따라 다양한 설정 값들을 입력할 수 있습니다.

ⓔ **[유형 선택기]** : 배치할 요소나 배치된 요소의 유형을 선택하면 [특성] 창 위쪽에 유형 선택기가 활성화됩니다. 현재 선택된 유형을 확인하거나 드롭다운 화살표를 클릭하여 다른 유형을 선택할 수 있습니다.

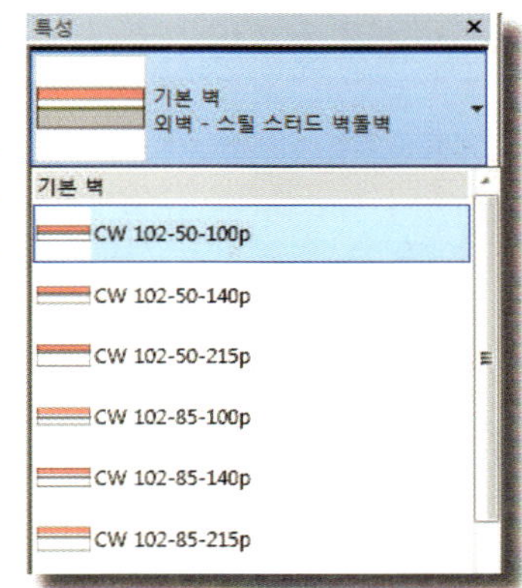

ⓕ **[특성] 창** : Revit에서 요소의 특성을 정의하는 다양한 매개변수를 확인하거나 수정할 수 있습니다. (창을 드래그 하여 작업화면의 원하는 위치에 배치할 수 있습니다.)

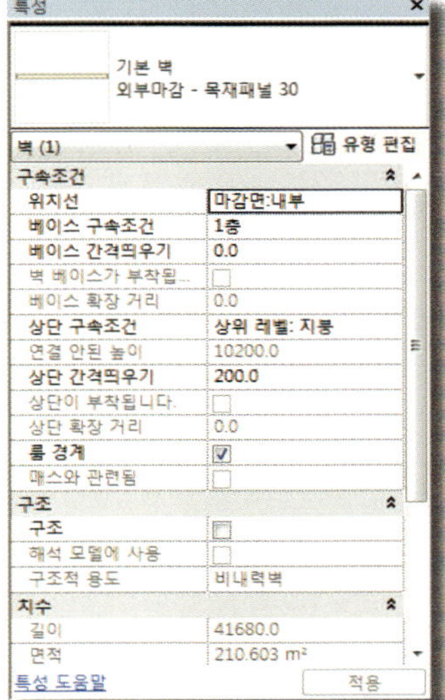

ⓖ **[프로젝트 탐색기]** : 현재 프로젝트의 뷰, 일람표, 시트, 패밀리 등에 대한 계층구조를 보여줍니다. [+] [-]를 클릭하여 해당정보를 확장하거나 축소하여 볼 수 있습니다. (창을 드래그 하여 작업화면의 원하는 위치에 배치할 수 있습니다.)

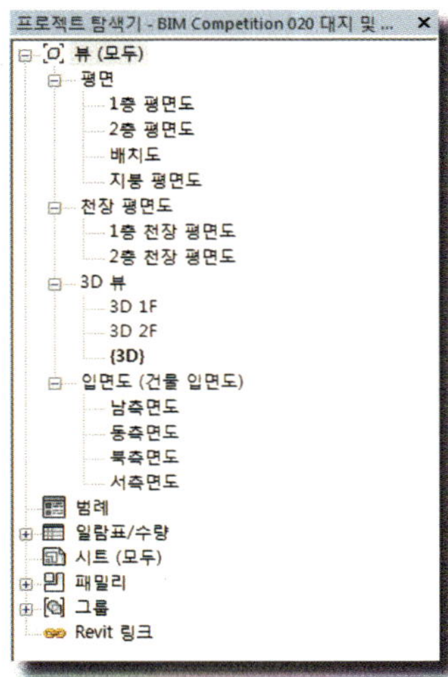

TIP

[특성] 창 또는 [프로젝트 탐색기]가 화면에서 사라졌을 때는 [뷰] 탭 > [창] 패널 > [사용자 인터페이스] 하위메뉴에서 해당 항목을 활성화 시켜줍니다.

ⓗ **상태 막대** : 마우스 포인터를 요소에 가까이 위치시키면 유형 이름이 표시되며 수행할 작업에 대한 추가 정보 및 도움말이 표시됩니다.

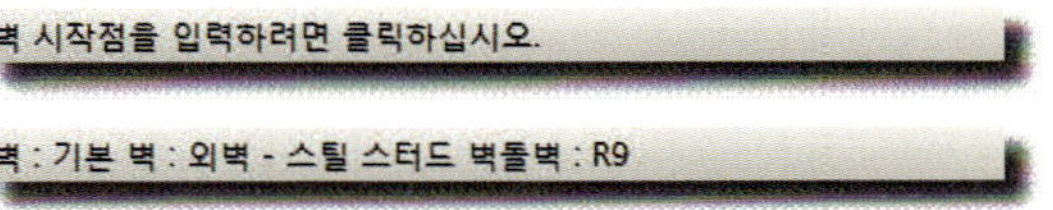

ⓘ **뷰 조절 막대** : 현재 뷰의 가시적 상태(축척, 상세 수준, 비주얼 스타일 등)를 조절할 수 있습니다.

ⓙ **도면 영역** : 실제 작업 영역으로 [프로젝트 탐색기]에서 선택한 뷰를 표시합니다.

ⓚ **리본** : 프로젝트 및 패밀리 작성에 필요한 도구들이 정렬되어 있습니다.

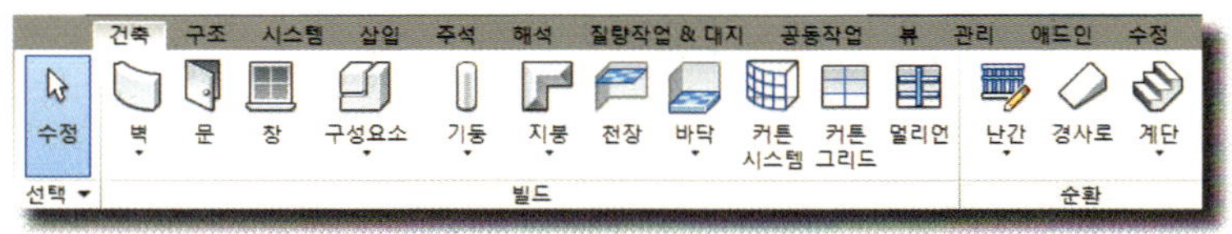

- '리본'은 기본적으로 [건축], [구조], [주석] 등 도구의 특성에 따라 12개의 '탭'으로 이루어져 있으며, 하나의 '탭'은 특성에 맞춰 도구들을 그룹화한 다수의 '패널'들로 구성됩니다.

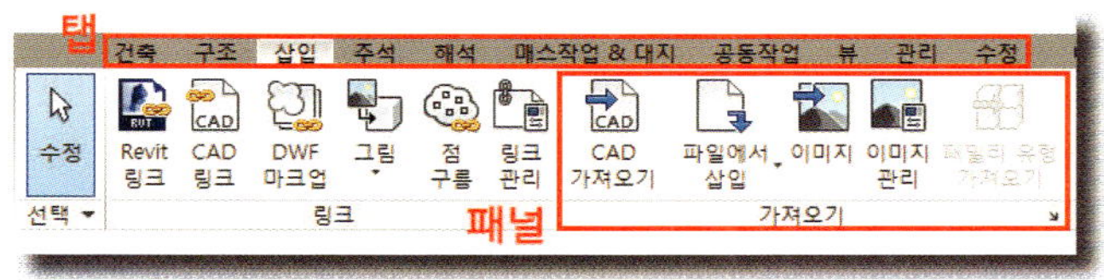

- 키보드 ctrl 키를 누른 상태로 [탭]을 드래그하면 원하는 위치로 [탭]을 이동할 수 있습니다.

- 패널을 드래그하여 원하는 위치로 이동이 가능합니다.

Step 01 작업화면 조절

01 작업화면 확대/축소 : 마우스 휠을 위쪽으로 회전 시키면 마우스 커서가 위치한 부분을 중심으로 화면이 확대됩니다. 반대로 휠을 아래쪽으로 회전 시키면 화면이 축소됩니다.

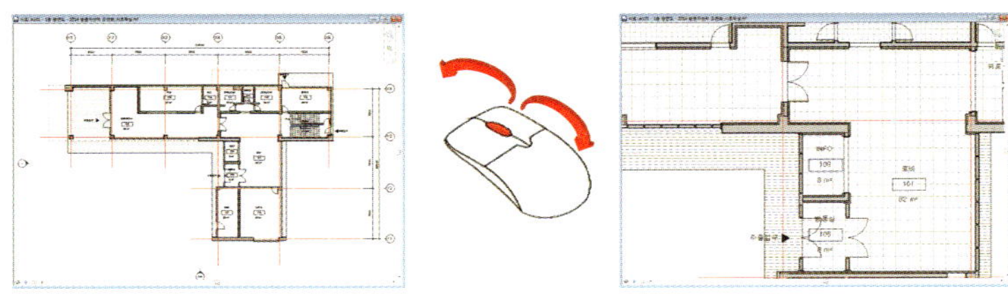

02 작업화면 이동 : 마우스 휠을 누른 상태로 마우스를 움직이면 작업화면 상의 전체 뷰가 이동됩니다.

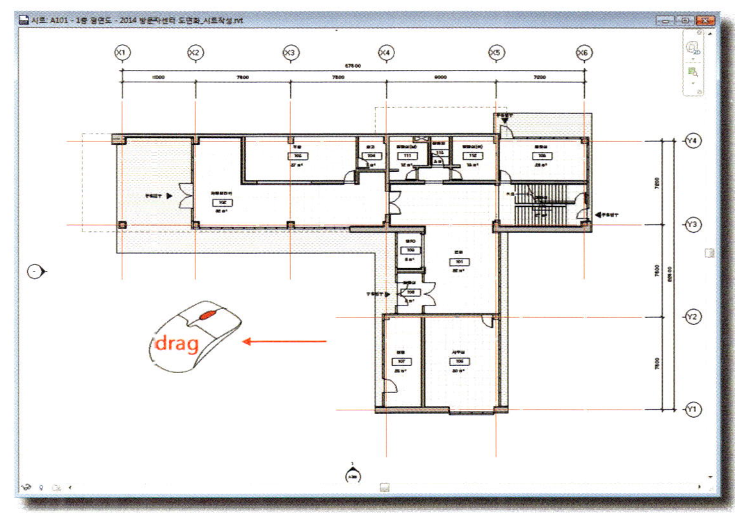

03 '3D' 뷰 회전 : 키보드의 shift 키를 누른 상태로 마우스 휠을 눌러 드래그하면 3D 뷰가 회전하게 됩니다. 혹은 뷰 큐브를 선택한 상태로 마우스를 드래그 하거나 뷰 큐브의 모서리, 엣지, 면을 선택하여 원하는 방향으로 뷰를 회전시킬 수도 있습니다.

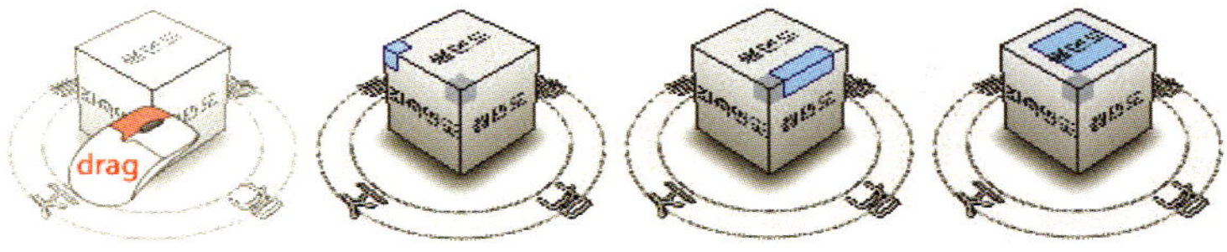

Step 02 객체 선택 방법

01 마우스 왼쪽 버튼을 클릭하면 객체가 선택됩니다.

02 키보드 ctrl 키를 누른 상태로 객체를 선택하면 추가 선택이 가능합니다. shift 키를 누른 상태로 객체를 선택하면 선택에서 제외됩니다.

03 마우스 왼쪽 버튼을 클릭한 상태로 마우스를 드래그하면 선택 상자가 그려집니다.

04 왼쪽에서 오른쪽으로 마우스를 드래그 하여 선택 상자를 그릴경우에는 객체가 선택 상자 내에 모두 포함될 경우에만 선택이 됩니다.

05 오른쪽에서 왼쪽으로 마우스를 드래그 하여 선택 상자를 그릴경우에는 객체가 선택 상자에 일부만 포함되어도 객체가 선택됩니다.

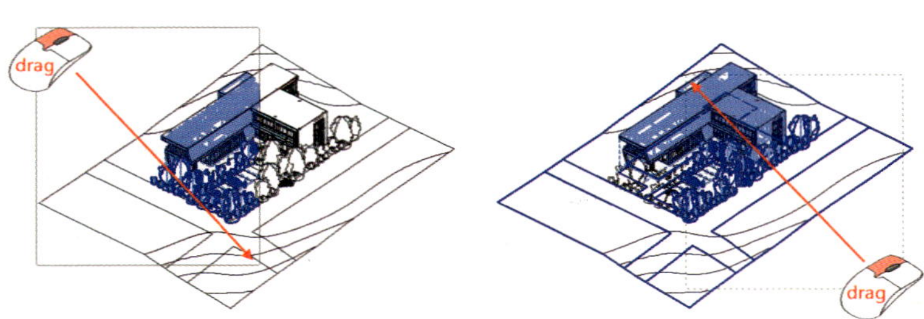

Step 03 단축키 사용 및 설정

01 작업속도 향상을 위해서는 단축키를 사용하는 것이 효과적입니다. Revit에서 자주 사용하는 단축키는 다음과 같습니다.

화면 컨트롤 단축키	
'작업화면 창' 타일 정렬	W T
'작업화면 창' 계단식 배열	W C
숨겨진 요소 표시 모드 전환	R H
뷰에서 숨기기 : 요소 숨기기	E H
뷰에서 숨기기 : 카테고리 숨기기	V H
[숨겨진 요소 표시 모드] 요소 숨김 해제	E U
[숨겨진 요소 표시 모드] 카테고리 숨김 해제	V U
스냅 끄기 (일시적으로 끄기 기능)	S O
가시성/그래픽 대화상자	V V 또는 V G

요소작성 단축키	
그리드	G R
레벨	L L
참조 평면	R P
벽	W A
문	D R
창	W N
문자	T X
정렬 치수	D I
상세선	D L
룸	R M
룸 태그	T G

수정/편집 단축키	
정렬	A L
간격띄우기	O F
대칭-축 선택	M M
대칭-축 그리기	D M
이동	M V
복사	C O
회전	R O
코너 자르기/연장	T R
요소 분할	S L
배열	A R
축척	R E

02 기본으로 설정된 단축키를 변경하거나 사용자가 원하는 명령에 대한 단축키를 추가할 수 있습니다. [뷰] 탭 〉 [창] 패널 〉 [사용자 인터페이스] 하위메뉴에서 [키보드 단축키] 버튼을 클릭하면 [키보드 단축키] 대화상자가 나타납니다.

해당 명령을 선택한 후 새 단축키를 입력하거나 제거할 수 있습니다.

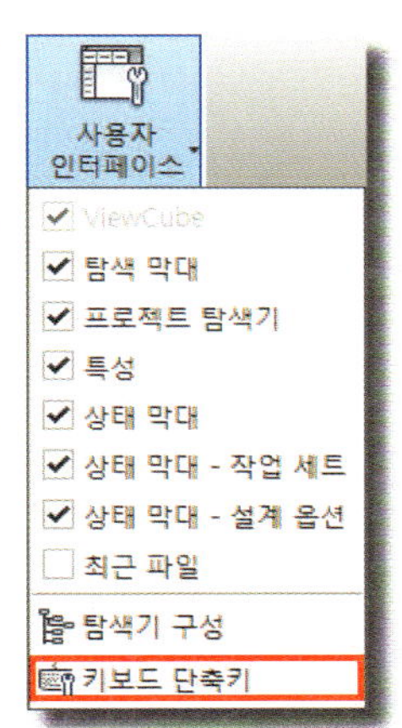

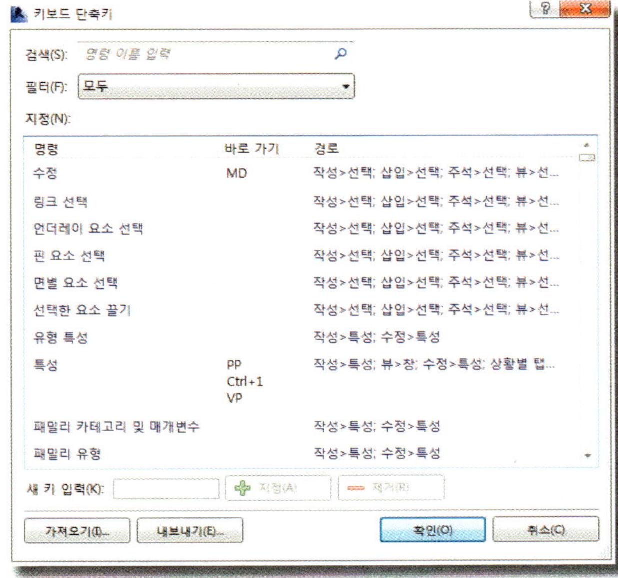

Step 04 스냅 설정

[관리] 탭 〉 [설정] 패널 〉 [스냅]을 클릭하면 [스냅] 대화상자가 나타납니다. 사용자 편의에 맞춰 '각도' 및 '객체' 스냅을 조절할 수 있습니다.

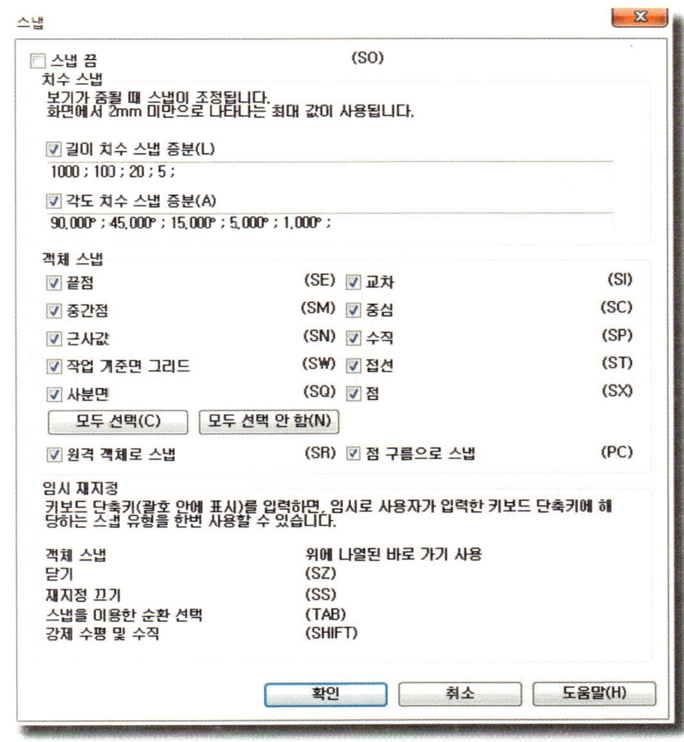

PART 02
Mass Modeling

Revit으로 작성된 매스모델은 건물의 형태구상 및 법규를 고려한 규모와 면적 도출, 시공물량 산출을 통한 대략의 공사비용 산정 등 설계프로세스의 개념화 단계에서 진행되는 다양한 사항들을 검토하여 프로젝트의 초기 기본계획을 구축할 수 있도록 활용됩니다.

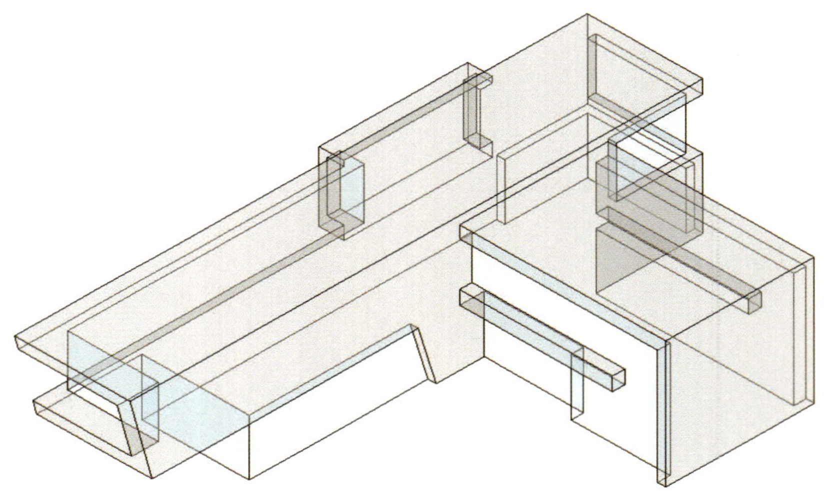

LESSON 04 Revit 프로젝트 시작하기

01 시작화면 '프로젝트' 항목의 [새로 작성...]을 클릭합니다.

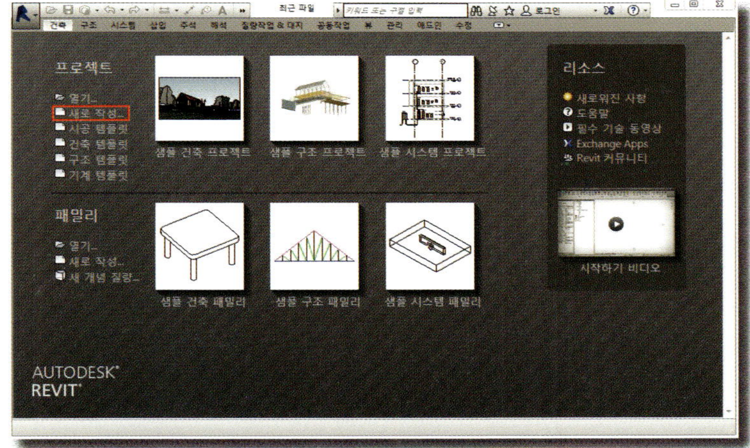

02 [새 프로젝트] 대화상자가 나타납니다. '템플릿 파일'에서 [건축 템플릿]을 선택한 후 '새로 작성'의 [프로젝트]를 체크합니다. [확인] 버튼을 클릭합니다.

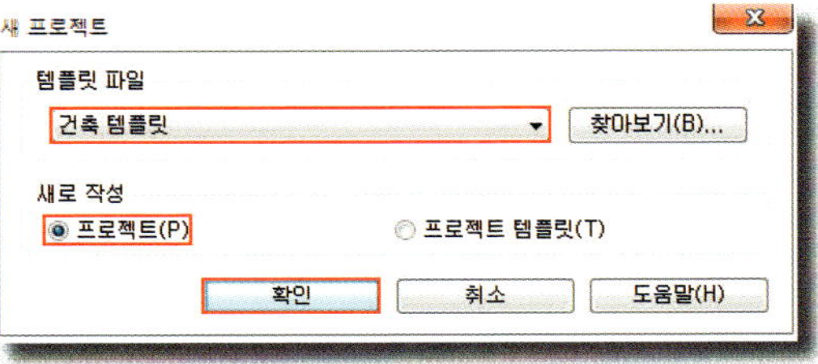

03 새 프로젝트의 작업 화면이 생성됩니다.

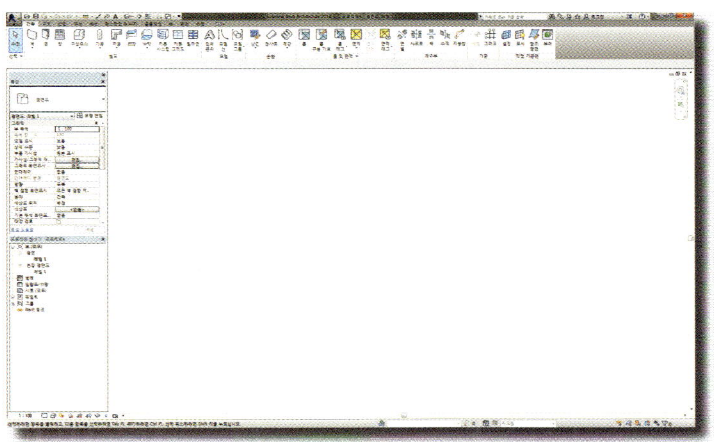

TIP

프로젝트 작업 중 새 프로젝트를 생성하려면 [시작] 버튼 > [새로 만들기] > [프로젝트]를 선택합니다.

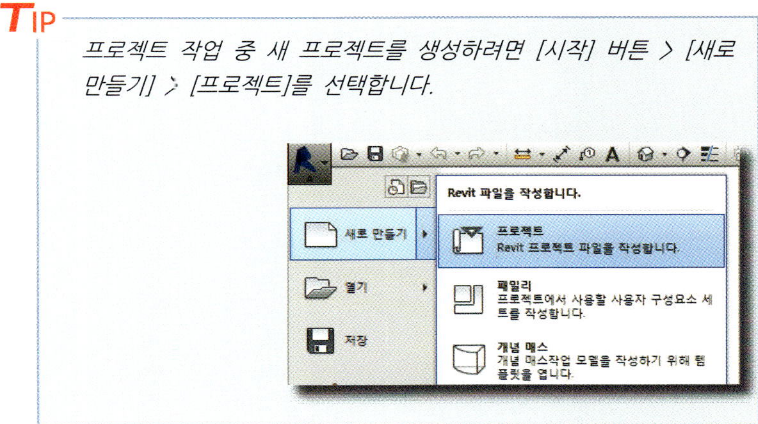

04 프로젝트를 저장하겠습니다. [시작] 버튼 〉 [다른 이름으로 저장] 〉 [프로젝트]를 선택합니다.

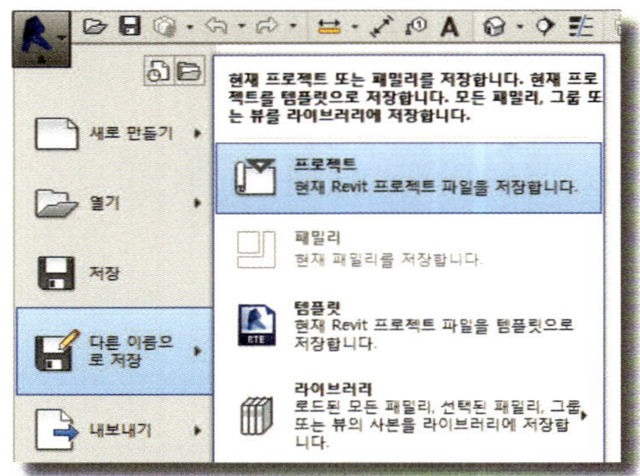

05 [다른 이름으로 저장] 대화상자가 나타나면 '파일 이름'에 '방문자 센터'를 입력합니다. '파일 형식'이 '프로젝트 파일 (*.rvt)'인지 확인한 후 [저장] 버튼을 클릭합니다.

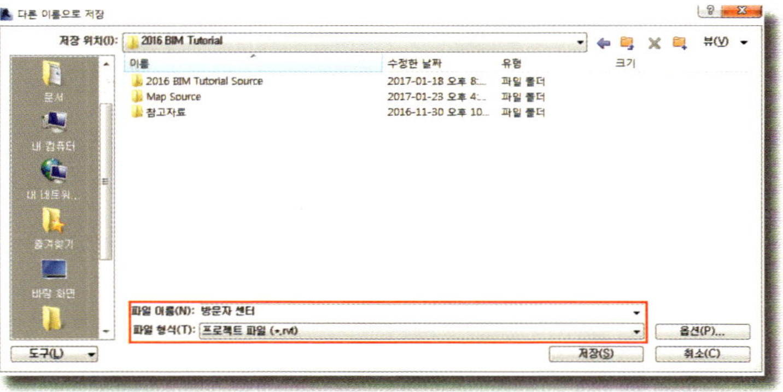

TIP

앞의 과정은 '건축 템플릿'을 기반으로 프로젝트를 시작한 예 입니다. Revit에서는 프로젝트의 기본 단위와 설정, 표준 뷰, 시스템 패밀리와 부품 패밀리 등과 같은 초기 설정 정보가 포함된 프로젝트 템플릿을 제공하고 있으며, 시공, 건축, 구조, 기계 등 각 활용 분야에 적합한 프로젝트 템플릿을 선택하여 프로젝트를 시작할 수 있습니다. [새 프로젝트] 대화상자 '템플릿 파일' 항목을 확장하여 Revit에서 제공하는 템플릿을 설정할 수 있습니다.

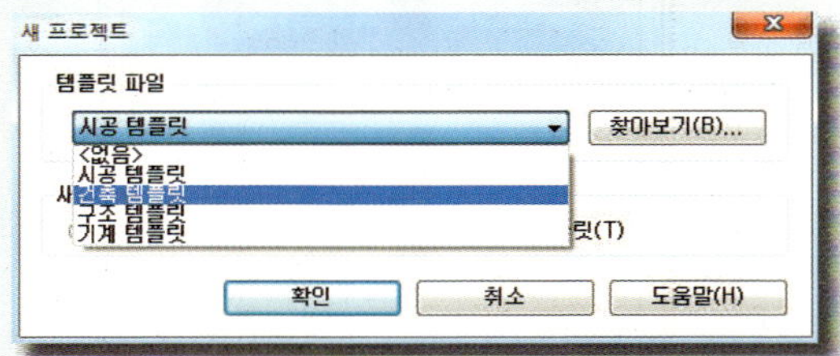

[찾아보기] 버튼을 클릭하여 나타나는 [템플릿 선택] 대화상자에서 사용자가 미리 작성한 템플릿 파일을 적용할 수 있습니다.

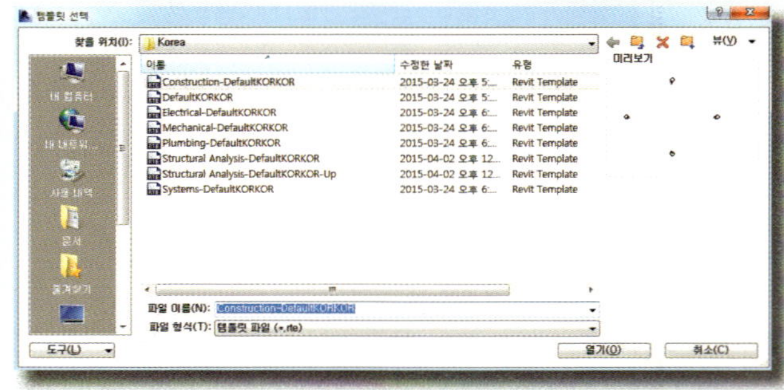

[새 프로젝트] 대화상자의 '템플릿 파일'을 [없음]으로 설정하면 새 프로젝트의 기준 단위를 묻는 대화상자가 나타납니다.

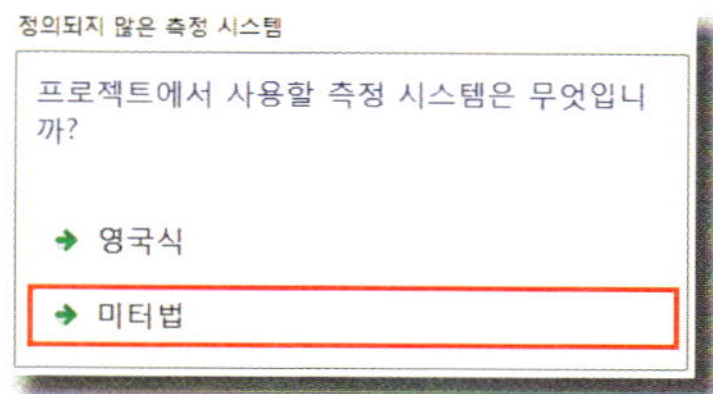

아래는 앞에서 '건축 템플릿'을 기반으로 생성한 프로젝트와 템플릿 없이 생성한 프로젝트의 '프로젝트 탐색기'를 비교한 그림입니다. '건축 템플릿'으로 작성된 프로젝트는 다양한 뷰가 설정되어 있는 반면 템플릿이 없이 작성된 프로젝트는 뷰의 종류를 비롯하여 시스템 패밀리도 기본적인 사항만 포함되게 됩니다.

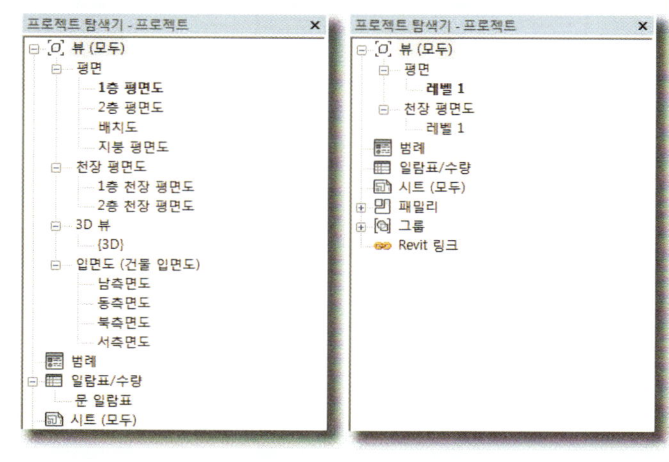

Lesson 05 레벨 및 그리드 작성

레벨(Level)은 프로젝트 기준을 정의하는 '기준요소(Datum Element)'로서 건물 내의 수직 높이 또는 층을 정의하며, 지붕, 바닥, 천장 등의 레벨 호스트 요소에 대한 참조로 사용되는 수평 기준면 입니다. 그리드(Grid) 역시 레벨과 마찬가지로 프로젝트의 모든 뷰(View)에 영향을 미치는 '기준요소'로서 본격적인 모델링을 진행하기 전에 프로젝트의 기준으로서 정확히 작성되어야 하는 부분입니다.

Step 01 레벨 작성

01 [프로젝트 탐색기]의 '입면도(건물 입면도)' [+]를 클릭하면 하위 뷰가 확장됩니다. '남측면도'를 더블 클릭합니다.

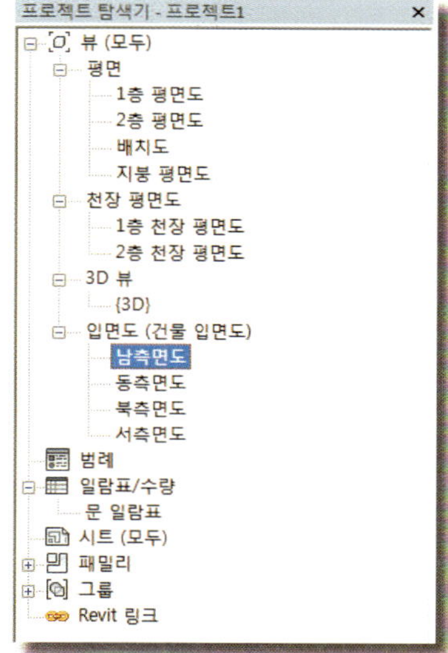

02 '남측면도'가 활성화됩니다.

TIP

평면 뷰에서 입면도 마크의 헤드 부분을 더블 클릭하여도 해당 입면도 뷰가 활성화됩니다.

03 남측면도 '2층' 레벨을 더블 클릭한 후 '5200'을 입력합니다. 같은 방법으로 '지붕' 레벨을 '10000'으로 변경합니다.

04 '레벨'을 선택한 후 마우스 오른쪽 버튼을 클릭합니다. '모든 인스턴스 선택' 〉 '뷰에 나타남'을 클릭하면 화면상의 모든 레벨이 선택 됩니다.

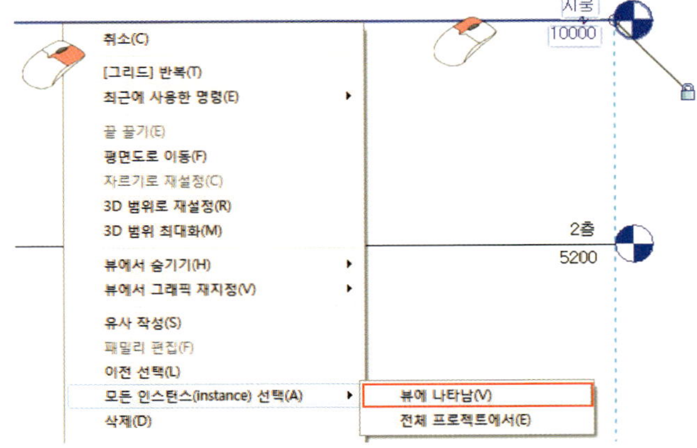

05 [특성] 창 [유형 탐색기]에서 '레벨 : 삼각형 헤드'를 선택합니다.

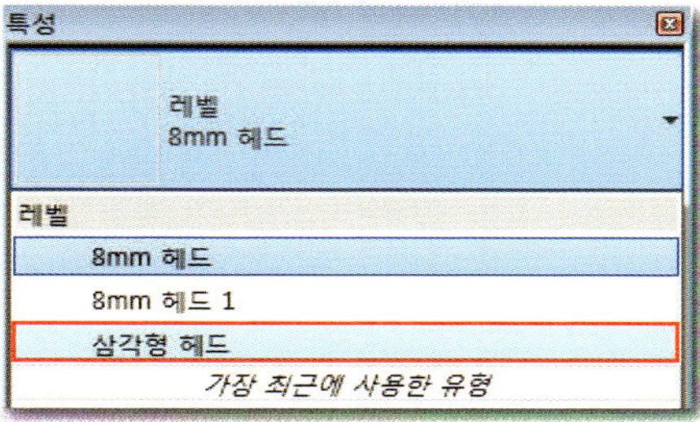

06 레벨의 헤드가 '삼각형 헤드'로 변경됩니다.

Step 02 그리드 작성

01 [프로젝트 탐색기]의 '1층 평면도'를 더블클릭하여 '1층 평면도' 뷰를 활성화합니다.

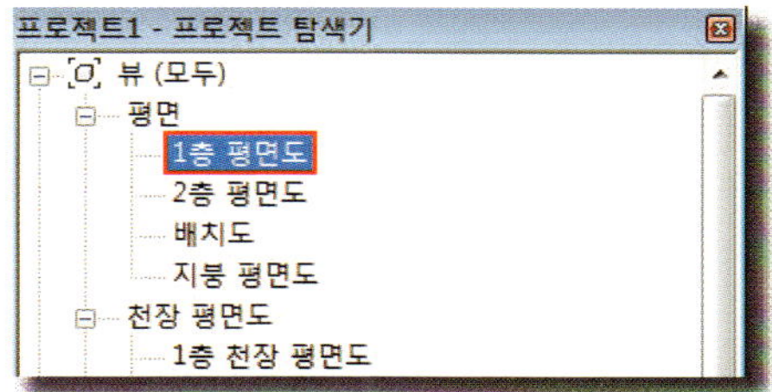

02 [건축] 탭 〉 [기준] 패널 〉 [그리드]를 클릭한 후, [유형 탐색기]에서 '그리드 6.5mm 버블'을 선택합니다.

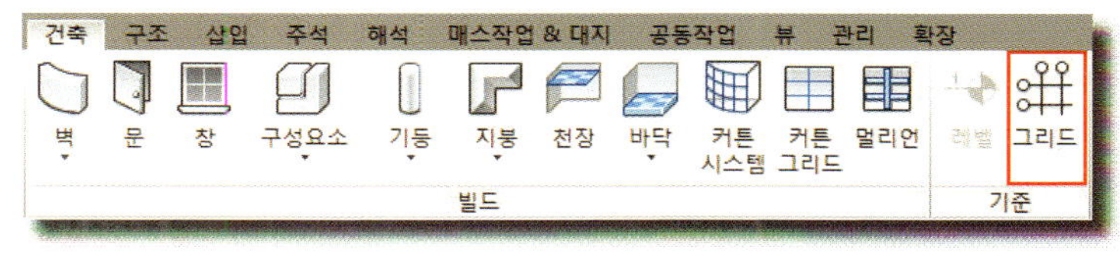

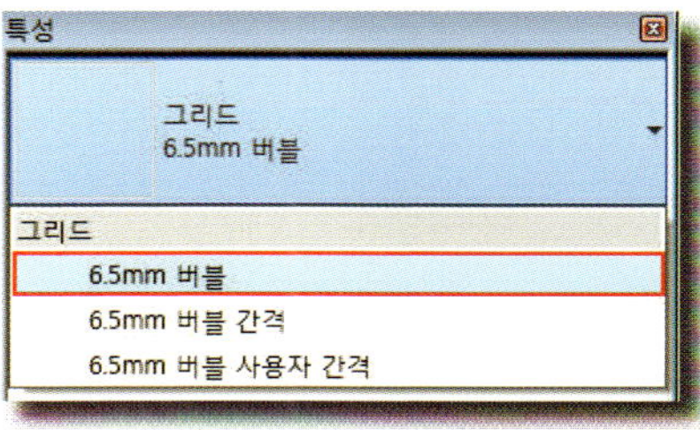

03 [수정 | 배치 그리드] 탭 〉 [그리기] 패널 〉 [선]을 클릭합니다.

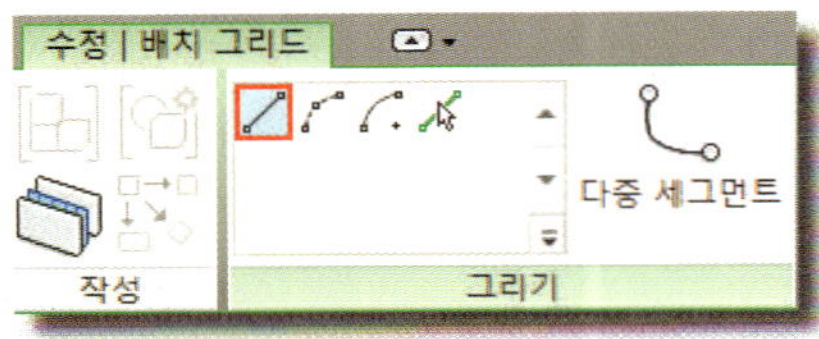

04 그림과 같이 아래에서 위로 X열 그리드를 작성 합니다.

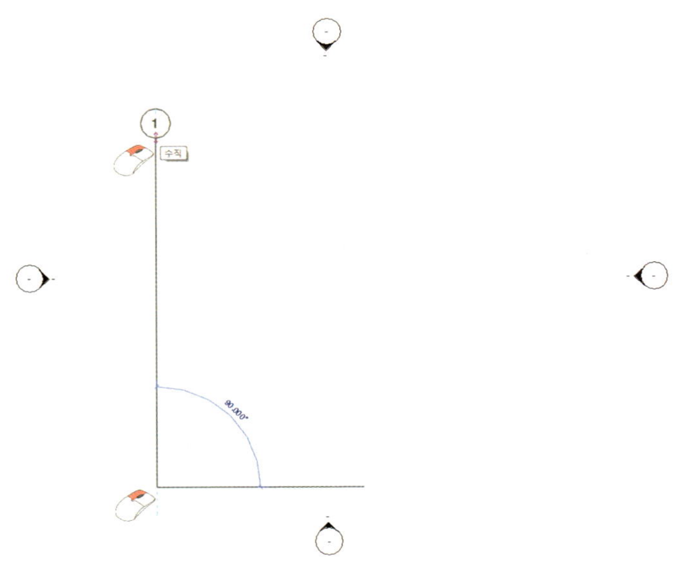

05 '그리드 헤드'를 더블 클릭하여 'X1'로 이름을 변경합니다.

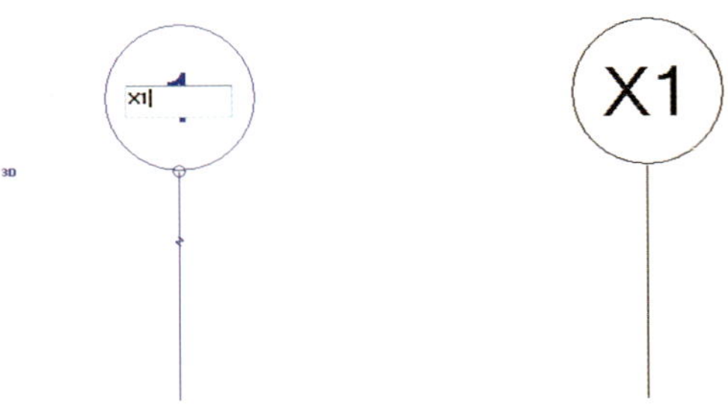

06 [건축] 탭 〉 [기준] 패널 〉 [그리드]를 클릭합니다.

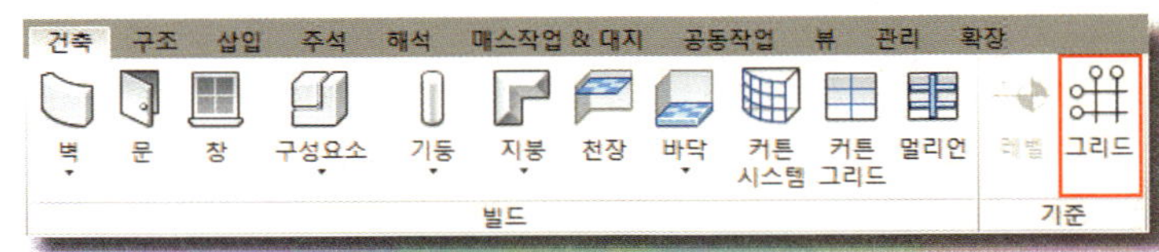

07 [수정 | 배치 그리드] 탭 〉 [그리기] 패널 〉 [선 선택]을 클릭합니다.

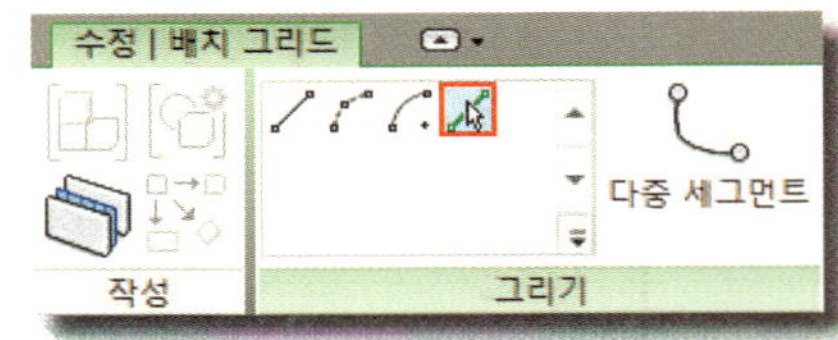

08 [옵션막대] '간격 띄우기'에 '6000'을 입력합니다.

수정 | 배치 그리드 간격띄우기: 6000.0 잠그기

09 작성된 X1 그리드 위에 마우스 커서를 올려 옵셋된 그리드 선을 작성합니다. (기 작성된 X1그리드 오른쪽 근처에 마우스 커서를 위치시키면 아래 왼쪽 그림과 같이 6000 만큼 간격띄우기가 된 파선이 나타납니다. 이때 마우스 왼쪽 버튼을 클릭하면 오른쪽 그림과 같이 X2 그리드가 작성됩니다.)

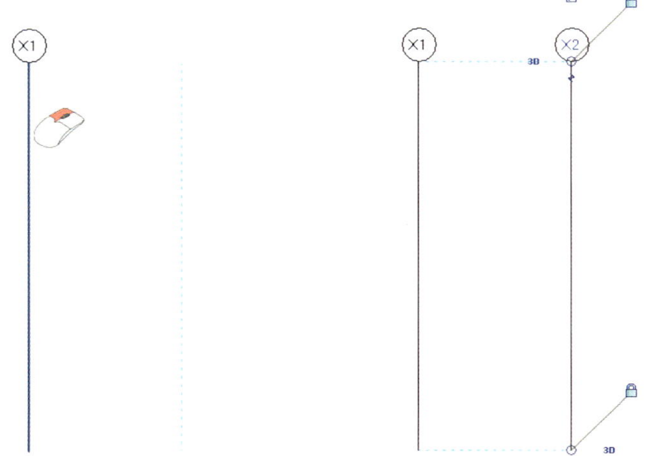

10 옵션막대의 '간격띄우기'를 수정하면서 아래 그림과 같이 X1~X6 그리드를 작성합니다. 같은 방법으로 Y1~Y4 그리드를 작성합니다.

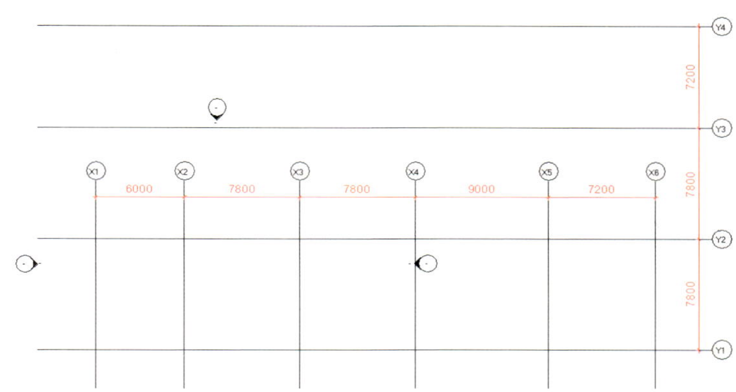

11 X1 그리드를 선택한 후 끌기 컨트롤(아래 그림의 원형 부분)을 드래그하여 전체 그리드를 정리합니다.

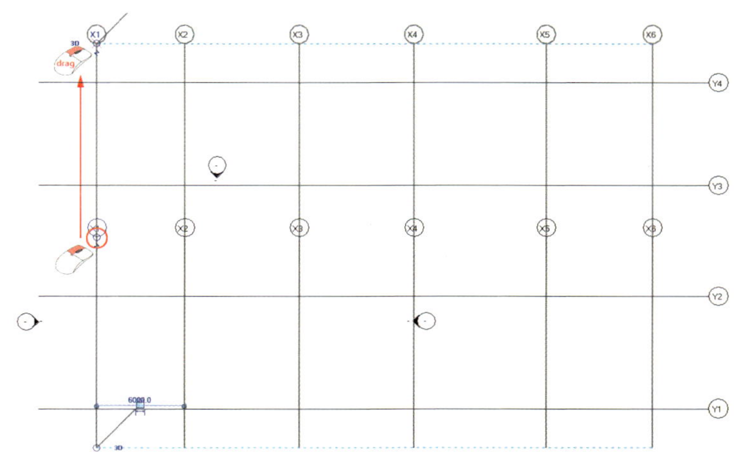

TIP

그리드 선택 시 활성화되는 열쇠모양을 클릭하여 해제하면 각각의 그리드를 개별적으로 수정할 수 있습니다.

Step 04 프로젝트 기준 점 및 입면 뷰 범위 설정

01 그리드 안쪽에 위치한 건물 입면도 마크를 축열 외각으로 옮겨 정리합니다.

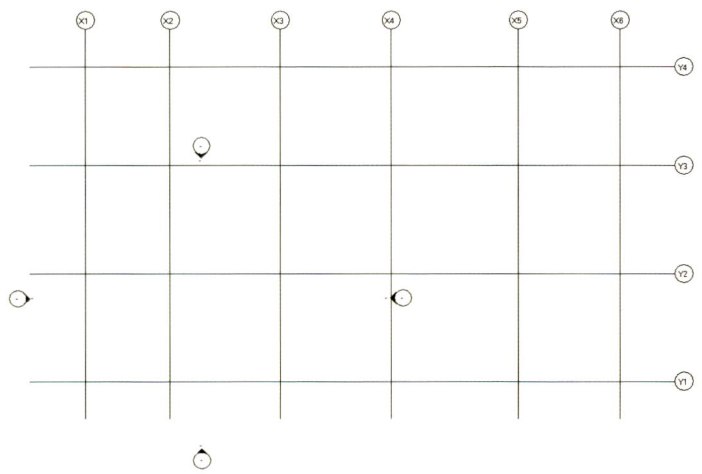

TIP

입면도 마크를 클릭하여 이동할 시 화면에서 숨겨진 입면 뷰의 '범위'는 현재 위치에서 이동하지 않습니다. 아래 그림과 같이 마우스를 드래그 하여 입면도 태그를 선택한 후 다른 위치로 이동시킵니다.

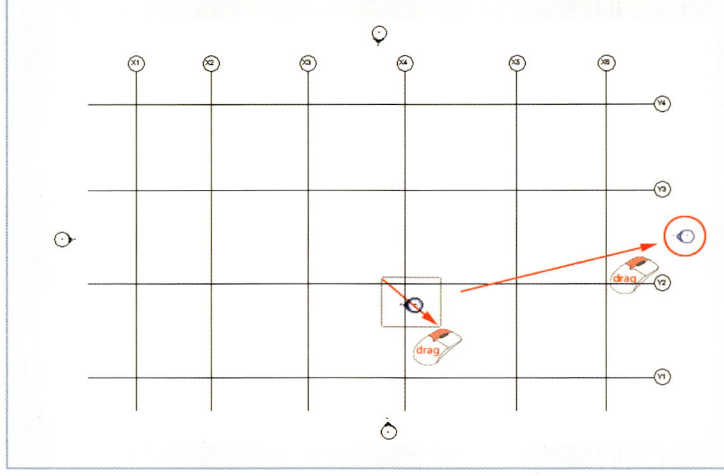

02 [뷰] 탭 〉 [그래픽] 패널 〉 [가시성/그래픽]를 클릭합니다. (단축키 : VV)

03 [평면도: 1층 평면도에 대한 가시성/그래픽 재지정] 대화상자가 나타납니다. [모델 카테고리] 탭의 가시성 항목에서 '대지' 〉 '프로젝트 기준점'의 가시성을 활성화합니다.

04 마우스를 드래그 하여 작성된 그리드와 입면 뷰를 모두 선택합니다.

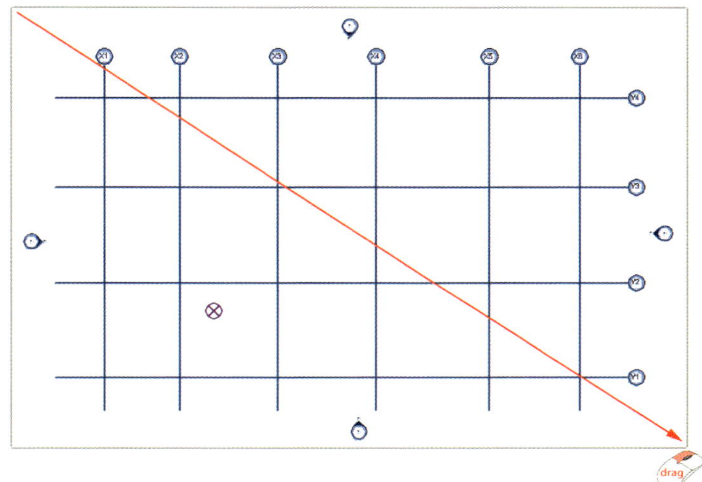

05 [수정 | 다중 선택] 탭 〉 [선택] 패널 〉 [필터]를 클릭합니다. [필터] 대화상자가 나타납니다. '프로젝트 기준점'을 제외한 모든 항목을 선택합니다.

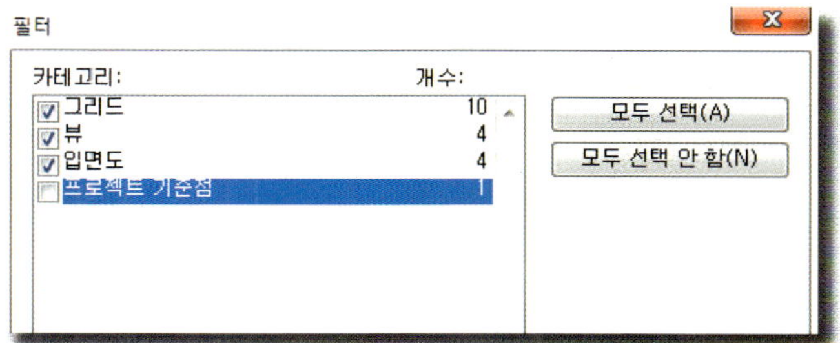

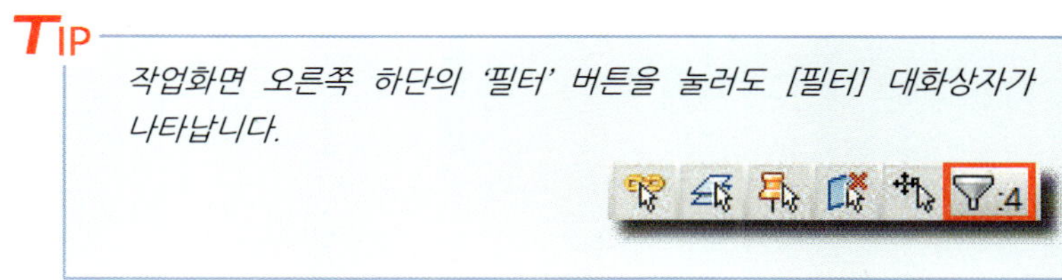

TIP

작업화면 오른쪽 하단의 '필터' 버튼을 눌러도 [필터] 대화상자가 나타납니다.

06 [수정 | 다중 선택] 탭 〉 [수정] 패널 〉 [이동] 버튼을 클릭합니다.

07 그리드 X1,Y1 교차점을 클릭한 후 선택한 항목을 '프로젝트 기준점'으로 이동 시킵니다.

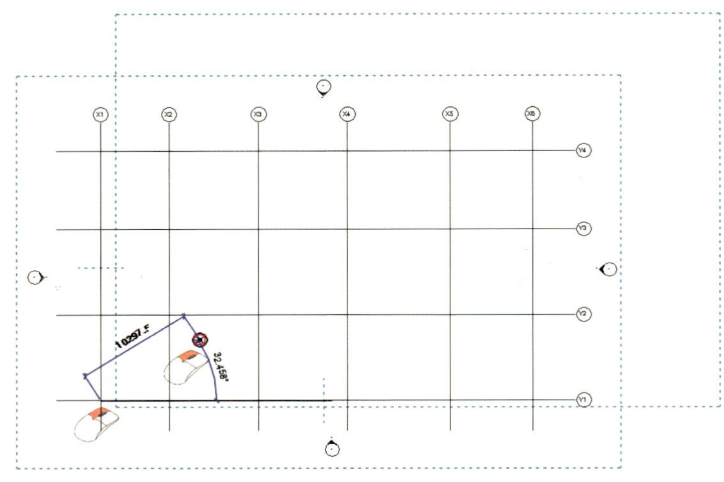

TIP

'프로젝트 기준점'은 DWG 도면 및 다른 분야에서 작성한 Revit 파일을 이용한 공동작업의 기준점이 됩니다.

08 '입면 뷰' 마크의 헤드 부분을 선택합니다.

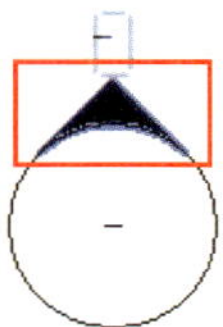

09 그림과 같이 '뷰 범위'가 표시 됩니다.

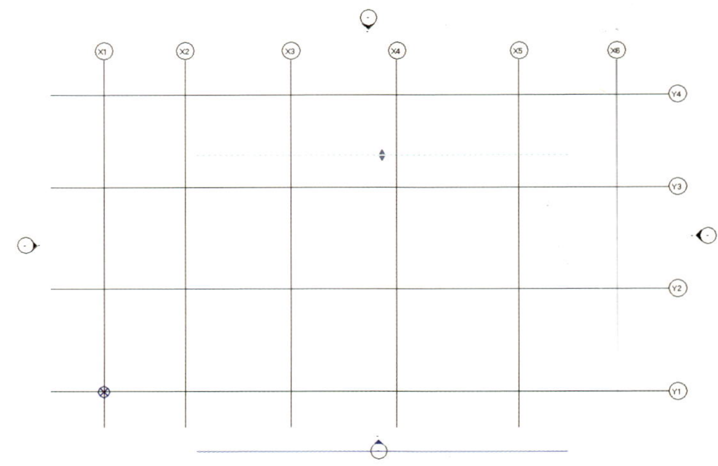

10 [특성] 창 '범위' 매개변수의 '뷰 자르기'를 활성화 합니다.

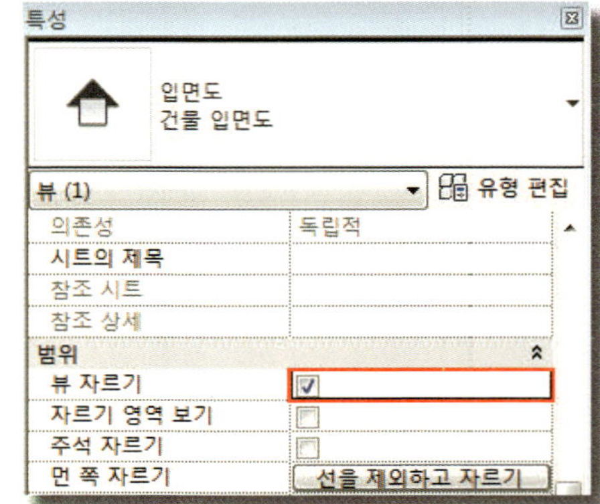

TIP

각 뷰에는 경계를 정의하는 자르기 영역이 있습니다. '뷰 자르기' 영역을 활성화 하면 자르기 영역이 활성화 되며, 선택된 영역만 뷰에 표시됩니다.

11 아래 그림과 같이 뷰 범위를 조절합니다.

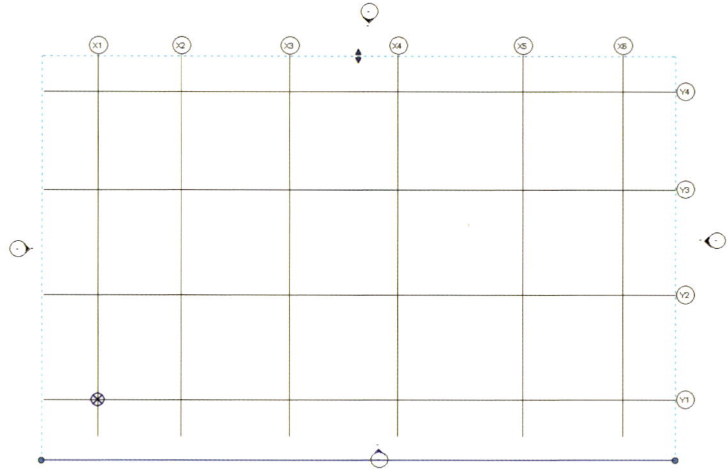

12 동측, 서측, 북측 입면 뷰의 범위도 위와 같은 방법으로 조절합니다.

13 남측면도 '입면 뷰' 마크의 헤드 또는 [프로젝트 탐색기]의 '남측면도'를 더블 클릭하여 남측면도를 활성화 합니다.

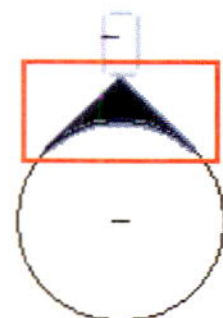

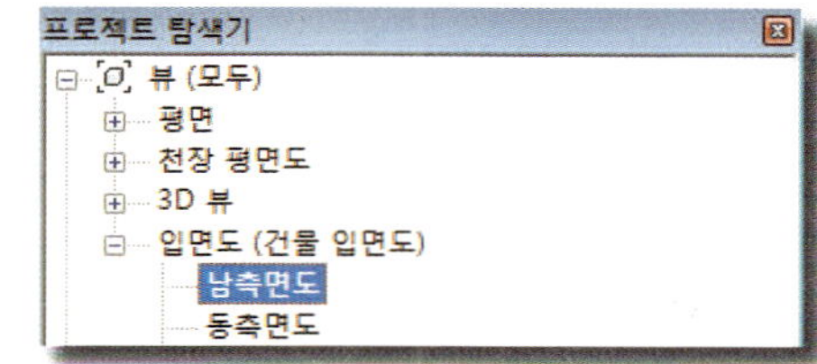

14 레벨을 선택한 후 아래 그림과 같이 끌기 컨트롤을 드래그 합니다.

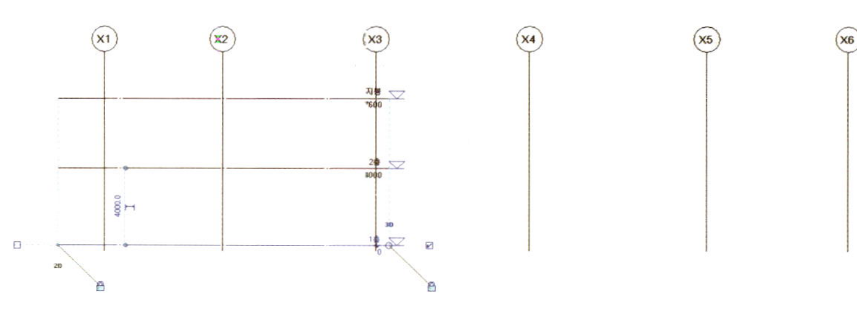

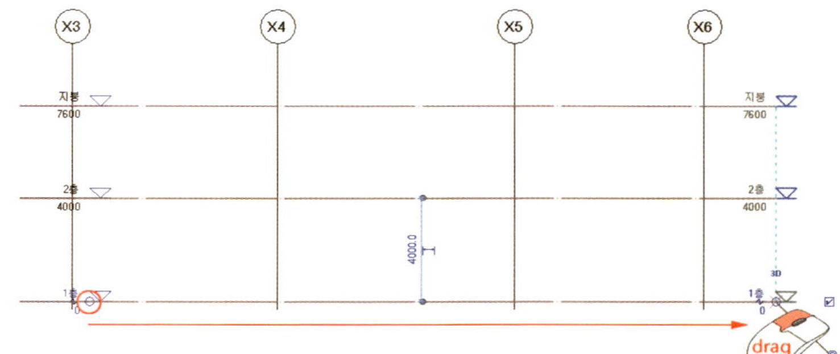

15 '1층 평면도' 뷰에서 그리드를 선택한 후 [특성] 창 〉 [유형 편집]을 클릭합니다. [유형 특성] 대화상자가 나타납니다. '끝 세그먼트 색상'은 '빨간색', '끝 세그먼트 패턴'은 '중심선'으로 수정합니다.

유형 특성

패밀리(F): 시스템 패밀리: 그리드 | 로드(L)...

유형(T): 6.5mm 버블 | 복제(D)...

이름 바꾸기(R)...

유형 매개변수

매개변수	값
그래픽	
기호	그리드 헤드 - 원
중심 세그먼트	연속
끝 세그먼트 두께	1
끝 세그먼트 색상	빨간색
끝 세그먼트 패턴	중심선
평면 뷰 기호 끝 1(기본값)	☐
평면 뷰 기호 끝 2(기본값)	☑

16 그리드 선택 시 활성화되는 열쇠모양을 클릭하여 해제하면 각각의 그리드를 개별적으로 수정할 수 있습니다.

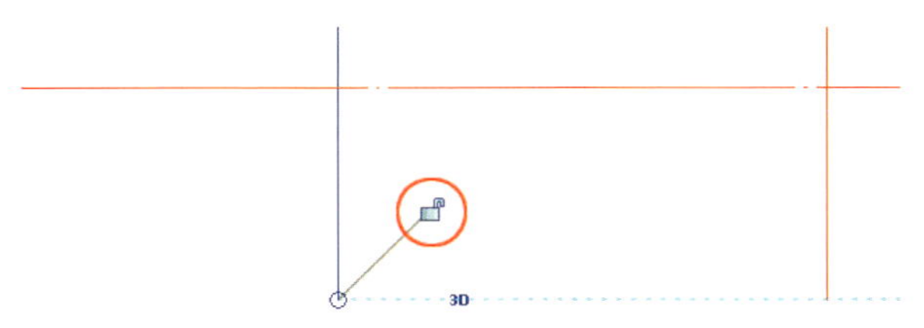

17 그리드 구속조건을 해제하여 아래 그림과 같이 그리드를 수정합니다.

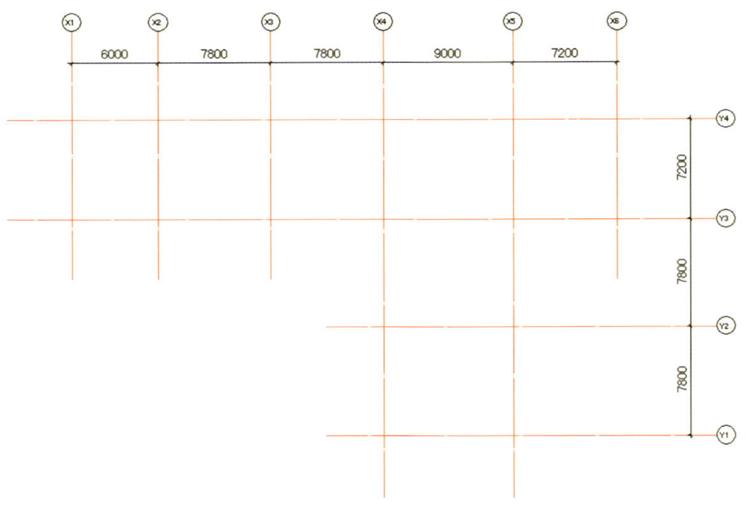

18 [저장] 또는 [다른 이름으로 저장하기]를 선택하여 작업한 파일을 저장합니다.

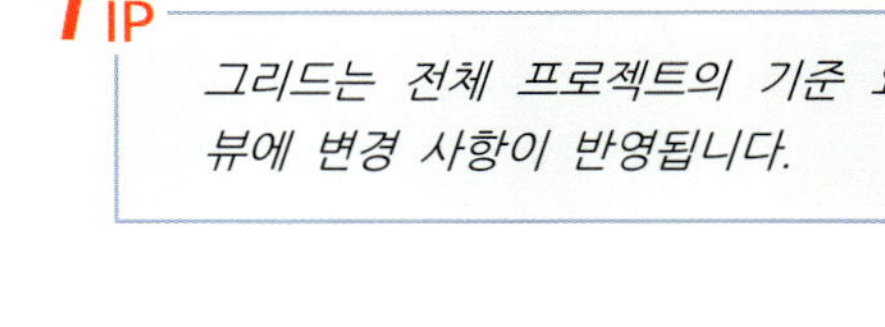

TIP

그리드는 전체 프로젝트의 기준 요소로서 그리드가 표현된 모든 뷰에 변경 사항이 반영됩니다.

LESSON 06 매스 모델 작성

프로젝트의 기본계획 및 분석을 진행할 수 있도록 초기 형태를 구체화 합니다.

Step 01 참조평면 작성

매스 모델 작성에 앞서 모델링 과정을 효율적으로 진행하기 위해 '참조 평면'을 작성하겠습니다. 앞에서 작성한 '레벨'과 '그리드'만을 기준으로 복잡한 형태의 건물모델을 작성하기에는 어려움이 따릅니다. '참조 평면'은 '레벨', '그리드'와 마찬가지로 프로젝트의 기준이 되는 '기준요소'로서 모델링 과정 전에 건물의 세부 치수에 해당하는 기준을 미리 작성하고자 할 때 편리하게 사용될 수 있습니다. '참조 평면'은 설계 진행에 맞춰 필요에 따라 순차적으로 작성하여 사용할 수 있지만 사례로 진행 되는 본 프로젝트에서는 작업의 편의를 위해 최종단계의 모델링 과정까지 필요한 '참조 평면'을 모두 작성해 놓도록 하겠습니다.

01 1층 평면도를 활성화합니다. [건축] 탭 〉 [작업 기준면] 패널 〉 [참조 평면] (단축키 : RP)을 클릭합니다.

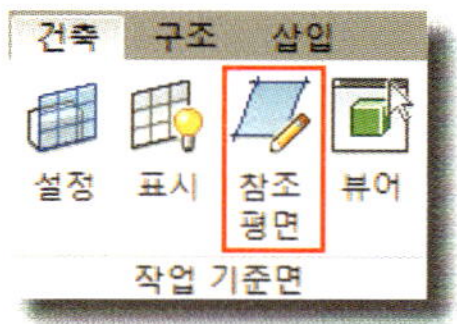

02 [수정 | 배치 참조 평면] 탭 〉 [그리기] 패널 〉 [선]을 클릭합니다.

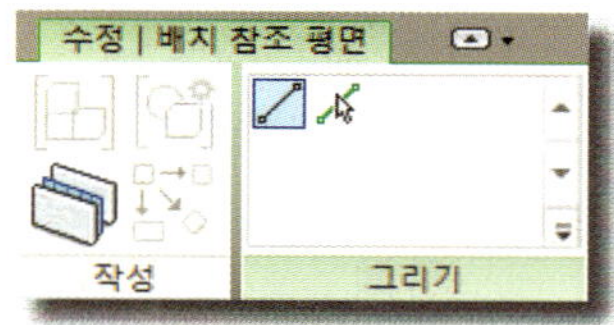

03 아래 그림과 같이 시작점을 클릭한 후 shift 키를 누른 상태로 끝점을 클릭합니다. Y4 그리드 선과의 간격이 '2400'이 되도록 임시 치수 값을 선택한 후 '2400'을 입력합니다.

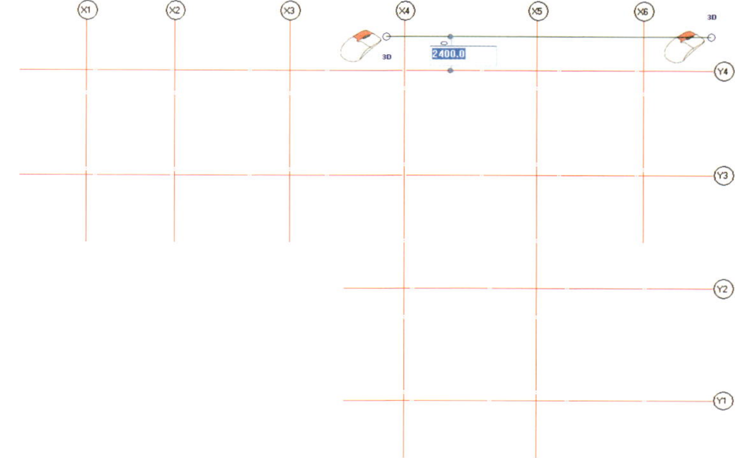

04 [선 선택] 사용하면 편리하게 '참조 평면'을 작성할 수 있습니다.

[수정 | 배치 참조 평면] 탭 〉 [그리기] 패널 〉 [선 선택]을 클릭한 후 '참조 평면'이 작성될 근처에 위치한 그리드 선과의 간격을 고려하여 '옵션 창'에 '간격띄우기' 값을 입력합니다. 그리드 위쪽으로 마우스 커서를 위치시키면 '간격띄우기' 값만큼 옵셋된 '참조 평면' 선이 생성됩니다.

05 [수정 | 배치 참조 평면] 탭 〉 [그리기] 패널 〉 [선 선택]을 클릭한 후 '옵션 창'에 '간격띄우기'에 '600'을 입력합니다. 마우스 커서를 Y4 그리드 위에 위치시켜 '간격 띄우기'가 될 방향을 확인한 후 마우스 왼쪽 버튼을 클릭하여 '참조 평면'을 작성합니다.

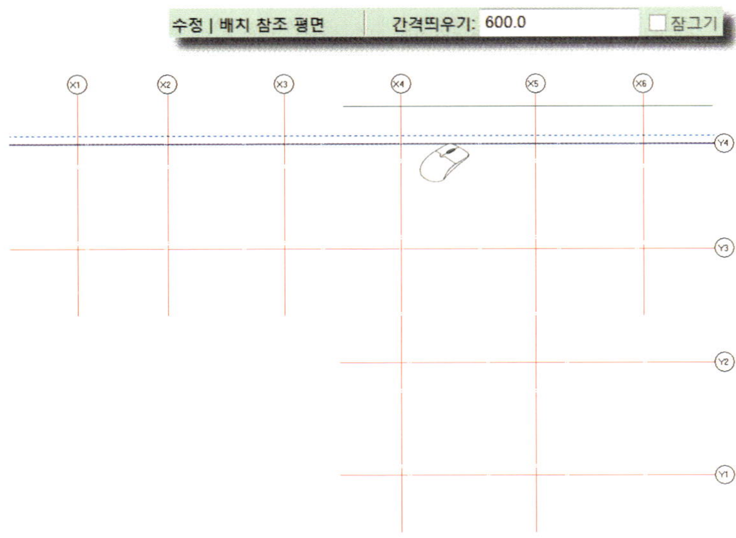

06 다음 페이지를 참고하여 '참조 평면'을 작성합니다.

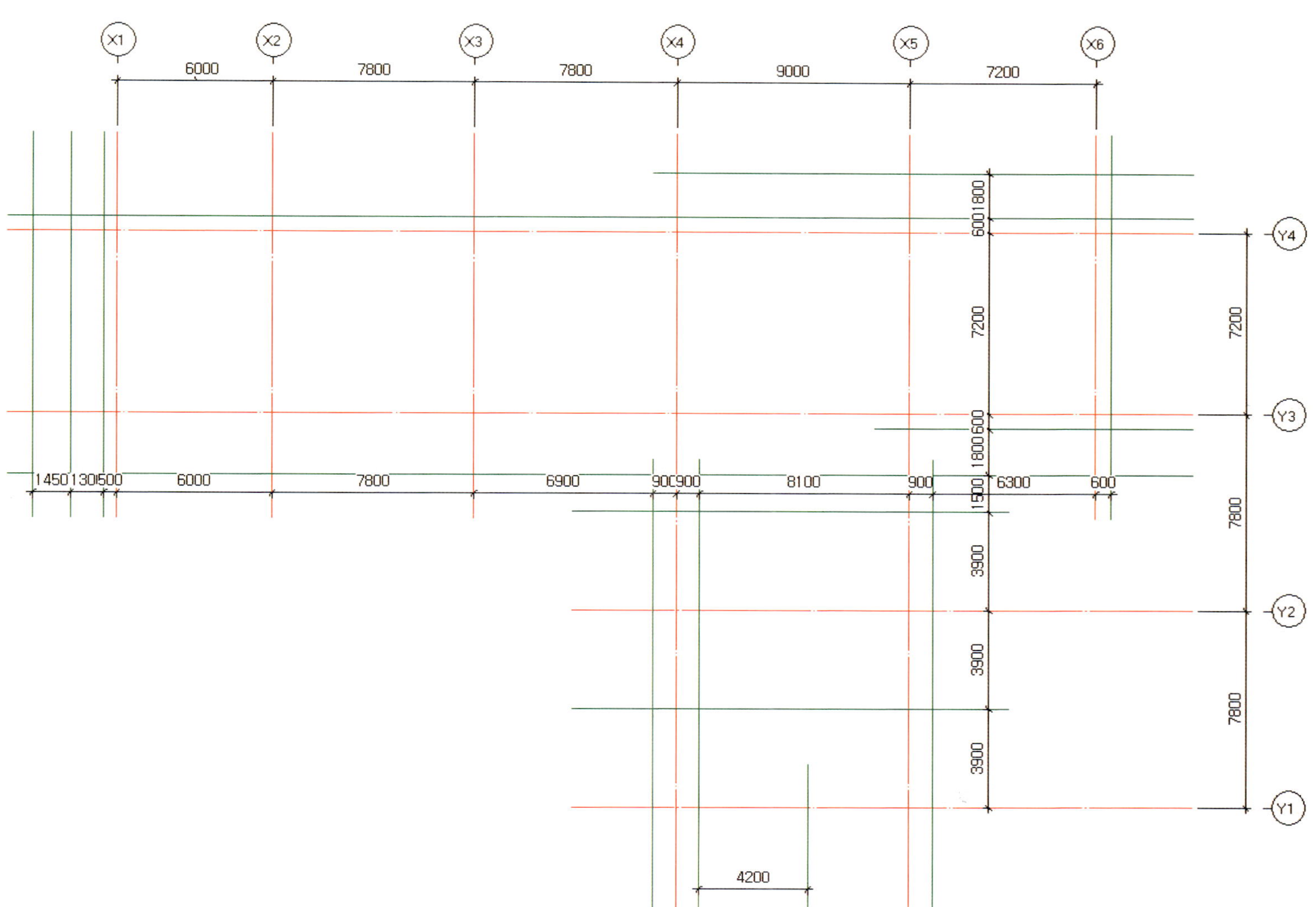
X1
X2
X3
X4
X5
X6
6000
7800
7800
9000
7200
Y4
Y3
Y2
Y1
1800
600
7200
600
1800
1500
3900
3900
3900
7200
7800
7800
1450
1300
500
6000
7800
6900
900
900
8100
900
6300
600
4200

Step 02 기본 매스 작성

01 [매스작업 & 대지] 탭 〉 [개념 매스] 패널 〉 [매스 양식 및 바닥 표시]를 선택하여 매스 작업 결과물이 화면상에 보이도록 설정합니다.

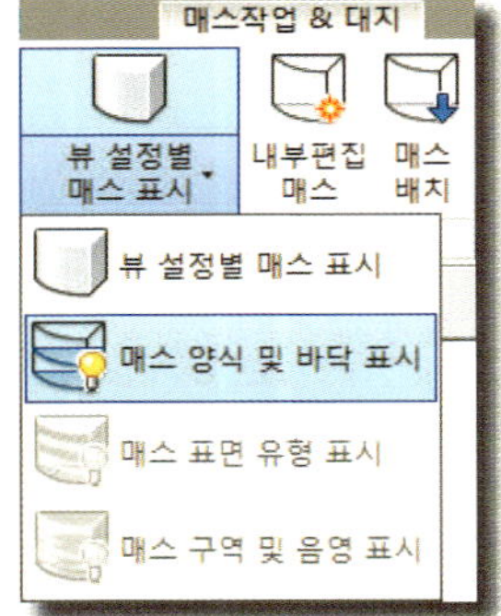

02 [매스작업 & 대지] 탭 〉 [개념 매스] 패널 〉 [내부편집 매스]를 클릭합니다.

03 [이름] 대화상자가 나타납니다. 이름에 '기본매스'를 입력합니다.

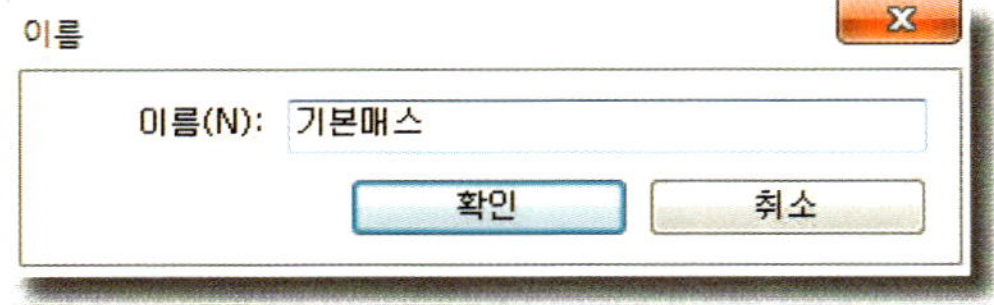

04 [수정] 탭 〉 [그리기] 패널 〉 [선] 클릭

05 [수정 | 배치 선] 탭 〉 [그리기] 패널 〉 [선] 아이콘을 이용하여 1층 평면도에 아래 그림과 같이 스케치를 작성합니다. 솔리드 매스를 작성하기 위해서는 작성한 스케치가 폐곡선이 되어야 합니다. 각 선들의 시작점과 끝점이 정확히 일치하도록 꼼꼼히 작성합니다.

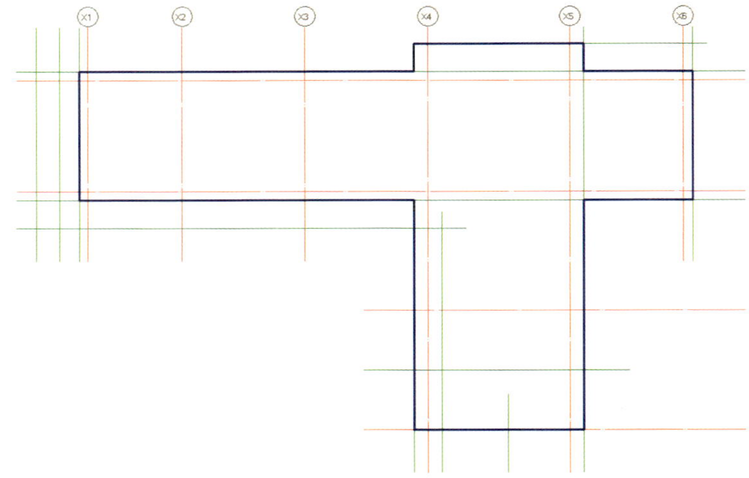

06 [프로젝트 탐색기]의 {3D} 뷰를 더블클릭하거나, [뷰] 탭 〉 [작성] 패널 〉 [3D 뷰] 하위메뉴의 [기본 3D 뷰]를 선택합니다.

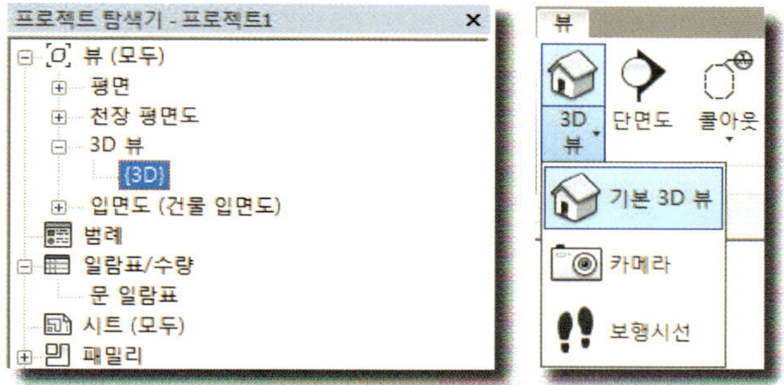

07 3D 뷰가 활성화 됩니다.

08 마우스를 드래그하여 작성된 선을 모두 선택합니다.

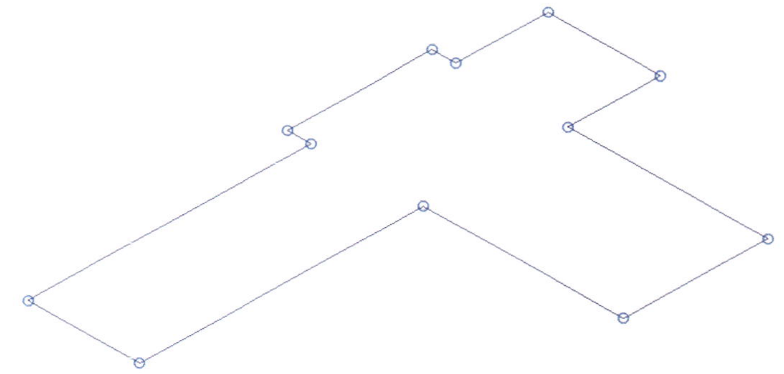

09 [수정 | 선] 탭 〉 [양식] 패널 〉 [양식작성] 하위메뉴에서 [솔리드 양식]을 선택합니다.

10 폐곡선으로 스케치된 도형이 면으로 돌출되어 솔리드 매스가 작성됩니다. 작성된 솔리드 볼륨 의 높이 값을 더블 클릭하여 '10000'을 입력합니다.

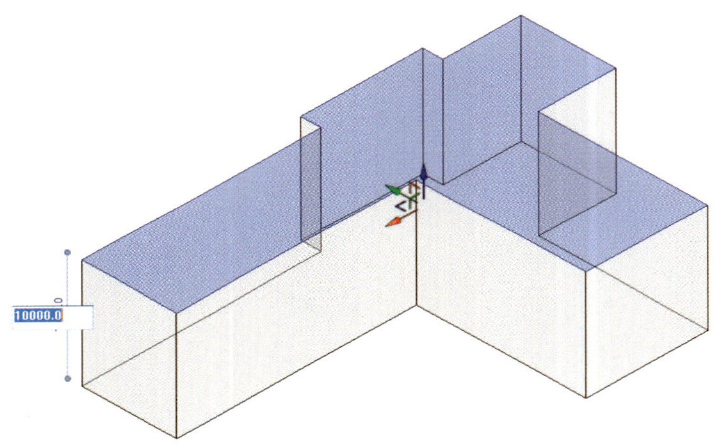

TIP

단축키 W T를 누르거나, [뷰] 탭 > [창] 패널 > [타일]을 클릭하면 작업 창들이 타일 모양으로 정돈되어 배치됩니다.

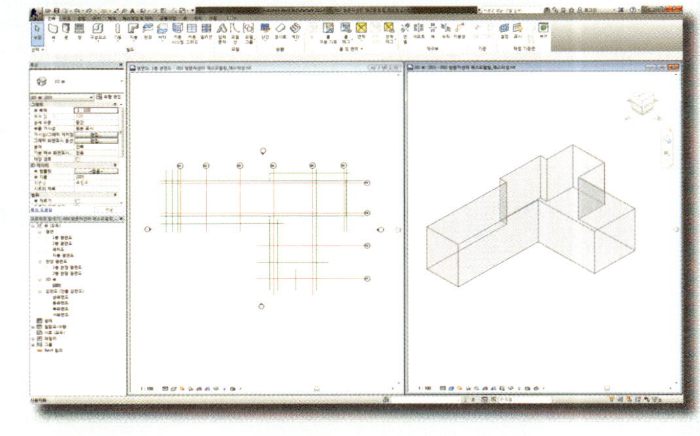

11 [수정 | 양식] 탭 〉 [내부편집기] 패널 〉 ✔ [매스완료]를 클릭하여 기본매스 작업을 종료합니다.

Step 03 기본 매스 수정

01 3D 뷰를 활성화한 후 작성된 기본 매스를 선택합니다.

TIP

작성된 매스가 보이지 않을 경우 [매스작업 & 대지] 탭 > [개념 매스] 패널 > [매스 양식 및 바닥 표시]를 선택하여 매스 작업 결과물이 화면상에 보이도록 설정합니다.

02 매스 선택 후 [수정 | 매스] 탭 〉 [모델] 패널 〉 [내부 편집]을 클릭하거나, 화면상의 매스를 더블 클릭하면 작성된 매스가 편집 가능한 상태로 전환됩니다.

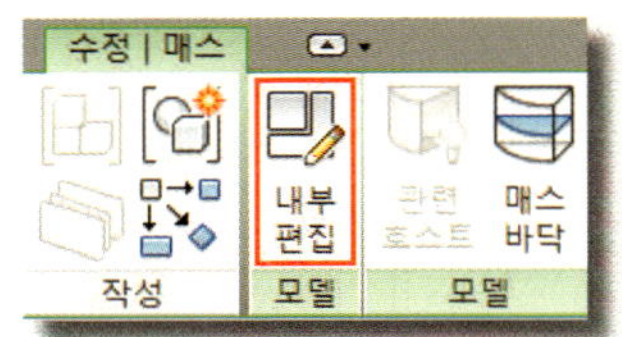

03 매스 상단의 동측 모서리를 선택합니다. 모서리 위에 마우스 커스를 위치시킨 후 키보드 tab 키를 누르면 선택 가능한 영역이 순차적으로 전환되며 나타납니다.

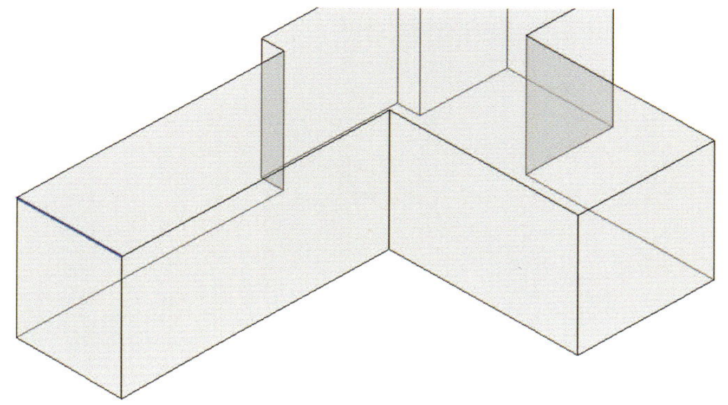

04 활성화되는 임시치수 값에 '23950'을 입력하여 경사진 매스를 작성합니다.

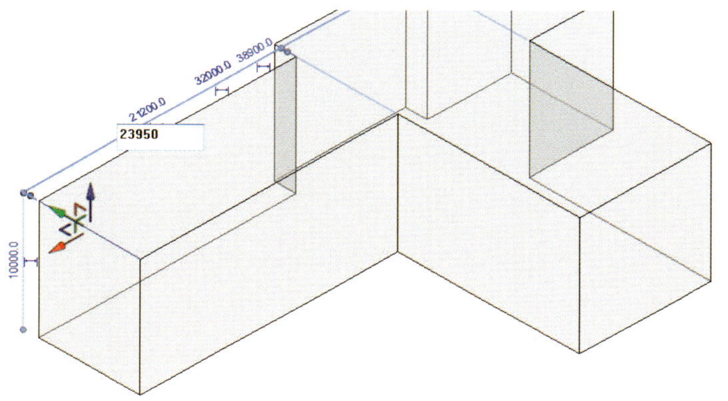

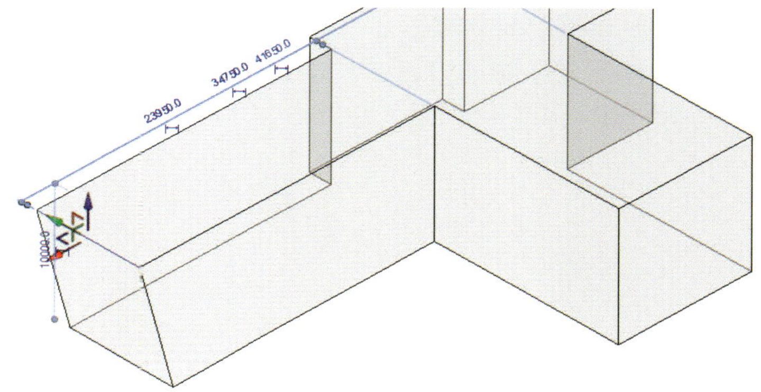

05 [수정 | 양식] 탭 〉 [내부편집기] 패널 〉 [매스완료] ✔를 클릭하여 매스 수정 작업을 종료합니다.

Step 04 '보이드 양식'을 이용한 매스 편집 A

01 [내부 편집]을 클릭하거나, 매스모델을 더블클릭하여 편집 가능한 상태로 전환합니다.

02 [수정 | 배치 선] 탭 〉 [그리기] 패널 〉 [직사각형] 아이콘을 선택합니다.

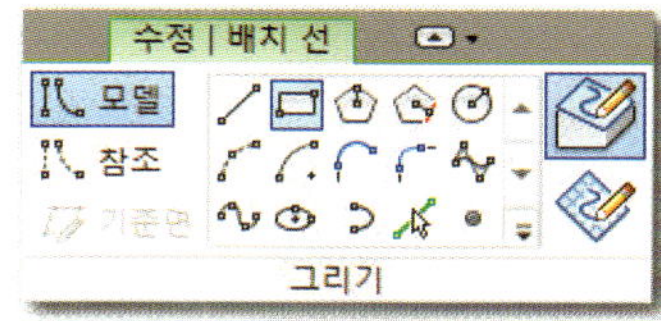

03 마우스 커서를 매스 윗부분으로 가져가면 지붕 층 표면의 외곽선이 강조 표시되는 것을 볼 수 있습니다. 이때 아래 그림과 같이 남측 돌출부에 직사각형을 스케치 합니다.

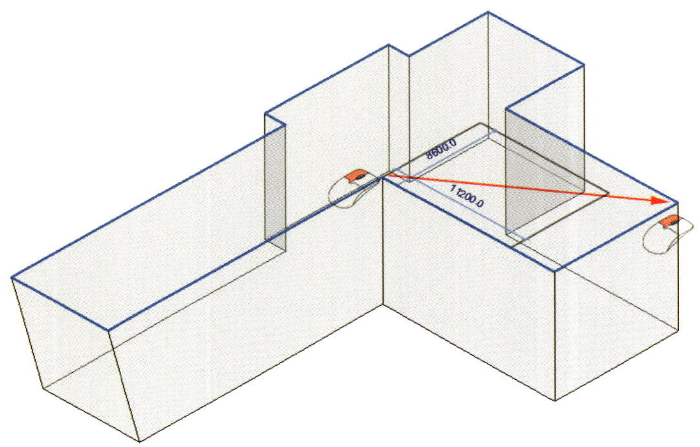

TIP

02번 항목의 리본을 보면 현재 그리기 기준면이 [면에 그리기]에 설정되어 있는것을 알 수 있습니다. [작업 기준면에 그리기]와 달리 [면에 그리기]를 활성화하여 그리기 작업을 진행하면 커서가 표면 위를 움직일 때 원하는 표면이 강조 표시됩니다. 이때 그리기 도구를 이용하여 표면에서 직접 스케치를 할 수 있습니다.

'지붕 평면도'에서 [옵션 막대]의 '배치 기준면'을 '레벨 : 지붕'으로 설정한 후 스케치를 진행해도 같은 결과물이 작성됩니다.

04 작성된 선을 모두 선택합니다.

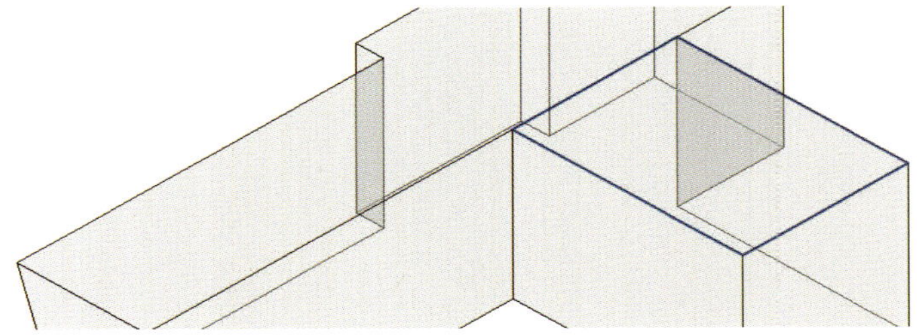

05 [수정 | 선] 탭 〉 [양식] 패널 〉 [양식작성] 〉 [보이드 양식]을 클릭합니다.

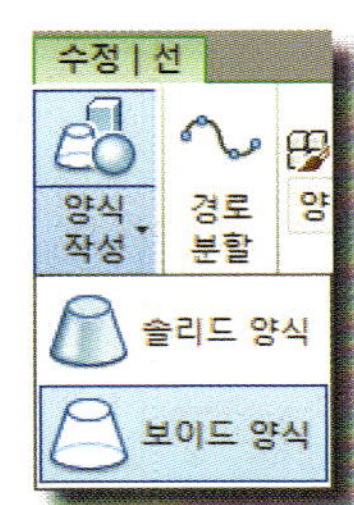

06 작성된 보이드 양식에 활성화되는 임시치수 값을 더블클릭하여 '600'을 입력합니다.

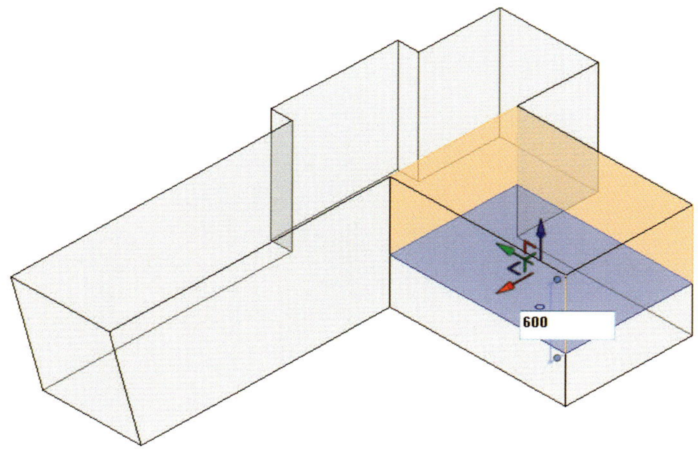

07 보이드 양식으로 작성된 매스만큼 기본 매스가 삭제됩니다.

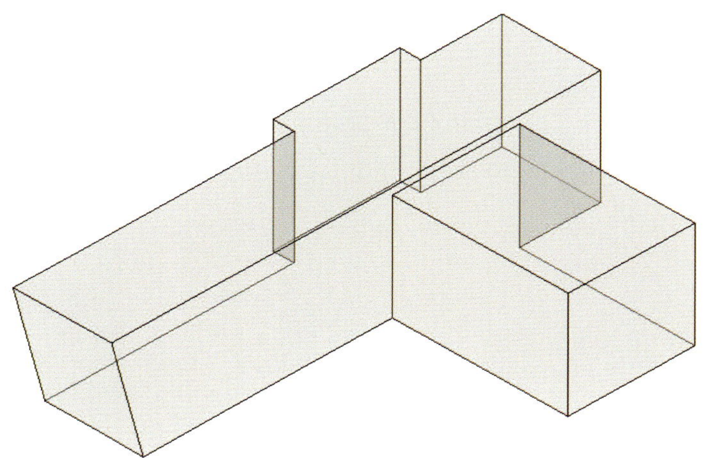

08 같은 방법으로 북측 돌출부의 매스를 편집합니다.

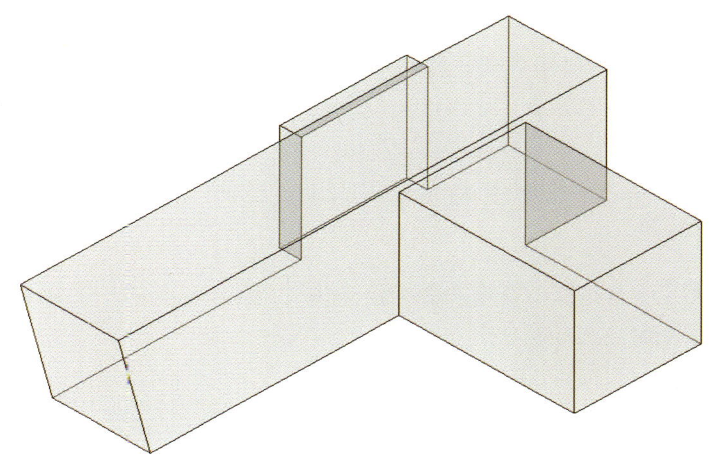

09 [수정 | 양식] 탭 〉 [내부편집기] 패널 〉 ✔ [매스완료]를 클릭하여 매스 수정 작업을 종료합니다.

Step 05 '보이드 양식'을 이용한 매스 편집 B

01 3D 뷰에서 매스를 [내부 편집] 상태로 전환한 후 1층 평면도를 활성화 합니다.

02 [수정 | 배치 선] 탭 〉 [그리기] 패널 〉 [선]을 선택합니다.

03 옵션막대의 '배치 기준면'을 '레벨 : 1층'으로 설정한 후 아래 그림과 같이 스케치를 작성합니다.

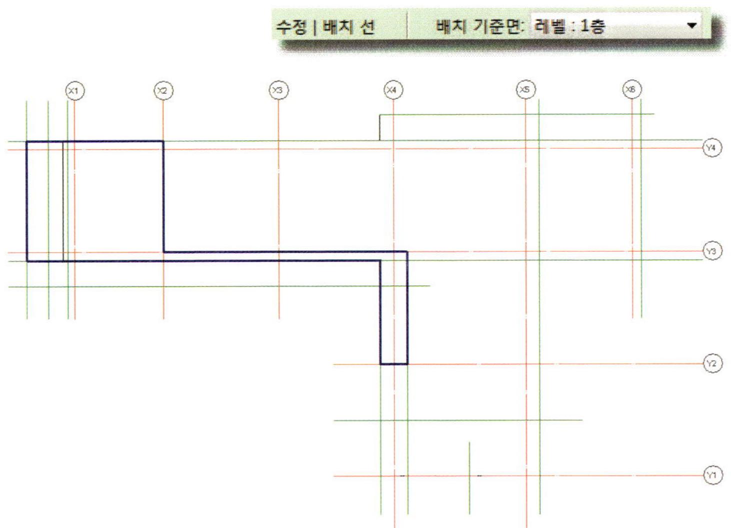

04 3D 뷰에서 마우스를 드래그하여 작성된 스케치 선을 모두 선택합니다.

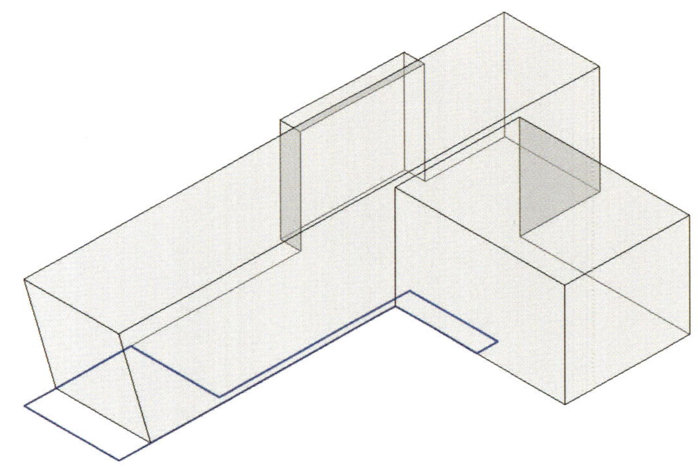

05 [수정 | 선] 탭 〉 [양식] 패널 〉 [양식작성] 〉 [보이드 양식]을 클릭한 후 작성된 보이드 볼륨의 높이 값을 더블 클릭하여 '4200'을 입력합니다.

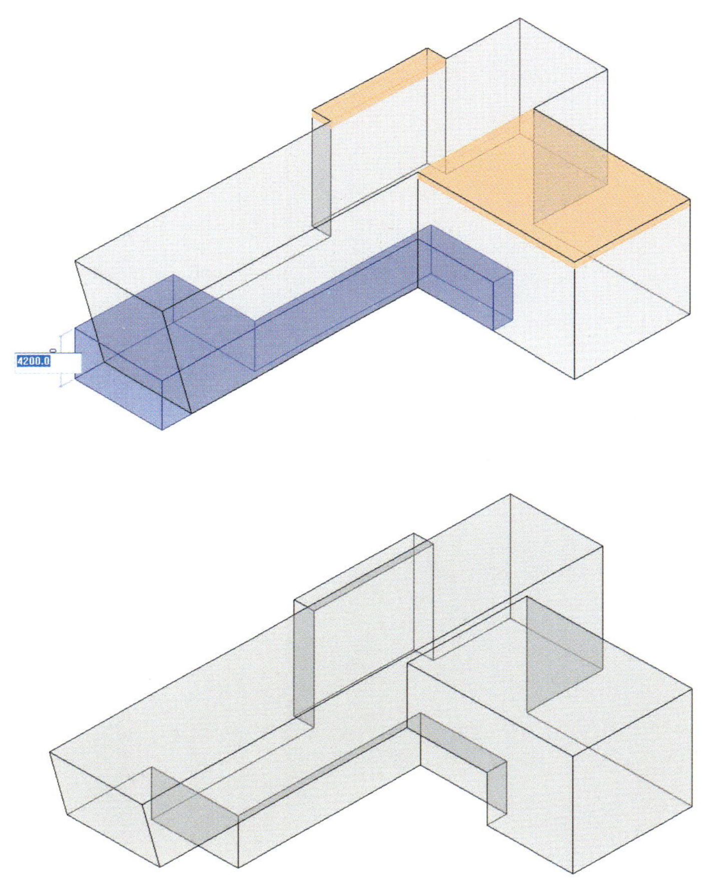

06 [보이드 양식]을 이용한 매스 편집 방법을 활용하여 아래에서 제시되는 그림과 같이 전체 매스를 수정합니다.

TIP

> *[솔리드 양식], [보이드 양식] 작성에 사용되는 스케치 선은 반드시 폐곡선이어야 하며, 한 번에 하나의 폐곡선만 선택하여 양식작성이 가능합니다.*

07 남측돌출부 매스 편집

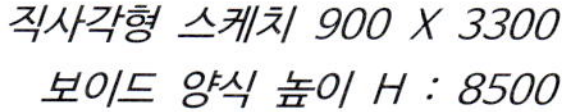

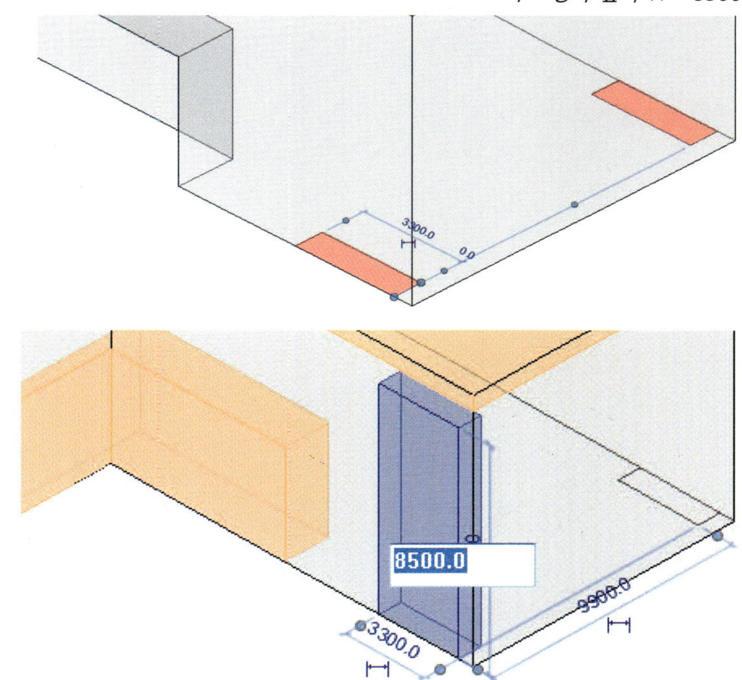

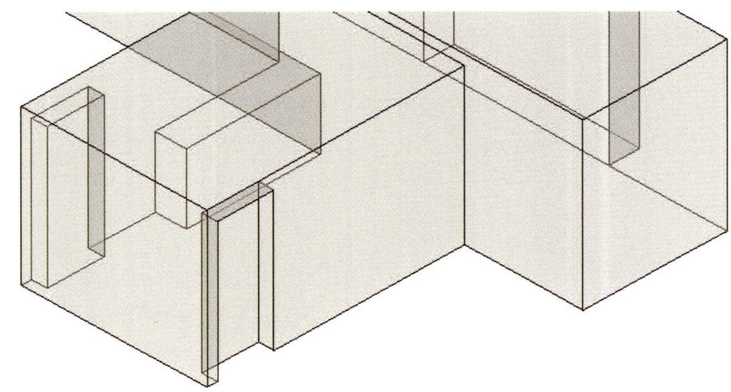

08 북측돌출부 매스 편집

보이드 양식 높이 H : 4200

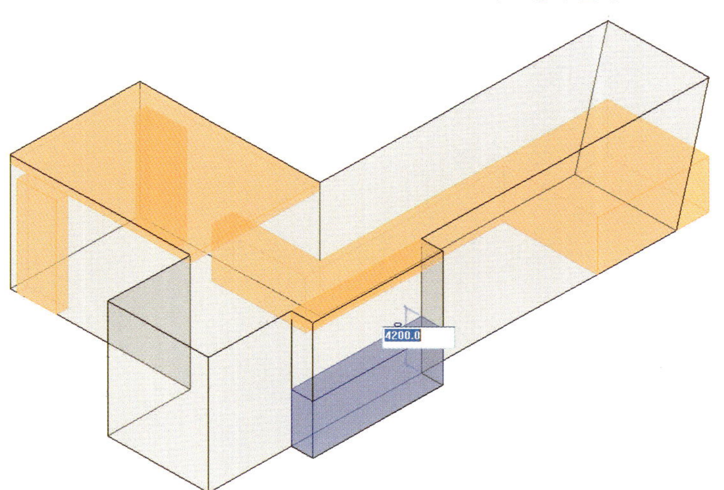

09 1층 입면부 매스 편집

보이드 양식 높이 H : 4200

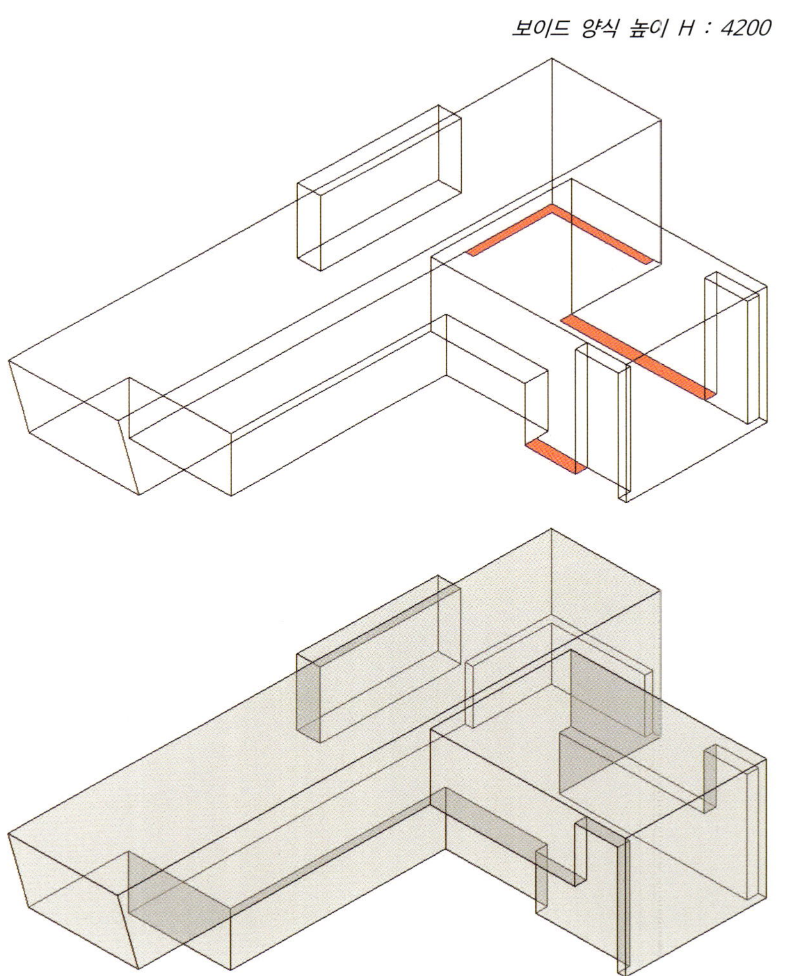

10 2층 입면부 매스 편집

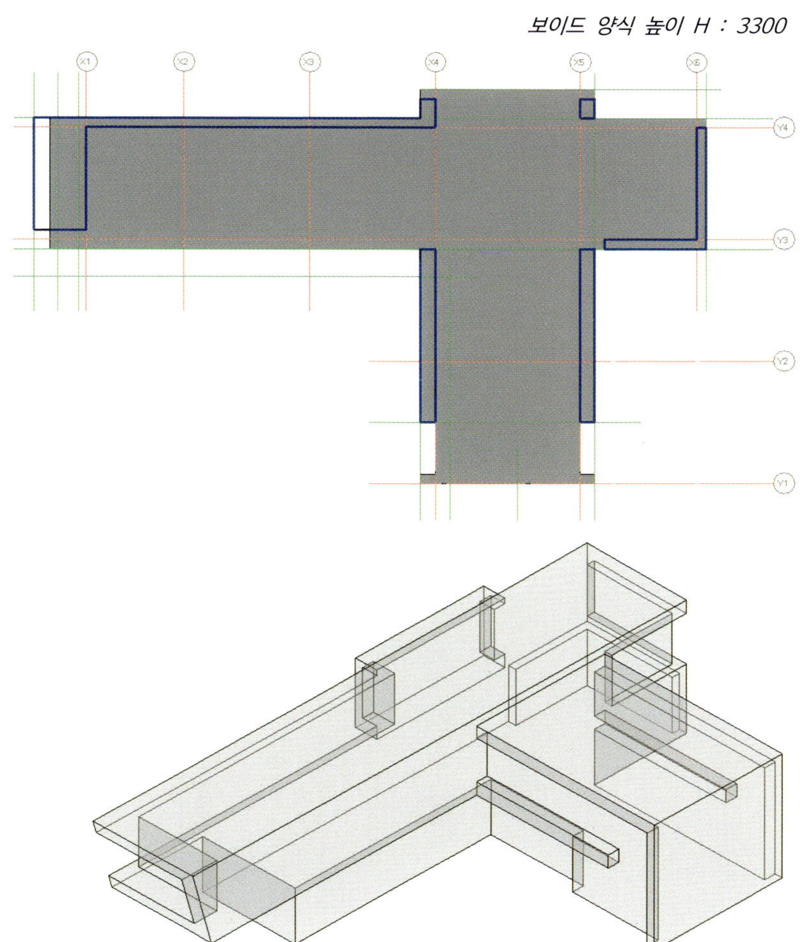

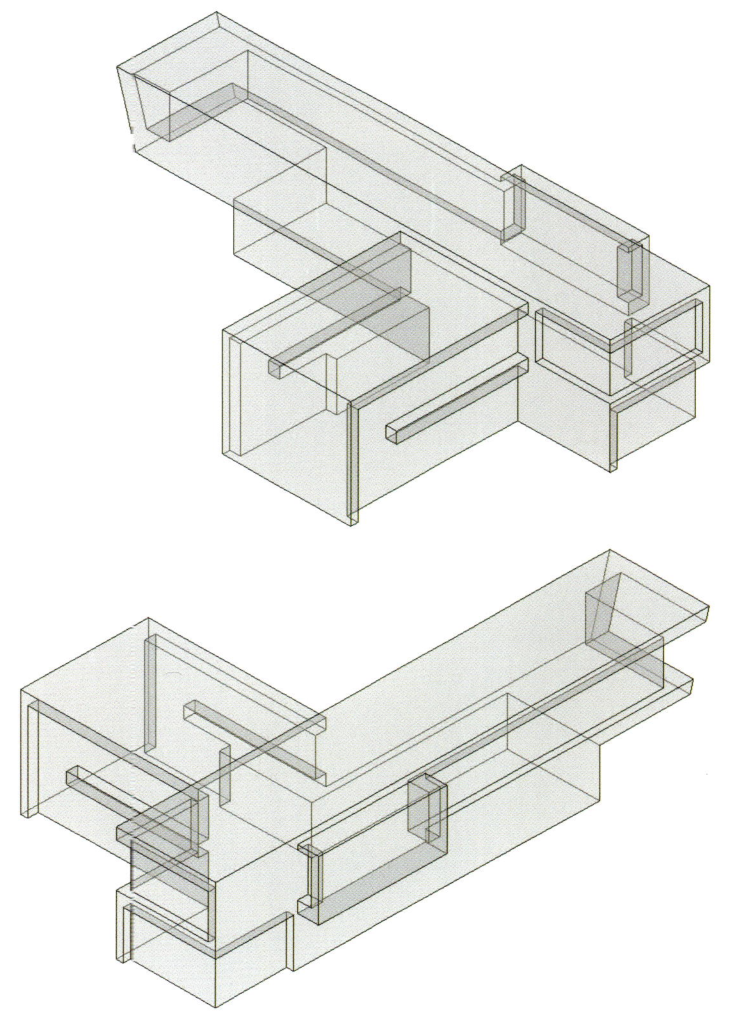

Step 06 형상 결합을 이용한 매스 편집

01 매스 [내부편집]을 활성화한 후 1층 평면도에서 아래와 같이 스케치를 작성합니다.

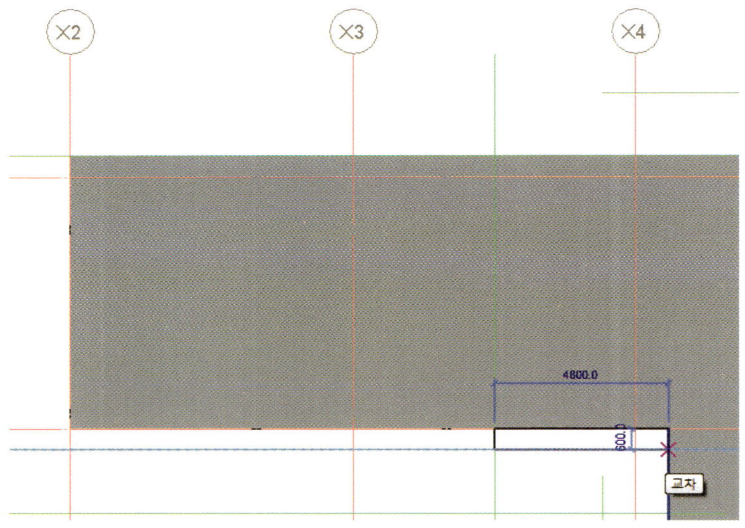

02 3D 뷰에서 작성한 선을 모두 선택합니다. [수정 | 선] 탭 〉 [양식] 패널 〉 [양식작성] 〉 [솔리드 양식]을 클릭합니다.

03 작성된 솔리드 볼륨의 높이 값을 더블 클릭하여 '4200'을 입력합니다.

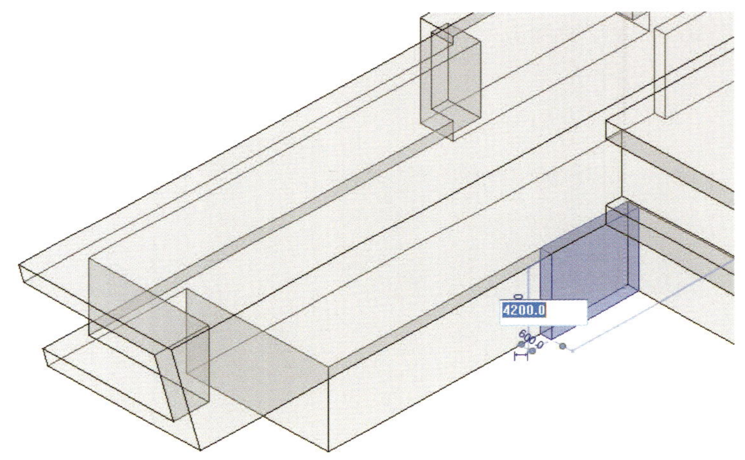

04 작성된 매스의 하단모서리를 선택한 후 활성화되는 임시 치수 값에 '3500'을 입력하여 아래 그림과 같이 매스를 수정합니다.

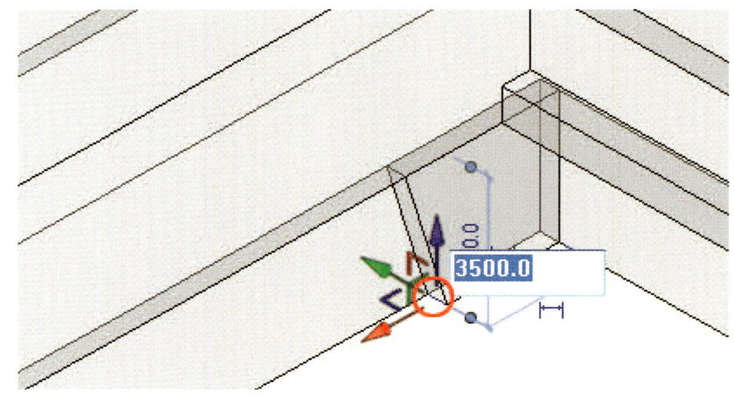

05 [수정] 탭 〉 [형상] 패널 〉 [결합]을 클릭합니다.

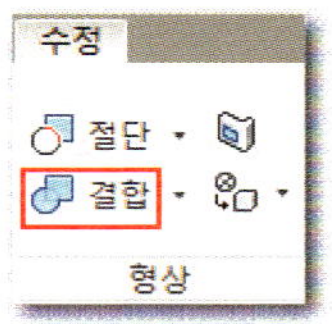

06 먼저 기존 매스를 선택한 후 새로 작성한 매스를 선택하면 하나의 매스로 결합됩니다.

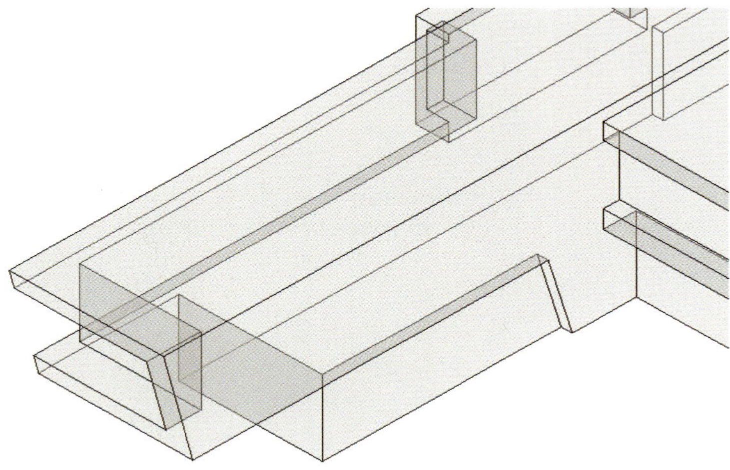

07 [수정 | 양식] 탭 〉 [내부편집기] 패널 〉 [매스완료]를 클릭하여 매스 편집 작업을 종료합니다.

Step 07 페인트를 이용한 매스 재질 적용

01 3D 뷰를 활성화한 후 [수정] 탭 〉 [형상] 패널 〉 [페인트] (단축키 : PT)를 클릭합니다.

02 [재료 탐색기] 대화상자가 나타납니다. '기본 매스 유리' 재질을 선택한 후 [완료] 버튼을 클릭합니다.

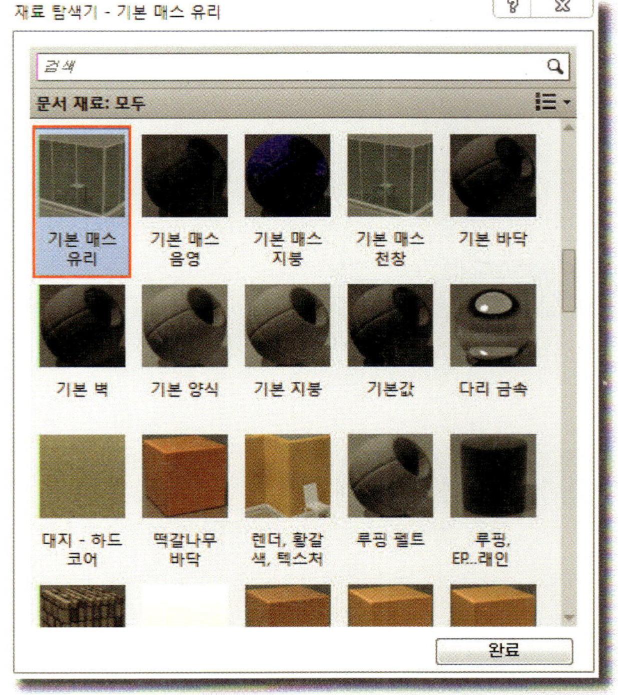

03 작성된 매스 위에 마우스 커서를 위치시키고 tab 키를 누르면 활성화되는 면이 전환됩니다. 커튼월로 계획될 표면에서 마우스를 클릭하여 유리 재질을 적용합니다.

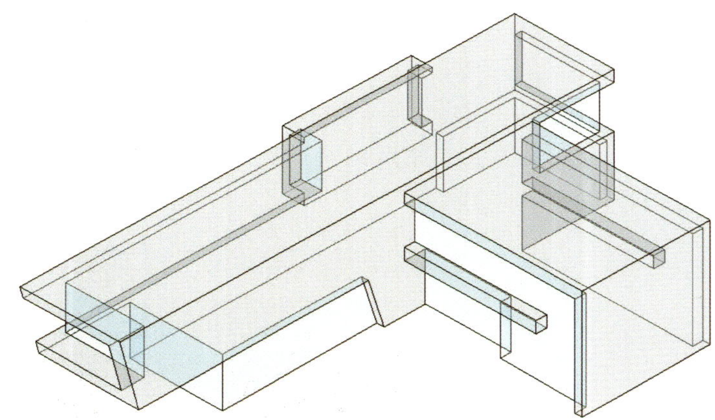

LESSON 07 매스 면 기반 모델링

앞에서 작성한 매스모델의 외부 면을 활용하여 마감 재료를 적용합니다.

Step 01 매스 바닥 작성

01 3D 뷰를 활성화한 후 매스를 선택합니다. [수정 | 매스] 탭 〉 [모델] 패널 〉 [매스 바닥]을 클릭합니다.

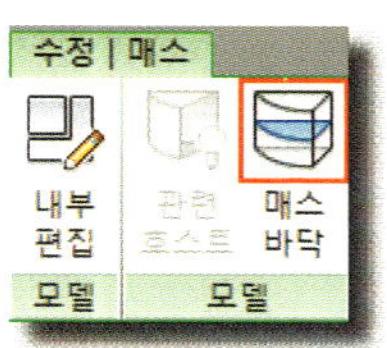

02 [매스 바닥] 대화상자가 나타납니다. '1층', '2층'을 선택한 후 [확인] 버튼을 클릭하면 매스 바닥이 작성됩니다.

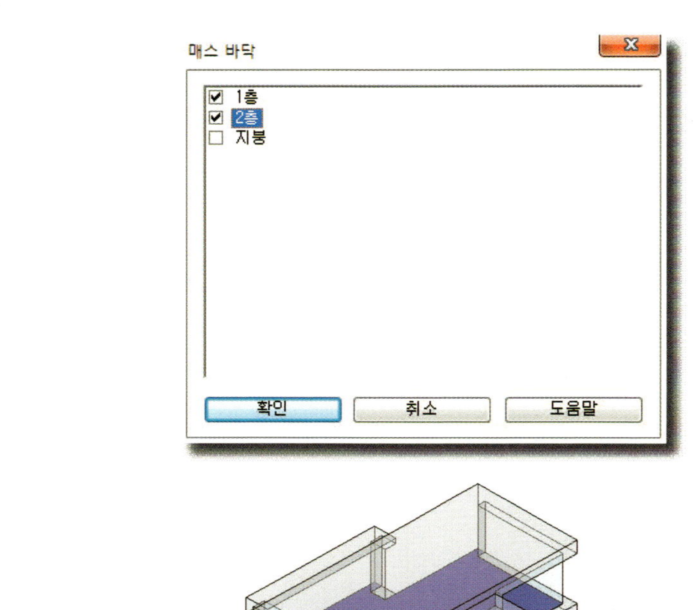

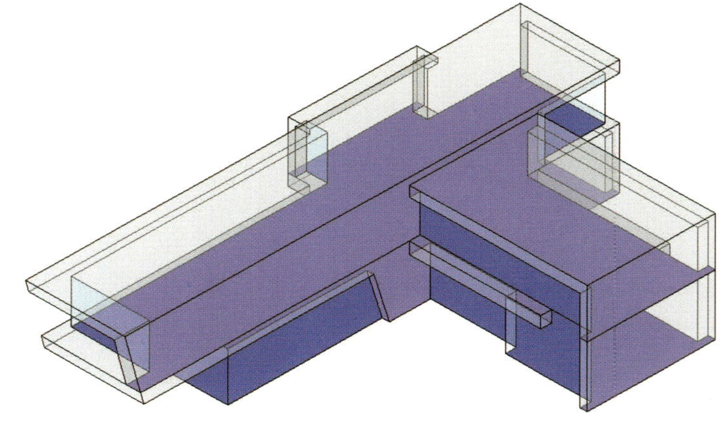

Step 02 바닥 모델링

01 [매스작업 & 대지] 탭 〉 [면으로 모델링] 패널 〉 [바닥]을 클릭합니다.

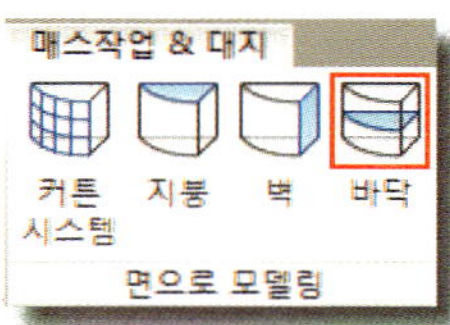

02 [유형 탐색기]를 클릭하여 바닥 유형을 '바닥-일반 150mm'로 지정합니다. 3D 뷰에서 마우스를 드래그하여 매스 바닥을 선택합니다.

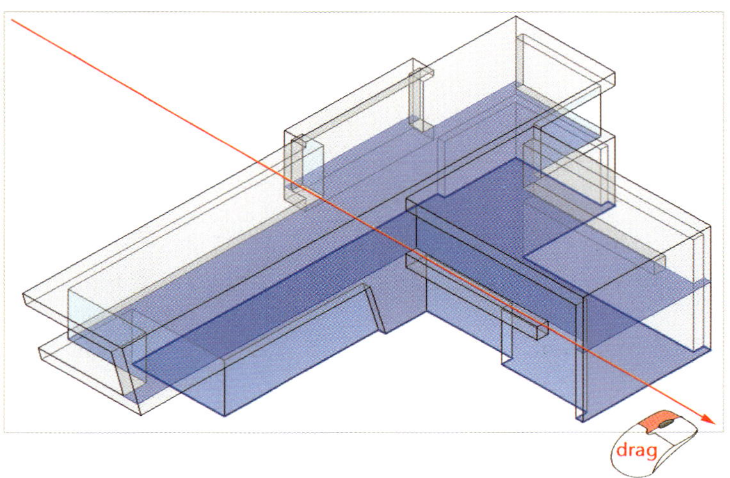

03 [수정 | 면으로 바닥 배치] 탭 〉 [다중 선택] 패널 〉 [바닥 작성]을 클릭합니다.

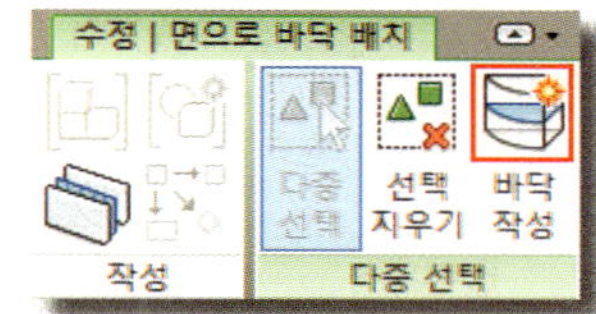

04 바닥 모델이 작성됩니다.

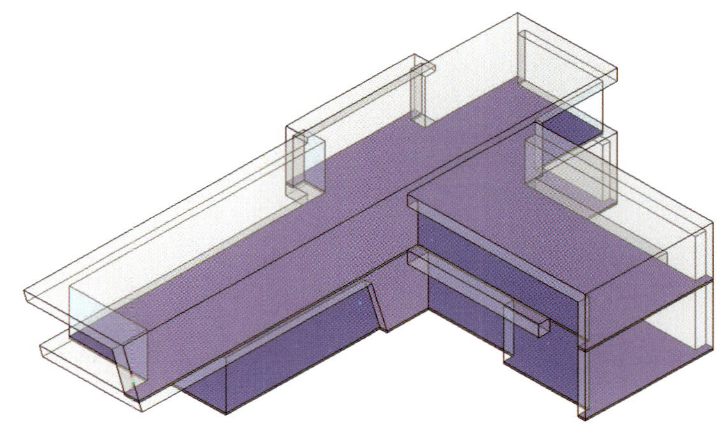

Step 03 목재 벽 재료 편집 및 모델링

01 [매스작업 & 대지] 탭 〉 [면으로 모델링] 패널 〉 [벽]을 선택합니다.

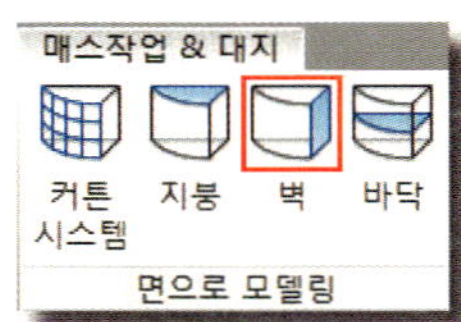

02 [수정 | 배치 벽] 탭 〉 [그리기] 패널 〉 [면 선택]을 선택합니다.

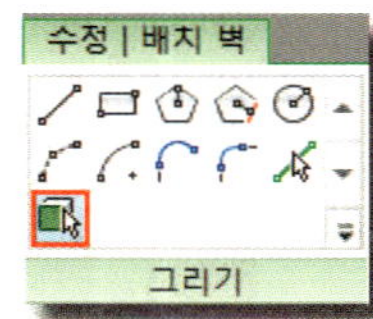

03 [유형 탐색기]를 클릭하여 벽 유형을 '기본 벽 : 일반 200mm'로 지정합니다.

04 [옵션 막대]의 '위치선'을 '마감벽 : 외부'로 설정합니다.

05 [특성] 창의 [유형 편집]을 클릭합니다.

06 [유형 특성] 대화상자의 [복제] 버튼을 클릭합니다. [이름] 대화상자에 '목재마감벽 - 200mm'를 입력하여 복제합니다.

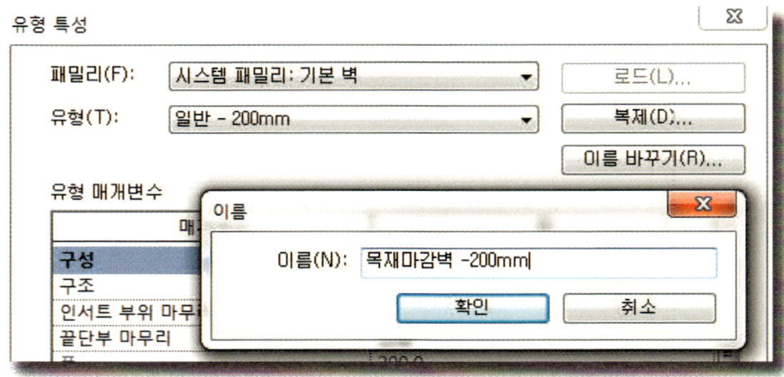

07 [유형 특성] 대화상자 '구조' 매개변수의 [편집] 버튼을 클릭합니다.

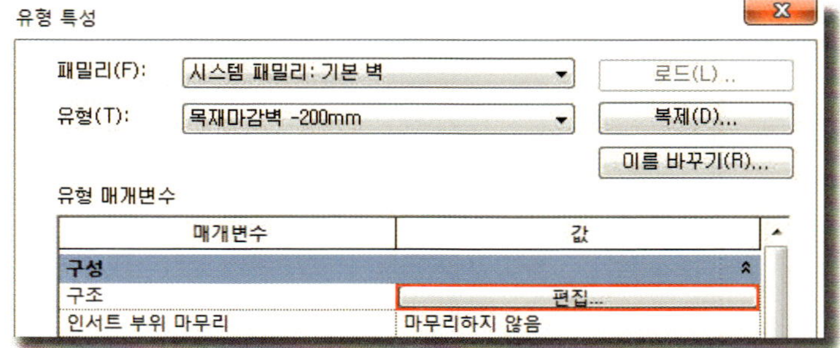

08 [조합 편집] 대화상자 재료 목록의 ⊡ '기본 벽'을 클릭합니다.

09 [재료 탐색기] 대화상자가 나타납니다. '목재 - 티크, 폭' 재료를 마우스 오른쪽 버튼을 클릭한 후 '복제'를 선택합니다.

10 복재된 '목재 - 티크, 폭(1)'을 마우스 오른쪽 버튼을 클릭한 후 '이름 바꾸기'를 선택합니다.

11 복제된 재료의 이름을 '목재 마감벽'으로 변경합니다.

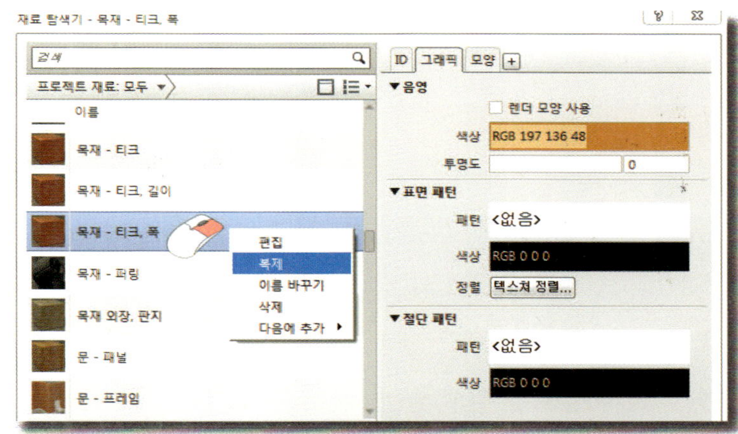

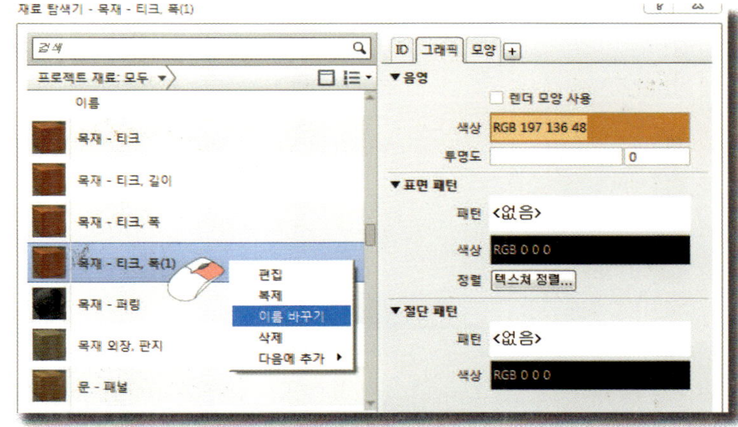

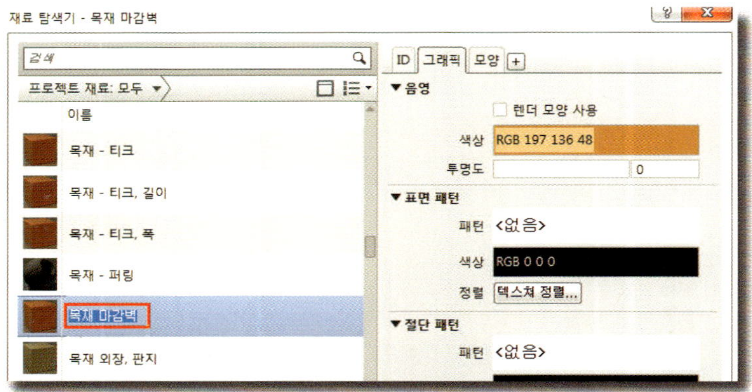

12 [재료 탐색기] 대화상자 오른쪽 상단의 [그래픽] 탭을 클릭합니다. '표면 패턴' 항목의 〈없음〉을 선택합니다.

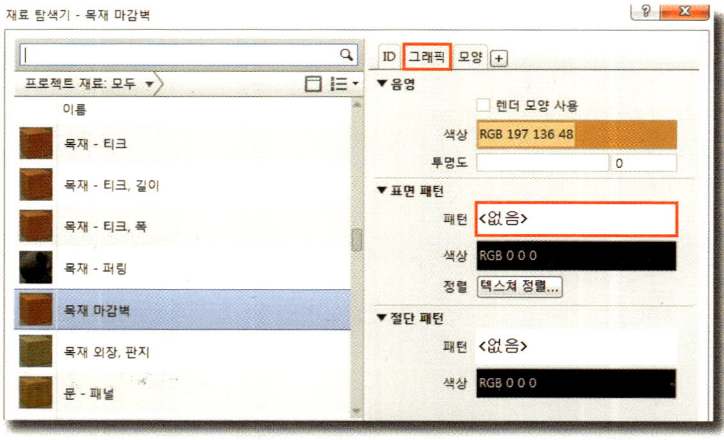

13 [채우기 패턴] 대화상자가 나타나면 '패턴 유형'을 '모델'로 체크합니다. '75mm 수직' 패턴을 선택한 후 [편집] 버튼을 클릭합니다.

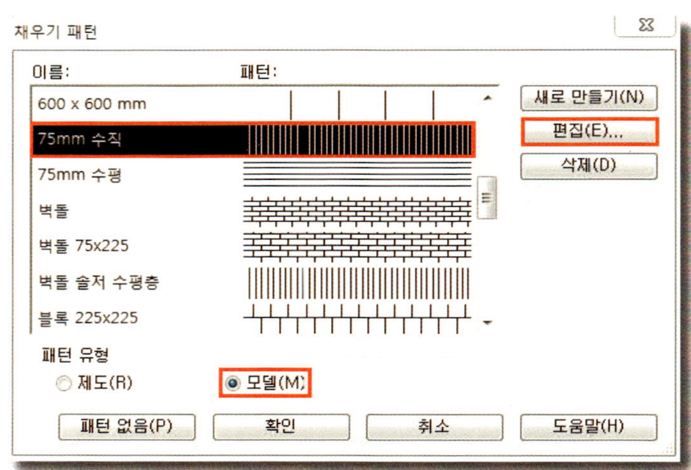

14 [패턴 특성 수정] 대화상자가 나타나면 '이름'을 '150mm 수직'으로 수정합니다. '평행선' 항목을 체크한 후 '선 각도', '선 간격(1)'에 각각 '90', '150mm'를 입력합니다. 대화상자들의 [확인] 버튼을 순차적으로 클릭합니다.

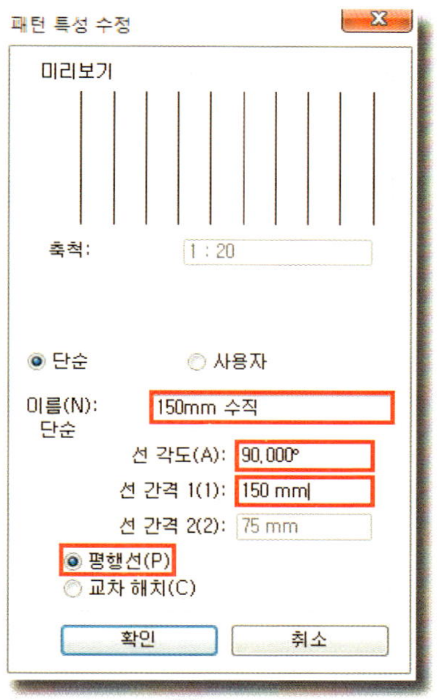

15 '표면 패턴'에 수정된 패턴이 반영된 것을 확인할 수 있습니다. [확인] 버튼을 순차적으로 클릭합니다.

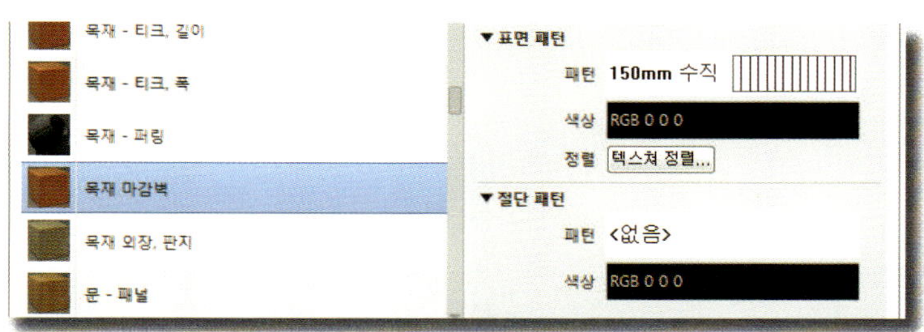

16 3D 뷰에서 작성된 매스 면을 선택하면 편집한 재료가 반영된 벽 요소가 작성됩니다. 아래의 그림을 참조하여 '목재 마감 벽'을 작성합니다.

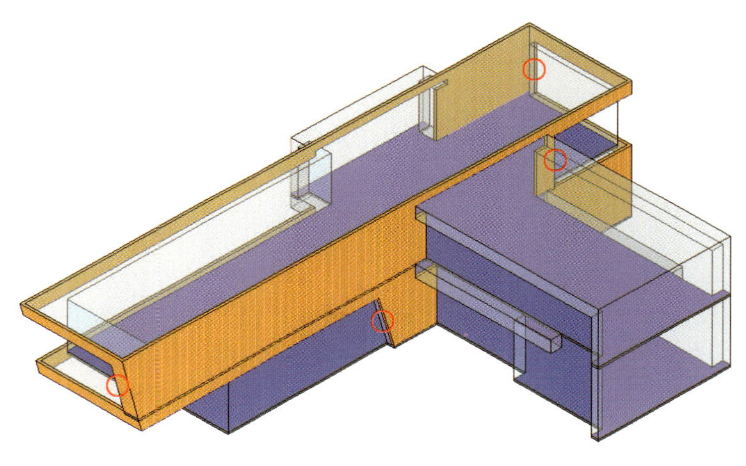

TIP

벽 요소가 작성되지 않은 영역에는 뒤에서 설명할 '룸 태그'가 정확히 배치되지 않습니다. 위 그림에 체크된 매스 요철 부분의 틈새 면들도 꼼꼼히 선택하여 벽을 작성하도록 합니다.

Step 04 '알루미늄시트 마감 벽' 재료 편집 및 모델링

01 [매스작업 & 대지] 탭 〉 [면으로 모델링] 패널 〉 [벽]을 클릭합니다.

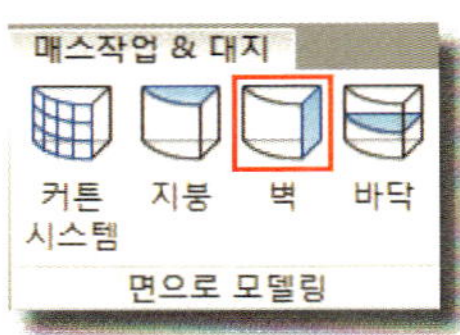

02 [수정 | 배치 벽] 탭 〉 [그리기] 패널 〉 [면 선택]을 선택합니다.

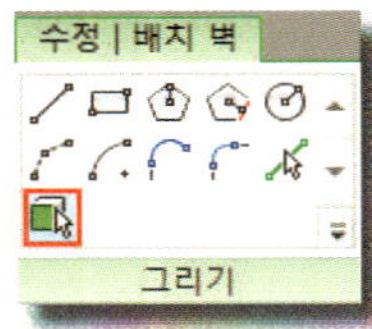

03 [유형 탐색기]를 클릭하여 벽 유형을 '목재 마감벽 - 200mm'로 지정한 후 [유형 편집] 버튼을 클릭합니다.

04 [유형 특성] 대화상자의 [복제] 버튼을 클릭합니다. [이름] 대화상자에 '알루미늄시트마감벽 - 200mm'를 입력하여 복제합니다.

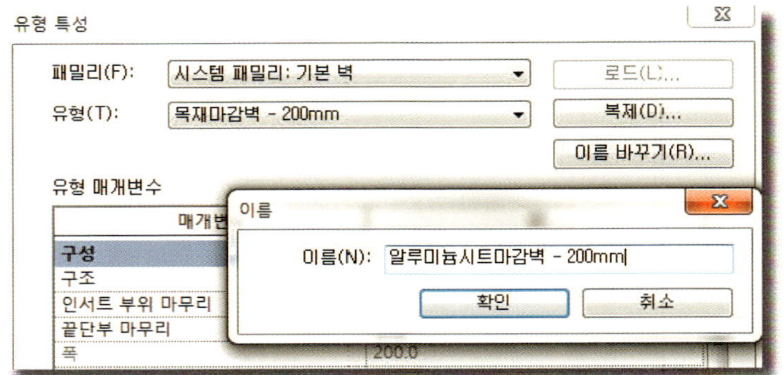

05 [유형 특성] 대화상자 '구조' 매개변수의 [편집] 버튼과 [조합 편집] 대화상자 재료 목록을 차례로 클릭하여 [재료 탐색기]를 불러옵니다.

06 [재료 탐색기] 대화상자의 '알루미늄' 재료를 복제한 후, 복제한 재료의 이름을 '알루미늄시트'로 변경합니다.

07 [재료 편집기] 대화상자의 '표면 패턴'을 '150mm 수직' 패턴으로 수정합니다.

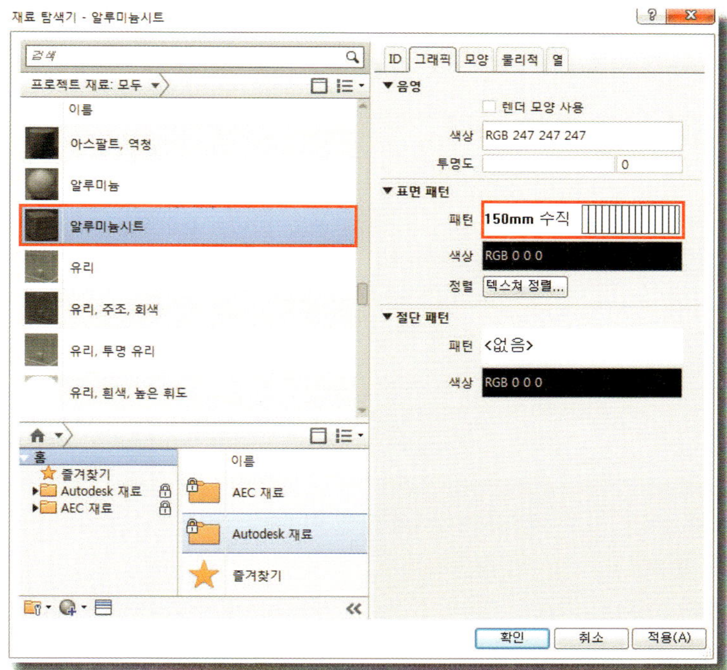

08 3D 뷰에서 '알루미늄시트' 재료가 적용될 매스 면을 선택하면 벽 요소가 작성됩니다. 아래의 그림을 참조하여 '알루미늄시트 마감 벽'을 작성합니다. 매스 요철 부분의 틈새 면들도 꼼꼼히 선택하여 벽을 작성하도록 합니다.

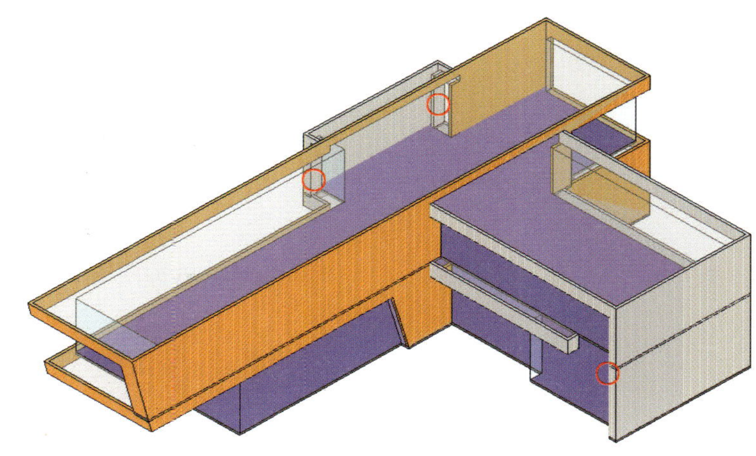

Step 05 지붕 모델링

01 [매스작업 & 대지] 탭 〉 [면으로 모델링] 패널 〉 [지붕] 버튼을 클릭합니다.

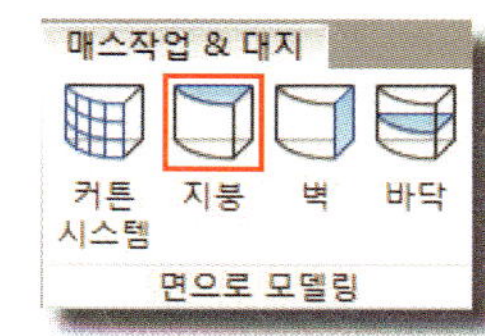

02 [유형 탐색기]에서 '기본 지붕 : 일반-125mm'을 지정한 후 [재료 탐색기]에서 '큰크리트'로 재료를 변경합니다.

03 매스의 지붕면을 선택한 후 [수정 | 면으로 지붕 배치] 탭 〉 [다중선택] 패널 〉 [지붕작성]을 클릭하여 지붕을 작성합니다.

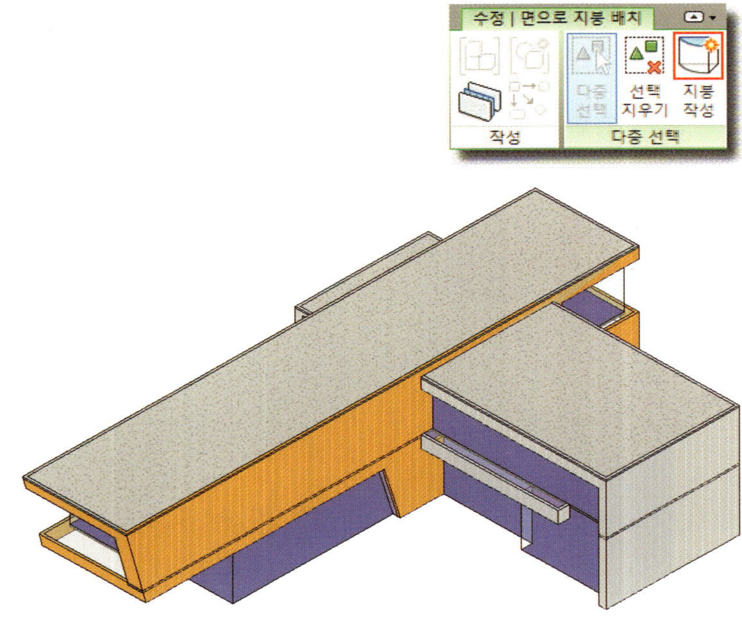

Step 06 커튼월 유형 편집 및 모델링

01 [매스작업 & 대지] 탭 〉 [면으로 모델링] 패널 〉 [벽]을 클릭합니다.

02 [수정 | 배치 벽] 탭 〉 [그리기] 패널 〉 [면 선택]을 클릭합니다.

03 [유형 탐색기]를 클릭하여 '커튼월'을 지정합니다.

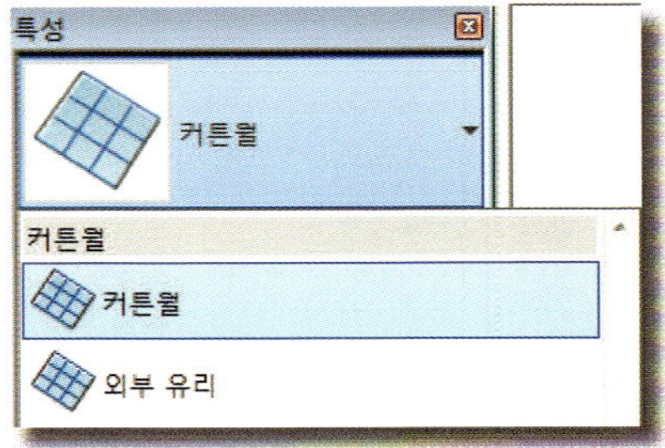

04 [유형 특성] 대화상자의 [복제]를 이용하여 '매스 커튼월' 유형을 복제합니다.

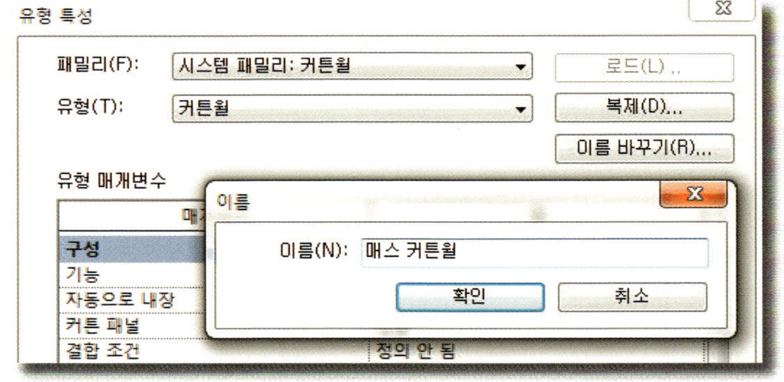

05 [유형 특성] 대화상자의 매개변수 값을 아래와 같이 수정합니다.

- '수직 그리드 패턴' : '배치 - 고정거리', '간격 - 900'으로 설정
- '수직 멀리언' : '내부유형 - 직사각형 멀리언 : 50 X 150mm' 선택

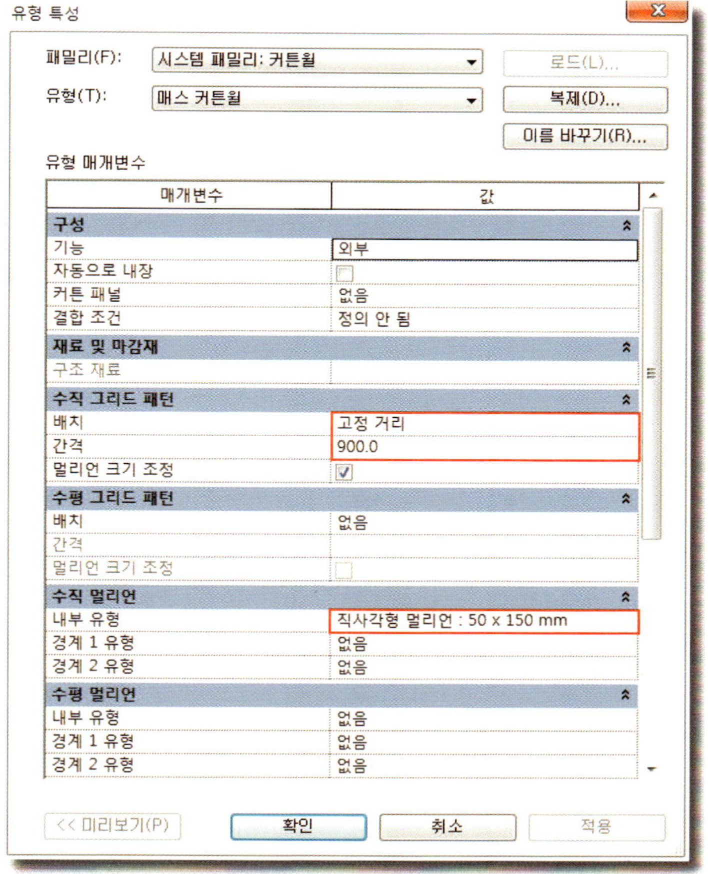

TIP

커튼월 작성 및 편집 방법에 관한 세부사항은 'PART 5 Architecture(Exterior) Modleing : Lesson 03 커튼월 작성 기초'에서 자세히 설명하도록 하겠습니다.

06 앞에서 '페인트'를 이용하여 '기본 매스 유리' 재료를 적용해뒀던 매스 면들을 선택하여 커튼월을 작성합니다.

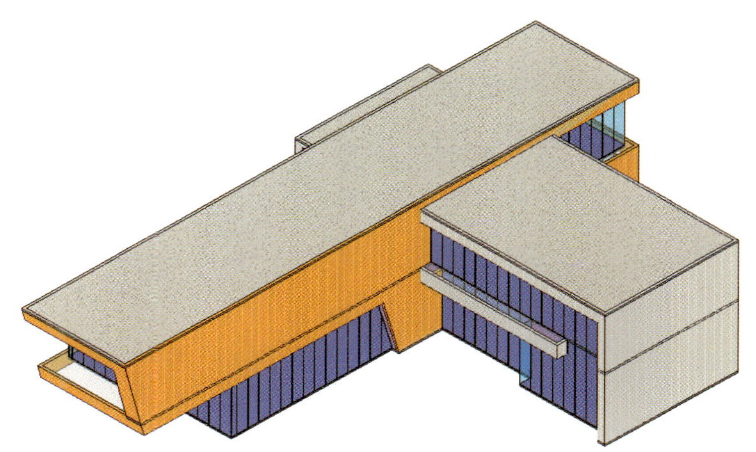

Step 07 바닥 경계 편집

01 3D 뷰에서 1층 바닥을 선택합니다. (필터 기능을 이용하거나, 작성된 바닥 모델 위에 마우스 커서를 위치시키고 tab 키를 눌러 바닥을 선택합니다.)

02 1층 평면도 뷰를 활성화 시킨 후 [수정 | 바닥] 탭 〉 [모드] 패널 〉 [경계편집]을 클릭합니다.

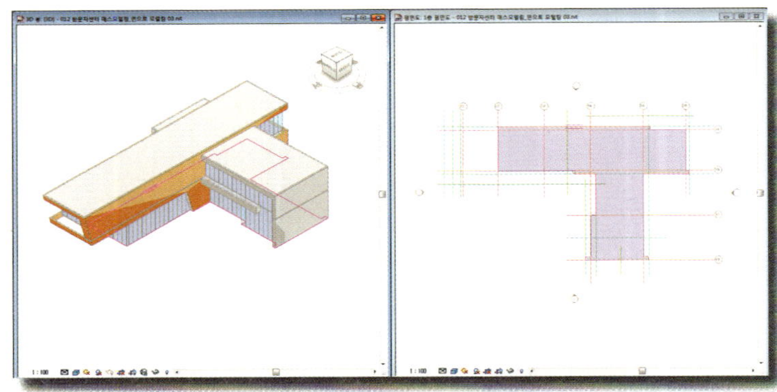

03 '그리드'와 '참조 평면'을 기준으로 참고하여 1층 바닥 경계선을 아래 그림과 같이 수정한 후 [완료] 버튼을 클릭합니다.

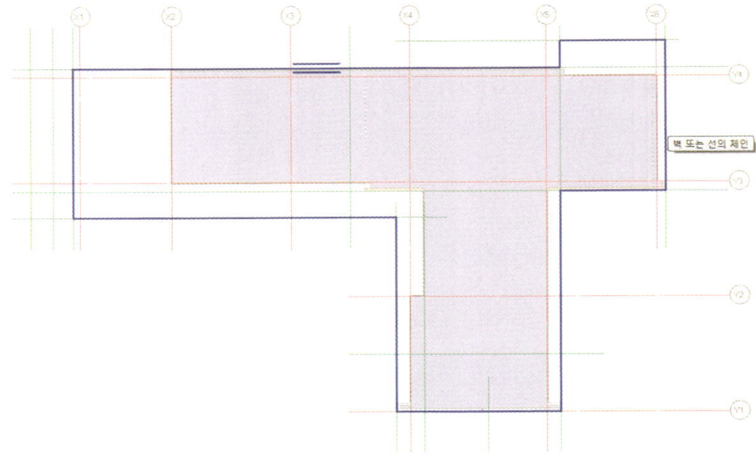

04 2층 평면도 뷰를 활성화합니다. 2층 바닥을 선택한 후 [수정 | 바닥] 탭 〉 [모드] 패널 〉 [경계편집]을 클릭합니다.

05 2층 바닥 경계선을 아래 그림과 같이 수정한 후 [완료] 버튼을 클릭합니다.

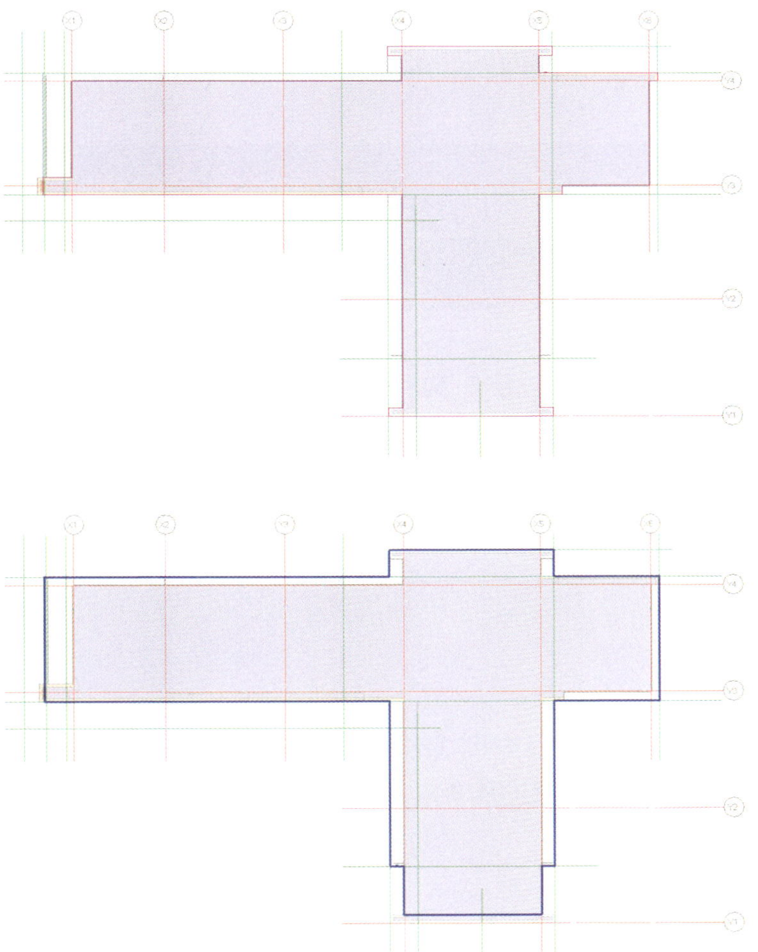

Step 08 '프로파일 편집'을 이용한 벽 수정

01 3D 뷰에서 마우스를 드래그 하여 모든 객체를 선택한 후 [필터]를 이용하여 '머스'와 '매스 바닥'만 선택합니다.

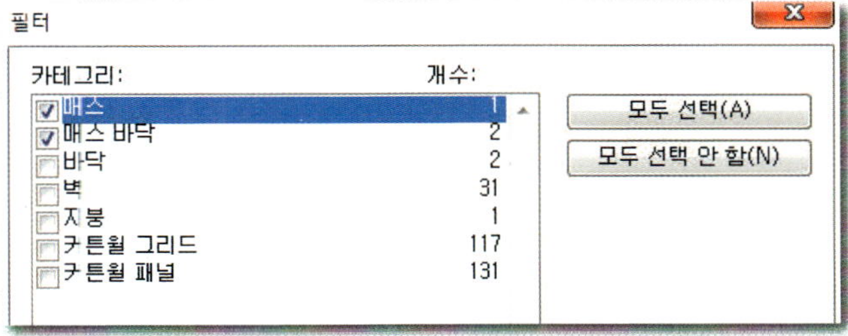

02 화면 하단의 [임시 분리기/분리] 〉 '요소 숨기기'를 선택하여 위에서 선택한 '매스'와 '매스 바닥'을 화면에서 임시로 숨깁니다.

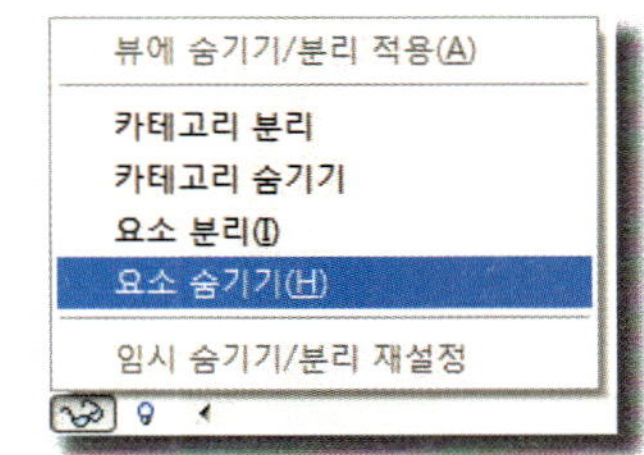

TIP

[임시 분리기/분리] 〉 '임시 숨기기/분리 재설정'을 선택하면 이전화면으로 돌아갑니다.

TIP

마우스 오른쪽 버튼을 클릭하여 '뷰에서 숨기기' > '요소'를 이용하여 선택한 요소의 숨기기가 가능합니다. 다만 [임시 분리기/분리]의 '요소 숨기기'가 일시적인 숨기기인데 반해 이 방법은 숨기기 해제를 적용하기 전까지 화면에서 요소를 사라지게 합니다.

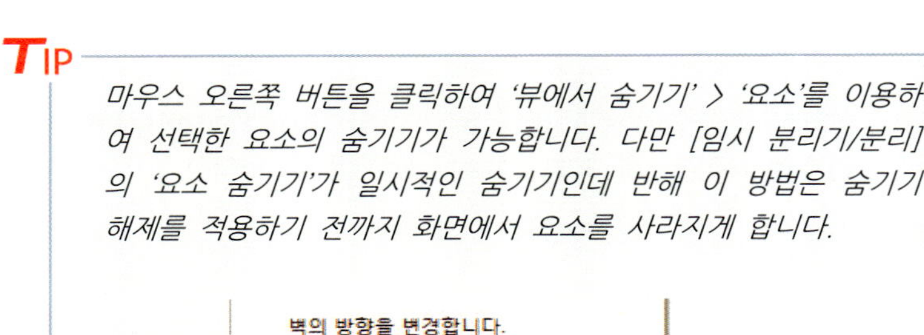

화면 하단의 [숨겨진 요소 표시]를 클릭한 후 활성화되는 화면에서 다시 나타나게 할 요소들을 선택한 후 마우스 오른쪽 버튼을 클릭하여 '뷰에서 숨김 해제'를 적용하면 이상의 방법으로 숨기기한 요소가 다시 나타납니다.

03 3D 뷰의 오른쪽 상단에 있는 뷰 큐브의 배면도를 클릭하면 3차원 화면상에서 북측 뷰가 보여집니다.

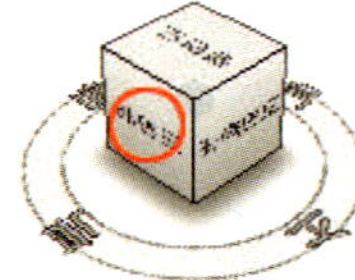

04 북측 벽면을 선택한 후 [수정 | 벽] 탭 > [모드] 패널 > [프로파일 편집]을 클릭합니다.

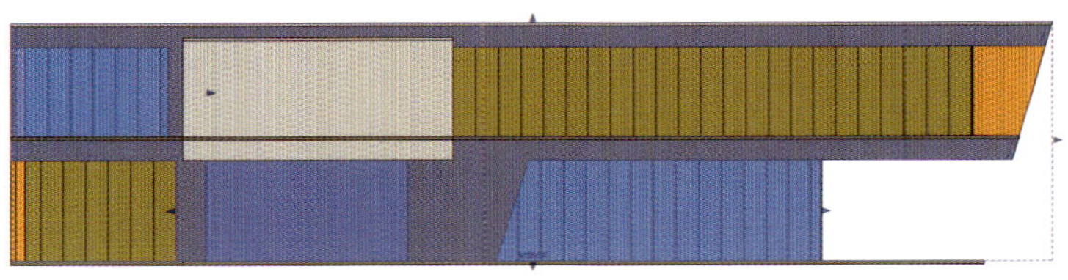

05 아래 그림에 표시된 두 개의 선을 선택한 후 키보드 Delete 키를 눌러 삭제합니다.

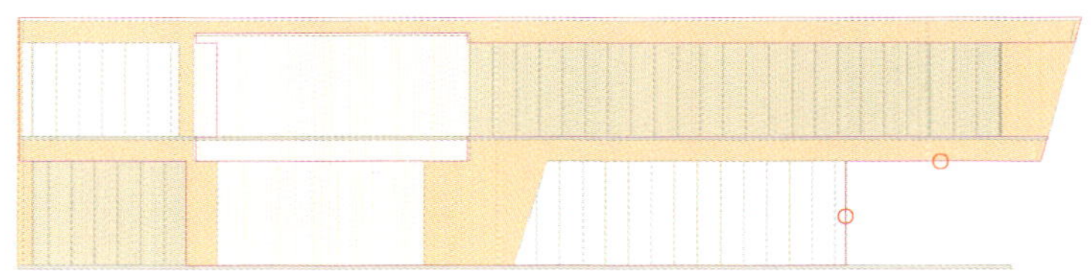

06 [수정 | 벽 > 프로파일 편집] 탭 > [수정] 패널 > [코너 자르기/연장]을 클릭한 후 아래 두 선을 연속해서 선택합니다.

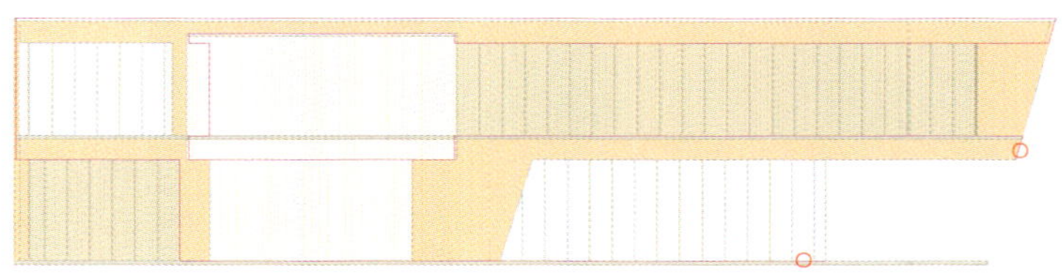

07 벽 프로파일이 아래와 같이 수정됩니다.

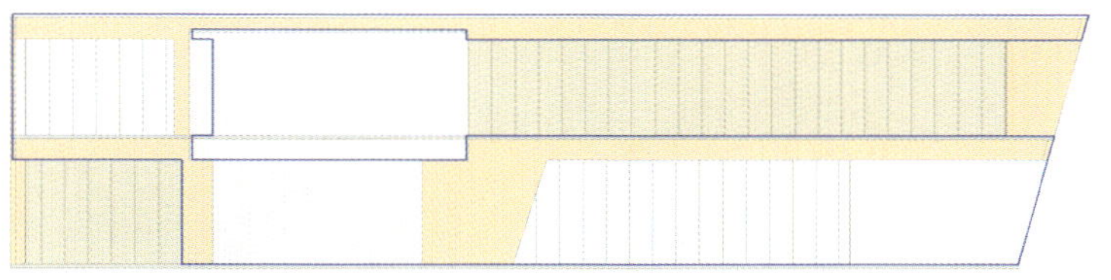

08 ✔ [완료] 버튼을 눌러 벽 프로파일 편집을 마칩니다.

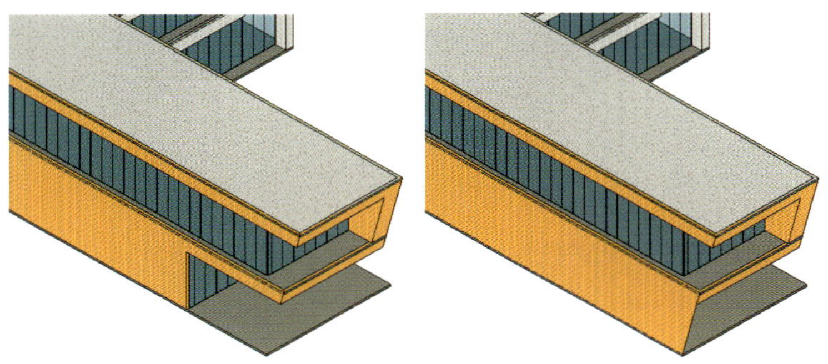

Step 09 '형상 절단'을 이용한 벽 수정

01 1층 평면도를 활성화한 후 [건축] 탭 〉 [빌드] 패널 〉 [벽]을 클릭합니다.

02 [유형 탐색기]를 클릭하여 벽 유형을 '커튼월 : 매스 커튼월'로 지정합니다.

03 '옵션 막대'의 '높이'는 '미연결' : '8500', '위치선'은 '벽 중심선'으로 지정합니다. (※ '위치선'에 대한 설명은 다음 파트에서 설명하도록 하겠습니다.)

04 [선] 그리기를 이용하여 아래 그림과 같이 커튼월을 작성합니다.

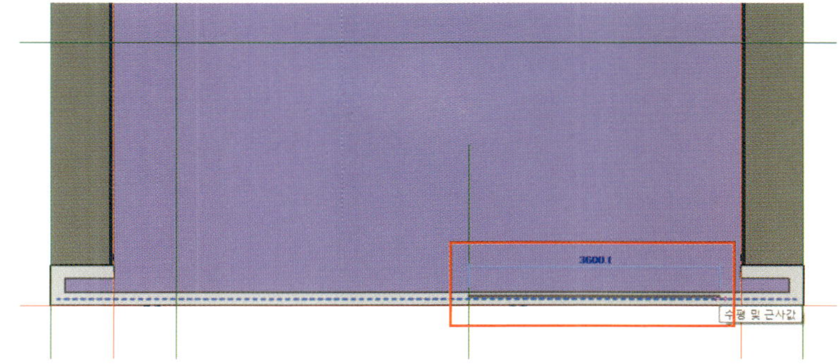

05 3D 뷰에서 남측 벽과 위에서 작성한 커튼월을 선택한 후 [임시 분리기/분리] 〉 '요소 분리'를 선택합니다.

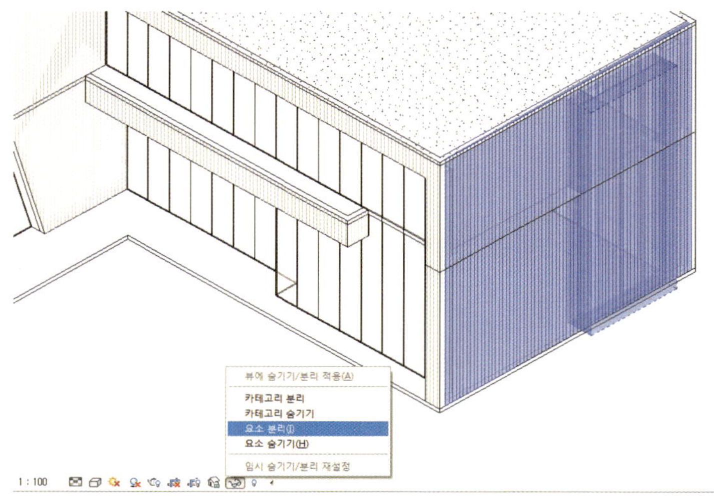

06 [수정] 탭 〉 [형상] 패널 〉 [절단]을 클릭한 후 A(기존 남측 벽) 선택 후 B(위에서 작성한 커튼월)를 선택합니다.

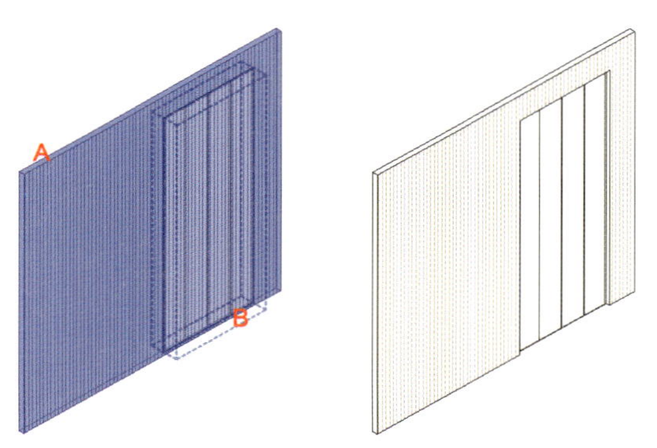

07 [임시 분리기/분리] 〉 '임시 숨기기/분리 재설정'을 선택하면 이전 작업화면으로 돌아갑니다.

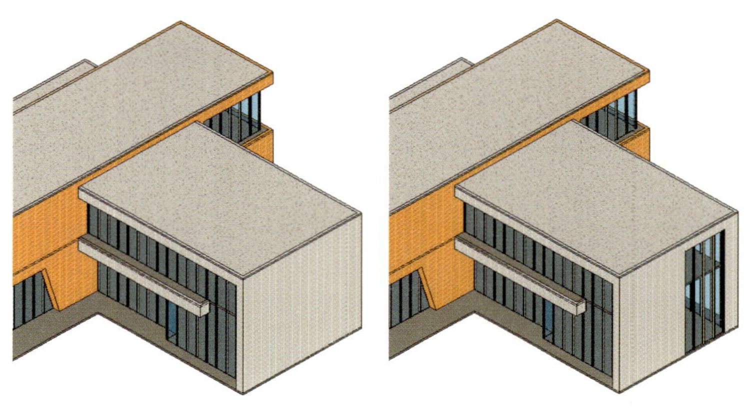

LESSON 08 외벽 일람표 작성

Revit은 시공물량을 자동으로 산출해주는 일람표 기능을 제공합니다. 일람표는 Revit으로 작성된 모든 모델 요소의 정보를 표 형식으로 나타낸 것으로, 물량산출에 필요한 각 요소의 길이, 면적, 부피 등의 정보를 반영하여 사용자가 요구하는 다양한 유형의 수량을 계산할 수 있습니다. 다음의 훈련 내용은 물량산출을 위한 기초 실습과정으로 앞에서 작성한 프로젝트를 활용하여 벽 요소 물량을 산출하는 과정과 이를 사용자의 필요에 적합하도록 편집하는 방법을 소개합니다.

Step 01 일람표 작성

01 [뷰] 탭 〉 [작성] 패널 〉 [일람표] 〉 [일람표/수량]을 클릭합니다.

02 [새 일람표] 대화상자의 카테고리에서 '벽'을 선택한 후 이름에 '벽 일람표'를 입력한 후 '확인'을 클릭합니다.

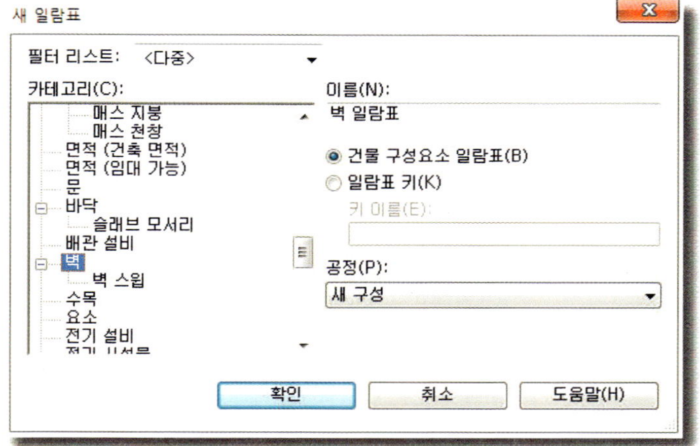

03 [일람표 특성] 대화상자가 나타납니다. '일람표 필드'에 아래의 목록들을 순서대로 추가한 후 '확인'을 클릭합니다.

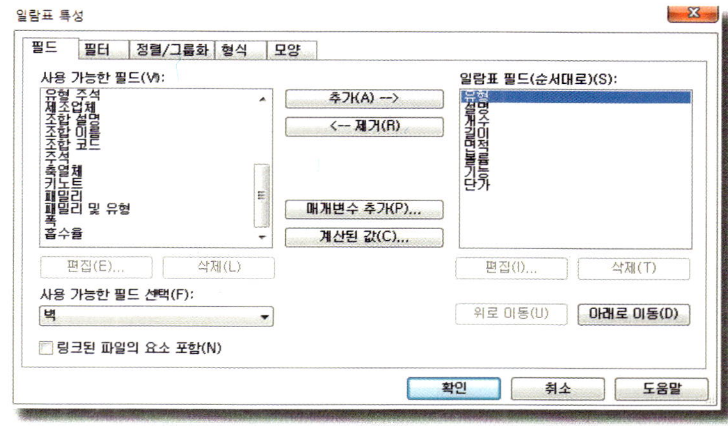

04 벽 일람표가 작성됩니다.

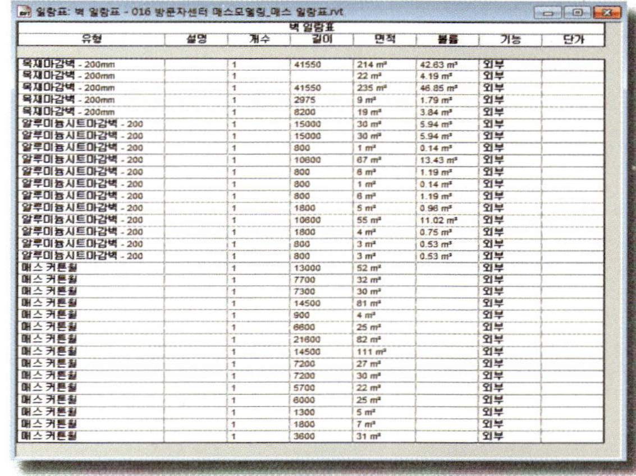

Step 02 일람표 편집

01 [특성] 창 '기타' 매개변수의 '정렬/그룹화' [편집]을 클릭합니다.

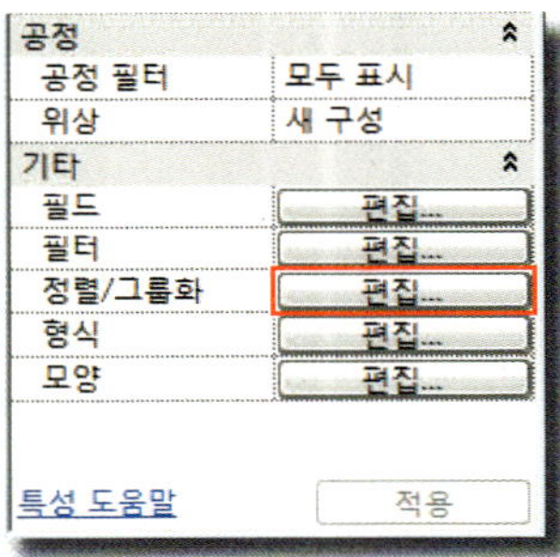

02 [일람표 특성] 대화상자 〉 [정렬/그룹화] 탭 〉 '정렬 기준'을 아래의 그림과 같이 수정합니다.

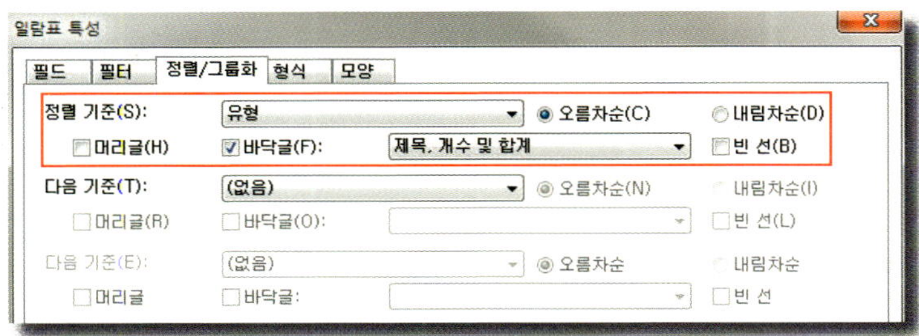

03 [일람표 특성] 대화상자 〉 [형식] 탭 〉 '면적' 필드를 선택한 후 '필드 형식'의 '총합 계산'을 활성화 합니다.

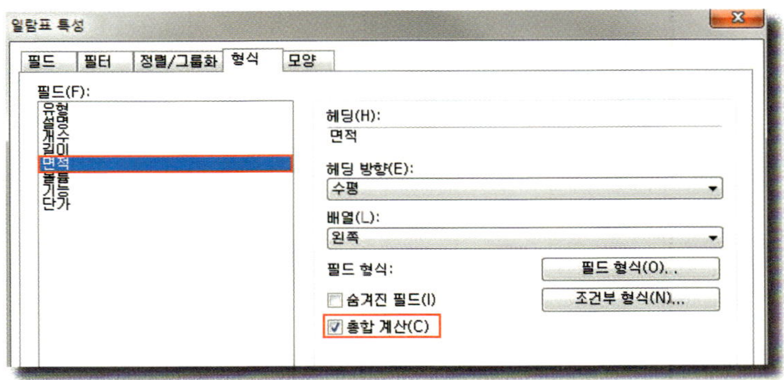

04 유형별 정렬기준이 반영됨과 동시에 '바닥글', '유형 개수', '면적 합계가' 포함된 벽 일람표로 수정됩니다.

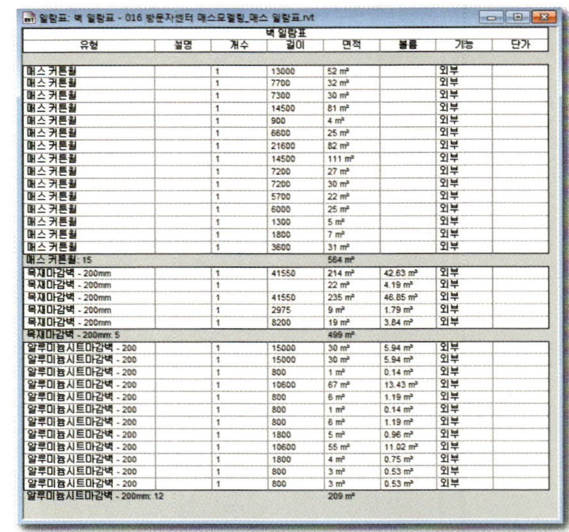

벽 일람표

유형	설명	개수	길이	면적	볼륨	기능	단가
매스 커튼월		1	13000	52 m²		외부	
매스 커튼월		1	7700	32 m²		외부	
매스 커튼월		1	7300	30 m²		외부	
매스 커튼월		1	14500	81 m²		외부	
매스 커튼월		1	900	4 m²		외부	
매스 커튼월		1	6600	25 m²		외부	
매스 커튼월		1	21600	82 m²		외부	
매스 커튼월		1	14500	111 m²		외부	
매스 커튼월		1	7200	27 m²		외부	
매스 커튼월		1	7200	30 m²		외부	
매스 커튼월		1	5700	22 m²		외부	
매스 커튼월		1	6000	25 m²		외부	
매스 커튼월		1	1300	5 m²		외부	
매스 커튼월		1	1800	7 m²		외부	
매스 커튼월		1	3600	31 m²		외부	
매스 커튼월: 15				564 m²			
목재마감벽 - 200mm		1	41550	214 m²	42.63 m³	외부	
목재마감벽 - 200mm		1		22 m²	4.19 m³	외부	
목재마감벽 - 200mm		1	41550	235 m²	46.85 m³	외부	
목재마감벽 - 200mm		1	2975	9 m²	1.79 m³	외부	
목재마감벽 - 200mm		1	8200	19 m²	3.84 m³	외부	
목재마감벽 - 200mm: 5				499 m²			
알루미늄시트마감벽 - 200		1	15000	30 m²	5.94 m³	외부	
알루미늄시트마감벽 - 200		1	15000	30 m²	5.94 m³	외부	
알루미늄시트마감벽 - 200		1	800	1 m²	0.14 m³	외부	
알루미늄시트마감벽 - 200		1	10600	67 m²	13.43 m³	외부	
알루미늄시트마감벽 - 200		1	800	6 m²	1.19 m³	외부	
알루미늄시트마감벽 - 200		1	800	1 m²	0.14 m³	외부	
알루미늄시트마감벽 - 200		1	800	6 m²	1.19 m³	외부	
알루미늄시트마감벽 - 200		1	1800	5 m²	0.96 m³	외부	
알루미늄시트마감벽 - 200		1	10600	55 m²	11.02 m³	외부	
알루미늄시트마감벽 - 200		1	1800	4 m²	0.75 m³	외부	
알루미늄시트마감벽 - 200		1	800	3 m²	0.53 m³	외부	
알루미늄시트마감벽 - 200		1	800	3 m²	0.53 m³	외부	
알루미늄시트마감벽 - 200mm: 12				209 m²			

LESSON 09 평면계획

본 프로젝트 진행에 앞서 건물의 용도, 면적, 실 배치 등을 고려한 기본 평면계획을 작성합니다.

Step 01 참조평면 추가 작성

01 실내 평면계획을 위한 참조평면을 추가로 작성합니다. 참조평면스케치 작성을 원활히 진행하기 위해 앞에서 작성한 '모델 요소' 들을 잠시 숨겨놓도록 하겠습니다.

02 1층 평면도를 활성화한 후 마우스를 드래그 하여 모든 요소를 선택합니다.

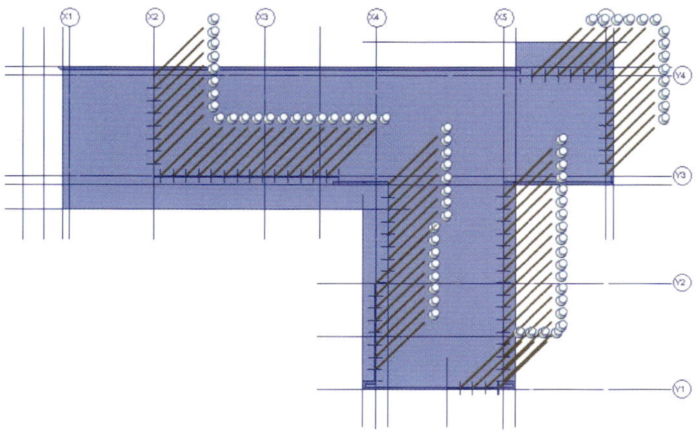

03 [필터]를 클릭하여 [필터] 대화상자에서 아래 그림에 해당하는 요소를 선택합니다.

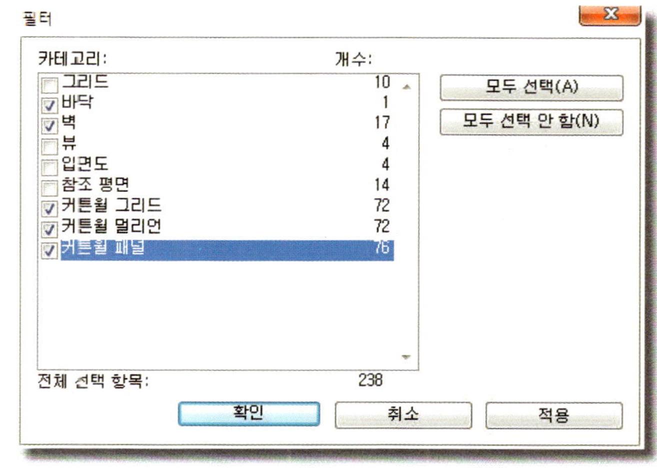

04 선택한 요소를 뷰에서 숨기기 위해 마우스 오른쪽 버턴을 눌러 '뷰에서 숨기기' 〉 '요소'를 선택합니다.

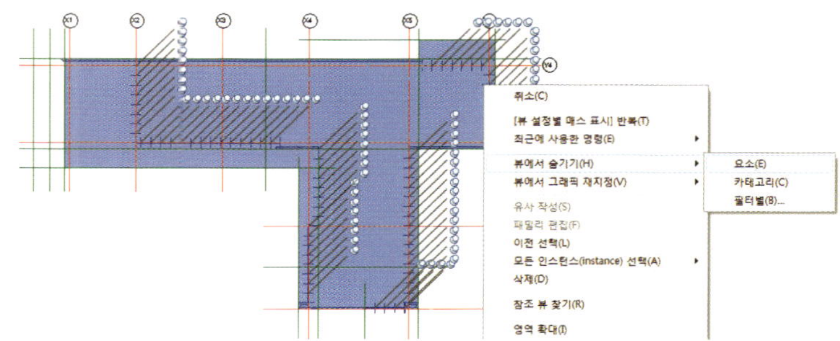

05 선택한 요소가 사라지며, 현재 화면에는 그리드, 참조평면 등의 요소만 남겨집니다.

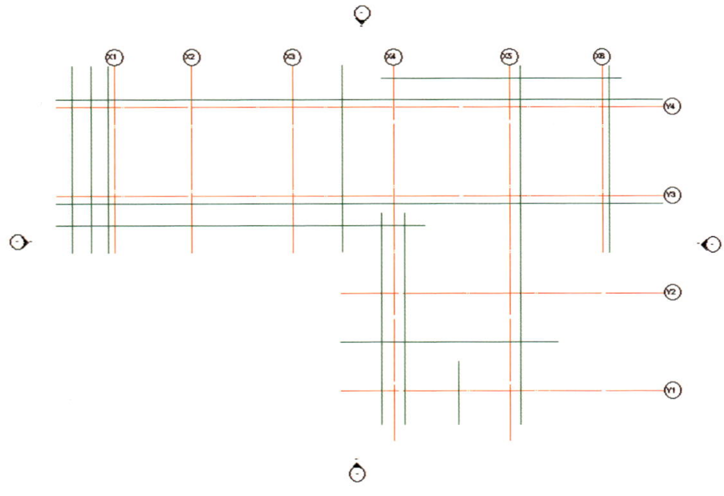

TIP

추가 참조평면 스케치를 원활히 작성할 수 있도록 현재까지 작업한 요소 중 '모델 카테고리'에 해당하는 요소들만 화면에서 숨겨놓은 것입니다. 이는 [가시성/그래픽] 재지정을 통해서도 가능합니다.

[뷰] 탭 〉 [그래픽] 패널 〉 [가시성/그래픽]을 선택하거나 단축키 VG 또는 VV를 입력하여 [평면도 : 1층 평면도에 대한 가시성/그래픽 재지정] 대화상자를 엽니다.

[모델 카테고리] 탭에서 '모두' 버튼을 클릭하여 모든 모델요소를 선택한 후 가시성을 체크박스를 비활성화 시키면 현재 화면의 모든 모델요소들이 감춰지게 됩니다.

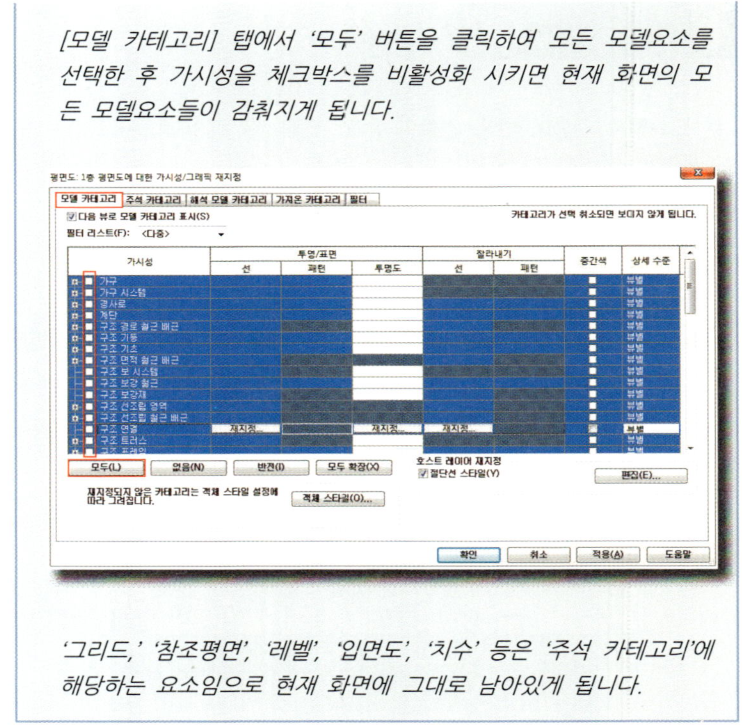

'그리드,' '참조평면', '레벨', '입면도', '치수' 등은 '주석 카테고리'에 해당하는 요소임으로 현재 화면에 그대로 남아있게 됩니다.

06 건축] 탭 〉 [작업 기준면] 패널 〉 [참조 평면] (단축키 : RP)을 클릭합니다.

07 [수정 | 배치 참조 평면] 탭 〉 [그리기] 패널의 스케치 도구를 이용하여 아래 참고그림과 같이 '참조평면'을 추가로 작성합니다.

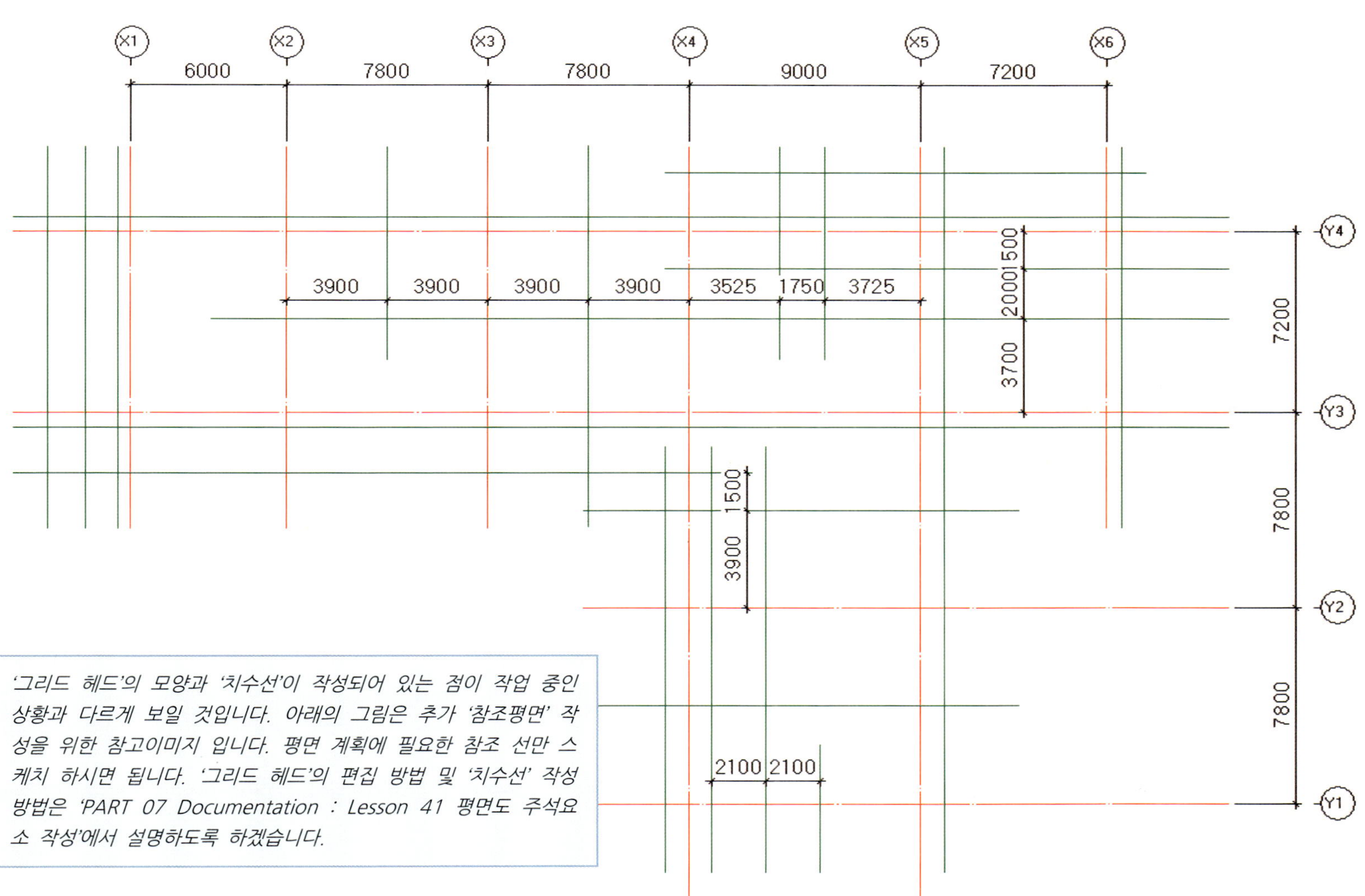

TIP

'그리드 헤드'의 모양과 '치수선'이 작성되어 있는 점이 작업 중인 상황과 다르게 보일 것입니다. 아래의 그림은 추가 '참조평면' 작성을 위한 참고이미지 입니다. 평면 계획에 필요한 참조 선만 스케치 하시면 됩니다. '그리드 헤드'의 편집 방법 및 '치수선' 작성 방법은 'PART 07 Documentation : Lesson 41 평면도 주석요소 작성'에서 설명하도록 하겠습니다.

Step 02 실 구획 벽 작성

01 1층 평면도에서 [숨겨진 요소 표시]를 클릭합니다.

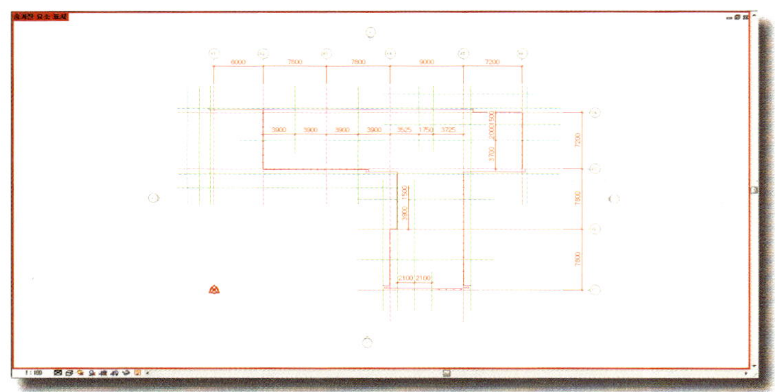

02 앞에서 숨기기 했던 모델 요소들을 선택한 후 마우스 오른쪽 버튼을 클릭하여 '뷰에서 숨김 해제'를 적용합니다. [숨겨진 요소 표시 닫기]를 클릭하면 '뷰에서 숨김 해제'를 적용한 요소들이 화면에 다시 표시됩니다.

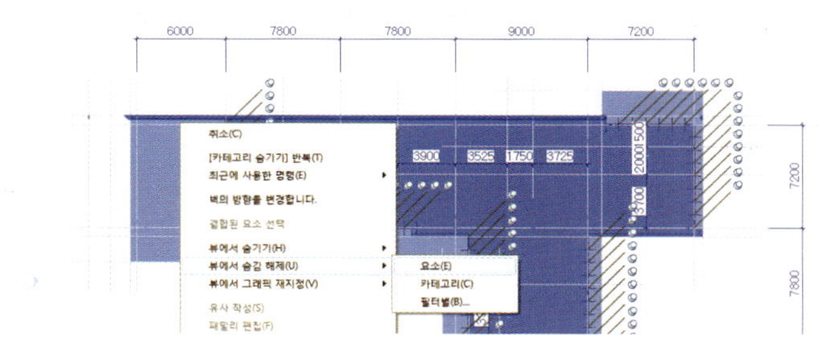

03 [건축] 탭 〉 [빌드] 패널 〉 [벽]을 클릭합니다.

04 [유형 탐색기]를 클릭하여 벽 유형을 '기본 벽 : 일반-200mm'로 지정합니다. 옵션 막대의 '높이'를 '2층'으로 지정한 후 아래 그림을 참고(파란색으로 표시된 선)하여 벽을 작성합니다.

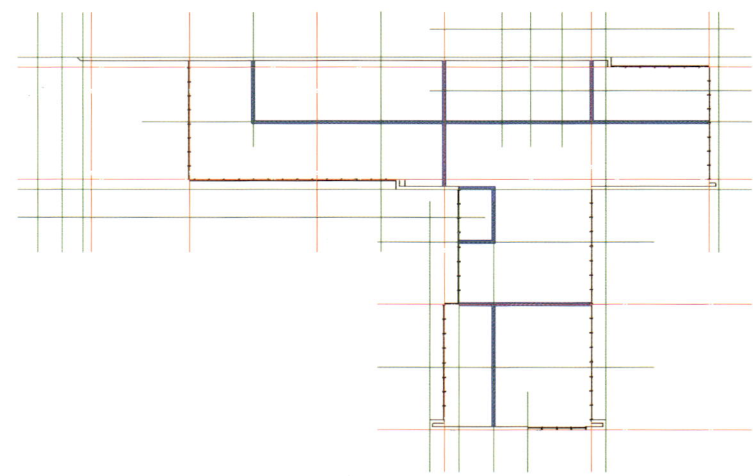

05 2층 평면도를 활성화한 후 [건축] 탭 〉 [빌드] 패널 〉 [벽]을 클릭합니다.

06 [유형 탐색기]를 클릭하여 벽 유형을 '기본 벽 : 일반-200mm'로 지정합니다. 옵션 막대의 '높이'를 '지붕'으로 지정한 후 다음 그림을 참고하여 벽을 작성합니다.

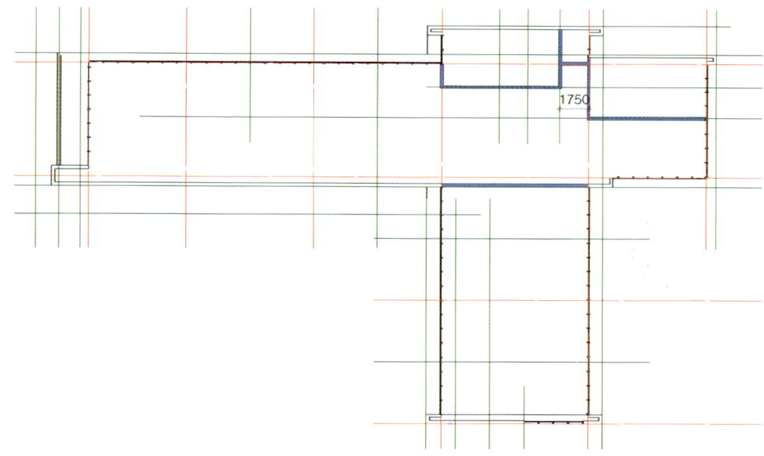

Step 03 룸 태그 작성 및 수정

01 1층 평면도를 활성화합니다. [건축] 탭 〉 [룸 및 면적] 패널 〉 [룸]을 클릭합니다. (단축키 : RM)

02 평면도의 구획된 실위에 마우스 커서를 위치시면 '룸 태그'가 활성화됨과 동시에 '룸'이 작성될 영역이 나타납니다. 마우스를 클릭하여 룸을 배치합니다.

TIP

오른쪽 위의 그림은 '룸'이 올바르게 작성되는 상태입니다. 그에 반하여 아래쪽 그림은 '룸'이 작성되지 못하는 상태입니다. '룸'은 각 실이 정확히 구획된 상태에서만 작성됩니다.

앞에서 매스 면을 이용한 벽 작성 시 체크된 부분이 정확히 작성되어 있는지 확인이 필요합니다.

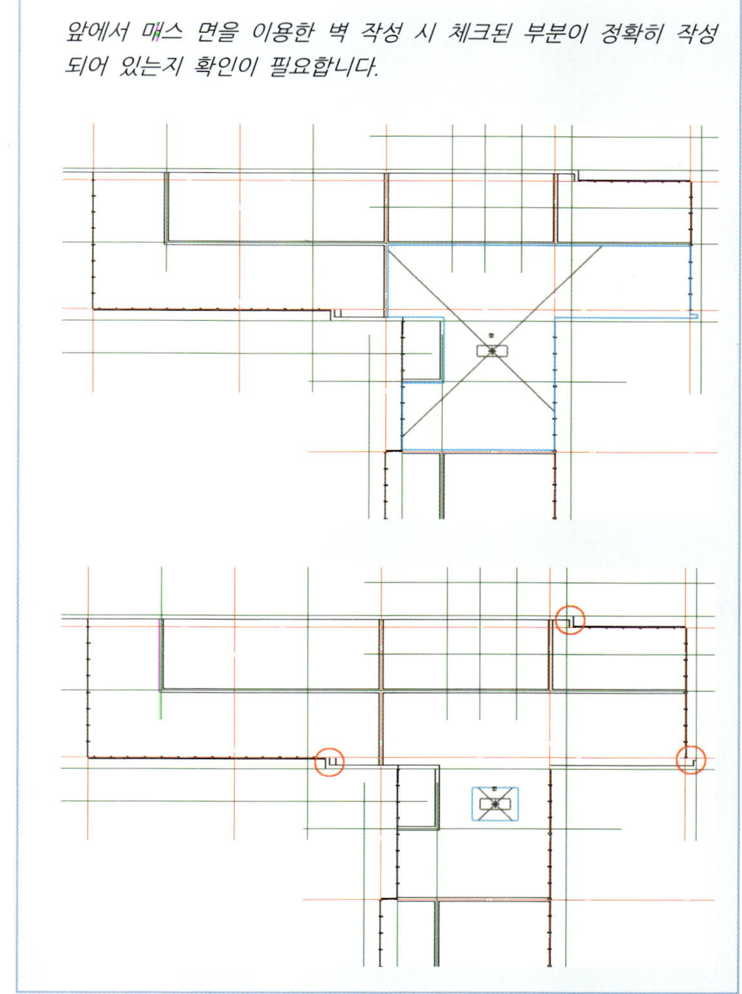

03 1층의 모든 실에 '룸'을 배치합니다.

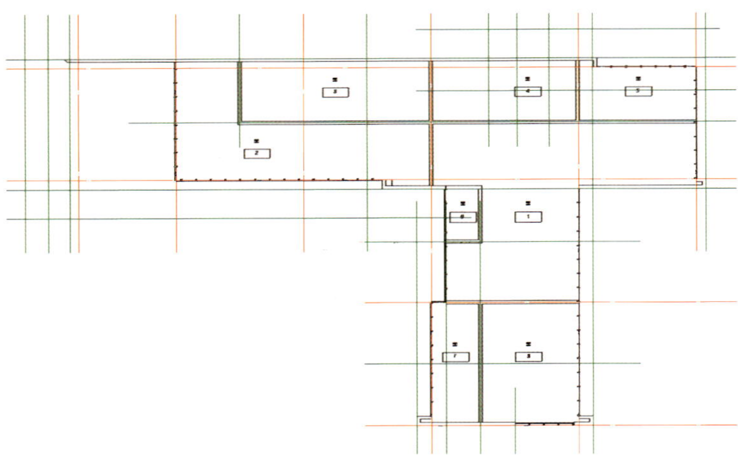

04 [뷰] 탭 〉 [그래픽] 패널 〉 [가시성/그래픽]을 선택하거나 단축키 VG 또는 VV를 입력하여 [평면도 : 1층 평면도에 대한 가시성/그래픽 재지정] 대화상자를 엽니다.

05 [모델 카테고리] 탭의 가시성 항목 중 '룸'을 확장하여 '내부 채우기'와 '참조' 가시성을 활성화합니다.

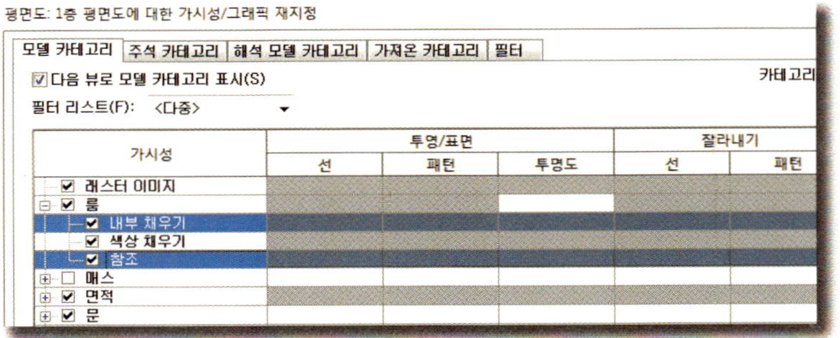

06 '모든 인스턴트 선택'을 이용하여 배치된 룸 태그를 모두 선택합니다.

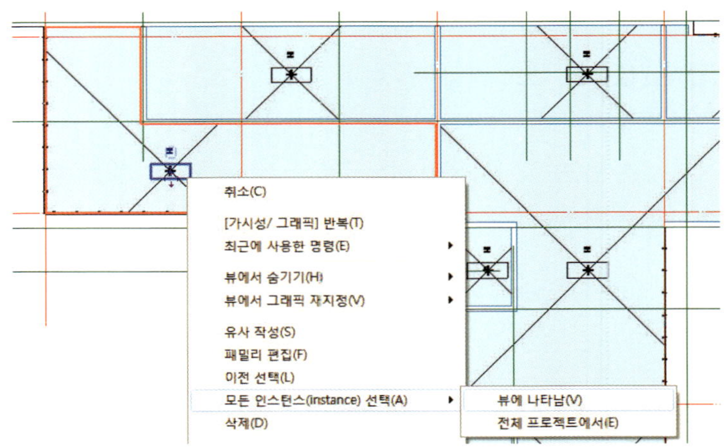

TIP

[비주얼 스타일]을 [은선]으로 설정되어 있으면 그림과 같이 룸 영역이 채워진 상태로 화면에 표시됩니다.

07 화면상의 룸 태그가 모두 선택된 상태에서 '유형 탐색기'를 선택하여 '면적이 있는 룸 태그'로 변경합니다.

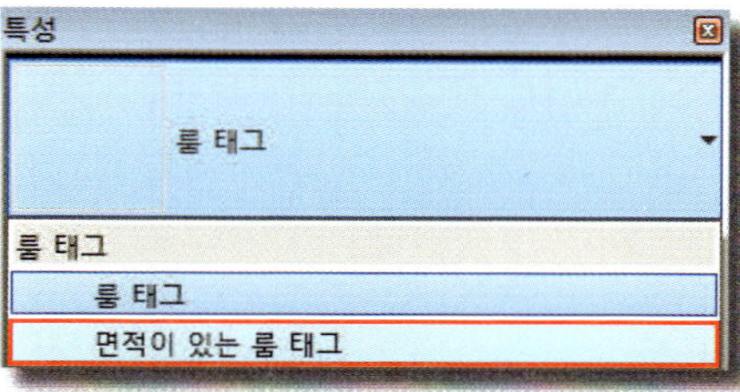

08 아래 그림과 같이 면적이 포함된 룸 태그로 변경됩니다.

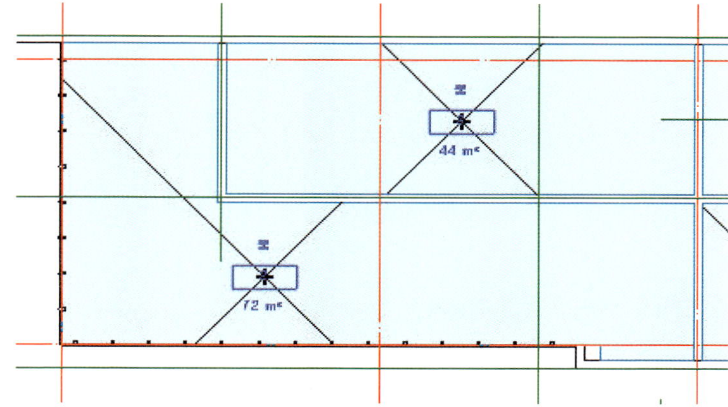

09 벽으로 구획되지 않은 계단실 부분의 룸 영역을 작성하기 위해 [건축] 탭 〉 [룸 및 면적] 패널 〉 [룸 구분 기호] 클릭한 후 그림과 같이 계단실 영역이 구분되도록 [선]을 이용하여 스케치 합니다.

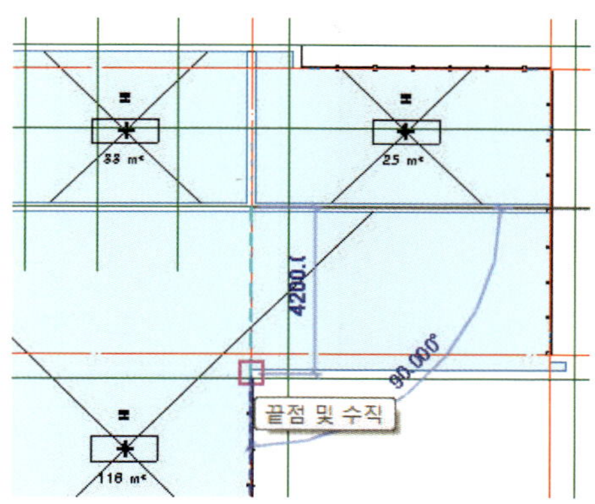

10 아래 왼쪽 그림과 같이 계단실 영역이 구분됩니다. 건축] 탭 〉 [룸 및 면적] 패널 〉 [룸]을 클릭하여 계단실에 룸을 지정합니다.

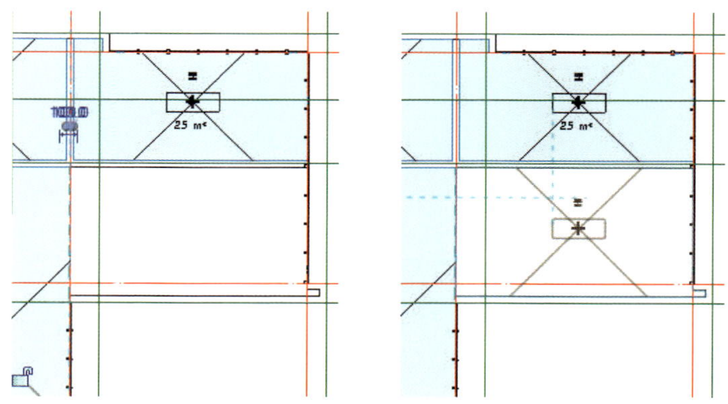

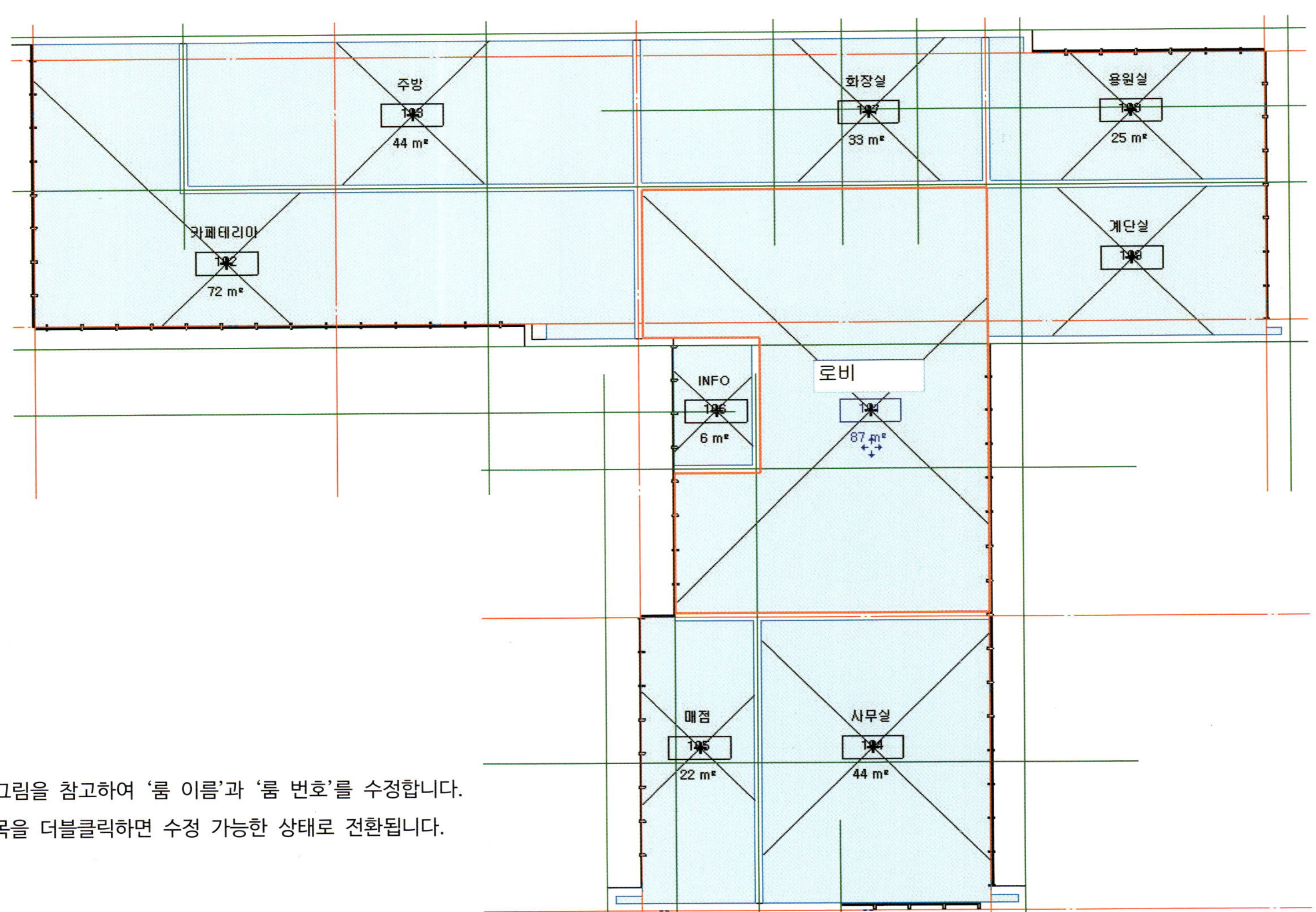

11 아래의 그림을 참고하여 '룸 이름'과 '룸 번호'를 수정합니다. 해당 항목을 더블클릭하면 수정 가능한 상태로 전환됩니다.

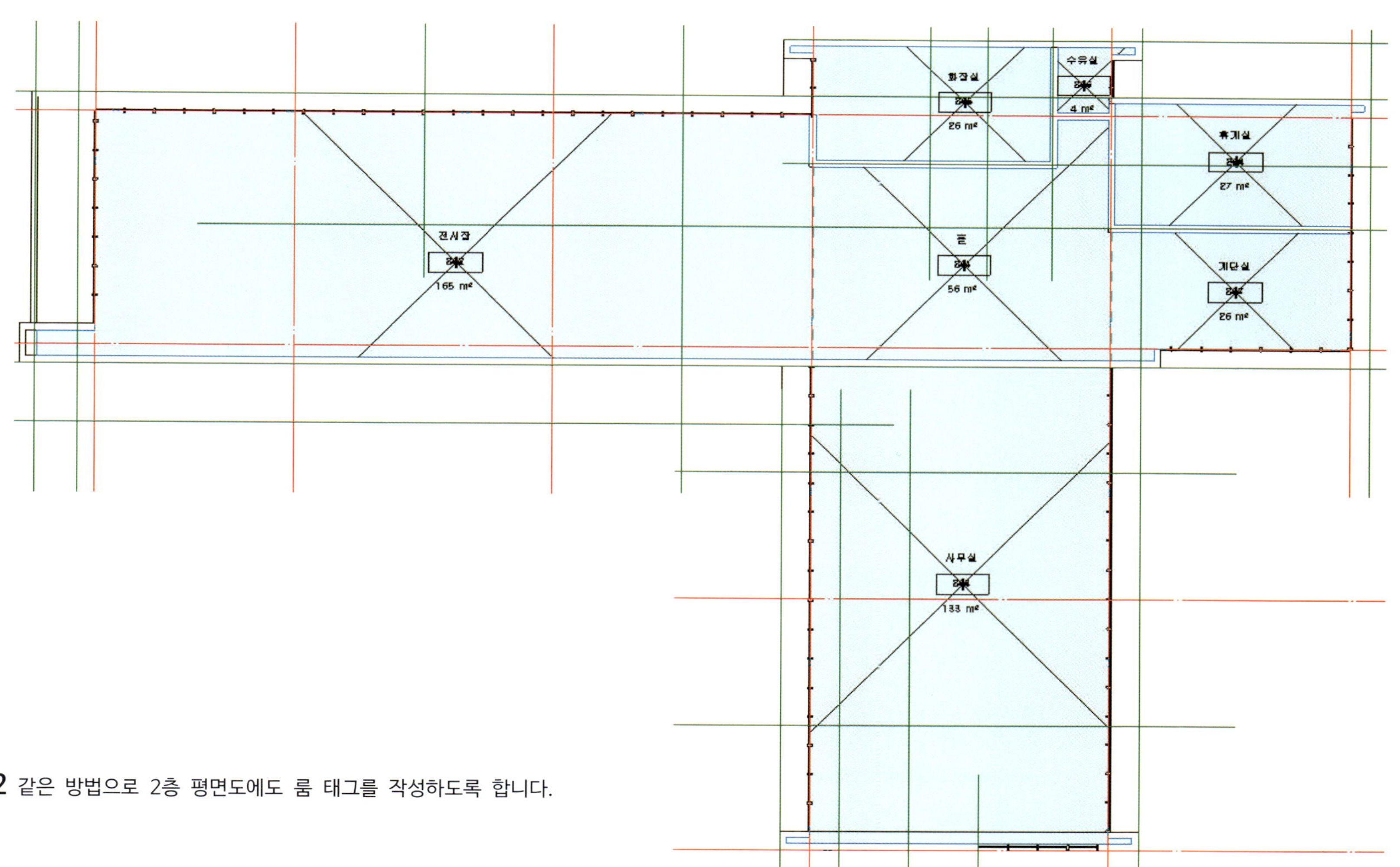

12 같은 방법으로 2층 평면도에도 룸 태그를 작성하도록 합니다.

13 현재 룸 태그에 표시된 면적은 벽 마감 면을 기준으로 계산된 결과입니다. 룸 면적 산출 기준을 벽 중앙으로 수정하도록 하겠습니다.

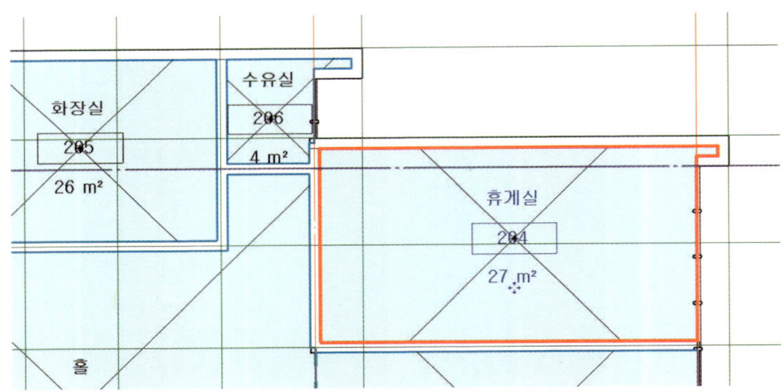

14 [건축] 탭 〉 [룸 및 면적] 패널의 하위 항목을 클릭하여 [면적 및 볼륨 계산]을 선택합니다.

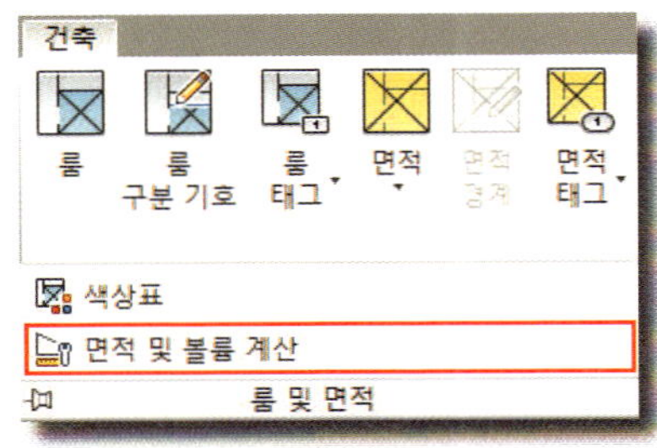

15 [면적 및 볼륨 계산] 대화상자의 '룸 면적 계산' 기준을 '벽 중앙에서'로 변경합니다.

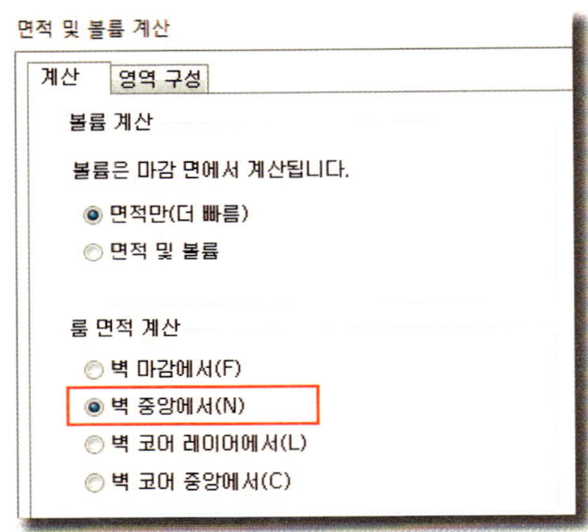

16 룸 면적 산출 기준이 벽 중앙으로 수정됩니다.

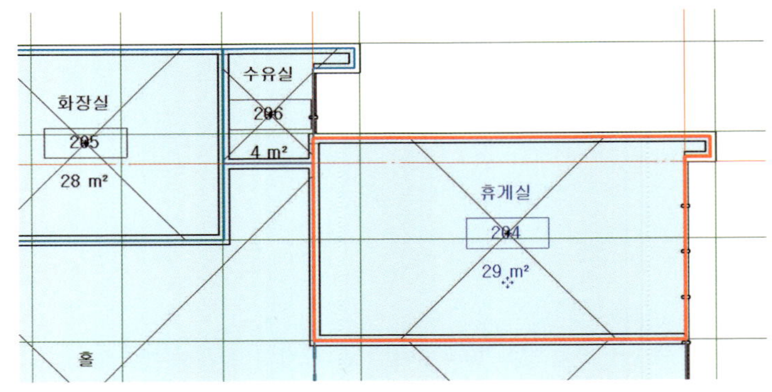

LESSON 10 범례 및 룸 일람표 작성

실 구분을 위한 범례와 층별/실별 면적을 검토할 수 있는 일람표를 작성합니다.

Step 01 색상표 및 범례 작성

01 [건축] 탭 〉 [룸 및 면적] 패널 확장 〉 [색상표]를 클릭합니다.

02 [색상표 편집] 대화상자의 카테고리를 '룸'으로 변경하고 [새로 만들기]를 클릭합니다. [새 색상표] 대화상자에 '룸 이름'을 입력하고 확인을 클릭합니다.

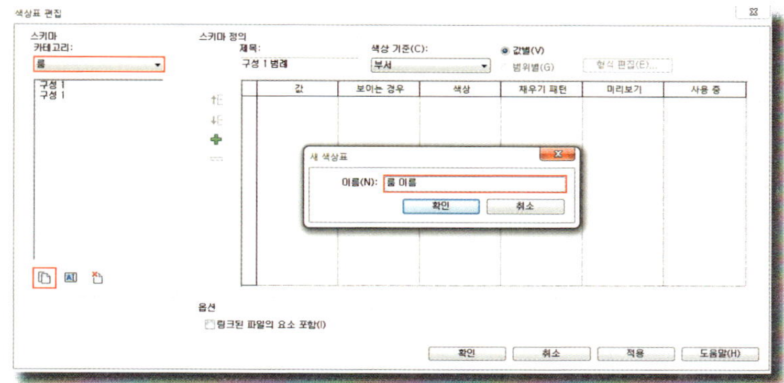

03 [색상표 편집] 대화상자의 '색상기준'을 [이름]으로 변경하면 '색상이 유지되지 않음'을 알려주는 경고창이 나타납니다. [확인] 후 [색상표 편집] 대화상자의 [확인]을 클릭합니다.

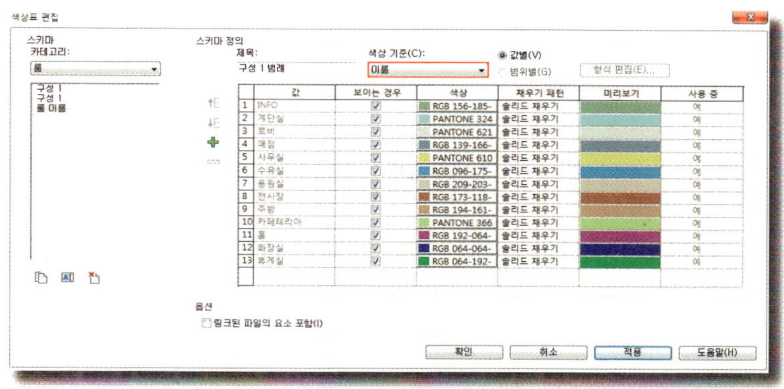

04 [주석] 탭 〉 [색상 채우기] 패널 〉 [색상 채우기 범례]를 클릭합니다.

05 1층 평면도의 빈 공간을 클릭하면 [공간 유형 및 색상표 선택] 대화상자가 나타납니다. '공간 유형'은 '룸', '색상표'는 '룸 이름'으로 설정한 후 [확인]을 눌러 색상 채우기와 범례를 작성합니다.

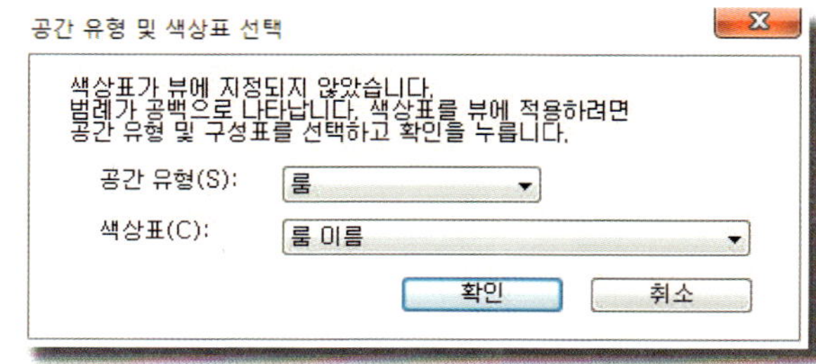

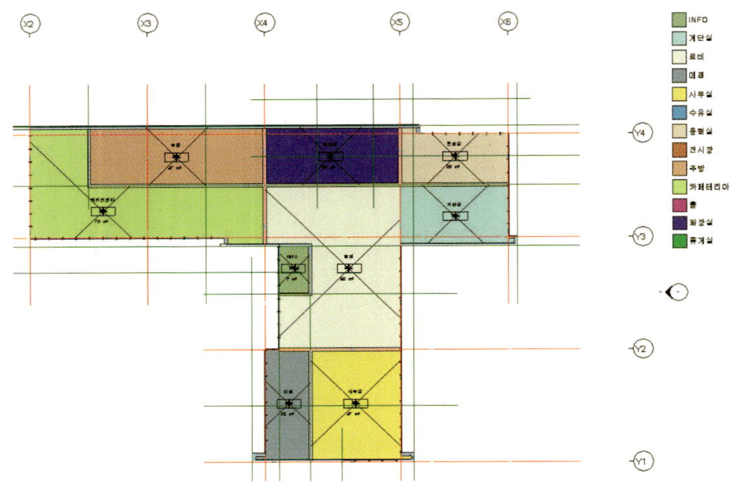

Step 02 룸 일람표 작성

01 [뷰] 탭 〉 [작성] 패널 〉 [일람표] 버튼을 확장하여 [일람표/수량]을 클릭합니다.

02 [새 일람표] 대화상자의 카테고리에서 '룸'을 선택한 후 이름에 '룸 일람표'를 입력한 후 '확인'을 클릭합니다.

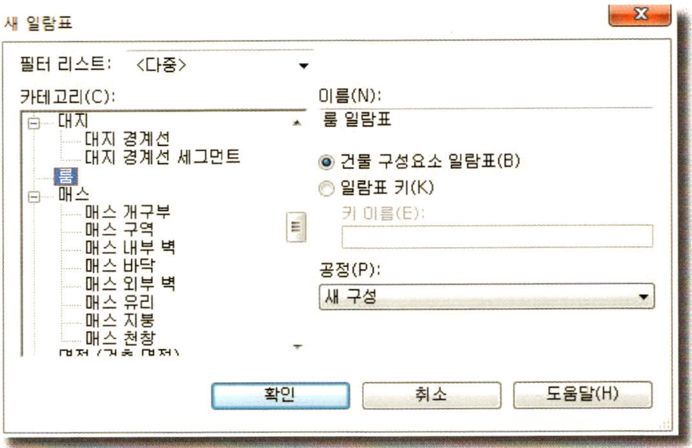

03 [일람표 특성] 대화상자의 '일람표 필드'에 아래의 목록들을 순서대로 추가한 후 '확인'을 클릭합니다.

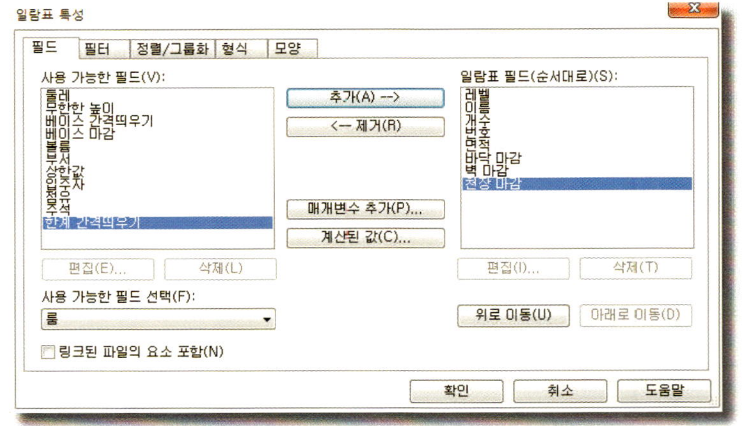

04 [특성] 창 '정렬/그룹화 : 편집'을 클릭합니다.

공정	
공정 필터	모두 표시
위상	새 구성
기타	
필드	편집...
필터	편집...
정렬/그룹화	편집...
형식	편집...
모양	편집...

05 [일람표 특성] 대화상자 [정렬/그룹화] 탭 항목의 정렬기준을 다음 그림과 같이 수정합니다.

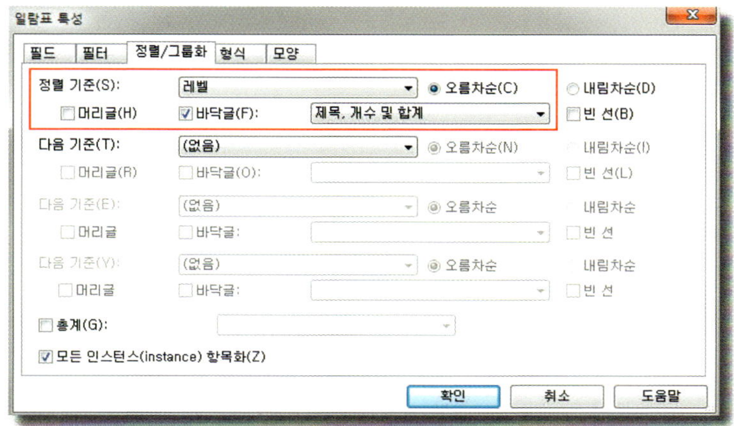

06 [일람표 특성] 대화상자 [형식] 탭 항목의 '면적'을 선택한 후 '총합 계산'을 체크합니다.

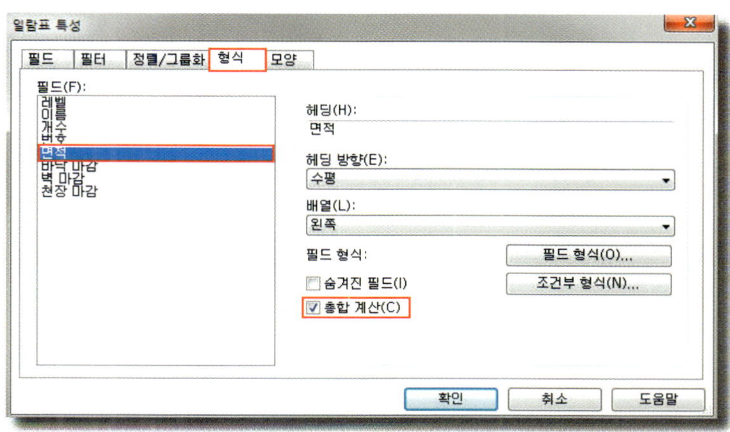

07 레벨별 정렬기준이 반영됨과 동시에 바닥글, 개수, 면적 합계가 포함된 일람표로 수정됩니다.

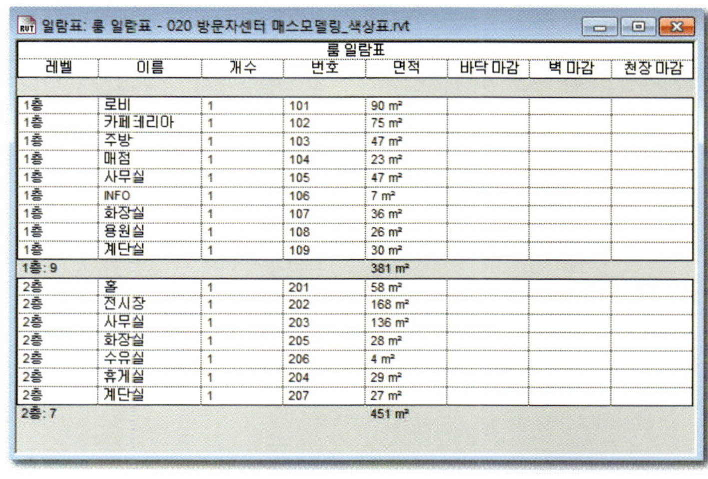

일람표: 룸 일람표 - 020 방문자센터 매스모델링_색상표.rvt

룸 일람표

레벨	이름	개수	번호	면적	바닥 마감	벽 마감	천장 마감
1층	로비	1	101	90 m²			
1층	카페테리아	1	102	75 m²			
1층	주방	1	103	47 m²			
1층	매점	1	104	23 m²			
1층	사무실	1	105	47 m²			
1층	INFO	1	106	7 m²			
1층	화장실	1	107	36 m²			
1층	용원실	1	108	26 m²			
1층	계단실	1	109	30 m²			
1층: 9				381 m²			
2층	홀	1	201	58 m²			
2층	전시장	1	202	168 m²			
2층	사무실	1	203	136 m²			
2층	화장실	1	205	28 m²			
2층	수유실	1	206	4 m²			
2층	휴게실	1	204	29 m²			
2층	계단실	1	207	27 m²			
2층: 7				451 m²			

08 [프로젝트 탐색기]에서 '룸 일람표'를 선택한 후 마우스 오른쪽 버튼을 눌러 '이름 바꾸기'를 선택합니다.

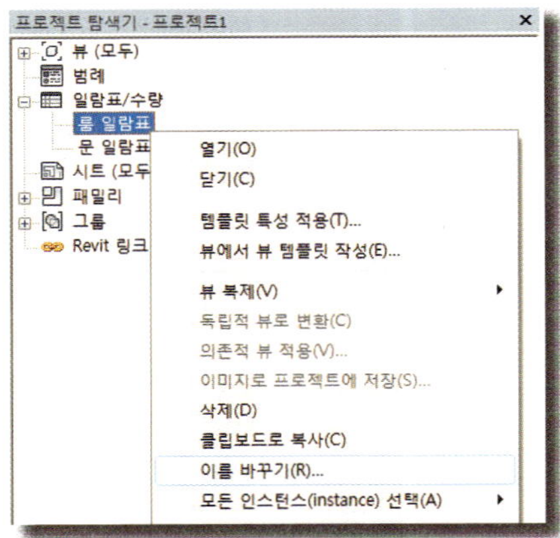

09 [뷰 이름 바꾸기] 대화상자의 '이름'을 '층별 룸 일람표'로 변경합니다.

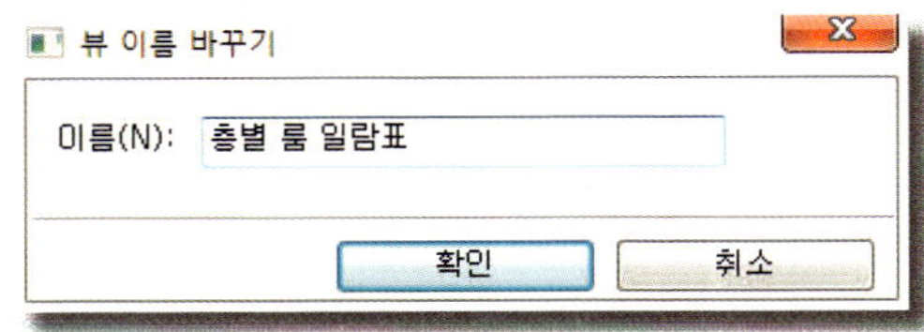

10 [프로젝트 탐색기]의 '층별 룸 일람표'를 선택한 후 마우스 오른쪽 버튼을 눌러 '뷰 복제' 〉 '복제' 선택합니다.

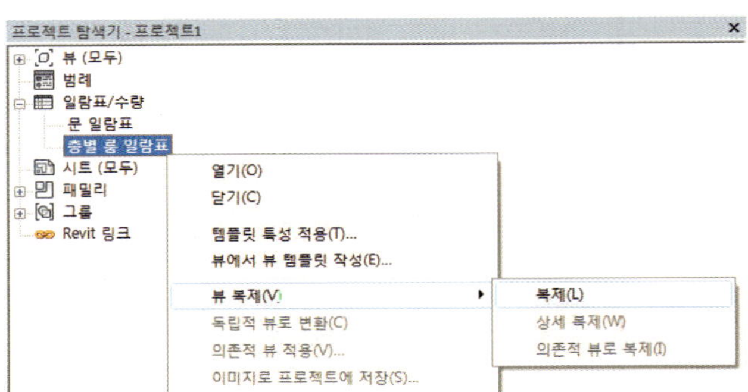

11 복제된 '층별 룸 일람표'의 이름을 '실별 룸 일람표'로 변경합니다.

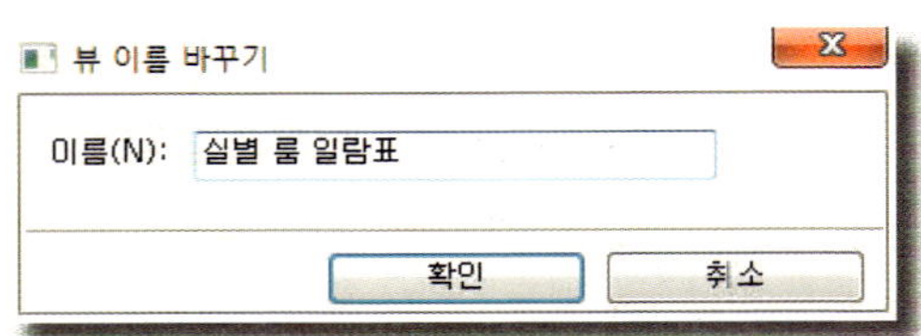

12 [프로젝트 탐색기]에서 '실별 룸 일람표'를 선택한 후 [특성] 창 '정렬/그룹화' [편집] 버튼을 을 클릭합니다.

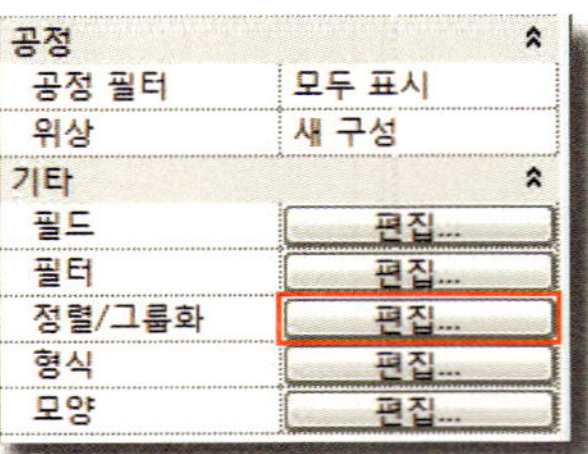

13 '실별 룸 일람표'의 [일람표 특성] 대화상자가 나타납니다. '정렬 기준'을 '이름'으로 변경하여 실 종류별로 일람표가 작성되도록 수정합니다.

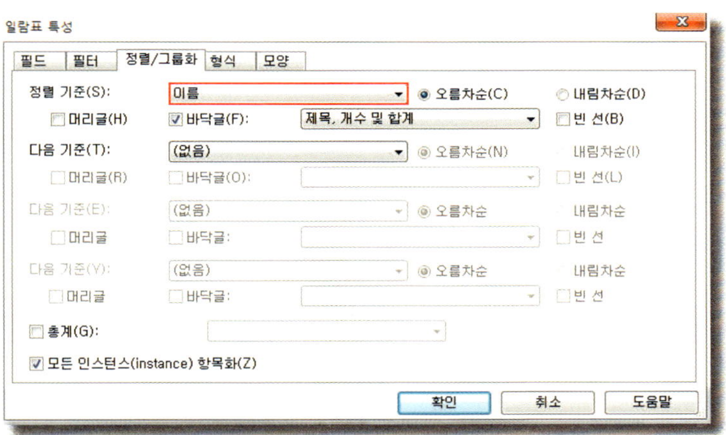

일람표: 실별 룸 일람표 - 022 방문자센터 매스모델링_층별 룸 일람표.rvt

실별 룸 일람표							
레벨	이름	개수	번호	면적	바닥 마감	벽 마감	천장 마감
1층	INFO	1	106	7 m^2			
INFO: 1				7 m^2			
1층	계단실	1	109	30 m^2			
2층	계단실	1	207	27 m^2			
계단실: 2				58 m^2			
1층	로비	1	101	90 m^2			
로비: 1				90 m^2			
1층	매점	1	104	23 m^2			
매점: 1				23 m^2			
1층	사무실	1	105	47 m^2			
2층	사무실	1	203	136 m^2			
사무실: 2				182 m^2			
2층	수유실	1	206	4 m^2			
수유실: 1				4 m^2			
1층	용원실	1	108	26 m^2			
용원실: 1				26 m^2			
2층	전시장	1	202	168 m^2			
전시장: 1				168 m^2			
1층	주방	1	103	47 m^2			
주방: 1				47 m^2			
1층	카페테리아	1	102	75 m^2			
카페테리아: 1				75 m^2			
2층	홀	1	201	58 m^2			
홀: 1				58 m^2			
1층	화장실	1	107	36 m^2			
2층	화장실	1	205	28 m^2			
화장실: 2				64 m^2			
2층	휴게실	1	204	29 m^2			
휴게실: 1				29 m^2			

PART 03

Structure Modeling

이번 파트에서는 기둥, 보, 기초, 내력 벽 등 건물의 주요 골조를 형성하는 구조 모델요소들을 작성하겠습니다. 매스모델과는 달리 이후 프로젝트 진행과정에서는 모든 요소가 연관성을 가지게 됨으로 각 요소 작성 시 정확한 매개변수가 입력될 수 있도록 주의를 기울여 작업을 진행하도록 합니다.

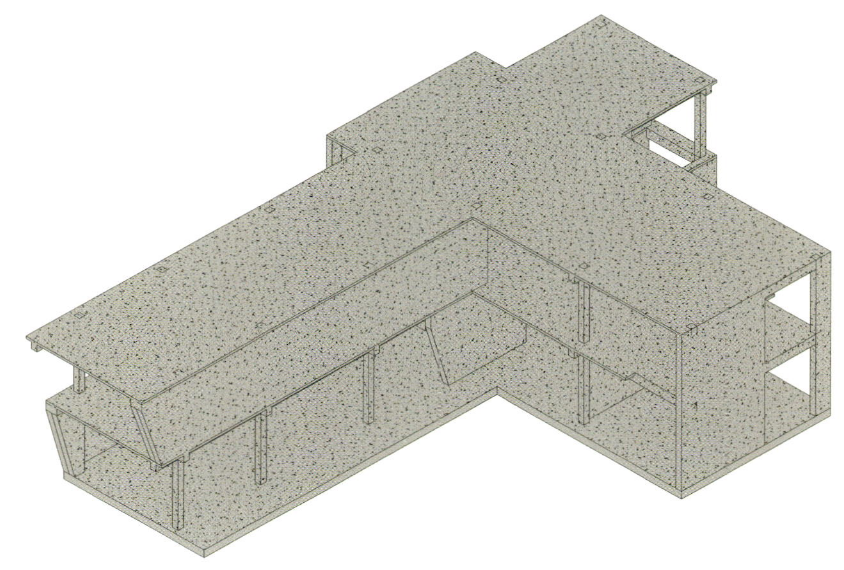

LESSON 11 매스 모델 링크

이번 과정에서는 방문자 센터 프로젝트 실내·외의 건축 요소들을 모델링하기 앞서 건물의 뼈대가 되는 구조 모델 요소들을 작성합니다. 구조 모델링을 진행하기 위해서는 앞의 PART02 : Lesson 05~06에서 실습한 바와 같이 '레벨', '그리드', '참조 평면'과 같은 기준요소들을 작성해야 합니다. 본서에서는 효율적인 작업진행 및 실습을 진행하는 독자가 건물의 전체 형태를 파악해가며 모델링 과정을 진행할 수 있도록 앞에서 작성한 매스모델을 링크시켜 구조 모델 요소들을 작성해나가도록 하겠습니다.

TIP

PART02의 매스모델 제작 과정을 생략한 독자인 경우 PART02 전반부를 참고하여 '레벨', '그리드', '참조 평면'을 작성한 후 PART03 : Lesson 12에서부터 소개되는 구조모델요소 작성 과정을 진행하실 수 있습니다.

또는 ucloud office(http://office.ucloud.com)를 통해 제공되는 예제 파일을 다운받으신 후 다음과정을 바로 진행하실 수도 있습니다.

Step 01 매스 모델링 파일 링크

01 [새로 만들기] 〉 [프로젝트] 〉 [건축 템플릿] 선택합니다.

02 [삽입] 탭 〉 [링크] 패널 〉 [Revit 링크]를 클릭합니다.

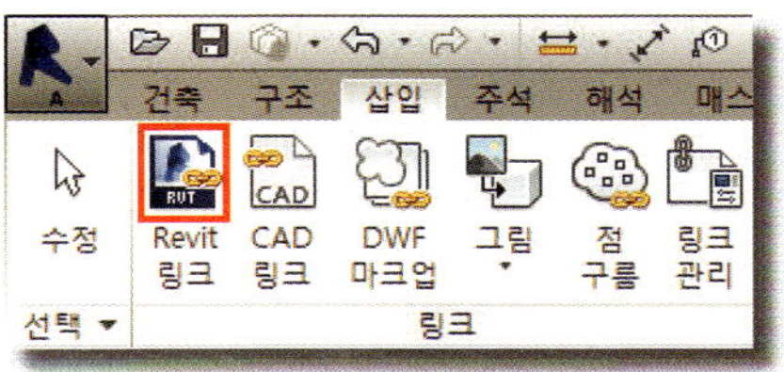

03 [RVT 가져오기/링크] 대화상자가 나타나면 링크할 파일 'A 매스모델_링크용.rvt'를 선택합니다. 하단의 '위치'를 '자동-원점 대 원점'으로 지정한 후 [열기] 버튼을 클릭합니다.

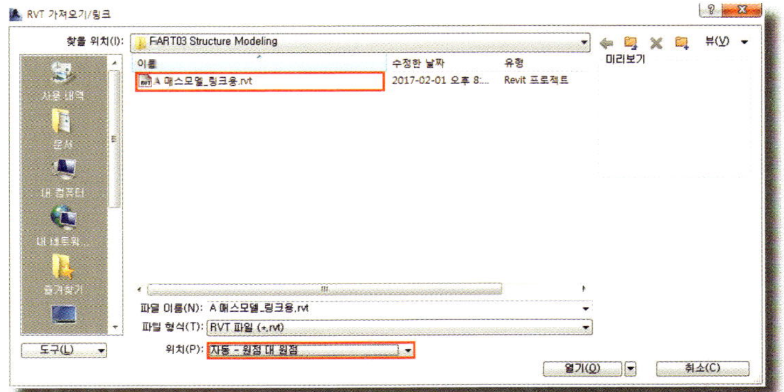

TIP

새 프로젝트의 기준점과 링크될 프로젝트의 기준점을 맞추기 위해 '위치'를 정확히 설정하여야 합니다.

Step 02 기준요소 복사

앞에서 작성한 매스모델은 구조모델링과 다음 장의 건축모델링 진행과정의 참고모델로 사용되지만 필요에 따라 매스모델요소들을 복사하여 사용할 수도 있습니다. 링크된 매스모델 파일의 그리드와 레벨 복사하여 사용하기 위해 아래의 작업을 진행합니다.

01 1층 평면도를 활성화한 후 [공동작업] 탭 〉 [좌표] 패널 〉 [복사/감시]를 확장하여 [링크 선택]을 클릭합니다.

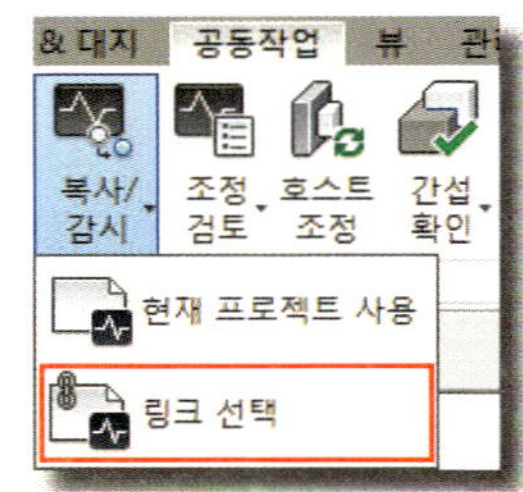

02 프로젝트에 삽입된 링크 파일을 선택합니다.

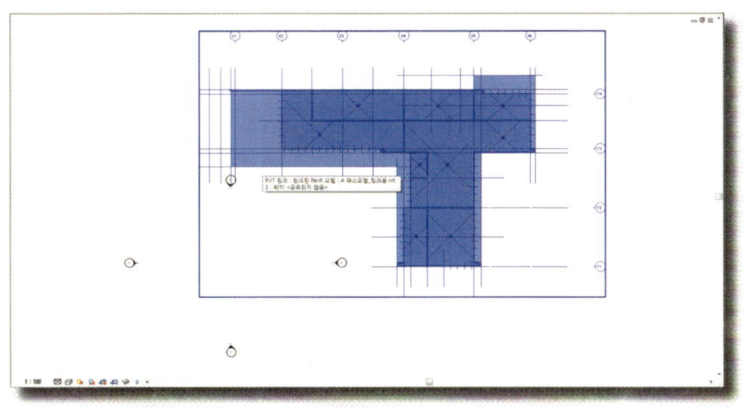

03 활성화된 [복사/감시] 탭의 [도구] 패널에서 [복사]를 클릭합니다.

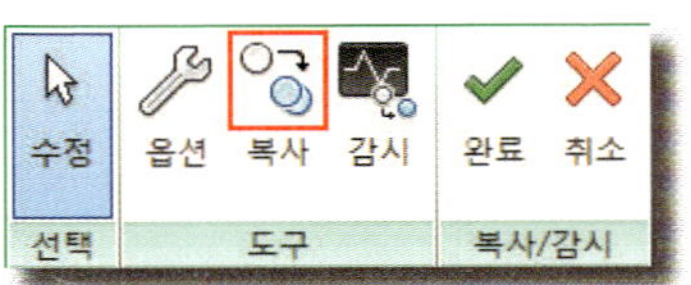

04 옵션 막대의 '다중' 항목을 체크합니다.

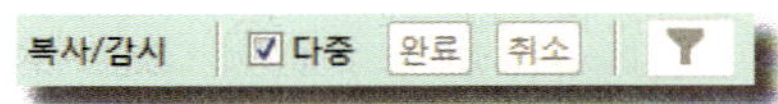

05 마우스를 드래그 하여 링크된 파일을 모두 선택합니다.

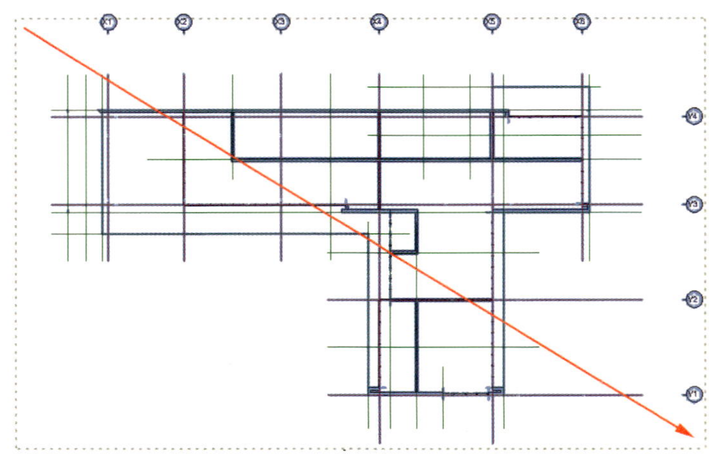

06 옵션막대의 [필터 아이콘] '필터'를 클릭합니다. [필터] 대화상자의 카테고리에서 '그리드'만 선택한 후 '확인'을 클릭합니다.

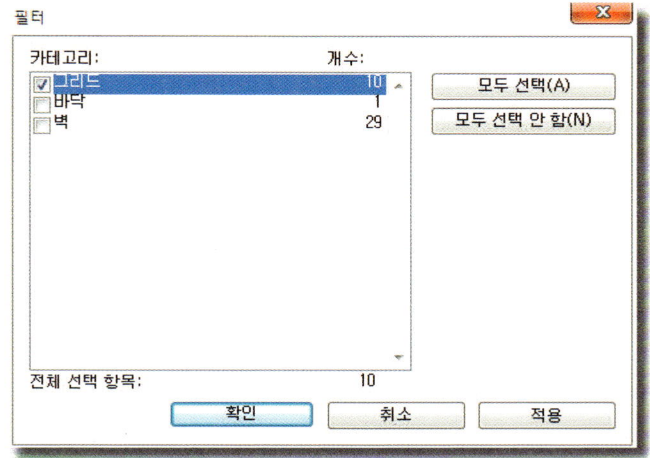

07 옵션 막대의 [완료] 버튼을 클릭 후 [복사/감시] 패널의 ✔ '완료'를 눌러 복사를 마칩니다. 링크된 모델에서 '그리드'만 복제되어 현재 프로젝트에 배치됩니다.

08 [아이콘] [가시성/그래픽]을 선택하거나 단축키 VG 또는 VV를 입력하여 [평면도 : 1층 평면도에 대한 가시성/그래픽 재지정] 대화상자를 엽니다. [Revit 링크] 탭의 가시성 체크박스를 해제합니다.

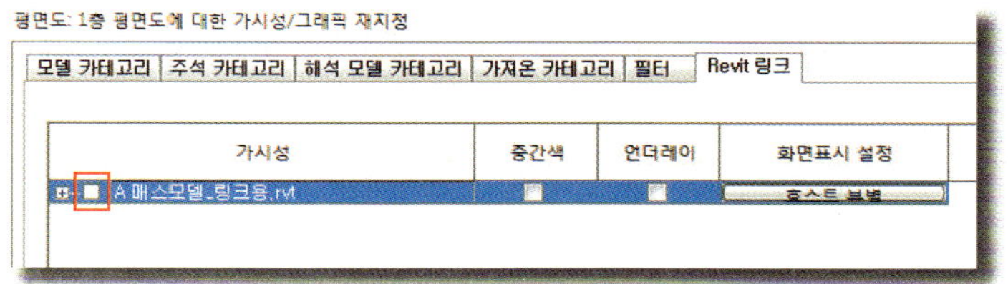

09 링크된 요소가 화면에서 사라지며 매스모델 파일에서 현재 작업 중인 프로젝트 파일르 그리드가 복사된 것을 확인할 수 있습니다.

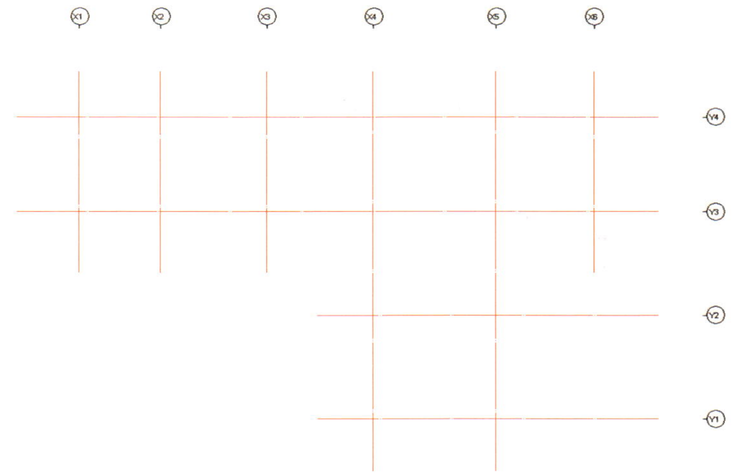

10 [평면도 : 1층 평면도에 대한 가시성/그래픽 재지정] 대화상자를 열어 [Revit 링크] 탭의 '가시성'과 '언더레이'를 활성화합니다.

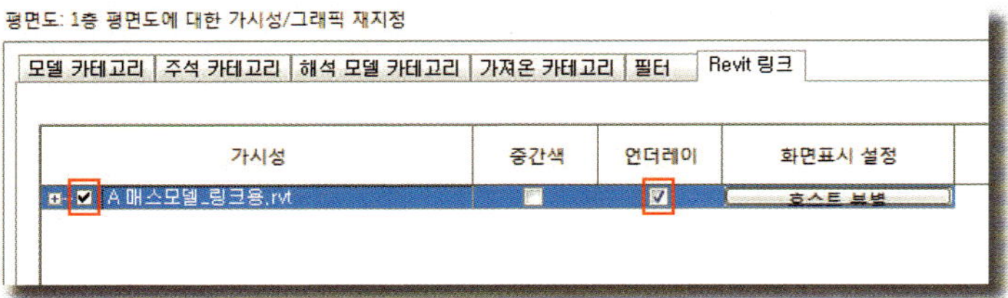

11 숨겨졌던 링크 파일에 '언더레이' 효과가 적용되어 화면에 나타납니다.

12 아래의 그림과 같이 '입면도' 마크를 이동한 후 [특성] 창 〉 '범위' 〉 '뷰 자르기'를 활성화하여 각 뷰의 범위를 조정합니다.

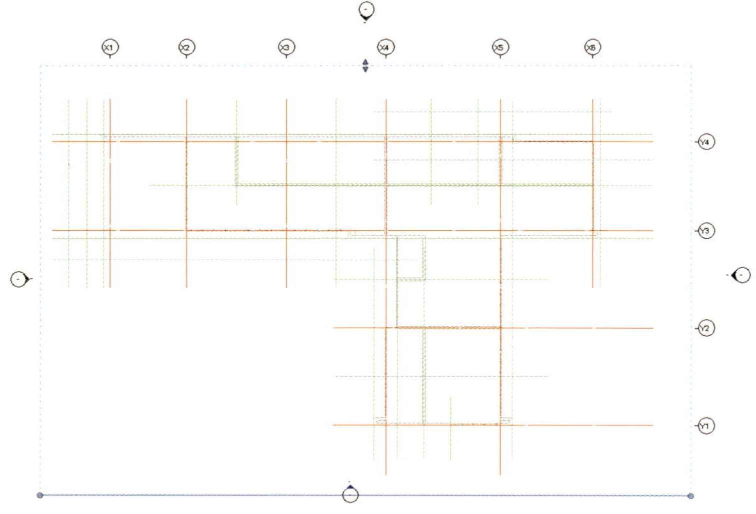

13 '남측면도'를 활성화합니다. [공동작업] 탭 〉 [좌표] 패널 〉 [복사/감시]를 확장하여 [링크 선택]을 클릭한 후 프로젝트에 삽입된 링크 파일을 선택합니다.

14 활성화된 [복사/감시] 탭의 [도구] 패널에서 [복사]를 클릭합니다.

15 옵션 막대의 '다중' 항목을 체크한 후 링크된 파일을 마우스 드래그로 모두 선택합니다.

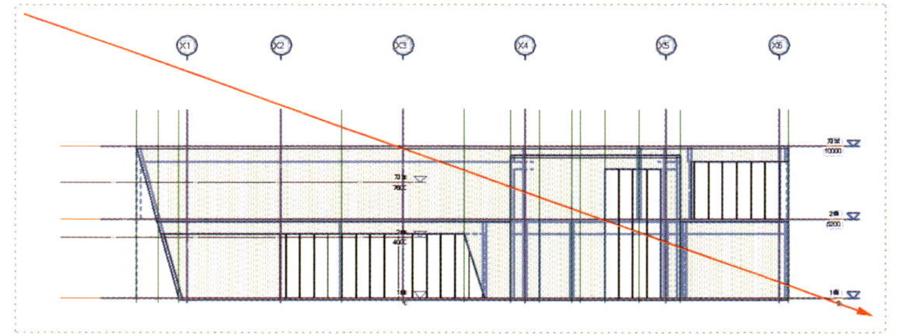

16 옵션막대의 '필터'를 클릭합니다. [필터] 대화상자의 카테고리에서 '레벨'만 선택한 후 '확인'을 클릭합니다.

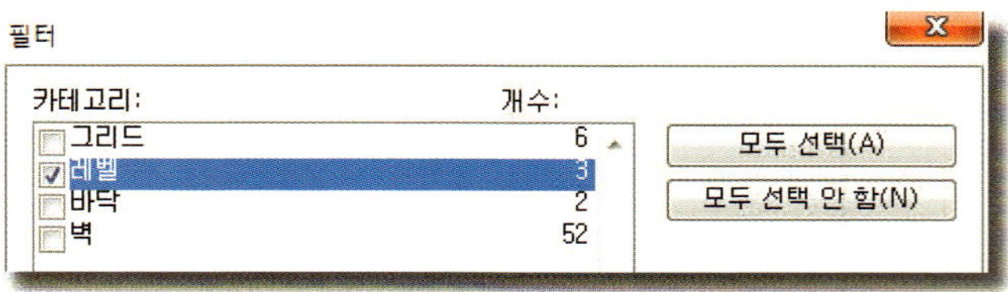

17 옵션 막대의 [완료] 버튼을 클릭 후 [복사/감시] 패널의 ✔ '완료'를 눌러 복사를 마칩니다. 링크된 모델에서 '레벨'만 복제되어 현재 프로젝트에 배치됩니다.

TIP

프로젝트의 '1층', '2층', '지붕'의 레벨 정보가 모두 변경됩니다. 이는 현재 프로젝트와 링크된 모델의 '레벨' 이름이 동일하기 때문입니다. 링크된 모델의 레벨 이름과 현재 프로젝트의 레벨 이름이 다를 경우에는 레벨 정보가 변경되지 않습니다.

현재 프로젝트의 레벨 링크된 파일의 레벨

18 링크된 모델을 선택한 후 [임시 숨기기/분리]의 '요소 숨기기'를 클릭합니다.

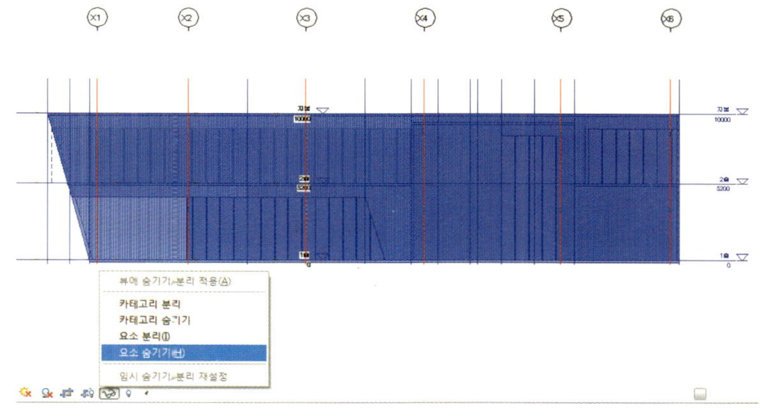

19 레벨을 선택한 후 다음 그림과 같이 끌기 컨트롤을 드래그 합니다.

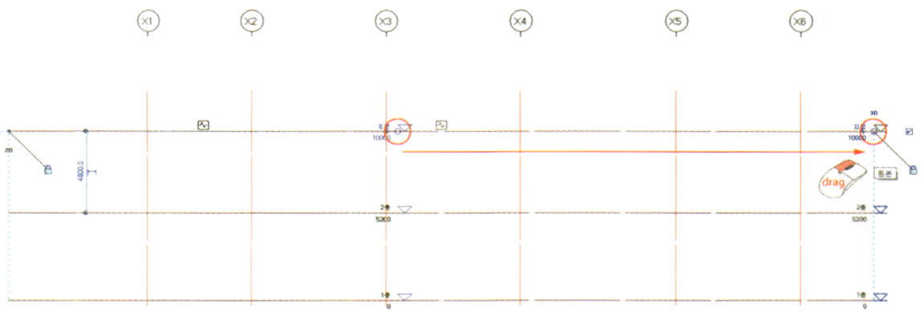

LESSON 12 구조 기둥 작성

Step 01 구조기둥 패밀리 로드

01 1층 평면도를 활성화한 후, [구조] 탭 〉 [구조] 패널 〉 [기둥]을 클릭합니다.

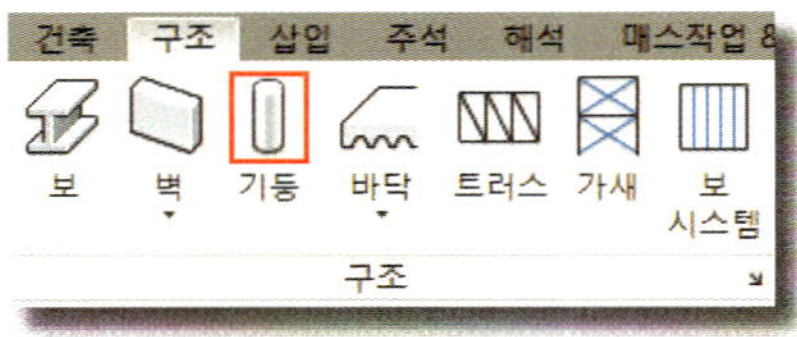

02 [수정 | 배치 구조 기둥] 탭 〉 [모드] 패널의 [패밀리 로드]를 클릭합니다.

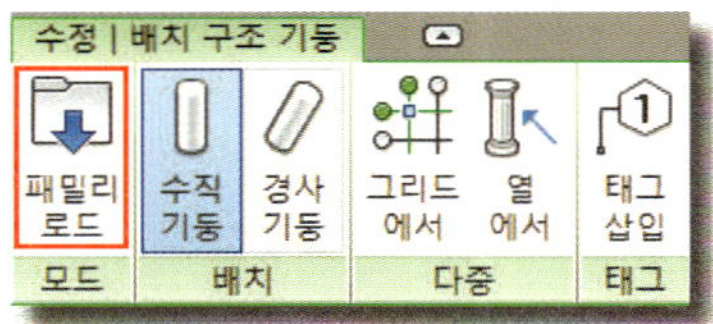

03 [패밀리 로드] 대화상자에서 '구조기둥' 폴더 〉 '콘크리트' 폴더에 들어간 후 '콘크리트-정사각형-기둥'을 선택하고 [열기]를 클릭합니다.

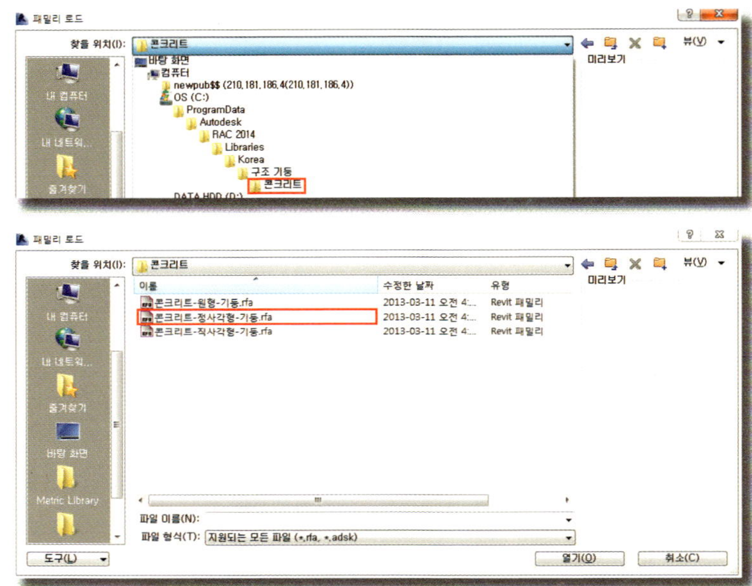

Step 02 구조기둥 복재

01 [특성] 창의 [유형 탐색기]를 클릭하여 기둥 유형을 '콘크리트-정사각형-기둥 : 300 × 300'으로 지정합니다.

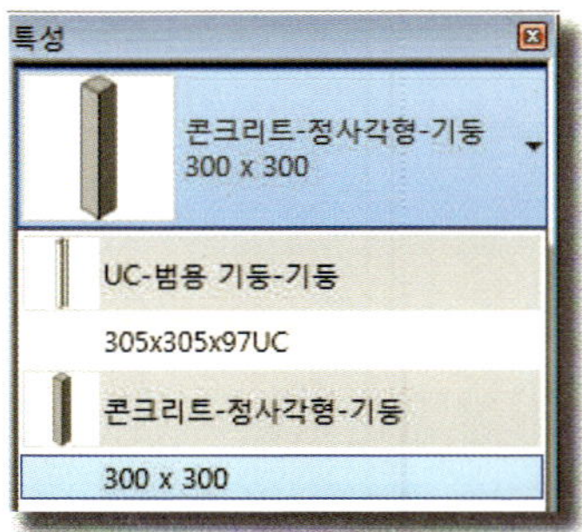

02 [특성] 창의 [유형 편집]을 클릭합니다. [유형 특성] 대화상자의 [복제] 버튼을 클릭합니다. [이름] 대화상자에 '1FC 400×400'을 입력하여 복제합니다.

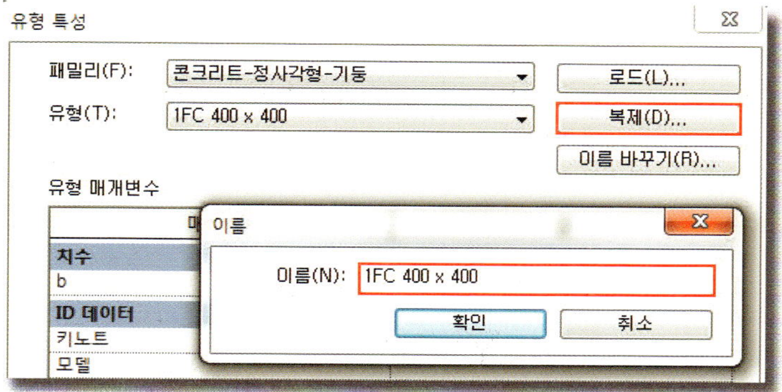

03 [유형 특성] 대화상자의 '치수' 매개변수 값을 '400'으로 수정한 후 [확인]을 클릭합니다.

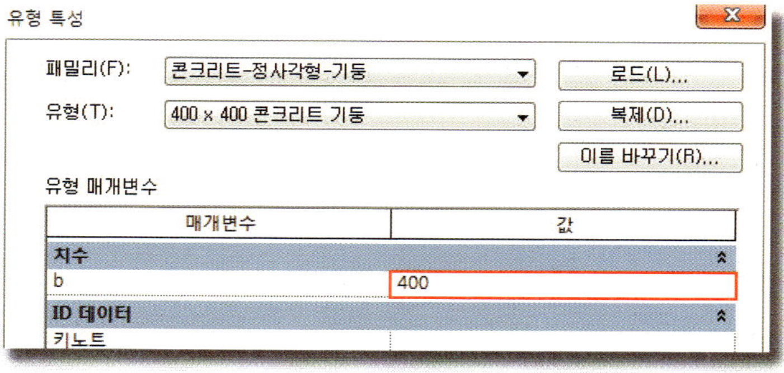

Step 03 구조기둥 재료 편집

01 [유형 탐색기]를 클릭하여 기둥 유형을 '콘크리트-정사각형-기둥 : 400 × 400'으로 지정합니다.

02 [특성] 창의 '재료 및 마감재' 〉 '구조 재료' 편집 버튼을 클릭합니다.

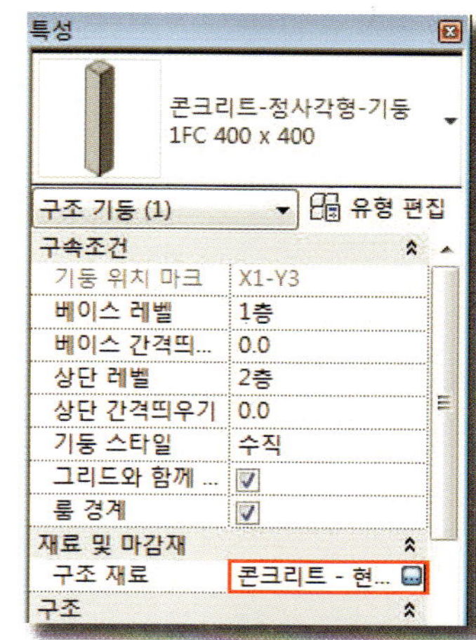

03 [재료 탐색기] 대화상자에서 '콘크리트, 현장타설 회색'을 선택합니다.

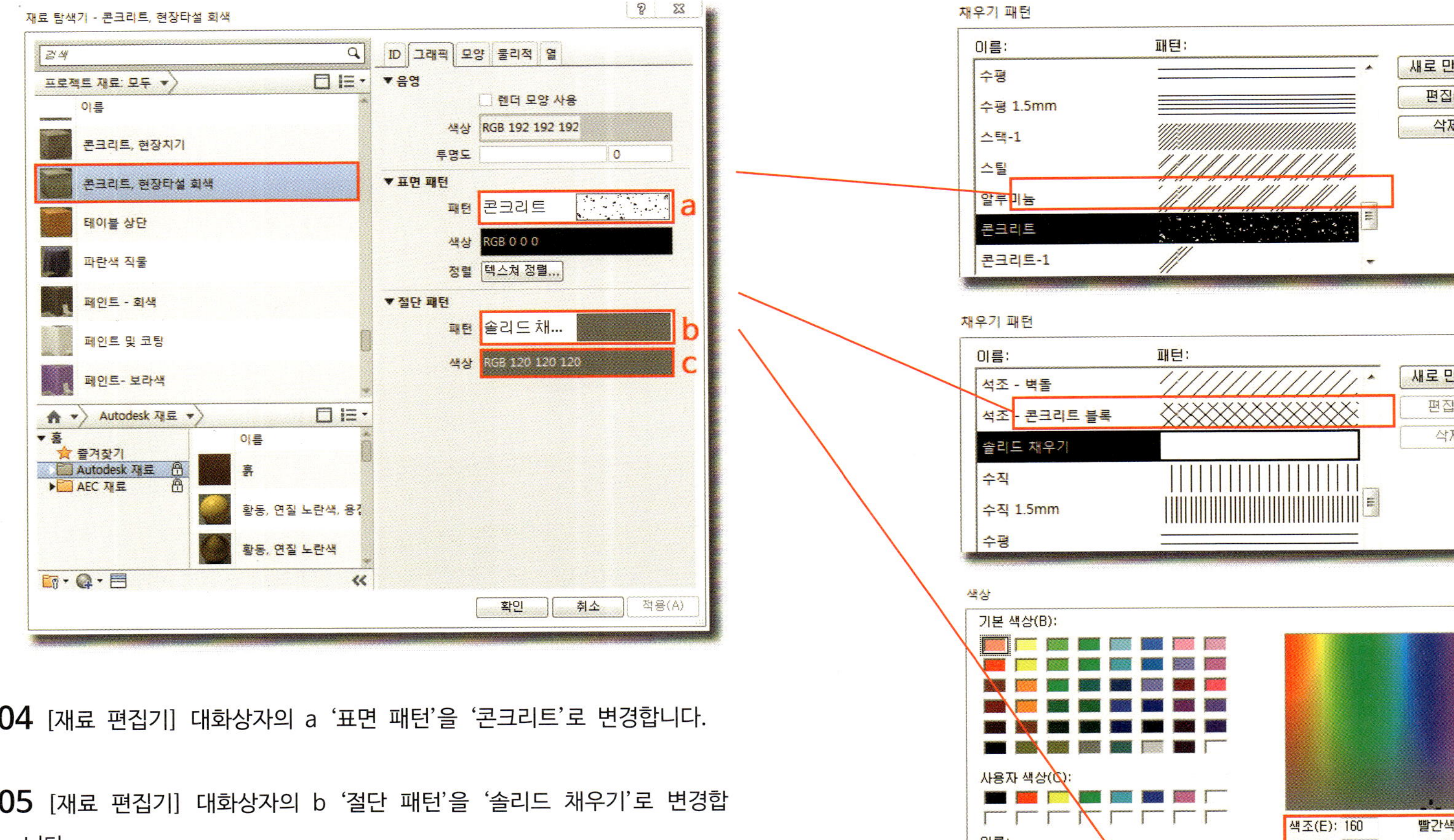

04 [재료 편집기] 대화상자의 a '표면 패턴'을 '콘크리트'로 변경합니다.

05 [재료 편집기] 대화상자의 b '절단 패턴'을 '솔리드 채우기'로 변경합니다.

06 [재료 편집기] 대화상자의 c '절단 패턴' '색상'을 '회색'으로 변경합니다.

Step 04 1층 구조기둥 배치

01 [수정 | 배치 구조 기둥] 탭 활성화 상태에서 옵션막대의 '높이'를 '2층'으로 설정합니다.

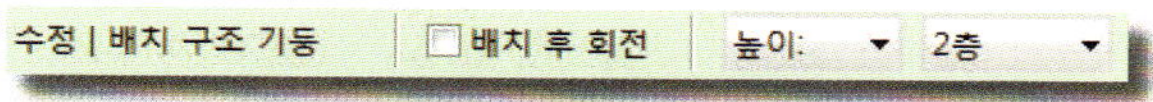

02 [수정 | 배치 구조 기둥] 탭 〉 [다중] 패널의 [그리드에서]를 클릭합니다.

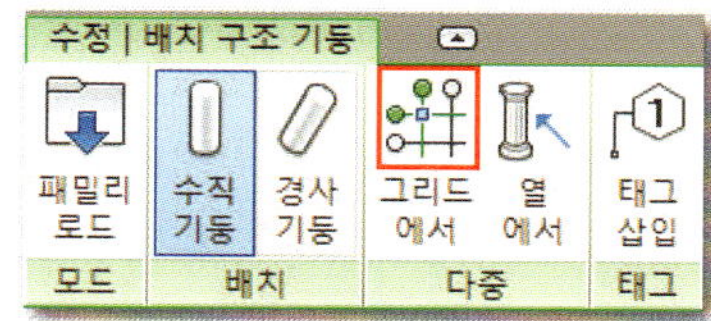

03 마우스를 드래그하여 1층 평면도의 모든 그리드를 선택합니다. ✔ [완료]를 클릭하면 그리드 교차점에 구조기둥이 작성됩니다.

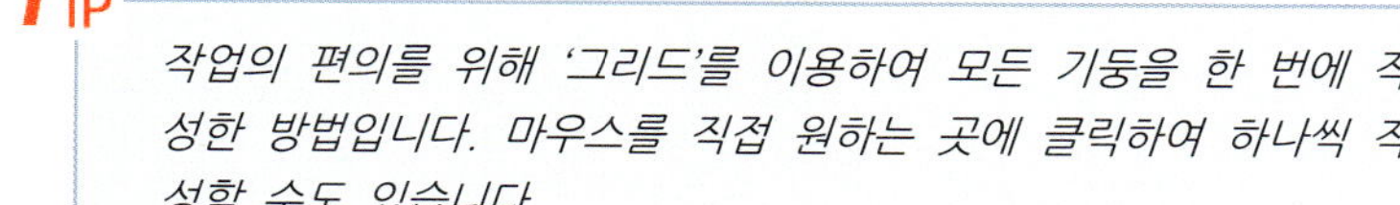
TIP
작업의 편의를 위해 '그리드'를 이용하여 모든 기둥을 한 번에 작성한 방법입니다. 마우스를 직접 원하는 곳에 클릭하여 하나씩 작성할 수도 있습니다.

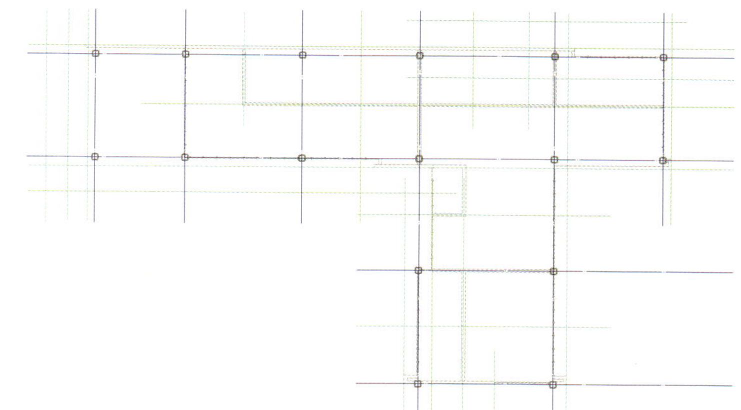

04 3D 뷰를 활성화합니다. 링크된 매스모델에 가려져 작성한 구조기둥을 확인하기 어렵습니다.

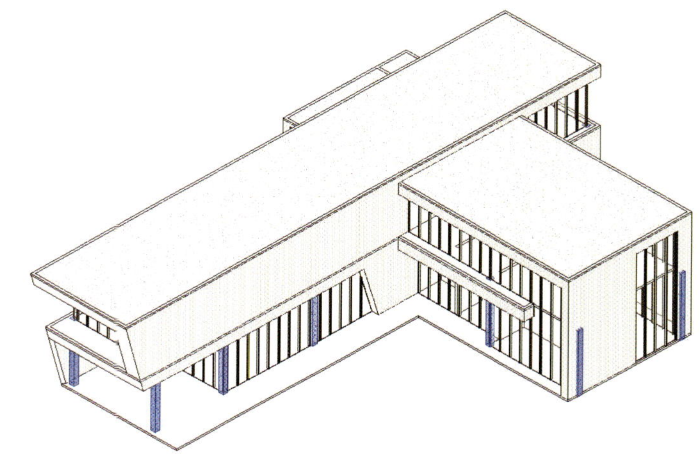

05 [가시성/그래픽] 대화상자의 [Revit 링크] 탭 〉 '언더레이'를 활성화 합니다. 링크된 매스모델이 반투명 상태로 전환되어 앞에서 작성한 구조기둥을 편리하게 확인할 수 있습니다.

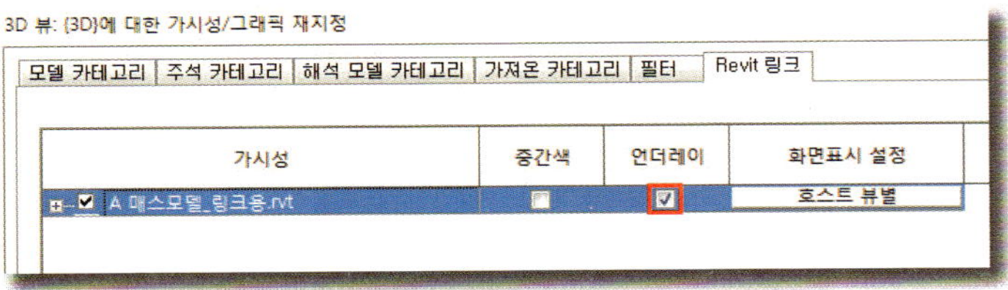

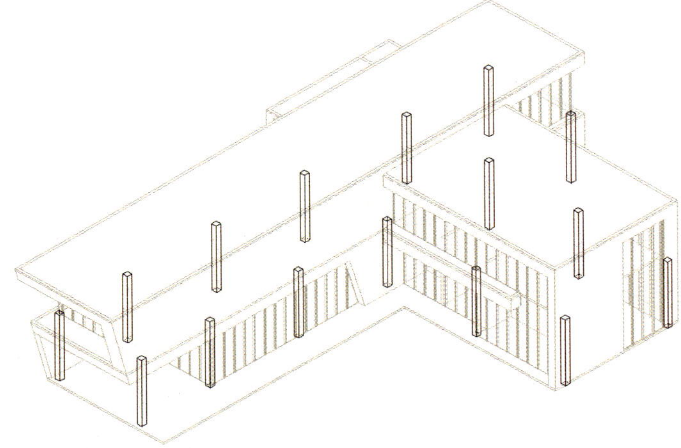

Step 05 2층 구조기둥 작성

01 3D 뷰에서 '필터' 또는 '모든 인스턴트 선택'을 이용하여 작성된 모든 구조기둥을 선택합니다.

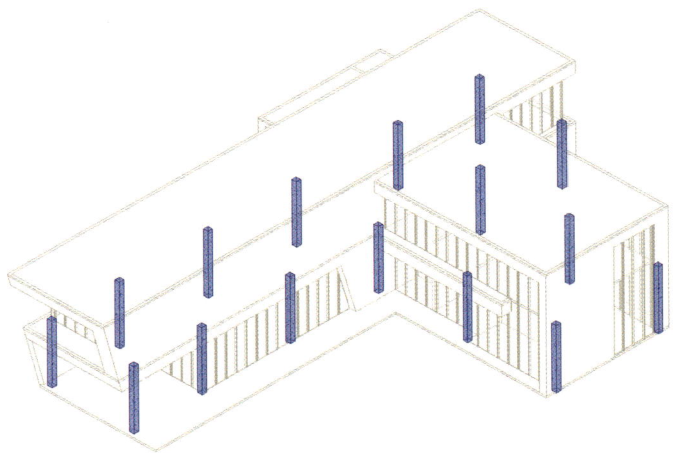

02 [수정 | 배치 구조 기둥] 탭 〉 [클립보드] 패널의 [복사]를 클릭 합니다.

03 [수정 | 배치 구조 기둥] 탭 〉 [클립보드] 패널의 [붙여넣기]를 확장하여 [선택한 레벨에 정렬]을 선택합니다.

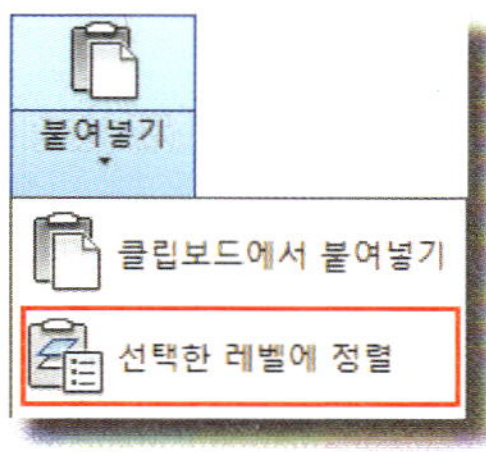

04 [레벨 선택] 대화상자에서 '2층'을 선택하여 복사한 1층 기둥을 2층 레벨에 붙여 넣습니다.

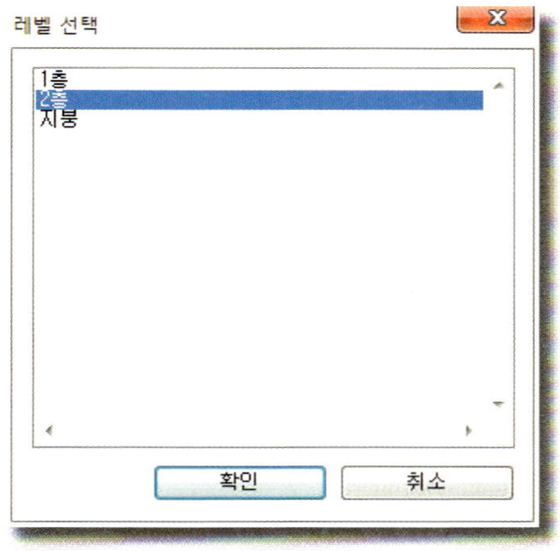

05 2층 레벨의 모든 기둥을 선택합니다. (화면의 시점을 변경하여 마우스 드래그로 선택하거나 2층 평면도를 활성화하여 선택합니다)

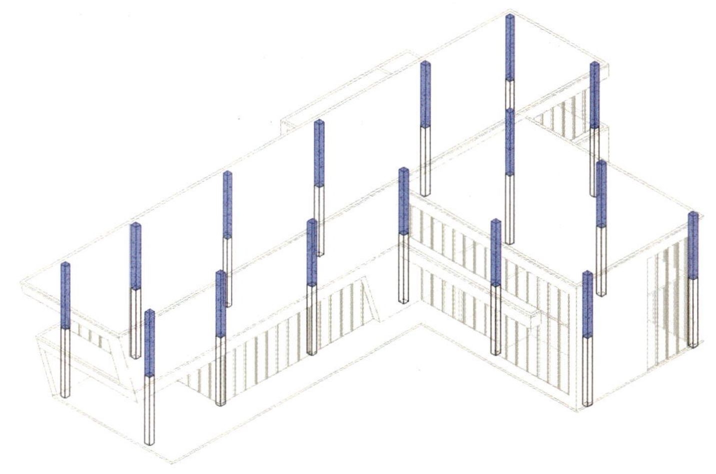

06 [특성] 창의 [유형 편집]을 클릭합니다. [유형 특성] 대화상자의 [복제] 버튼을 선택한 후 [이름] 대화상자에 '2FC 400×400'을 입력하여 복제합니다.

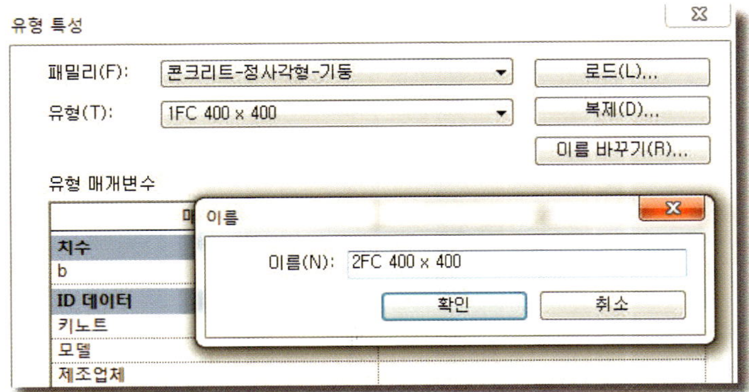

07 [프로젝트 탐색기]의 '패밀리' 〉 '구조기둥' 〉 '콘크리트 - 정사각형 - 기둥' 항목을 확장해서 살펴보면 위에서 복제하여 작성한 기둥 패밀리가 생성되어 있는 것을 확인할 수 있습니다.

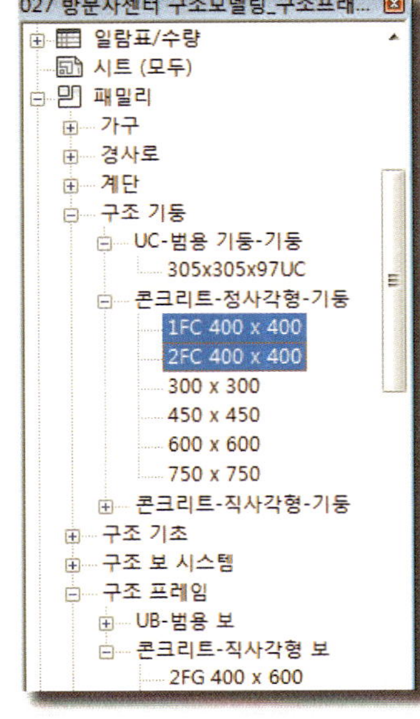

LESSON 13 구조 프레임 작성

Step 01 구조 프레임(보) 패밀리 로드

01 2층 평면도를 활성화합니다.

02 [구조] 탭 〉 [구조] 패널의 [보]를 클릭합니다.

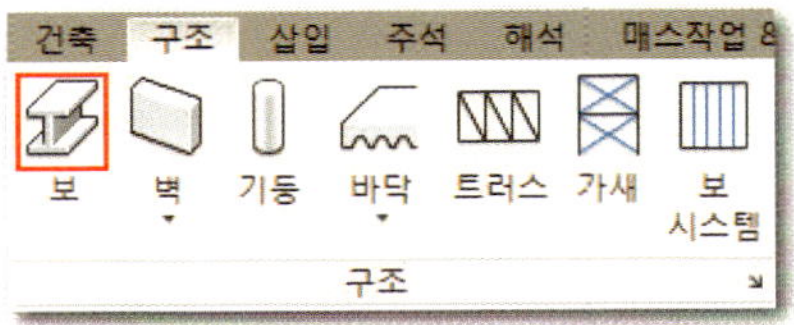

03 [수정 | 배치 보] 탭 〉 [모드] 패널의 [패밀리 로드]를 클릭합니다.

04 [패밀리 로드] 대화상자의 '구조 프레임' 폴더 〉 '콘크리트' 폴더를 열어 '콘크리트-직사각형 보'를 선택하여 로드합니다.

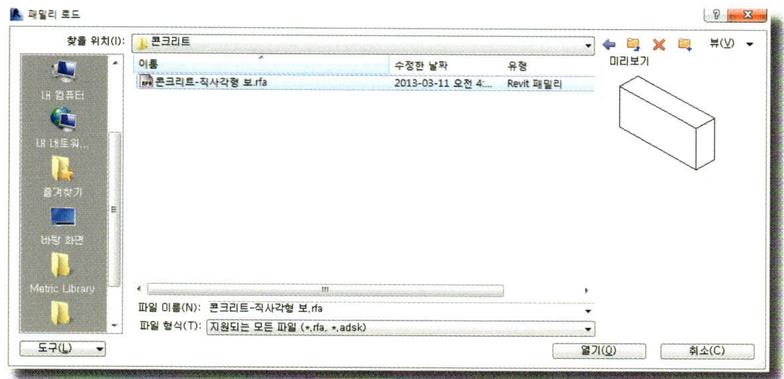

Step 02 구조 프레임(보) 복제 및 유형 편집

01 구조기둥의 유형특성 변경 및 복제 방법과 마찬가지로 불러온 '콘크리트-직사각형 보' 유형 중 하나를 선택한 후 '2FG 400 X 600'으로 보 유형을 복제합니다.

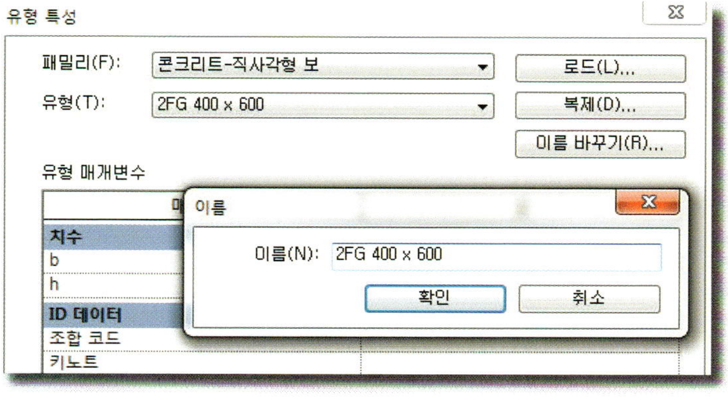

02 '유형 매개변수'의 '치수' 값을 b : 300, h : 600으로 변경합니다.

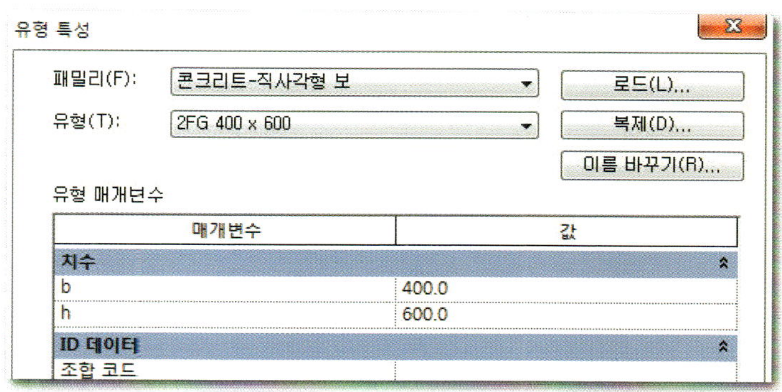

03 [재료 편집기] 대화상자를 활성화하여 앞에서 작성한 구조기둥과 동일 재료인 '콘크리트, 현장타설 회색'으로 구조 보의 재료를 변경합니다.

Step 03 2층 구조 프레임(보) 작성

01 [수정 | 배치 보] 탭 활성화 상태에서 옵션막대의 '배치 기준면'을 '레벨 : 2층'으로 설정합니다.

02 [수정 | 배치 보] 탭 > [다중] 패널의 [그리드에서]를 클릭합니다.

03 마우스를 드래그하여 2층 평면도의 모든 그리드를 선택합니다. ✔ [완료]를 클릭하면 그리드의 위치와 구조 기둥의 위치가 겹치는 곳에만 보가 작성됩니다.

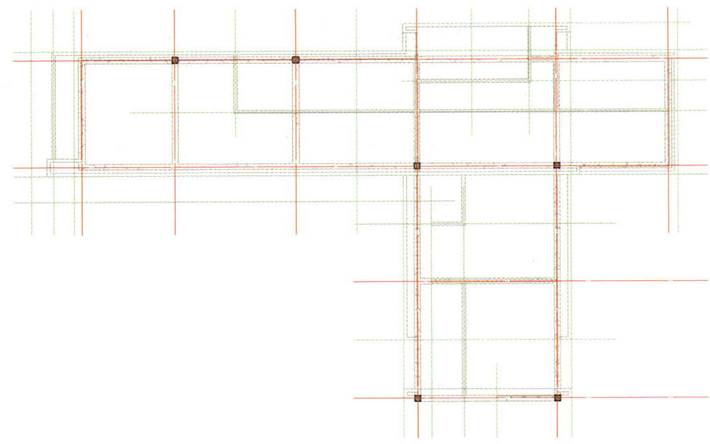

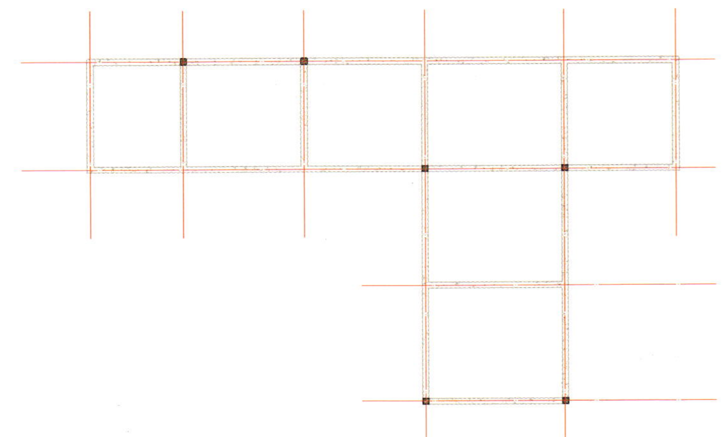

04 작성된 보를 정확히 확인하기 위해 2층 평면도 [가시성/그래픽] 대화상자의 [Revit 링크] 탭 '가시성'을 해제 합니다.

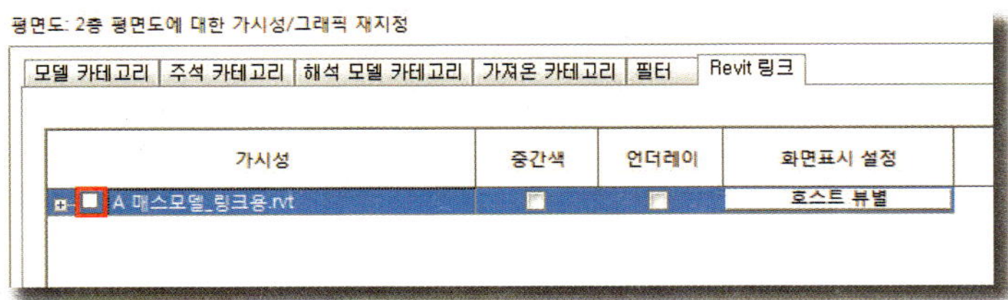

05 화면상의 모든 객체를 선택한 후 [필터]를 클릭합니다. [필터] 대화상자의 '카테고리' 항목에 '구조 프레임'이 나타나지 않는 것을 볼 수 있습니다.

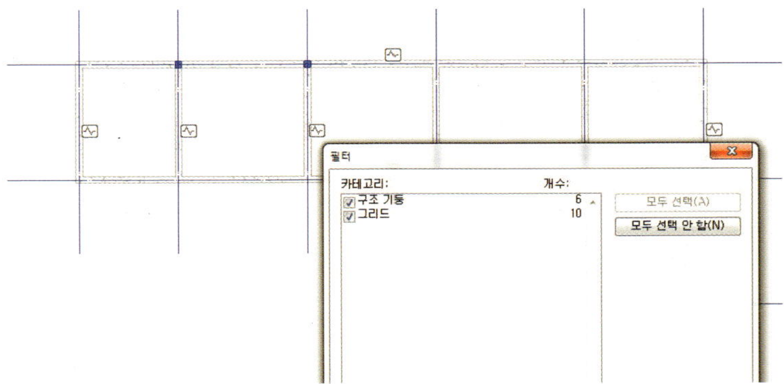

TIP

이는 작성된 보가 2층 평면도에 설정되어 있는 '뷰 범위'를 벗어나 2층 레벨 아래쪽에 위치하기 때문입니다. 이 같은 설정 상태에서는 작성한 보를 마우스를 클릭하는 방법으로는 선택할 수 있으나, 드래그하는 방법으로는 선택이 불가능 합니다. 작성한 보의 유형을 변경하거나 상층부로 복사 시 드래그를 통한 객체 선택이 편리함으로 '뷰 범위' 설정을 변경하도록 합니다.

06 보 객체의 투영 패턴이 시각화되도록 2층 평면도의 '뷰 범위'를 조절합니다.

07 2층 평면도 [특성] 창의 '범위' 〉 '뷰 범위 : 편집' 버튼을 클릭합니다.

08 [뷰 범위] 대화상자의 '1차 범위' 〉 '하단 : 간격띄우기'와 '뷰 깊이' 〉 '레벨 : 간격띄우기' 값을 다음과 같이 변경합니다.

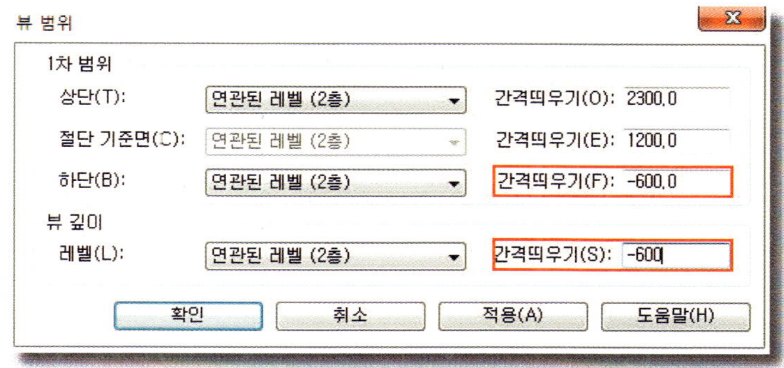

TIP

각각의 뷰에는 '뷰 범위'가 있습니다. 활성화된 뷰에 나타나있는 객체는 마우스를 클릭하여 선택할 수 있지만, 드래그를 이용하여 선택하고자 할 때에는 '1차 범위'의 값이 객체의 범위에 포함되도록 변경하여야 합니다. 이때 '뷰 깊이'의 '레벨 : 간격띄우기' 값은 '1차 범위'의 '하단 : 간격띄우기' 값 이하여야 합니다.

09 구조 프레임 요소의 투영 패턴이 시각화되어 나타나며, [필터]를 이용한 선택도 가능해 집니다.

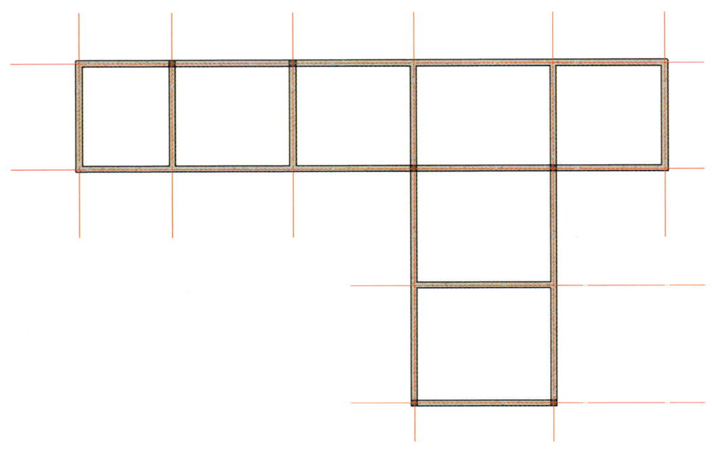

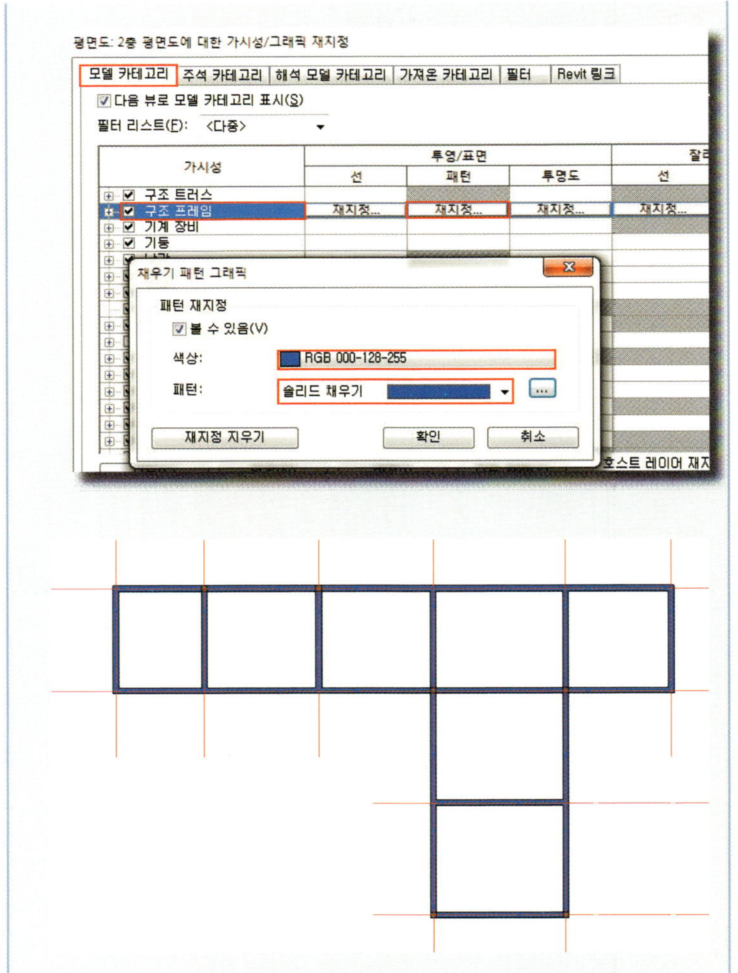

TIP

투영 패턴은 [가시성/그래픽 재지정]을 통해서 변경 및 수정이 가능합니다. [평면도 : 2층 평면도에 대한 가시성/그래픽 재지정] 대화상자 > [모델 카테고리]의 '구조 프레임' '투영/표면' > '패턴 : 재지정' 버튼을 클릭한 후 [채우기 패턴 그래픽] 대화상자의 '색상'과 '패턴'을 변경하면 다음 그림과 같이 '구조 프레임'의 투영 패턴이 변경되어 화면에 표시됩니다.

10 3D 뷰를 활성화하여 작성된 구조 프레임을 확인합니다.

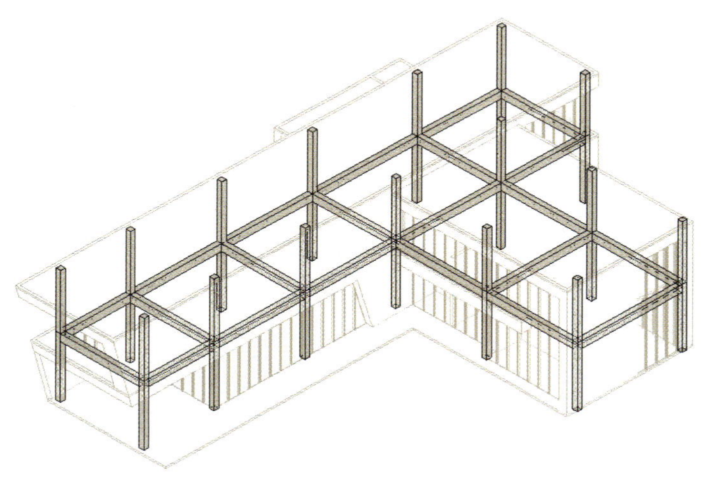

Step 04 지붕 층 구조 프레임(보) 작성

01 구조 프레임 요소를 선택한 후 마우스 오른쪽 버튼을 클릭합니다. '모든 인스턴스 선택' 〉 '뷰에 나타남'을 클릭하여 작성된 2층 구조 프레임을 모두 선택합니다.

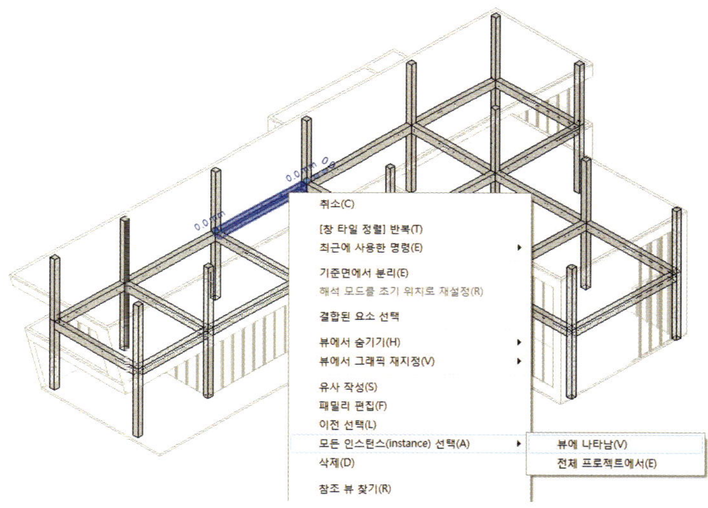

02 [수정 | 구조 프레임] 탭 〉 [클립보드] 패널의 [복사]를 클릭합니다.

03 [수정 | 구조 프레임] 탭 〉 [클립보드] 패널의 [붙여넣기]를 확장하여 [선택한 레벨에 정렬]을 선택합니다.

04 [레벨 선택] 대화상자에서 '지붕'을 선택하여 복사한 2층 구조 프레임을 지붕 층 레벨에 붙여 넣습니다.

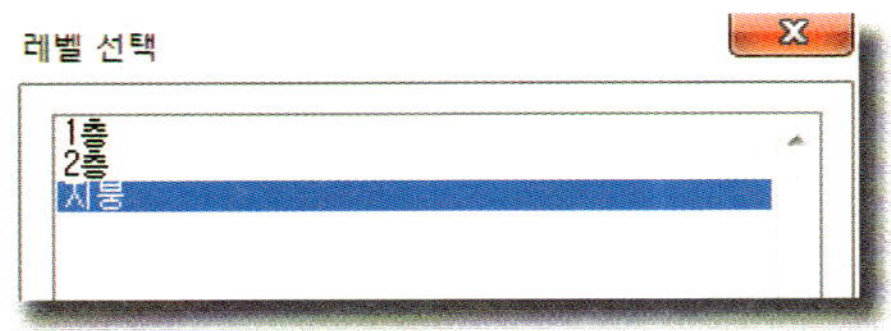

05 지붕 층 레벨의 모든 구조 프레임을 선택합니다. (화면의 시점을 변경하여 마우스 드래그로 선택하거나, 지붕 층 평면도에서 '뷰 범위'를 변경한 후 마우스 드래그와 '필터'를 이용하여 선택합니다)

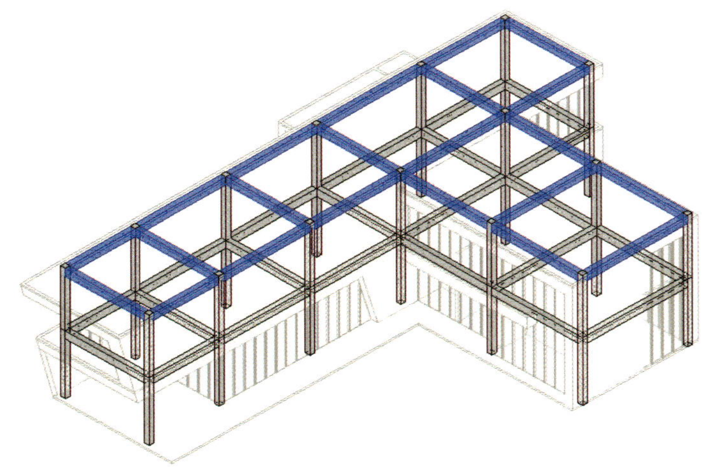

06 [특성] 창의 [유형 편집]을 클릭합니다. [유형 특성] 대화상자의 [복제] 버튼을 선택한 후 [이름] 대화상자에 'RFG 400 X 600'을 입력하여 복제합니다.

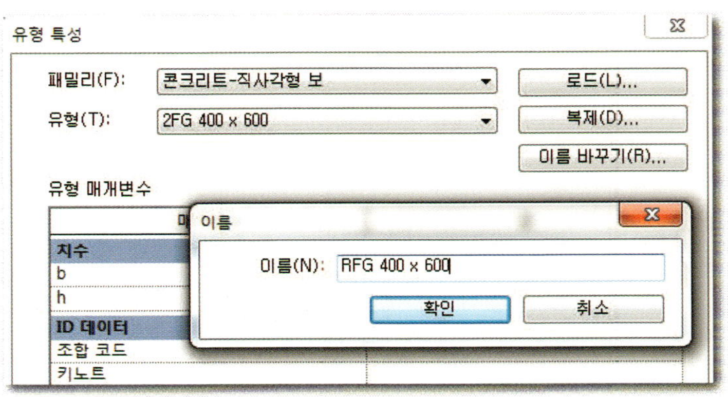

Step 05 구조 프레임(보) 추가 작성 및 편집

01 2층 평면도를 활성화한 후 [구조] 탭 〉 [구조] 패널의 [보]를 클릭합니다.

02 [특성] 대화상자 〉 [유형 탐색기]를 클릭하여 보 유형을 '콘크리트-직사각형 보 : 2FG 400 × 600'으로 지정합니다.

03 옵션막대의 '배치 기준면'을 '레벨 : 2층'으로 설정합니다.

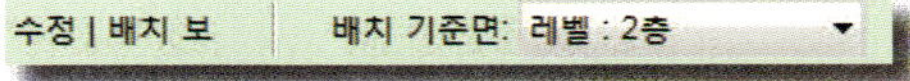

04 [수정 | 배치 보] 탭 〉 [그리기] 패널의 [선]을 클릭합니다.

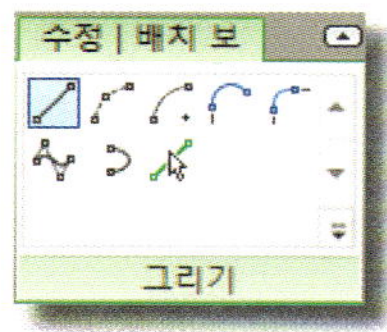

05 아래의 그림을 참고하여 2층 평면도에 보를 추가로 작성합니다.

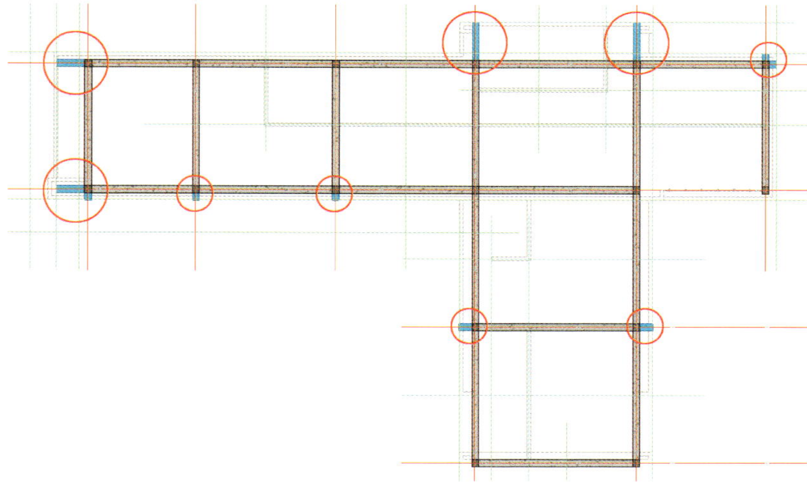

06 추가 작성한 보 부분을 확대한 후 뷰 조절 막대의 축척을 '1 : 1'로 변경합니다. 작성된 보의 끝점과 참조평면 선이 일치하지 않음을 볼 수 있습니다.

07 [수정] 탭 〉 [수정] 패널의 [정렬] (단축키 : ⒶⓁ)을 클릭한 후 기준이 되는 요소 A와 기준에 맞춰 정렬할 요소 B를 연속해서 선택합니다.

08 기준이 되는 참조평면(A)에 맞춰 보 끝점(B)이 정렬됩니다.

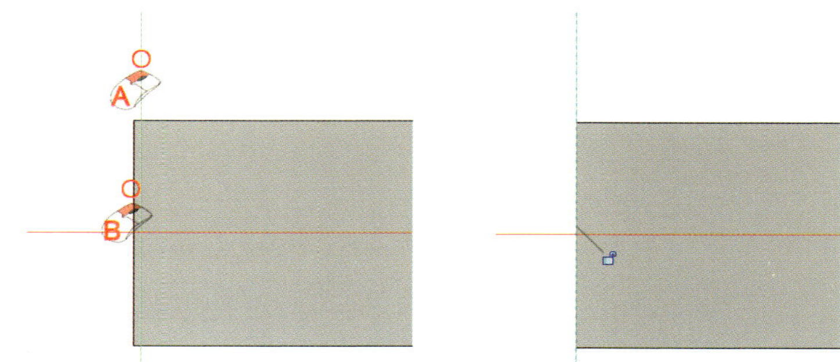

09 지붕 층 평면도를 활성화한 후 [구조] 탭 〉 [구조] 패널의 [보]를 클릭합니다.

10 [특성] 대화상자 〉 [유형 탐색기]를 클릭하여 보 유형을 '콘크리트-직사각형 보 : RFG 400 × 600'으로 지정합니다.

11 옵션막대의 '배치 기준면'을 '레벨 : 지붕'으로 설정합니다.

12 [수정 | 배치 보] 탭 〉 [그리기] 패널의 [선]을 클릭한 후 다음 그림을 참고하여 추가 보를 작성합니다.

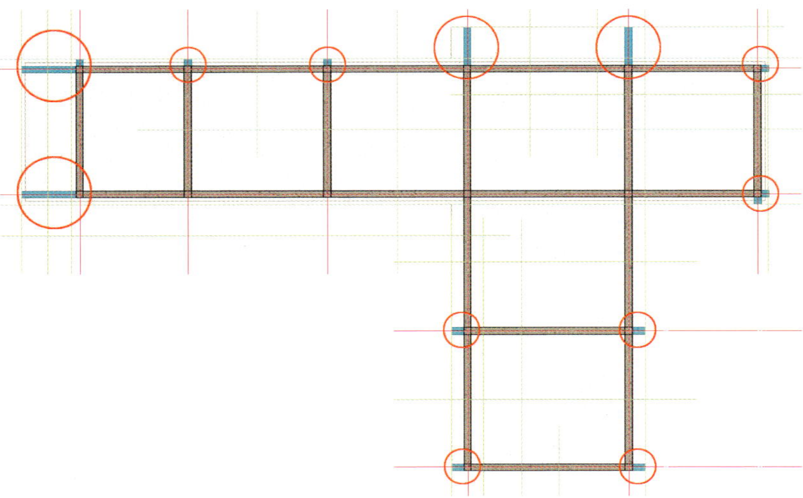

13 3D 뷰를 활성화한 후 아래그림의 보를 선택하여 삭제합니다.

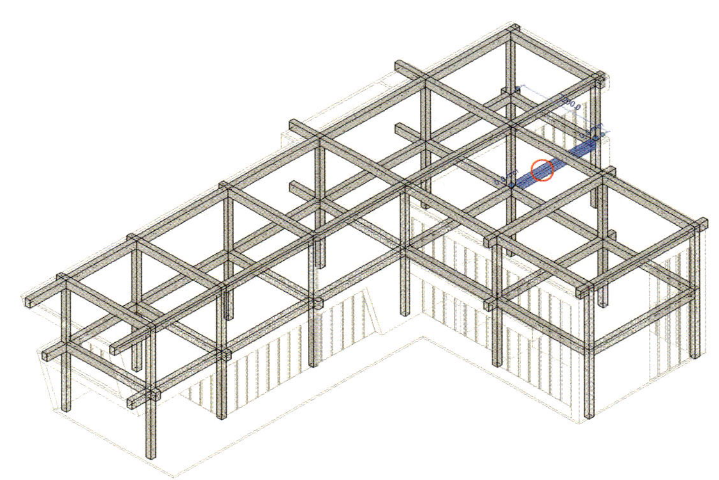

LESSON 14 구조 기초 작성

Step 01 슬라브 기초(온통기초) 작성

01 1층 평면도를 활성화한 후 [가시성/그래픽 재지정]을 이용하여 링크된 모델의 가시성을 '언더레이'로 설정합니다.

02 [구조] 탭 〉 [기초] 패널의 [슬라브]를 클릭합니다.

03 [유형 특성] 대화상자를 활성화하여 'FS THK 500'으로 기초를 복제합니다.

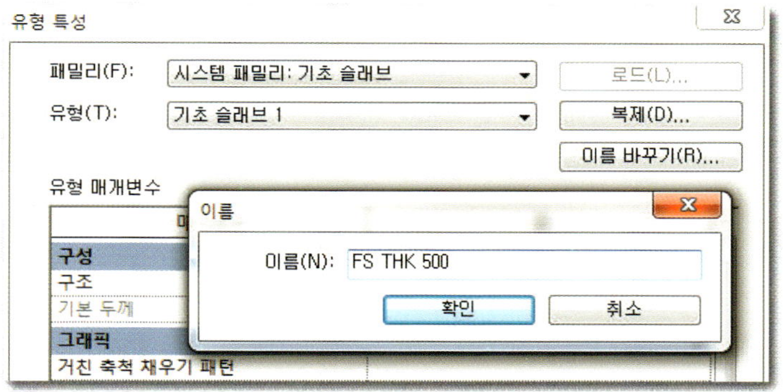

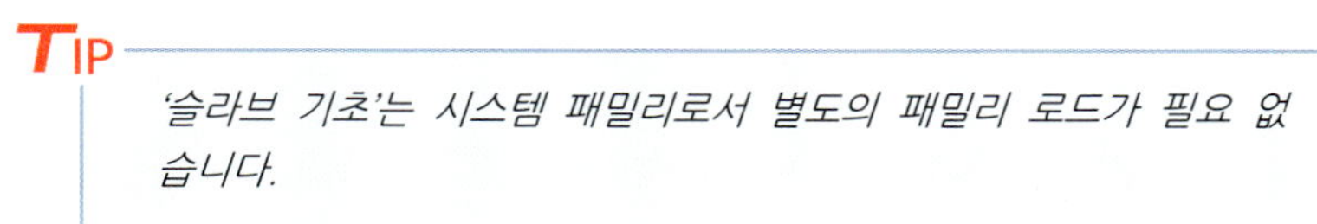

TIP

'슬라브 기초'는 시스템 패밀리로서 별도의 패밀리 로드가 필요 없습니다.

04 [유형 특성] 대화상자의 구조 매개변수 값 '편집' 버튼을 클릭합니다. [조합 편집] 대화상자의 슬라브 두께를 '500'으로 변경합니다.

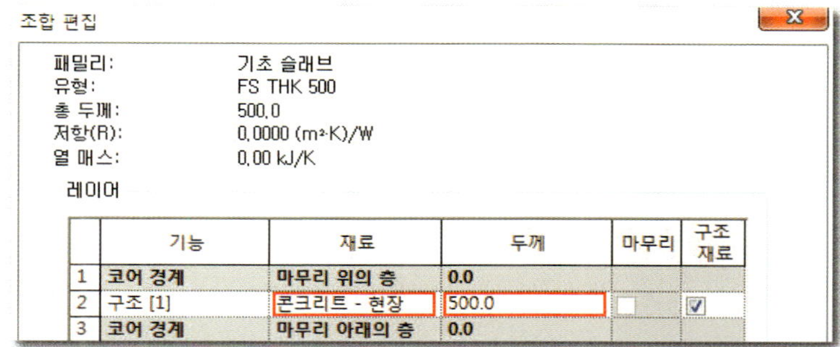

05 [재료 편집기] 대화상자를 활성화하여 구조기초의 재료를 '콘크리트, 현장타설 회색'으로 변경합니다.

06 [수정 | 바닥 경계 작성] 탭 > [그리기] 패널의 [선] 클릭 후 링크된 모델의 외부 기준선을 참고하여 다음과 같이 스케치를 작성합니다.

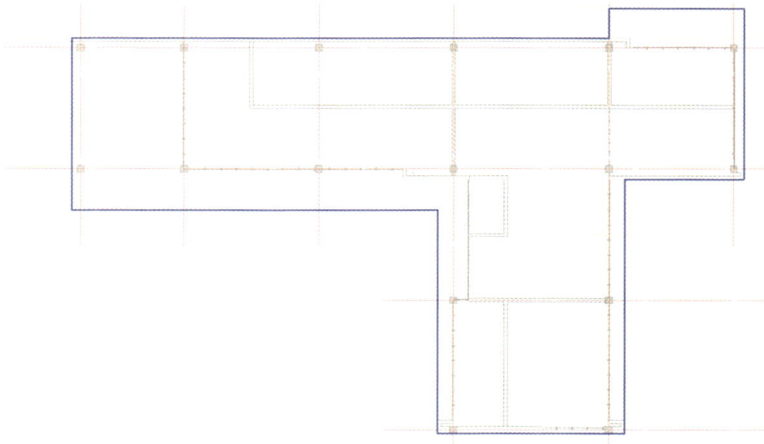

07 [수정 | 바닥 경계 작성] 탭 〉 [모드] 패널의 ✔ [완료] 버튼을 클릭합니다. 3D 뷰에서 작성된 슬라브 기초를 확인합니다.

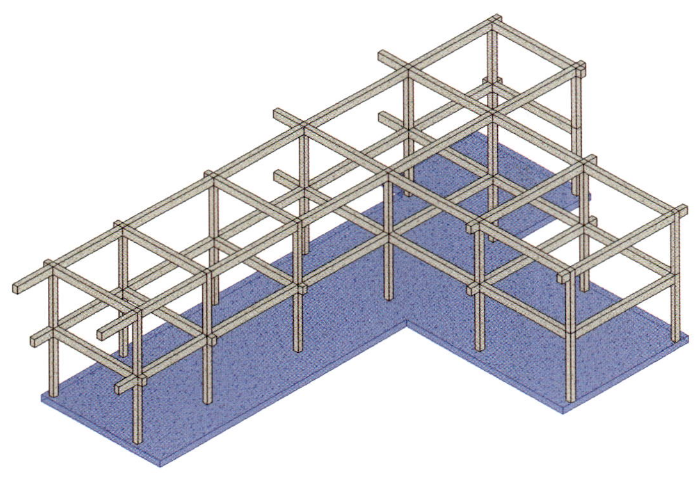

TIP

시스템 패밀리인 슬라브 기초와 달리 독립기초는 [패밀리 로드]를 이용하여 작성해야 합니다. [패밀리 로드] 대화상자의 '구조 기초' 폴더 〉 '기초-직사각형.rfa'를 로드한 후 [수정 | 배치 독립 기초] 탭 〉 [다중] 패널 〉 [열에서]를 클릭하여 '독립기초'가 배치될 기둥을 선택하고 [완료]하면 기둥 하단에 '독립기초'가 작성됩니다. 이와 같은 방법으로 배치된 '독립기초'는 기둥과 연관관계를 형성하게 되며 '독립기초'의 위치는 기둥 [특성] 대화상자의 '베이스 간격 띄우기 값'에 의해 조정됩니다.

LESSON 15 구조 바닥 작성

Step 01 '가시성/그래픽' 설정

01 구조 바닥 작성을 용이하게 진행하기 위해 2층 레벨의 [가시성/그래픽]을 조정합니다.

02 2층 평면도를 활성화한 후 [평면도: 2층 평면도에 대한 가시성/그래픽 재지정] 대화상자의 [Revit 링크] 탭 〉 [화면표시 설정]을 클릭합니다. [RVT 링크 화면표시 설정] 대화상자의 카테고리를 '사용자'로 설정한 후 [모델 카테고리]에 해당하는 모든 요소들의 가시성을 해제합니다.

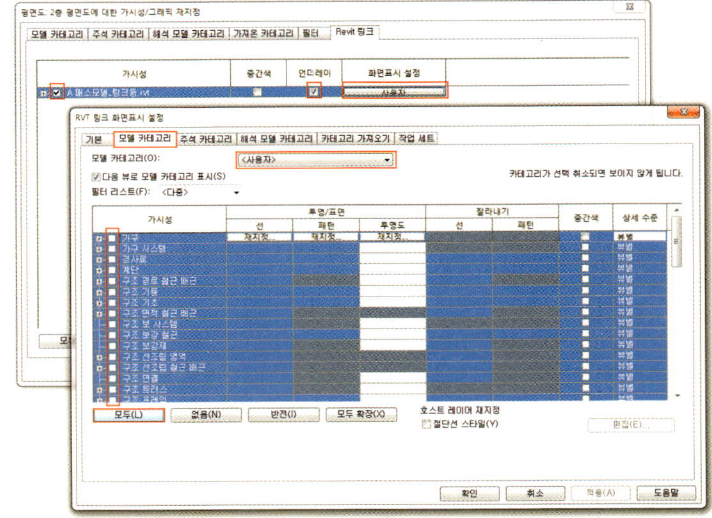

TIP

링크된 파일의 모델 요소들은 화면에서 사라지며, [주석 카테고리]에 속한 '참조평면'만 작업 화면에 남게 됩니다.

Step 02 구조 바닥 작성

01 2층 평면도를 활성화한 후 [구조] 탭 〉 [구조] 패널의 [바닥]을 확장하여 [바닥-구조] 클릭합니다.

02 [유형 탐색기]를 클릭하여 바닥 유형을 '바닥 : 일반 150mm'로 지정합니다. [유형 특성] 대화상자를 활성화한 후 '2FS - THK 150'으로 바닥을 복제합니다.

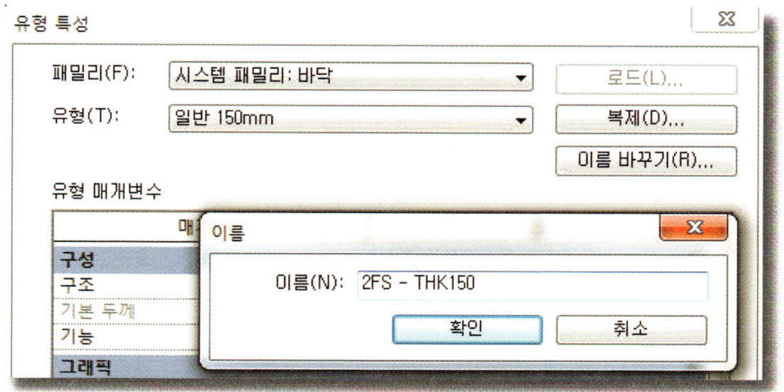

03 [재료 편집기]를 활성화한 후 구조 바닥의 재료를 '콘크리트 - 현장 타설 콘크리트'로 변경합니다.

04 [수정 | 바닥 경계 작성] 탭 〉 [그리기] 패널의 [선] 또는 [직사각형] 도구를 사용하여 구조 프레임 안쪽 경계에 맞추어 다음 그림과 같이 스케치합니다.

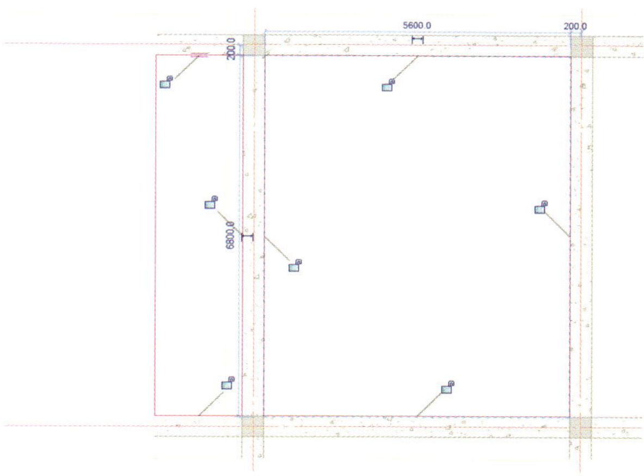

05 바닥 경계를 스케치한 후 '열쇠 표시'를 클릭하여 '잠그기' 설정합니다.

TIP

'구조 기둥'은 '그리드'를 이용하여 배치되어 그리드와 함께 이동되며, '구조 프레임'은 '구조 기둥'에 자동 결합되어 있습니다. 이상과 같은 조건에서 '구조 바닥'을 '구조 프레임'에 잠금 설정하게 되면 그리드만 수정하여도 '기둥', '프레임', '바닥'이 모두 함께 변경되게 됩니다.

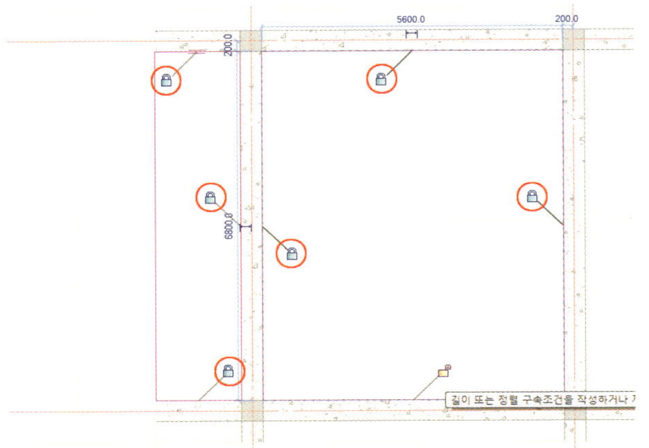

06 다음 그림과 같이 '구조 바닥'을 모두 작성한 후 ✔ [완료] 버튼을 클릭합니다.

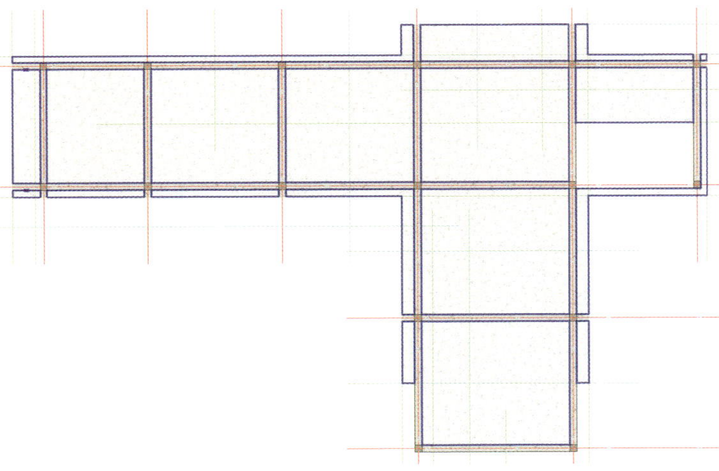

07 지붕 층 평면도를 활성화한 후 [구조] 탭 〉 [구조] 패널의 [바닥]을 확장하여 [바닥-구조] 클릭합니다.

08 [유형 탐색기]를 클릭하여 유형을 '바닥 : 2FS - THK 150'로 지정합니다. [유형 특성] 대화상자를 활성화한 후 'RFS - THK 150'으로 바닥을 복제합니다.

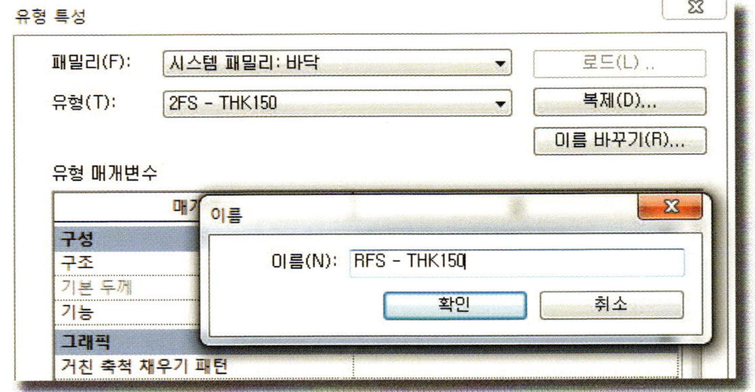

09 [수정 | 바닥 경계 작성] 탭 〉 [그리기] 패널의 [선] 또는 [직사각형] 도구를 사용하여 다음 그림과 같이 스케치한 후 ✔ [완료] 버튼을 클릭합니다.

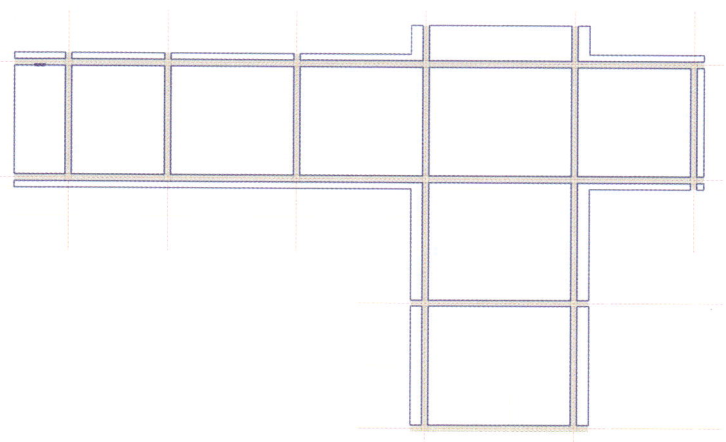

10 3D 뷰에서 작성된 구조 바닥을 확인합니다.

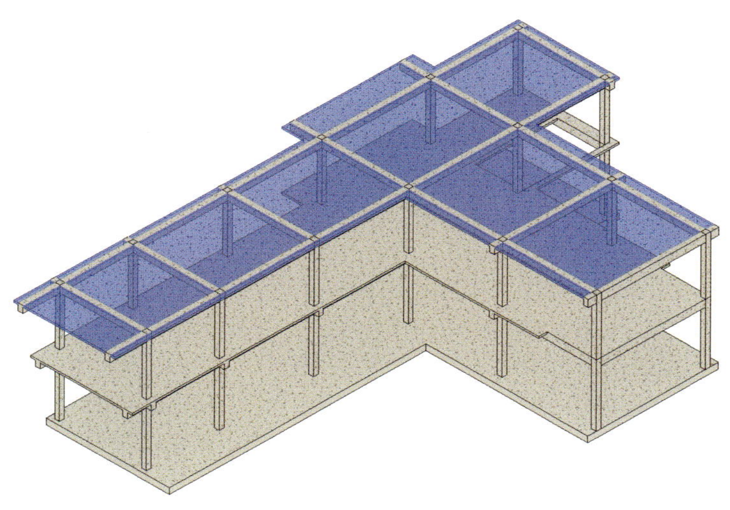

LESSON 16 구조 벽 작성

Step 01 1층 구조 벽 작성

01 1층 평면도를 활성화한 후 [구조] 탭 〉 [구조] 패널의 [벽]을 확장하여 [벽: 구조] 클릭합니다.

02 [유형 탐색기]를 클릭하여 벽 유형을 '기본 벽 : 일반 200mm'로 지정합니다. [유형 특성] 대화상자를 활성화한 후 '구조벽 200mm'로 벽을 복제합니다.

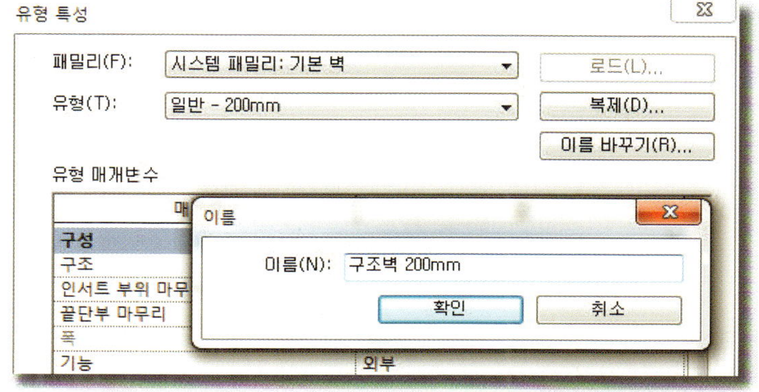

03 [재료 편집기]를 활성화한 후 '구조 벽'의 재료를 '콘크리트, 현장타설 회색'으로 변경합니다.

04 [수정 | 배치 구조 벽] 탭 활성화 상태에서 옵션막대의 '높이'는 '2층', '위치선'은 '구조체 면 : 외부'로 설정합니다.

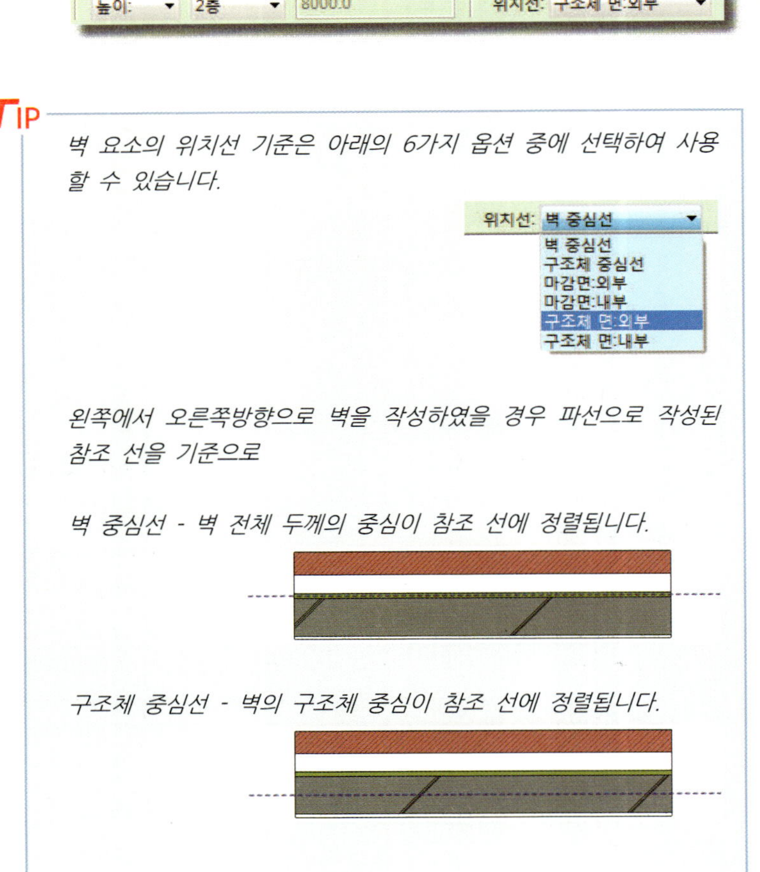

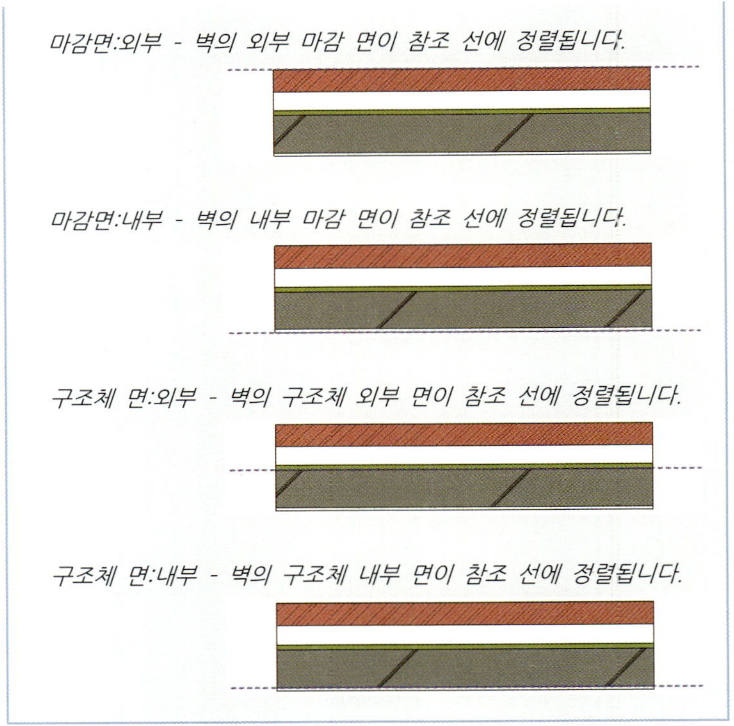

05 [수정 | 배치 구조 벽] 탭 〉 [그리기] 패널의 [선]을 선택하여 다음 그림과 같이 왼쪽에서 오른쪽 방향으로 구조 벽을 스케치합니다. 그림에서 보이는 바와 같이 '참조평면'의 안쪽에 벽의 바깥 면이 위치하도록 스케치합니다. 작성도중 `Space Bar`를 누르면 벽 내외부의 위치가 전환됩니다.

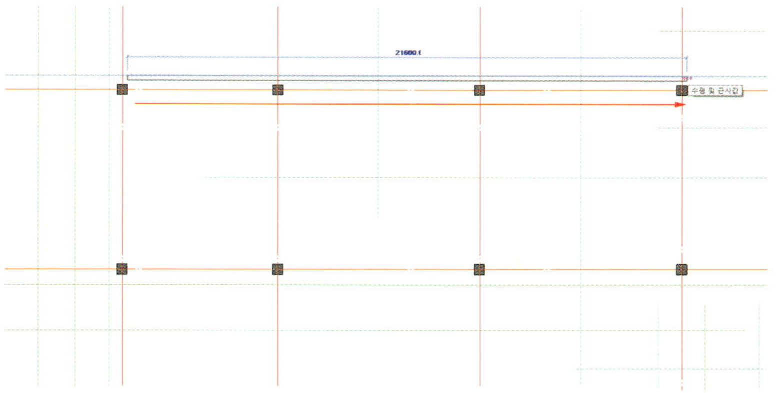

06 아래의 그림을 참고하여 1층 '구조 벽 200mm' 벽을 완성합니다.

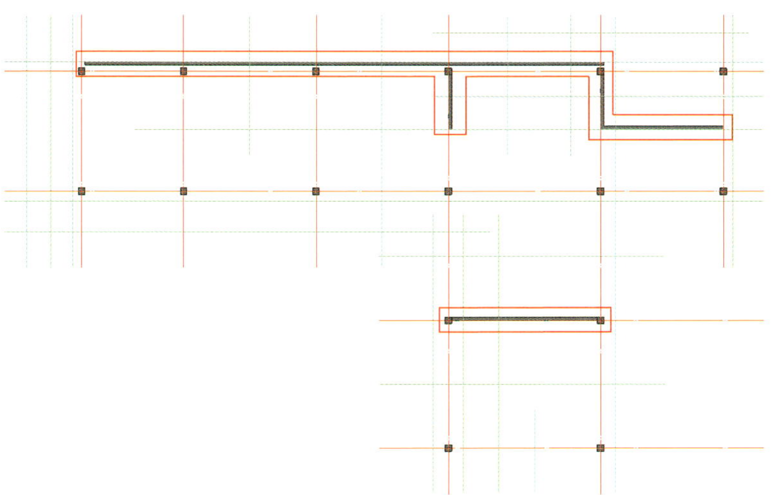

07 [유형 탐색기]를 클릭하여 벽 유형을 '기본 벽 : 구조 벽 200mm'로 지정합니다. [유형 특성] 대화상자를 활성화한 후 '구조 벽 400mm'으로 벽을 복제합니다.

유형 특성
패밀리(F): 시스템 패밀리: 기본 벽
유형(T): 구조벽 200mm
로드(L)...
복제(D)...
이름 바꾸기(R)...
유형 매개변수
구성
구조
인서트 부의 마무
끝단부 마무리
폭
기능 외부
이름
이름(N): 구조벽 400mm
확인
취소

08 [유형 특성] 대화상자의 구조 매개변수 값 '편집' 버튼을 클릭합니다. [조합 편집] 대화상자의 벽 두께를 '400'으로 변경합니다.

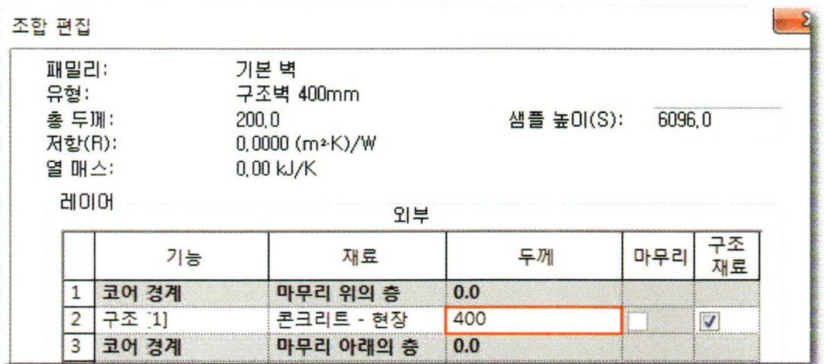

09 아래의 그림을 참고하여 1층 '구조 벽 400mm' 벽을 완성합니다.

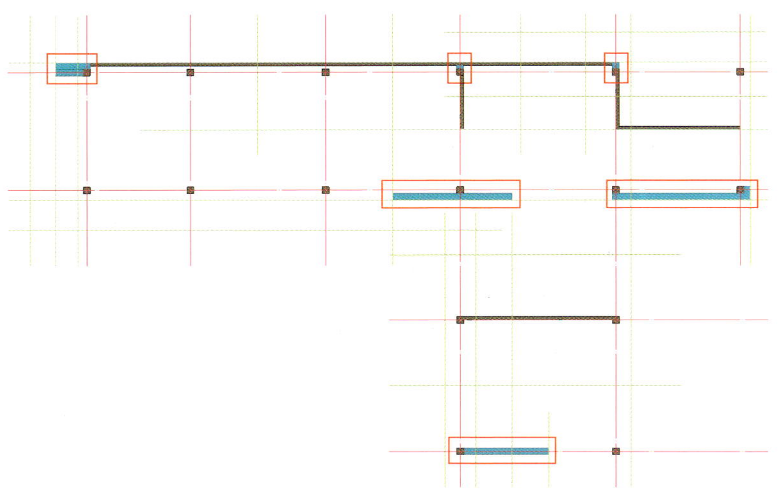

Step 02 1층 구조 벽 편집

01 3D 뷰를 활성화한 후 작성된 '구조 벽'을 확대하여 살펴보면 아래 그림과 같이 '2층 바닥' 및 '2층 구조 프레임'과 겹쳐져 있는 것을 알 수 있습니다.

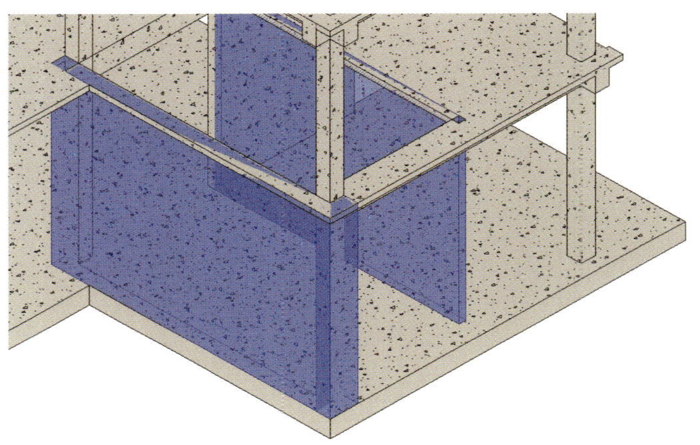

02 작성된 '구조 벽'을 선택한 후 [특성] 대화상자의 '상단 간격띄우기' 값을 변경하여 '구조 벽'이 바닥 및 프레임과 겹쳐지지 않도록 조정합니다.

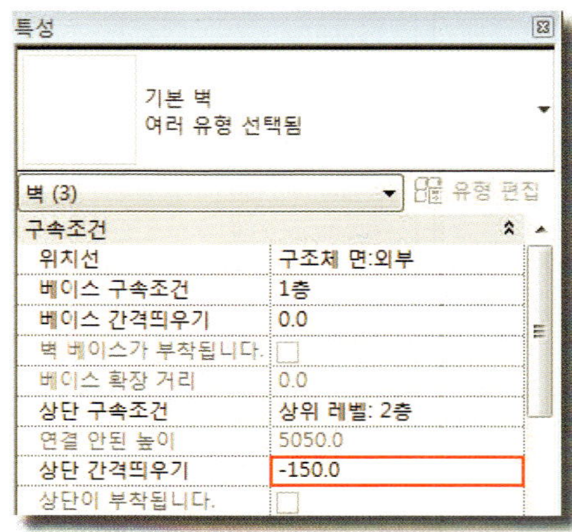

03 구조 바닥과 겹쳐지지 않도록 구조 벽의 높이가 수정되었습니다.

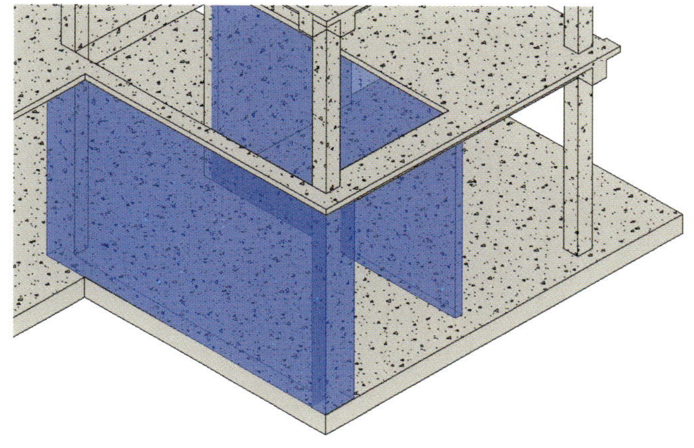

04 2층 구조 바닥과 접한 벽은 '-150', 구조 프레임과 접한 벽은 '-600' 만큼 '상단 간격띄우기' 값을 조정합니다.

TIP

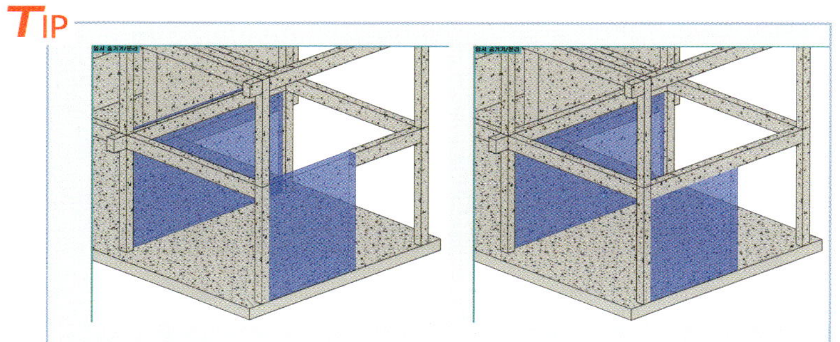

남측 사무실 영역의 '구조 벽'을 수정한 예시입니다.
(상단 간격띄우기 : '-600')

[임시 숨기기/분리]를 이용하여 '구조 바닥'을 화면에서 임시로 숨긴 상태로 작업하면 정확한 편집 결과를 확인할 수 있습니다.

05 3D 뷰의 오른쪽 상단에 있는 뷰 큐브의 배면도를 클릭하면 3차원 화면상에서 북측 뷰가 보여집니다.

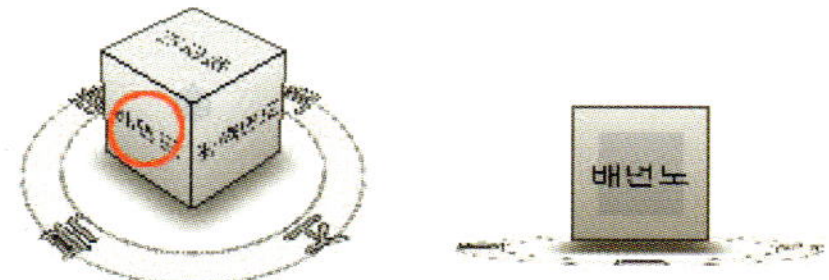

06 북측 면의 '구조 벽 400mm' 벽을 선택한 후 [수정 | 벽] 탭 〉 [모드] 패널 〉 [프로파일 편집]을 클릭합니다.

07 벽 프로파일 선을 그림과 같이 수정한 후 ✔ [완료] 버튼을 눌러 편집을 마칩니다.

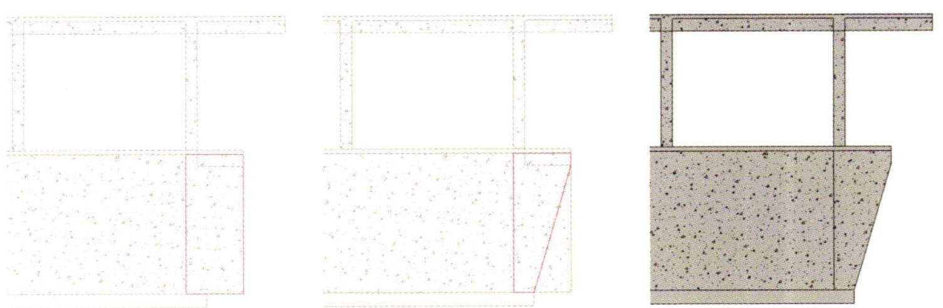

08 [3D 뷰 : {3D}에 대한 가시성/그래픽 재지정] 대화상자를 활성화한 후 [Revit 링크] 탭 '링크 파일'의 가시성을 활성화합니다.

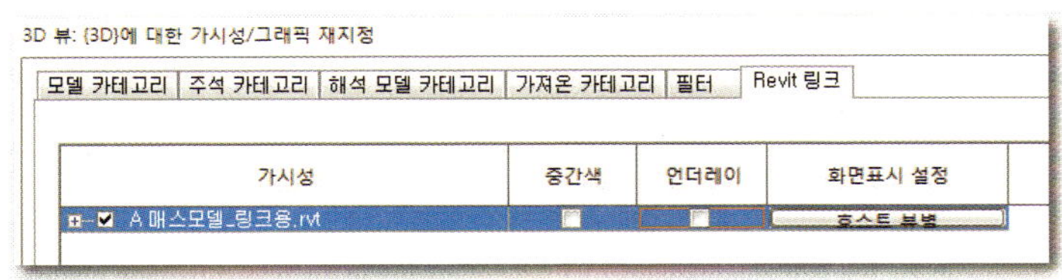

09 링크된 모델을 참고하여 남측 구조 벽의 프로파일 편집을 진행하기 위해 편집에 필요한 요소만 선택하여 임시분리를 진행합니다. 식당 영역 남측 '구조 벽 400mm' 벽과 링크된 모델을 선택한 후 [임시 숨기기/분리] 〉 '요소 분리'를 클릭합니다.

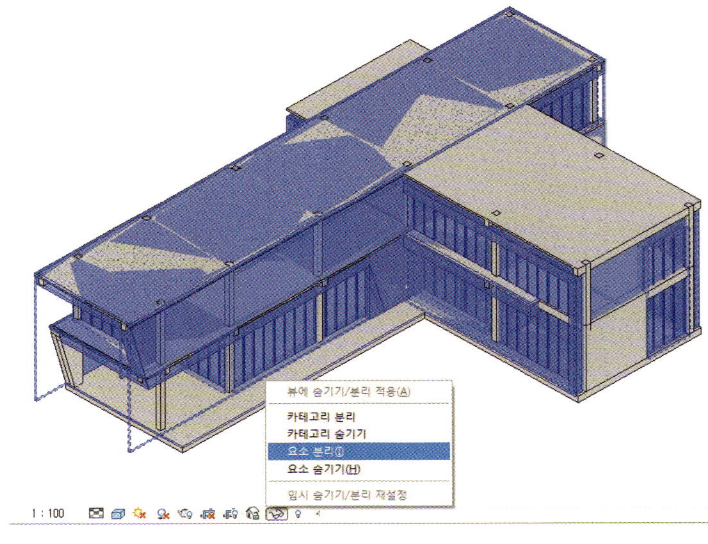

10 3D 뷰의 오른쪽 상단에 있는 뷰 큐브의 정면도를 클릭하면 3차원 화면상에서 남측 뷰가 보여집니다.

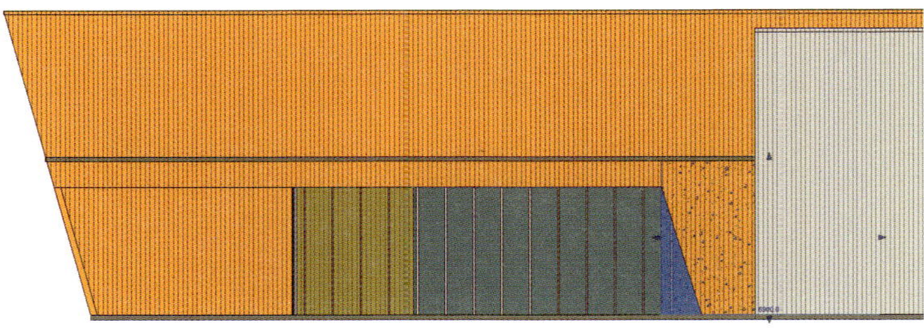

11 남측 면의 '구조 벽 400mm' 벽을 선택한 후 [수정 | 벽] 탭 〉 [모드] 패널 〉 [프로파일 편집]을 클릭합니다.

12 벽 프로파일 선을 아래 그림과 같이 수정한 후 ✔ [완료] 버튼을 눌러 편집을 마칩니다.

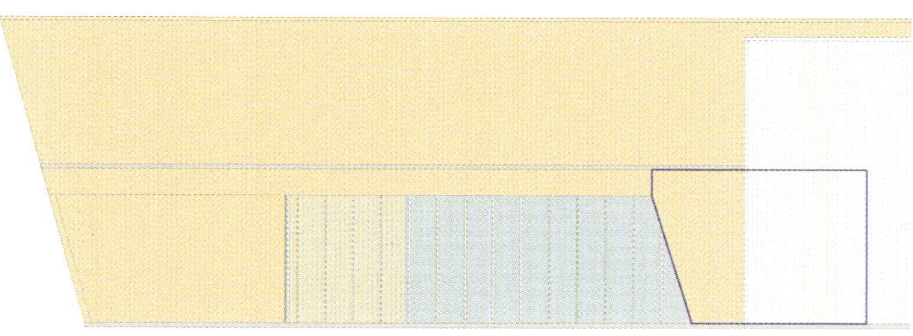

13 [임시 숨기기/분리] 〉 '임시 숨기기/분리 재설정'을 적용합니다. [3D 뷰 : {3D}에 대한 가시성/그래픽 재지정] 대화상자를 활성화한 후 [Revit 링크] 탭 '링크 파일'의 가시성을 해제합니다.

14 3D 뷰에서 작성된 1층 구조 벽을 확인합니다.

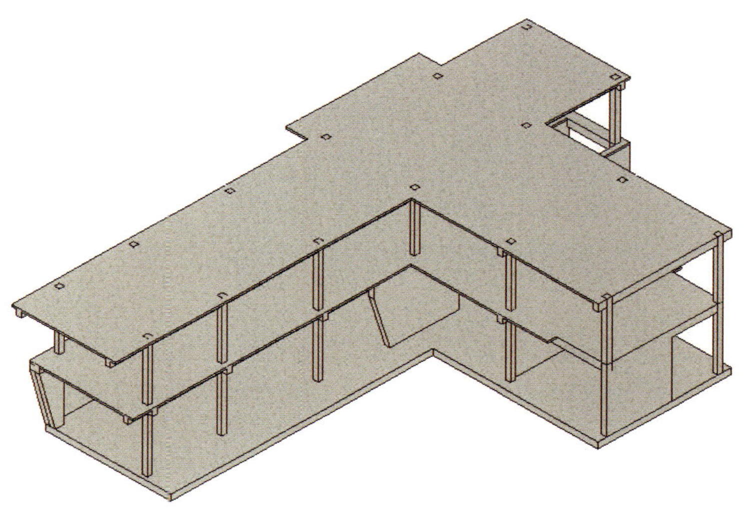

Step 03 2층 구조 벽 작성

01 2층 평면도를 활성화한 후 [구조] 탭 〉 [구조] 패널의 [벽]을 확장하여 [벽: 구조]클릭합니다.

02 [수정 | 배치 구조 벽] 탭 활성화 상태에서 옵션막대의 '높이'는 '지붕', '위치선'은 '구조체 면 : 외부'로 설정합니다. (※ 위치선은 벽 작성 시 필요에 따라 변경하며 사용합니다.)

03 [유형 탐색기]의 벽 유형 '구조 벽 200mm'과 '구조 벽 400mm'을 지정하여 다음 그림과 같이 2층 구조 벽을 작성합니다.

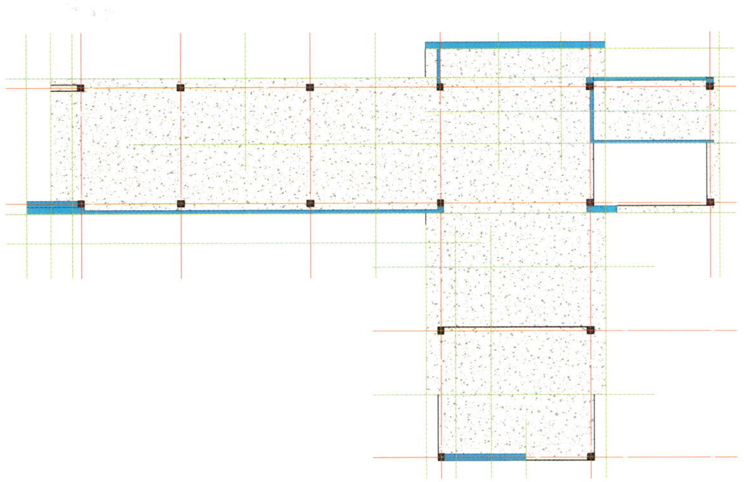

04 3D 뷰에서 작성된 2층 구조 벽을 확인합니다.

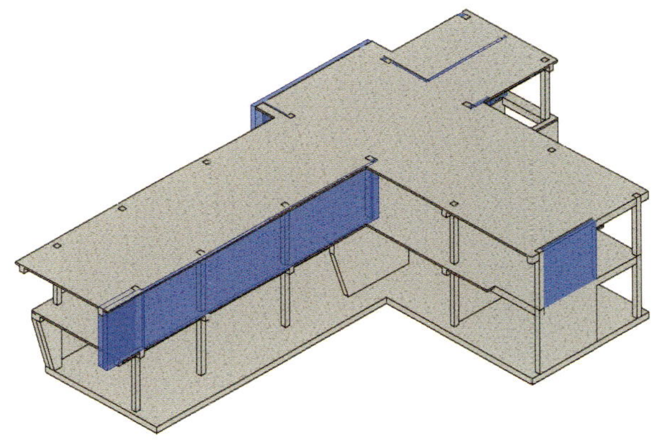

05 작성된 '구조 벽'을 선택한 후 [특성] 대화상자의 '상단 간격띄우기' 값을 변경하여 '구조 벽'이 바닥 및 프레임과 겹쳐지지 않도록 조정합니다.

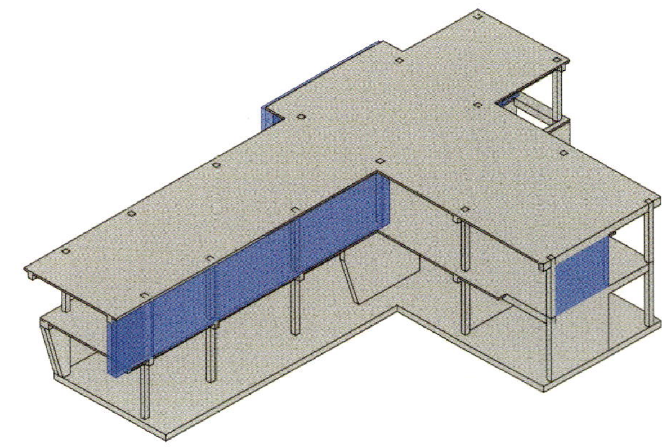

06 뷰 큐브의 정면도를 클릭합니다. 남측 전시장 영역의 '구조 벽 400mm' 벽을 선택한 후 [수정 | 벽] 탭 〉 [모드] 패널 〉 [프로파일 편집]을 클릭합니다.

07 벽 프로파일 선을 아래 그림과 같이 수정한 후 [완료] 버튼을 눌러 편집을 마칩니다.

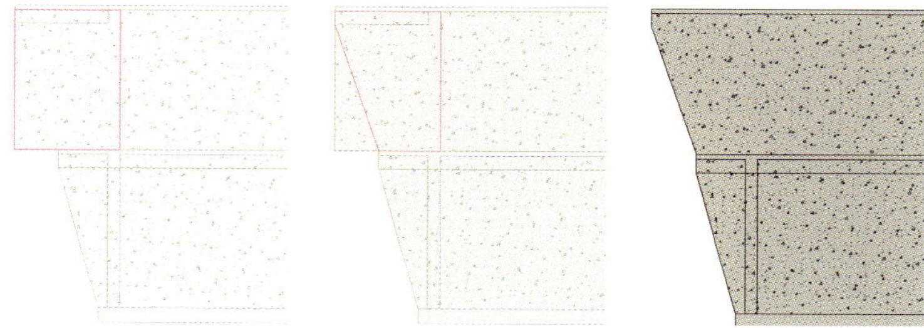

Step 04 구조 모델 요소 세부 편집

01 북측 돌출부인 2층 화장실 영역을 확대하여 살펴보면 오른쪽 그림과 같이 2층 레벨에서 돌출된 캔틸레버 '구조 프레임'과 '구조 바닥', 지붕 레벨의 '구조 바닥' 길이가 짧게 작성되어 있는 것을 볼 수 있습니다.

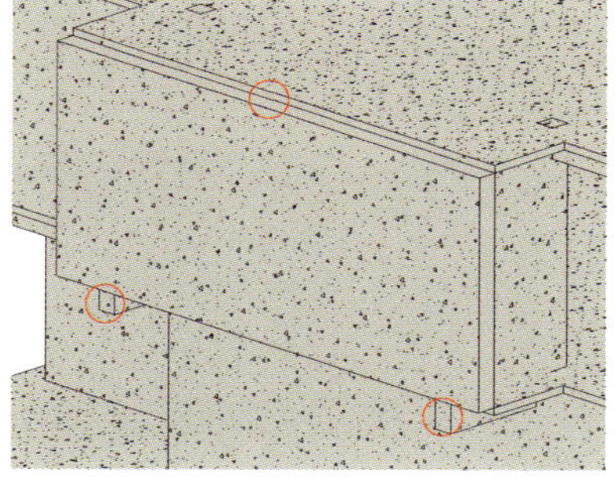

02 2층 평면도를 활성화한 후 2층 화장실 영역을 확대합니다.

03 다음 그림과 같이 마우스를 드래그하여 요소들을 선택한 후 [필터]를 이용하여 '구조 프레임'을 선택합니다.

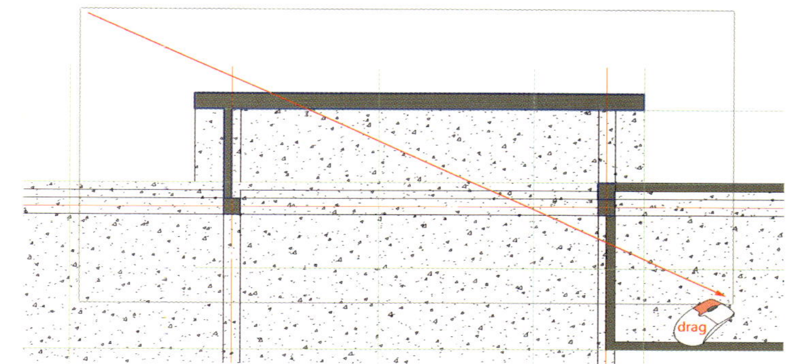

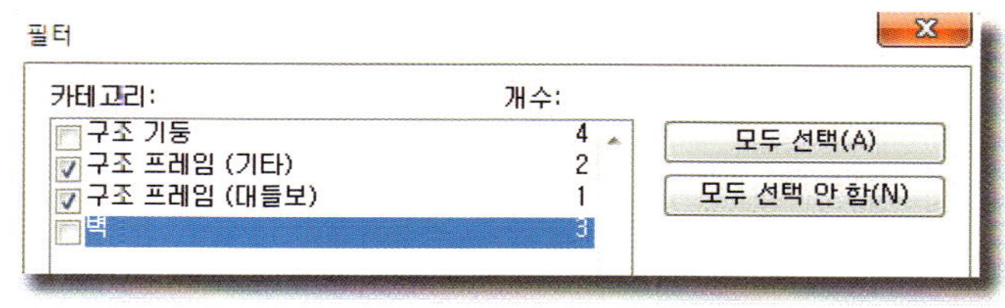

04 [임시 숨기기/분리] 〉 '요소 분리'를 클릭하여 '구조 프레임'을 제외한 모든 요소를 화면에서 숨겨놓습니다.

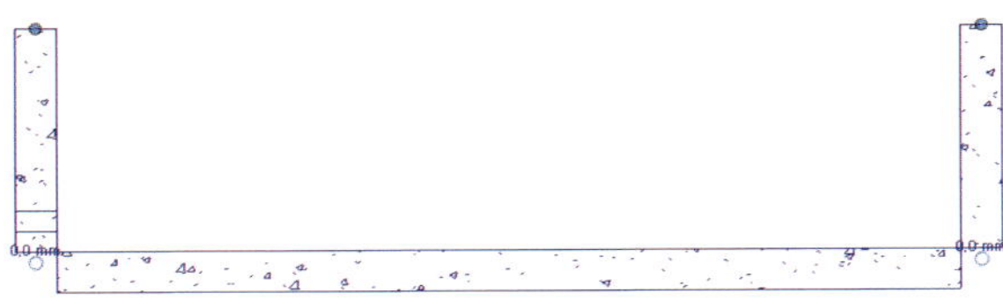

05 돌출된 양쪽 '구조 프레임' 끝점을 이동시켜 프레임 길이를 400 확장합니다.

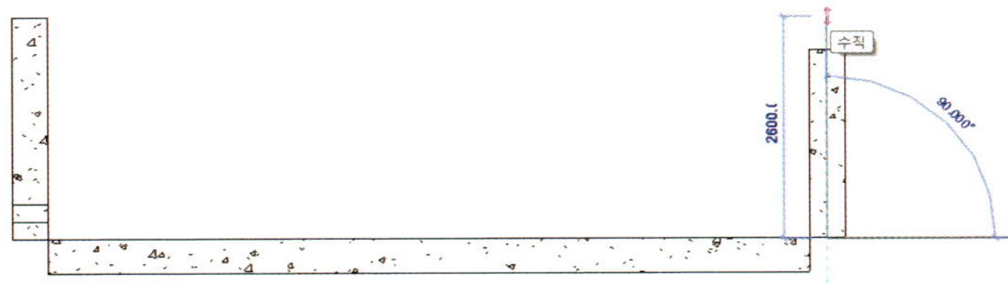

06 [임시 숨기기/분리] 〉 '임시 숨기기/분리 재설정'을 적용합니다.

07 2층 '구조 바닥'을 선택한 후 [수정 | 바닥] 탭 〉 [모드] 패널 〉 [경계편집]을 클릭합니다.

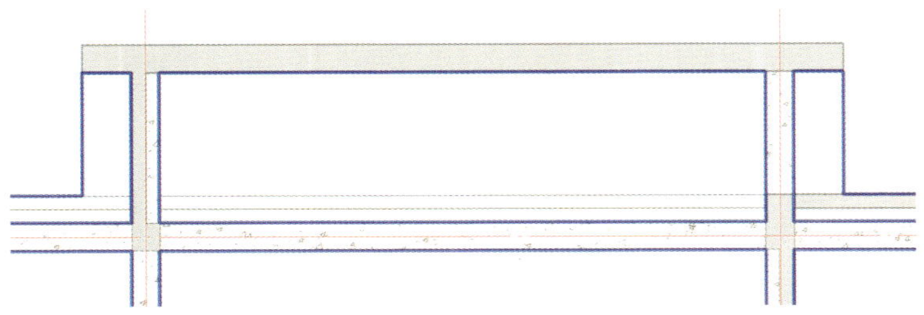

08 2층 레벨의 바닥 경계선을 다음 그림과 같이 수정한 후 ✔ [완료] 버튼을 클릭합니다.

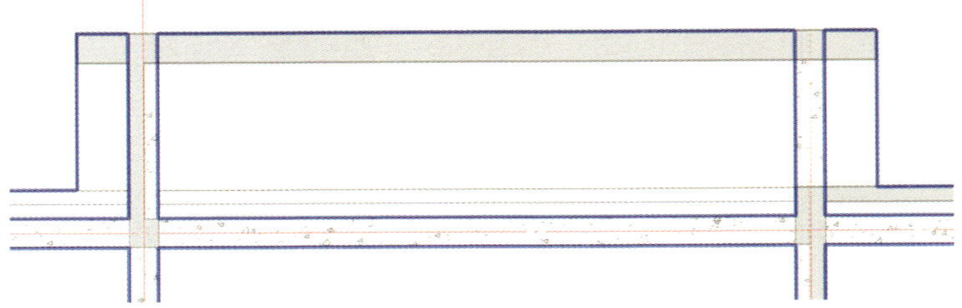

09 지붕 평면도를 활성화한 후 '구조 바닥'을 선택합니다. [수정 | 바닥] 탭 〉 [모드] 패널 〉 [경계편집]을 클릭합니다. 지붕 레벨의 바닥 경계선을 다음 그림과 같이 수정한 후 ✔ [완료] 버튼을 클릭합니다.

10 3D 뷰를 확대하여 수정된 결과를 확인합니다.

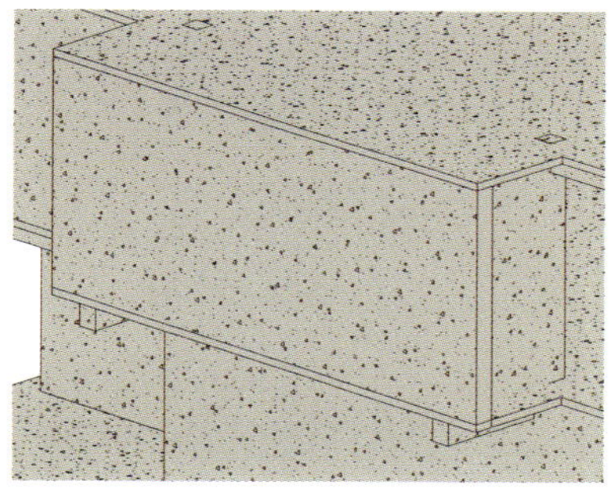

11 1층 평면도에서 벽 '높이'를 '9400'으로 설정하여 아래 그림과 같이 '구조 벽'을 추가 작성합니다.

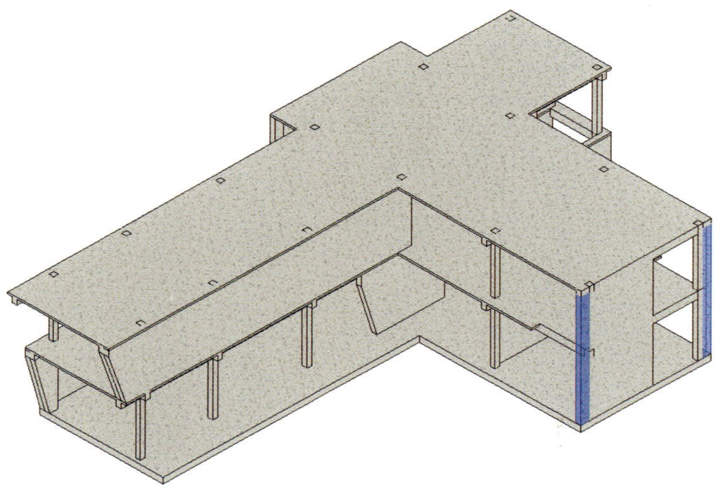

PART 04
Architecture(Interior) Modeling

이번 파트에서는 비 내력벽, 실내 마감, 창호, 개구부, 계단 등 건축 실내 요소들을 작성하도록 하겠습니다. 모델작성단계 이후 BIM 데이터는 설계도서작성을 위한 도면화, 프레젠테이션을 위한 시각화 등 다양한 범주와 수준으로 활용되게 되며, 그에 따른 모델작성 수준도 다르게 진행되어야 합니다. 본 프로젝트에서는 독자가 BIM 수련단계임을 고려하여 각 요소들의 작성 범위와 수준을 계획설계단계(BIL20)에 기준하여 설명하도록 하겠습니다.

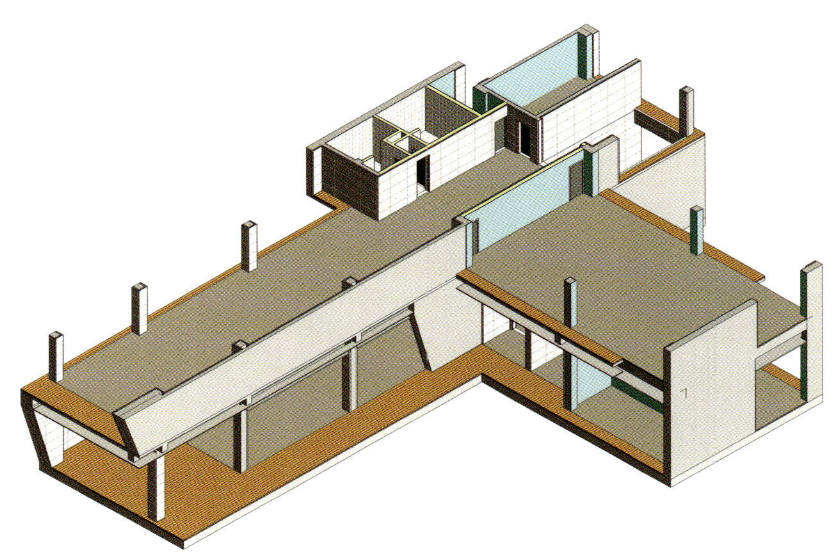

LESSON 17 비 내력벽 작성

Step 01 1층 실 구획 벽 작성

01 1층 평면도를 활성화합니다.

02 작업편의를 위해 [평면도: 2층 평면도에 대한 가시성/그래픽 재지정] 대화상자의 [Revit 링크] 탭 〉 [화면표시 설정]을 클릭합니다. [RVT 링크 화면표시 설정] 대화상자의 카테고리를 '사용자'로 설정한 후 [모델 카테고리]에 해당하는 모든 요소들의 가시성을 해제합니다.

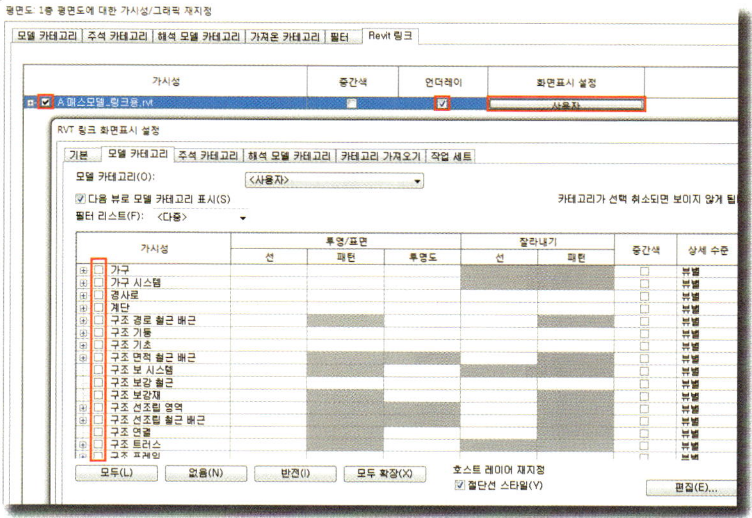

> **TIP**
> *'링크된 파일의 모델 요소들은 화면에서 사라지며, [주석 카테고리]에 속한 '참조 평면'만 작업 화면에 남게 됩니다.*

03 [건축] 탭 〉 [빌드] 패널 〉 [벽] 〉 [벽 : 건축]을 클릭합니다. [유형 탐색기]에서 '기본 벽 일반 - 200mm' 지정합니다.

04 [유형 특성] 대화상자에서 '실 구획 벽 150mm'으로 벽 유형을 복제합니다. [조합 편집] 대화상자의 '재료'는 '기본 벽'으로 '두께'는 '150'으로 수정합니다.

05 같은 방법으로 '실 구획 벽 200mm'을 복제한 후, [조합 편집] 대화상자의 '재료'와 '두께'를 각각 '기본 벽'과 '200'으로 수정합니다.

06 [수정 | 배치 벽] 탭 활성화 상태에서 [옵션 막대]의 '높이'는 '미연결', '3900'으로 설정합니다. '위치선'은 벽 작성 시 필요에 따라 변경하며 사용합니다.

07 [수정 | 배치 벽] 탭 〉 [그리기] 패널 〉 [선] 클릭합니다. 아래 그림과 세부치수를 참고하여 1층 실 구획 벽을 작성합니다.

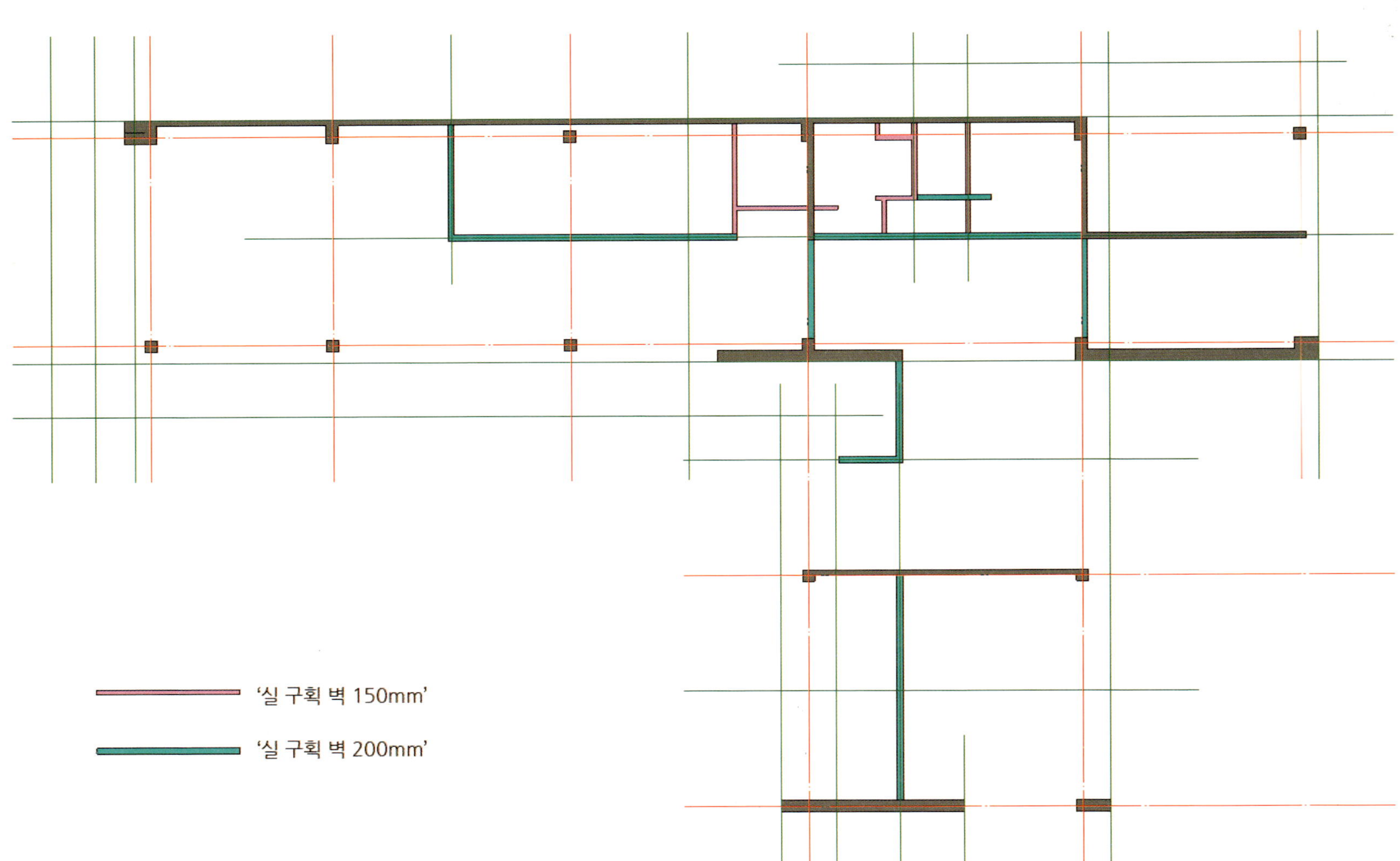

'실 구획 벽 150mm'
'실 구획 벽 200mm'

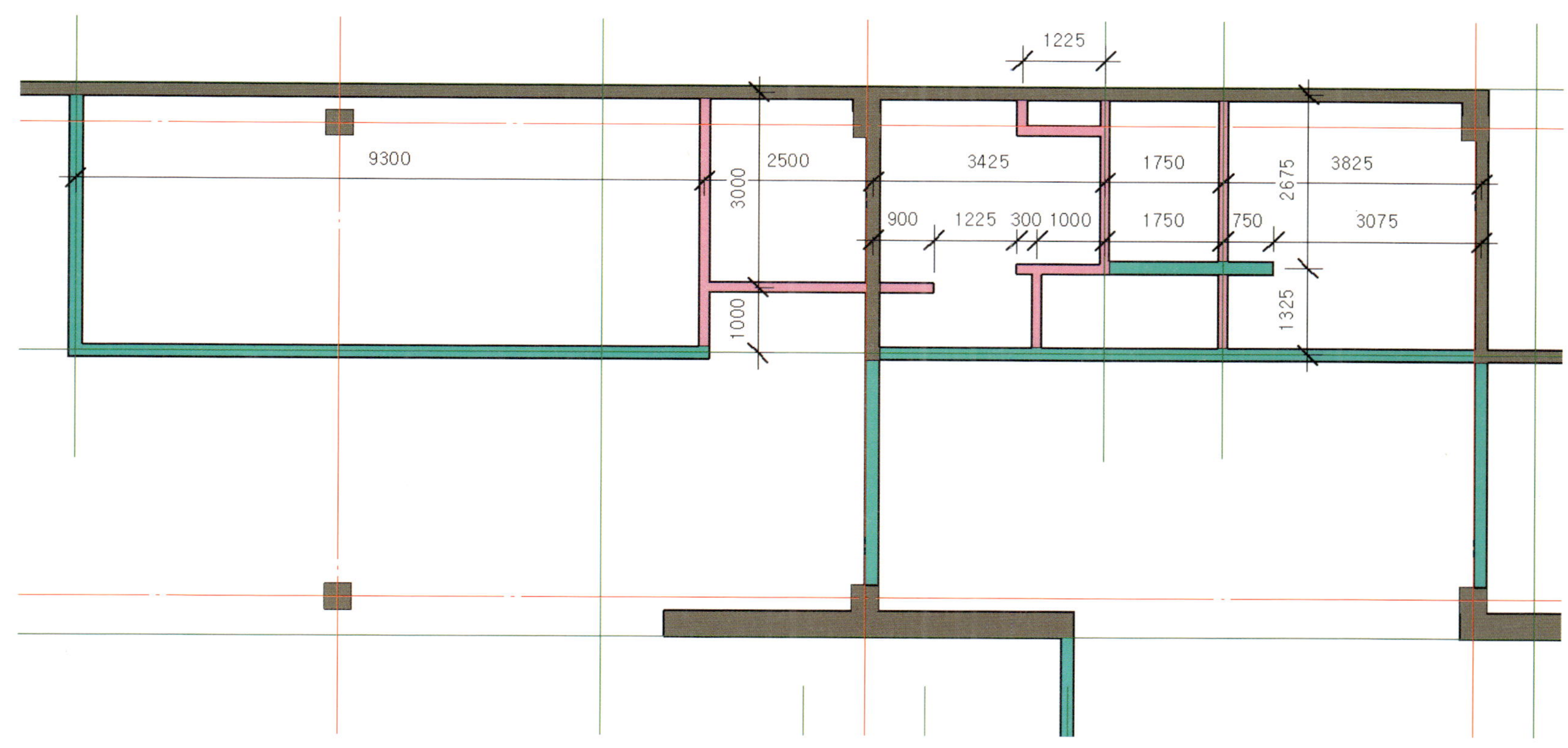
1225
9300
2500
3000
1000
3425
1750
2675
3825
900
1225
300
1000
1750
750
3075
1325

Step 02 2층 실 구획 벽 작성

01 2층 평면도를 활성화한 후, 위의 1층 평면 뷰와 같이 [가시성/그래픽] 설정을 변경합니다.

02 [건축] 탭 〉 [빌드] 패널 〉 [벽] 〉 [벽 : 건축]을 클릭합니다.

03 유형 탐색기 〉 '실 구획 벽 150mm' 및 '실 구획 벽 200mm'를 선택합니다.

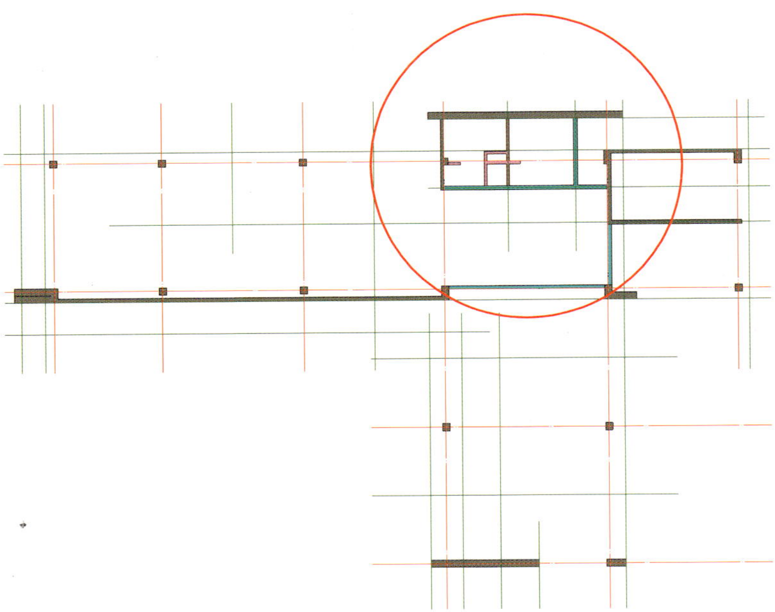

04 [수정 | 배치 벽] 탭 활성화 상태에서 [옵션 막대]의 '높이'는 '미연결', '3600'으로 설정합니다. '위치선'은 벽 작성 시 필요에 따라 변경하며 사용합니다.

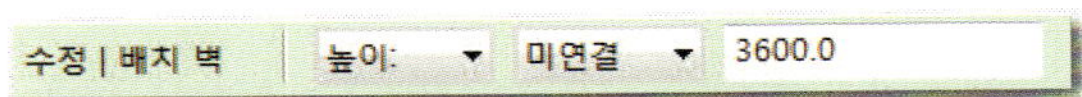

04 [수정 | 배치 벽] 탭 〉 [그리기] 패널 〉 [선] 클릭합니다.

06 아래 그림과 세부치수를 참고하여 2층 실 구획 벽을 작성합니다.

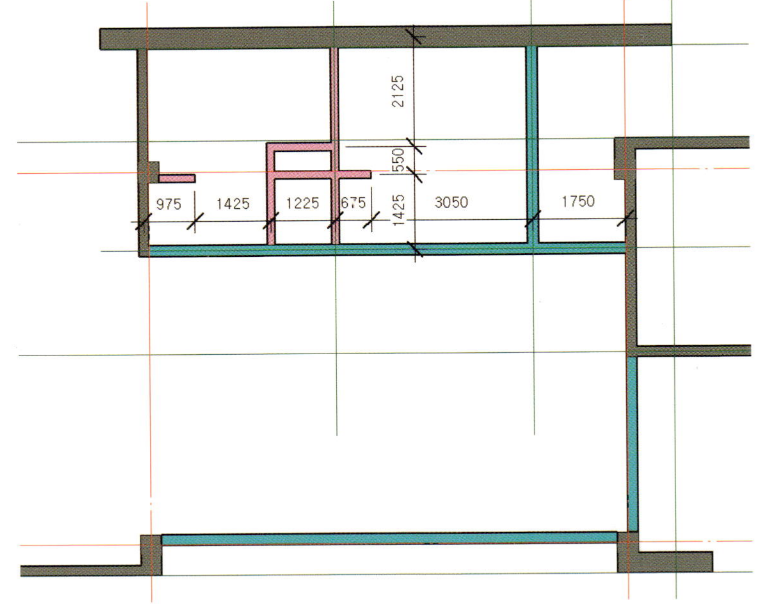

Step 03 3D 뷰 복제 및 컨트롤

01 [프로젝트 탐색기] 〉 '3D 뷰' 〉 {3D}를 마우스 우측버튼 선택하여, '뷰 복제' 〉 '복제'를 클릭합니다.

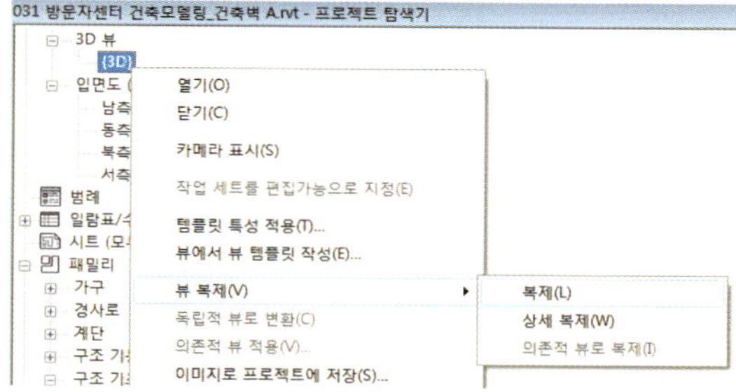

02 복제된 '복제{3D}'를 마우스 우측버튼 선택하여, '이름 바꾸기'를 클릭합니다.

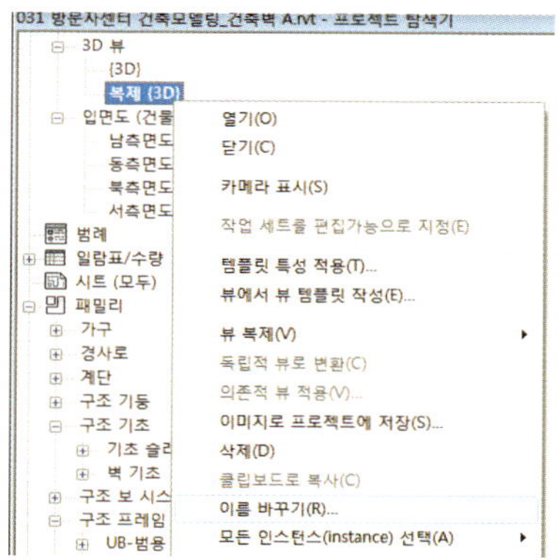

03 [뷰 이름 바꾸기] 대화상자에 '3D 1층'을 입력합니다.

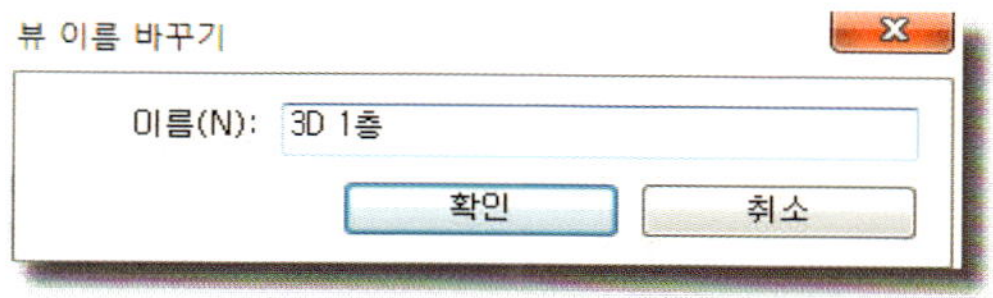

04 [프로젝트 탐색기] 〉 '3D 뷰' 〉 '3D 1층'을 더블 클릭하여 뷰를 활성화 합니다.

05 3D 뷰의 오른쪽 상단에 있는 뷰 큐브를 마우스 오른쪽 버튼으로 선택하거나, 뷰 큐브 우측하단의 화살표를 선택한 후 '뷰로 조정' 〉 '평면' 〉 '평면도 : 1층 평면도'를 클릭합니다.

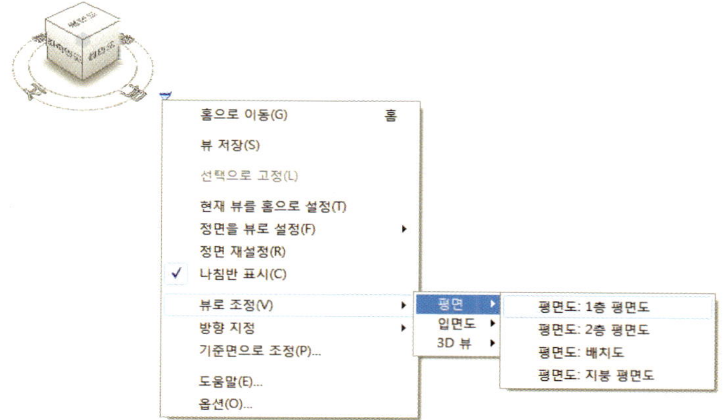

06 '3D 1층' 뷰 화면이 아래 그림과 같이 나타납니다.

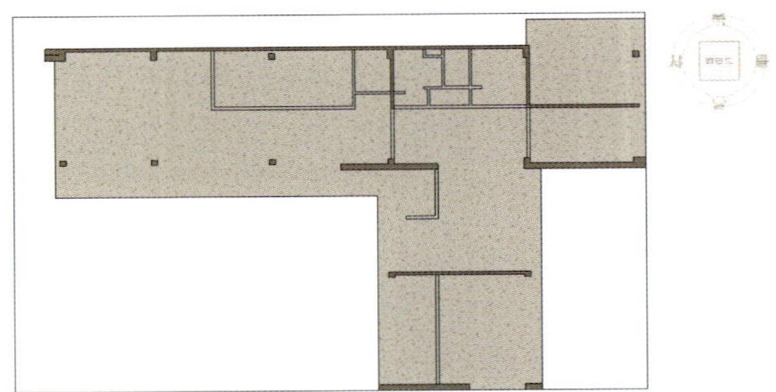

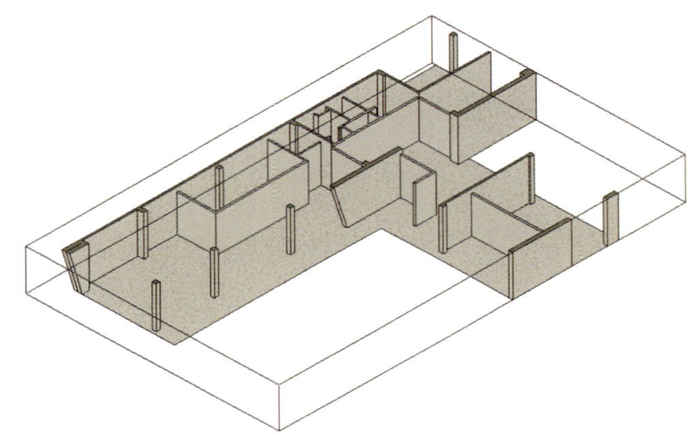

07 '뷰 큐브'를 조절하여 아래 그림과 같이 남서측 뷰로 화면시점을 변경합니다. '단면 상자'를 선택하여 나타나는 화살표를 드래그하여 이동하면 '단면 상자'의 크기가 변화됩니다. 작업 화면에는 '단면 상자' 범위 내에 포함된 요소만 나타납니다.

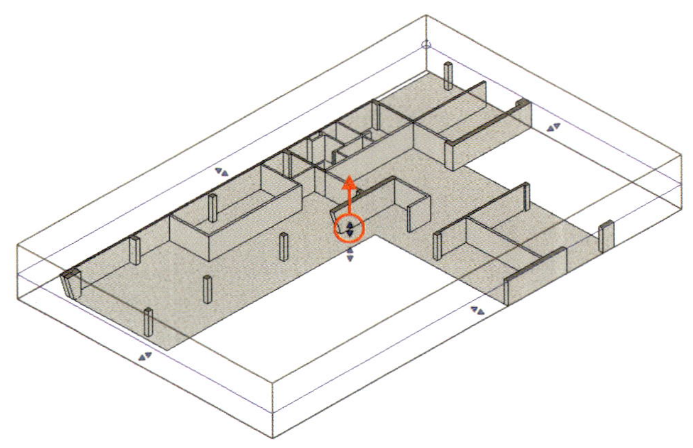

08 모델링 작업 시 화면에 나타난 '단면 박스'가 불편할 경우가 있습니다. 이때 '단면 박스'를 마우스 오른쪽 버튼으로 선택한 후 '뷰에서 숨기기' 〉 '요소'를 클릭하면 화면에서 사라지게 됩니다.

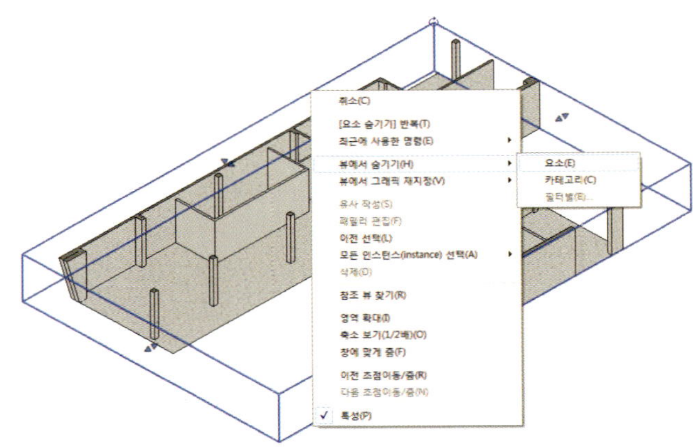

TIP

작업 화면에서 숨겨놓은 '단면 박스'는 화면 하단 뷰 조절 막대의 '숨겨진 요소 표시' 버튼을 클릭하면 '숨겨진 요소 표시 화면'으로 전환되며 나타나게 됩니다.

'숨겨진 요소 표시 화면'에 나타난 '단면 박스'를 마우스 왼쪽 버튼으로 선택하여 화살표를 드래그하면 '단면 상자'의 크기가 변경됩니다. '숨겨진 요소 표시 닫기' 버튼을 클릭하면 이전 작업 화면으로 전환됩니다. 전환된 작업 화면에는 '단면 상자'가 표시되지 않으며 '숨겨진 요소 표시 화면'에서 조절한 '단면 상자'의 범위에 맞춰진 요소들이 보여 집니다.

'숨겨진 요소 표시 화면'에서 '단면 상자'를 마우스 우측버튼으로 선택한 후 '뷰에서 숨김 해제' > '요소'를 클릭합니다. '숨겨진 요소 표시 닫기' 버튼을 클릭하면 이전 작업 화면으로 전환되며, '단면 상자'가 다시 보여 집니다.

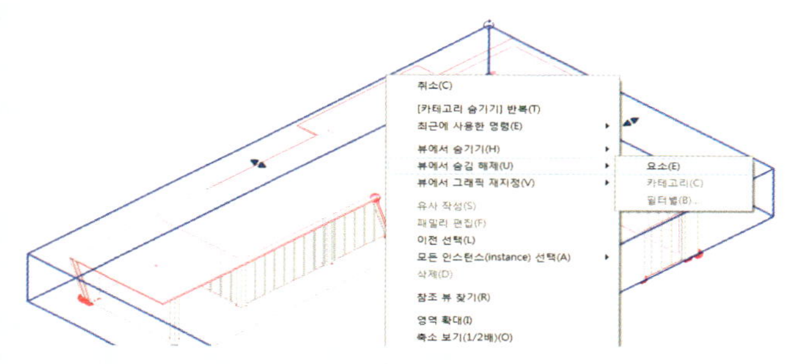

09 다음 단계에서 진행될 실내마감 작성 작업에 용이하도록 '단면 박스'를 조절한 '3D 1층' 뷰의 작업화면 입니다.

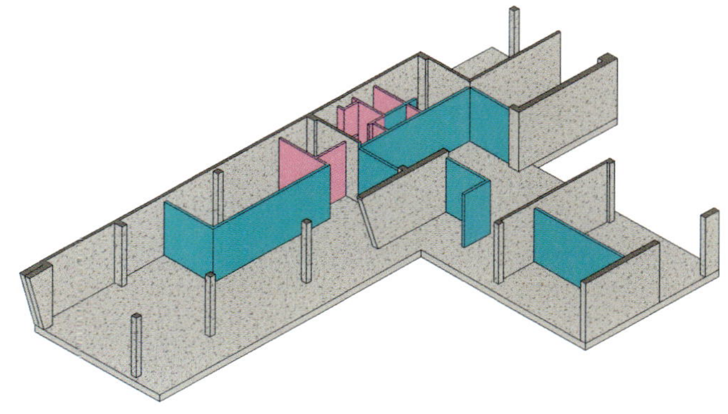

10 '3D 2층' 뷰 또한 01~09의 과정을 반복하여 작성합니다.

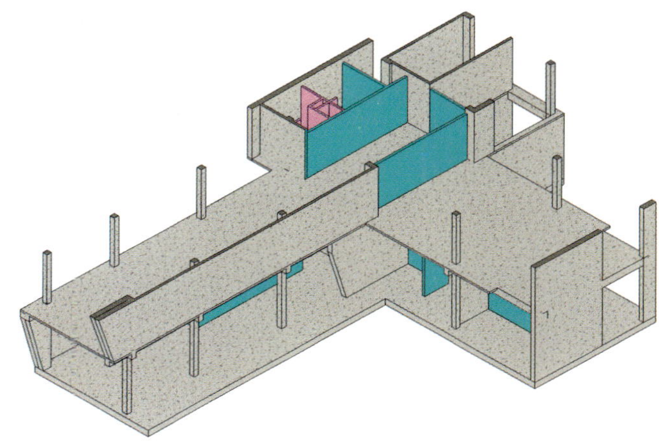

LESSON 18 주방 실내마감 작성

Step 01 주방 '타일 마감 벽' 작성

01 '1층 평면도'를 활성화한 후, [건축] 탭 〉 [빌드] 패널 〉 [벽] 〉 [벽 : 건축]을 클릭합니다.

02 [유형 탐색기] 〉 '기본 벽 일반 - 100mm' 지정한 후, [유형 특성] 대화상자에서 '타일 마감 벽 30mm'로 벽 유형을 복제합니다.

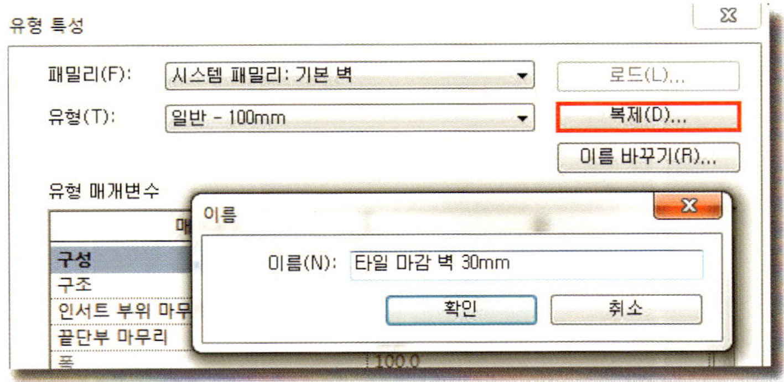

03 [조합 편집] 대화상자의 '기능'을 '마감재 1 [4]'로 변경한 후 '두께' 값에 '30'을 입력합니다.

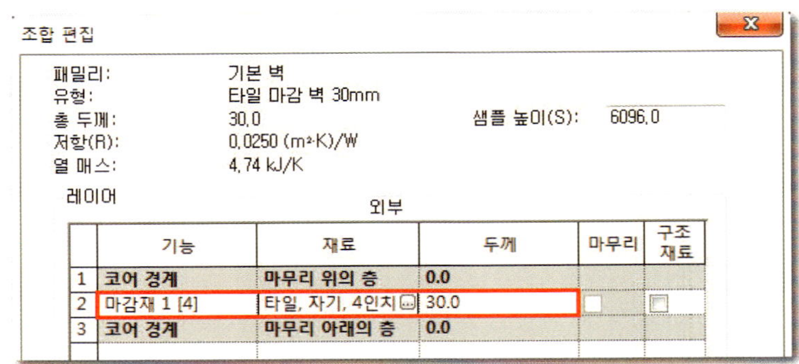

04 [재료 탐색기] 대화상자에서 'AEC 재료'를 확장하여 '타일' 폴더를 선택합니다. '타일, 자기, 4인치'를 선택한 후 버튼을 클릭하여 프로젝트 재료 문서 재료를 추가합니다.

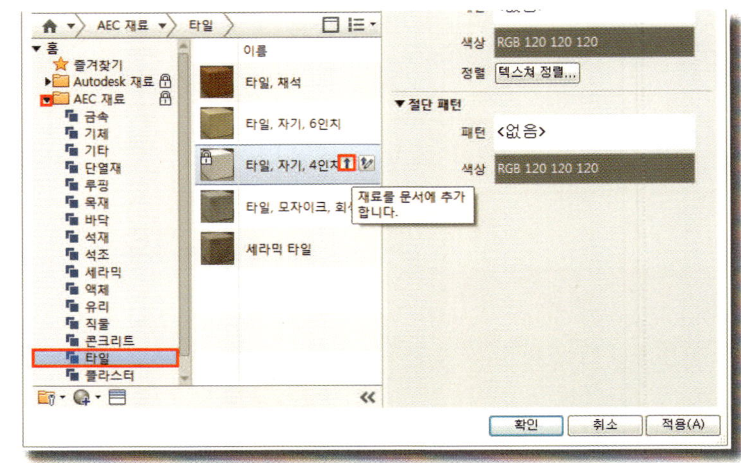

05 프로젝트 재료에 추가된 '타일, 자기, 4인치'를 선택한 후 [그래픽] 탭 '음영' 항목의 '렌더 모양 사용'을 활성화 합니다.

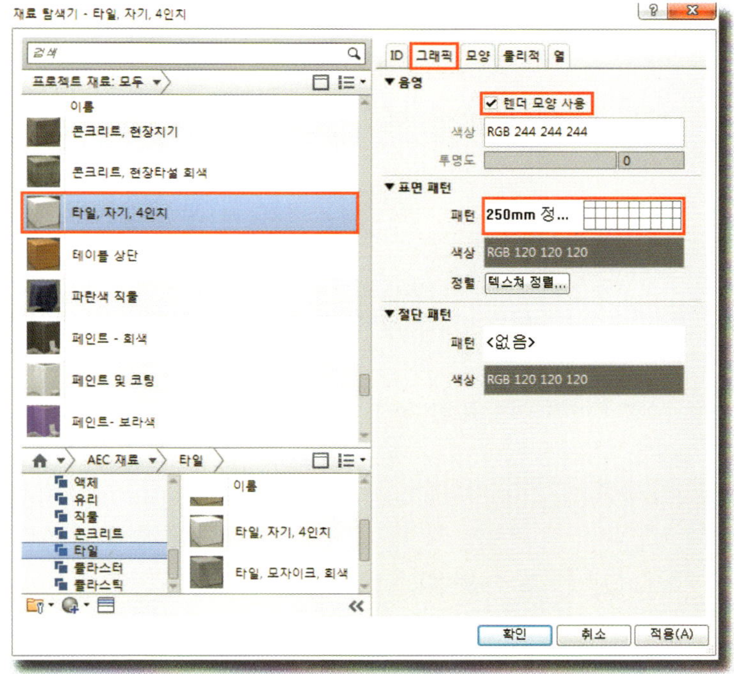

06 '표면 패턴' 항목의 '패턴' 클릭하여 [채우기 패턴] 대화상자에서 '250mm 정사각형'을 선택합니다.

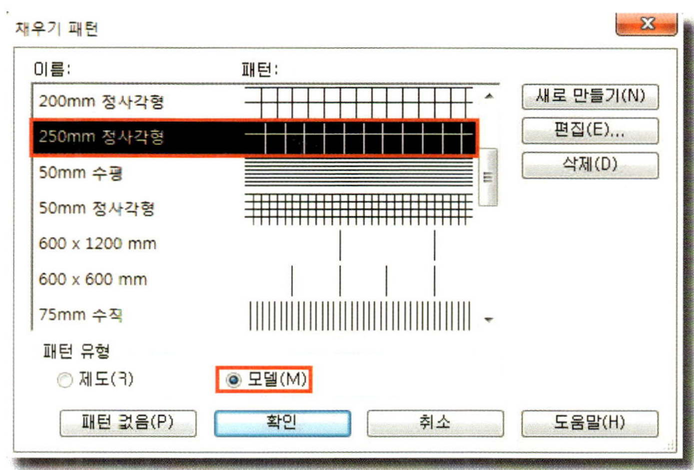

07 [수정 | 배치 벽] 탭 활성화 상태에서 [옵션 막대]의 '높이'는 '미연결', '3900'으로, '위치선'은 '마감면:내부'로 설정합니다.

08 [수정 | 배치 벽] 탭 〉 [그리기] 패널 〉 [선] 클릭합니다.

09 아래 그림을 참고하여 반시계 방향으로 주방 마감 벽체를 드로잉 합니다.

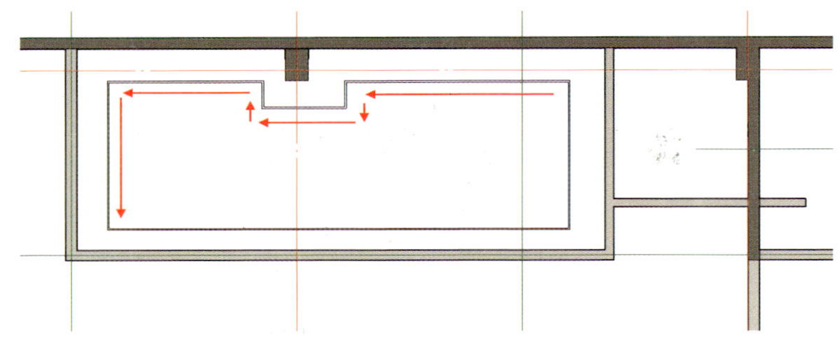

Step 02 주방 '타일 바닥' 작성

01 [건축] 탭 〉 [빌드] 패널 〉 [바닥] 〉 [바닥 : 건축] 클릭합니다.

02 [유형 탐색기] 〉 '바닥 일반 - 150mm'을 선택한 후 [유형 특성] 대화상자에서 '타일 바닥 THK100'으로 바닥 유형을 복제합니다.

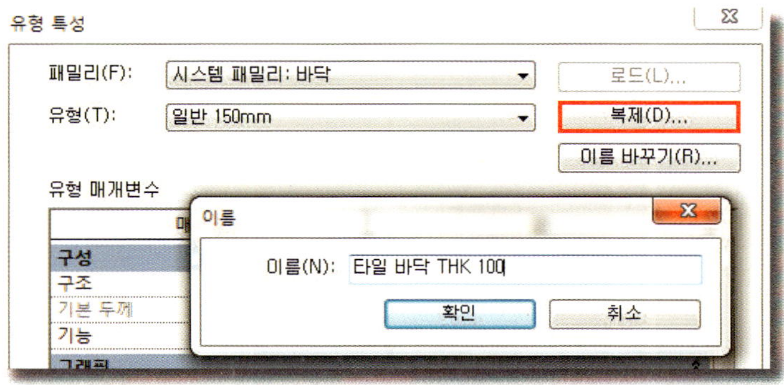

03 [조합 편집] 대화상자의 '기능', '재료', '두께'를 각각 '마감재 1[4]', '타일, 자기, 4인치', '100'으로 수정합니다.

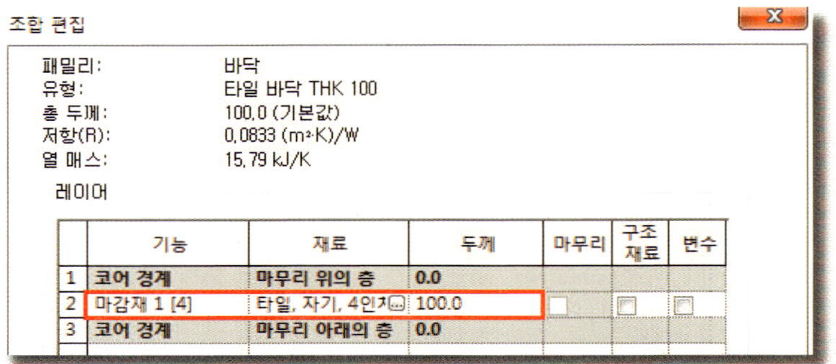

04 [수정 | 바닥 경계 작성] 탭 〉 [그리기] 패널 〉 [벽 선택]을 클릭합니다.

05 1층 평면도에 작성한 '타일 마감 벽' 위에 마우스 커서를 위치시킨 후 키보드 tab 키를 누릅니다.

06 연결된 벽체가 파란색으로 활성화되면 마우스 왼쪽 버튼을 클릭합니다.

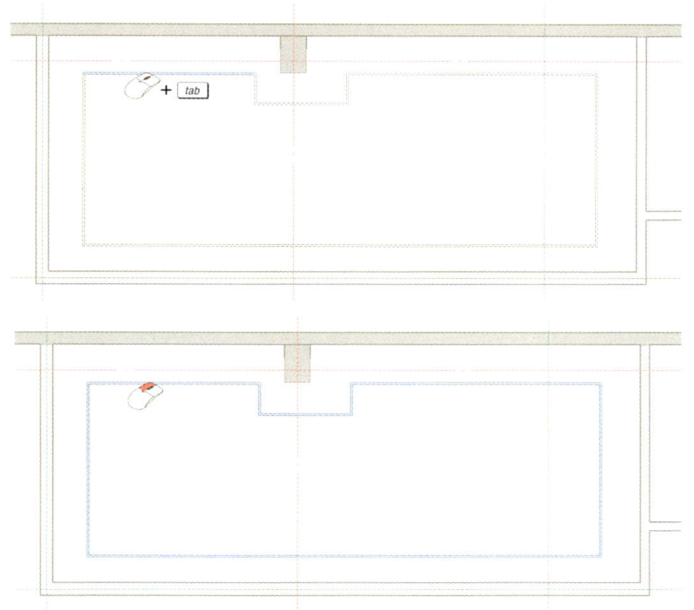

07 다음 그림과 같이 바닥 작성영역이 나타납니다.

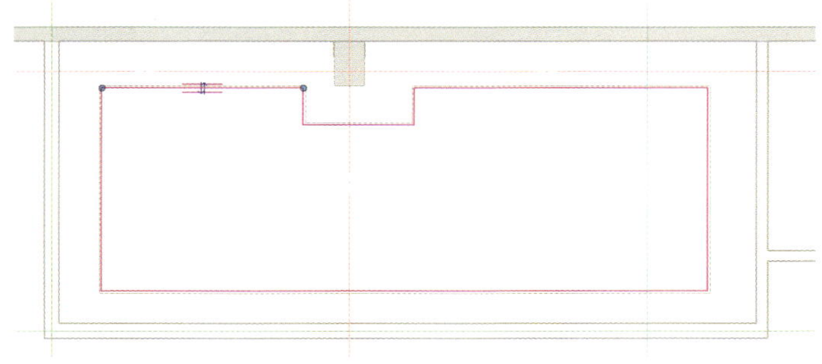

TIP

tab 키를 이용한 '타일 마감 벽' 선택이 원활히 진행되지 않을 경우 [수정 | 바닥 경계 작성] 탭 > [그리기] 패널 > [선]을 이용하여 직접 스케치 합니다.

08 화면을 확대하여 바닥 작성 기준면이 벽 안쪽으로 되어있을 경우 '방향 전환 화살표'를 클릭하여 벽의 바깥 면이 바닥 작성 기준이 되도록 설정합니다.

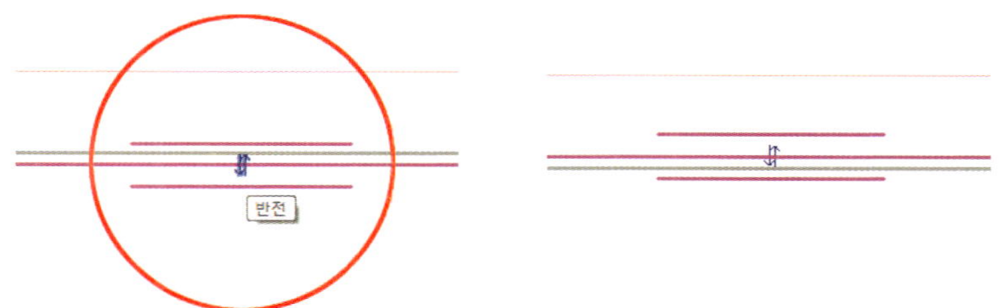

09 [수정 | 바닥 경계 작성] 탭 〉 [모드] 패널 〉 [완료] 버튼을 클릭합니다. 아래 [Revit] 대화상자가 나타나면 [아니오] 버튼을 선택합니다.

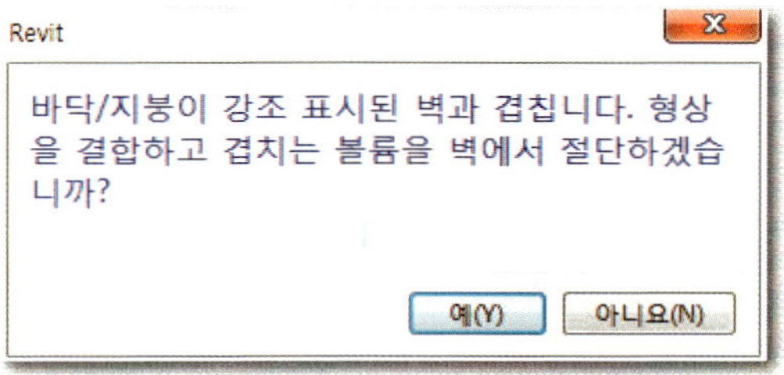

10 그림과 같이 '타일 바닥'이 작성됩니다.

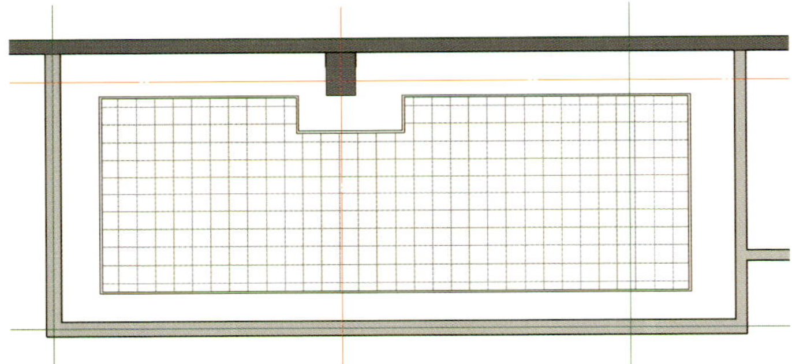

Step 03 주방 '타일 바닥' 배치

01 '3D 1층' 뷰를 활성화한 후 아래의 그림과 같이 주방 부분의 마감 벽과 바닥의 단면이 보이도록 '단면 박스'를 조절합니다.

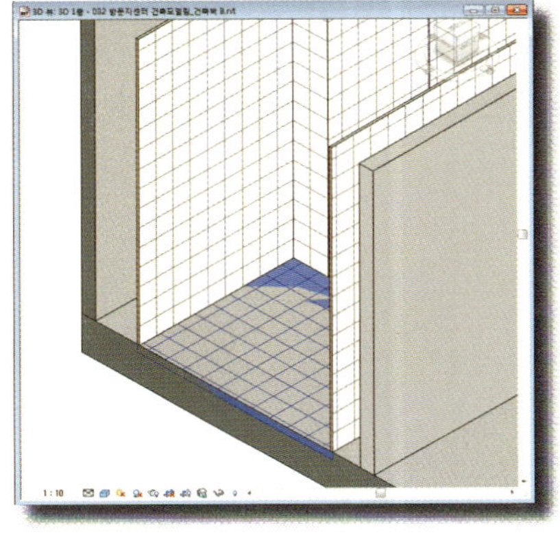

02 앞에서 작성된 '타일 바닥'과 '슬라브 기초'가 겹쳐지지 않도록 '타일 바닥'을 선택한 후 [특성] 창의 '레벨로부터 높이 간격 띄우기'에 '300'을 입력합니다.

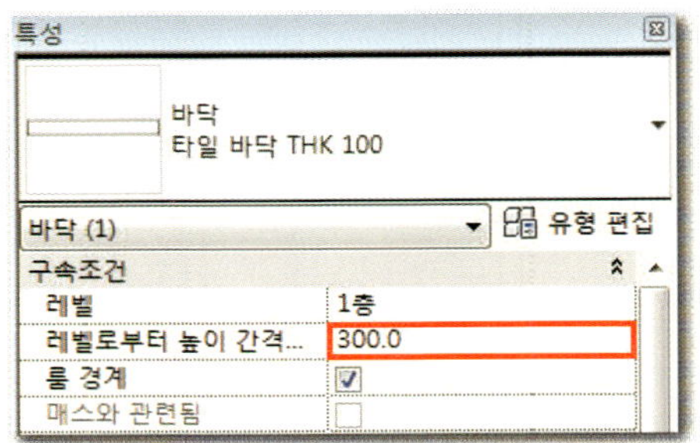

03 아래 그림과 같이 '타일 바닥'의 높이가 변경됩니다.

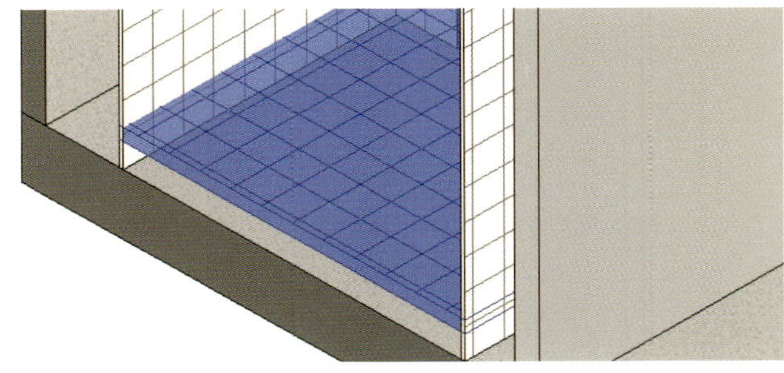

04 '1층 평면도'를 활성화한 후 키보드 tab 버튼을 이용하여 주방 영역에 작성된 '타일 마감 벽'을 모두 선택합니다.

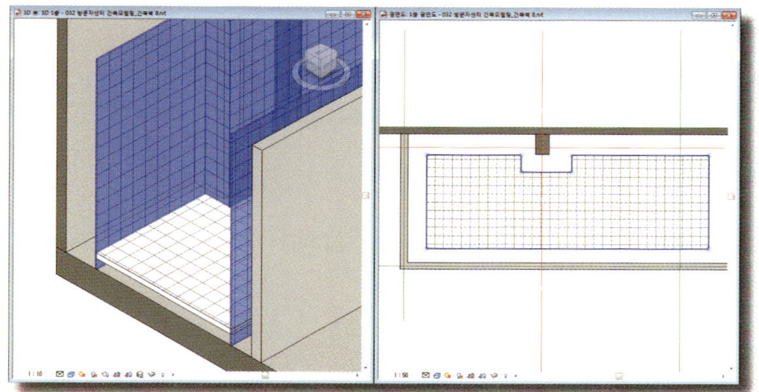

TIP

'3D 1층' 뷰에서 tab 키를 사용하여 '타일 마감 벽'을 선택할 경우 화면상에서 보이지 않는 요소는 선택되지 않습니다.

05 [수정 | 벽] 탭 〉 [벽 수정] 패널 〉 [상단/베이스 부착] 버튼을 클릭합니다.

06 [옵션 막대]의 '벽 부착 위치'에서 '베이스'를 활성화합니다.

수정 | 벽   벽 부착 위치: ○ 상단 ◉ 베이스

07 '3D 1층' 뷰 상에서 '타일 바닥'을 선택합니다.

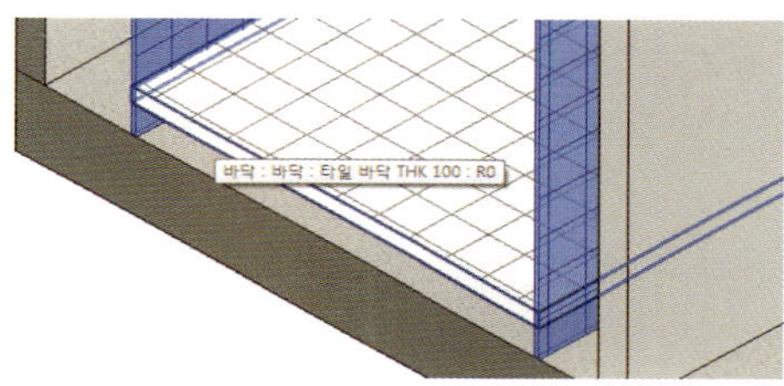

08 아래 그림과 '타일 마감 벽'의 하단이 '타일 바닥'의 위쪽 면에 부착됩니다.

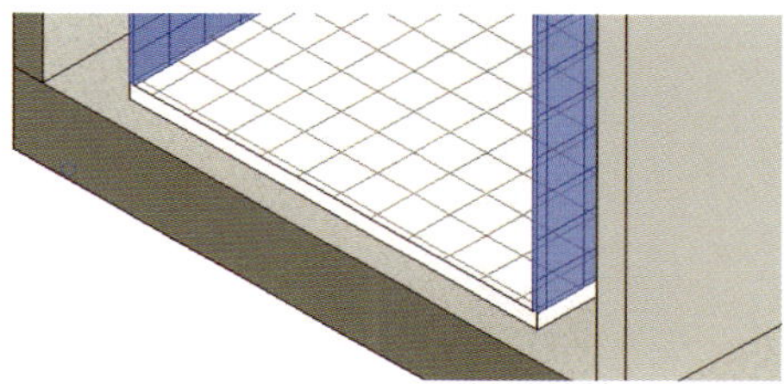

TIP

아래의 확대된 그림이 올바르게 부착된 결과입니다. 벽체와 바닥의 외곽선이 일치하지 않을 경우 '타일 마감 벽'이 '타일 바닥'의 상부 면에 정확히 부착되지 않습니다.

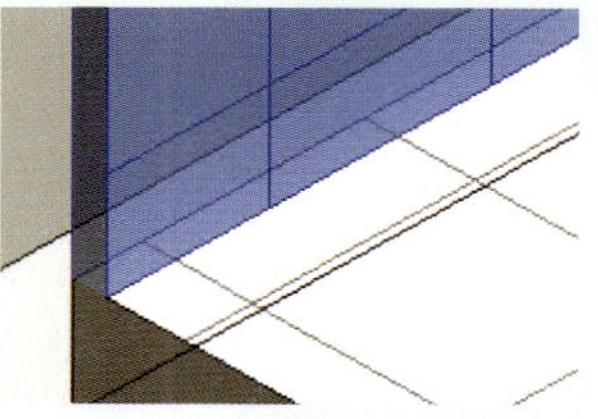

09 '바닥 마감'을 선택한 후 [특성] 창의 '레벨로부터의 높이'에 '타일 바닥'의 두께 값인 '100'을 입력합니다.

10 '타일 바닥'이 '슬라브 기초' 위에 놓이도록 레벨이 변경되며, '타일 마감 벽' 또한 '타일 바닥'에 부착된 상태로 함께 변경됩니다.

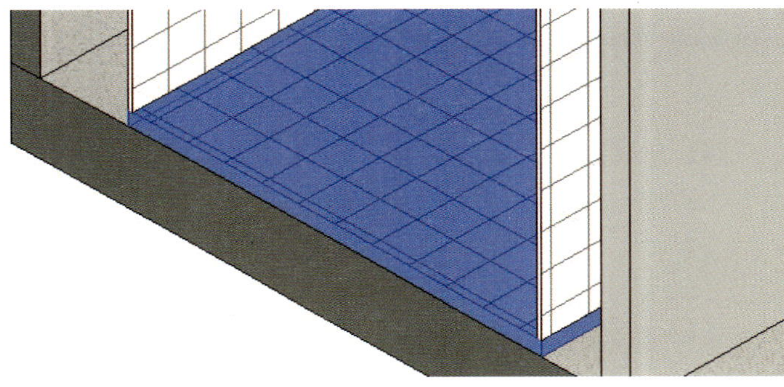

TIP

[상단/베이스 부착]은 벽을 바닥에 부착하여 두 요소 사이에 구속 요건이 설정되도록 한 것으로, 요소 하나의 레벨 또는 위치가 변경되면 구속 요건이 설정된 또 다른 요소도 함께 변경되게 됩니다.

Step 04 주방 '천장' 작성

01 '1층 평면도'를 활성화한 후 [건축] 탭 〉 [빌드] 패널 〉 [천장] 버튼을 클릭합니다.

02 천장 유형을 복제하여 '실내 천장 그리드 600 × 600' 유형을 추가합니다.

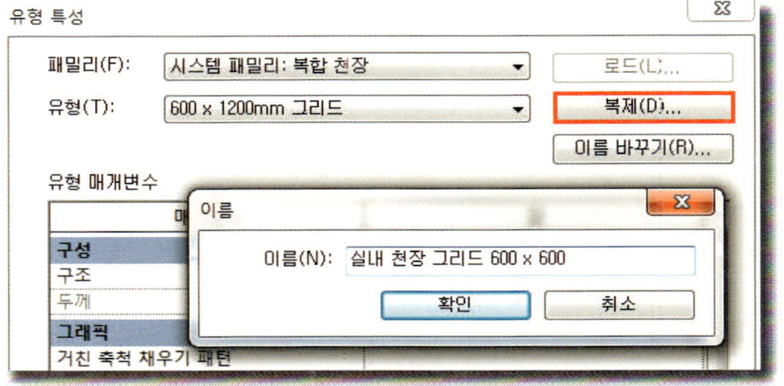

03 [재료 탐색기]에 '천장 타일 600 × 600' 재료를 작성한 후 [그래픽] 탭의 '표면 패턴'을 '600 × 600mm 그리드'로 수정합니다.

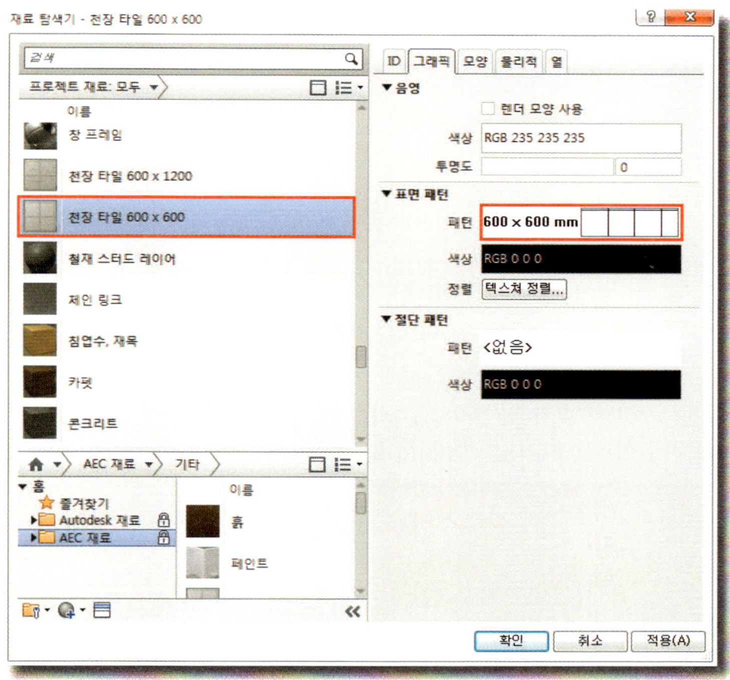

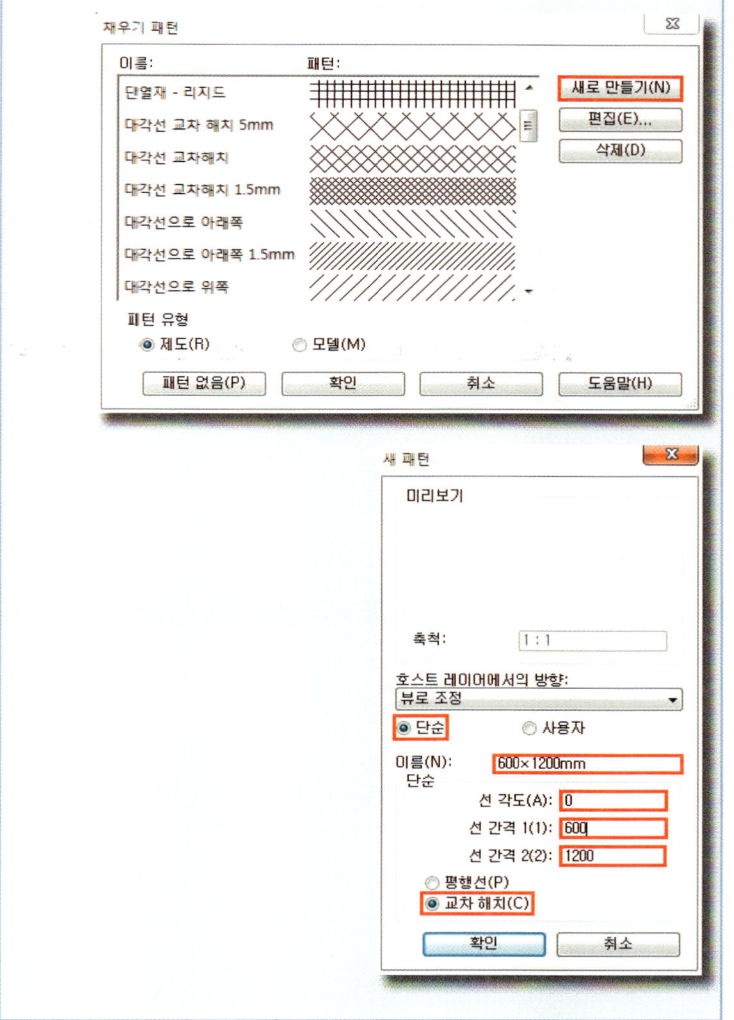

TIP

[재료 탐색기]의 기본 재료에 없는 재료는 'AEC 재료'에서 추가하거나, 새 재료를 작성하여 적용할 수 있습니다. 동일 재료가 다수의 패턴으로 사용될 경우 '복제' 기능을 이용하도록 합니다.

[재료 편집기] > '표면패턴' > '패턴' 박스를 클릭하면 [채우기 패턴] 대화상자가 나타납니다. [새로 만들기] 버튼을 클릭한 후, [새 패턴] 대화상자에 이름, 선 각도, 선 간격 등을 입력하여 새로운 패턴을 작성합니다.

04 [수정 | 배치 천장] 탭 〉 [천장] 패널 〉 [자동 천장] 버튼을 클릭합니다.

05 [특성] 창 〉 '레벨로부터 높이 간격 띄우기'에 '3800'을 입력합니다.

06 '1층 평면도'에서 주방영역 '타일 마감 벽' 안쪽에 마우스를 위치하면 천장이 작성될 영역이 붉은색 선으로 활성화됩니다.

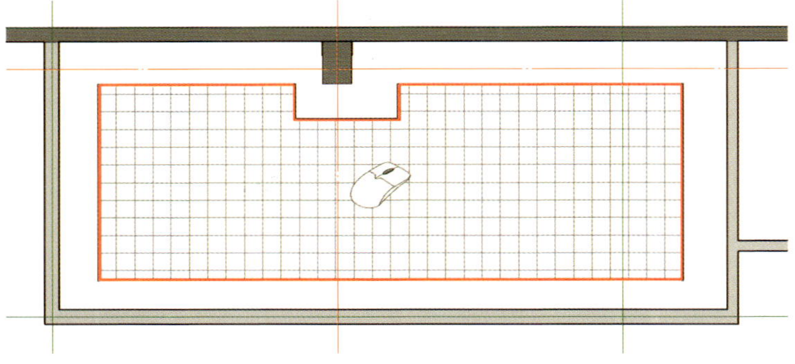

TIP

마우스 커서가 '타일 마감 벽' 안쪽이 아닌 바깥쪽에 위치하게 되면 아래 그림과 같이 천장 작성영역이 다르게 선택되게 됨으로 주의하여야 합니다.

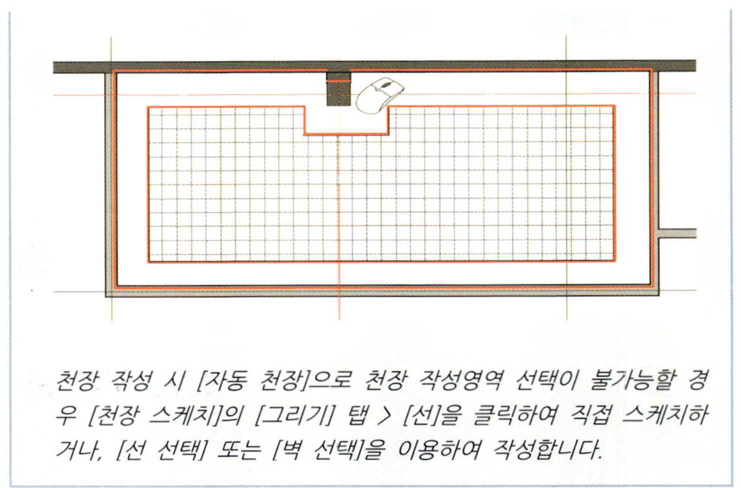

천장 작성 시 [자동 천장]으로 천장 작성영역 선택이 불가능할 경우 [천장 스케치]의 [그리기] 탭 〉 [선]을 클릭하여 직접 스케치하거나, [선 선택] 또는 [벽 선택]을 이용하여 작성합니다.

07 천장이 작성될 영역을 확인한 후 마우스 왼쪽 버튼을 클릭하면 아래와 같은 경고창이 나타납니다. 이는 작성된 천장의 레벨이 '1층 평면도' 뷰 범위 바깥에 있어 현재 뷰에서 볼 수 없음을 의미합니다.

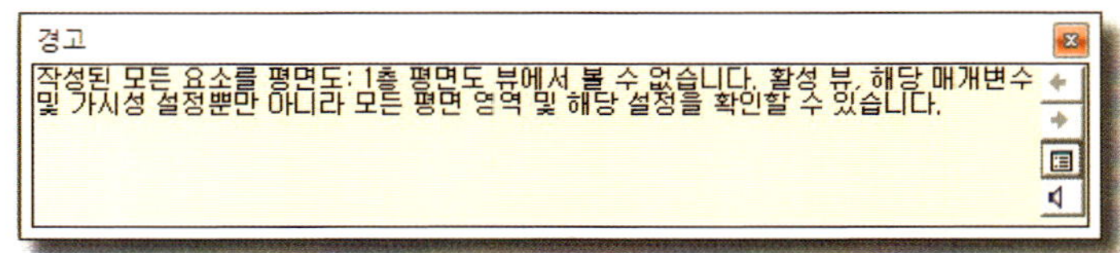

08 '3D 1층' 뷰를 확인하면 천장이 작성된 것을 볼 수 있습니다.

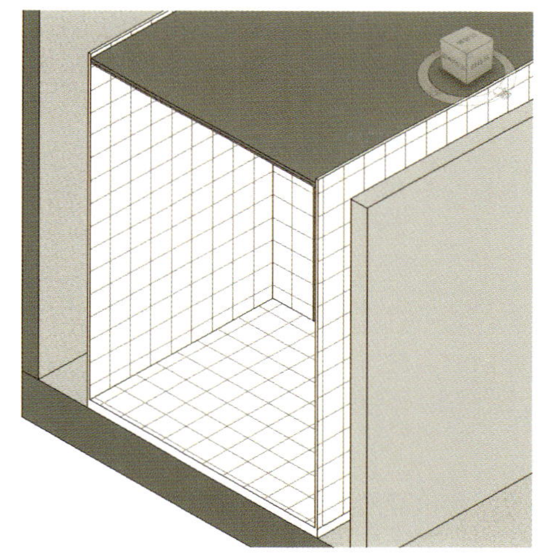

Step 05 주방 마감 요소 정렬

오른쪽 '1층 평면도'에서 보이는 바와 같이 앞에서 주방영역의 마감요소로 작성한 타일 벽, 바닥, 천장은 주방의 외벽과 실내 벽에 맞닿게 작성되지 않았습니다. 정렬 기능을 이용하여 마감요소를 정확히 배치하도록 하겠습니다.

TIP

작업의 편의를 위해 실 형상에 맞는 대략의 마감요소를 작성한 후 정렬 기능을 이용하여 각 요소들을 정리하는 방법을 택했습니다. 각각의 상황에 따라 마감 벽 작성부터 실의 외각 형상에 맞도록 정확한 스냅을 이용하여 작성하는 방법이 편리할 경우도 있습니다.

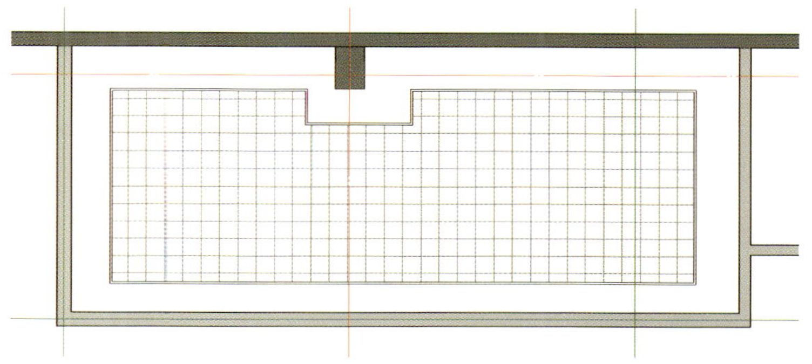

01 [수정] 탭 〉 [수정] 패널 〉 [정렬] 버튼을 (단축키 : AL) 클릭합니다.

02 기준이 될 선(1)을 선택 후 이동할 객체의 경계(2)를 선택합니다.

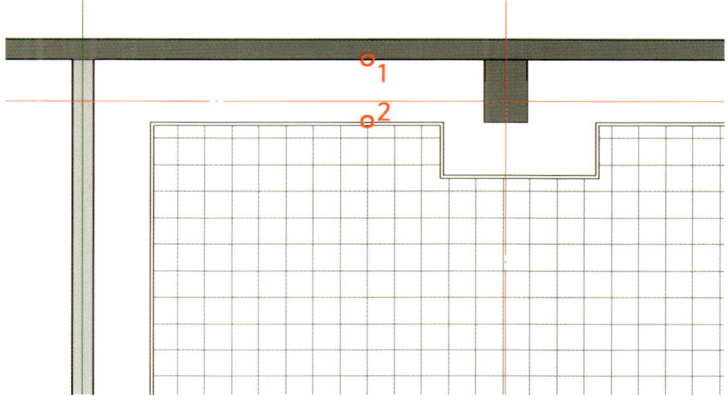

03 아래 그림에서와 같이 '타일 마감 벽'을 구조 벽에 먼저 정렬합니다.

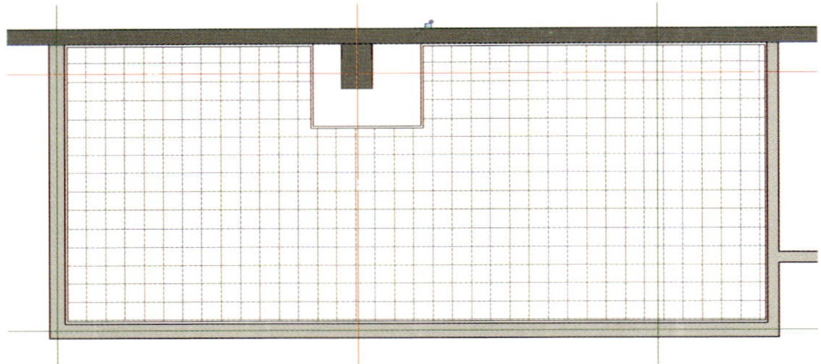

04 기둥과 접하게 될 나머지 '타일 마감 벽' 부분을 정렬합니다.

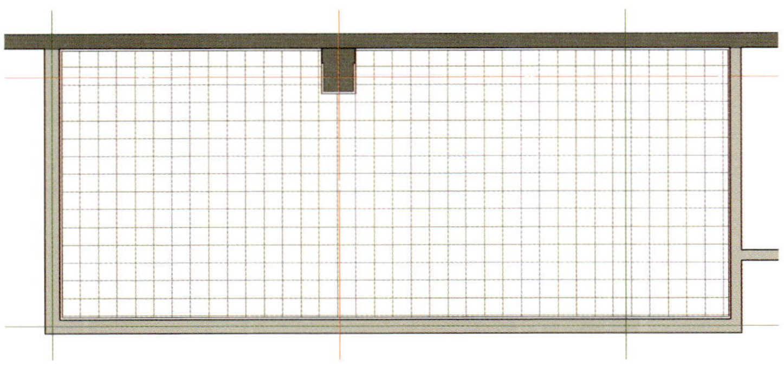

TIP

'타일 바닥'은 '상단/베이스 부착', 천장은 '자동 천장'으로 작성되어 '타일 마감 벽'에 구속되어 있음으로 위의 정렬 과정에서 '타일 마감 벽'이 이동할 시 동시에 움직이게 됩니다. 바닥과 천장이 앞의 제작과정이 아닌 스케치 방법으로 작성되었을 경우(※ 스케치 방법으로 작성한 경우라도 핀으로 고정한 경우는 구속조건이 형성됩니다) 바닥과 천장을 다시 한 번 정렬하는 과정이 필요합니다.

05 '3D 1층' 뷰에서 완성된 주방영역 마감을 확인합니다.

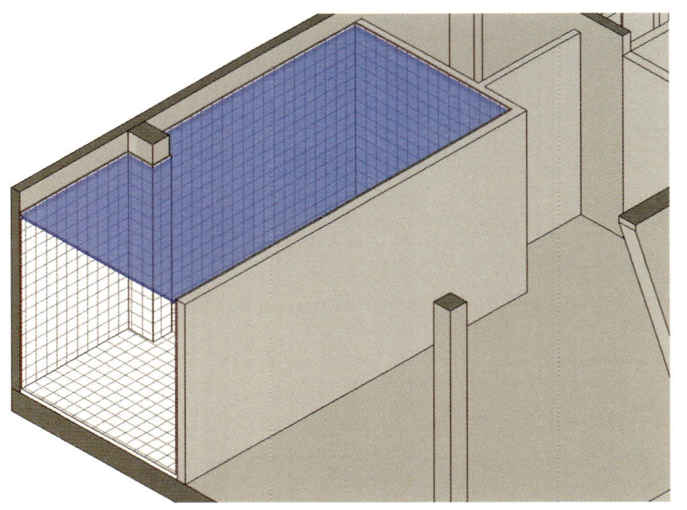

LESSON 19 창고/화장실 실내마감 작성

Step 01 창고/화장실 '마감 벽' 작성

01 '1층 평면도'를 활성화한 후, [건축] 탭 〉 [빌드] 패널 〉 [벽] 〉 [벽 : 건축]을 클릭합니다. [유형 탐색기]에서 '타일 마감 벽 30mm'로 벽 유형을 지정합니다.

02 [수정 | 배치 벽] 탭 활성화 상태에서 [옵션 막대]의 '높이'는 '미연결' '3900'으로, '위치선'은 '마감면:내부'로 설정합니다.

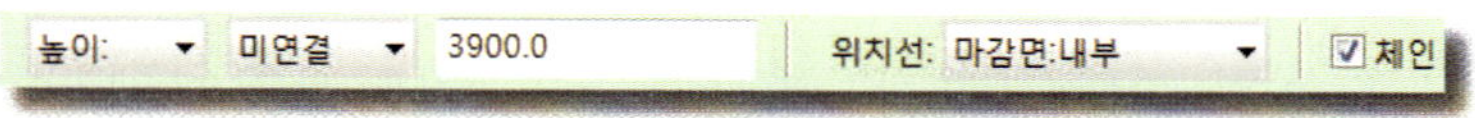

03 [수정 | 배치 벽] 탭 〉 [그리기] 패널 〉 [선] 클릭합니다. 다음 그림을 참고하여 반시계 방향으로 창고/화장실 마감 벽체를 드로잉 합니다.

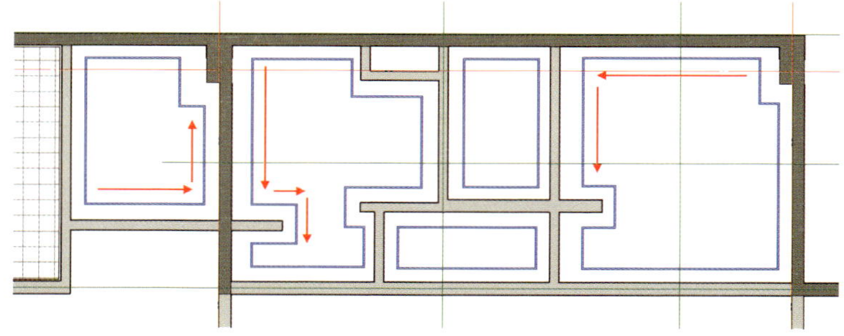

Step 02 창고/화장실 '마감 바닥' 작성

01 [건축] 탭 〉 [빌드] 패널 〉 [바닥] 〉 [바닥 : 건축] 클릭합니다.

02 [유형 탐색기]에서 '타일 바닥 THK100'으로 바닥 유형을 지정합니다.

03 [수정 | 바닥 경계 작성] 탭 〉 [그리기] 패널 〉 [벽 선택]을 클릭합니다.

04 키보드 tab 키를 이용하여 창고/화장실 마감 바닥 작성영역을 선택합니다.

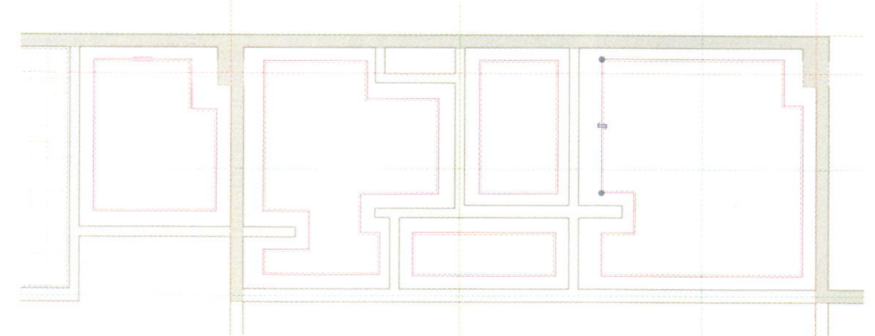

05 [수정 | 바닥 경계 작성] 탭 〉 [모드] 패널 〉 [완료] 버튼을 클릭합니다.

06 [Revit] 대화상자가 나타나면 [아니오]를 선택합니다.

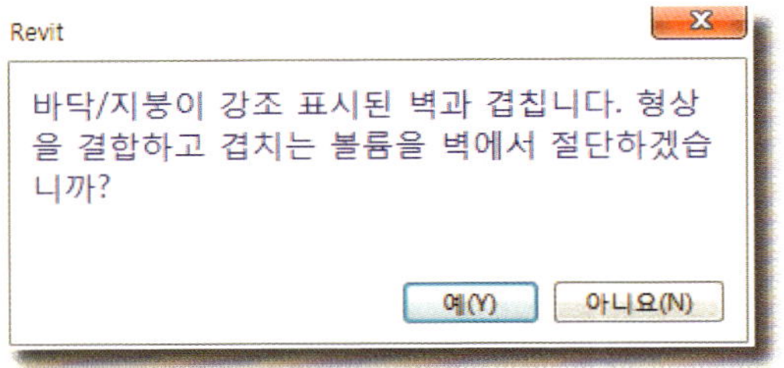

07 아래 그림과 같이 창고/화장실 마감 바닥이 작성됩니다.

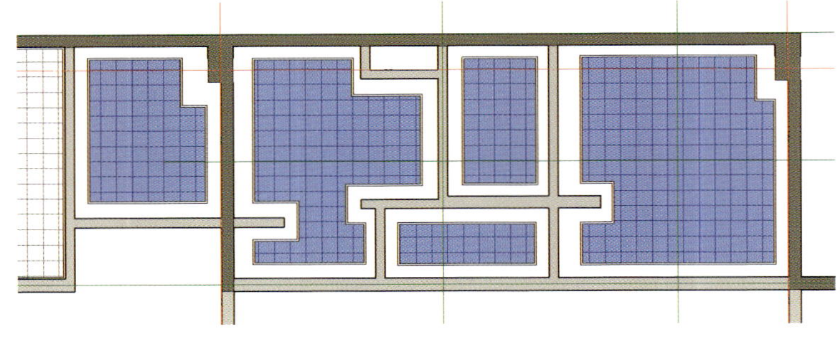

Step 03 창고/화장실 '마감 바닥' 배치

01 아래의 그림과 같이 창고/화장실 부분의 마감 벽과 바닥의 단면이 보이도록 '3D 1층' 뷰의 '단면 박스'를 조절합니다.

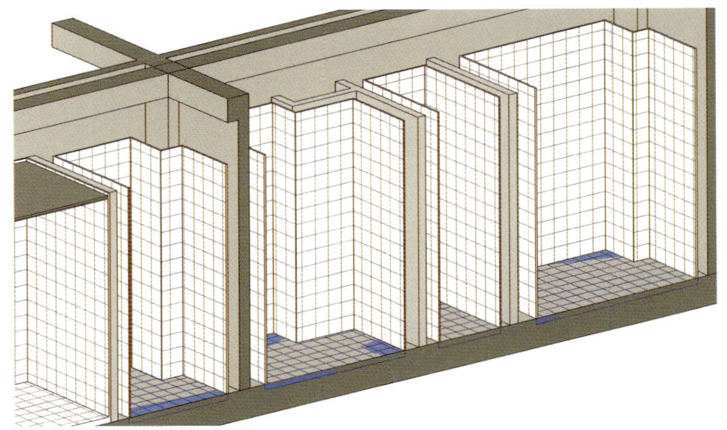

02 '타일 바닥'과 '슬라브 기초'가 겹쳐지지 않도록 '타일 바닥'을 선택한 후 [특성] 창의 '레벨로부터 높이 간격 띄우기'에 '300'을 입력합니다.

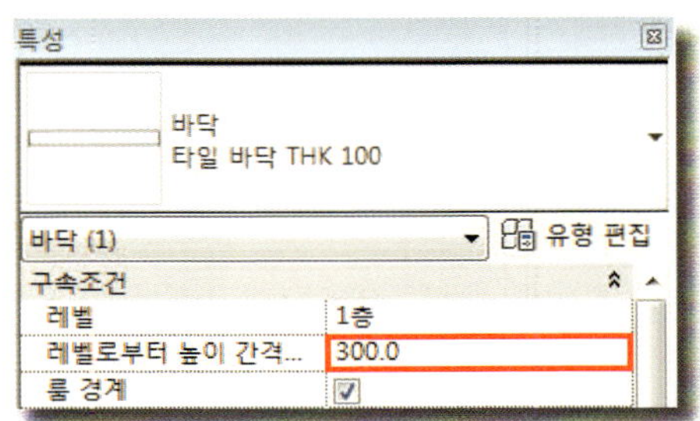

03 다음 그림과 같이 '타일 바닥'의 높이가 변경됩니다.

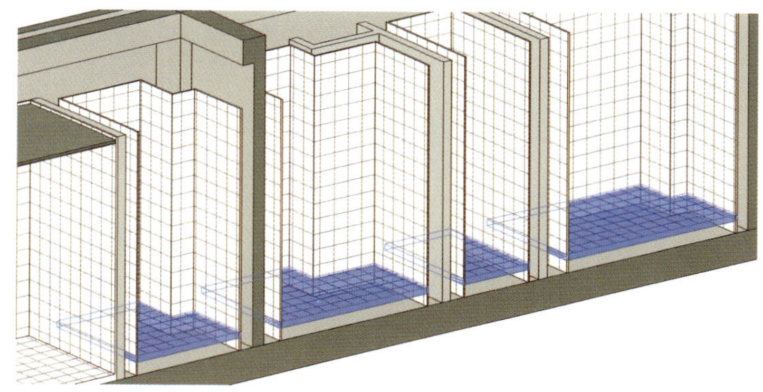

04 '1층 평면도' 뷰에서 키보드 tab 키를 이용하여 주방 영역에 작성된 '타일 마감 벽'을 모두 선택합니다.

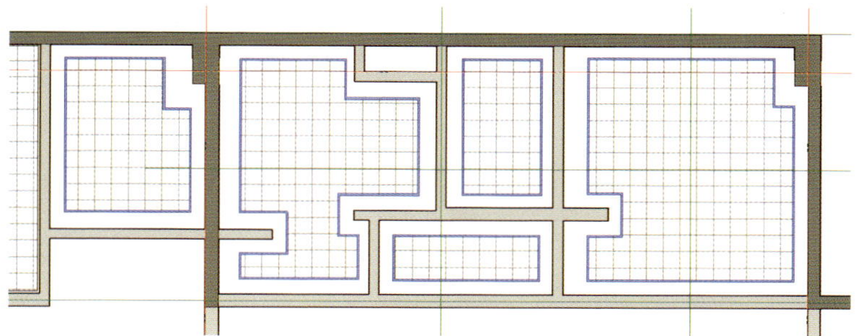

TIP

키보드 tab 키를 사용하면 연속되어 작성된 벽 영역만 선택됩니다. 연속되지 않은 다른 벽 영역을 함께 선택할 때는 키보드의 ctrl 키를 이용합니다.

05 [수정 | 벽] 탭 〉 [벽 수정] 패널 〉 [상단/베이스 부착] 버튼을 클릭한 후, [옵션 막대]의 '벽 부착 위치' 〉 '베이스'를 체크합니다.

수정 | 벽 | 벽 부착 위치: ◯ 상단 ◉ 베이스

06 '3D 1층' 뷰 상에서 '타일 바닥'을 선택합니다.

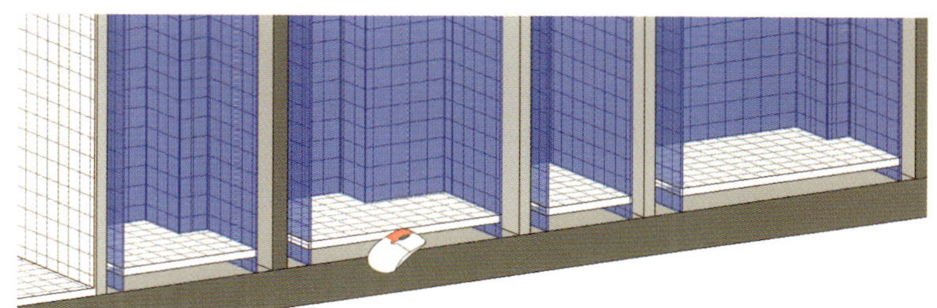

07 '타일 마감 벽'의 하단이 '타일 바닥'의 위쪽 면에 부착됩니다.

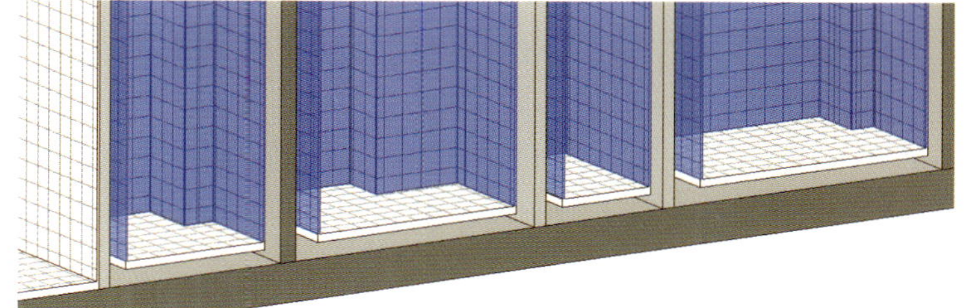

08 '바닥 마감'을 선택한 후 [특성] 대화상자의 '레벨로부터의 높이'에 '타일 바닥'의 두께 값인 '100'을 입력합니다. '타일 바닥'이 '슬라브 기초' 위에 놓이도록 레벨이 변경되며, '타일 마감 벽' 또한 '타일 바닥'에 부착된 상태로 함께 변경됩니다.

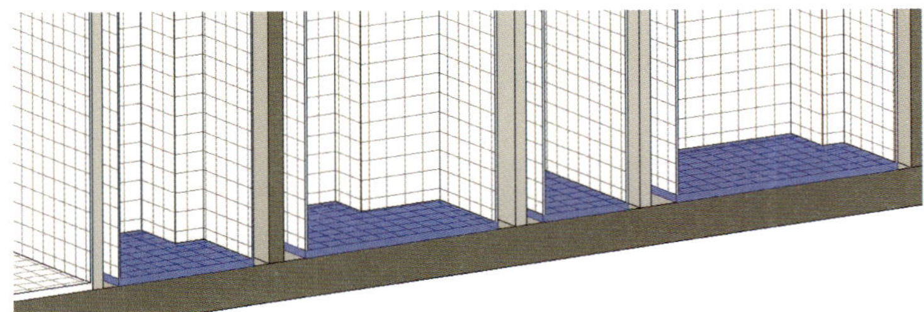

Step 04 창고/화장실 '천장' 작성

01 '1층 평면도'에서 [건축] 탭 〉 [빌드] 패널 〉 [천장] 버튼을 클릭합니다.

02 [유형 탐색기]에서 '실내 천장 그리드 600 × 600'으로 천장 유형을 지정합니다.

03 [수정 | 배치 천장] 탭 〉 [천장] 패널 〉 [자동 천장] 버튼을 클릭합니다.

04 [특성] 창 〉 '레벨로부터 높이 간격 띄우기'에 '3800'을 입력합니다.

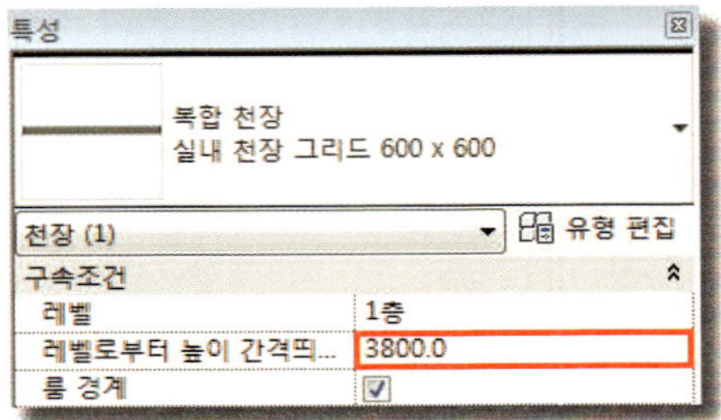

05 '1층 평면도'에서 주방영역 '타일 마감 벽' 안쪽에 마우스를 위치하면 천장이 작성될 영역이 붉은색 선으로 활성화됩니다.

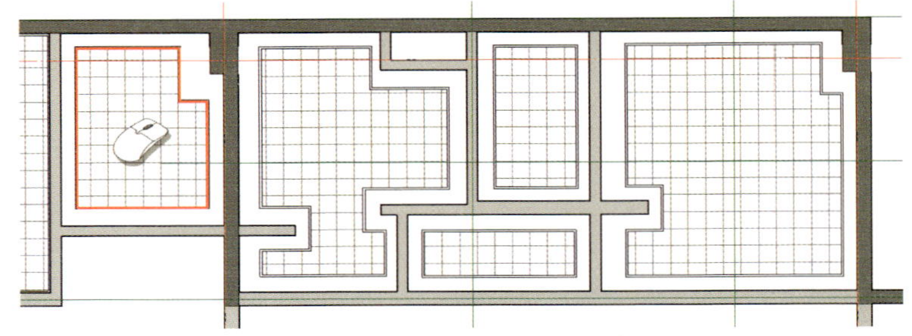

06 천장이 작성될 영역을 확인한 후 마우스 왼쪽 버튼을 클릭하면 다음과 같은 경고창이 나타납니다. 이는 작성된 천장의 레벨이 '1층 평면도' 뷰 범위 바깥에 있어 현재 뷰에서 볼 수 없음을 의미합니다.

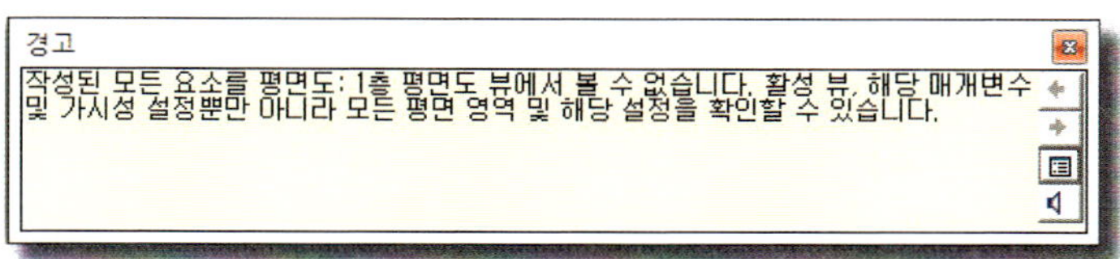

07 나머지 창고/화장실 영역의 '천장'도 순차적으로 작성합니다.

08 '3D 1층' 뷰를 확인하면 천장이 작성된 것을 볼 수 있습니다.

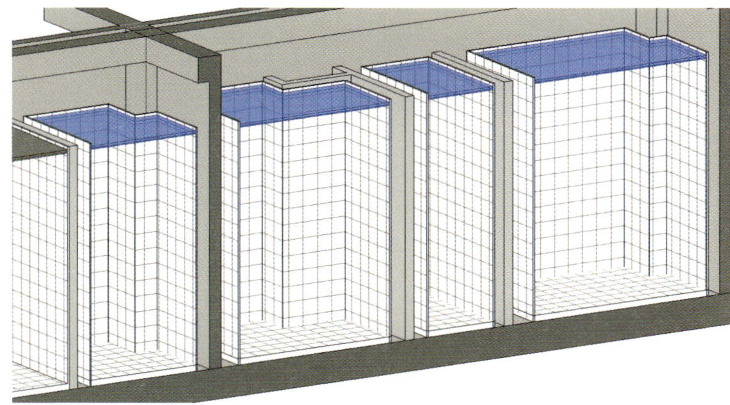

Step 05 창고/화장실 마감 요소 정렬

01 [수정] 탭 〉 [수정] 패널 〉 [정렬] 기능을 (단축키 : Ⓐ Ⓛ)을 이용하여 '마감 벽'을 '구조 벽과 실 구획 벽'에 정렬합니다.

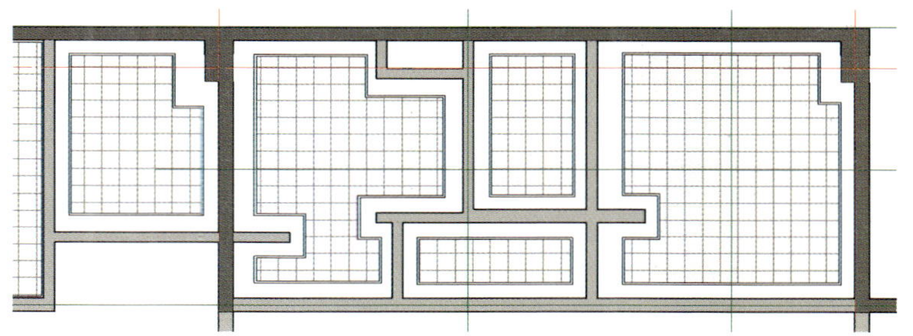

02 왼쪽 그림과 같이 기준이 될 선(구조 벽과 실 구획 벽의 안쪽선)을 선택 후 이동할 요소의 경계(마감 벽의 바깥쪽 선)를 순차적으로 선택하여 정렬합니다.(※ 작업 편의를 위해 길이가 긴 요소를 먼저 정렬합니다.)

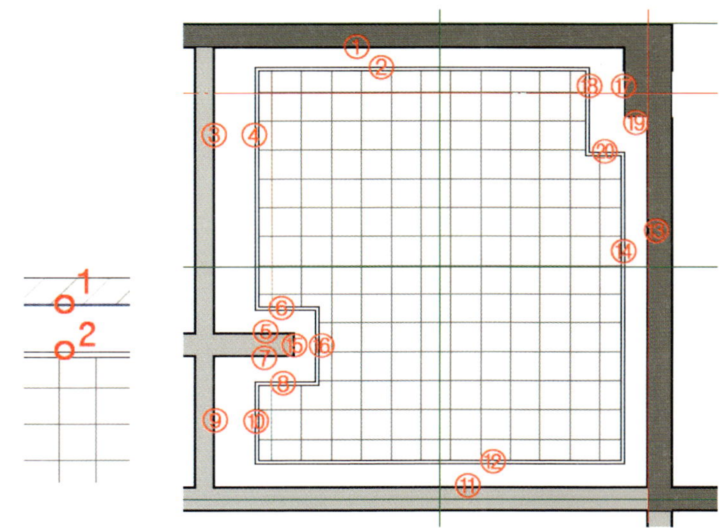

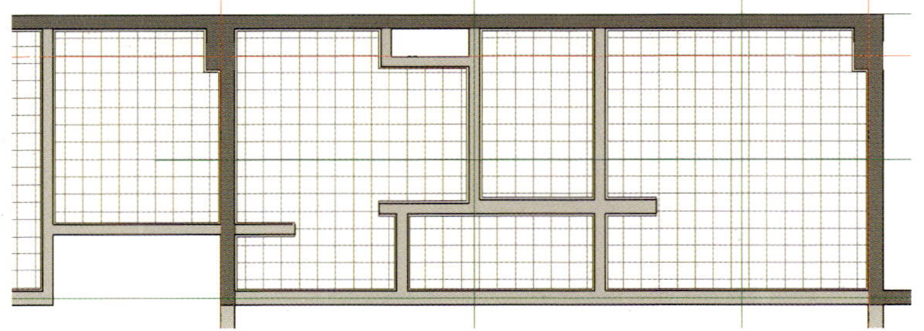

03 '3D 1층' 뷰에서 완성된 창고/화장실 영역 마감을 확인합니다.

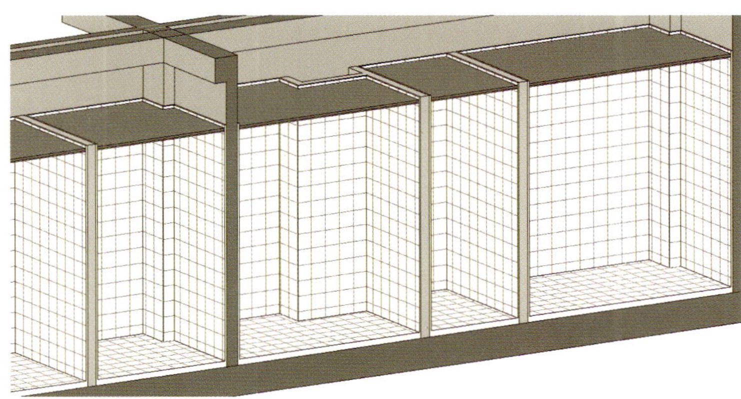

TIP

'단면 상자'의 높이가 낮게 설정되어있을 경우 작성된 천장이 보이지 않을 수 도 있습니다. '단면 상자'의 범위가 앞에서 작성한 천장을 포함하도록 '단면 상자'를 선택하여 나타나는 화살표를 위쪽으로 드래그합니다.

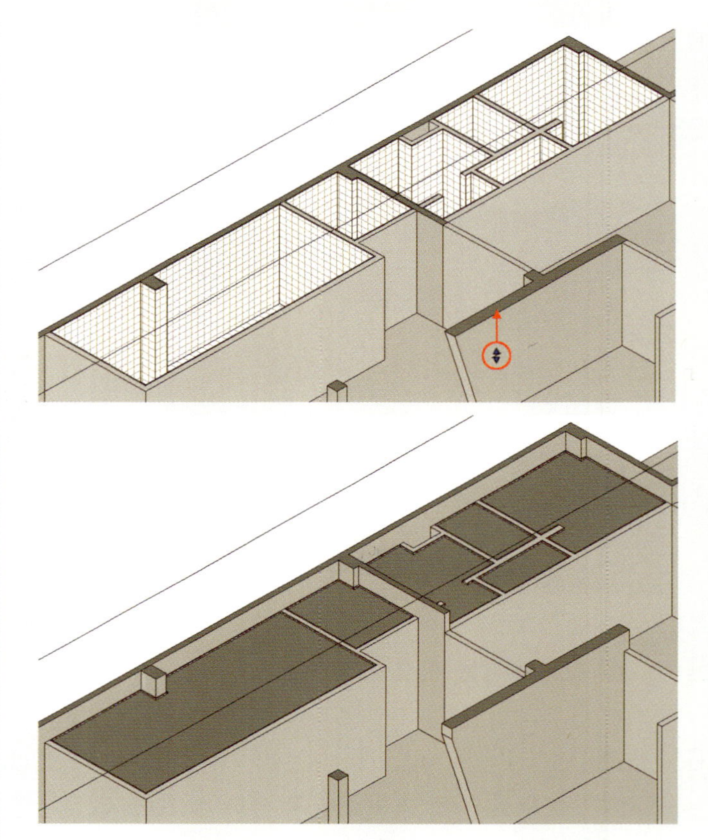

Lesson 20 카페테리아 실내마감 작성

Step 01 카페테리아 '마감 벽' 작성

01 '1층 평면도'를 활성화한 후, [건축] 탭 〉 [빌드] 패널 〉 [벽] 〉 [벽 : 건축]을 클릭합니다. 유형 탐색기 〉 '기본 벽 일반 - 100mm' 지정한 후, [유형 특성] 대화상자에서 '대리석 마감 벽 100mm'로 벽 유형을 복제합니다.

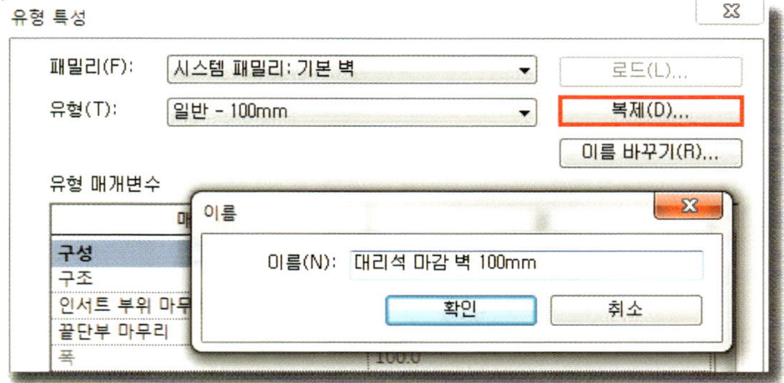

02 [조합 편집] 대화상자의 '기능 : 마감재 1 [4]', '두께 : 100'을 수정합니다.

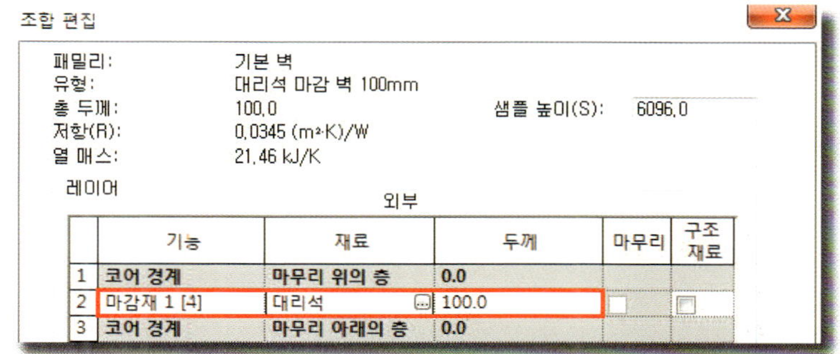

	기능	재료	두께	마무리	구조 재료
1	코어 경계	마무리 위의 층	0.0		
2	마감재 1 [4]	대리석	100.0	☐	☐
3	코어 경계	마무리 아래의 층	0.0		

03 [재료 탐색기] 대화상자에서 'AEC 재료'를 확장하여 '석재' 폴더를 선택합니다. '대리석'을 선택한 후 [↑] 버튼을 클릭하여 프로젝트 재료 문서 재료를 추가합니다.

04 프로젝트 재료에 추가된 '대리석'을 선택한 후 [그래픽] 탭 '음영' 항목의 '렌더 모양 사용'을 활성화 합니다.

05 [채우기 패턴] 대화상자에서 '600×1200mm' 그리드를 작성하여 '표면 패턴'에 적용합니다.

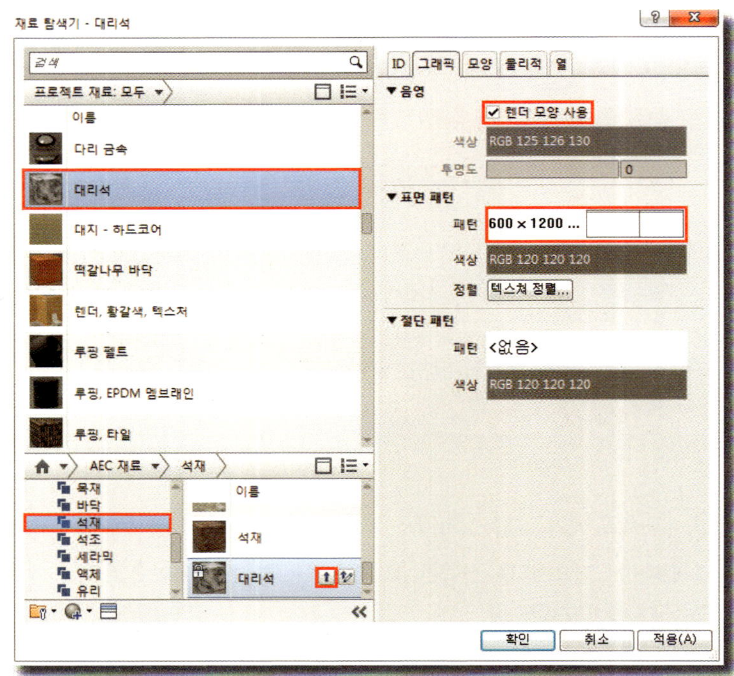

06 [수정 | 배치 벽] 탭 활성화 상태에서 옵션막대의 '높이'는 '미연결', '3900'으로, '위치선'은 '마감면:내부'로 설정합니다.

07 [수정 | 배치 벽] 탭 〉 [그리기] 패널 〉 [선] 클릭합니다. 그림을 참고하여 반시계 방향으로 카페테리아 마감 벽을 드로잉 합니다.

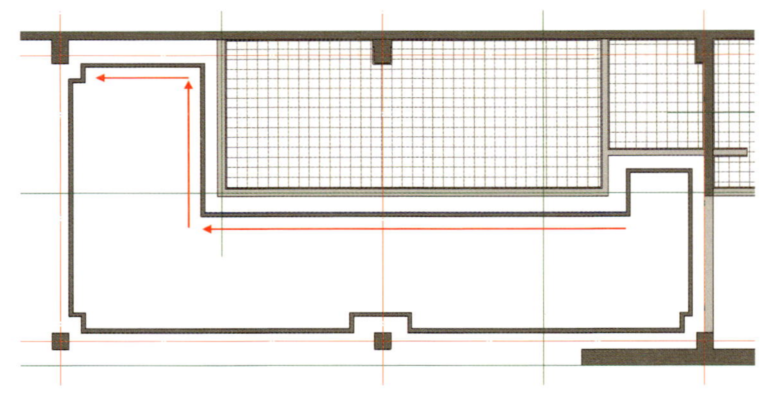

Step 02 카페테리아 '마감 바닥' 작성 및 배치

01 [건축] 탭 〉 [빌드] 패널 〉 [바닥] 〉 [바닥 : 건축] 클릭합니다.

02 유형 탐색기 〉 '바닥 일반 - 150mm'을 선택한 후 [유형 특성] 대화상자에서 '화강석 바닥 THK 100'으로 바닥 유형을 복제합니다.

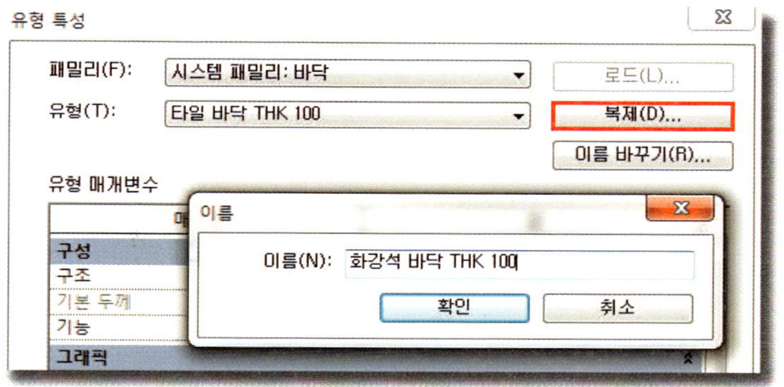

03 [조합 편집] 대화상자의 '기능', '두께'를 각각 '마감재 1 [4]', '100'으로 수정합니다.

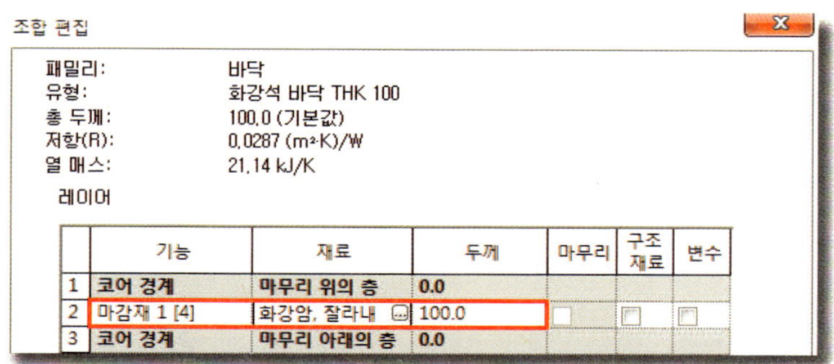

04 [재료 탐색기] 대화상자에서 '화강암, 잘라내기, 거침' 재료를 추가합니다.

05 [그래픽] 탭의 '음영' 항목의 '렌더 모양 사용'을 체크합니다. [채우기 패턴] 대화상자에서 '600×600mm' 그리드를 작성하여 '표면 패턴'에 적용합니다.

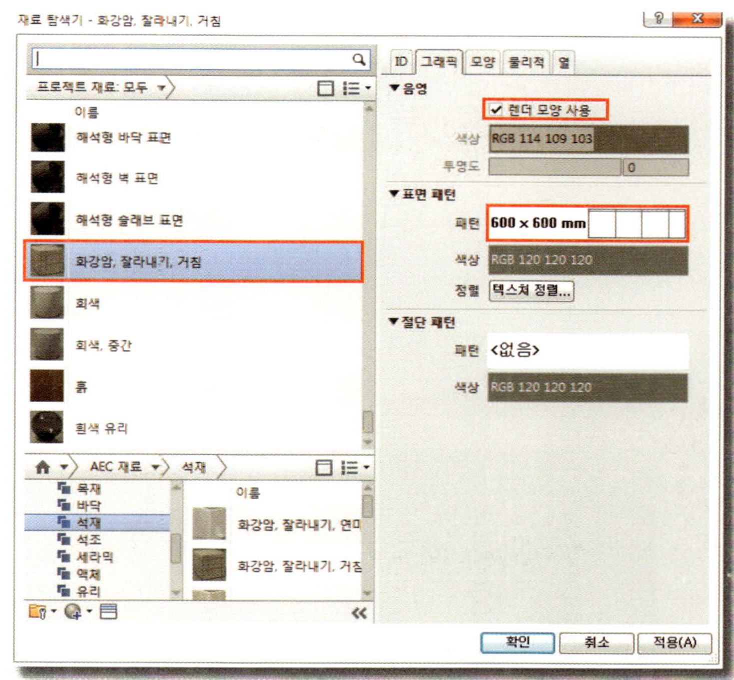

06 [수정 | 바닥 경계 작성] 탭 > [그리기] 패널 > [벽 선택]을 클릭합니다. tab 키를 이용하여 카페테리아 마감 바닥 작성영역을 선택합니다.

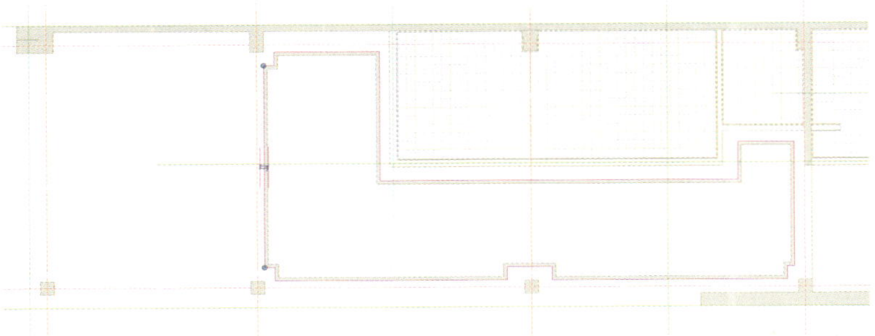

07 [수정 | 바닥 경계 작성] 탭 〉 [모드] 패널 〉 ✔ [완료] 버튼을 클릭합니다.

08 카페테리아 영역의 마감 벽과 바닥의 단면이 보이도록 '3D 1층' 뷰의 '단면 박스'를 조절합니다.

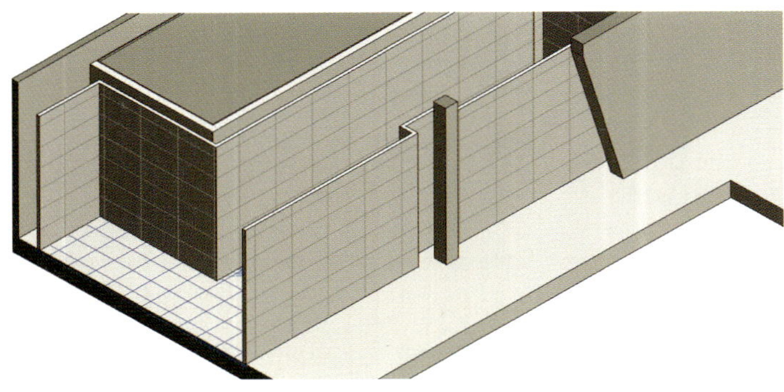

09 '화강석 바닥'과 '슬라브 기초'가 겹쳐지지 않도록 '화강석 바닥'을 선택한 후 [특성] 창의 '레벨로부터 높이 간격 띄우기'에 '300'을 입력합니다.

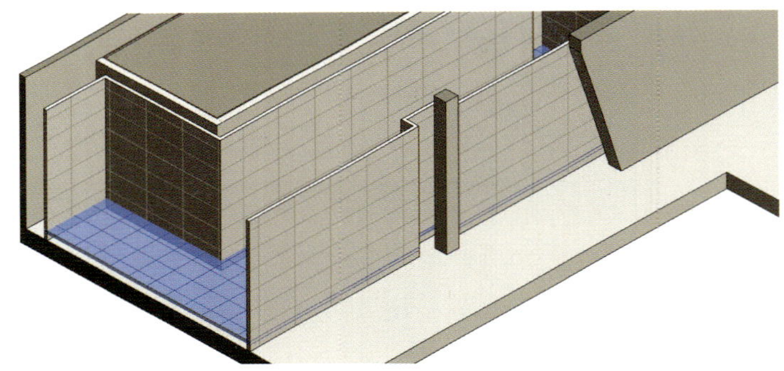

10 '1층 평면도' 뷰에서 카페테리아 영역에 작성된 '대리석 마감 벽'을 모두 선택합니다. [수정 | 벽] 탭 〉 [벽 수정] 패널 〉 [상단/베이스 부착] 버튼을 클릭한 후, [옵션 막대]의 '벽 부착 위치' 〉 '베이스'를 체크합니다.

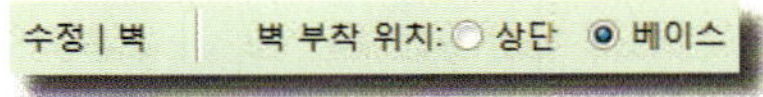

11 '화강석 바닥'을 선택하여 '대리석 마감 벽'의 하단에 '화강석 바닥'을 부착합니다. '바닥 마감'을 선택한 후 [특성] 창의 '레벨로부터의 높이'에 '화강석 바닥'의 두께 값인 '100'을 입력합니다.

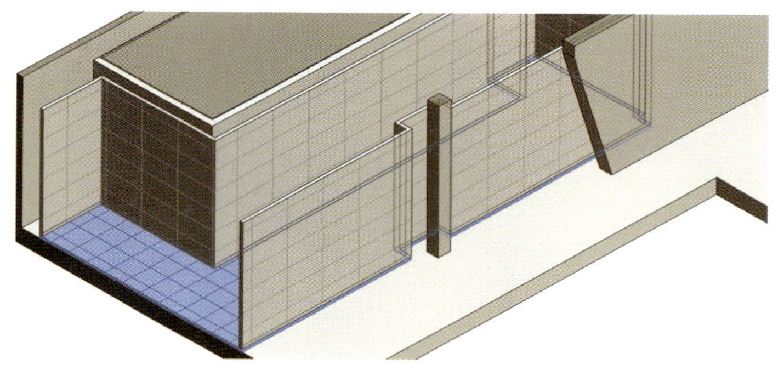

Step 03 카페테리아 '천장' 작성

01 '1층 평면도'에서 [건축] 탭 〉 [빌드] 패널 〉 [천장] 버튼을 클릭합니다. [유형 탐색기]에서 '실내 천장 그리드 600 × 600'으로 천장 유형을 지정합니다.

02 [재료 탐색기]에서 '천장 타일 600 × 600' 재료를 복제하여, 표면패턴 '600 × 1200' 천장 타일을 작성합니다.

03 '1층 평면도'에서 [수정 | 배치 천장] 탭 〉 [천장] 패널 〉 [자동 천장] 버튼을 클릭한 후, [특성] 창 〉 '레벨로부터 높이 간격 띄우기'에 '3800'을 입력합니다.

04 카페테리아 영역 '대리석 마감 벽' 안쪽에 천장을 작성한 후, '3D 1층' 뷰에서 작성된 천장을 확인합니다.

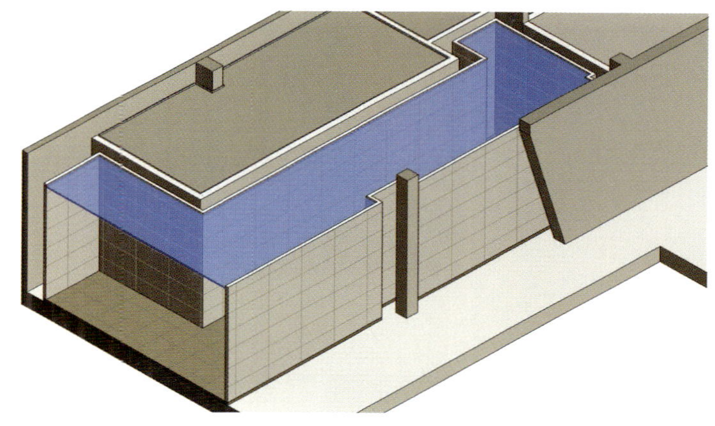

Step 04 카페테리아 마감요소 정렬 및 편집

01 [수정] 탭 〉 [수정] 패널 〉 [정렬] 기능을 이용하여 카페테리아 영역 마감요소를 정렬합니다.

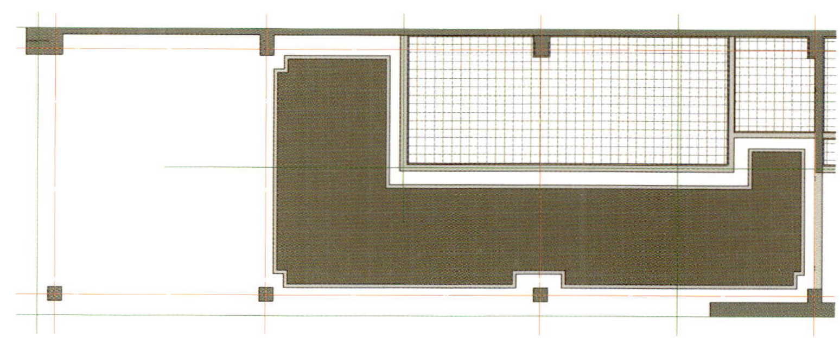

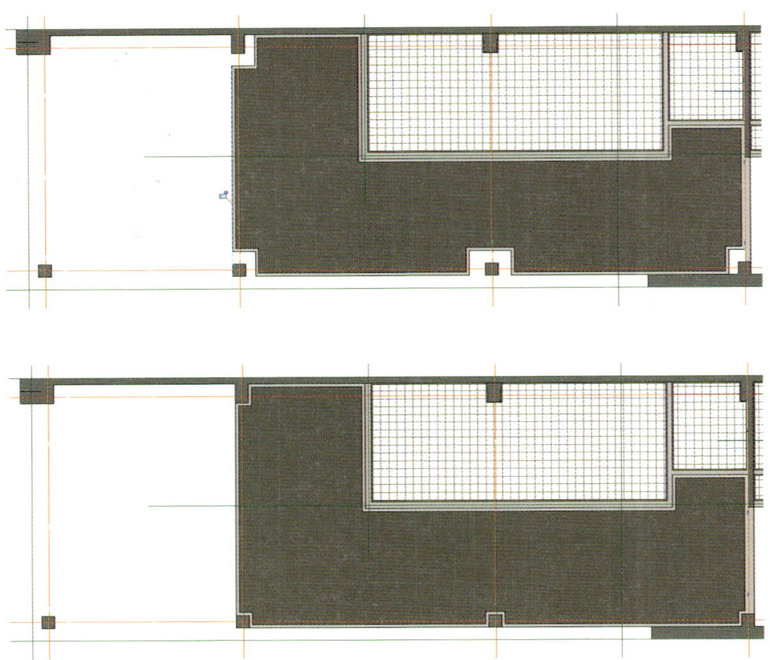

02 작성된 카페테리아 마감 요소가 모두 보이도록 '3D 1층' 뷰의 '단면 박스'를 아래 그림과 같이 설정합니다.

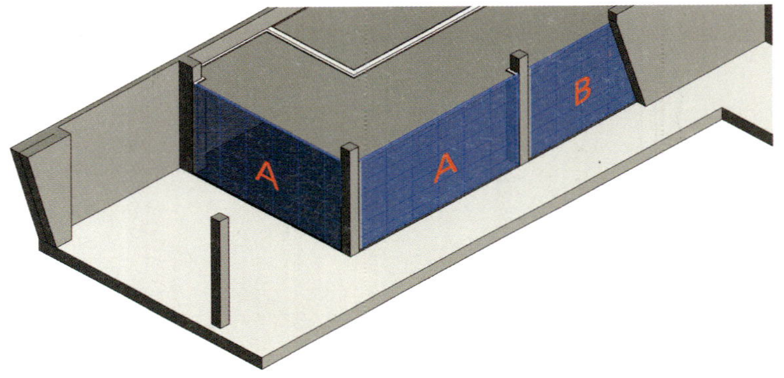

03 '대리석 마감 벽'으로 작성된 A, B 영역은 커튼월이 배치될 부분입니다. 마감 벽 A를 선택한 후 키보드 delete 키를 눌러 삭제합니다.

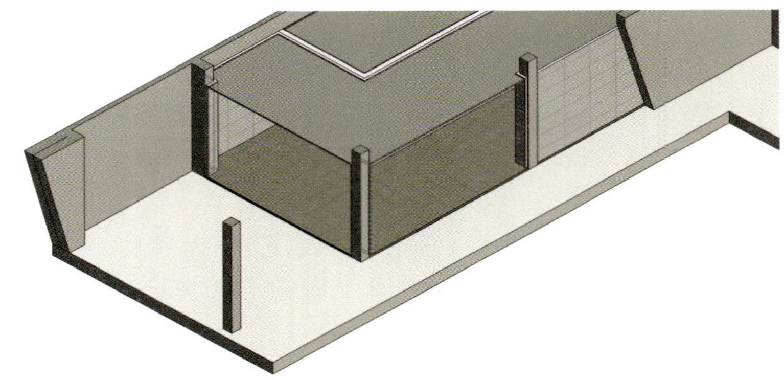

04 마감 벽 B를 선택한 후 [수정 | 벽] 탭 〉 [모드] 패널 〉 [프로파일 편집]을 클릭합니다. 마감 벽과 마감 바닥이 [상단/베이스 부착]으

로 구속되어 있는 상태임으로 아래와 같은 대화상자가 나타납니다. 프로파일 편집을 진행하기 위해 [닫기] 버튼을 클릭합니다.

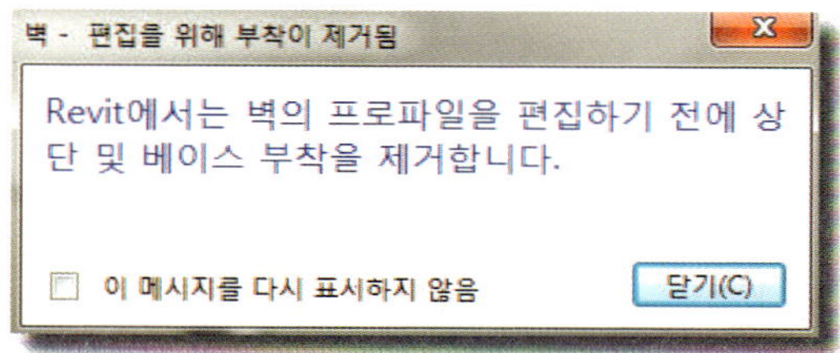

05 아래 그림과 같이 벽 프로파일을 수정할 수 있는 모드로 전환됩니다.

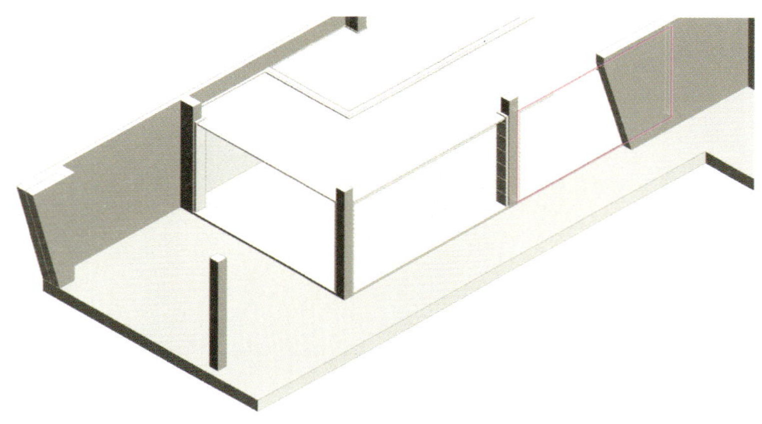

06 편집을 효과적으로 진행하기 위해 '뷰 큐브'의 시점을 정면도로 전환한 후 아래 그림과 같이 벽 프로파일을 수정합니다.

07 ✔ [완료] 버튼을 눌러 벽 프로파일 편집을 완료한 후, '3D 1층' 뷰에서 수정된 결과를 확인합니다.

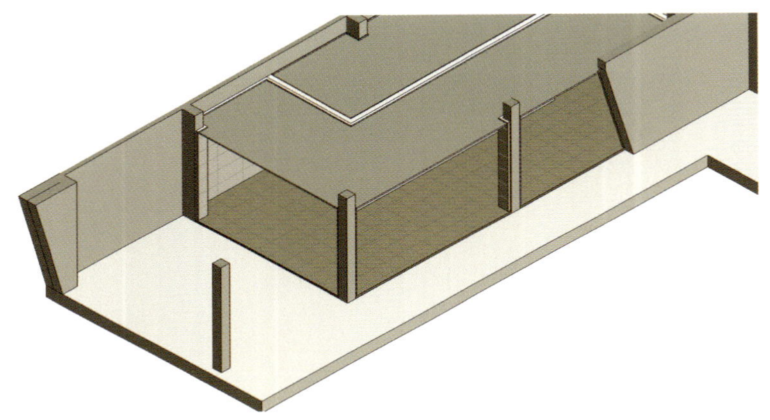

08 카페테리아 '대리석 마감 벽'이 삭제된 부분을 확대하여 살펴보면 마감 벽과 천장이 마감 바닥 끝선과 일치하지 않게 남겨지게 됩니다. [정렬] 및 [경계편집] 명령을 사용하여 끝선이 일치되도록 정리합니다.

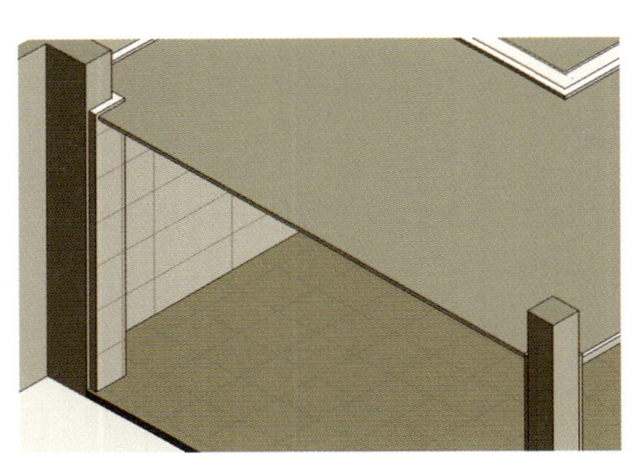

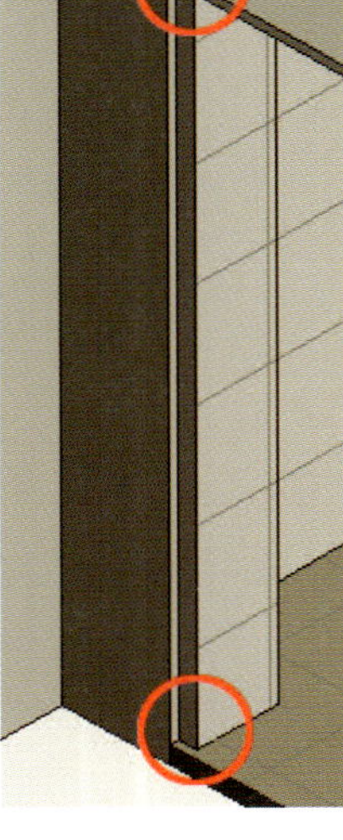

09 '1층 평면도' 뷰에서 [정렬] 기능을 이용하여 마감 바닥 끝선에 '대리석 마감 벽'을 정렬합니다.

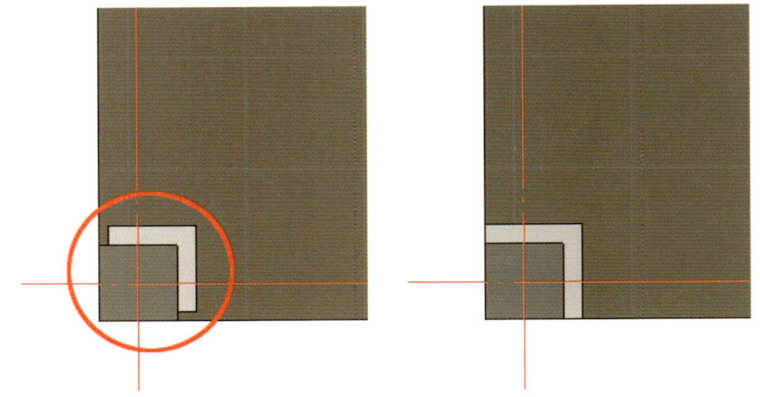

10 '3D 1층' 뷰에서 카페테리아 천장을 선택한 후, '1층 평면도' 뷰에서 [수정 | 천장] 탭 〉 [모드] 패널 〉 [경계편집]을 클릭합니다.

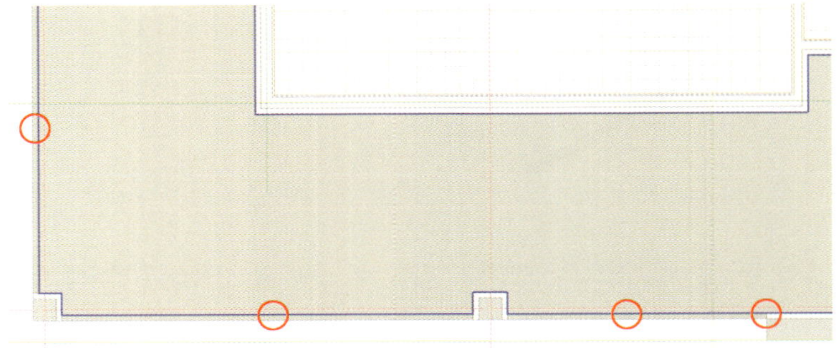

11 경계선을 마우스로 선택한 후 직접 끌어 맞추거나, [정렬] 명령을 이용하여 아래그림과 같이 수정합니다.

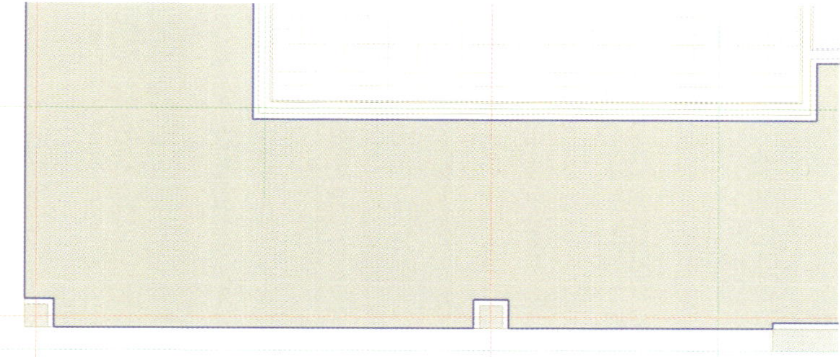

12 [수정 | 경계편집] 탭 〉 [모드] 패널 〉 ✔ [완료] 버튼을 클릭하여 편집을 완료합니다.

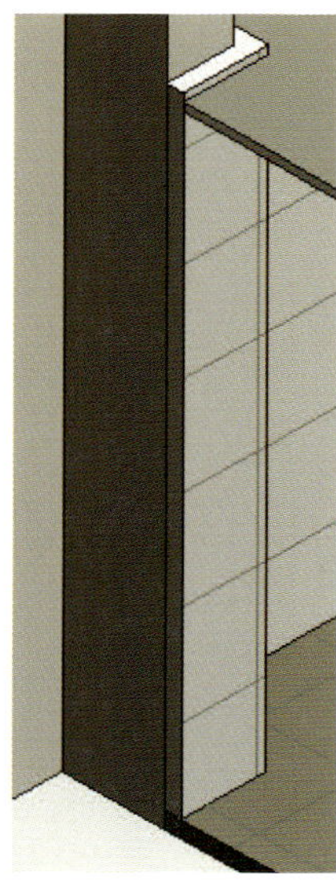

TIP

천장이나 바닥 요소의 편집은 [경계편집] 명령을 사용하여 세부 편집 상태를 활성화 시킨 후 정리합니다. [경계편집] 상태가 아닌 상태에서 드래그 하여 끌어 맞추거나 [정렬] 명령을 사용하면, 작성된 요소의 일부분이 아닌 전체가 이동하게 됩니다.

LESSON 21 로비/홀/계단실 실내마감 작성

Step 01 로비/홀/계단실 마감요소 작성

01 '1층 평면도'를 활성화한 후, [건축] 탭 〉 [빌드] 패널 〉 [벽] 〉 [벽 : 건축]을 클릭합니다. [유형 탐색기] 〉 '대리석 마감 벽 100mm'을 지정합니다. [옵션 막대]의 '높이'는 '미연결', '3900'으로, '위치선'은 '마감면:내부'로 설정한 후 [수정 | 배치 벽] 탭 〉 [그리기] 패널 〉 [선]을 이용하여 아래 그림과 같이 마감 벽을 드로잉 합니다.

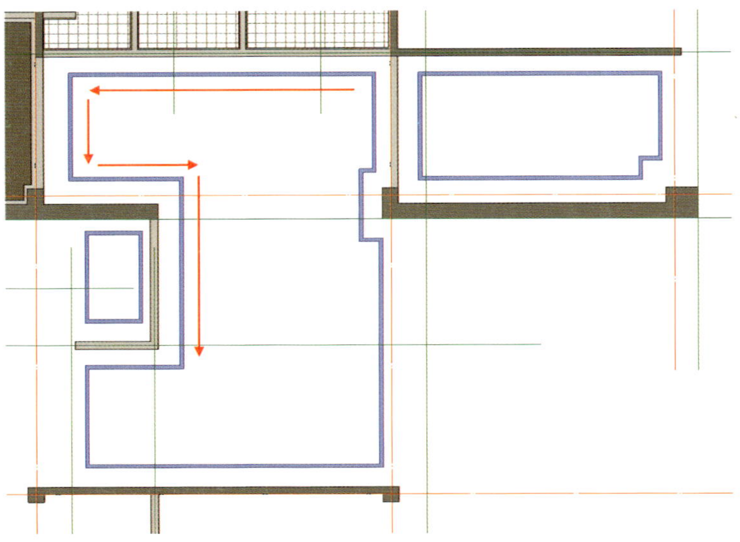

02 [건축] 탭 〉 [빌드] 패널 〉 [바닥] 〉 [바닥 : 건축] 클릭합니다. 유형 탐색기 〉'화강석 바닥 THK 100'을 지정합니다. [수정 | 바닥 경계 작성] 탭 〉 [그리기] 패널 〉 [벽 선택]을 클릭하여 바닥 작성영역을 선택한 후 [완료] 버튼을 클릭합니다.

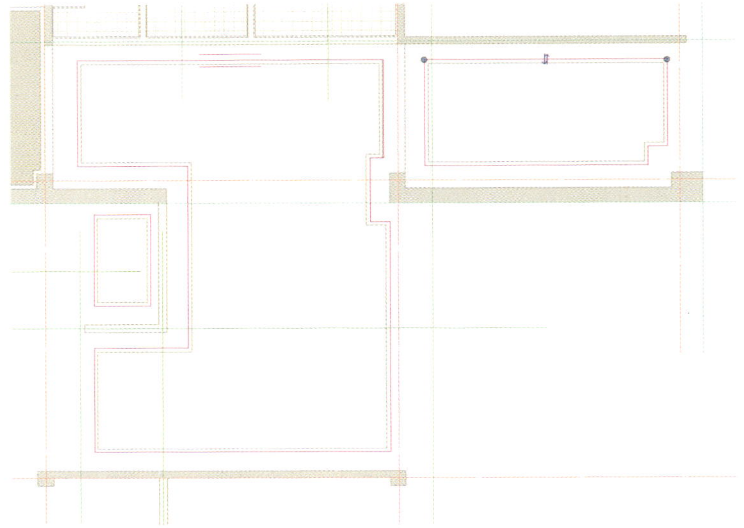

03 [상단/베이스 부착]을 이용해 마감 벽을 마감 바닥에 부착한 후, [특성] 창의 '레벨로부터 높이 간격 띄우기'를 조절하여 마감 바닥을 슬라브 기초면 위에 배치합니다.

04 '1층 평면도'에서 [건축] 탭 〉 [빌드] 패널 〉 [천장] 버튼을 클릭

합니다. 유형 탐색기 〉 '실내 천장 그리드 600 × 1200'으로 천장 유형을 지정합니다. '레벨로부터 높이 간격 띄우기'에 '3800'을 입력한 후, [자동 천장] 기능을 이용해 천장을 작성합니다.

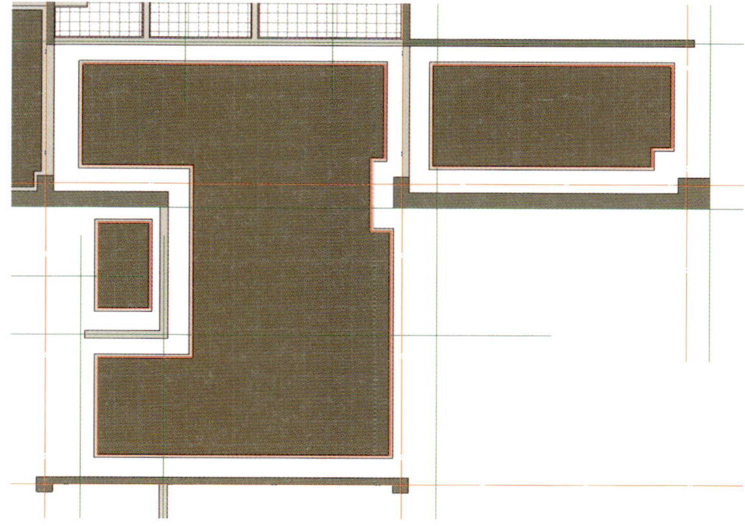

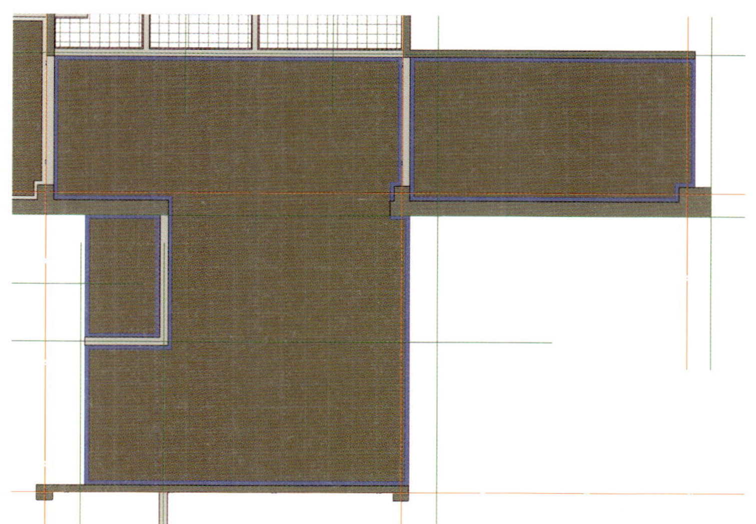

Step 02 로비/홀/계단실 마감요소 정렬 및 편집

01 [수정] 탭 〉 [수정] 패널 〉 [정렬] 기능을 이용하여 마감 벽을 정렬합니다.

02 '3D 1층' 뷰의 '단면 박스'를 조절한 후, 커튼월이 배치될 A 부분의 마감 벽을 삭제합니다.

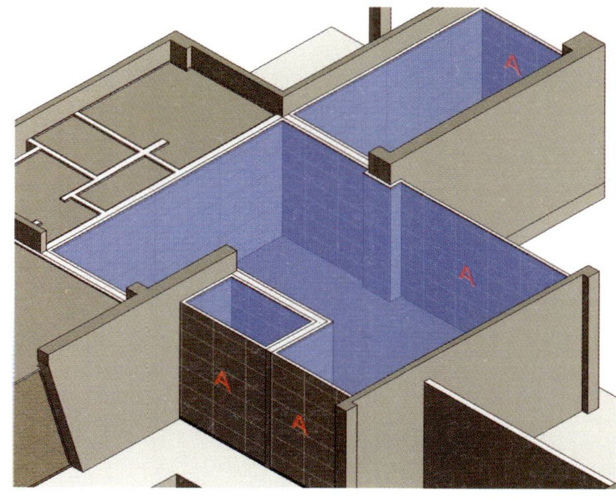

03 마감 벽과 천장이 마감 바닥의 끝선과 일치되도록 [정렬] 및 [경계편집] 명령을 사용하여 정리합니다.

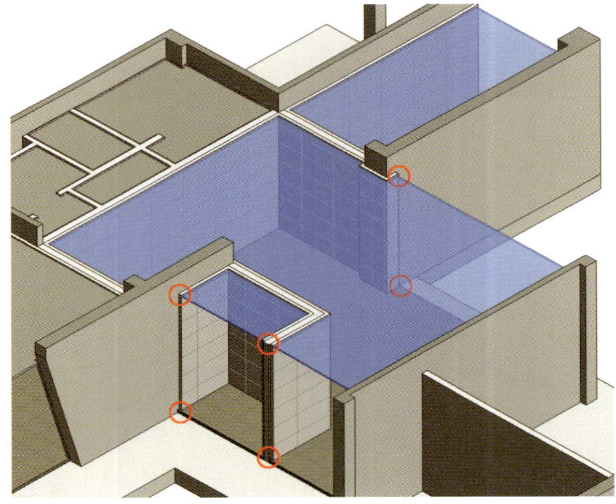

TIP

[정렬] 및 [경계편집] 작업은 '평면 뷰'를 활성화하여 진행하도록 합니다.

LESSON 22 1층 기타 실 실내마감 작성

01 다음을 참고하여 1층 기타 실들의 마감 벽, 마감 바닥, 천장을 작성합니다.

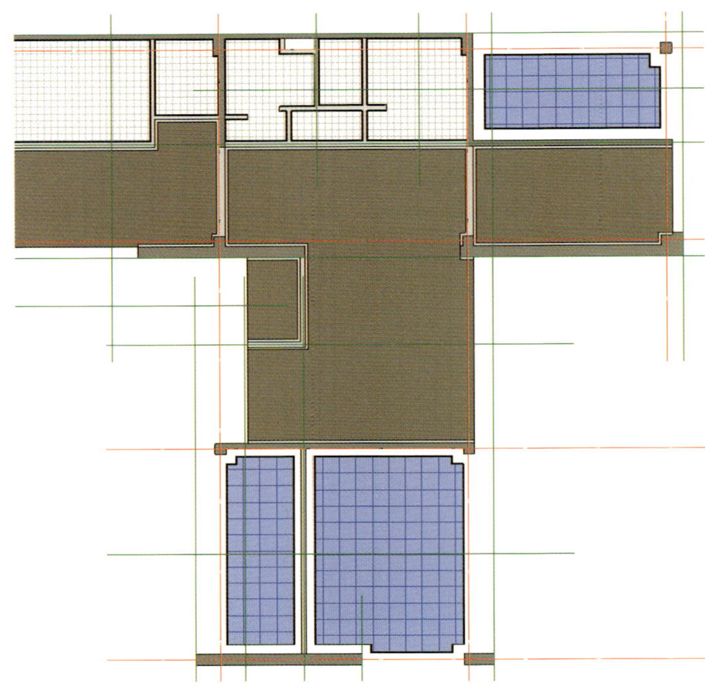

- 마감 벽 유형 : '석고보드 마감 벽 30mm'
재료 : 석고 벽 보드
높이 : 3900
- 마감 바닥 유형 : '화강석 바닥 THK 100'
- 천장 유형 : '실내 천장 그리드 600 × 1200'
'레벨로부터 높이 간격띄우기' : 3800

02 작성한 마감요소를 정렬한 후, 커튼월이 배치될 A 부분의 마감 벽을 삭제합니다.

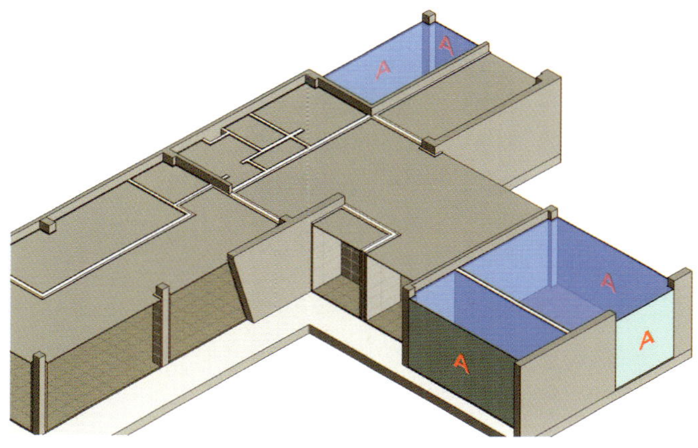

03 마감 벽과 천장이 마감 바닥의 끝선과 일치되도록 정리합니다.

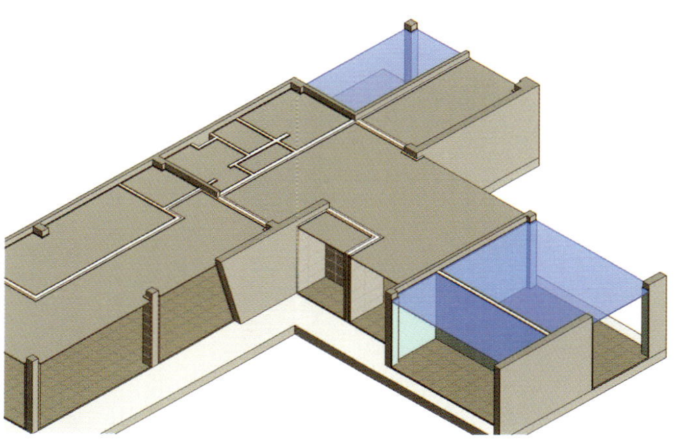

LESSON 23 화장실/계단실 실내마감 편집

앞에서 실내 마감요소로 작성한 마감 벽과 천장은 작업의 편의를 위해 동일한 높이로 작성하였습니다. 각 실의 기능에 적합하도록 아래 그림에 표시된 요소들의 높이를 수정합니다.

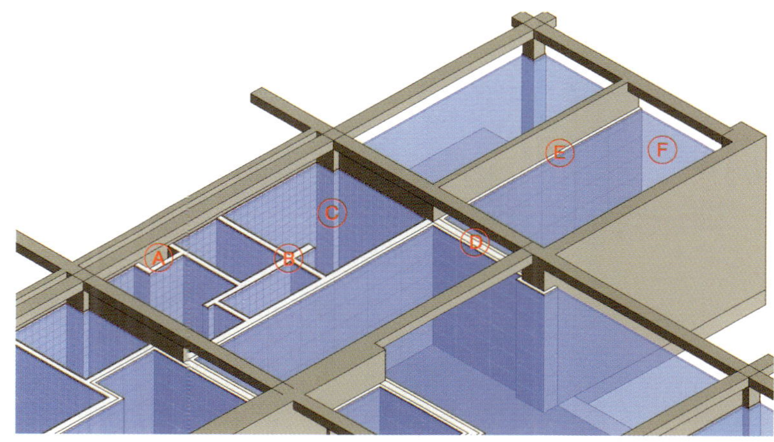

01 Ⓐ 영역의 비 내력벽은 Pipe Shaft 공간을 만듭니다. Ⓐ의 '실 구획 벽 150mm'를 선택한 후, [특성] 창의 '연결 안된 높이'를 '4600'으로 변경합니다.

02 화장실 영역 Ⓑ의 비 내력벽(실 구획 벽 150mm)과 마감 벽(타일 마감 벽 30mm)의 높이를 '2900'으로 변경합니다.

03 화장실 내 천장타일 ©의 높이를 '2800'으로 변경합니다.

04 홀과 계단실을 구분하는 비 내력벽 Ⓓ(실 구획 벽 200mm)의 높이를 '4600'으로 변경하여 벽의 끝단과 구조 보 하단이 맞닿도록 수정합니다.

05 계단실 내부를 둘러싼 마감벽 Ⓔ(대리석 마감 벽 100mm)의 높이를 '5200'으로 조절하거나, [특성] 창의 '상단 구속조건'을 '2층'으로 변경합니다. (※ 계단실 영역의 마감요소 세부편집은 2층 마감요소와 계단 작성을 완료한 후 추가 편집하도록 하겠습니다.)

06 계단실 영역의 천장 Ⓕ를 선택하여 삭제합니다.

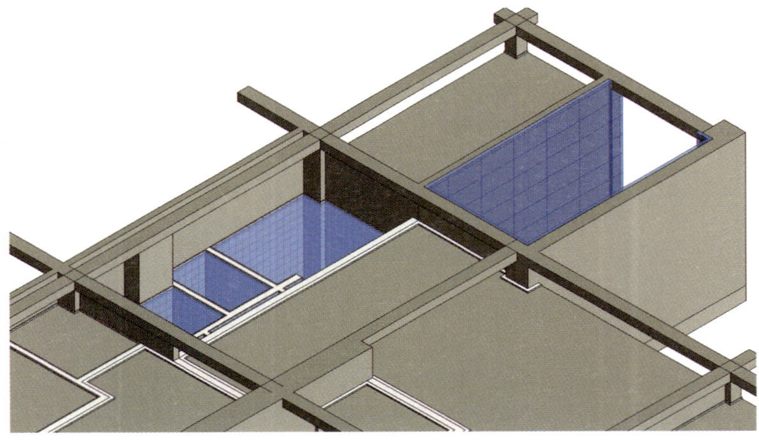

LESSON 24 1층 테라스 마감요소 작성

01 [건축] 탭 〉 [빌드] 패널 〉 [바닥] 〉 [바닥 : 건축] 클릭합니다. [유형 탐색기]에서 '목재 바닥 THK 100'을 작성한 후, [조합 편집] 창의 '기능'과 '두께'를 각각 '마감재 1[4]'와 '100'으로 설정합니다. [재료 탐색기]의 '재료'와 '표면 패턴'을 각각 '목재 - 벚나무, 빨간색, 폭'과 '150mm 수평'으로 설정합니다.

02 [수정 | 바닥 경계 작성] 탭 〉 [그리기] 패널 〉 [선]을 이용하여 아래그림과 같이 바닥 작성영역을 스케치한 후 [완료] 버튼을 클릭합니다.

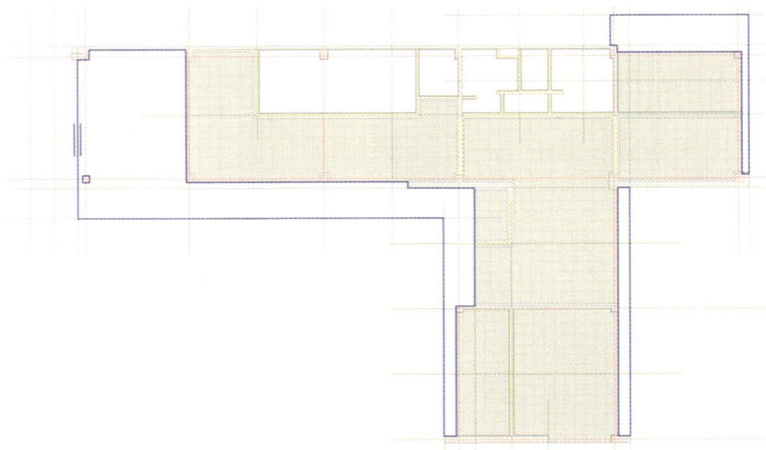

03 [특성] 창의 '레벨로부터 높이 간격띄우기'에 '100'을 입력합니다.

04 '3D 1층' 뷰를 활성화한 후, 카페테리아 남측 벽 영역을 확대해보면 아래 그림과 같이 작성된 테라스 바닥과 벽이 정확히 일치하지 않는 것을 볼 수 있습니다.

05 '목재 바닥 THK 100'을 선택한 후, [수정 | 바닥] 탭 〉 [모드] 패널 〉 [경계편집]을 이용하여 바닥경계를 수정합니다.

06 [완료] 버튼을 클릭하여, 바닥 경계편집을 완료합니다.

07 '1층 평면도'를 활성화한 후, [건축] 탭 〉 [빌드] 패널 〉 [벽] 〉 [벽 : 건축]을 클릭합니다. [유형 탐색기] 〉 '대리석 마감 벽 100mm'을 지정합니다. [옵션 막대]의 '높이'는 '미연결', '4500'으로, '위치선'은 '마감면:내부'로 설정한 후 [수정 | 배치 벽] 탭 〉 [그리기] 패널 〉 [선]을 이용하여 아래 그림과 같이 1층 테라스 영역의 마감 벽을 드로잉합니다.

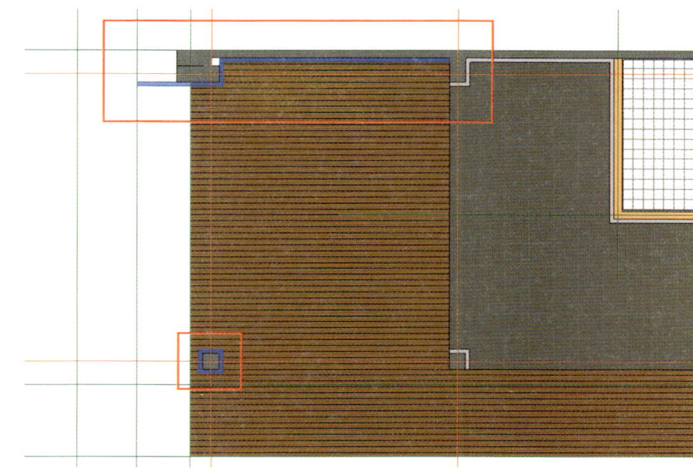

08 [특성] 창의 '베이스 간격띄우기'를 '100'으로 수정합니다.

09 '3D 1층' 뷰를 활성화한 후 '뷰 큐브'의 정면도 뷰를 선택합니다.

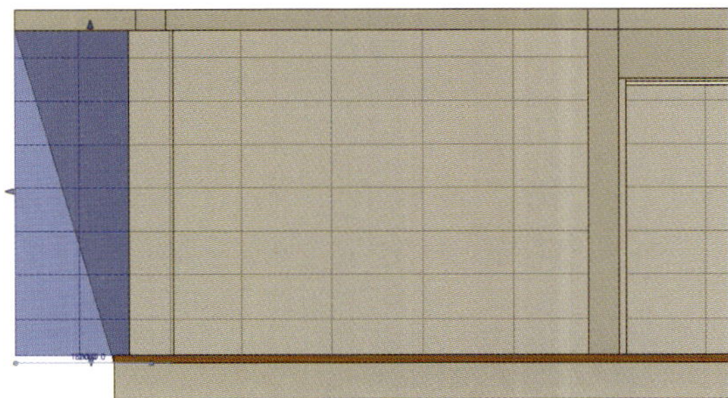

10 [수정 | 벽] 탭 〉 [모드] 패널 〉 [프로파일 편집]을 이용하여 아래 그림과 같이 벽을 편집한 후, [완료] 버튼을 클릭합니다.

11 '1층 평면도'에서 [건축] 탭 〉 [빌드] 패널 〉 [천장] 버튼을 클릭합니다. [유형 탐색기]에서 '외부 천장'으로 천장 유형을 작성한 후, [재료 탐색기]의 '재료'와 '표면 패턴'을 각각 '목재 - 벚나무, 빨간색, 폭'과 '150mm 수평'으로 설정합니다.

12 [특성] 창의 '레벨로부터 높이 간격 띄우기'에 '4400'을 입력한 후, [천장 스케치]를 클릭합니다. [수정 | 천장 경계 작성] 탭 〉 [그리기] 패널 〉 [선]을 이용하여 아래 그림과 같이 스케치를 작성합니다.

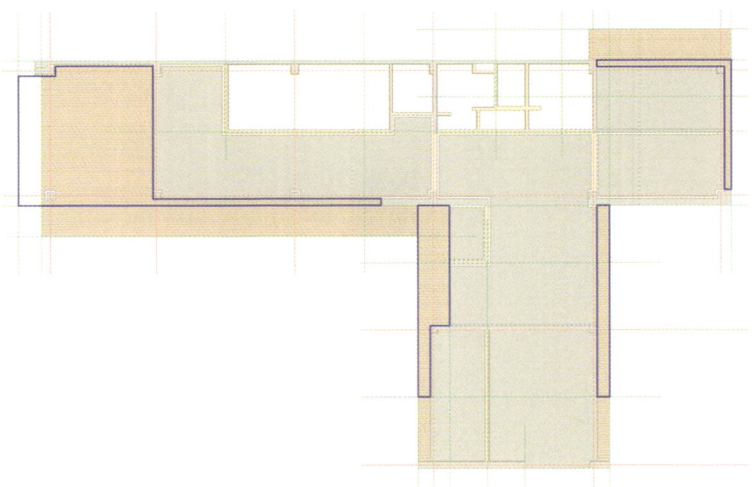

13 [완료] 버튼을 클릭한 후, '3D 1층' 뷰에서 작성된 1층 테라스 영역의 '외부천장'을 확인합니다.

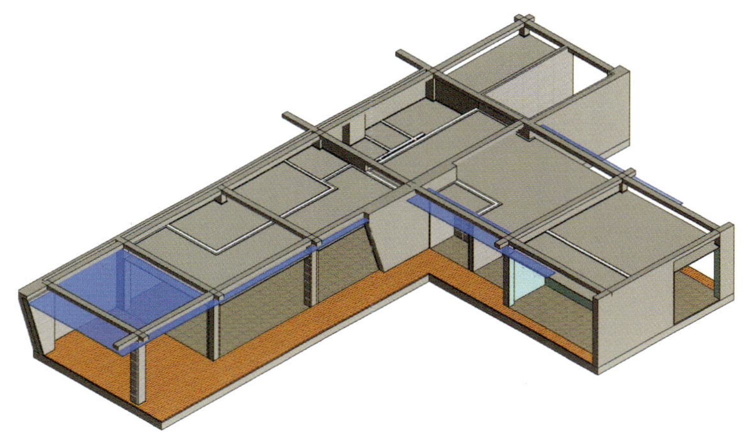

LESSON 25 복합 구조(복합 벽) 설정

Revit의 벽 요소는 둘 이상의 수직 Layer나 영역으로 구성될 수 있습니다. 각 Layer에 대한 위치, 두께 및 재료는 벽의 [조합 편집] 대화상자의 '레이어'를 구성하여 정의할 수 있습니다.

Step 01 로비/카페테리아/계단실 마감 벽 복합구조 설정

01 작업 화면을 아래 그림과 같이 조절한 후, 로비/카페테리아/계단실의 마갑 벽인 '대리석 마감 벽 100mm'를 선택합니다. [유형 특성] 대화상자 〉 [편집] 버튼을 클릭하여 [조합 편집] 대화상자를 불러옵니다.

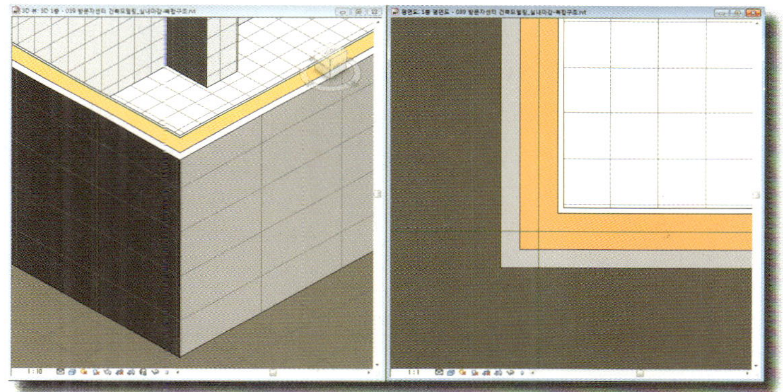

02 [조합 편집] 대화상자 〉 [삽입] 버튼 클릭하여 새로운 레이어를 추가합니다.

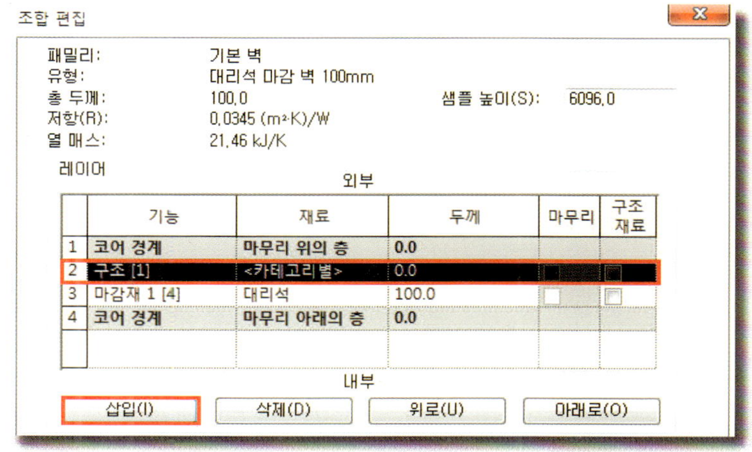

03 삽입된 레이어의 기능과 두께를 각각 '단열/공기층 [3]', '70'으로 변경합니다. 기존 대리석 재료의 두께를 '30'으로 수정합니다.

조합 편집

패밀리: 기본 벽
유형: 대리석 마감 벽 100mm
총 두께: 100,0 샘플 높이(S): 6096,0
저항(R): 1,1770 (m²·K)/W
열 매스: 13,53 kJ/K

레이어

외부

	기능	재료	두께	마무리	구조 재료
1	코어 경계	마무리 위의 층	0.0		
2	단열/공기 층 [3]	공기 침투 방벽	70.0	☐	☐
3	마감재 1 [4]	대리석	30.0	☐	☐
4	코어 경계	마무리 아래의 층	0.0		

TIP

'레이어'에는 다음과 같은 기능을 지정할 수 있습니다.([ ]의 숫자 [1]-[5]는 레이어의 우선순위를 나타냅니다.)

- *구조 [1]: 벽, 바닥 또는 지붕의 나머지를 지탱하는 레이어*
- *하지재 [2]: 다른 재료에 대한 기초로 작용하는 합판 또는 석고 보드와 같은 재료*
- *단열/공기 층 [3]: 단열 및 공기 침투 방지*
- *멤브래인 층: 일반적으로 수증기 침투를 방지하는 막. 멤브래인 레이어의 두께는 0이어야 합니다.*
- *마감재 1 [4]: 마감 1은 일반적으로 외부 레이어*
- *마감재 2 [5]: 마감 2는 일반적으로 내부 레이어*

04 [재료 탐색기]의 재료를 '공기 침투 방벽'으로 설정합니다.

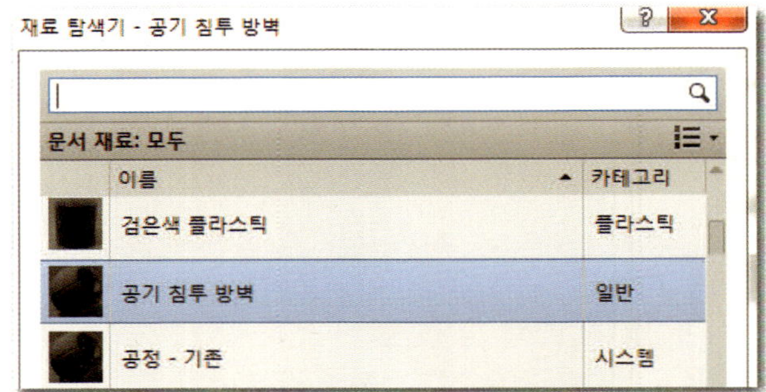

05 [조합 편집] 대화상자의 '위로', '아래로' 버튼을 이용하여 대리석 레이어의 위치를 아래그림과 같이 '외부' 쪽으로 위치시킨 후, '마무리'를 체크합니다.

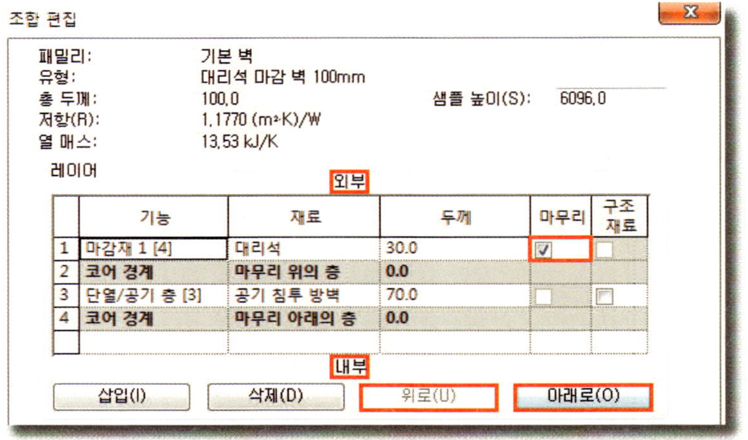

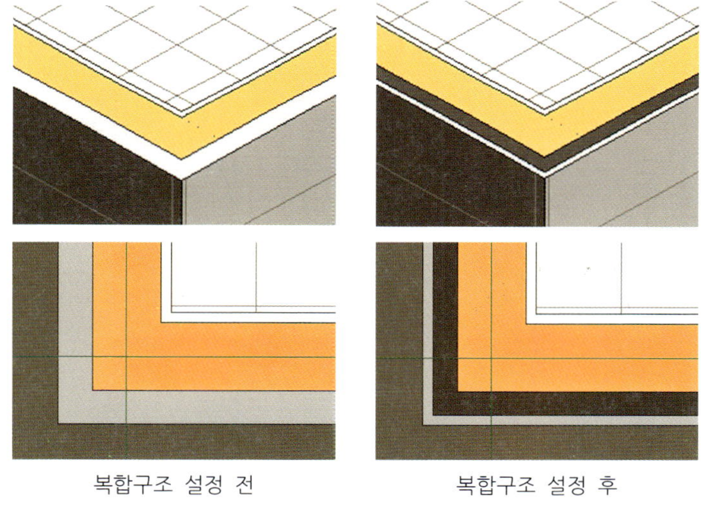

복합구조 설정 전　　　　복합구조 설정 후

TIP

위 그림과 같이 복합구조가 적용된 결과가 보이지 않는 경우 작업화면의 상세 수준을 '높음'으로 설정합니다.

Step 02 사무실/매점/용원실 마감 벽 복합구조 설정

01 사무실/매점/용원실 의 마갑 벽인 '석고보드 마감 벽 30mm' 를 선택합니다. [유형 특성] 대화상자 〉 [편집] 버튼을 클릭하여 [조합 편집] 대화상자를 활성화합니다.

02 [조합 편집] 대화상자 〉 [삽입] 버튼을 클릭하여 레이어를 추가한 후, 그림을 참조하여 기능, 재료, 두께, 마무리를 수정합니다.

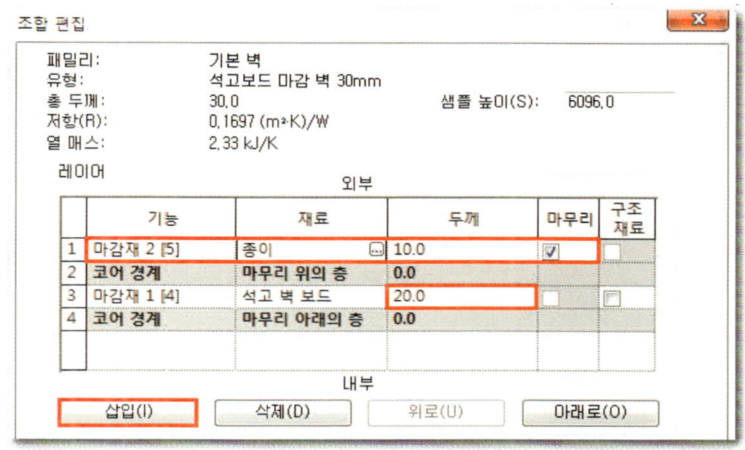

03 복합구조가 설정된 결과를 작업 화면에서 확인합니다.

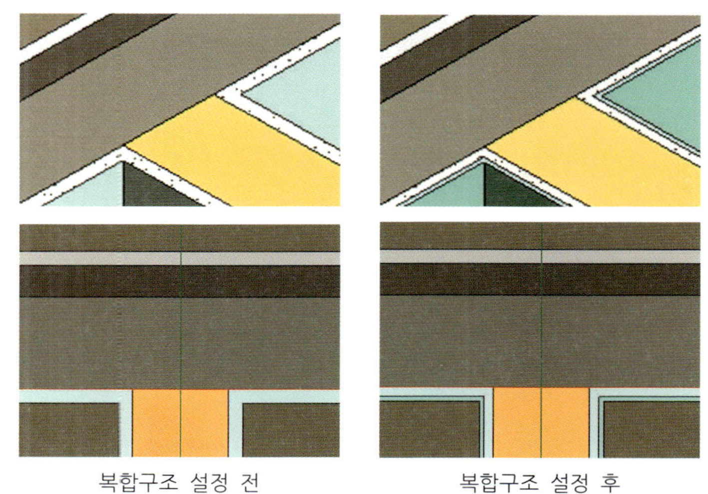

복합구조 설정 전　　　　복합구조 설정 후

LESSON 26 실내 문 및 개구부 배치

Step 01 실내 문 설치

01 1층 평면도를 활성화 한 후 [건축] 탭 〉 [빌드] 패널 〉 [문]을 클릭합니다. '알루미늄 외여닫이문 900×2100mm' 유형을 선택한 후, [유형 편집] 버튼을 클릭합니다.

02 [유형 특성] 대화상자 〉 '문 재료' 및 '프레임 재료'를 각각 '유리, 주조, 회색'과' '알루미늄'으로 수정합니다.

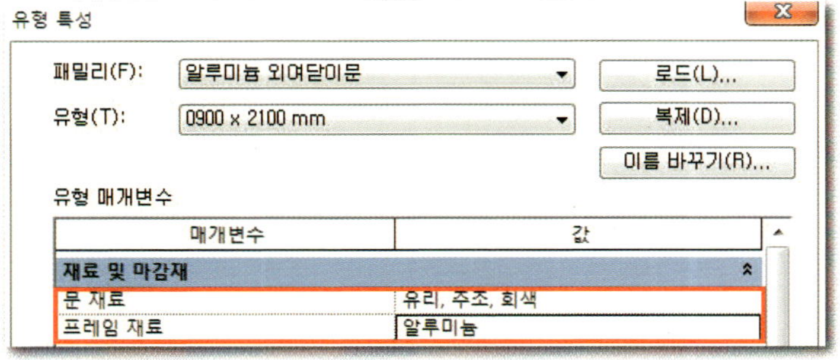

03 주방 출입구로 계획될 '실 구획 벽' 위에 마우스 포인터를 위치시킨 후 클릭하여 문을 배치합니다.

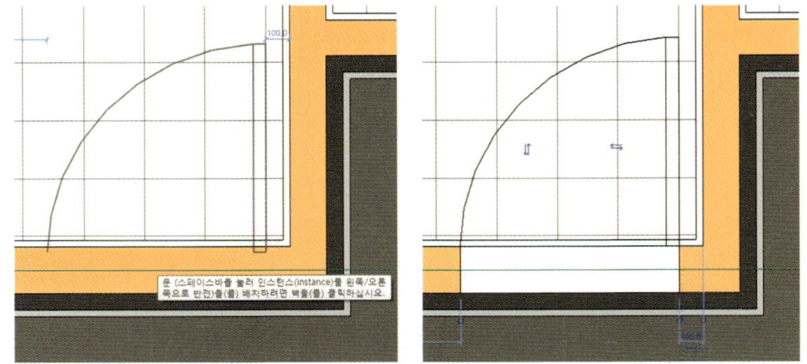

TIP 마우스 포인터를 위치시킨 후 키보드 Space Bar를 눌러 문 배치 방향을 전환하거나, 문 배치 후 작업화면 상의 컨트롤 화살표 ↔ ↕를 클릭하여 방향을 수정할 수 있습니다.

Step 02 벽 결합 및 문 수정

위에서 문을 배치하면 실 구획 벽에는 자동으로 개구부가 형성되지만, 카페테리아와 주방에 작성된 마감 벽에는 개구부가 생성되지 않습니다. 마감 벽에 개구부를 생성하기 위해 실 구획 벽과 마감 벽을 결합합니다.

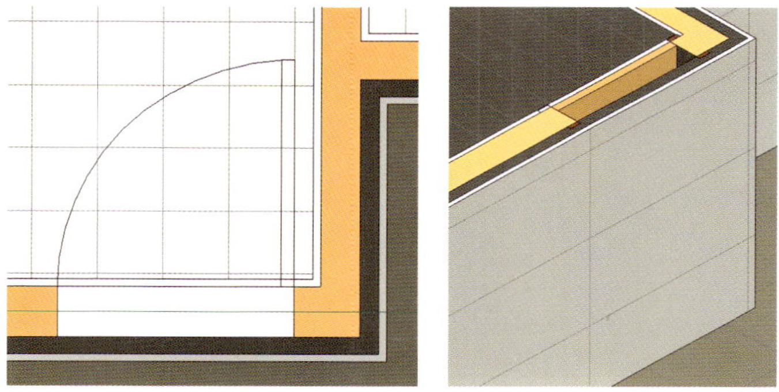

01 [수정] 탭 〉 [형상] 패널 〉 [결합] 버튼을 클릭합니다.

02 먼저 Ⓐ실 구획 벽을 선택한 후 Ⓑ카페테리아 마감 벽인 '대리석 마감 벽 100mm'을 차례대로 선택합니다.

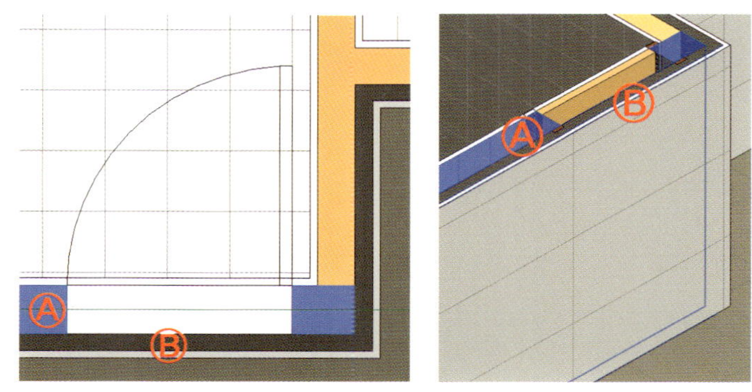

03 실 구획 벽과 대리석 마감 벽이 결합되며 문이 배치된 자리에 개구부가 형성됩니다.

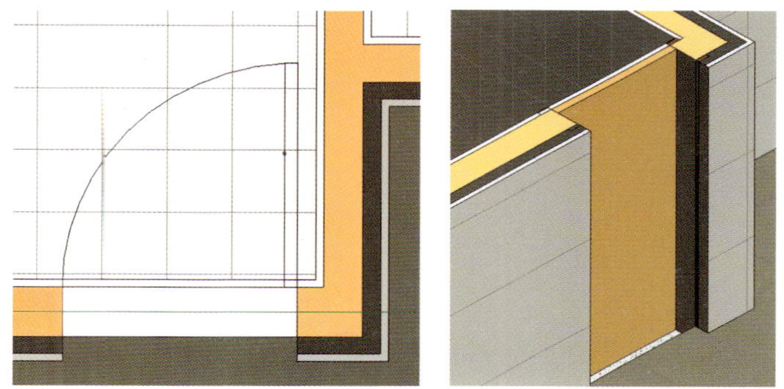

04 연속해서 Ⓐ실 구획 벽을 선택한 후 Ⓒ주방 마감 벽인 '타일 마감 벽 30mm'을 선택합니다.

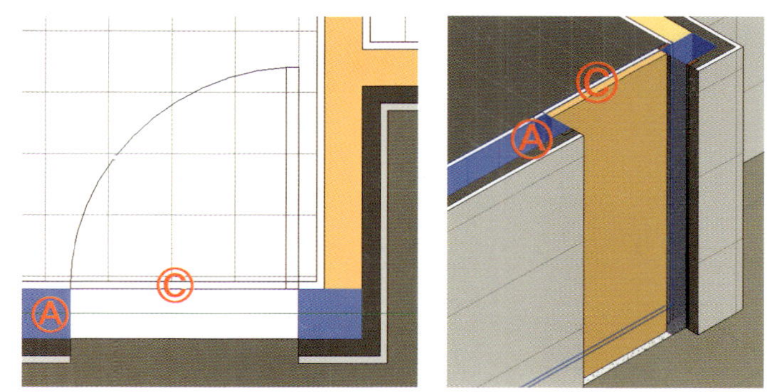

05 실 구획 벽과 타일 마감 벽이 결합되며 문이 배치된 자리에 개구부가 완성됩니다.

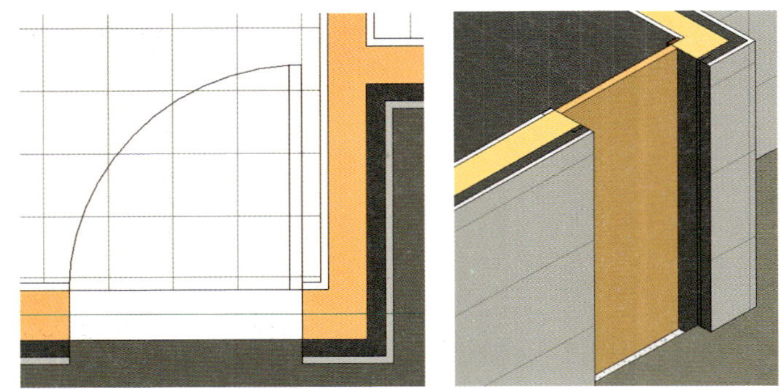

06 작성된 문이 마감 바닥면 상단에 배치되도록 문을 선택한 후 [특성] 대화상자 〉 '씰 높이'에 '100'을 입력합니다.

07 동일한 방법으로 1층 실내공간의 문들을 작성합니다. (※ 각 실별 문의 종류, 위치, 크기는 '실내마감 작성 상세참조' 이미지를 참고하도록 합니다.)

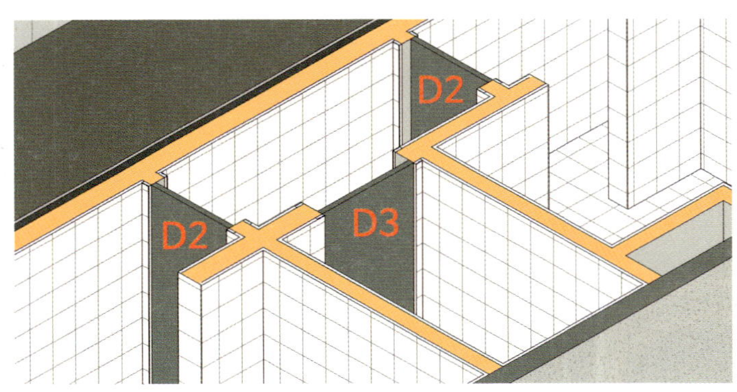

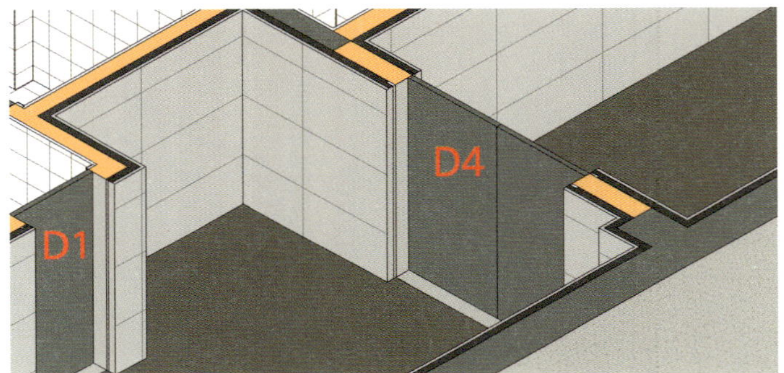

D1 : 일반 문 '알루미늄 외여닫이문 900×2100mm'
D2 : 화장실 문 '알루미늄 외여닫이문 850×2100mm'
D3 : 장애인 화장실 문 '알루미늄 외여닫이문 1000×2100mm'
D4 : 카페테리아 출입문 '알루미늄 양여닫이문 2000×2400mm'

Step 03 개구부 작성

01 '1층 평면도'를 활성화한 후 [건축] 탭 〉 [빌드] 패널 〉 [구성요소] 〉 [구성요소 배치] 버튼을 클릭합니다. [수정 | 배치 구성요소] 탭 〉 [모드] 패널 〉 [패밀리 로드] 버튼을 클릭합니다.

02 [패밀리 로드] 대화상자에서 '개구부' 폴더 〉 '통로 개구부-틀 지워짐.rfa' 파일을 선택한 후 '열기'를 클릭합니다.

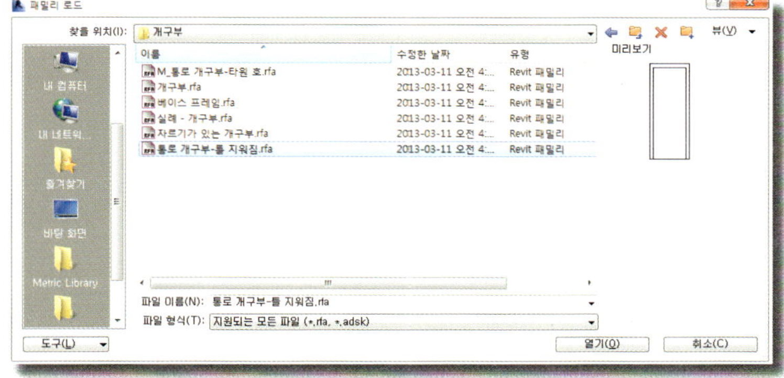

03 [특성] 창에서 '개구부-틀 지워짐 ' 요소를 선택한 후, [유형 특성] 대화상자에서 '계단실 개구부 3000×3500' 유형으로 복제합니다.

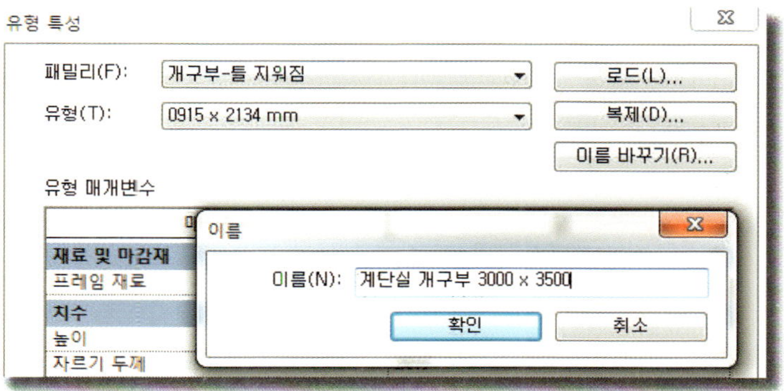

04 [유형 특성] 대화상자의 '프레임 재료', '높이', '폭'을 각각 '알루미늄', '3500', '3000'으로 변경합니다.

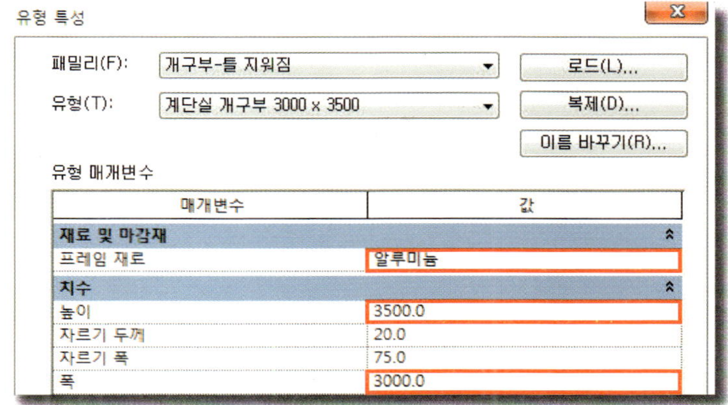

05 로비와 계단실 사이의 실 구획 벽에 개구부를 작성합니다. [수정] 탭 〉 [형상] 패널 〉 [결합] 기능을 이용하여 실 구획 벽 Ⓐ와 대리석 마감 벽 ⒷⒸ를 결합합니다. (※ 버튼을 클릭한 후 ⒶⒷ, ⒶⒸ 요소를 순차적으로 선택)

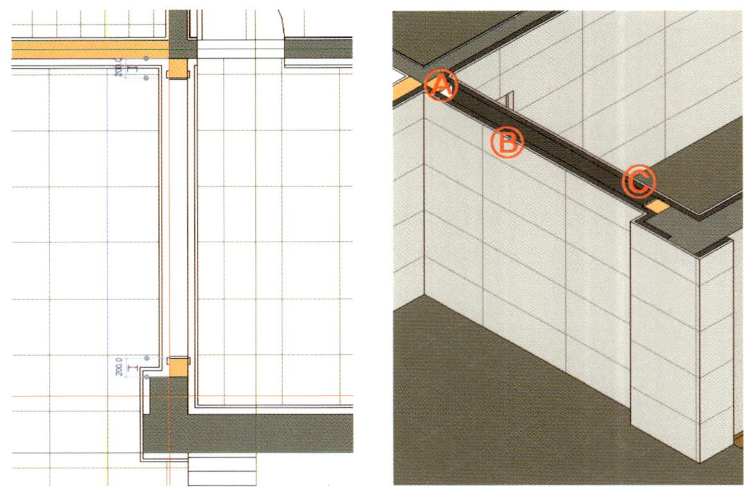

06 작성된 문이 마감 바닥면 상단에 배치되도록 문을 선택한 후 [특성] 대화상자 〉 '입면도'에 '100'을 입력합니다.

07 '3D 1층' 뷰의 '단면 박스'를 조절하여 개구부의 완성된 형태를 확인합니다.

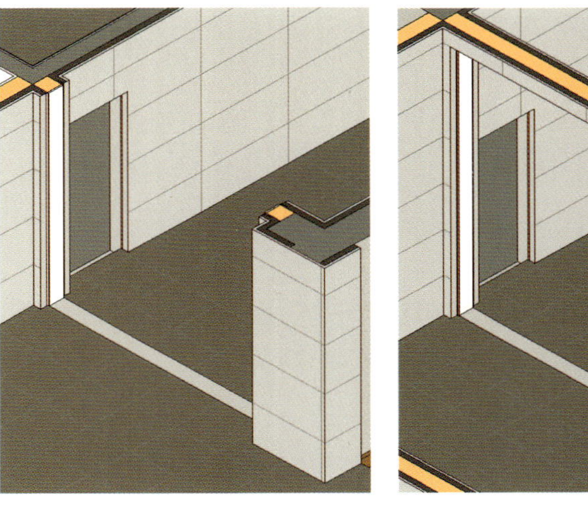

08 동일한 방법으로 1층 실내공간의 개구부들을 작성합니다. (※ 각 실별 개구부의 종류, 위치, 크기는 '실내마감 작성 상세참조' 이미지를 참고하도록 합니다.)

01 : 카페테리아 배선대 개구부 '개구부-틀 지워짐 4500×1000mm'
[특성] 대화상자 〉 '입면도' : '800'
02 : 화장실 개구부 '개구부-틀 지워짐 1500×2400mm'
03 : 계단실 개구부 '개구부-틀 지워짐 3000×3500mm'
04 : 안내실 개구부 '개구부-틀 지워짐 2800×2400mm'

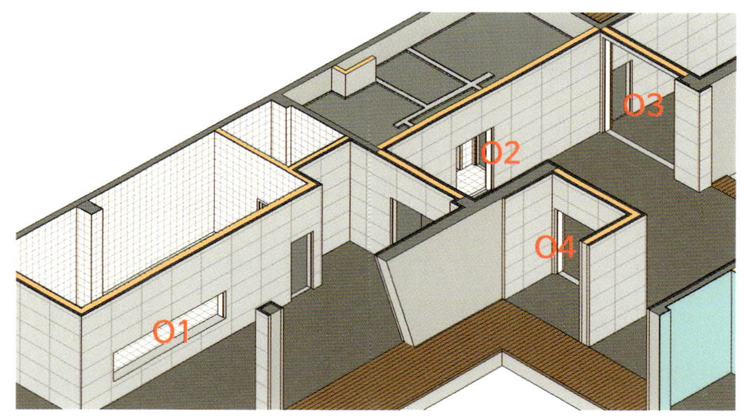

TIP

'개구부 패밀리'를 배치하지 않고 '개구부'를 작성하고자 할 때에는 각각의 벽에 [프로파일 편집] 명령을 적용하여 벽이 개구부 형태 가지도록 직접 편집하는 방법을 사용할 수 있습니다.

LESSON 27 마감 벽 마무리 면 설정

복합 벽 레이어는 벽의 끝단이나 창, 문과 같은 요소 주위에 마무리 면을 설정할 수 있습니다.

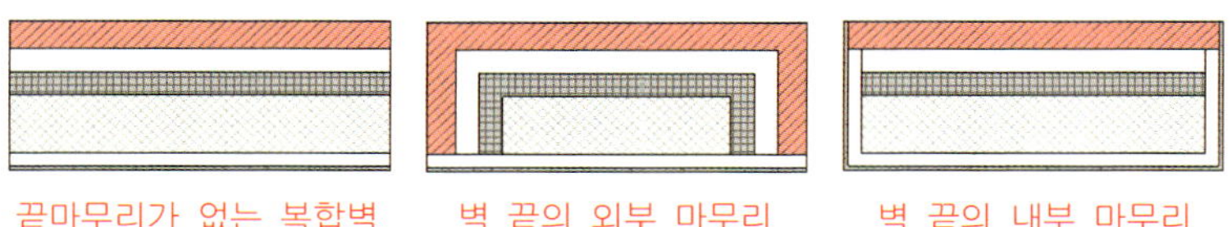

끝마무리가 없는 복합벽　　벽 끝의 외부 마무리　　벽 끝의 내부 마무리

01 건물 주출입부와 매점 사이에 작성된 '대리석 마감 벽'과 '석고보드 마감 벽'을 확대하여 살펴보면 각 마감 벽의 끝단이 면으로 마무리 되어있지 않는 것을 알 수 있습니다.

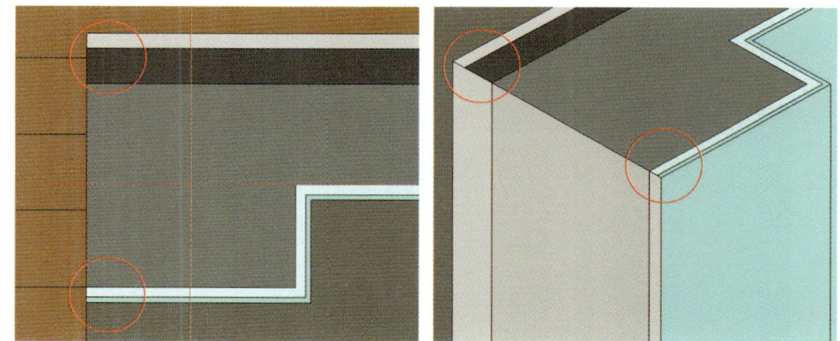

02 '대리석 마감 벽 100mm'를 선택한 후 [유형 편집]을 클릭합니다. [유형 특성] 대화상자의 '인서트 부위 마무리', '끝단부 마무리'를 '외부'로 변경합니다.

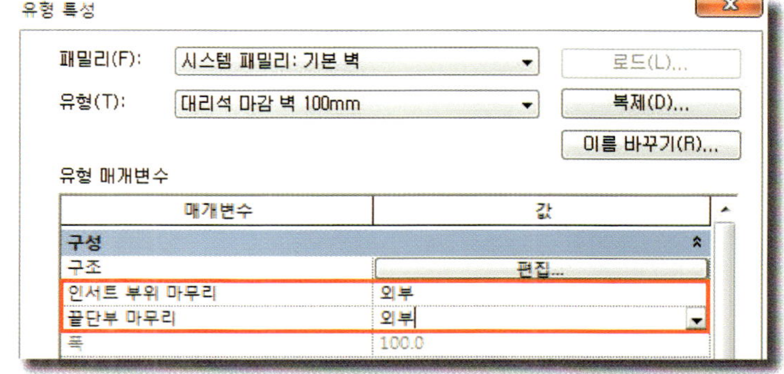

03 '석고보드 마감 벽 30mm'의 '인서트 부위 마무리', '끝단부 마무리' 또한 '외부'로 변경합니다.

04 마감 벽의 끝 부분이 아래의 그림과 같이 지정된 마감 벽 외부 면에 있는 레이어로 마무리되었는지 확인합니다.

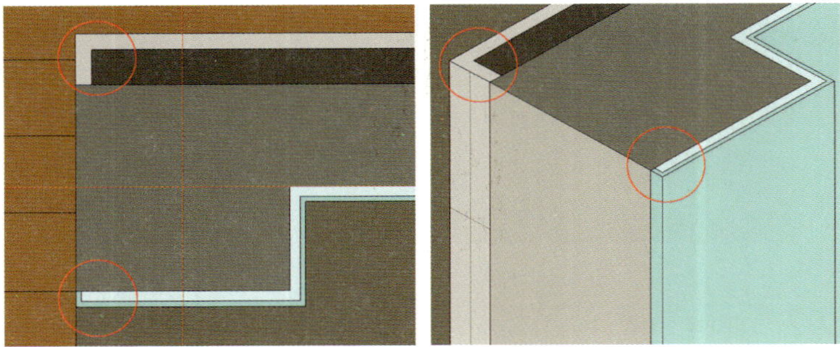

TIP

각 마감 벽의 '위치선'은 '마감면 내부'로 설정되어 있으며, 반시계 방향으로 스케치하여 작성되었습니다. 이와 같은 과정으로 작성되지 않은 마감 벽은 '복합구조(복합 벽)'로 변경 시 벽의 안쪽-바깥쪽이 뒤집히거나 벽들의 정렬이 어긋나게 되며, '마무리 면' 설정 시에도 올바른 마감 면을 형성하지 못하게 됩니다.

LESSON 28 2층 실내마감 작성

01 앞의 Step 2~11에서 설명한 1층 실내부분의 건축마감요소 작성방법을 참고하여 2층 실내마감을 작성하도록 합니다.

02 각 마감 요소의 종류, 크기, 위치 등은 다음 페이지의 '실내마감 작성 상세참조' 이미지를 참고하도록 합니다.

03 방문자 센터 1층 실내마감 참조 (SW VIEW)

W(실내 마감 벽) F(실내 마감 바닥) D(문) O(개구부)

W1 : 타일 마감 벽 30mm (H:3900)
(타일 자기 4인치, 표면패턴 250mm 정사각형)

W2 : 타일 마감 벽 30mm (H:2900)

W3 : 대리석 마감 벽 100mm (H:3900)
(대리석, 표면패턴 600×1200mm)

W4 : 석고보드 마감 벽 30mm (H:3900)

W5 : 대리석 마감 벽 100mm (H:4500)

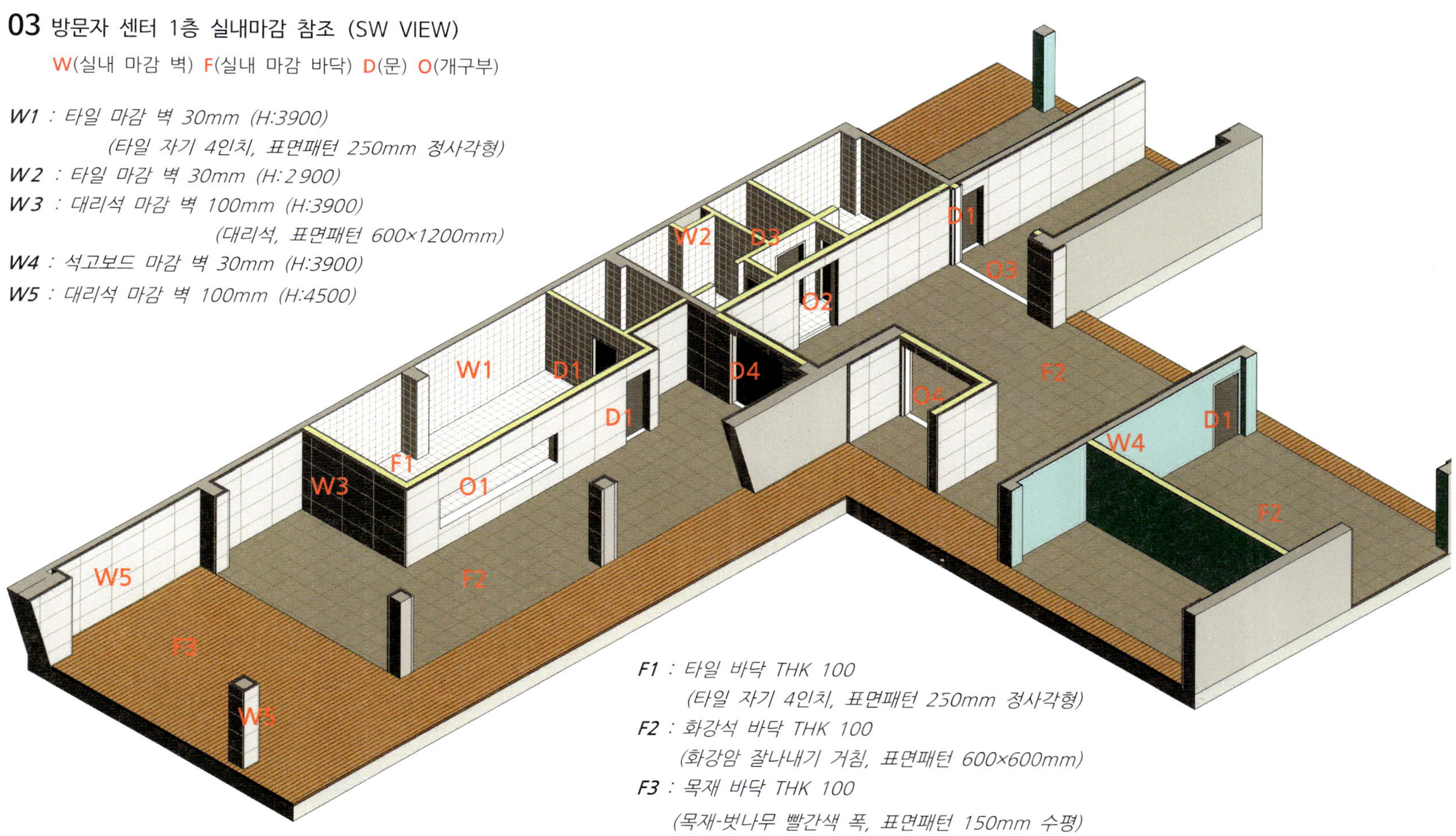

F1 : 타일 바닥 THK 100
(타일 자기 4인치, 표면패턴 250mm 정사각형)

F2 : 화강석 바닥 THK 100
(화강암 잘나내기 거침, 표면패턴 600×600mm)

F3 : 목재 바닥 THK 100
(목재-벚나무 빨간색 폭, 표면패턴 150mm 수평)

04 방문자 센터 1층 실내마감 참조 (NE VIEW)

W(실내 마감 벽) F(실내 마감 바닥) D(문) O(개구부)

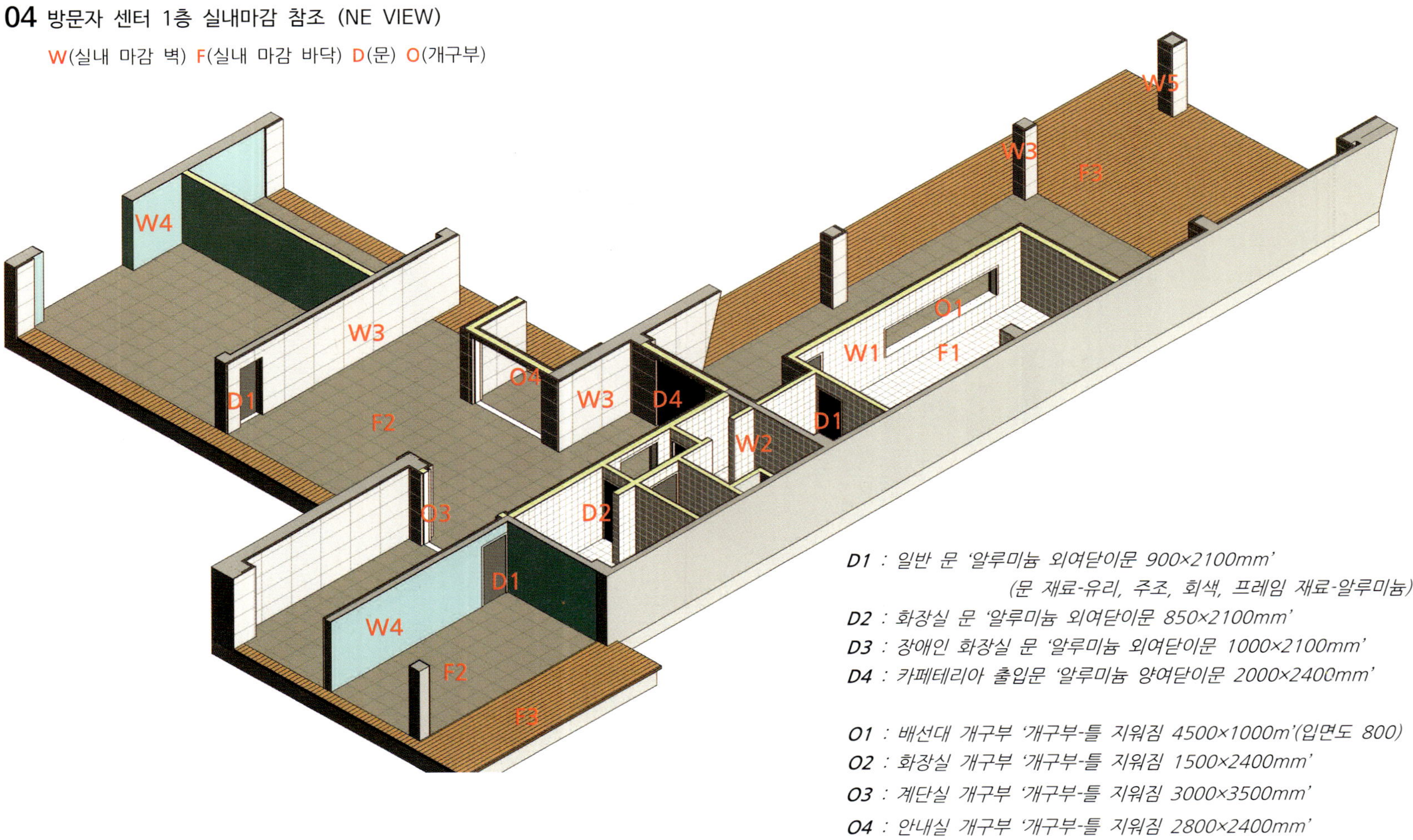

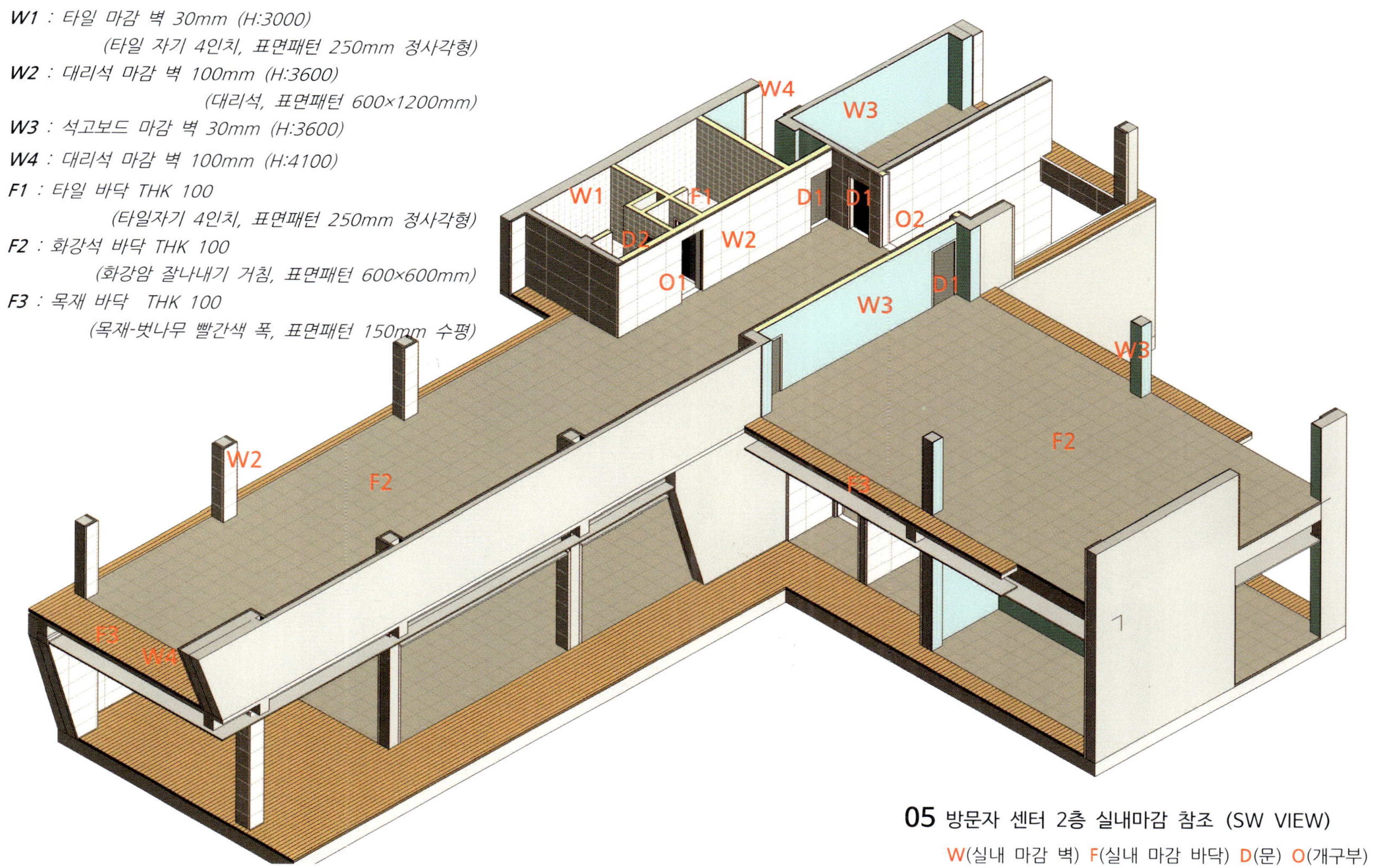

05 방문자 센터 2층 실내마감 참조 (SW VIEW)

W(실내 마감 벽) F(실내 마감 바닥) D(문) O(개구부)

06 방문자 센터 2층 실내마감 참조 (NE VIEW)

W(실내 마감 벽) F(실내 마감 바닥) D(문) O(개구부)

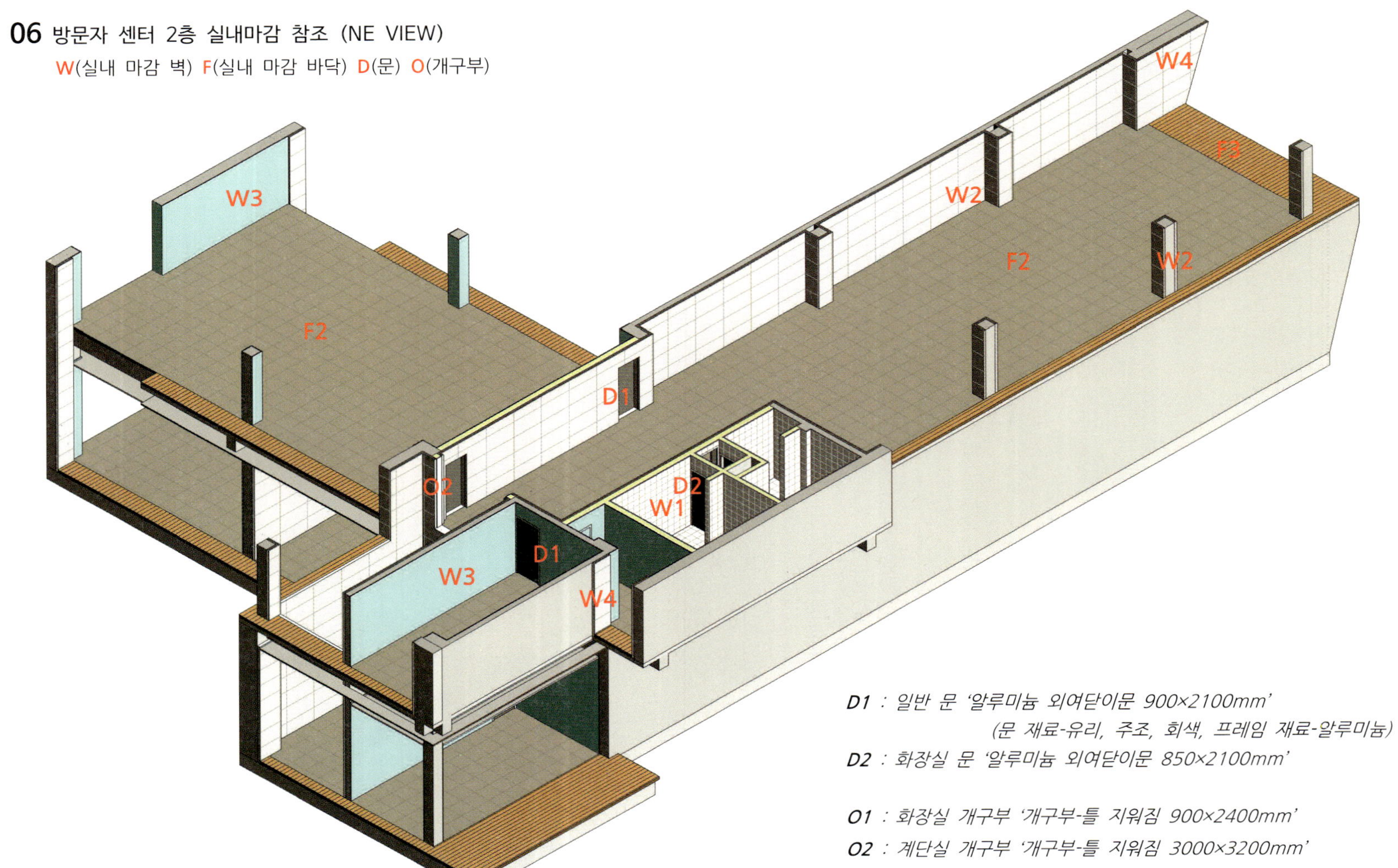

D1 : 일반 문 '알루미늄 외여닫이문 900×2100mm'
(문 재료-유리, 주조, 회색, 프레임 재료-알루미늄)

D2 : 화장실 문 '알루미늄 외여닫이문 850×2100mm'

O1 : 화장실 개구부 '개구부-틀 지워짐 900×2400mm'

O2 : 계단실 개구부 '개구부-틀 지워짐 3000×3200mm'

07 방문자 센터 천장마감 참조

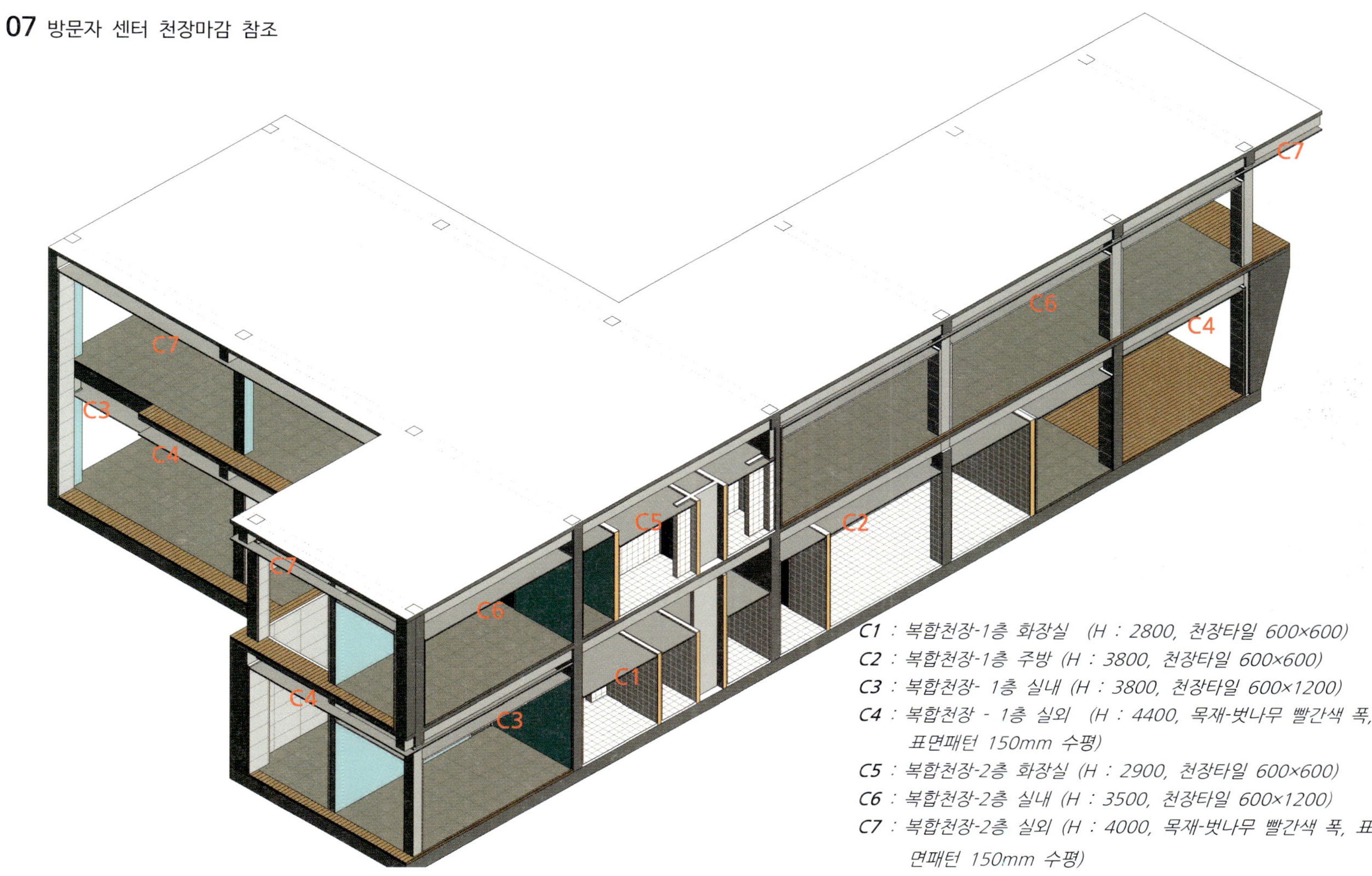

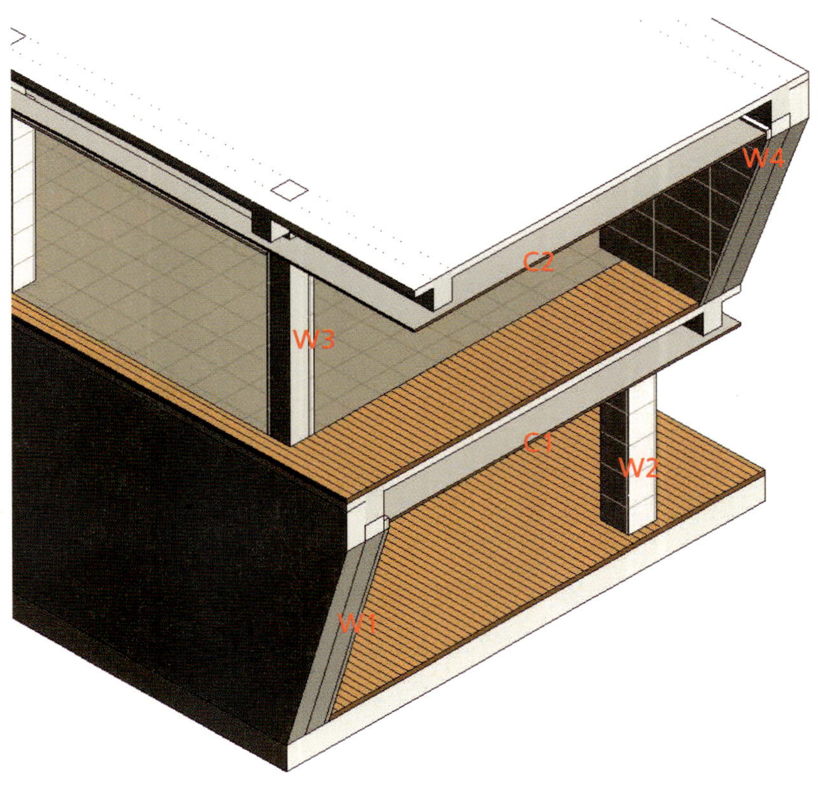

08 방문자 센터 서측 부 및 계단실 실내마감 참조

'프로파일 편집'을 사용하여 왼쪽 그림과 같이 대리석 벽(W1, W4)을 수정합니다.

C1 : 복합천장-1층 실외 (H : 4400) (목재-벚나무 빨간색 폭, 표면패턴 150mm 수평)
C2 : 복합천장-2층 실외 (H : 4000)

W1 : 대리석 마감 벽 100mm (H:4500) (대리석, 표면패턴 600×1200mm)
W2 : 대리석 마감 벽 100mm (H:4500)
W3 : 대리석 마감 벽 100mm (H:3600)
W4 : 대리석 마감 벽 100mm (H:4100)

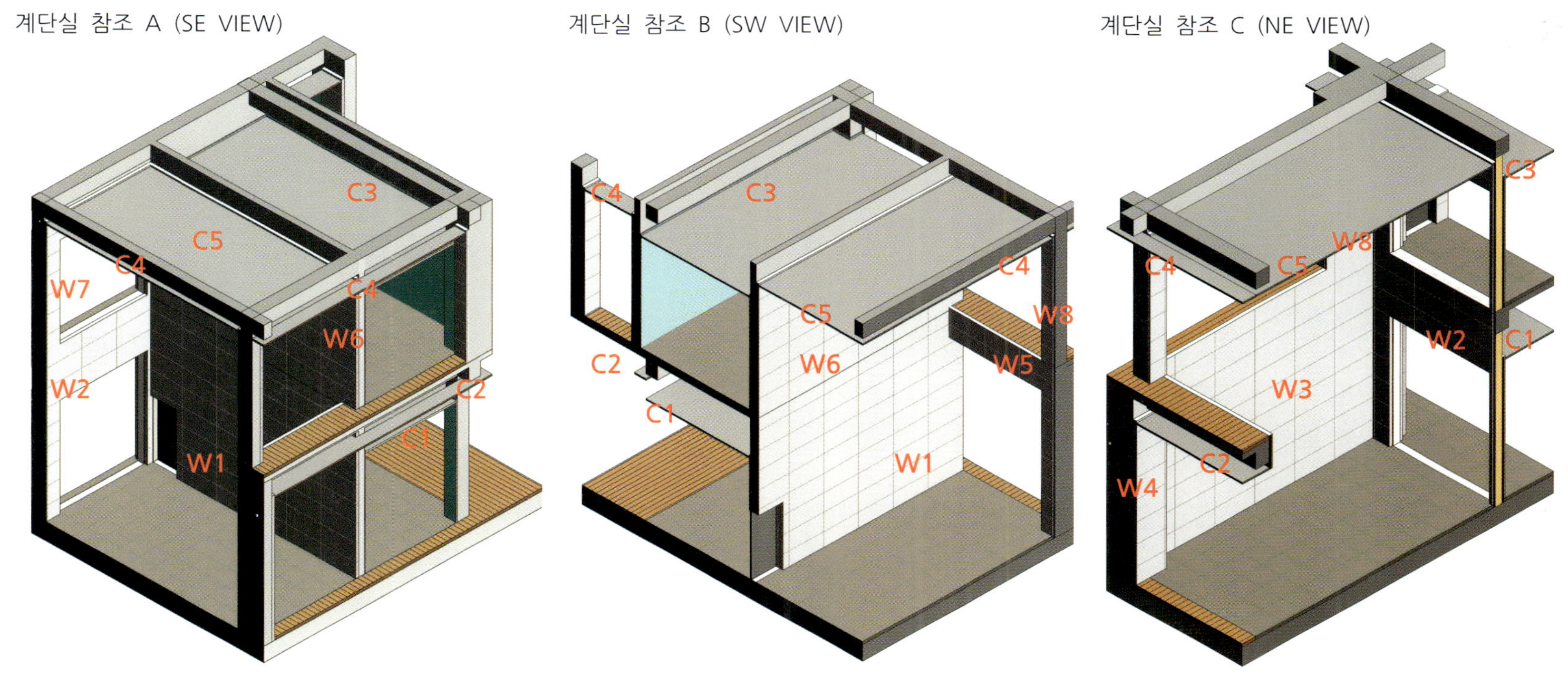

아래의 상세 치수를 참고하여 그림과 같이 계단실 실내마감을 완성합니다. (※ 계단실 마감 벽은 계단 작성 후 '간격 띄우기', '프로파일 편집' 등을 이용해 수정됩니다.)

C1 : 복합천장-1층 실내 (H:3800, 천장타일 600×1200)
C2 : 복합천장-1층 실외 (H:4400, 목재-벗나무 빨간색 폭, 표면패턴 150mm수평)
C3 : 복합천장-2층 실내 (H:3500, 천장타일 600×1200)
C4 : 복합천장-2층 실외 (H:4000, 목재-벗나무 빨간색 폭, 표면패턴 150mm수평)
C5 : 복합천장-계단실 (H:4000, 천장타일 600×1200)

W1 : 대리석 마감 벽 100mm (상단 구속조건 : 상위레벨 2층)
W2 : 대리석 마감 벽 100mm (상단 구속조건 : 상위레벨 2층)
W3 : 대리석 마감 벽 100mm (상단 구속조건 : 상위레벨 2층, 상단 간격띄우기 100)
W4 : 대리석 마감 벽 100mm (H:4500)
W5 : 대리석 마감 벽 100mm (상단 구속조건 : 상위레벨 2층, 상단 간격띄우기 100)
※ W5 마감 벽은 프로파일 편집을 이용하여 작성합니다.
W6 : 대리석 마감 벽 100mm (H:4100)
W7 : 대리석 마감 벽 100mm (H:4100)
W8 : 대리석 마감 벽 100mm (H:4000, 베이스 간격띄우기 100)

LESSON 29 계단 작성

Step 01 계단 작성

01 '1층 평면도'를 활성화한 후 [건축] 탭 〉 [순환] 패널 〉 [계단] 〉 [구성요소 기준 계단] 버튼을 클릭합니다. [유형 탐색기]에서 '프리캐스트 계단'을 선택합니다.

02 [특성] 대화상자의 '베이스 레벨'은 '1층', 상단 레벨'은 '2층' 원하는 챌판 수'에는 '30'을 입력합니다.

03 [특성] 대화상자의 '베이스 간격띄우기'는 '100', '상단 간격띄우기'에는 '100'을 입력합니다. (※ 계단 끝선이 1층과 2층의 바닥마감 면에 일치되도록 바닥마감 두께 100mm를 고려하여 간격을 띄웁니다.)

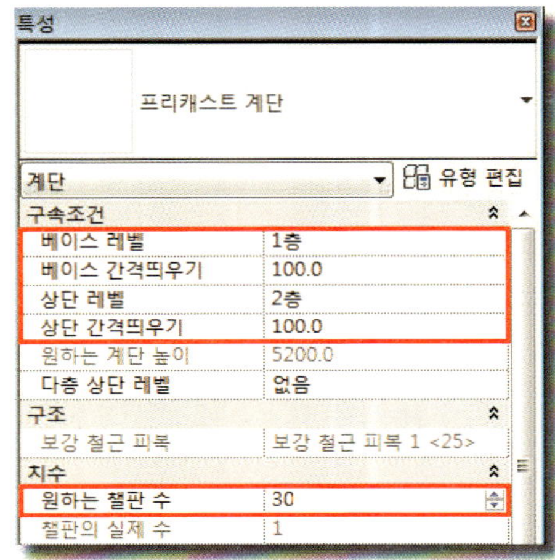

04 계단 시작점 Ⓐ를 클릭한 후 작성될 챌판이 15개가 되는 지점 Ⓑ로 마우스 커서를 수평 이동 시킵니다. (※ Ⓒ 작성 시작점 하단에 작성된 챌판 수와 남은 챌판 수가 나타납니다.)

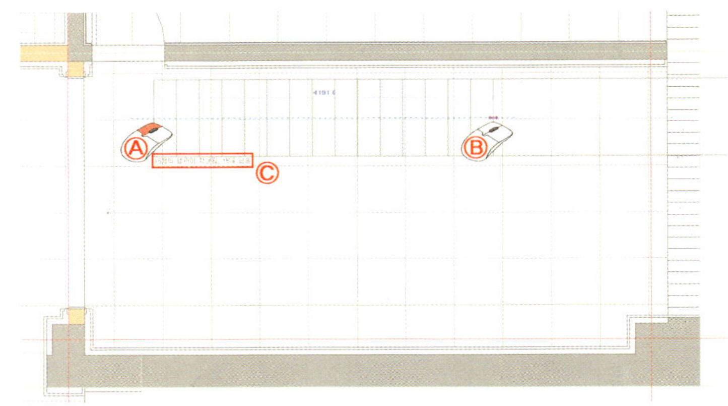

05 Ⓓ 마우스 왼쪽 버튼을 클릭하여 15개의 챌판을 작성합니다.

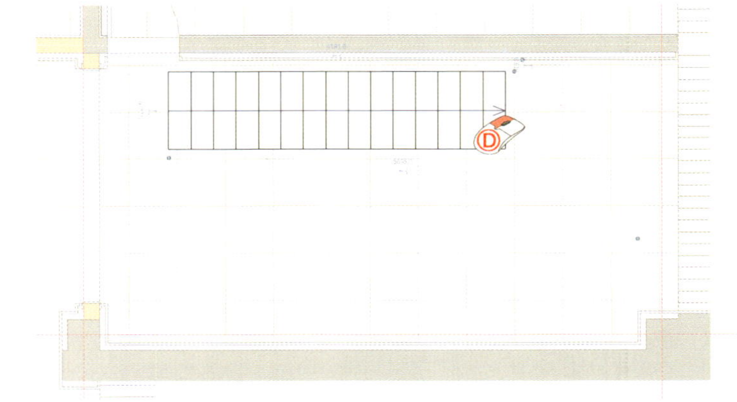

06 마우스 커서를 Ⓔ 위치로 수직이동 시킨 후 16번째 챌판이 시작될 위치를 클릭 Ⓕ 합니다. 마우스 커서를 Ⓖ 위치로 수평 이동시켜 30번째 챌판이 작성되는 것을 확인한 후 클릭 Ⓗ 합니다.

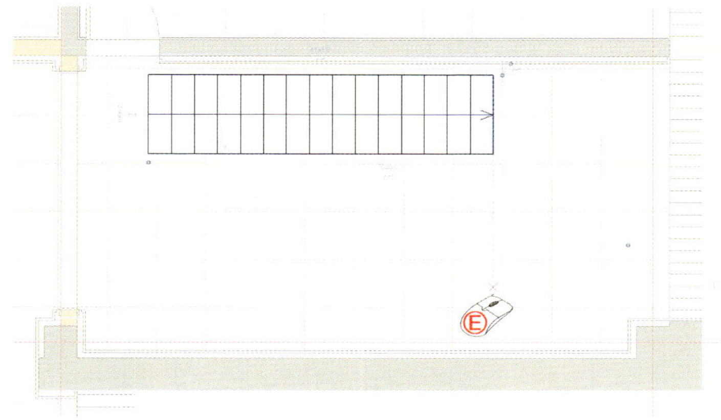

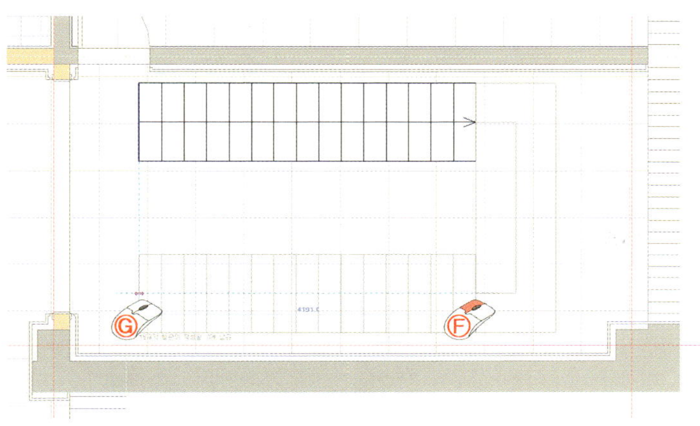

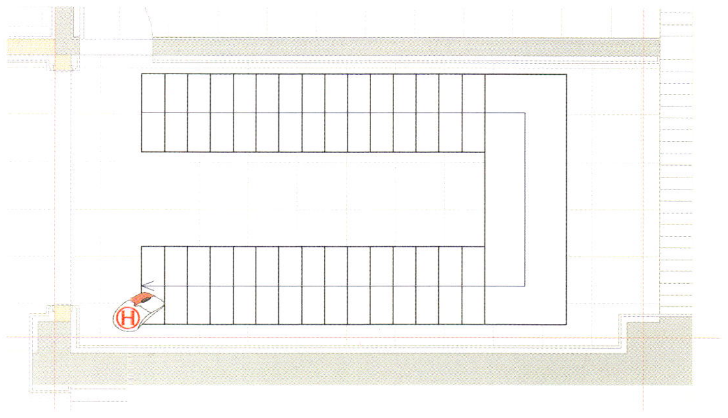

07 위쪽 계단을 선택한 후 [특성] 창의 '실제 계단진행 폭'에 '1700'을 입력합니다. 아래쪽 계단의 폭도 '1700'으로 변경합니다.

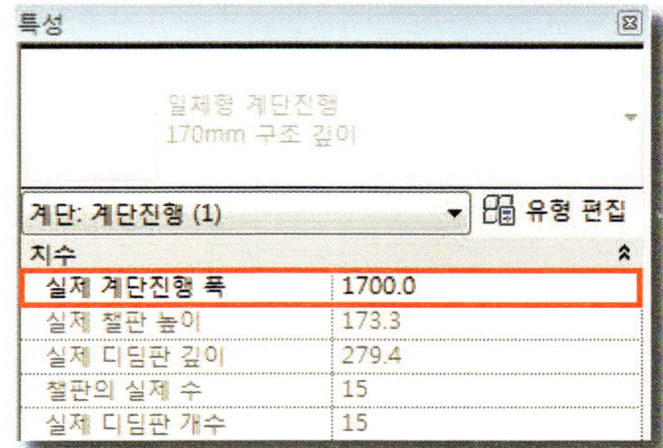

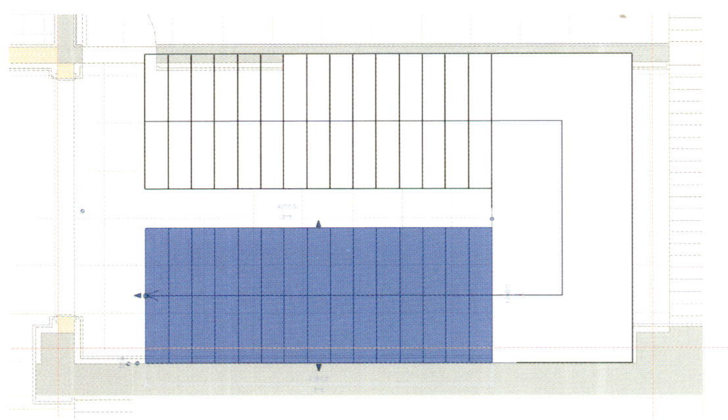

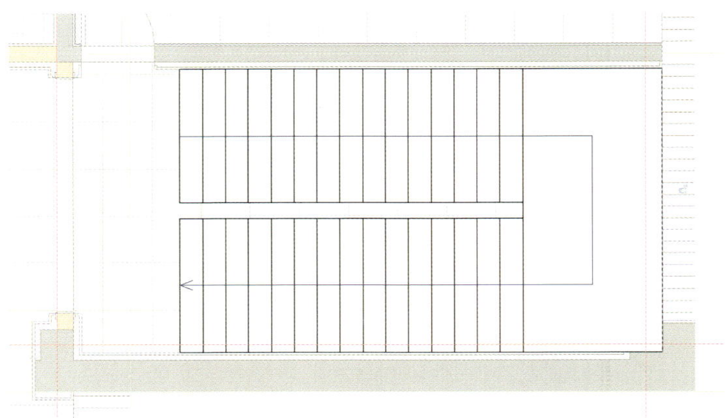

Step 02 계단 정렬 및 편집

01 [정렬] 기능을 이용하여 ⒶⒸⒺ를 기준으로 ⒷⒹⒻ를 정렬합니다.

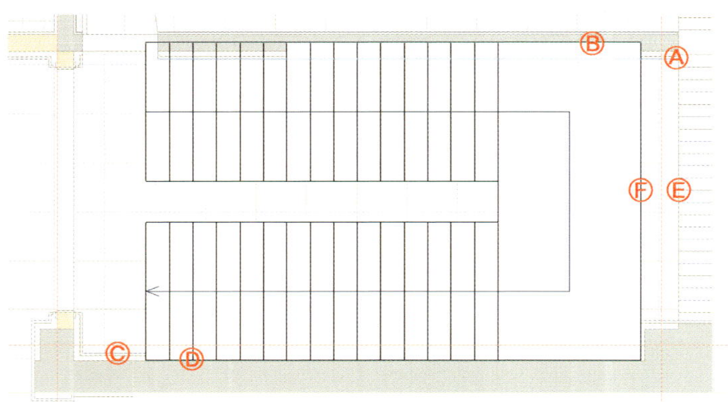

02 [완료] 버튼을 클릭하여 계단을 완성합니다. '3D 1층' 뷰의 '단면 박스'를 조절하여 완성된 계단을 확인합니다.

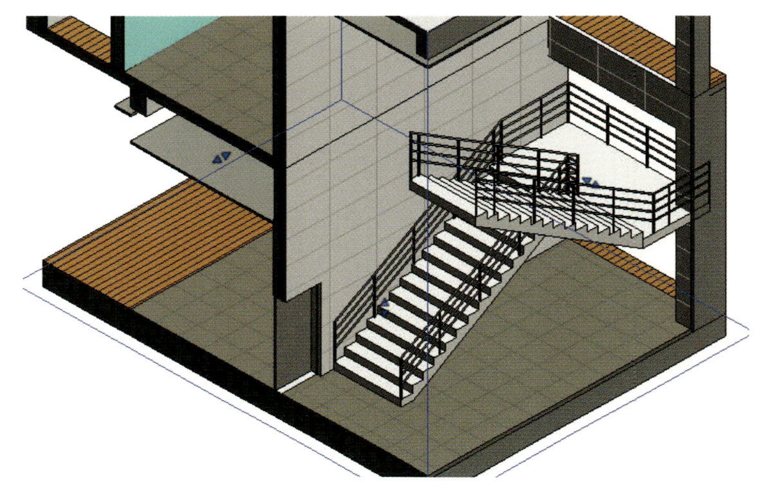

03 계단 외곽 쪽의 난간을 선택한 후 삭제합니다.

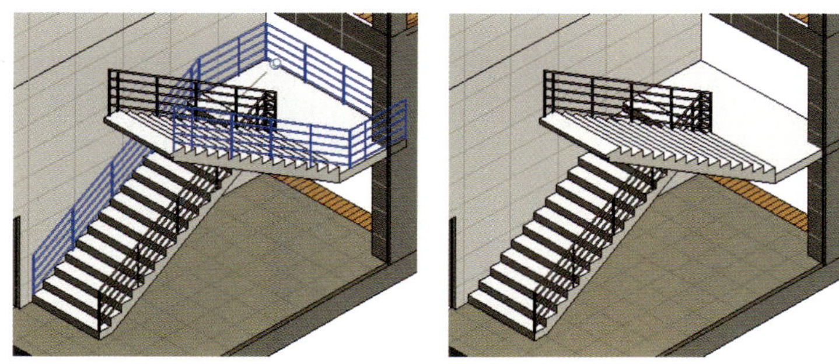

04 계단을 선택한 후 [유형 특성] 대화상자의 끝 연결 방법을 '직선 절단'으로 변경합니다.

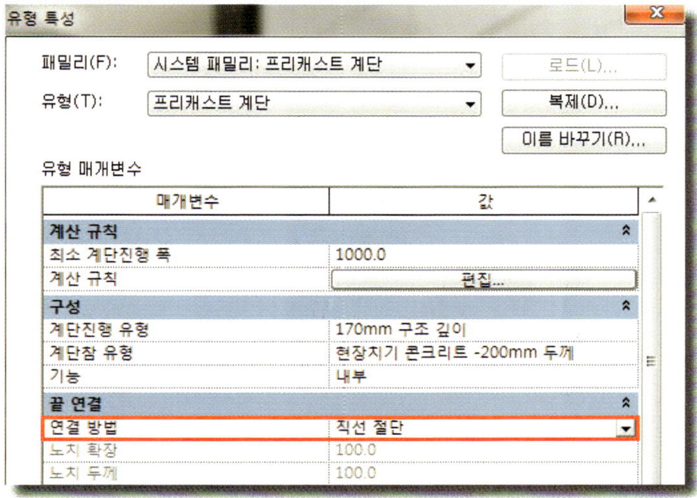

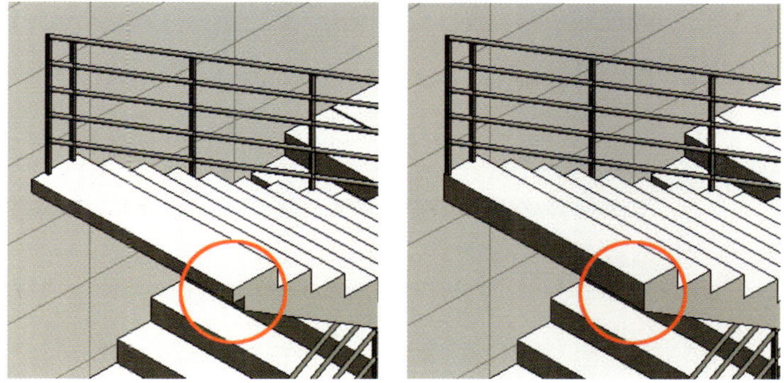

05 계단 난간을 선택한 후 [유형 특성] 대화상자의 '난간 구조(비연속)' '편집' 버튼을 클릭합니다.

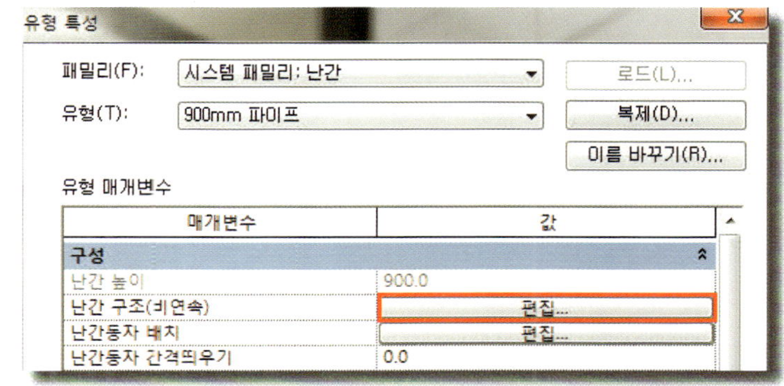

06 [난간 편집(비연속)] 대화상자의 4번 난간을 선택한 후 [삭제] 버튼을 클릭합니다.

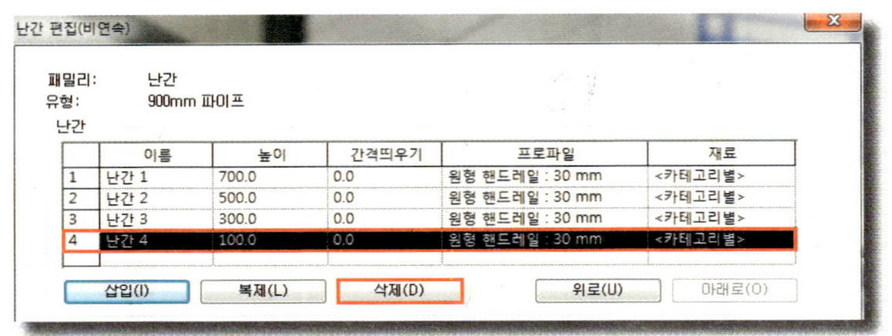

TIP

[난간 편집] 대화상자를 이용하여 난간의 높이, 간격띄우기, 프로파일, 재료 등을 설정할 수 있습니다.

07 난간의 4번째 핸드레일이 삭제된 것을 확인할 수 있습니다.

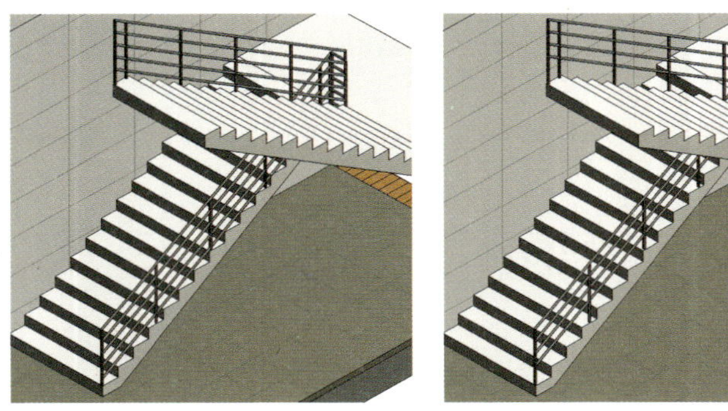

Step 03 계단실 바닥 수정

01 2층 바닥과 계단 끝단이 연결되어 있지 않습니다. 2층 '구조바닥' 및 '마감 바닥'을 편집하여 붉은색 선으로 체크된 부분에 바닥을 작성합니다.

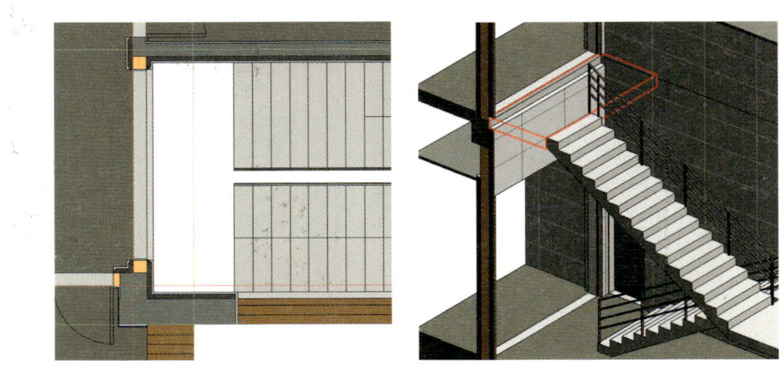

02 2층 구조바닥 '2FS - THK150'을 선택한 후, [경계 편집]을 클릭합니다.

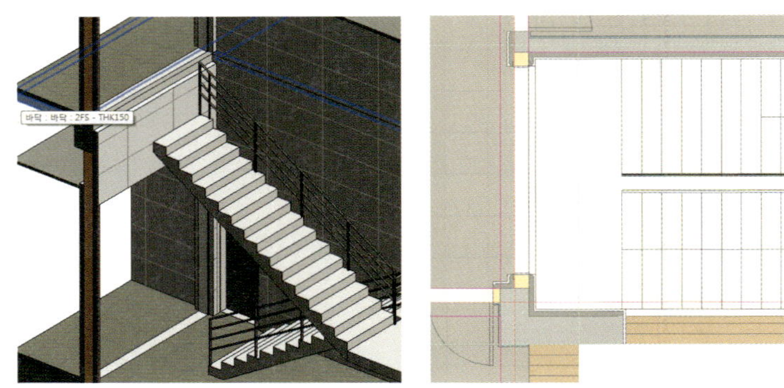

03 아래 그림을 참고하여 2층 구조바닥의 경계선이 계단 끝단과 맞닿도록 수정합니다.

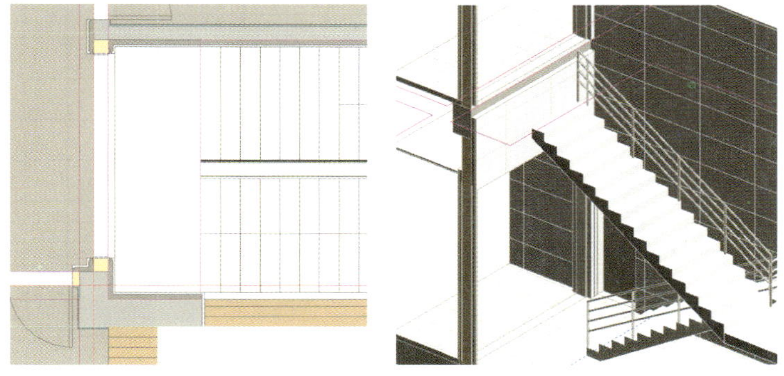

04 ✔ [완료] 버튼을 클릭하여 구조바닥 [경계 편집]을 마칩니다.

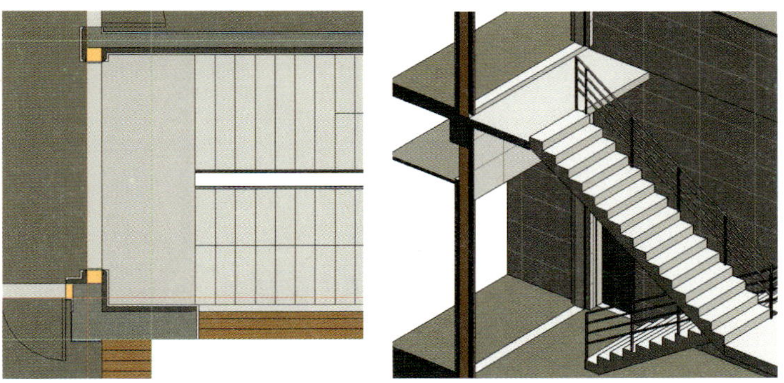

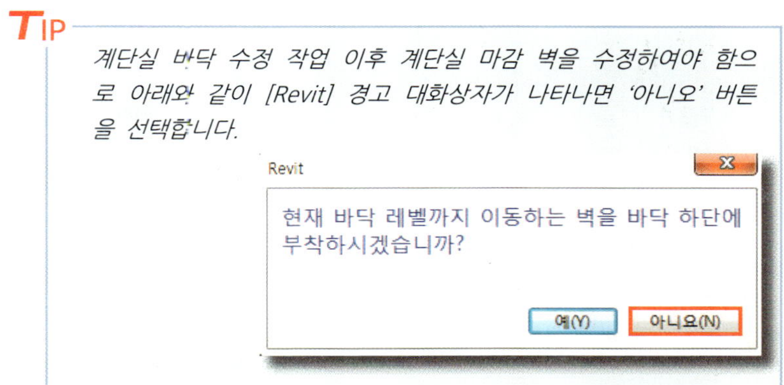

TIP

계단실 바닥 수정 작업 이후 계단실 마감 벽을 수정하여야 함으로 아래와 같이 [Revit] 경고 대화상자가 나타나면 '아니오' 버튼을 선택합니다.

05 2층 마감바닥 '화강석 바닥 THK 100'을 선택한 후, [경계 편집]을 클릭합니다. 그림을 참고하여 2층 마감바닥의 경계선이 계단 끝단과 맞닿도록 수정합니다.

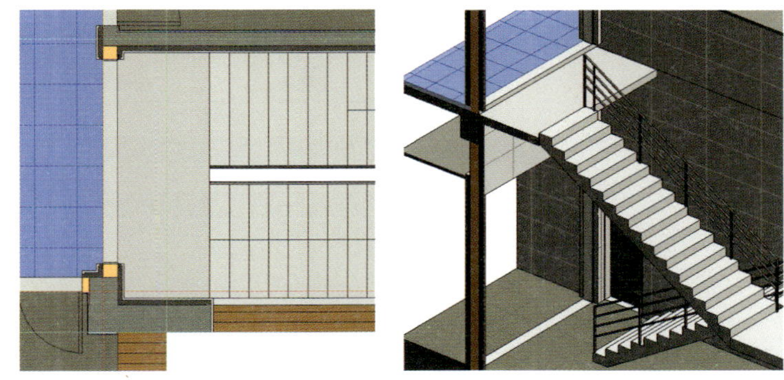

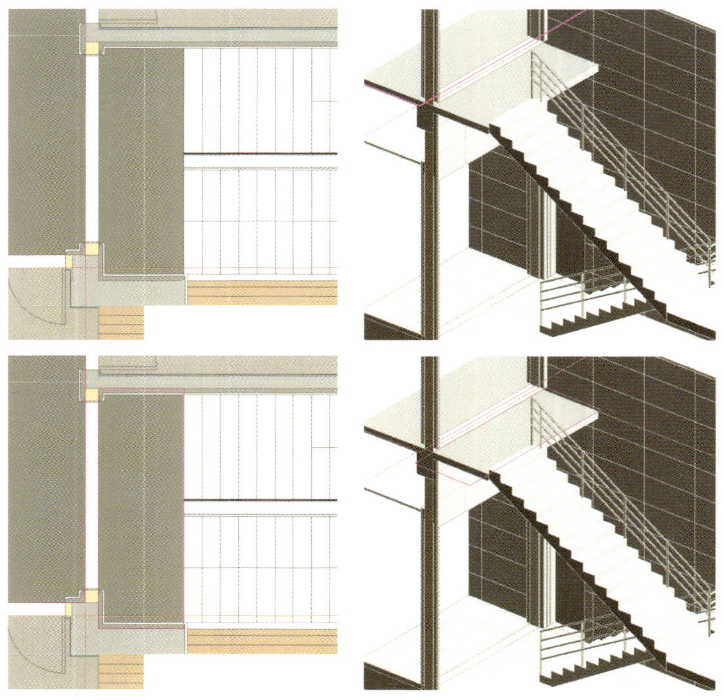

06 ✔ [완료] 버튼을 클릭하여 마감바닥 [경계 편집]을 마칩니다.

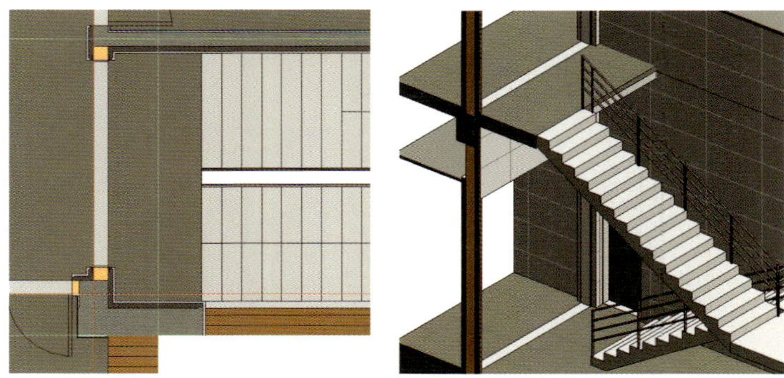

Step 04 계단실 벽 수정

01 계단실 안쪽의 북측면 2층 마감 벽인 '대리석 마감 벽 100mm'를 선택합니다.

02 [수정 | 벽] 탭 〉 [모드] 패널 〉 [프로파일 편집]을 클릭한 후 '뷰 큐브'의 방향을 정면도로 설정합니다. 그림을 참조하여 벽의 프로파일을 수정한 후 [완료] 버튼을 클릭합니다.

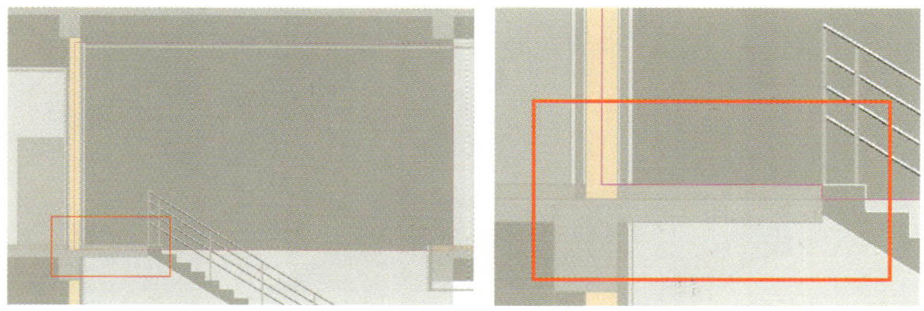

03 [프로파일 편집]을 이용하여 계단실 안쪽의 북측면 1층 마감 벽을 편집합니다.

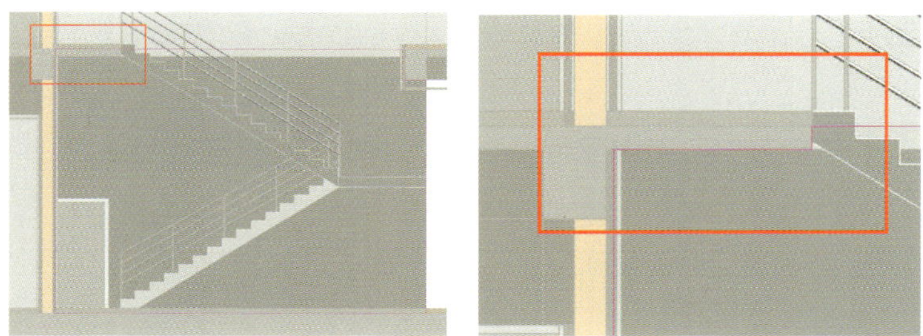

04 같은 방법으로 계단실 안쪽의 남측면 마감 벽도 편집합니다.

05 계단실 하부 공간은 창고 공간으로 계획됩니다. '1층 평면도' 뷰에서 계단실 하부에 '실 구획 벽 200mm'와 '대리석 마감 벽 100mm' 유형의 벽을 작성합니다.

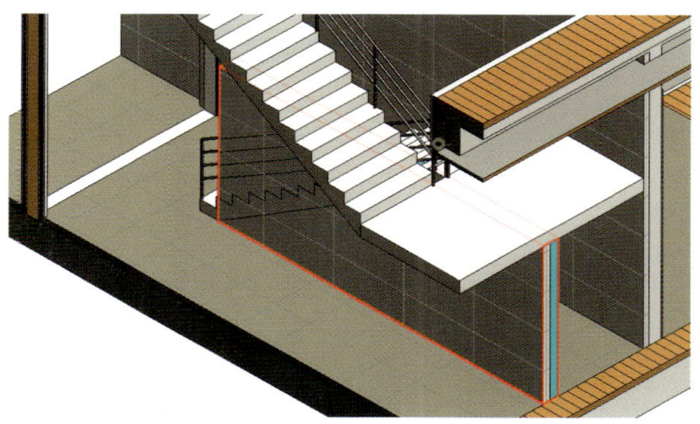

TIP

'실 구획 벽'과 '대리석 마감 벽'은 '베이스 간격띄우기 : 100', '상단 구속조건 : 미연결', 연결 안된 높이 : 2400'으로 작성합니다.

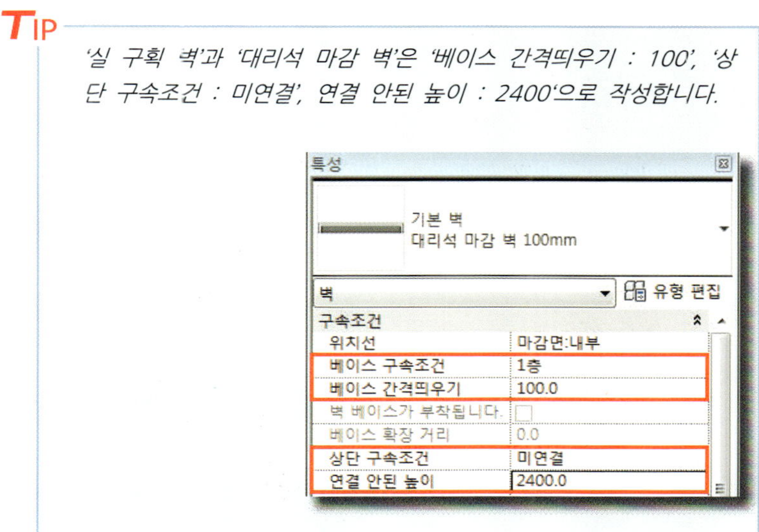

06 '대리석 마감 벽 100mm' 벽을 선택한 후 [프로파일 편집]을 이용하여 마감 벽의 프로파일을 아래와 같이 수정합니다.

07 같은 방법으로 '실 구획 벽'의 프로파일을 수정합니다.

08 창고 문으로 사용될 '알루미늄 외여닫이문 900×2100mm'을 배치합니다. [수정] 탭 〉 [형상] 패널 〉 [결합] 기능을 이용하여 '실 구획 벽'과 '대리석 마감 벽'을 결합합니다.

Step 05 계단실 난간 작성

01 '2층 평면도' 뷰를 활성화 한 후 [건축] 탭 〉 [순환] 패널 〉 [난간] 〉 [경로 스케치] 버튼을 클릭합니다. [특성]창의 '베이스 간격 띄우기'에 '100'을 입력합니다.

02 [수정 | 난간 경로작성] 탭 〉 [그리기] 패널 〉 [선]을 이용하여 그림과 같이 난간 경로를 스케치합니다.

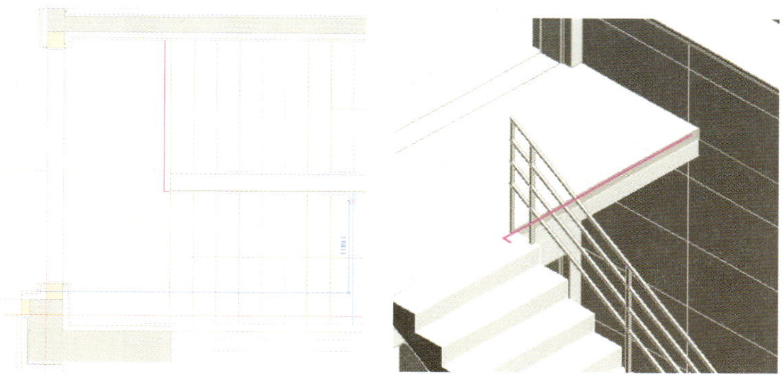

03 ✔ [완료] 버튼을 클릭합니다. [유형 특성] 대화상자의 '상단 난간' - '높이' 및 '난간동자 배치' - '편집'을 이용하여 난간의 형태를 아래 그림과 같이 수정합니다.

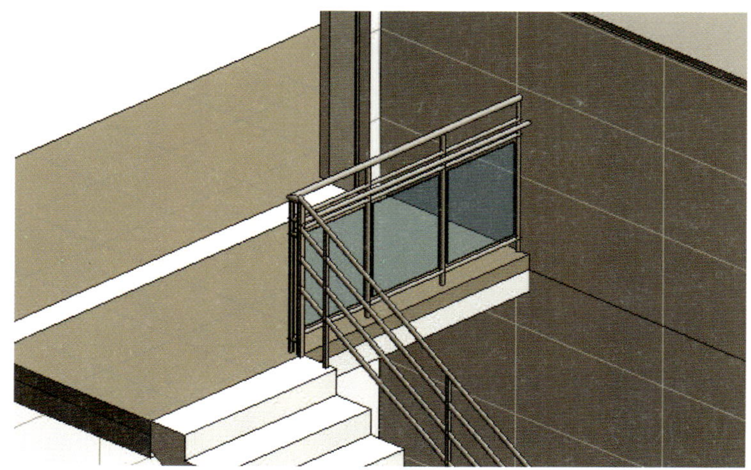

PART 05
Architecture(Exterior) Modeling

이번 파트에서는 외부 마감 벽, 커튼월 등 건축외부의 모델요소들을 작성하도록 하겠습니다. 앞의 실내영역에서 작성된 요소들과 마찬가지로 본 프로젝트에서 작성되는 건축 외부요소들 또한 계획설계단계 수준에 기준하여 설명을 진행합니다.

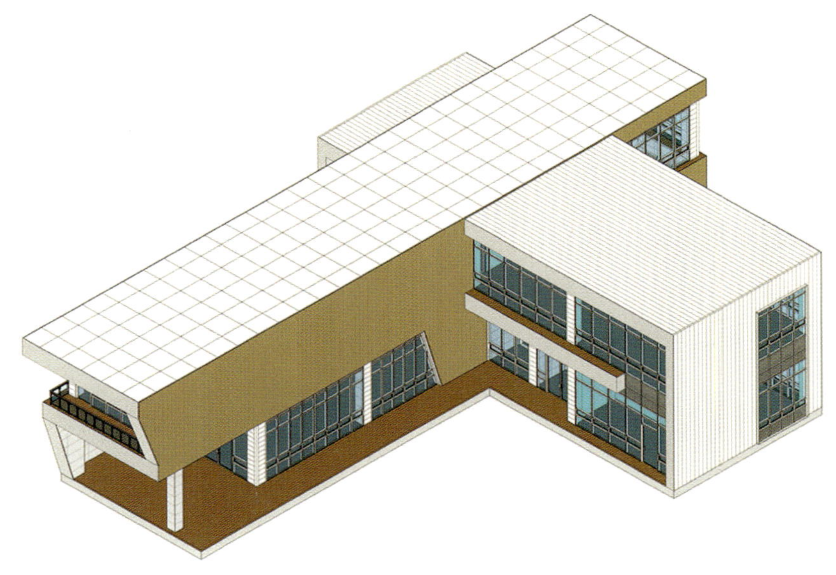

LESSON 30 외부 마감바닥 작성

Step 01 지붕 마감바닥 작성

01 '지붕 평면도'를 활성화 한 후 [건축] 탭 〉 [빌드] 패널 〉 [바닥] 〉 [바닥 : 건축] 클릭합니다.

02 [유형 특성] 대화상자에서 '프리캐스트 콘크리트 패널 THK 200'으로 바닥 유형을 복제합니다.

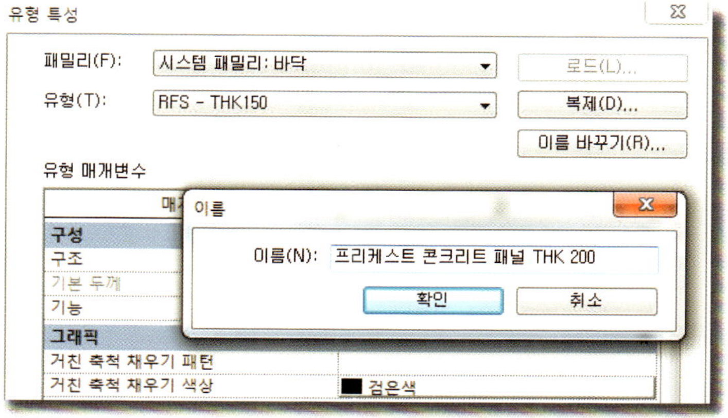

03 [조합 편집] 대화상자의 '기능', '두께'를 각각 '마감재 1 [4]', '200'으로 수정합니다.

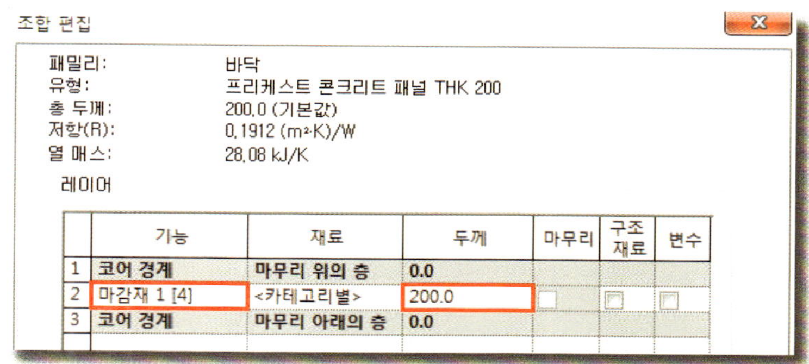

04 [재료 탐색기] 대화상자에서 '콘크리트, 프리캐스트' 재료를 지정합니다. [그래픽] 탭의 [패턴]을 클릭합니다.

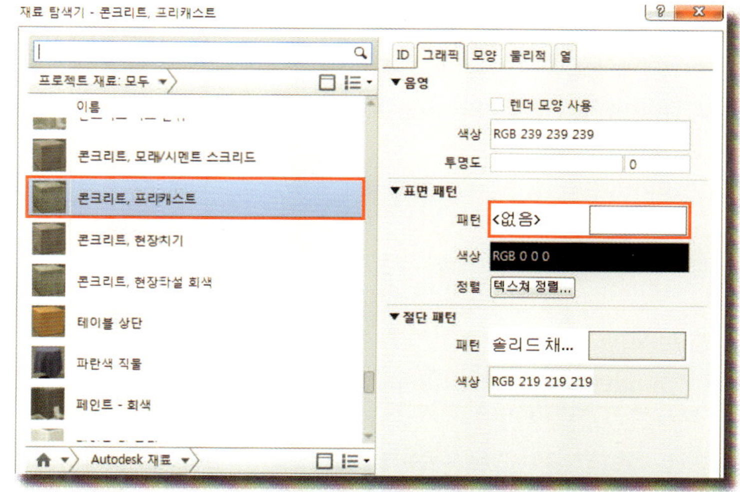

05 [채우기 패턴] 대화상자의 [새로 만들기]를 클릭합니다.

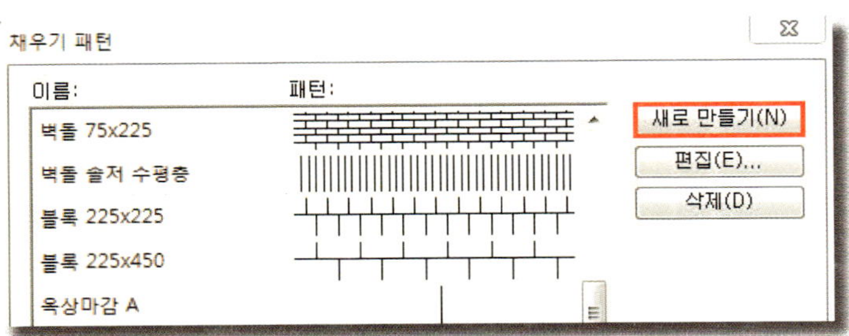

06 [새 패턴] 대화상자의 '이름'에 '지붕마감'을 입력합니다. '교차 해치'를 체크한 후, '선 각도', '선 간격1', '선 간격2'에 각각 '90', '1500mm', '1500mm'를 입력하여 지붕마감 패턴을 작성합니다.

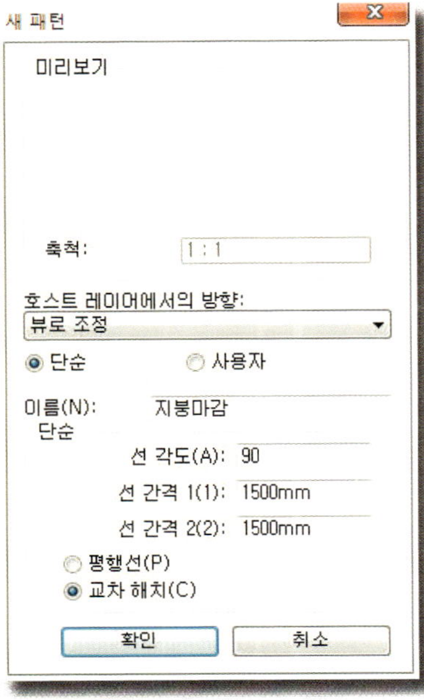

07 [수정 | 바닥 경계 작성] 탭 〉 [그리기] 패널 〉 [선] 또는 [사각형]을 클릭하여 그림과 같이 지붕 바닥을 스케치합니다.

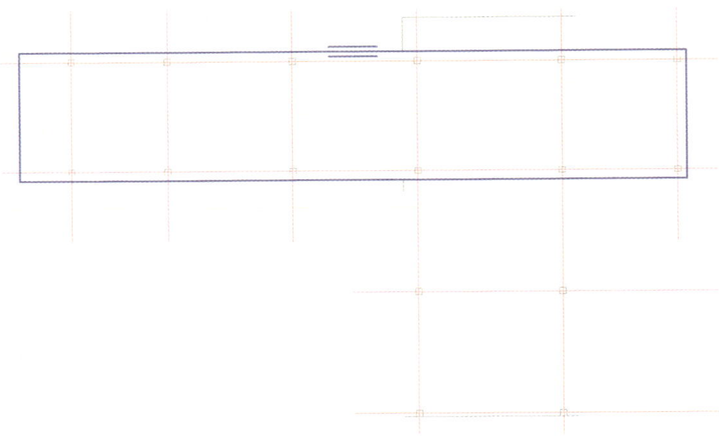

08 [완료] 버튼을 클릭하여 지붕 마감 바닥을 완성합니다. 구조바닥과 지붕 마감바닥이 겹치지 않도록 [특성] 창의 '레벨로 부터 높이 간격 띄우기'를 조절합니다.

09 [건축] 탭 〉 [빌드] 패널 〉 [바닥] 〉 [바닥 : 건축] 클릭합니다. [유형 특성] 대화상자에서 '프리캐스트 콘크리트 패널 THK 100'으로 바닥 유형을 복제합니다. [조합 편집] 대화상자의 '기능', '두께'를 각각 '마감재 1 [4]', '100'으로 수정합니다.

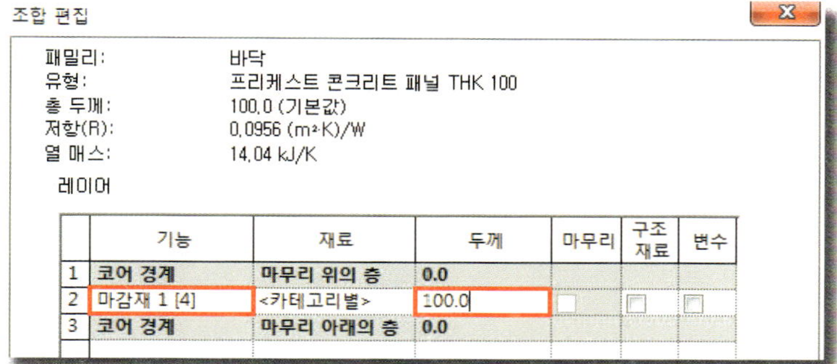

10 [재료 탐색기] 대화상자에서 '콘크리트, 프리캐스트' 재료를 복제한 후, [그래픽] 탭의 [패턴]을 클릭합니다.

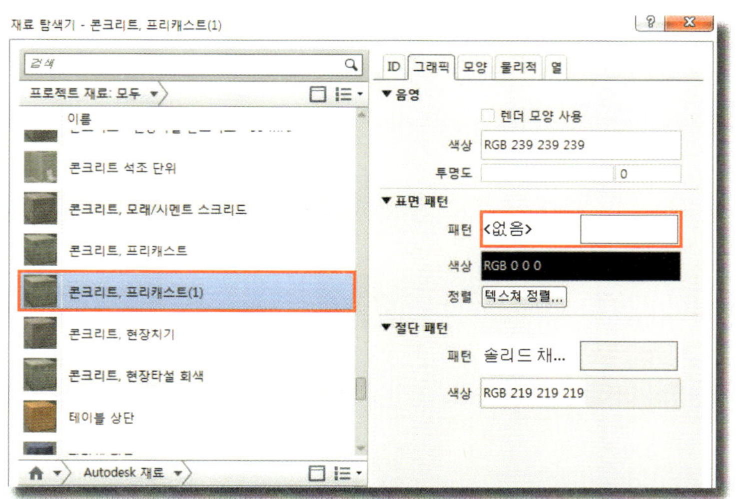

11 [채우기 패턴] 대화상자의 [새로 만들기]를 클릭합니다. [새 패턴] 대화상자의 '이름'에 '지붕마감2'를 입력합니다. '평행선'을 체크한 후, '선 각도', '선 간격 1'에 각각 '180', '300mm'를 입력하여 지붕마감 패턴2를 작성합니다.

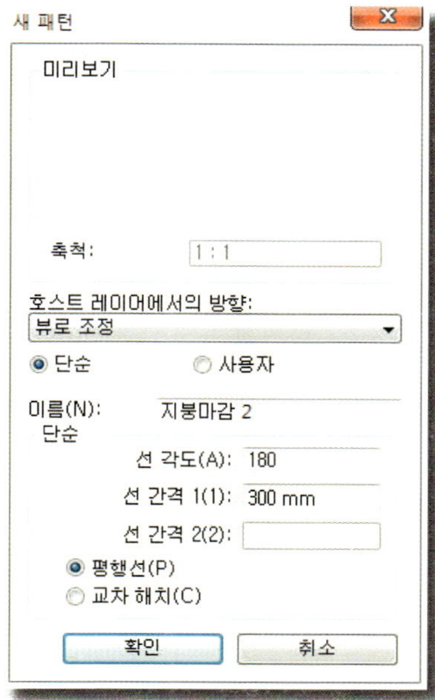

12 [수정 | 바닥 경계 작성] 탭 〉 [그리기] 패널 〉 [선] 또는 [사각형]을 클릭하여 그림과 같이 지붕 바닥을 스케치합니다.

13 ✔ [완료] 버튼을 클릭하여 지붕 마감 바닥을 완성합니다. 구조바닥과 지붕 마감바닥이 겹치지 않도록 [특성] 창의 '레벨로 부터 높이 간격 띄우기'를 조절합니다.

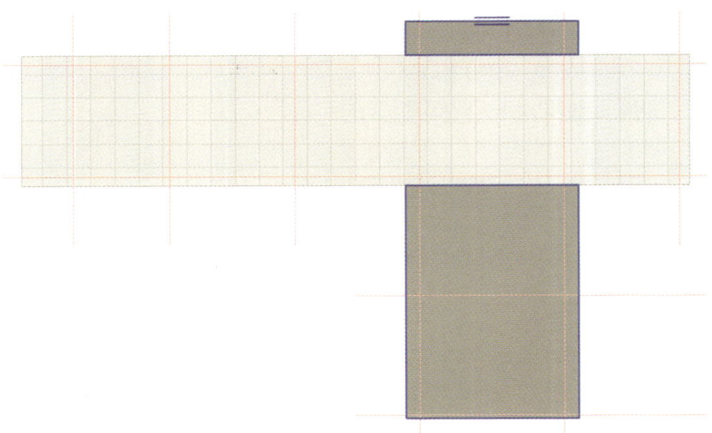

14 '3D' 뷰에서 작성된 지붕 마감 바닥을 확인합니다.

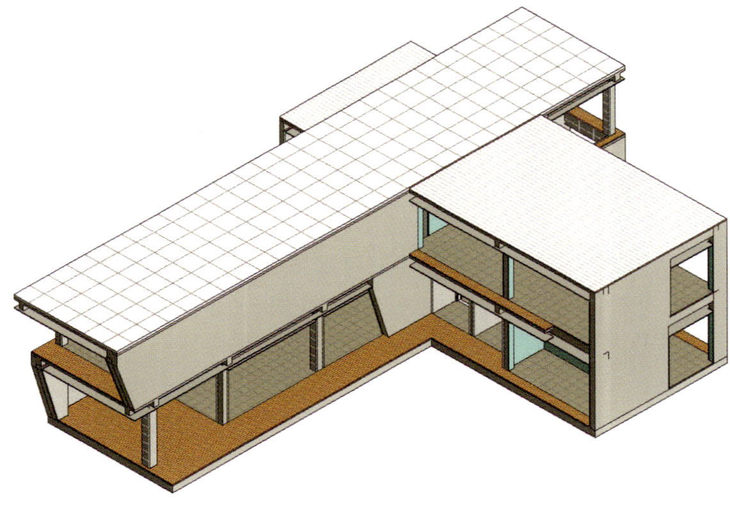

LESSON 31 외부 마감 벽 작성

Step 01 실외 '목재 마감 벽' 작성

01 '1층 평면도'를 활성화한 후 [건축] 탭 〉 빌드 [패널] 〉 [벽]을 선택합니다.

02 [유형 특성] 대화상자에서 '실외 목재 마감 벽 30mm'로 유형을 복제합니다.

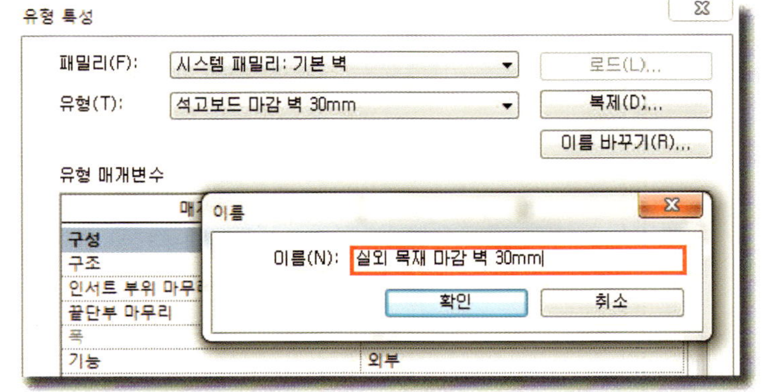

03 [재료 탐색기]에서 '집성탄화목재' 재료를 새로 작성한 후 300mm 간격 수직선으로 표면 패턴을 편집합니다.

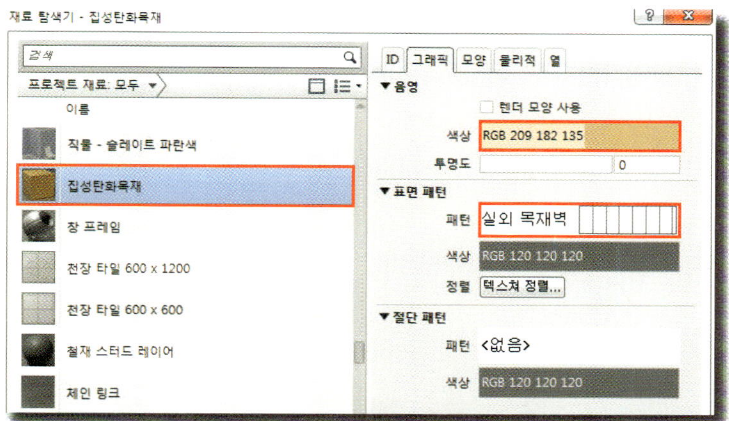

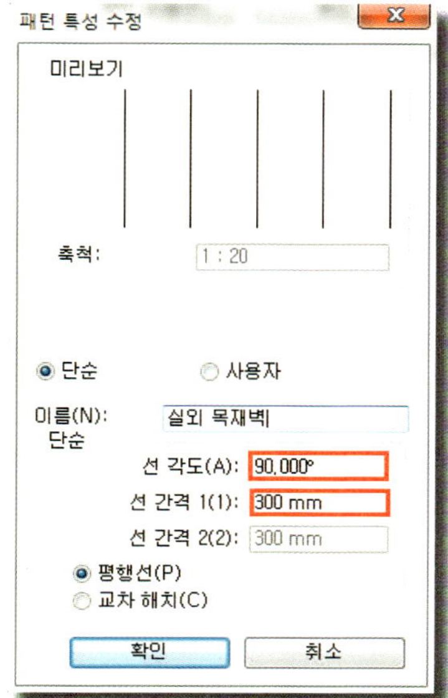

04 [특성]창 '위치선', '베이스 간격 띄우기', '상단 구속조건', '상단 간격띄우기' 매개변수를 입력한 후, 아래 그림과 같이 마감 벽을 작성합니다.

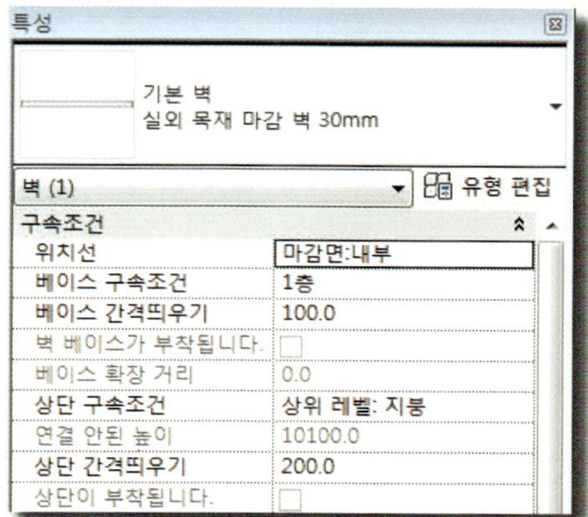

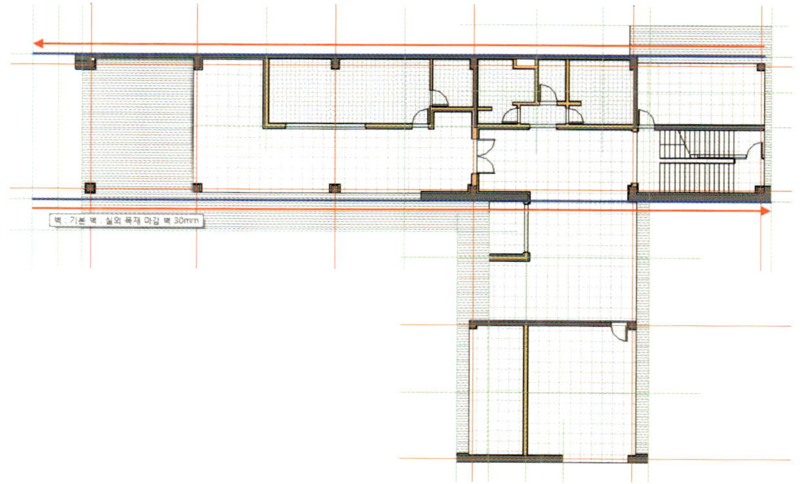

TIP

위 그림과 같이 '목재 마감 벽' 작성 후 바닥마감이 없는 건물 북측 마감 벽의 '베이스 간격띄우기'는 '0'으로 수정합니다.

05 '3D' 뷰를 활성화한 후 남서측뷰 시점으로 '뷰 큐브'를 조절합니다. 아래 그림과 같이 건물 남측돌출부의 단면이 보이도록 '단면 박스'를 조절합니다.

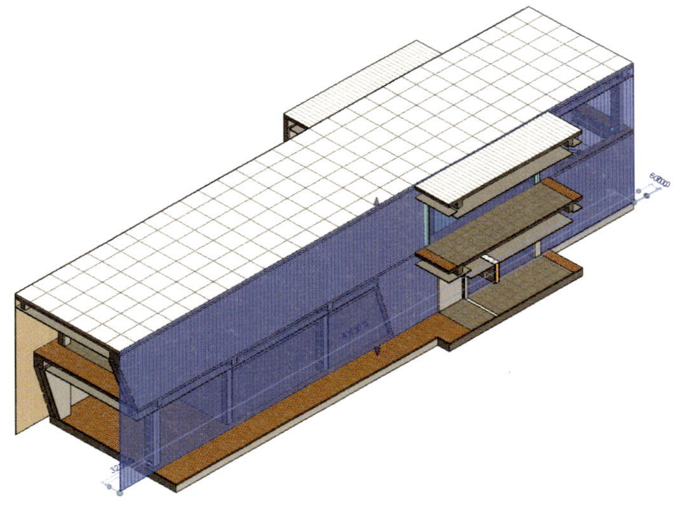

06 남측 '목재 마감 벽'을 선택한 후 [수정 | 벽] 탭 〉 [모드] 패널 〉 [프로파일 편집]을 클릭합니다.

07 뷰의 시점을 정면으로 전환하여 그림과 같이 벽 프로파일을 편집한 후 [완료] 버튼을 클릭합니다.

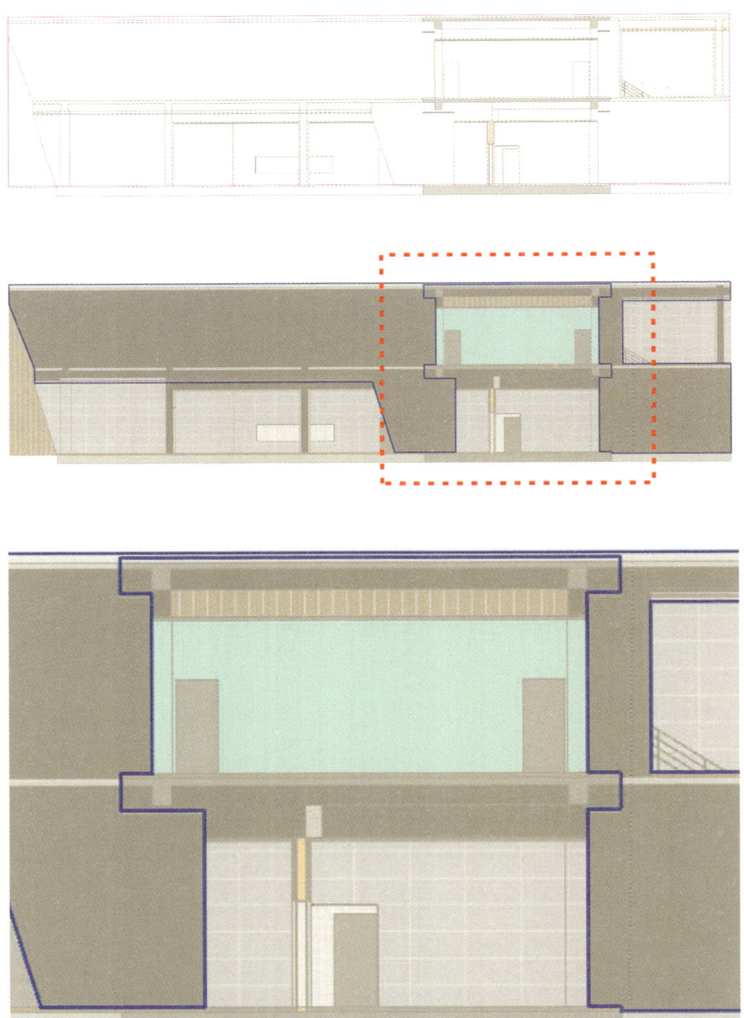

08 '3D' 뷰를 활성화한 후 북동측뷰 시점으로 '뷰 큐브'를 조절합니다. 아래 그림과 같이 건물 북측돌출부의 단면이 보이도록 '단면 박스'를 조절합니다.

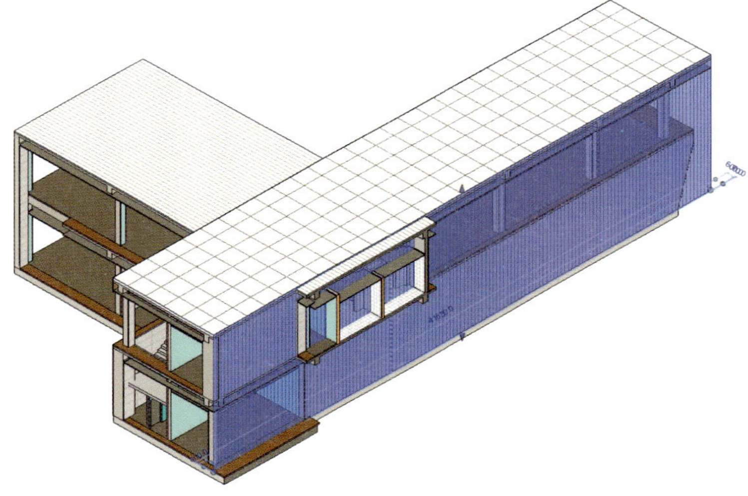

09 북측 '목재 마감 벽'을 선택한 후 [수정 | 벽] 탭 〉 [모드] 패널 〉 [프로파일 편집]을 클릭합니다.

10 뷰의 시점을 배면으로 전환하여 그림과 같이 벽 프로파일을 편집한 후 [완료] 버튼을 클릭합니다.

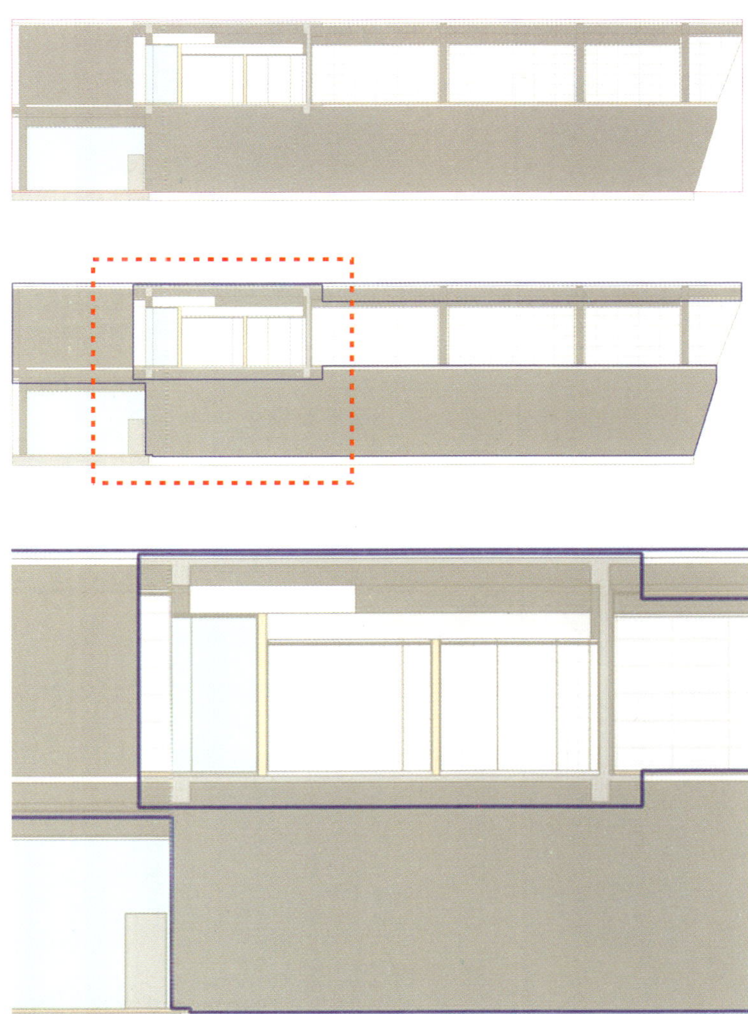

Step 02 실외 '프리케스트 콘크리트 패널 마감 벽' 작성

01 '1층 평면도'를 활성화한 후 [건축] 탭 〉 빌드 [패널] 〉 [벽]을 선택합니다.

02 [유형 특성] 대화상자에서 '실외 프리케스트 콘크리트 패널 100mm'로 유형을 복제합니다. [재료 탐색기]에서 '프리케스트 콘크리트 패널' 재료를 작성한 후 300mm 간격 수직선으로 표면 패턴을 편집합니다.

03 '1층 평면도'에서 건물 남측 돌출부에 마감 벽을 작성한 후, '3D' 뷰를 활성화합니다. 작성된 '프리케스트 콘크리트 패널 마감 벽'을 선택하여 [특성]창의 매개변수를 변경합니다.

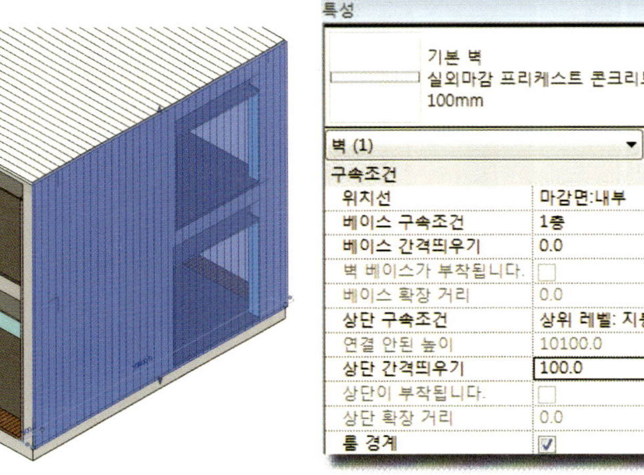

04 [수정 | 벽] 탭 〉 [모드] 패널 〉 [프로파일 편집]을 클릭합니다. 뷰의 시점을 정면으로 전환하여 그림과 같이 벽 프로파일을 편집한 후 [완료] 버튼을 클릭합니다.

05 '1층 평면도'에서 건물 북측 돌출부에 마감 벽을 작성한 후, '3D' 뷰를 활성화합니다. 작성된 '프리케스트 콘크리트 패널 마감 벽'을 선택하여 [특성]창의 매개변수를 변경합니다.

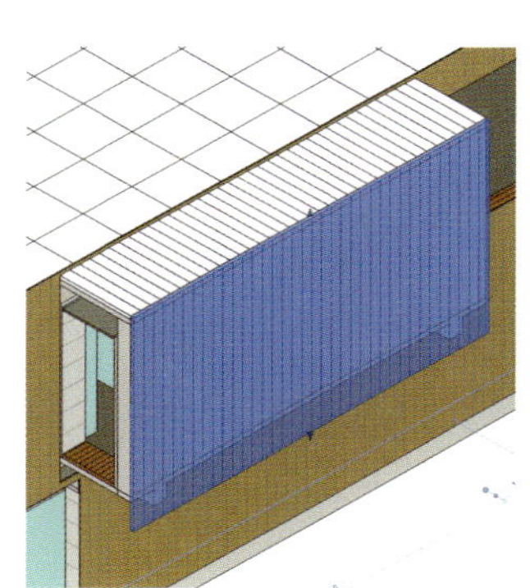

특성

기본 벽
실외마감 프리케스트 콘크리트 패널 100mm

벽 (1) | 유형 편집

구속조건	
위치선	마감면:내부
베이스 구속조건	1층
베이스 간격띄우기	4300.0
벽 베이스가 부착됩니다.	☐
베이스 확장 거리	0.0
상단 구속조건	상위 레벨: 지붕
연결 안된 높이	5800.0
상단 간격띄우기	100.0
상단이 부착됩니다.	☐
상단 확장 거리	0.0
룸 경계	☑
매스와 관련됨	☐

TIP

작성된 마감 벽을 1층 레벨 기준으로 작성하였을 경우의 매개변수입니다. 2층 레벨을 기준으로 작성할 경우 '베이스 간격띄우기'의 값은 '-900'이 되도록 합니다.

Step 03 실외 '알루미늄시트 마감 벽' 작성

01 '1층 평면도'를 활성화한 후 [건축] 탭 〉 빌드 [패널] 〉 [벽]을 선택합니다.

02 [유형 특성] 대화상자에서 '실외 마감 알루미늄시트 30mm'로 유형을 복제합니다. [재료 탐색기]에서 '알루미늄시트' 재료를 작성한 후 100mm 간격 수평선으로 표면 패턴을 편집합니다.

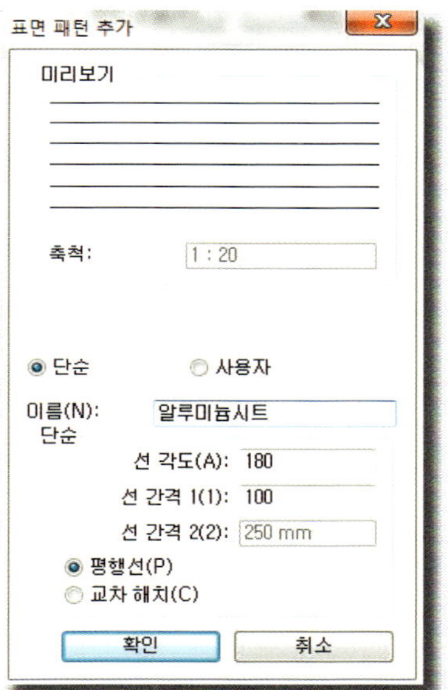

03 '1층 평면도'에서 건물 동측부에 마감 벽을 작성한 후, '3D' 뷰를 활성화합니다. 작성된 '알루미늄시트' 마감 벽을 선택한 후 [수정 | 벽] 탭 〉 [모드] 패널 〉 [프로파일 편집]을 클릭합니다.

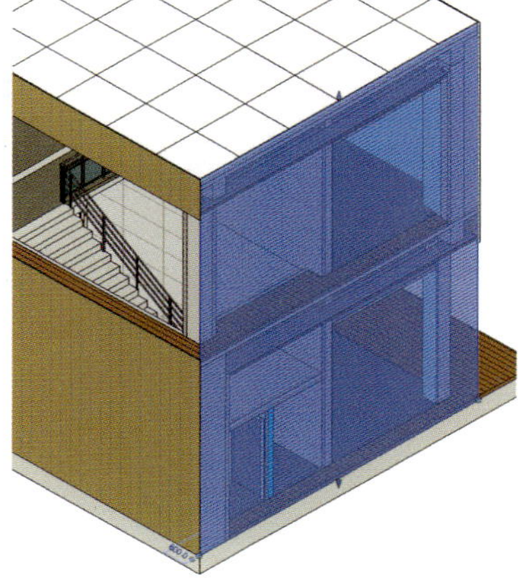

04 '3D' 뷰의 시점을 우측면으로 전환하여 그림과 같이 벽 프로파일을 편집한 후 ✔ [완료] 버튼을 클릭합니다.

05 아래 그림과 같이 건물 동측부 '알루미늄시트' 마감 벽이 완성됩니다.

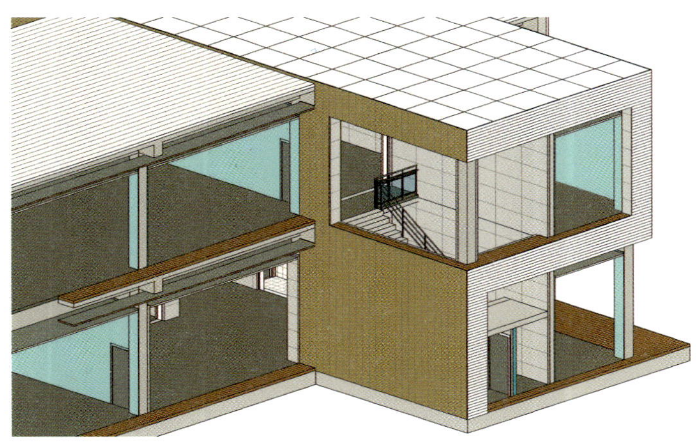

06 '1층 평면도'에서 건물 남측 돌출부 우측면에 마감 벽을 작성한 후, '3D' 뷰를 활성화합니다. 작성된 '알루미늄시트' 마감 벽을 선택한 후 [수정 | 벽] 탭 〉 [모드] 패널 〉 [프로파일 편집]을 클릭합니다.

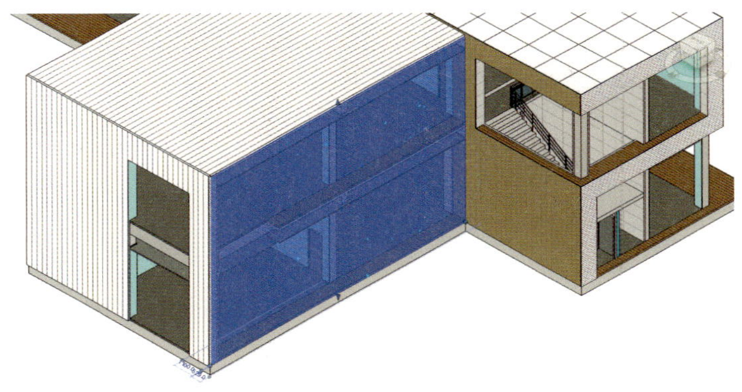

07 뷰의 시점을 우측면으로 전환하여 그림과 같이 벽 프로파일을 편집한 후 ✔ [완료] 버튼을 클릭합니다.

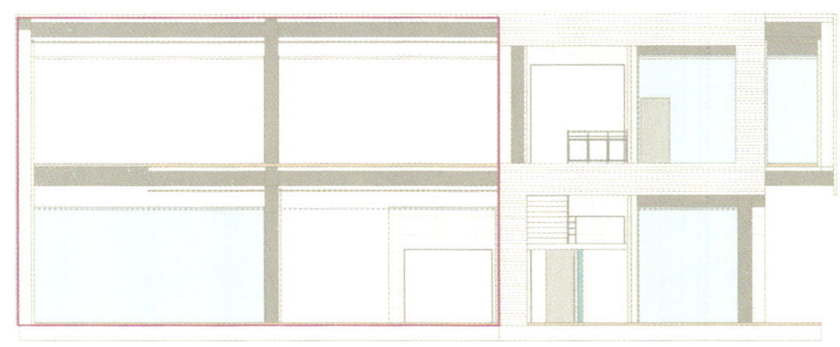

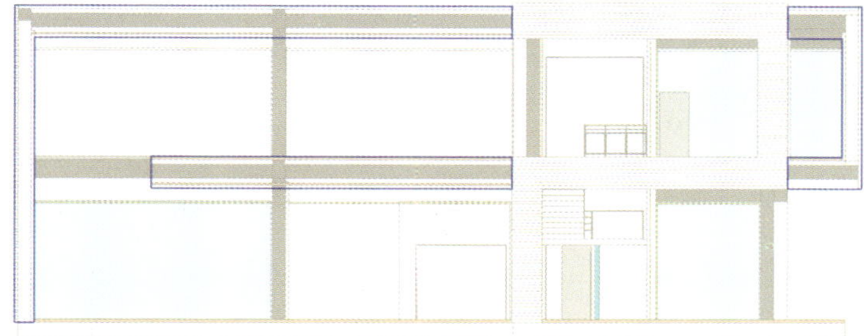

08 '3D' 뷰의 시점을 변경하여 편집된 마감 벽을 확인합니다.

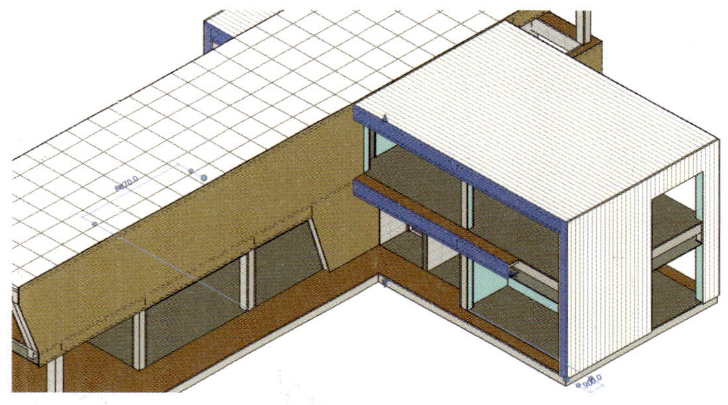

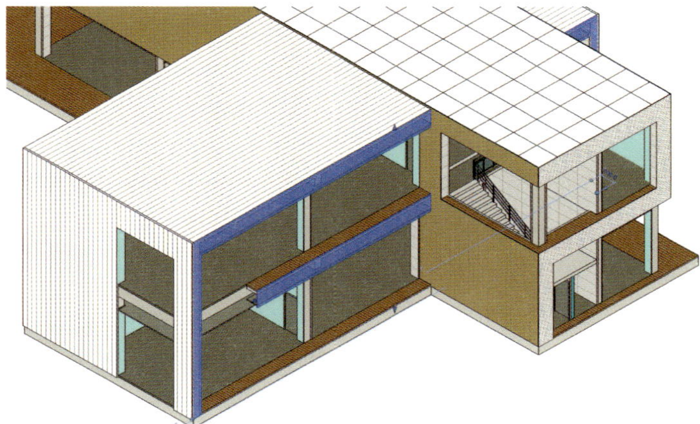

09 건물 남측 돌출부 좌측면 마감 벽도 위와 같은 방법으로 작성합니다.

TIP

위의 건물 남측 돌출부 좌우면과 같이 작성해야할 요소가 동일한 형태로 대칭일 경우 [수정 | 벽] 탭 > [수정] 패널 > [대칭-축 그리기] (단축키 : D M)를 이용하여 편리하게 작성할 수 있습니다.

'3D' 뷰에서 대칭 복사할 원본 마감 벽을 선택한 후 뷰의 시점을 평면으로 전환합니다. [대칭-축 그리기] 버튼을 클릭한 후 그림과 같이 기준 축을 작성하면 축을 기준으로 반대 면에 대칭 복사된 마감 벽이 작성됩니다.

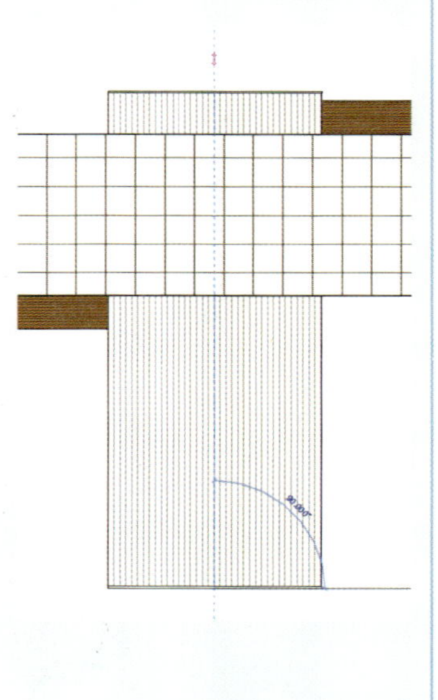

10 '2층 평면도'를 활성화한 후 세부 마감 벽을 작성합니다.

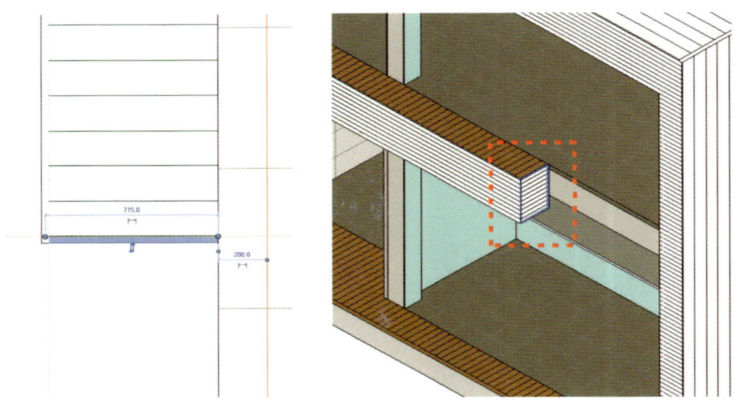

11 아래 그림을 참고하여 건물 서측부의 '알루미늄시트' 마감 벽을 작성합니다.

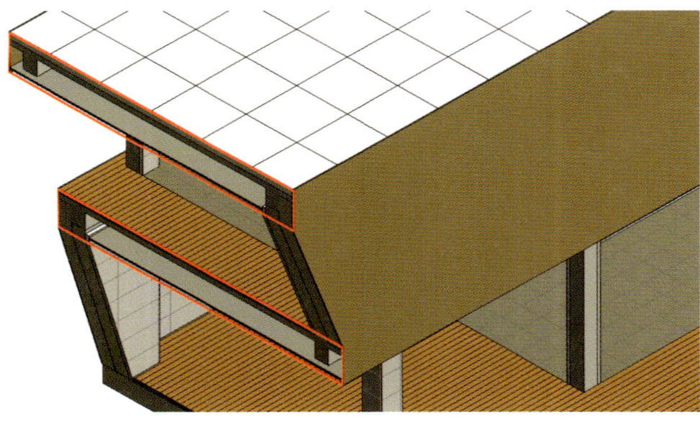

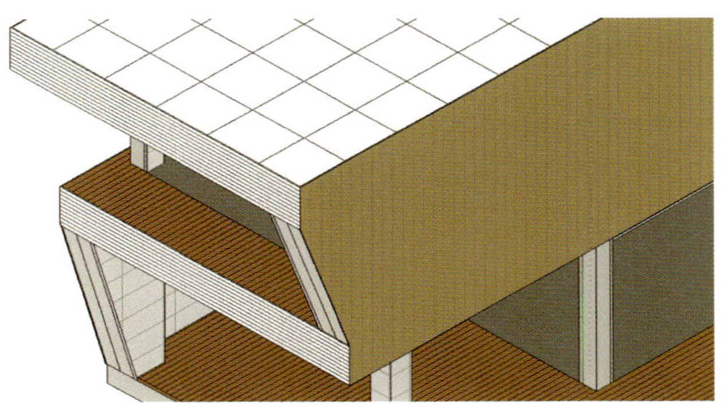

Step 04 경사진 마감 벽 작성

수직으로 작성된 벽면의 형태를 편집하는 '프로파일 편집' 명령으로는 건물 서측부의 사선으로 기울어진 경사벽면을 작성할 수 없습니다. 이와 같이 경사진 벽면은 솔리드 양식의 매스를 작성한 후 '면으로 벽 만들기' 기능을 이용하여 작성합니다.

01 '3D' 뷰를 활성화합니다. '뷰 큐브'를 이용하여 시점을 정면으로 전환한 뒤 비주얼 스타일을 '와이어 프레임'으로 설정합니다.

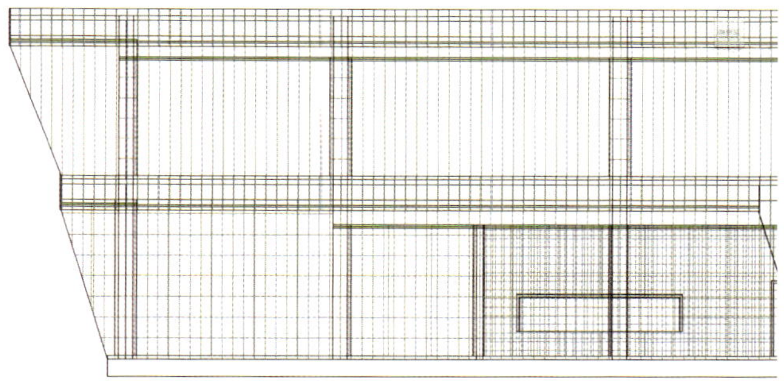

02 [매스작업 & 대지] 탭 〉 [개념 매스] 패널 〉 [매스 양식 및 바닥 표시]를 선택하여 매스 작업 결과물이 화면상에 나타나도록 설정합니다.

03 [매스작업 & 대지] 탭 〉 [개념 매스] 패널 〉 [내부편집 매스] 버튼을 클릭합니다.

04 [이름] 대화상자에 '입면 작업용 매스'를 입력합니다.

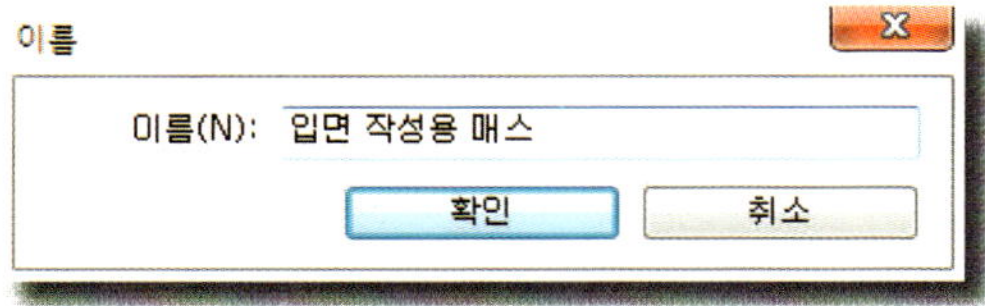

05 [수정] 탭 〉 [그리기] 패널 〉 [선] 클릭합니다. [수정 | 배치 선] 탭 〉 [그리기] 패널 〉 [선] 아이콘을 이용하여 '3D' 뷰 정면도 시점에서 아래 그림과 같이 스케치를 작성합니다.

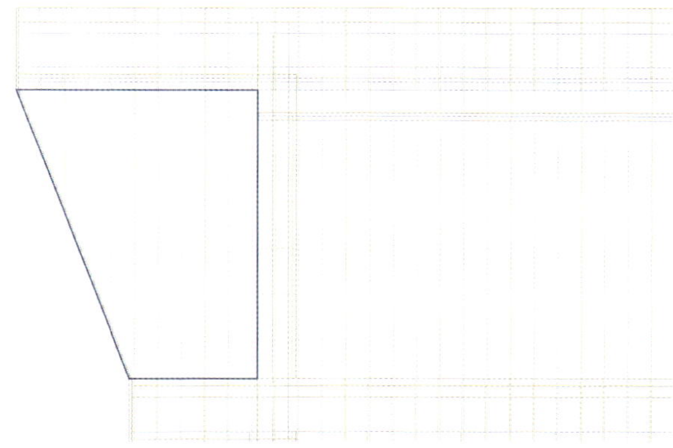

06 '3D' 뷰의 시점을 변경한 뒤 작성된 선을 모두 선택합니다. [수정 | 선] 탭 〉 [양식] 패널 〉 [양식작성] 〉 [솔리드 양식] 버튼을 클릭합니다.

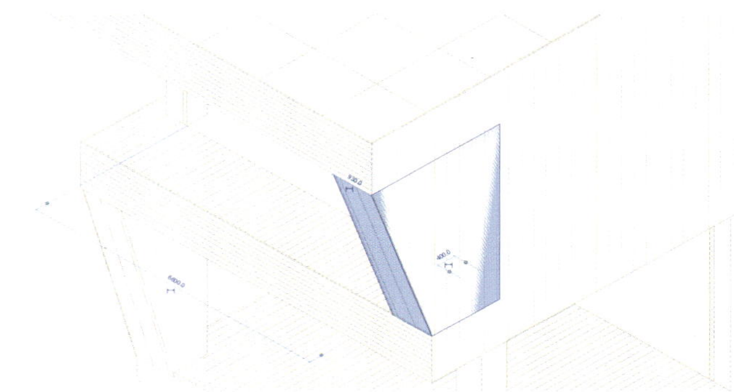

07 작성된 솔리드 볼륨의 너비 값을 더블 클릭하여 '930'을 입력합니다. [수정 | 양식] 탭 〉 [내부편집기] 패널 〉 [매스완료]를 클릭하여 기본매스 작업을 종료합니다.

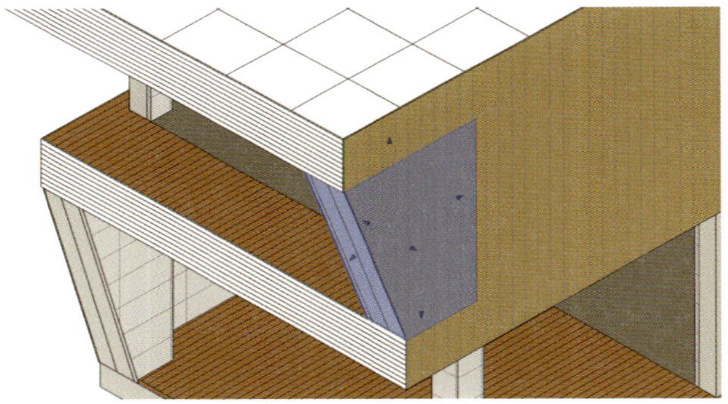

TIP

매스 선택 시 활성화되는 화살표를 드래그하여 매스의 크기를 조절할 수 있습니다.

08 [매스작업 & 대지] 탭 〉 [면으로 모델링] 패널 〉 [벽]을 클릭합니다. [수정 | 배치 벽] 탭 〉 [그리기] 패널 〉 [면 선택]을 선택합니다.

09 [유형 탐색기]에서 벽 유형을 '실외마감 알루미늄시트 30mm'로 지정합니다. '3D' 뷰에서 작성된 매스의 경사면(A)을 선택하여 마감 벽을 작성합니다.

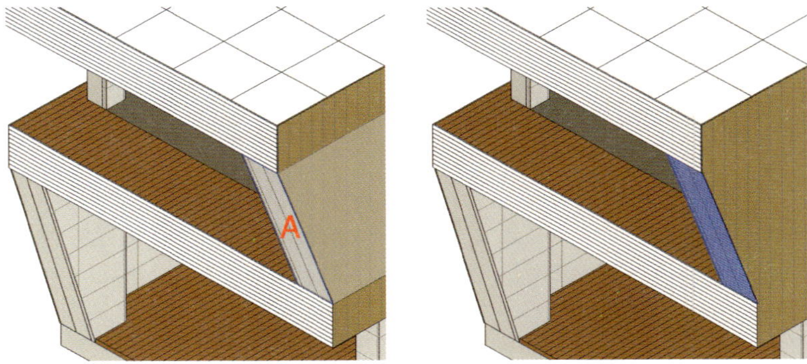

10 건물 서측부 1층의 경사진 마감 벽도 위와 같은 방법으로 작성합니다.

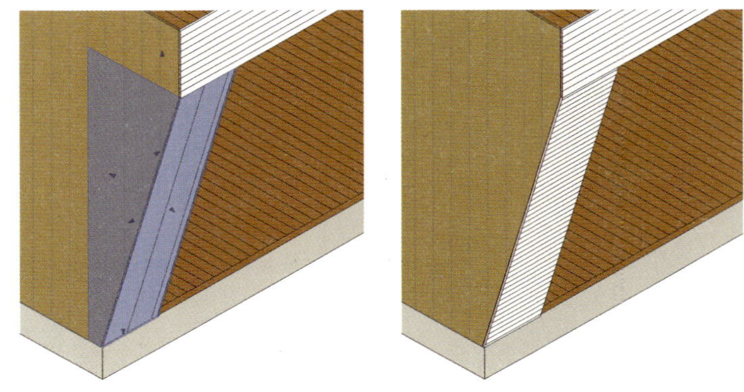

11 방문자 센터 실외마감 참조

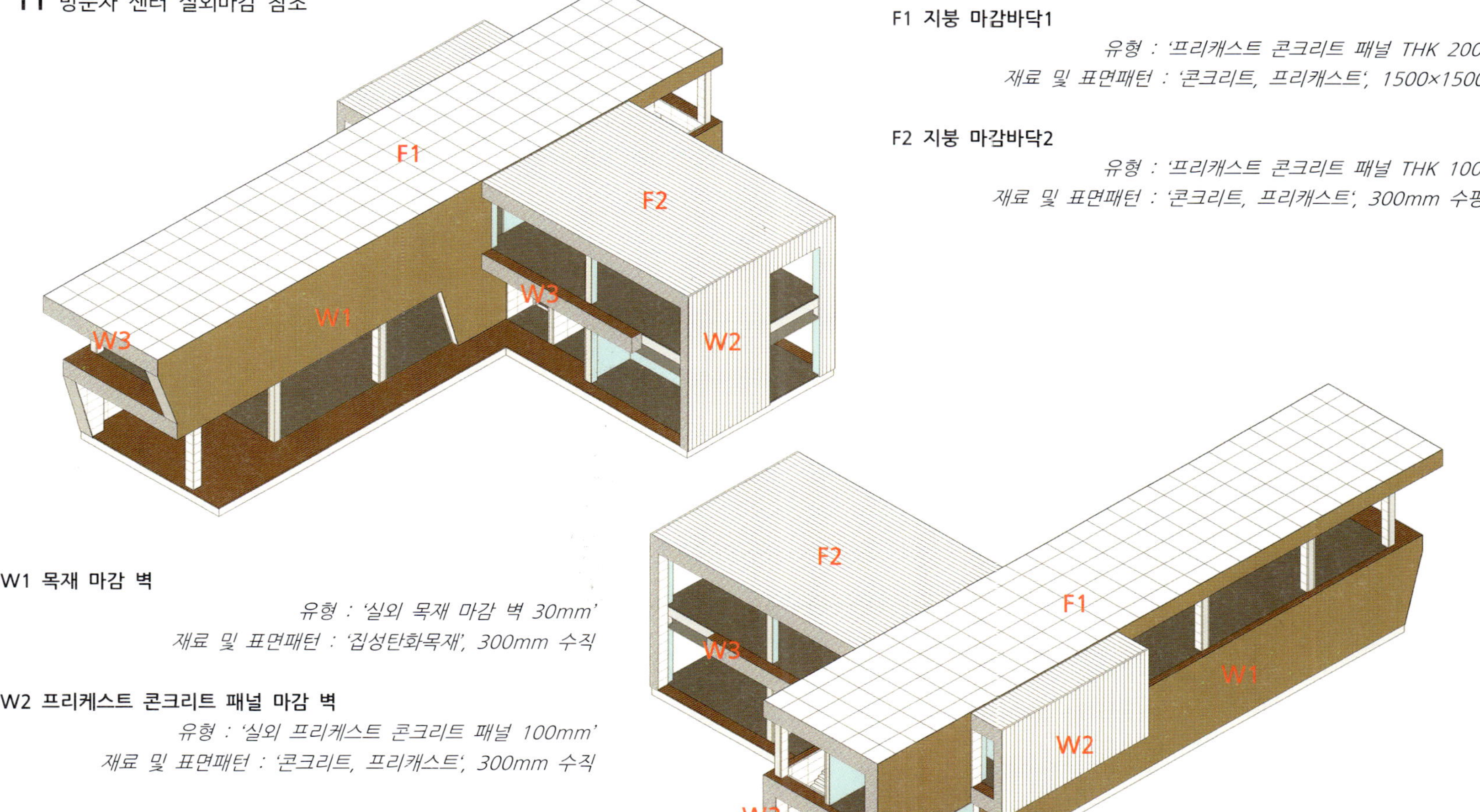

F1 지붕 마감바닥1

유형 : '프리캐스트 콘크리트 패널 THK 200'
재료 및 표면패턴 : '콘크리트, 프리캐스트', 1500×1500

F2 지붕 마감바닥2

유형 : '프리캐스트 콘크리트 패널 THK 100'
재료 및 표면패턴 : '콘크리트, 프리캐스트', 300mm 수평

W1 목재 마감 벽

유형 : '실외 목재 마감 벽 30mm'
재료 및 표면패턴 : '집성탄화목재', 300mm 수직

W2 프리케스트 콘크리트 패널 마감 벽

유형 : '실외 프리케스트 콘크리트 패널 100mm'
재료 및 표면패턴 : '콘크리트, 프리캐스트', 300mm 수직

W3 알루미늄시트 마감 벽

유형 : '실외마감 알루미늄시트 30mm'
재료 및 표면패턴 : '알루미늄시트', 100mm 수평

LESSON 32 커튼월 작성 기초

‘커튼월’은 ‘커튼월 그리드’와 ‘커튼월 멀리언’, ‘커튼월 패널’로 구성된 벽 유형입니다. ‘커튼월 그리드’는 ‘멀리언’이 설치된 위치를 규정하며, 그리드가 만드는 면에 ‘커튼월 패널’을 배치할 수 있습니다. 이번 과정에서는 진행 중이던 프로젝트의 커튼월 모델링 과정에 앞서 커튼월 작성 및 수정 방법에 관한 기본적인 사항을 설명하도록 하겠습니다.

Step 01 커튼월 작성 A : [유형 특성]의 설정 값을 사용한 작성 방법

01 새 프로젝트를 작성합니다. [새로 만들기] 〉 [프로젝트] 〉 [건축 템플릿] 선택합니다.

02 [1층 평면도]와 [3D] 뷰를 활성화 합니다.

03 [건축] 탭 〉 [빌드] 패널 〉 [벽] 클릭한 후 [특성] 대화상자의 유형을 ‘커튼월’로 변경합니다.

04 옵션막대의 ‘높이’를 ‘2층’ 설정한 후 아래 그림과 같이 좌측에서 우측으로 커튼월을 스케치합니다.

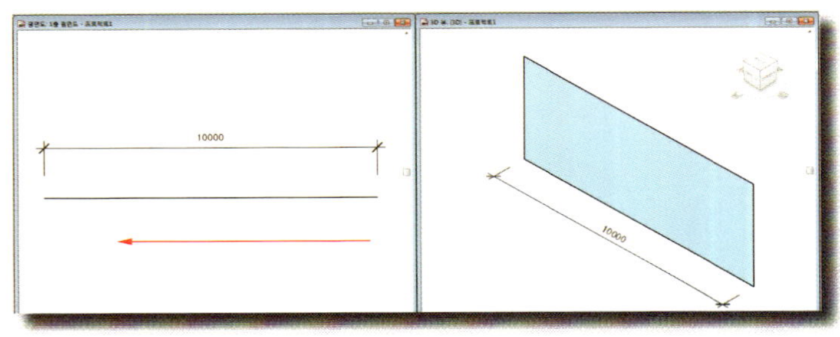

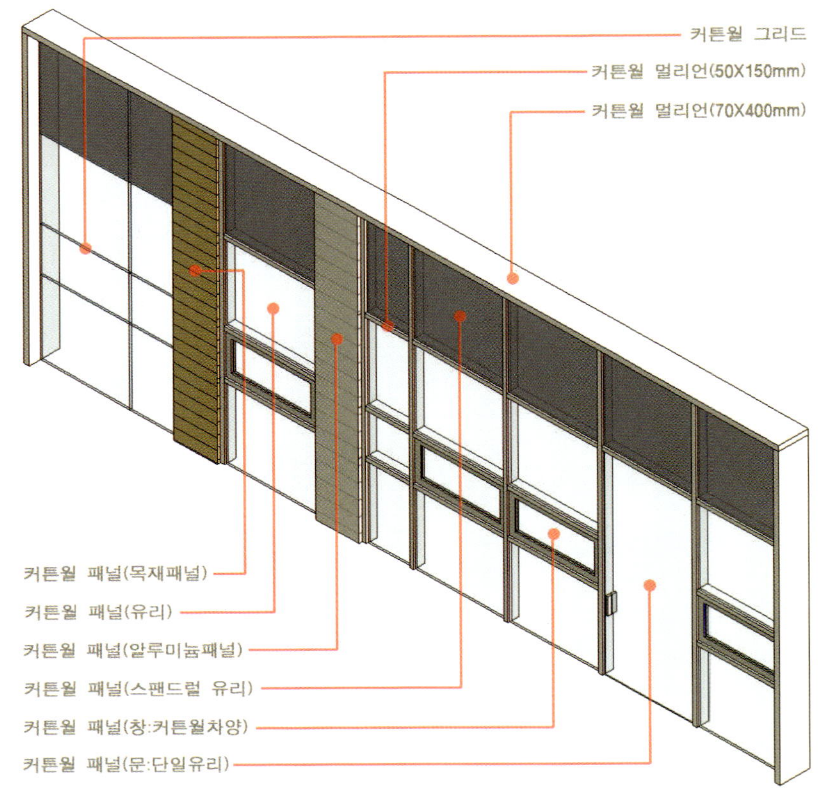

05 작성한 커튼월을 선택한 후 [유형 편집]을 클릭합니다.

06 [유형 특성] 대화상자 〉 매개변수의 '수직 그리드 패턴' 탭을 아래와 같이 변경 후 [적용]버튼을 클릭합니다.

커튼월의 멀리언 요소를 작성하기 전 멀리언이 배치될 '커튼월 그리드'를 작성하는 방법입니다.

a. 고정 거리 : 그리드 간의 거리가 입력한 '간격' 값이 되도록 그리드를 배치합니다.

('배치' : '고정 거리', '간격' : '1000')

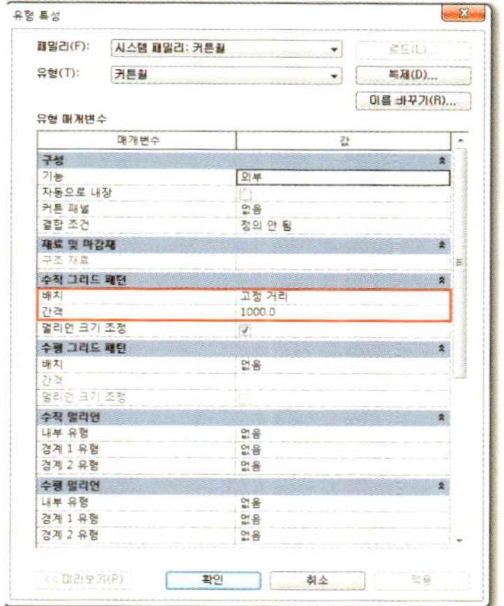

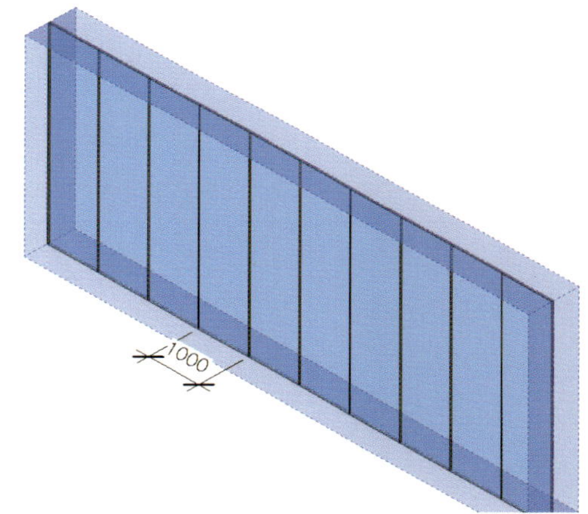

b. 고정 개수 : [특성] 창의 '수직 그리드 패턴' - '번호'에 입력된 수만큼 그리드를 균등하게 배치합니다.

(배치 : 고정 개수, [특성] 창 > '수직 그리드 패턴' : '7')

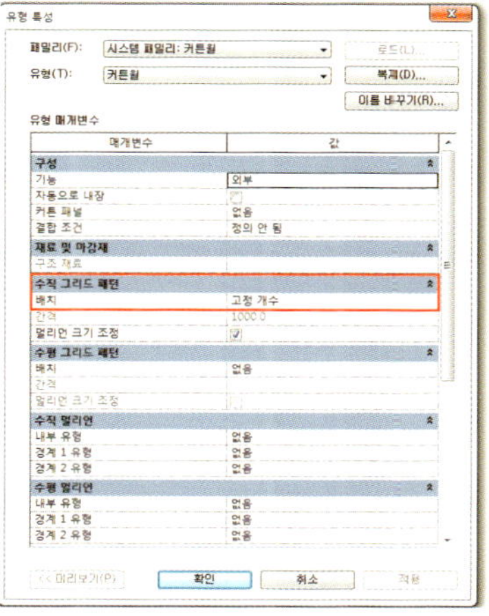

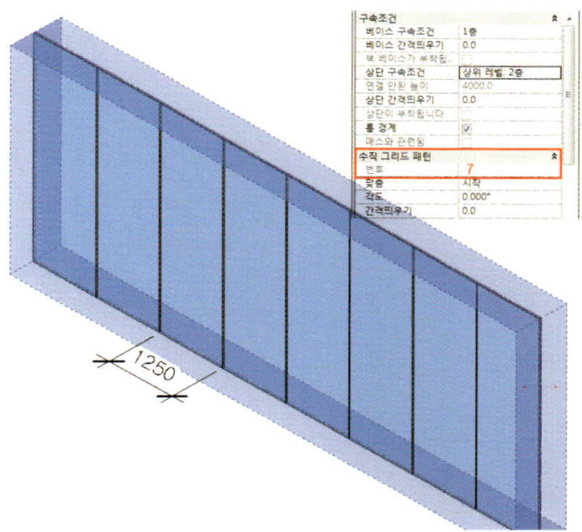

c. 최대 간격 : 그리드 간의 거리가 입력한 '간격' 값을 넘지 않도록 커튼월 전체 길이 내에서 균등하게 그리드를 배치합니다.

('배치' : '최대 간격', '간격' : '1700')

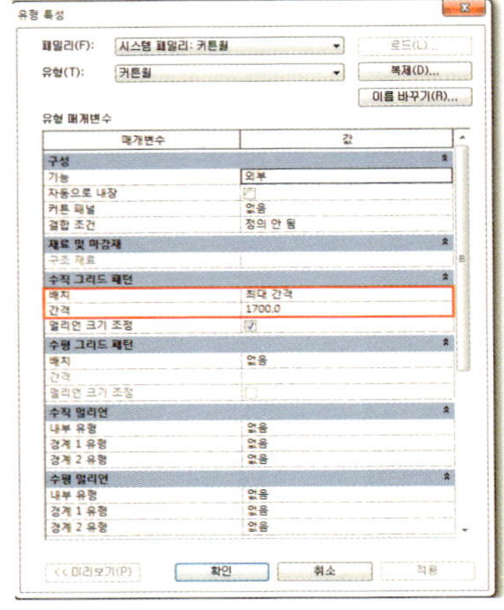

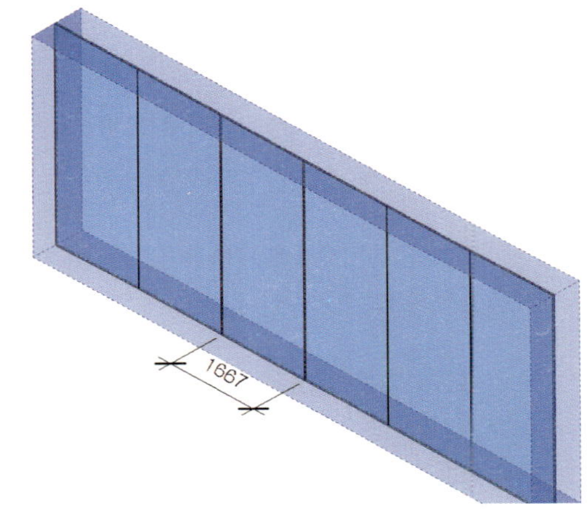

d. 최소 간격 : 그리드 간의 거리가 입력한 '간격' 값 이상이 되도록 커튼월 전체 길이 내에서 균등하게 그리드를 배치합니다.

('배치' : '최소 간격', '간격' : '1300')

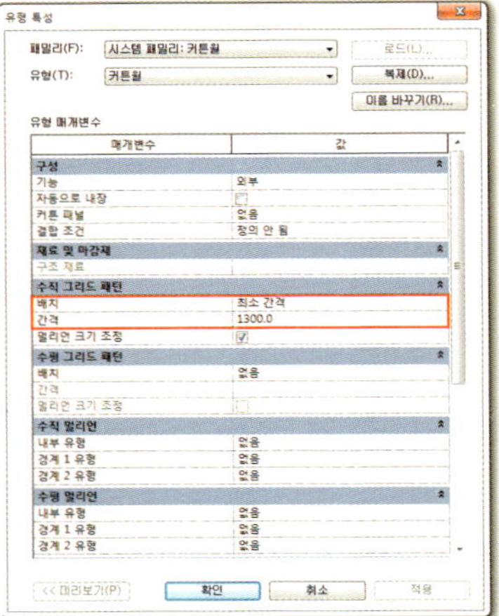

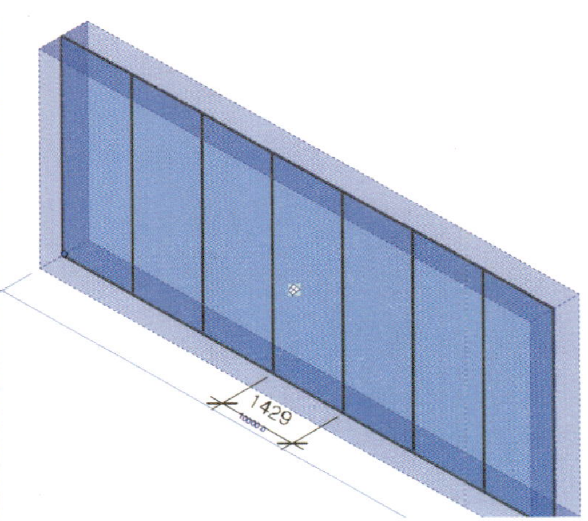

TIP

커튼월 [유형 특성]의 '매개 변수' 수정을 통한 '수평 그리드 패턴'의 작성 방법도 위와 동일합니다.

07 커튼월 선택 후 [유형 편집] 클릭합니다. [유형 특성] 대화상자 '수직 멀리언' 항목의 '내부유형'을 '직사각형 멀리언 : 50×150mm'로 변경합니다.

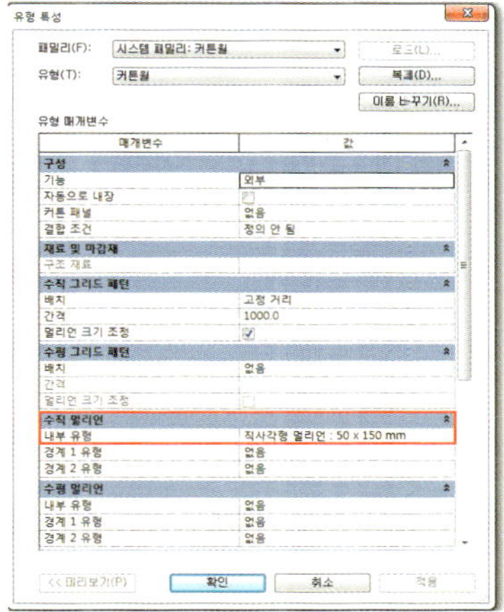

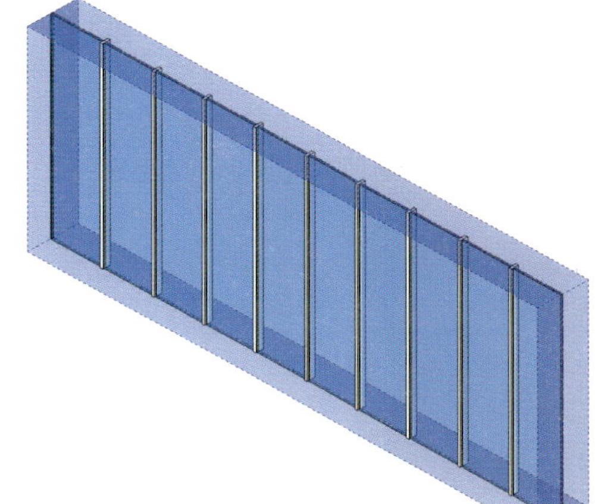

앞에서 작성한 '커튼월 그리드'에 '멀리언'을 배치하는 과정입니다. 커튼월의 가장 자리를 제외한 내부 그리드의 위치에 지정한 멀리언이 배치됩니다.

08 [유형 특성] 대화상자 '수직 멀리언' 항목의 '경계 1 유형' 및 '경계 2 유형' 을 '직사각형 멀리언 : 50×150mm'로 변경합니다.

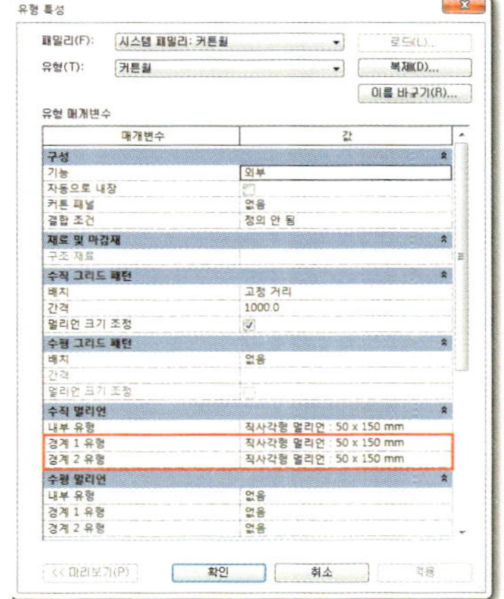

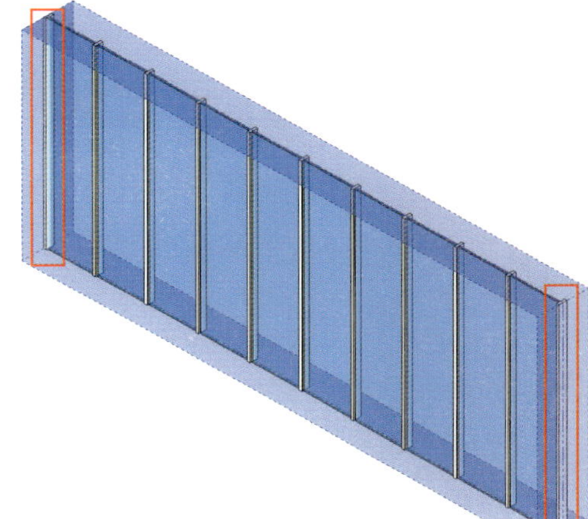

- 커튼월의 좌우 가장 자리 그리드의 위치에 지정한 멀리언이 배치됩니다.

- 커튼월 [유형 특성]의 '매개 변수' 수정을 통한 '수평 멀리언'의 작성 방법도 위와 동일합니다.

Step 02 커튼월 작성 B : [커튼그리드]와 [멀리언] 명령을 사용한 작성 방법

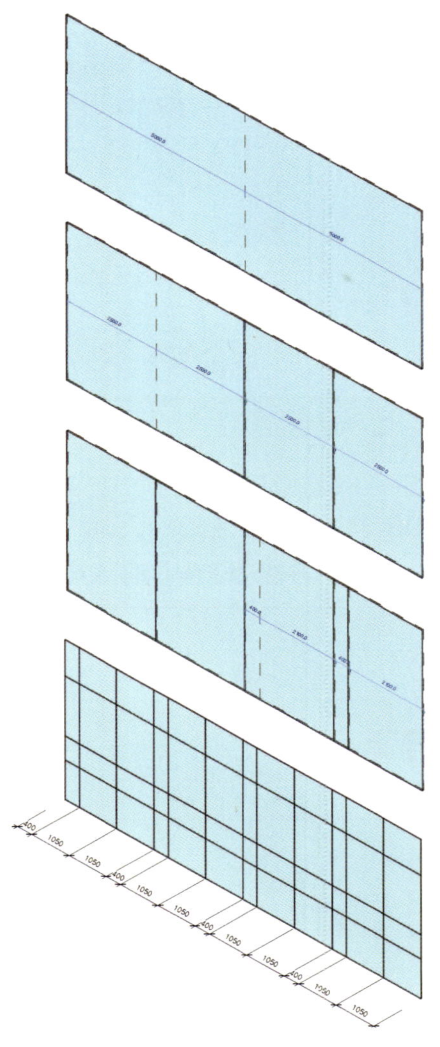

01 [건축] 탭 〉 [빌드] 패널 〉 [벽]을 클릭합니다. [특성] 대화상자의 유형을 '커튼월'로 변경한 후, 옵션막대의 '높이'를 '2층'으로 설정합니다.

02 그림과 같이 좌측에서 우측으로 커튼월을 스케치합니다.

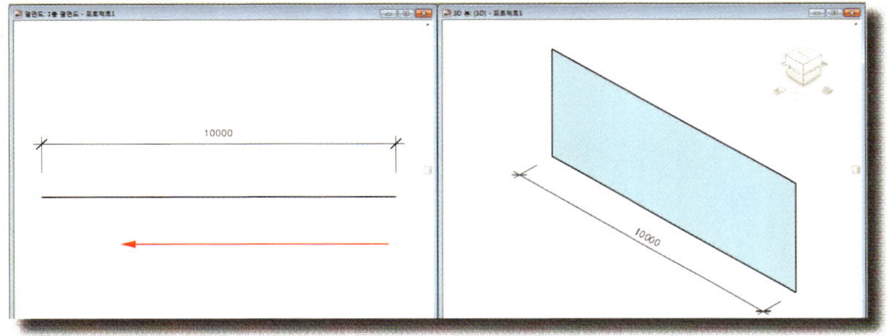

03 [건축] 탭 〉 [빌드] 패널 〉 [커튼 그리드]를 클릭합니다. [수정 | 배치 커튼월 그리드] 탭 〉 [배치] 패널 〉 [모든 세그먼트]를 선택합니다. 작성한 커튼월 위에 마우스 커서를 위치시키면 그리드가 만들어 질 위치에 치수 값과 함께 파선이 나타납니다.

04 마우스 왼쪽 버튼 클릭하여 커튼월 그리드를 작성합니다. 그리드가 배치될 위치에 나타나는 치수 값을 클릭하여 지정 값을 입력할 수 있습니다.

05 [건축] 탭 〉 [빌드] 패널 〉 [멀리언]을 클릭합니다. [수정 | 배치 멀리언] 탭 〉 [배치] 패널 〉 [그리드 선]을 클릭합니다.

06 [특성] 대화상자의 유형을 '직사각형 멀리언 50×150mm'으로 변경합니다. 커튼월의 내부에 작성된 그리드 위에 마우스 커서를 위치시킨 후 마우스를 클릭하면 멀리언이 배치됩니다.

07 [건축] 탭 〉 [빌드] 패널 〉 [멀리언]을 선택한 후 [유형 편집] 클릭합니다. [유형 특성] 대화상자에서 '100×500mm'으로 멀리언을 복제합니다.

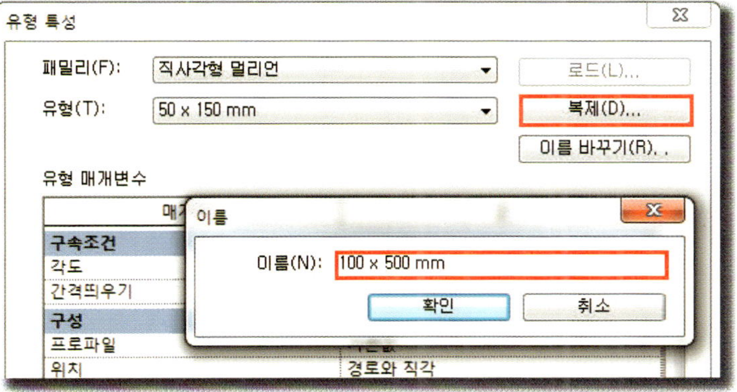

08 [유형 특성] 대화상자의 멀리언 '두께'와 '사이드 폭'에 각각 '500'과 '50'을 입력합니다.

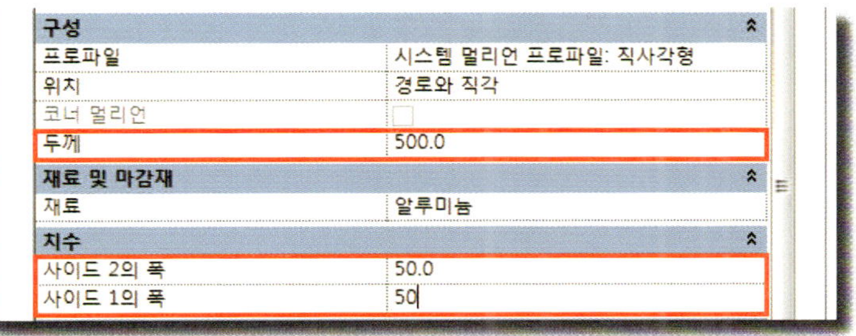

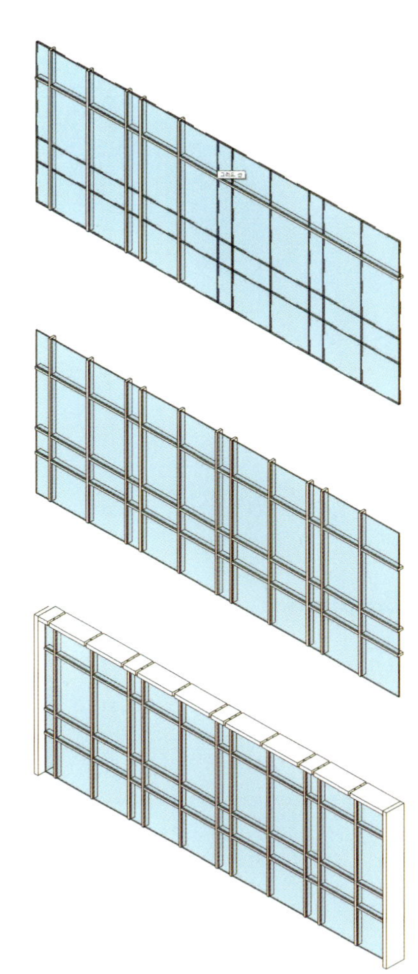

09 커튼월 경계에 마우스 커서를 위치시킨 후 클릭하여 멀리언을 배치합니다.

10 커튼월을 선택한 후 [유형 특성] 대화상자의 '결합 조건'을 '경계 및 수직 그리드 연속'으로 변경합니다.

유형 특성

패밀리(F): 시스템 패밀리: 커튼월 | 로드(L)...

유형(T): 커튼월 | 복제(D)...

이름 바꾸기(R)...

유형 매개변수

매개변수	값
구성	
기능	외부
자동으로 내장	☐
커튼 패널	없음
결합 조건	경계 및 수직 그리드 연속
재료 및 마감재	
구조 재료	

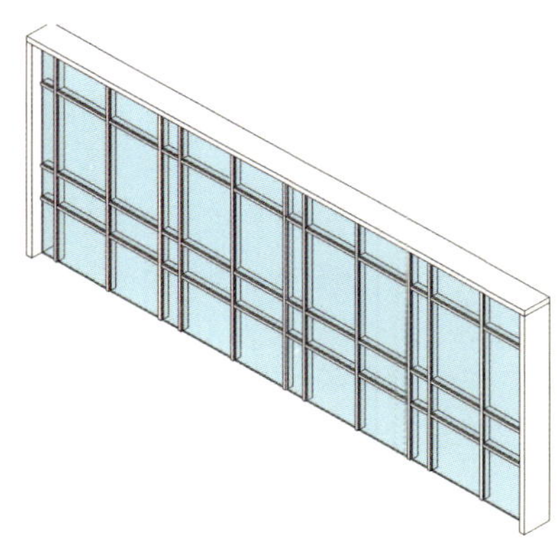

LESSON 33 커튼월 수정 및 편집

Step 01 '커튼월 그리드' 배치 및 편집

01 '커튼월 그리드' 배치

[건축] 탭 〉 [빌드] 패널 〉 [커튼 그리드]를 선택한 후 [수정 | 배치 커튼월 그리드] 패널 〉 [배치] 탭 내의 명령을 실행합니다.

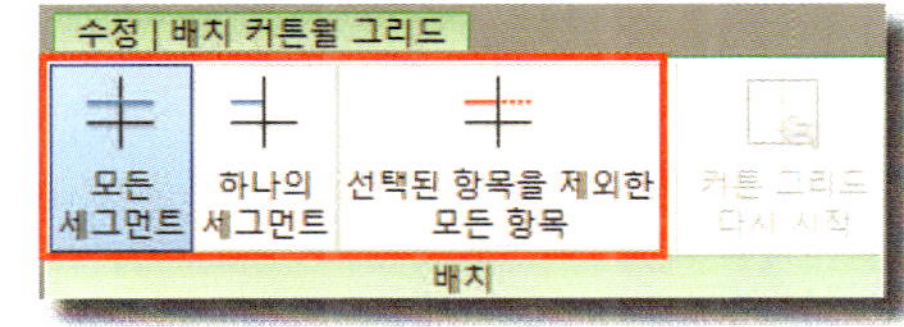

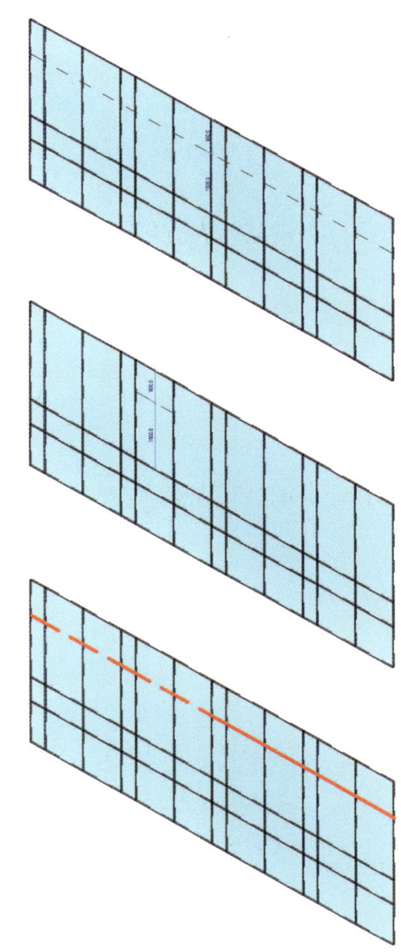

a. [모든 세크먼트] : 위쪽 그림과 같이 연속된 모든 세그먼트에 그리드가 배치됩니다.

b. [하나의 세그먼트] : 가운데 그림과 같이 선택한 하나의 세그먼트에만 그리그가 배치됩니다.

c. [선택된 항목을 제외한 모든 항목] : 아래 그림과 같이 연속된 세그먼트에서 선택한 세그먼트만 제외되고 그리드가 배치됩니다.

02 배치된 '커튼월 그리드'의 편집

a. 편집할 '커튼 그리드'를 선택합니다.

b. [수정 | 커튼월 그리드] 탭 > [커튼월 그리드] 패널 > [세그먼트 추가/제거]를 클릭합니다.

c. 제거할 '커튼 그리드'의 세그먼트를 선택합니다.

d. a-c의 과정을 반복하여 그림과 같이 '커튼 그리드'를 편집합니다.

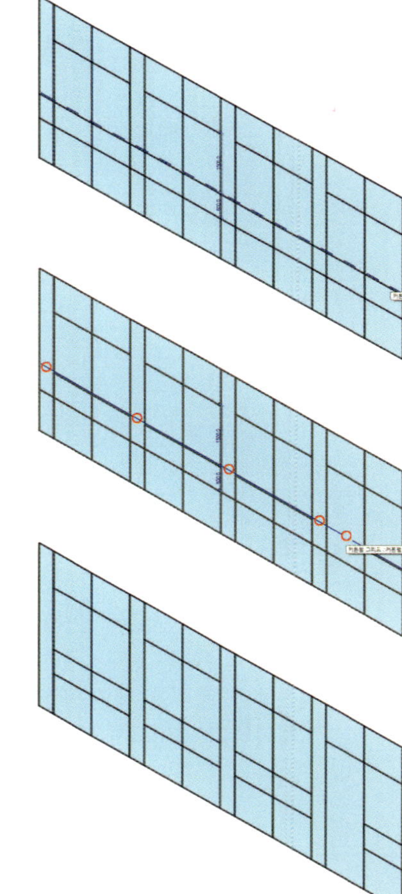

TIP

[세그먼트 추가/제거] 명령을 이용한 '커튼 그리드' 편집은 선택한 그리드의 연속된 세그먼트에서만 가능합니다. 행과 열이 다른 그리드는 위의 방법을 반복적으로 사용하여 편집 가능합니다.

Step 02 '커튼월 멀리언' 배치 및 수정

01 '커튼월 멀리언' 배치

[건축] 탭 〉 [빌드] 패널 〉 [멀리언]을 클릭한 후 [수정 | 배치 멀리언] 패널 〉 [배치] 탭 내의 명령을 실행합니다.

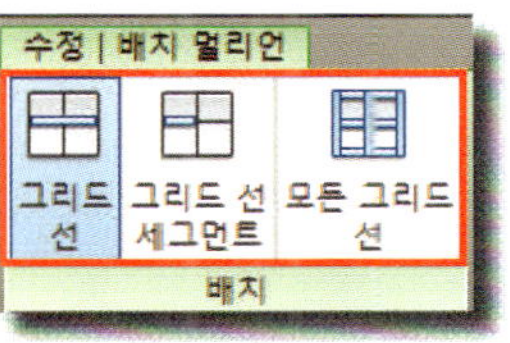

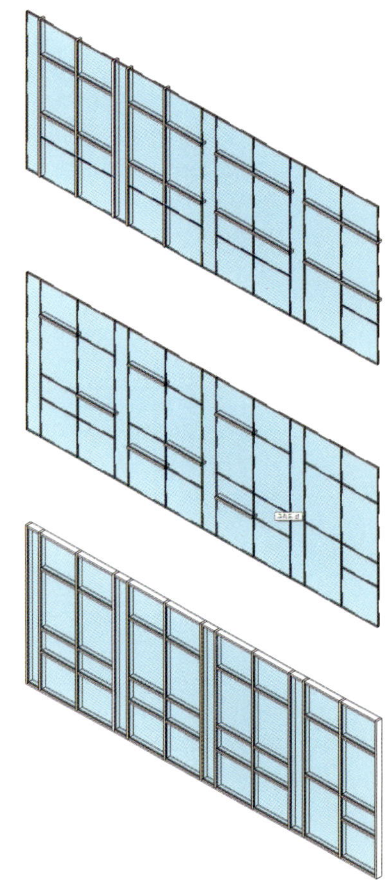

a. [그리드 선] : 위쪽 그림과 같이 연속된 하나의 그리드에 멀리언이 배치됩니다.

b. [그리드 선 세그먼트] : 가운데 그림과 같이 선택한 하나의 그리드 세그먼트에만 멀리언이 배치됩니다.

c. [모든 그리드 선] : 아래쪽 그림과 같이 커튼월의 모든 그리드 세그먼트에 멀리언이 배치됩니다.

02 '커튼월 멀리언' 수정

a. 수정할 '커튼월 멀리언'을 선택합니다.

TIP

예제에서는 커튼월 외곽의 경계부분 선택합니다. 화면 뷰 조정과 '[필터] 명령', 'Ctrl 키를 이용한 중복 선택', '마우스 드래그 + Ctrl키를 이용한 중복 선택' 방법 등을 사용하여 수정할 멀리언을 선택합니다.

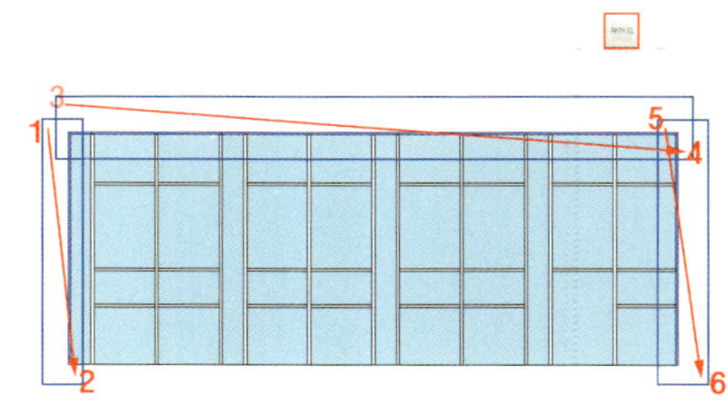

b. [유형 특성] 대화상자에서 수정할 멀리언을 [복제]한 후 '두께' 및 '치수' 매개 변수 값을 수정합니다.

TIP

멀리언 [유형 특성] 대화상자의 '각도', '간격 띄우기', '프로파일' 등 다양한 매개변수 값을 수정하여 멀리언 형태 및 속성을 수정할 수 있습니다.

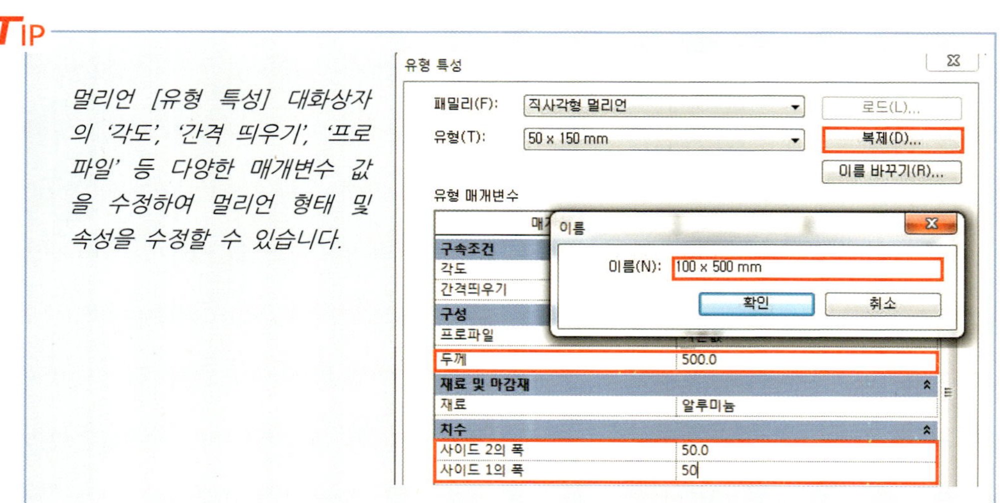

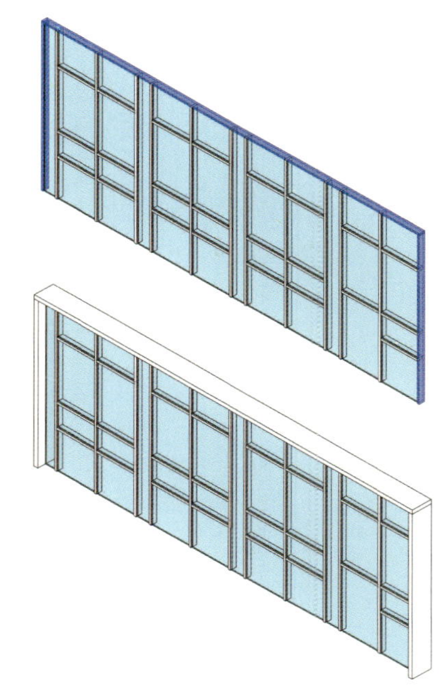

c. 커튼월 선택 후 [유형 특성] 대화상자의 '결합 조건'을 '경계 및 수직 그리드 연속'으로 변경합니다.

03 '커튼월 멀리언' 이동

선택한 멀리언은 [마우스 드래그] 또는 [이동] 명령을 사용하여 원하는 위치로 수정이 가능합니다.

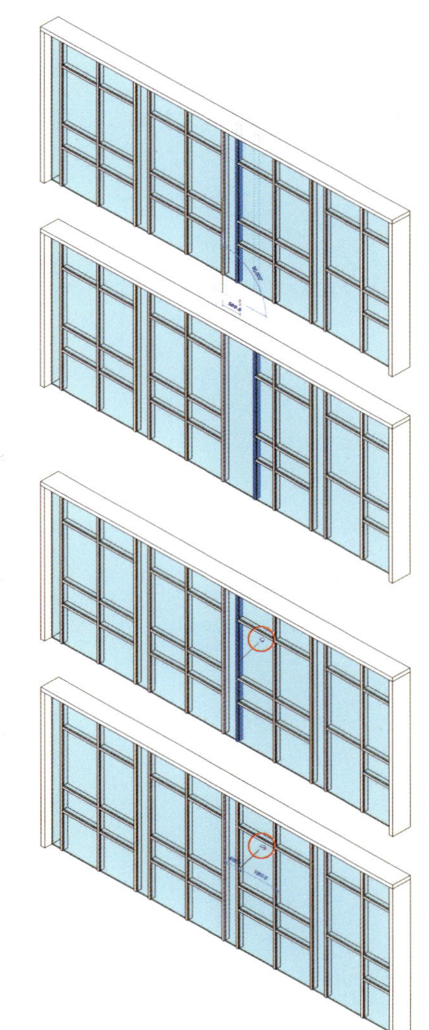

TIP

그림과 같이 '핀'이 고정되어 있는 상태에서는 멀리언의 이동이 불가능 합니다. 마우스로 '핀'을 클릭하여 고정을 해제한 후 멀리언의 이동이 가능합니다.

다수의 중복된 핀을 동시에 해제할 때는 [수정 | 다중 선택] 패널 > [수정] 탭 > [잠금 해제] 명령을 사용합니다. 또한 [잠금 해제] 명령 아래에 위치한 [핀] 명령을 사용하여 다수의 중복된 객체를 고정할 수 있습니다.

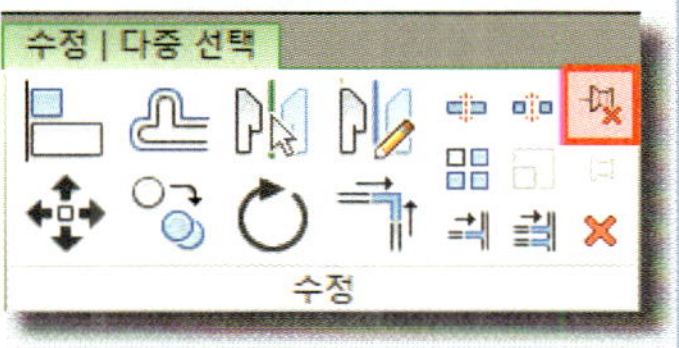

Step 03 ‘커튼월 패널’ 수정 A

01 ‘3D’ 뷰 시점을 정면도로 전환한 후 수정할 패널 영역을 마우스 드래그 하여 선택합니다.

02 [필터] 명령을 사용하여 선택된 객체 중 ‘커튼월 패널’만 선택합니다.

03 [유형 특성] 대화상자에서 ‘스팬드럴 유리’로 유형을 복제합니다.

04 ‘유리, 주조, 회색’ 재료를 선택한 후 [그래픽] 탭의 투명도를 변경합니다.

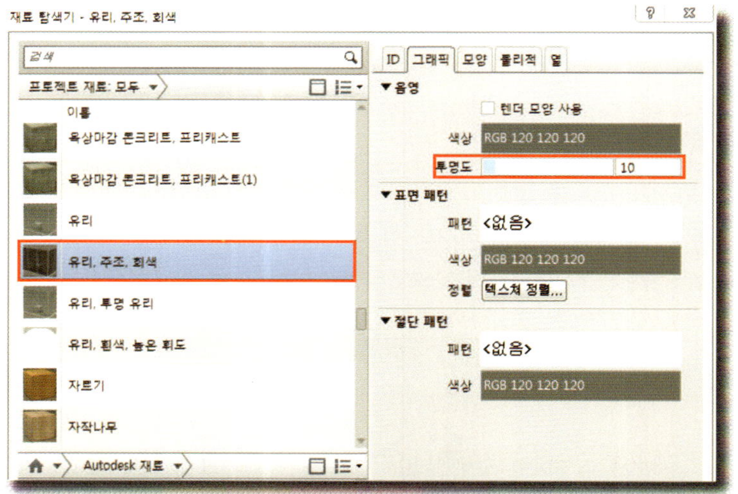

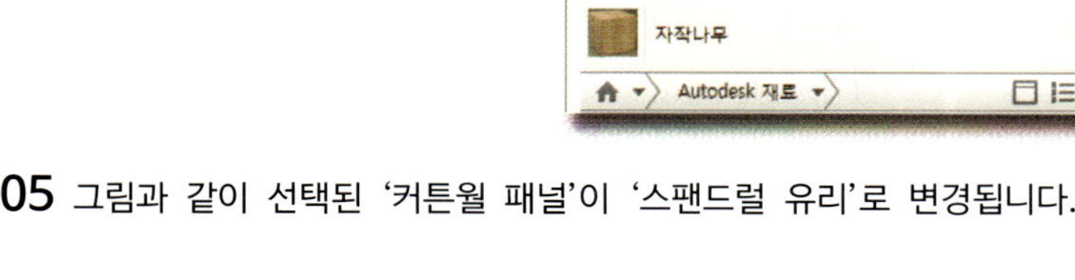

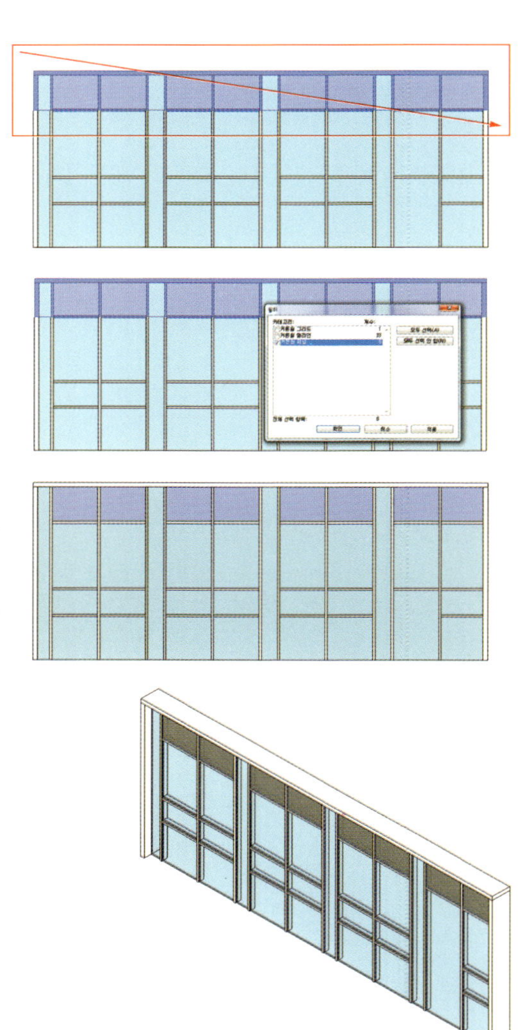

05 그림과 같이 선택된 ‘커튼월 패널’이 ‘스팬드럴 유리’로 변경됩니다.

Step 04 '커튼월 패널' 수정 B

01 마우스 커서를 선택할 수직 패널 근처에 위치시킨 후 tab 키를 눌러 활성화되면 왼쪽 버튼을 클릭하여 선택합니다. ctrl 키와 tab 키를 이용하여 그림의 수직 패널들을 선택합니다. (마우스 드래그와 [필터] 명령을 사용한 선택도 가능합니다.)

02 수정할 패널들을 선택한 후 [유형 특성] 대화상자에서 '알루미늄 시트'로 유형을 복제합니다. 복제한 패널의 '두께' 값을 '200'으로 변경합니다.

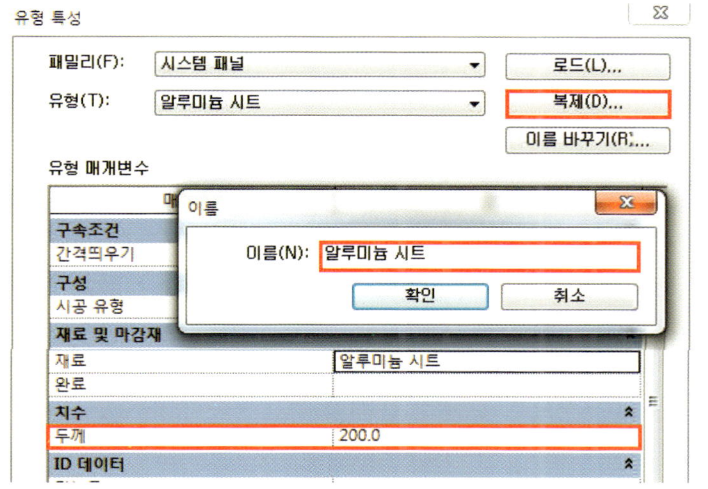

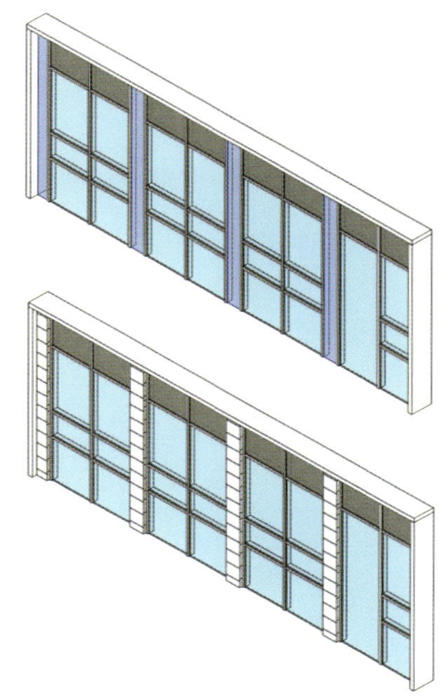

03 [재료 탐색기]에서 앞에서 작성한 '알루미늄 시트' 재료를 선택하여 복제합니다. 복재된 재료의 표면패턴을 '300mm 수평'으로 수정합니다.

04 그림과 같이 선택된 '커튼월 패널'이 '알루미늄 시트'로 변경됩니다.

Step 05 '커튼월 패널' 수정 C

01 그림의 커튼월 패널 선택 후 [유형 편집]을 클릭합니다. [유형 특성] 대화상자의 [로드] 버튼을 클릭하여 [열기] 대화상자의 '커튼월 패널' 폴더 〉 '문' 폴더 〉 '커튼월 단일 유리.rfa' 패밀리를 선택합니다. 그림과 같이 선택한 패널이 '커튼월 단일 유리' 문으로 변경됩니다.

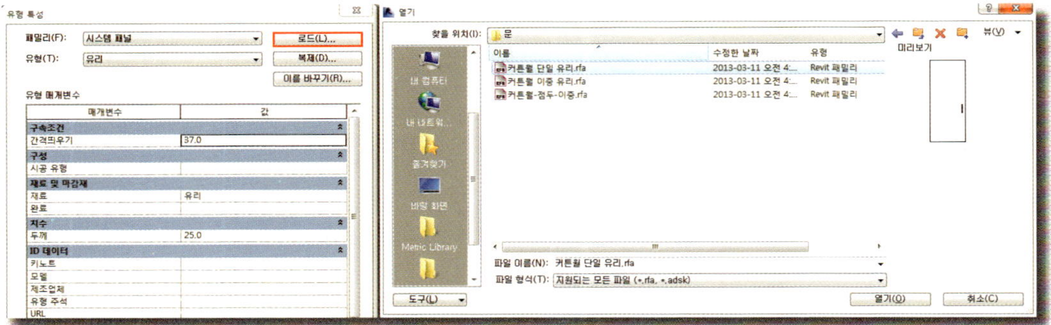

02 그림의 커튼월 패널 선택 후 [유형 편집]을 클릭합니다. [유형 특성] 대화상자의 [로드] 버튼을 클릭하여 [열기] 대화상자의 '창' 폴더 〉 '커튼월 차양.rfa' 패밀리를 선택합니다. 그림과 같이 선택한 패널이 '커튼월 차양' 창으로 변경됩니다.

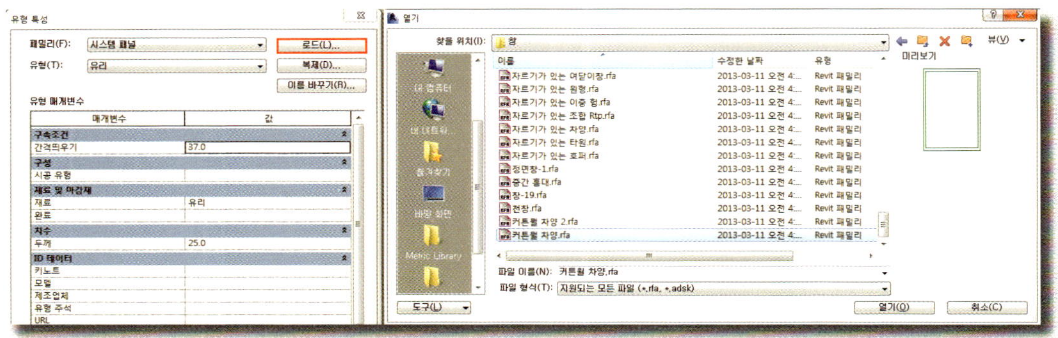

LESSON 34 방문자센터 커튼월 모델링

Step 01 1층 커튼월 배치

01 '1층 평면도'를 활성화한 후 [건축] 탭 〉 [빌드] 패널 〉 [벽]을 클릭합니다. [특성] 대화상자에서 '커튼월' 유형을 선택합니다. [유형 특성] 대화상자에서 '카페테리아 커튼월'로 커튼월 유형을 복제합니다.

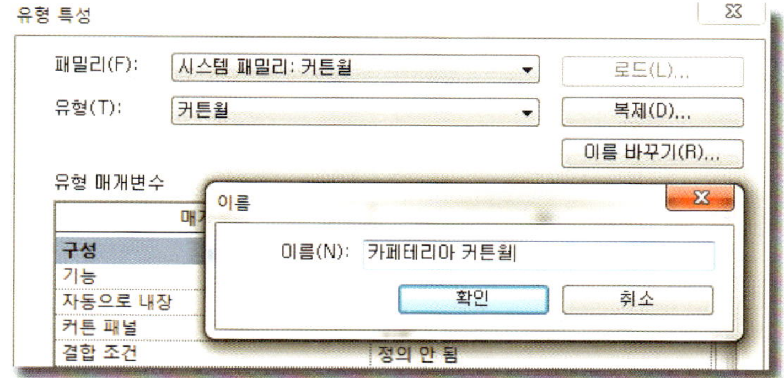

02 [특성] 대화상자의 '베이스 간격띄우기'에 '100'을 입력합니다. '상단 구속조건'은 미연결, '연결 안된 높이'는 '4300'으로 변경합니다.

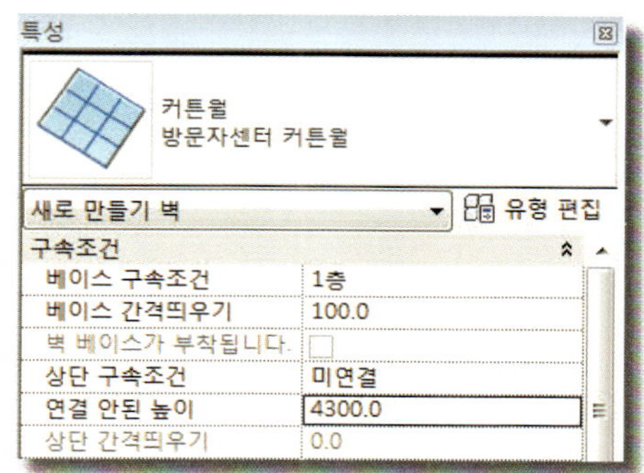

03 그림의 스케치 진행 방향을 참고하여 카페테리아 커튼월을 작성합니다.

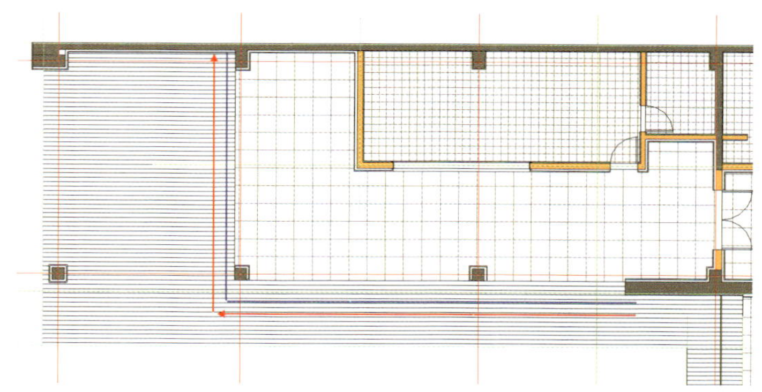

04 '3D' 뷰에서 작성된 커튼월을 확인합니다.

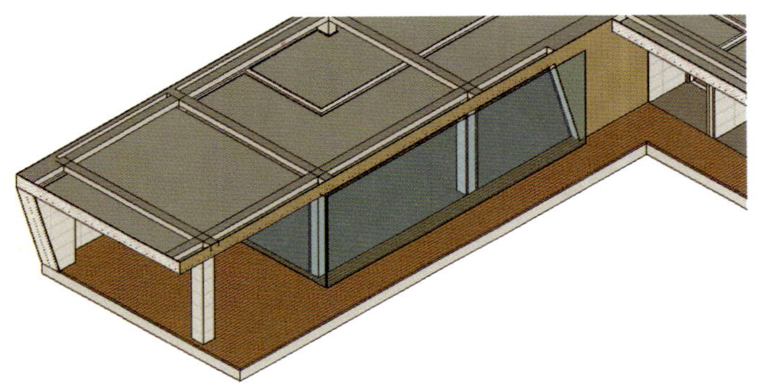

Step 02 커튼월 정렬

01 1층 평면도를 활성화한 후 [건축] 탭 〉 [빌드] 패널 〉 [커튼 그리드]를 클릭합니다.

02 그림과 같이 기둥의 중심선에 맞춰 '커튼 그리드'를 배치한 후 좌우 300 위치에 '커튼 그리드'를 배치합니다.

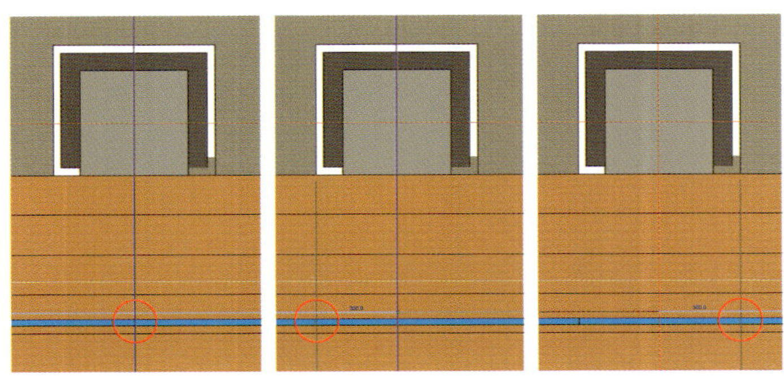

03 처음에 작성한 중앙의 '커튼 그리드'를 선택한 후 키보드 delete 키를 눌러 삭제합니다.

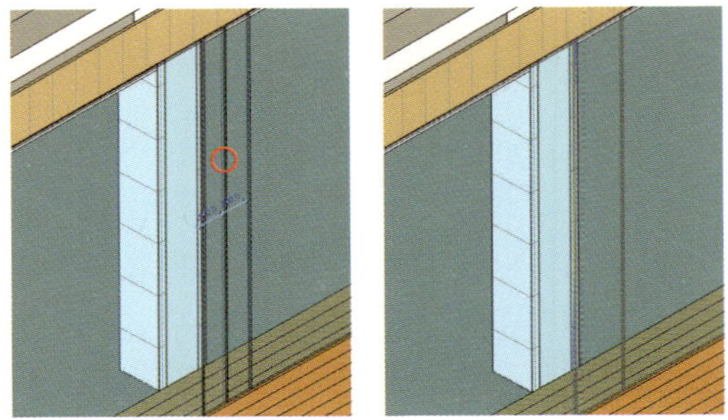

04 [건축] 탭 〉 [빌드] 패널 〉 [멀리언]을 클릭한 후 [특성] 대화상자에서 '직사각형 멀리언 50×150mm' 유형을 선택합니다.

05 [수정 | 배치 멀리언] 패널 〉 [배치] 탭 〉 [그리드 선]을 클릭한 후 앞에서 작성한 '커튼 그리드'를 선택하여 '멀리언'을 배치합니다.

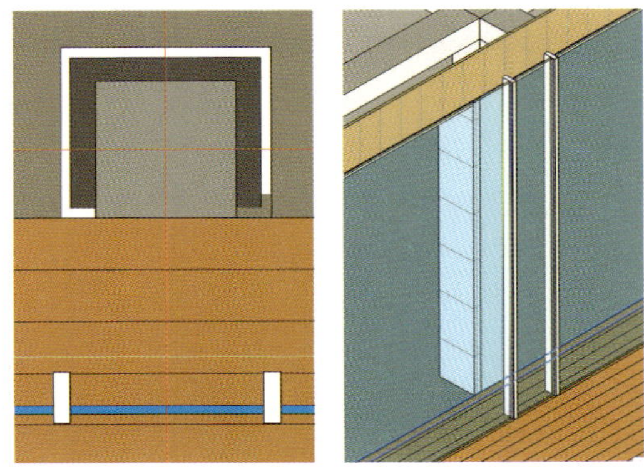

06 작성된 커튼월(a)을 선택한 후 [이동] 버튼을 클릭합니다.

07 앞에서 작성한 멀리언의 중간점(b)을 클릭한 후 일직선상에 위치한 기둥코너(c)를 선택하여 커튼월을 이동시킵니다.

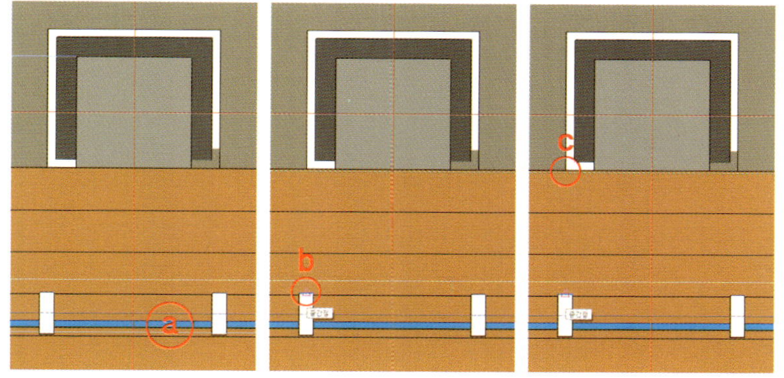

08 그림과 같이 커튼월이 이동됩니다. '3D' 뷰를 활성화하여 이동된 결과를 확인하도록 합니다.

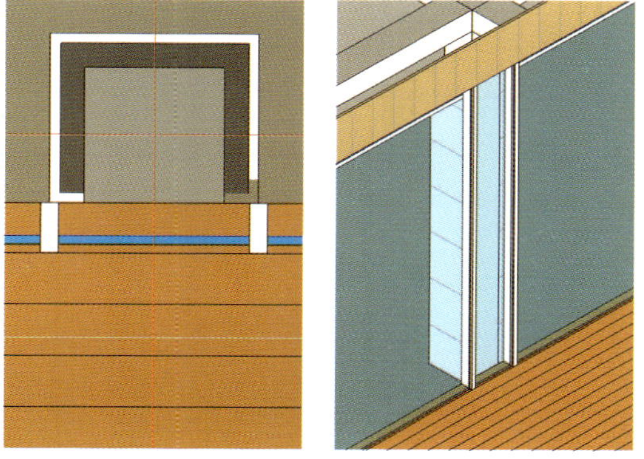

09 이상과 같은 방법으로 카페테리아 서측 커튼월도 정렬합니다.

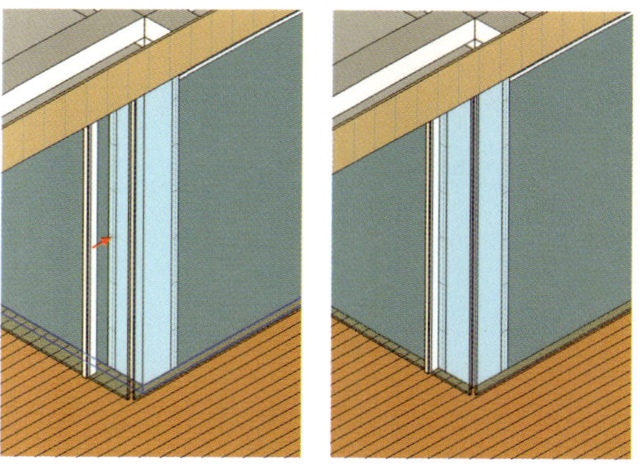

Step 03 커튼월 프로파일 편집

01 카페테리아 남측 커튼월을 선택한 후 [수정 | 벽] 탭 〉 [모드] 패널 〉 [프로파일 편집]을 클릭합니다.

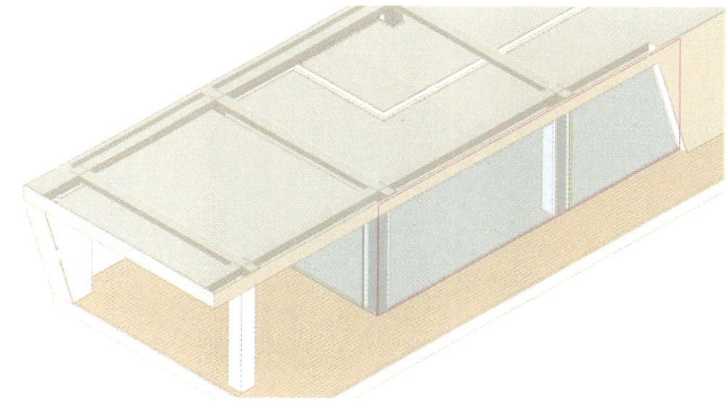

02 뷰의 시점을 정면으로 전환하여 그림과 같이 벽 프로파일을 편집한 후 ✔ [완료] 버튼을 클릭합니다.

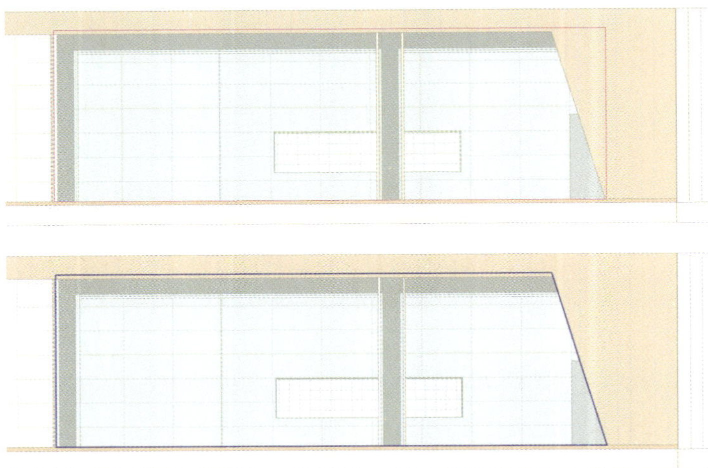

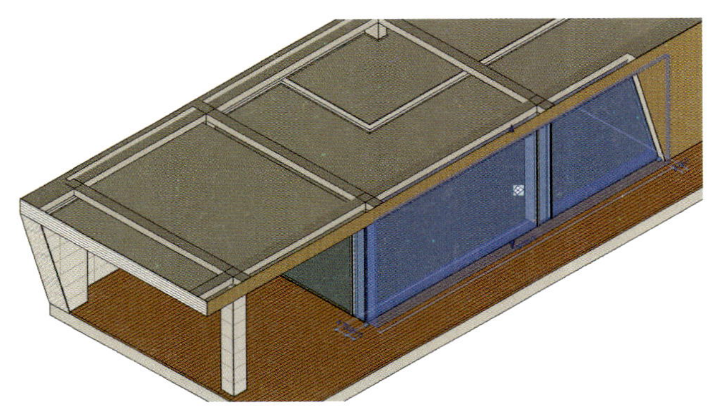

Step 04 커튼월 그리드 작성

01 커튼 그리드 작성을 효율적으로 진행하기 위해 대상 커튼월만 분리하여 작업을 진행하도록 합니다. 카페테리아 남측 커튼월을 선택한 후 뷰 조절 막대의 'ㅇ' '임시 숨기기/분리' 〉 '요소 분리'를 클릭합니다. 뷰 시점을 정면도로 전환합니다.

02 [건축] 탭 〉 [빌드] 패널 〉 [커튼 그리드]를 클릭합니다. [수정 | 배치 커튼월 그리드] 탭 〉 [배치] 패널 〉  [모든 세그먼트]를 선택합니다.

03 마우스 커서를 (a) 위치로 이동하면 커튼 그리드가 작성될 선이 나타납니다. 커튼 그리드(b)가 기둥 끝선과 일직선상에 작성되도록 커튼월 좌측으로부터 '600' 간격으로 배치합니다.

TIP

마우스 커서 위치 시 필요한 간격이 표시되지 않으면, 임의로 커튼 그리드를 배치한 후 치수를 직접 입력하여 간격을 조절합니다.

04 마우스 커서를 (c) 근처에 위치시키면 앞에서 작성한 (b)와 (d) 커튼 그리드 간격의 이등분선에 위치할 커튼 그리드(e)를 작성할 수 있습니다.

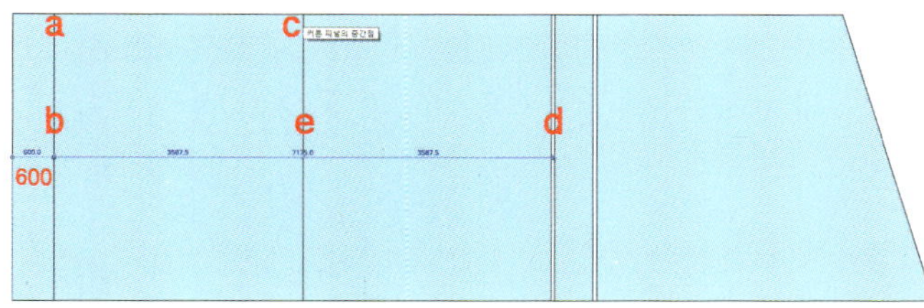

TIP

앞에서 작성한 (b(와 (d) '커튼 그리드'는 기존 패널을 분할하며 '(b)-(d)'의 너비를 지닌 '커튼 패널'을 새롭게 생성합니다. 마우스 커서를 (c) 근처에 위치시키면 새롭게 생성된 '커튼 패널'의 중간점을 기준으로 '커튼 그리드'가 배치될 위치를 표시합니다.

05 마우스 커서를 (f) 근처에 위치시킨 후 (b)와 (e) 커튼 그리드 간격의 이등분선에 위치할 커튼 그리드(g)를 작성합니다.

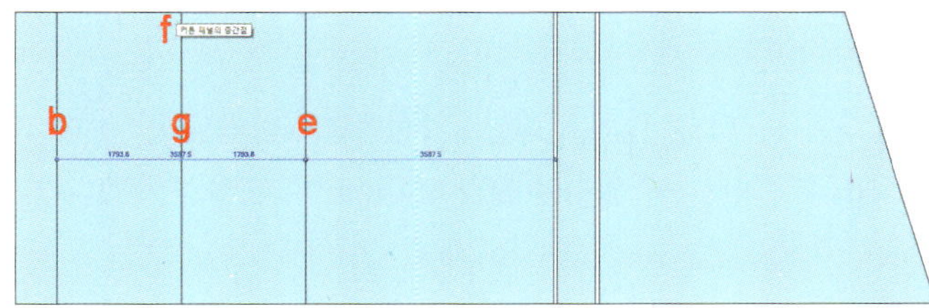

06 이상과 같은 방법으로 '커튼 패널'을 분할하는 수직 '커튼 그리드'를 아래와 같이 작성합니다.

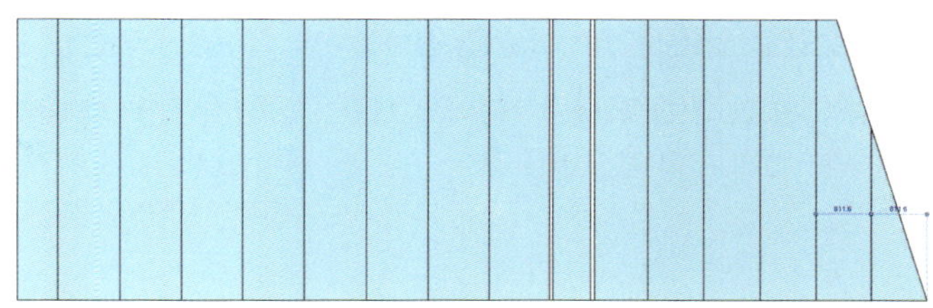

07 마우스 커서를 수직 '커튼 그리드'(a) 위쪽에 위치시키면, 그림과 같이 수평 '커튼 그리드'가 배치될 위치가 표시됩니다. 커튼월 하단으로 부터 '600' 간격으로 배치되도록 수평 '커튼 그리드'를 작성합니다.

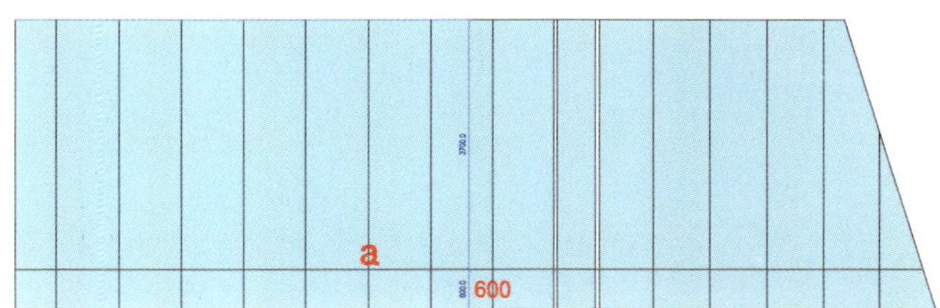

08 다음 그림의 간격을 참고하여 수평 '커튼 그리드'를 작성합니다.

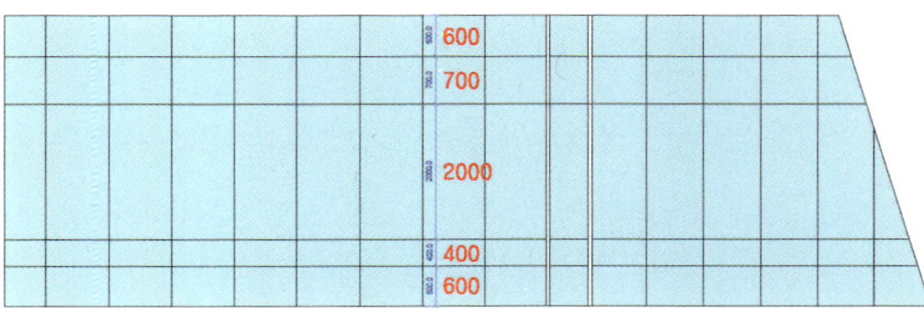

09 편집할 '커튼 그리드'(a)를 선택합니다. [수정 | 커튼월 그리드] 탭 〉 [커튼월 그리드] 패널 〉 [세그먼트 추가/제거]를 클릭합니다. 제거할 '커튼 그리드'의 세그먼트 (b), (c) 를 선택합니다.

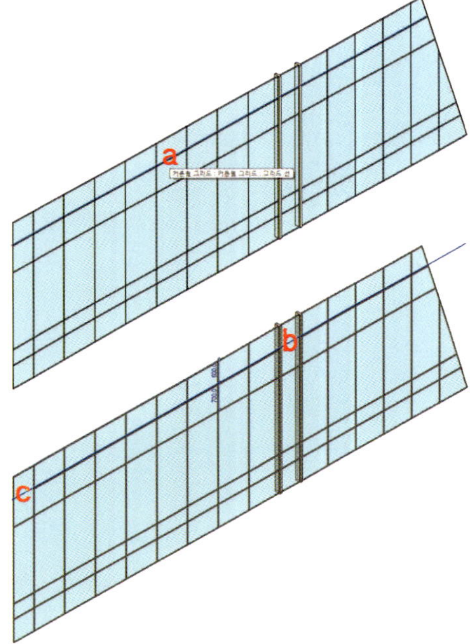

10 작업화면의 빈 공간을 클릭하면 선택한 '커튼 그리드'의 세그먼트가 삭제된 것을 확인할 수 있습니다. [세그먼트 추가/제거]를 이용하여 가로 '커튼 그리드'를 순차적으로 편집합니다.

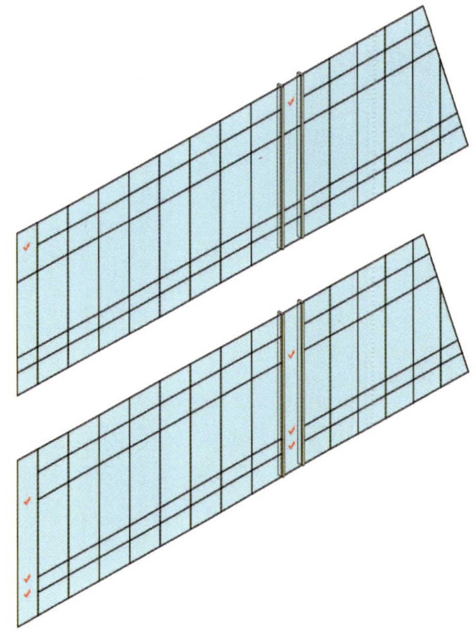

Step 05 커튼월 멀리언 작성

01 [건축] 탭 〉 [빌드] 패널 〉 [멀리언]을 클릭한 후 [특성] 대화상자에서 '직사각형 멀리언 50×150mm' 유형을 선택합니다.

02 [수정 | 배치 멀리언] 패널 〉 [배치] 탭 〉 [그리드 선]을 클릭합니다.

03 커튼월 안쪽의 가로 세로 '커튼 그리드'를 순차적으로 선택하여 '멀리언'을 배치합니다.

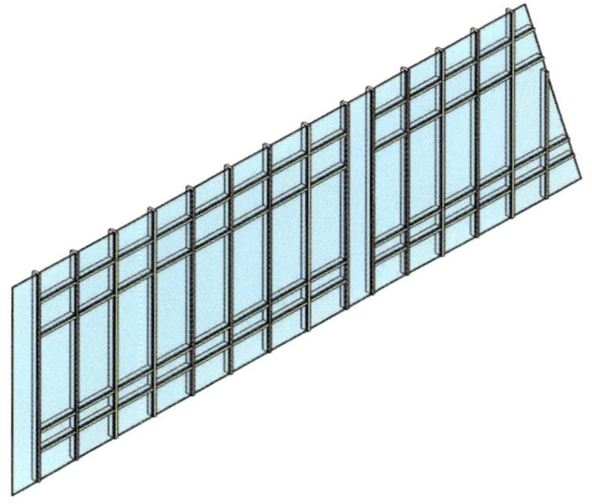

04 [특성] 대화상자에서 '4중 멀리언' 유형을 선택한 후 좌측 끝 '커튼 그리드'에 배치합니다.

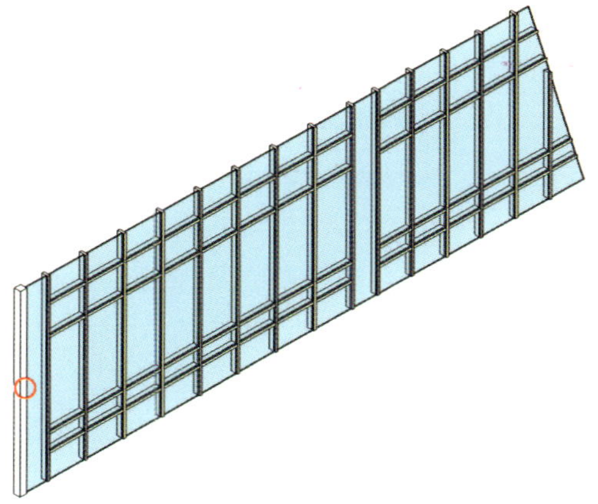

05 [유형 특성] 대화상자에서 '50×300mm' 으로 직사각형 멀리언 유형을 복제한 후 두께 값을 '300'으로 수정합니다. 커튼월 위쪽과 오른쪽 경계에 멀리언을 배치합니다.

유형 특성
패밀리(F): 직사각형 멀리언
유형(T): 50 x 100 mm
로드(L)...
복제(D)...
이름 바꾸기(R)...
유형 매개변수
구속조건
각도
간격띄우기
구성
프로파일
위치 경로와 직각
코너 멀리언
두께 300.0
이름
이름(N): 50 x 300 mm
확인
취소

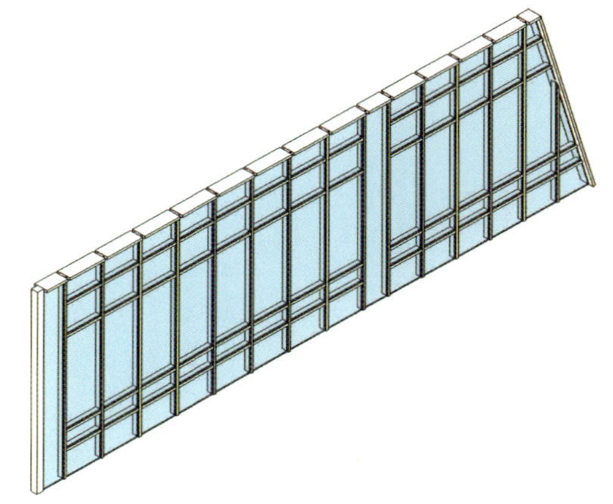

06 커튼월을 선택한 후 [유형 특성] 대화상자의 결합조건을 '경계 및 수직 그리드 연속'으로 변경합니다.

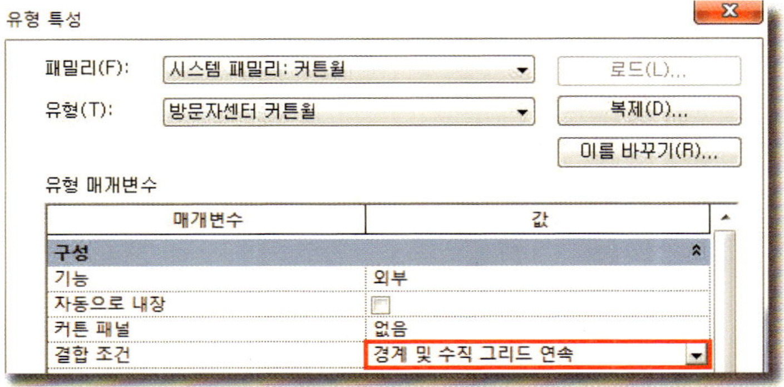

07 그림과 같이 커튼월 경계 부분의 멀리언이 수정됩니다.

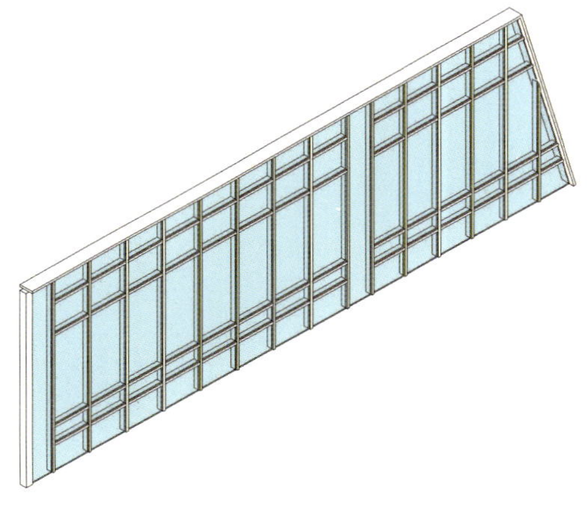

Step 06 커튼월 패널 작성

01 '3D' 뷰 시점을 정면도로 전환한 후 그림의 패널 영역을 마우스 드래그 하여 선택합니다.

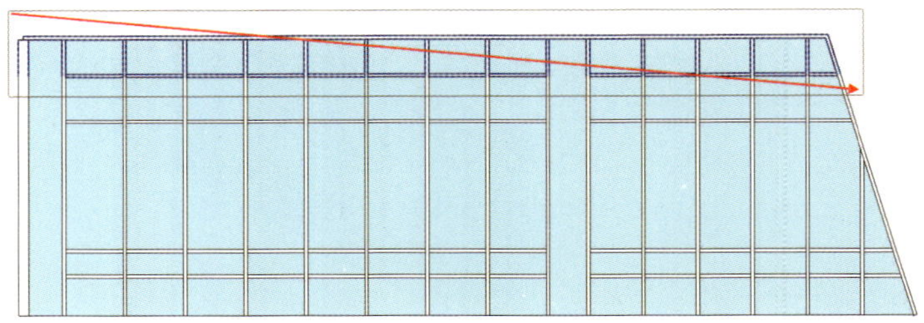

02 [필터] 명령을 사용하여 선택된 객체 중 '커튼월 패널'만 선택합니다.

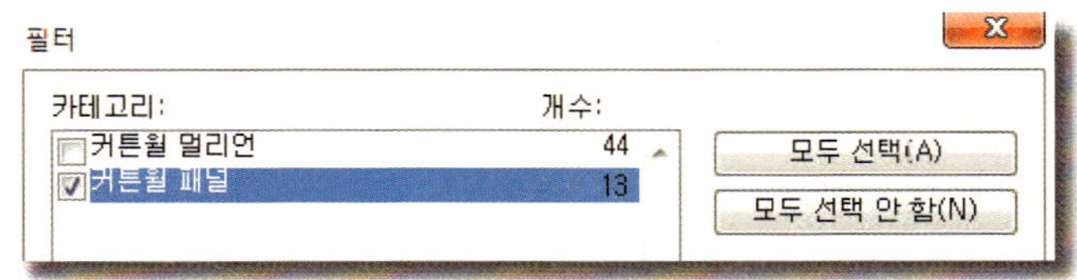

03 [유형 특성] 대화상자에서 '스팬드럴 유리'로 유형을 복제한 후 재료를 '스팬드럴 유리'로 변경합니다.

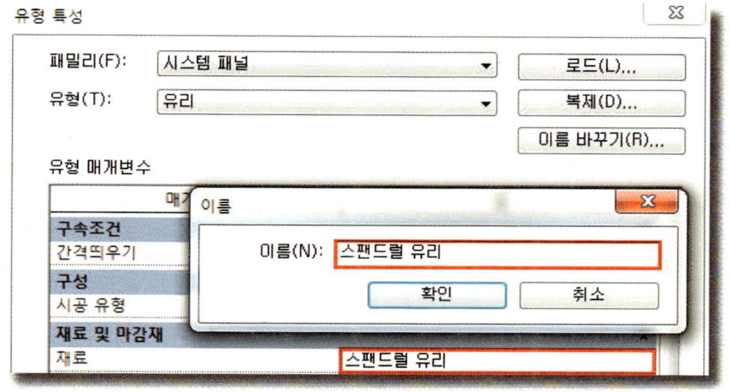

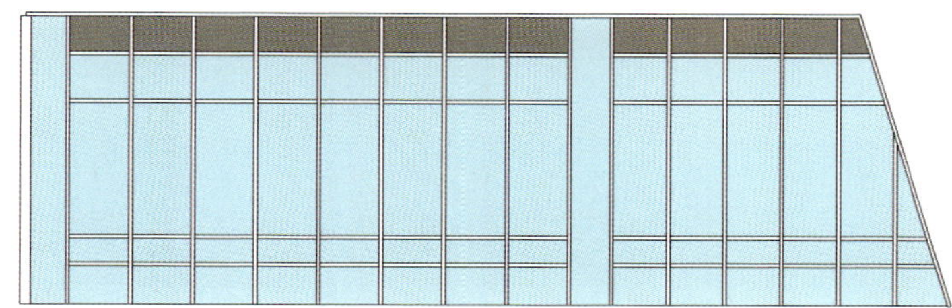

04 tab 키와 ctrl 키를 이용하여 그림의 수직 패널을 선택합니다.

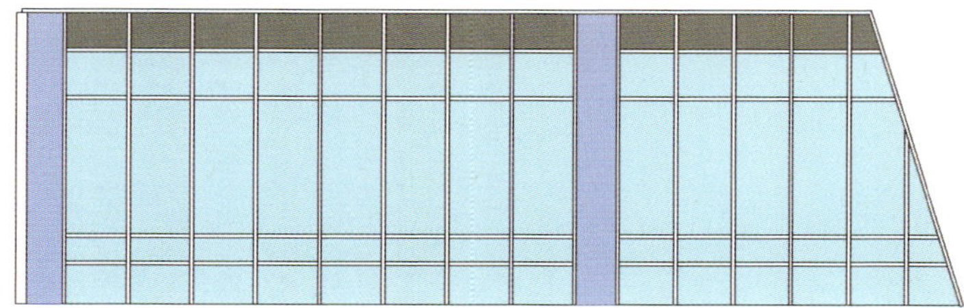

05 [유형 특성] 대화상자에서 '알루미늄 시트'로 유형을 복제합니다. 복제한 패널의 '두께' 값을 '200'으로 변경합니다.

06 [재료 탐색기]에서 앞에서 작성한 '알루미늄 시트' 재료를 선택하여 복제합니다. 복재된 재료의 표면패턴을 '300mm 수평'으로 수정합니다.

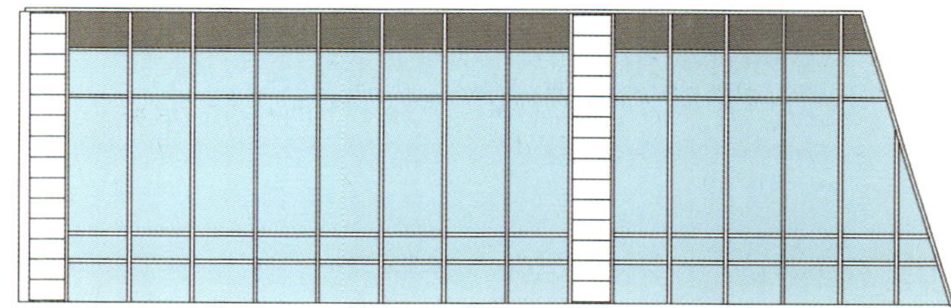

07 다음 그림의 패널들을 선택한 후, [유형 특성] 대화상자의 [로드] 버튼을 클릭합니다.

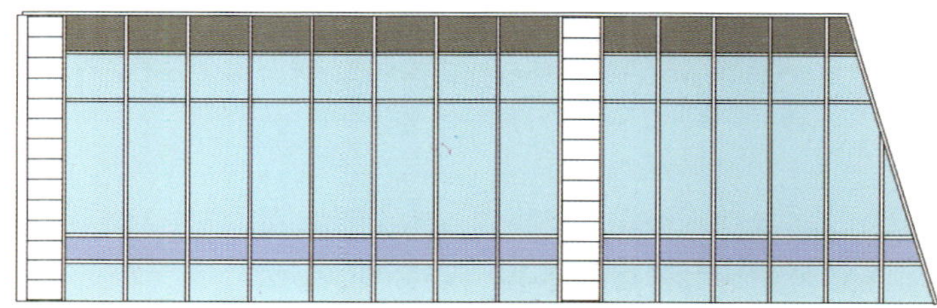

08 [열기] 대화상자의 '창' 폴더 〉 '커튼월 차양.rfa' 패밀리를 선택합니다.

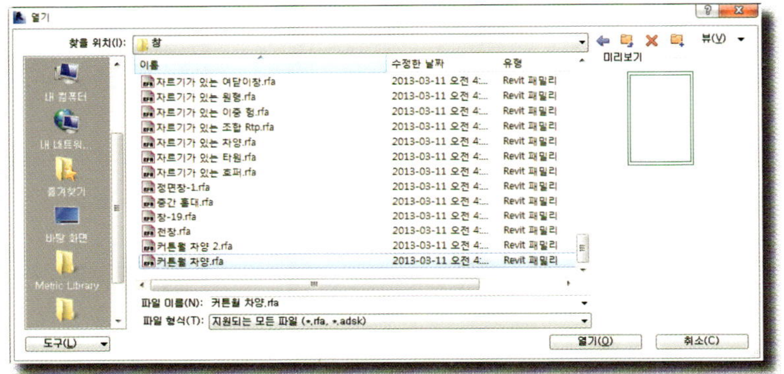

09 그림과 같이 선택한 패널이 '커튼월 차양' 창으로 변경됩니다.

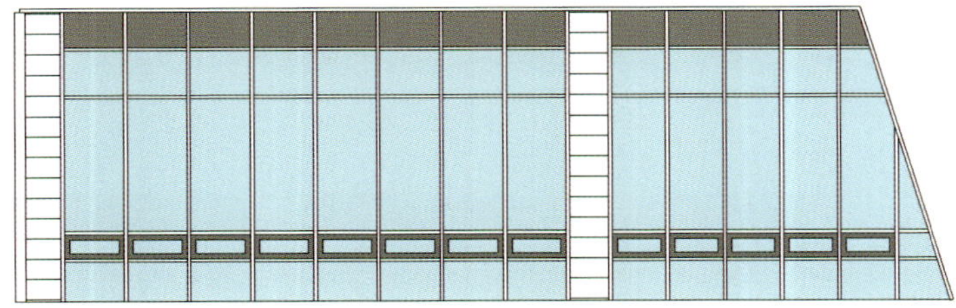

10 '3D' 뷰의 시점을 전환한 후 tab 키를 이용하여 위에서 작성한 '커튼월 차양' 패널을 선택합니다.

11 [유형 특성] 대화상자의 '간격 띄우기', '새시 폭', '두께' 치수를 그림과 같이 변경합니다.

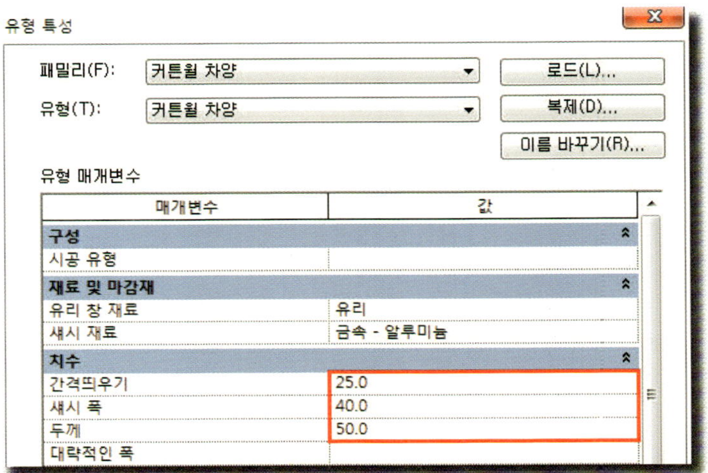

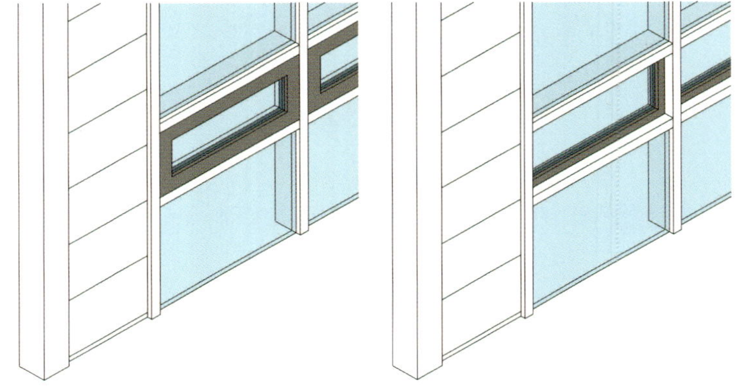

12 다음 그림을 참고하여 카페테리아 서측 커튼월 역시 위와 같은 방법으로 작성하도록 합니다.

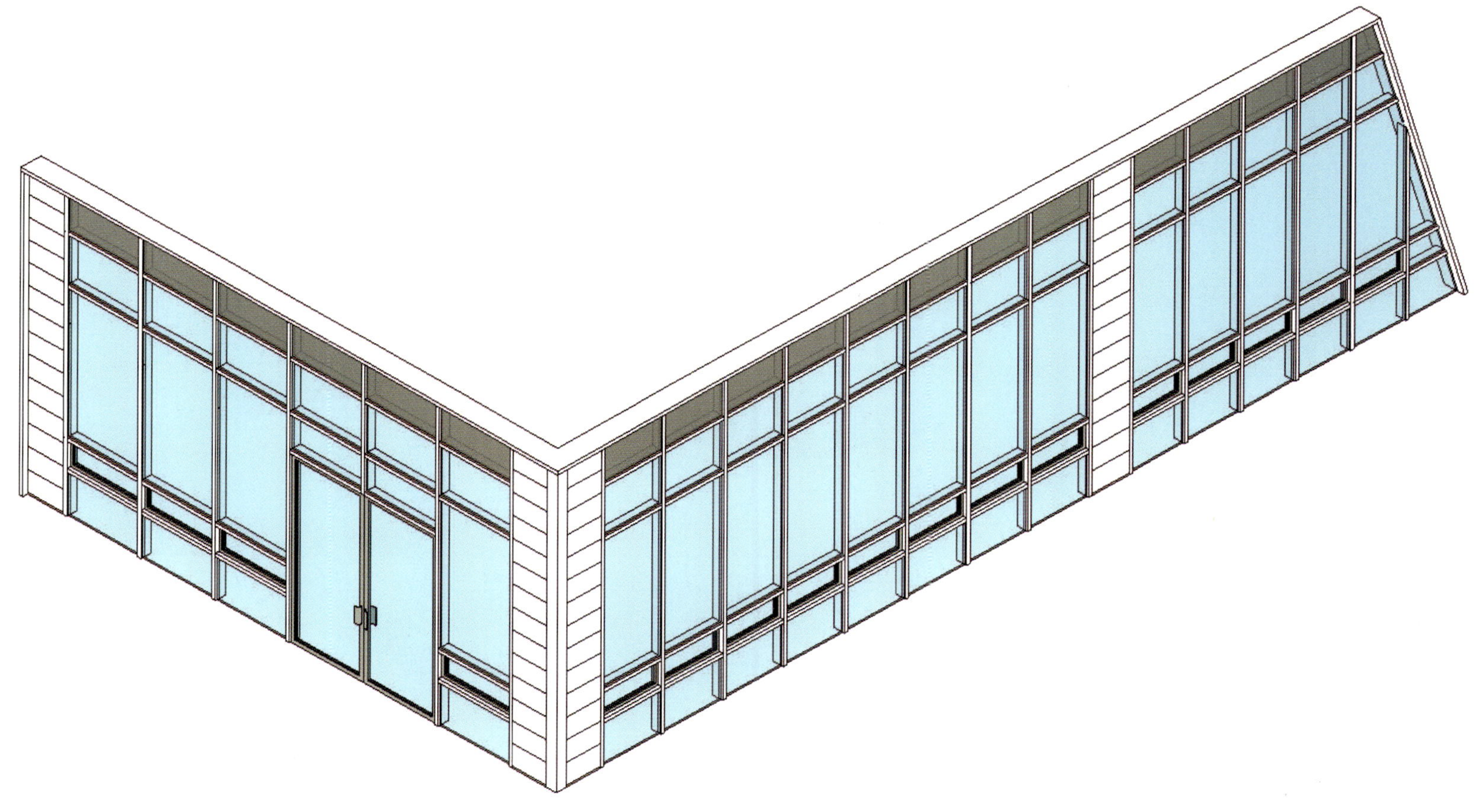

TIP

카페테리아 서측 출입문은 [유형 특성] 대화상자의 [로드] 버튼을 클릭하여 [열기] 대화상자의 '커튼월 패널' 폴더 > '문' 폴더 > '커튼월-점두-이중.rfa' 패밀리를 선택하여 작성합니다.

13 아래 이미지를 참조하여 방문자센터의 커튼월을 작성하도록 합니다. 각 커튼월 구성요소의 속성정보가 상이할 수 있음으로 커튼월 및 멀리언 유형을 [복제]하여 작성하도록 합니다.

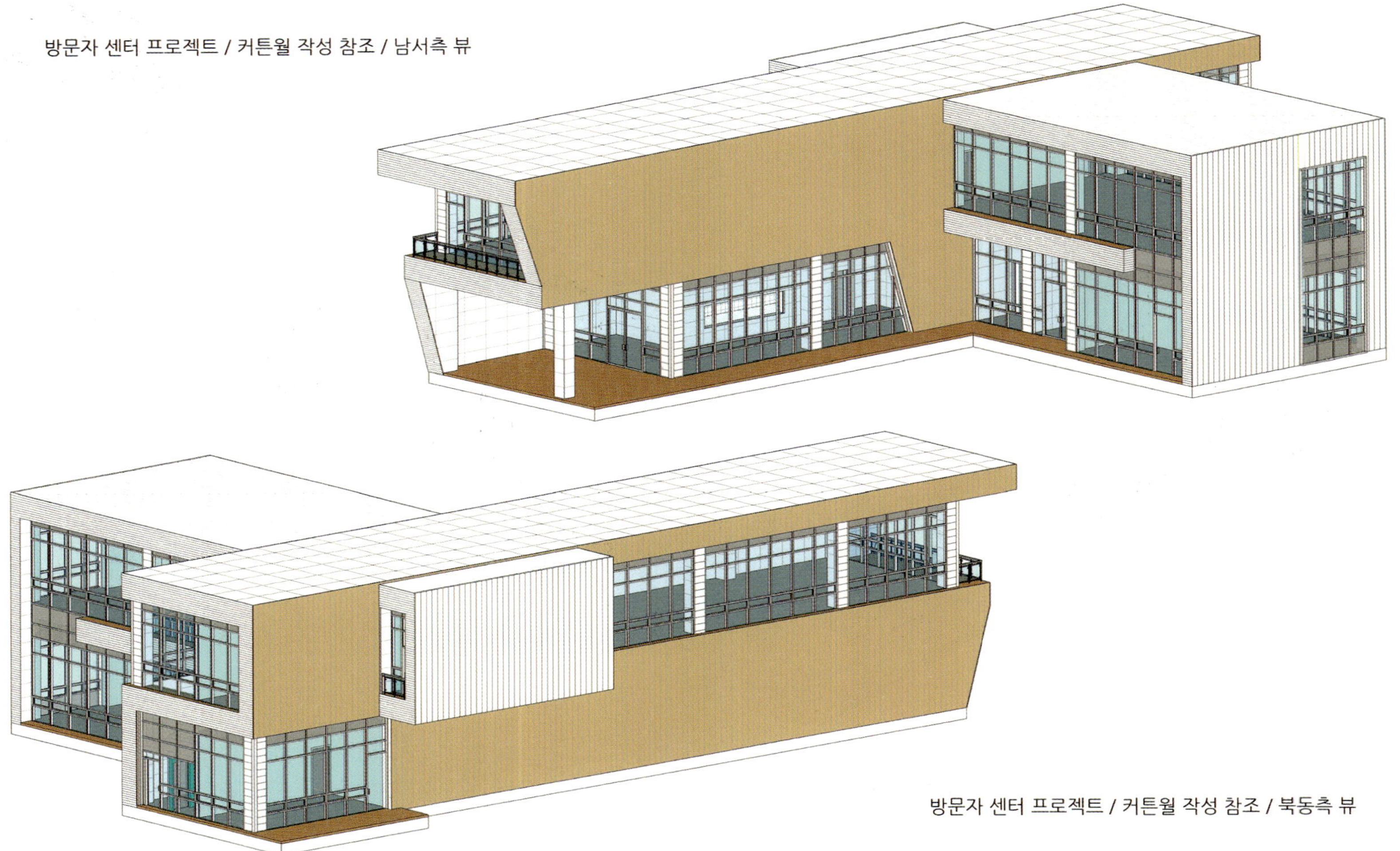

방문자 센터 프로젝트 / 커튼월 작성 참조 / 남서측 뷰

방문자 센터 프로젝트 / 커튼월 작성 참조 / 북동측 뷰

14 커튼월 작성에 관한 상세정보는 부록으로 제공되는 이미지를 참고하시길 바랍니다.

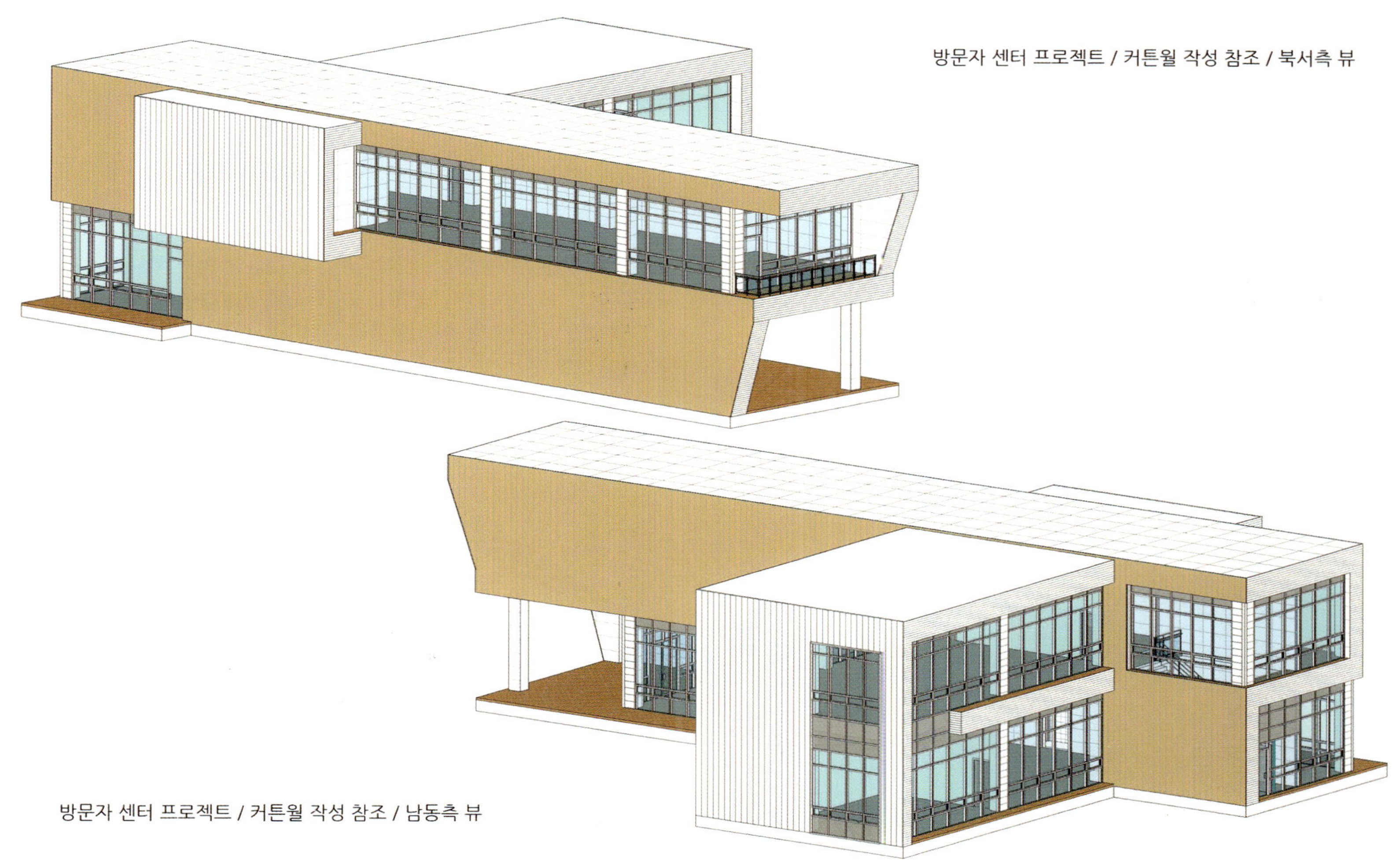

방문자 센터 프로젝트 / 커튼월 작성 참조 / 북서측 뷰

방문자 센터 프로젝트 / 커튼월 작성 참조 / 남동측 뷰

PART 06
Site Modeling

이번 파트에서는 지형 면 생성을 통한 대지작성 방법과 주차장, 조경 등 대지에 포함될 여러 요소들의 배치방법을 설명하도록 하겠습니다. 대지는 Revit 자체에서 레벨 값을 가지는 점 배치를 통해 생성되는 지형 면 생성과 지형 캐드 파일을 링크하여 지형 면을 생성하는 2가지 방법으로 작성할 수 있습니다.

LESSON 35 Site 작성

대지 작성의 기본이 되는 지형면은 레벨 값을 가지는 점을 직접 배치하거나 링크된 지형 캐드 파일에서 레벨 값을 가지는 점들을 추출하는 2가지 방법으로 생성가능 합니다.

Step 01 '지형면' 작성을 활용한 Site 작성

01 '1층 평면도'를 활성화한 후 [매스작업 & 대지] 탭 〉 [대지 모델링] 패널 〉 [지형면]을 클릭합니다.

02 [수정 | 표면 편집] 탭 〉 [도구] 패널 〉 [점 배치]를 선택합니다. 그림과 같이 4점을 클릭한 후 ✔ [완료] 버튼을 눌러 지형 면을 작성합니다.

TIP

작성한 지형면이 보이지 않을 경우 [가시성/그래픽] 대화상자를 활성화한 후 [모델 카테고리] 탭 〉 [지형]의 가시성을 활성화 합니다.

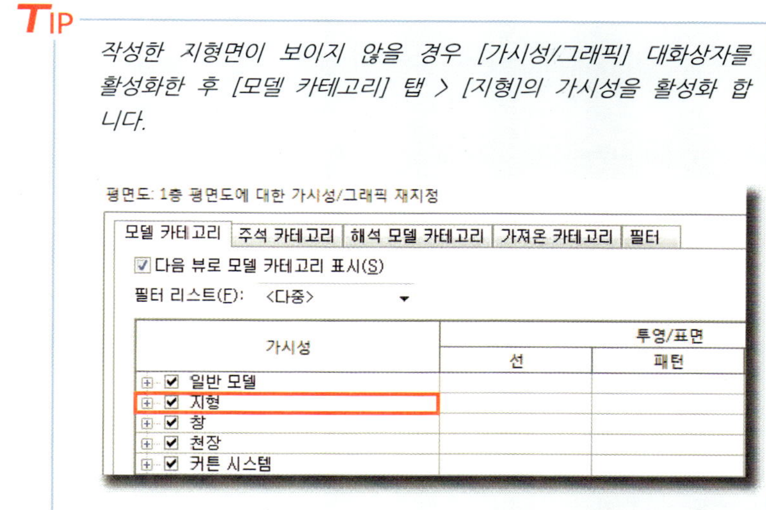

03 작성한 지형 면을 선택한 후 [수정 | 지형] 탭 〉 [표면] 패널 〉 [표면 편집]을 클릭합니다.

04 [수정 | 표면 편집] 탭 〉 [도구] 패널 〉 [점 배치]를 클릭합니다.

05 그림과 같이 작성한 지형 면 안쪽에 등고선 모양이 형성되도록 점을 배치합니다.

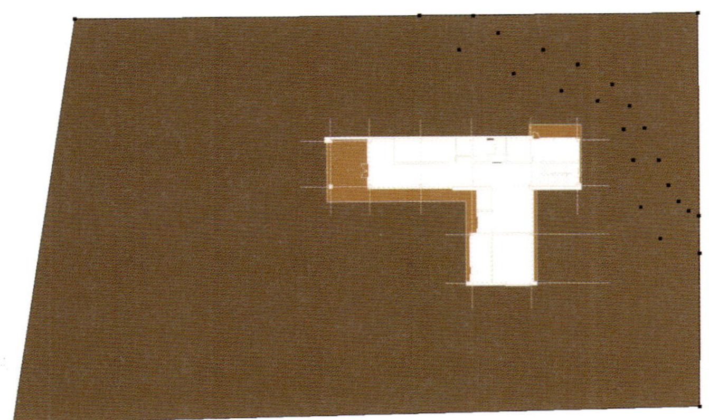

06 아래 그림의 점들을 선택한 후 [옵션 막대]의 '고도' 값에 '2000'을 입력합니다.

다중 선택 | 고도: 2000.0 | 치수 활성화

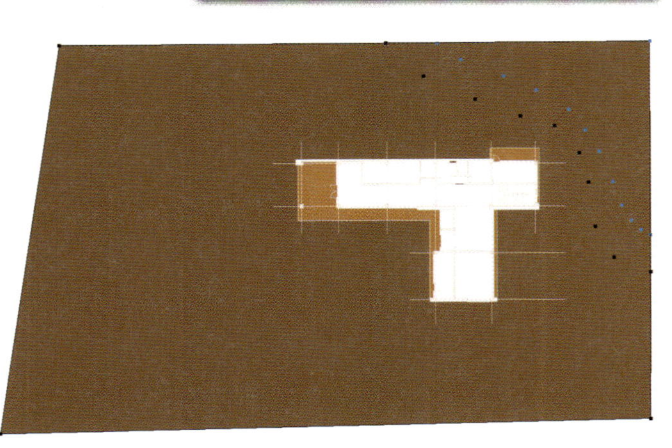

07 각 점들의 고도 값 차이가 발생하며 등고선이 생성됩니다. ✔ [완료] 버튼을 클릭한 후 '3D' 뷰에서 작성된 지형 면을 확인합니다.

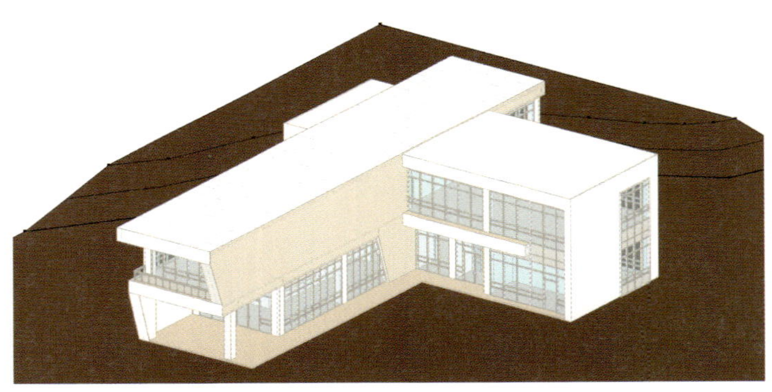

Step 02 지형 데이터(*.dwg)를 사용한 Site 작성

01 '1층 평면도'를 활성화한 후 [삽입] 탭 〉 [링크] 패널 〉 [CAD 링크]를 클릭합니다.

02 [CAD 형식 링크] 대화상자에서 '방문자 센터 SITE.dwg' 파일을 선택합니다. '위치' 설정 값을 '자동 - 원점 대 원점'으로 변경한 후 [열기] 버튼을 클릭합니다.

TIP

CAD 파일 링크 시 '색상', '레이어', '단위', '위치' 등 [CAD 형식 링크] 대화상자의 옵션설정 값에 주의 합니다.

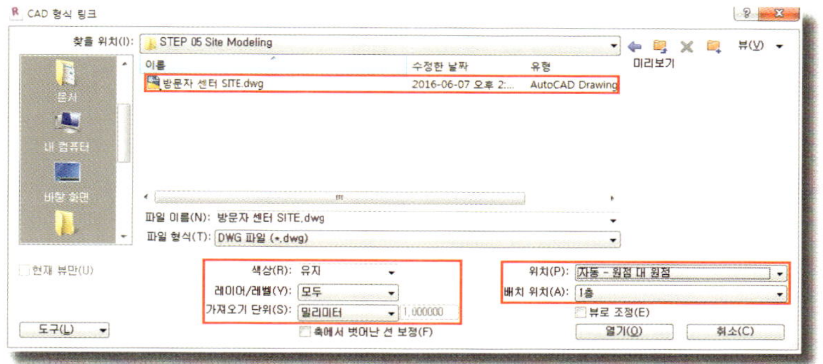

03 프로젝트에 지형파일이 삽입됩니다.

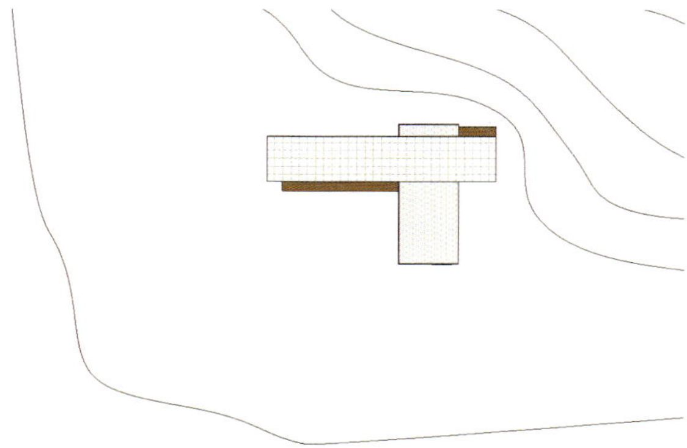

04 [매스작업 & 대지] 탭 〉 [대지 모델링] 패널 〉 [지형면]을 클릭합니다.

05 [수정 | 표면 편집] 탭 〉 [도구] 패널 〉 [가져오기에서 작성] 하위 메뉴의 [가져오기 인스턴스(Instance) 선택]을 클릭합니다.

06 프로젝트에 삽입된 CAD 파일을 선택하면 [선택된 레이어에서 점 추가] 대화상자가 나타납니다. 모든 레이어를 선택한 후 [확인] 버튼을 클릭합니다.

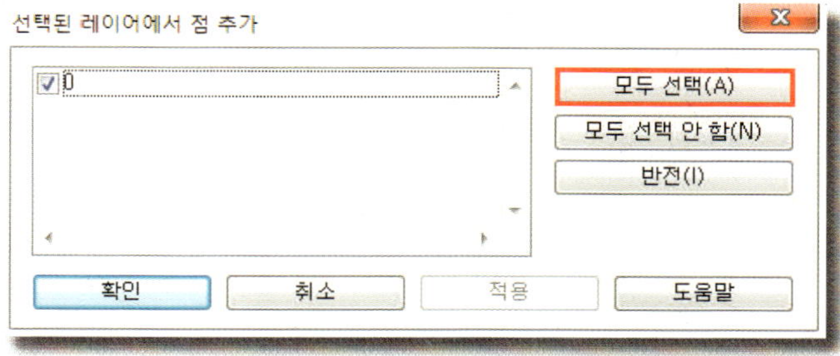

07 그림과 같이 삽입된 CAD 파일을 기준으로 점이 배치되며, 지형 면이 작성됩니다. ✔ [완료] 버튼을 클릭합니다.

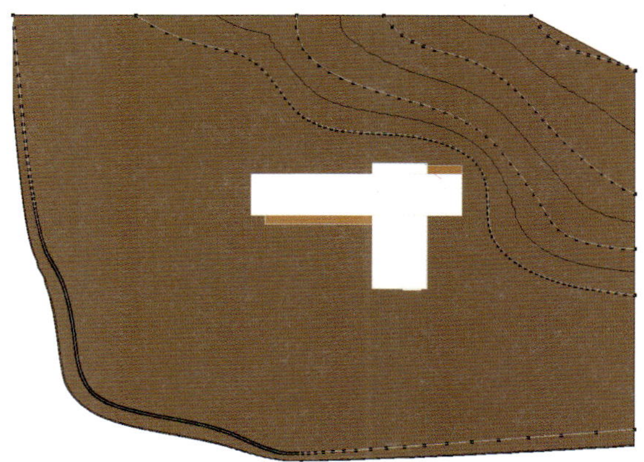

08 '3D' 뷰로 전환하여 작성된 지형 면을 확인합니다.

TIP

작성된 지형 면과 링크된 CAD 파일이 작업화면에 함께 나타납니다. 링크된 CAD 지형을 이용하여 프로젝트에서 사용할 지형 면을 작성하였음으로 [가시성/그래픽] 〉 [가져온 카테고리] 탭에서 CAD 파일의 가시성은 해제합니다.

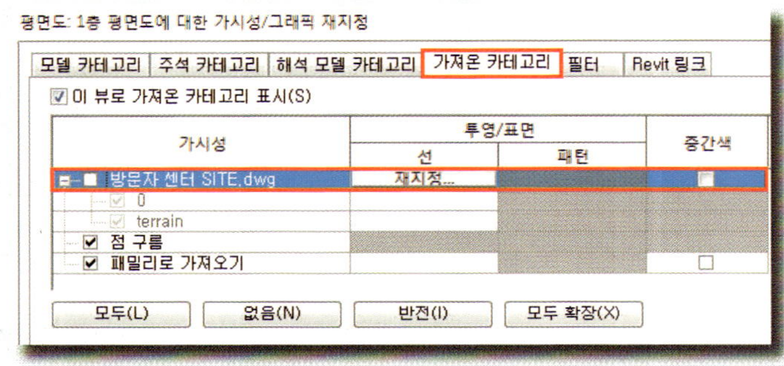

LESSON 36 Site 편집

앞에서 작성된 지형 면을 프로젝트에 적합하도록 편집합니다.

Step 01 건물패드 작성

건물과 지형을 분리하기 위해 [건물 패드]를 작성합니다.

01 1층 평면도를 활성화한 후 [매스작업 & 대지] 탭 〉 [대지 모델링] 패널 〉 [건물 패드]를 클릭합니다. [수정 | 패드 경계 작성] 탭 〉 [그리기] 패널 〉 [선]을 선택하여 건물의 외부 윤곽선을 따라 스케치를 작성한 후 [완료] 버튼을 클릭합니다.

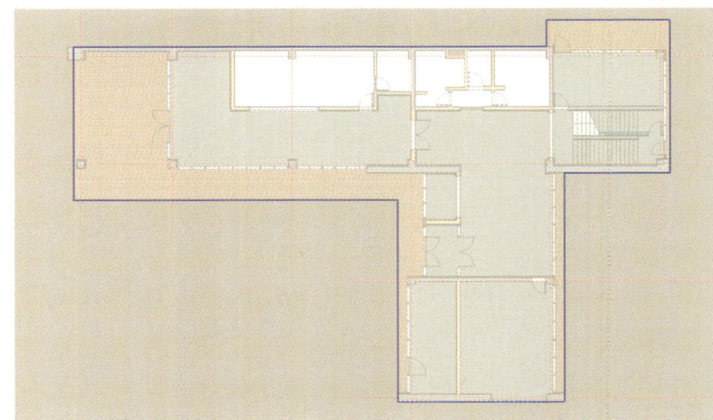

02 '3D' 뷰에서 모델링된 건물의 단면이 보이도록 '단면 상자'를 조절합니다. '건물패드'가 작성된 것을 확인할 수 있습니다.

03 작성된 '패드'를 선택한 후 [유형 특성] 대화상자 〉 '편집'을 클릭하여 [조합 편집] 대화상자의 두께 값을 '500'으로 수정합니다.

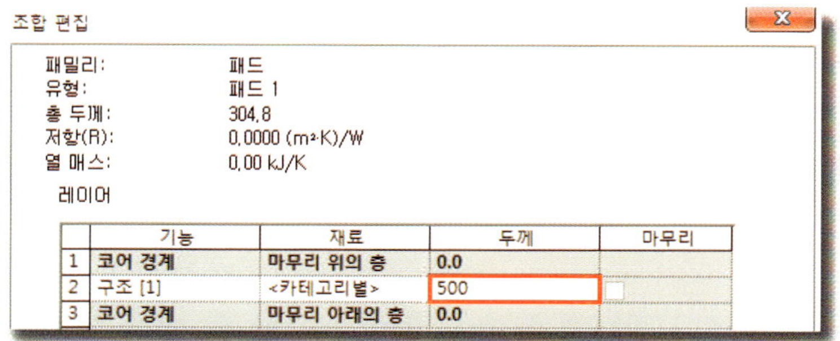
조합 편집

패밀리: 패드
유형: 패드 1
총 두께: 304.8
저항(R): 0.0000 (m²·K)/W
열 매스: 0.00 kJ/K

레이어

	기능	재료	두께	마무리
1	코어 경계	마무리 위의 층	0.0	
2	구조 [1]	<카테고리별>	500	
3	코어 경계	마무리 아래의 층	0.0	

04 '건물 패드'가 생성된 영역인 건물 내부에서 지형이 사라진 것을 확인할 수 있습니다.

Step 02 표면 분할

01 '3D' 뷰의 시점을 평면으로 변경한 후 [매스작업 & 대지] 탭 〉 [대지 수정] 패널 〉 [표면 분할]을 클릭합니다.

02 작성된 지형 면을 클릭한 후 [수정 | 표면 분할] 탭 〉 [그리기] 패널 〉 [직사각형]을 선택합니다.

03 그림을 참조하여 스케치를 작성한 후 ✔ [완료] 버튼을 클릭합니다.

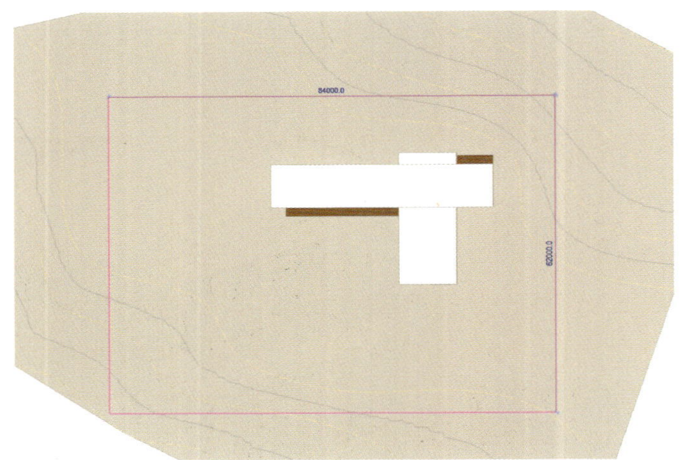

04 분리된 지형 면 중 바깥쪽 면을 선택한 후 삭제합니다.

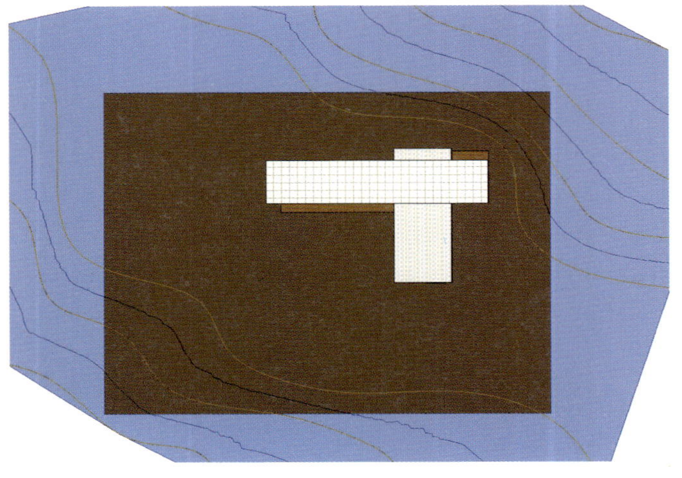

Step 03 소구역 작성

01 '3D' 뷰의 시점을 평면으로 변경한 후 [매스작업 & 대지] 탭 〉 [대지 수정] 패널 〉 [소구역]을 클릭합니다.

02 [수정 | 소구역 경계 작성] 탭 〉 [그리기] 패널의 [선]과 [직사각형]을 사용하여 아래와 같이 스케치합니다.

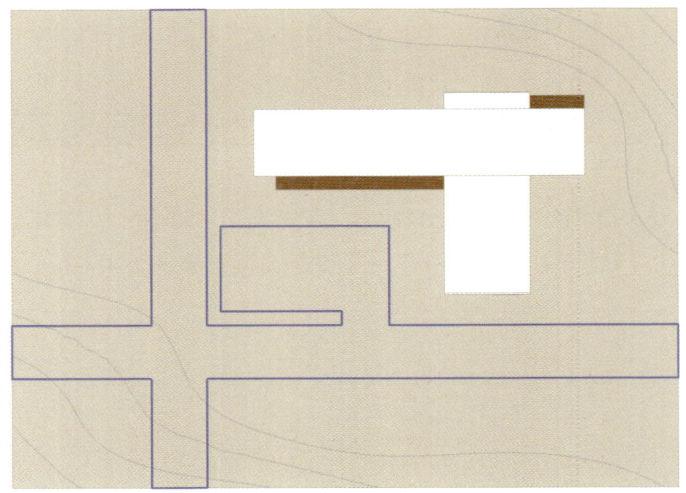

03 ✔ [완료] 버튼을 클릭합니다. 작성한 소구역을 선택한 후 [특성] 창의 '재료' 매개변수를 클릭하여 '아스팔트, 역청'으로 재료를 설정합니다.

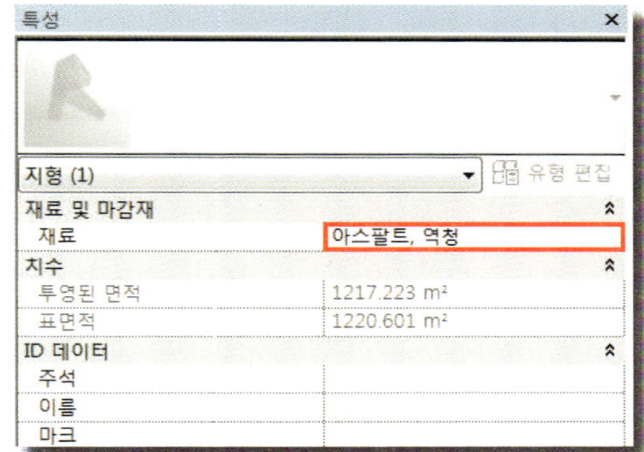

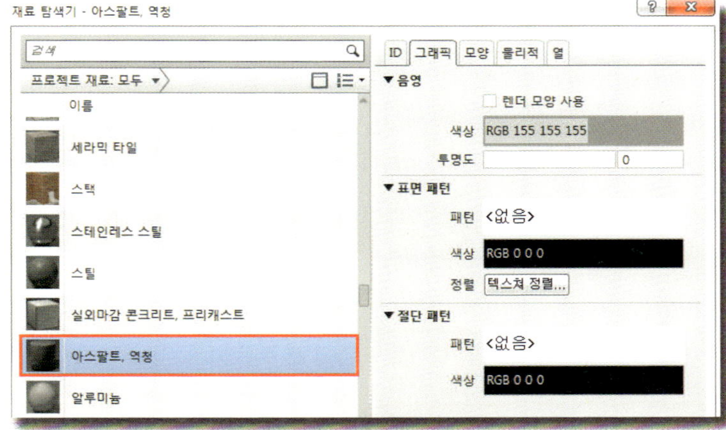

04 선택한 소구역의 재료가 아스팔트로 변경됩니다.

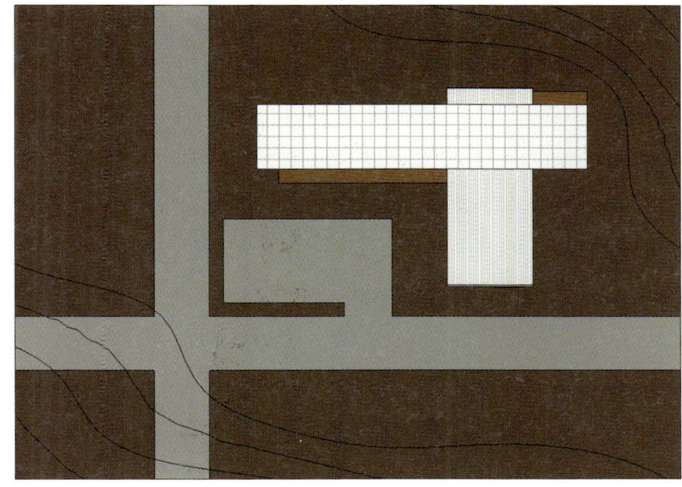

05 [소구역] 명령을 이용하여 아래와 같이 진입로 영역을 작성합니다.

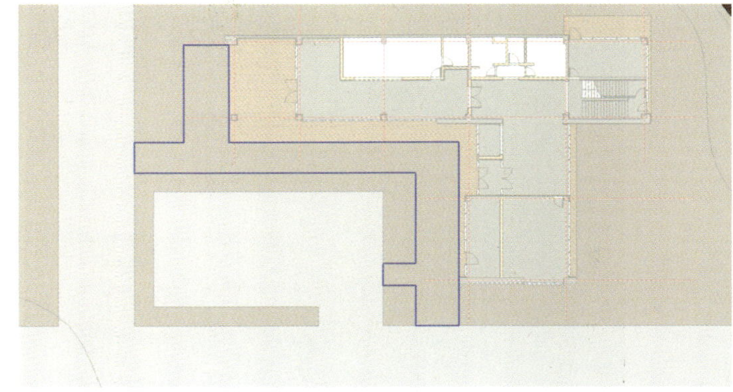

06 작성한 진입로 영역의 소구역을 선택한 후 '벽돌, 도로포장재'로 재료를 변경합니다.

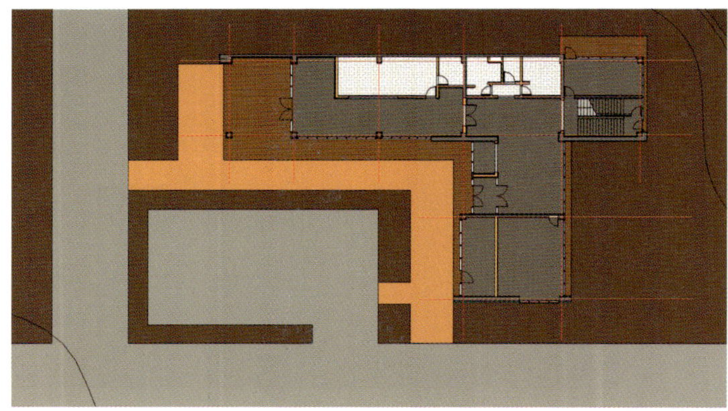

07 전체 지형 면을 선택한 후 '잔디'로 재료를 변경합니다.

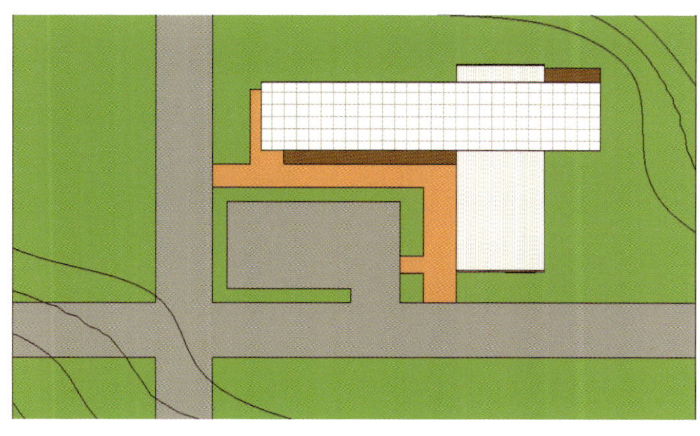

LESSON 37 Site 구성요소 작성

Step 01 주차장 작성

01 [매스작업 & 대지] 탭 〉 [대지 모델링] 패널 〉 [주차장 구성요소]를 클릭한 후 그림을 참조하여 주차구역을 배치합니다.

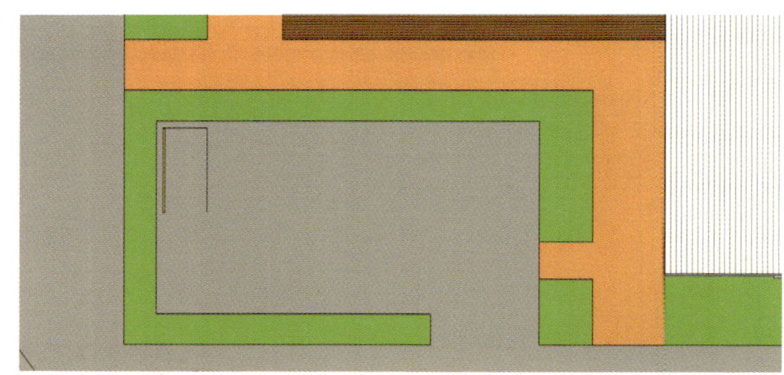

02 주차장 구성요소를 선택한 후 [수정 | 주차장] 탭 〉 [수정] 패널 〉 [배열] 명령을 실행합니다.

03 [옵션막대]의 '이동 위치'를 '두 번째'로 체크합니다.

04 주차구역의 좌측 상부 모서리를 선택 후 우측 상부 모서리를 선택합니다.

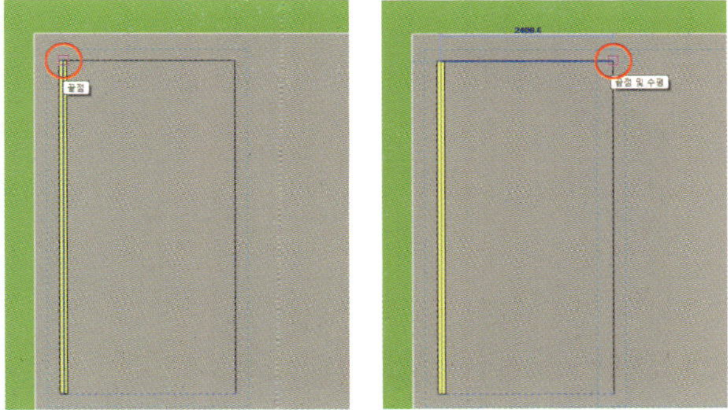

05 주차장 구성 요소 상부의 활성 창에 배열될 수량을 입력합니다.

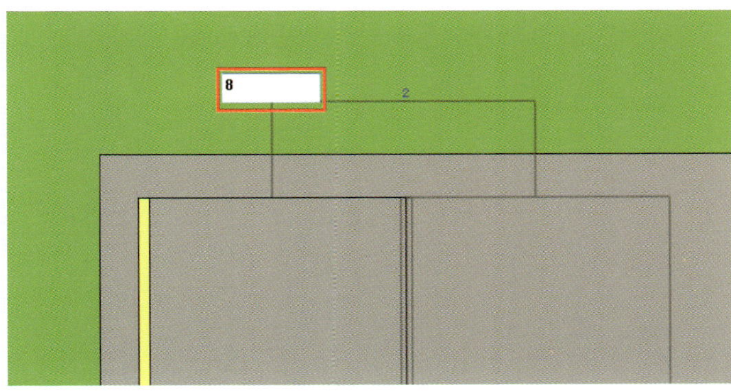

06 위에서 입력한 수량만큼 주차구역이 배열됩니다.

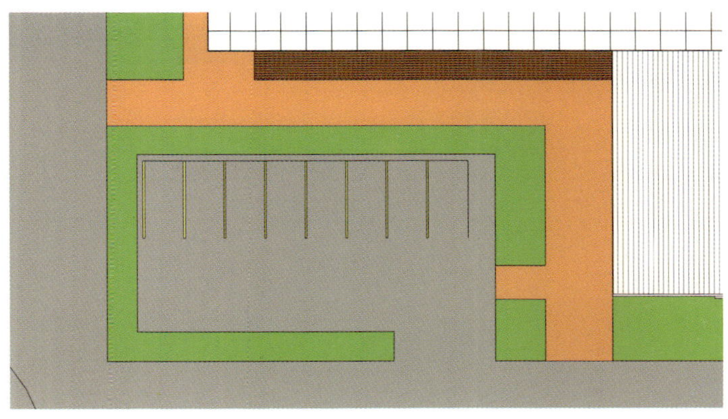

Step 02 대지 구성요소 작성

01 [매스작업 & 대지] 탭 > [대지 모델링] 패널 > [대지 구성요소] 버튼을 클릭합니다.

02 [특성] 창의 구성요소 [유형]을 클릭하여 나무, 자동차, 사람 등 다양한 대지 구성요소를 배치합니다.

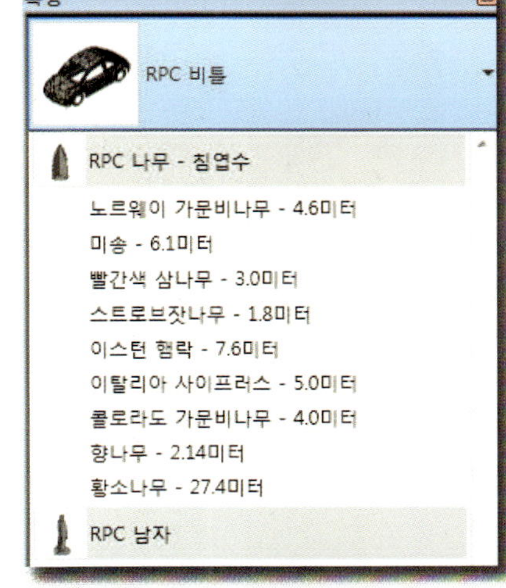

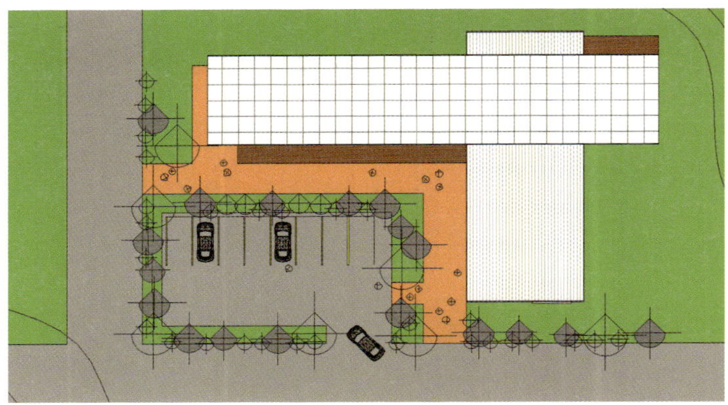

03 '3D' 뷰의 시점을 전환하여 배치된 구성요소를 확인합니다.

04 [비주얼 스타일]을 '사실적'으로 변경하여 배치된 구성요소를 확인합니다.

PART 07
Documentation

Revit은 작성된 3차원 모델 데이터로 부터 도면을 손쉽게 추출할 수 있는 기능을 제공합니다. 이번 파트에서는 평면, 입면, 단면 등 다양한 도면 뷰의 생성 방법과 도면 별 주석요소 작성방법, 이를 이용한 시트작성 기법 등과 함께 작업효율 향상을 위한 프로젝트 탐색기 구성 및 뷰 템플릿 설정방법을 설명하도록 하겠습니다.

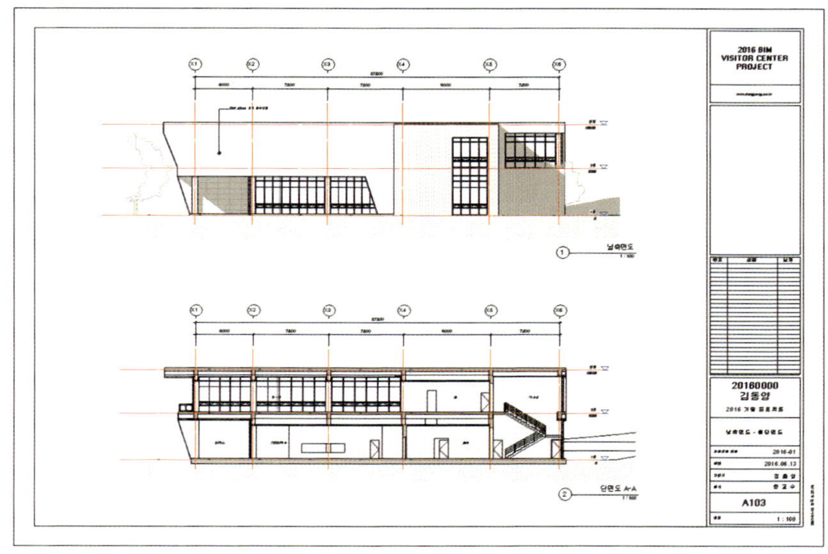

LESSON 38 프로젝트 탐색기 구성

모델작성에서 부터 도면화 작업까지 하나의 프로젝트를 완성하기 위해서는 관련된 도면의 여러 패키지를 작성하는 경우가 일반적입니다. 뷰와 시트의 수가 많아지게 되면 효율적인 작업진행이 어려워짐으로 필요 용도에 적합하도록 뷰와 시트를 정리하여 사용하는 것이 효과적입니다.

Revit은 새 프로젝트를 시작할 때 건축, 구조, 시공, 기계 등 프로젝트 종류에 따라 작업을 효율적으로 진행하기 위해 미리 설정된 템플릿을 선택할 수 있으며 템플릿 종류에 따라 작업 편의를 위한 설정이나 패밀리의 구성 등이 다르게 세팅되어 있습니다. 그림은 '건축 템플릿'을 선택하여 새 프로젝트를 시작할 때 보여 지는 '프로젝트 탐색기'의 구성입니다.

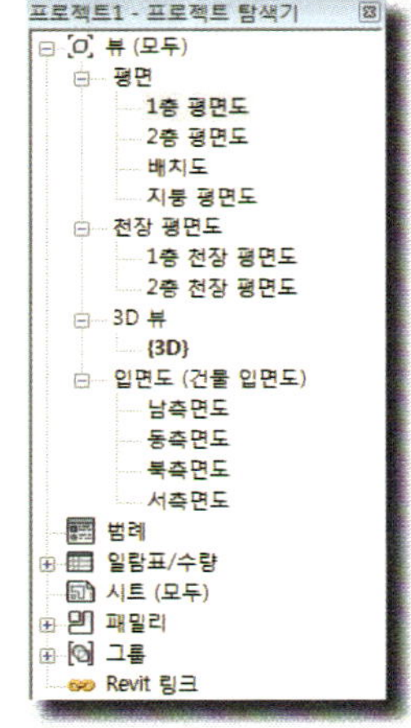

'프로젝트 탐색기'는 프로젝트의 모든 뷰, 일람표, 시트, 그룹 및 기타 부분에 대한 논리적 계층 구조를 보여줍니다. 기본적으로 '프로젝트 탐색기'는 모든 뷰를 '뷰 유형'별로 표시하고, 모든 시트를 번호 및 이름별로 표시하지만 '프로젝트 탐색기 설정'을 사용하여 사용자의 작업 진행에 적합하도록 '프로젝트 탐색기'의 뷰 구성 및 그룹화, 시트의 정렬 방법 등을 변경할 수 있습니다.

오른쪽 그림은 '방문자 센터' 프로젝트의 '프로젝트 탐색기' 구성화면입니다. 본 프로젝트에서는 출력용 시트 작성에 사용될 뷰들과 모델 작성을 위한 뷰들을 크게 '01 Sheet'와 '02 Model' 이라는 이름으로 그룹화 했습니다.

시트 작성용으로 '01 Sheet' 그룹에 포함된 뷰들은 모델 작성용 뷰들과 달리 '뷰 특정 요소'들이 추가됩니다. '뷰 특정 요소'는 문자, 태그, 치수 등의 주석요소와 상세 정보 등을 지칭하는 것으로 모든 뷰에서 표시되는 '모델요소', '기준요소'와는 달리 배치된 특정 뷰에만 표시됩니다.

'뷰 특정 요소' 까지 포함된 복잡한 뷰에서 연속된 모델 작성 및 수정 작업을 진행하는 것보다 이상과 같이 필요 용도에 따라 각 뷰들을 분류함으로서 효율적인 작업진행이 가능해집니다.

방문자센터_시트작성.rvt - 프로젝트 탐색기
뷰 (Sheet/Model)
01 Sheet
01 건축
A 평면도
평면도: 1층 평면도
평면도: 2층 평면도
평면도: 클아웃 1층 평면도
B 입면도
입면도: 남측면도
입면도: 서측면도
C 단면도
단면도: 단면도 A-A
단면도: 단면도 B-B
D 배치도
평면도: 배치도
02 Model
01 도면
A 평면도
평면도: 1층
평면도: 2층
평면도: 지붕 평면도
B 입면도
입면도: 남측
입면도: 동측
입면도: 북측
입면도: 서측
C 단면도
단면도: 단면 A-A
단면도: 단면 B-B
D 천장평면도
반사된 천장 평면도: 1층 천장 평면도
반사된 천장 평면도: 2층 천장 평면도
02 3D
A Exterior
3D 뷰: NE Exterior
3D 뷰: SW Exetrior
3D 뷰: {3D}
B Isometric
3D 뷰: 1st Floor ISO
3D 뷰: 2nd Floor ISO
C 3D Section
3D 뷰: A-A 3D Section
3D 뷰: 계단실 3D Section
03 Camera/Render
A Camera
3D 뷰: Camera 01
B Rendering
렌더링: Perspective
범례
일람표/수량
룸 일람표
문 일람표
시트 (모두)
A101 - 1층 평면도
A102 - 2층 평면도
A103 - 남측면도 - 횡단면도
A104 - 투시도 - 일람표
패밀리
그룹
Revit 링크

Step 01 프로젝트 매개변수 설정

'프로젝트 매개변수'는 프로젝트의 정렬 및 필터링에 사용되는 매개변수로서 프로젝트에 있는 뷰를 정렬하거나 분류하는데 사용할 수 있습니다.

TIP

Revit에서 매개변수(Parameter)는 사용자가 프로젝트의 모든 요소 및 요소 간의 관계를 효율적으로 정의할 수 있도록 하는 수치나 설정 값을 의미합니다. Revit의 매개변수는 '프로젝트 매개변수' 외에 치수, 재료 등 패밀리의 변수 값을 제어하는 '패밀리 매개변수', 여러 패밀리 또는 프로젝트에서 사용할 수 있는 '공유 매개변수', 카테고리에 지정되지 않은 상태에서 여러 인접하지 않은 치수에 동일한 값을 지정할 수 '전역 매개변수'가 있습니다.

01 [관리] 탭 〉 [설정] 패널 〉 [프로젝트 매개변수]를 클릭합니다.

02 [프로젝트 매개변수] 대화상자 〉 [추가] 버튼을 클릭합니다.

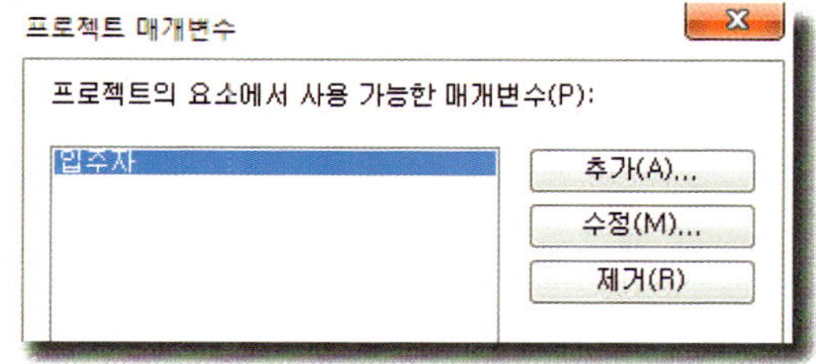

03 [매개변수 특성] 대화상자의 '프로젝트 매개변수'를 체크합니다.

04 '매개변수 데이터' – '이름' 항목에 '뷰 대분류'를 입력한 후 '분야 – 공통', '인스턴스' 선택, '매개변수 유형 – 문자', '그룹 매개변수 – 문자'로 세부 항목을 수정합니다. 매개변수 특성을 적용할 '카테고리'에 '뷰'를 선택합니다.

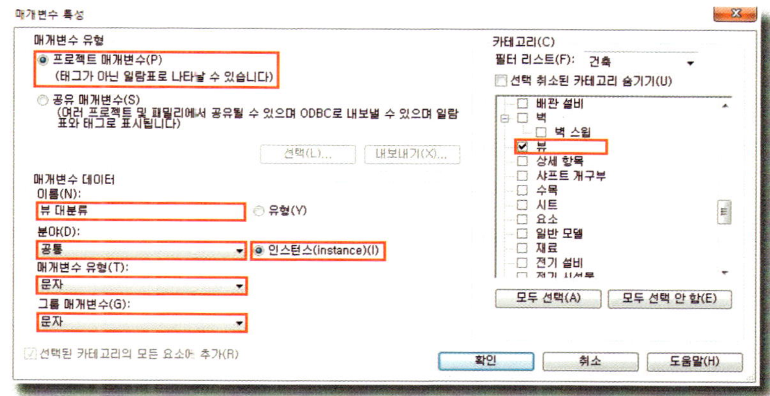

05 [확인] 버튼을 클릭하여 '프로젝트 매개변수'를 뷰에 추가합니다.

06 아래 그림의 [매개변수 특성] 대화상자 설정 값과 같이 02~05 과정을 반복하여 '프로젝트 매개변수'를 뷰에 추가합니다.

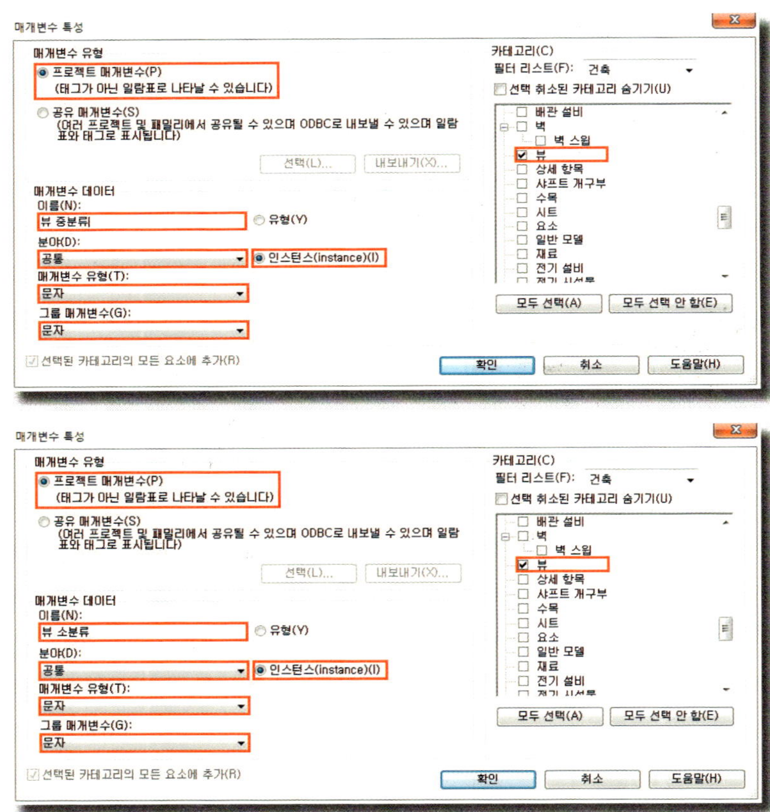

07 [프로젝트 매개변수] 대화상자의 확인 버튼을 클릭하면 앞에서 작성한 매개변수가 [특성] 창에 추가됩니다.

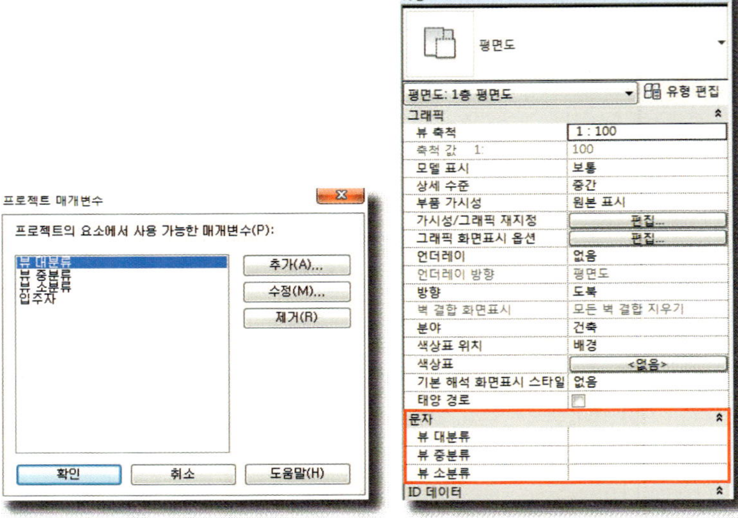

Step 02 프로젝트 탐색기 구성

01 [뷰] 탭 〉 [창] 패널 〉 [사용자 인터페이스] 하위 메뉴의 [탐색기 구성]을 클릭합니다.

02 [탐색기 구성] 대화상자 〉 [뷰] 탭의 [새로 만들기]를 클릭한 후 [탐색기 구성 이름] 대화상자에 'Sheet/Model'을 입력합니다.

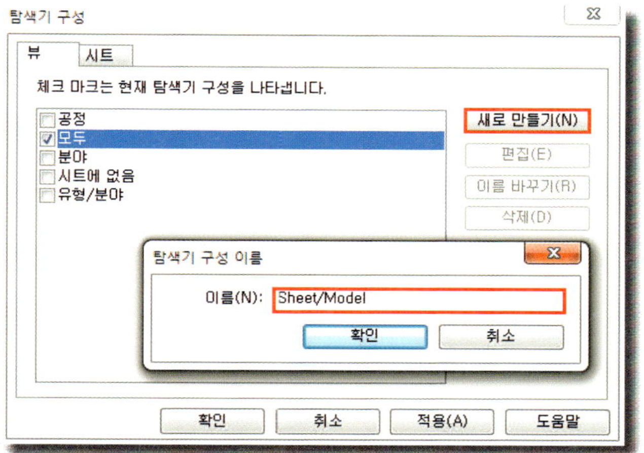

03 [탐색기 구성] 대화상자 〉 [폴더] 탭의 '그룹화 기준'과 '정렬 기준'을 아래와 같이 변경합니다.

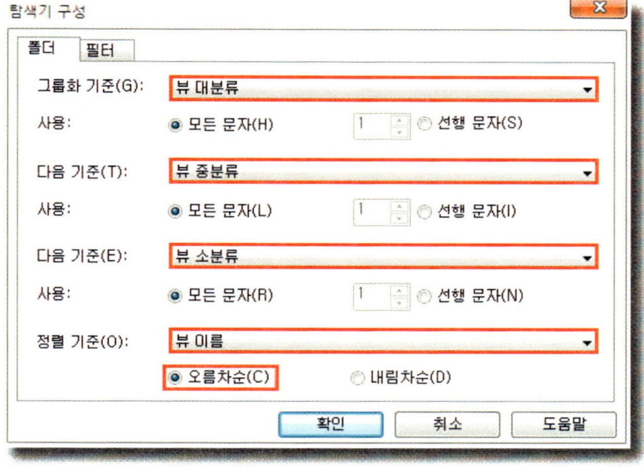

04 새로 작성한 'Sheet/Model' 탐색기 구성을 선택한 후 [확인]을 클릭합니다.

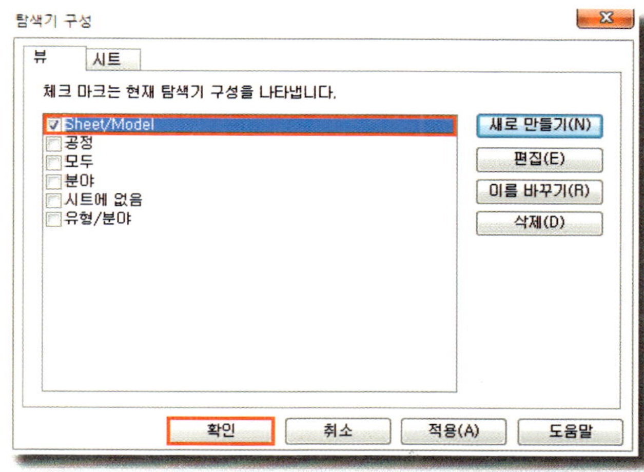

05 [프로젝트 탐색기]의 구성이 그림과 같이 변경됩니다.

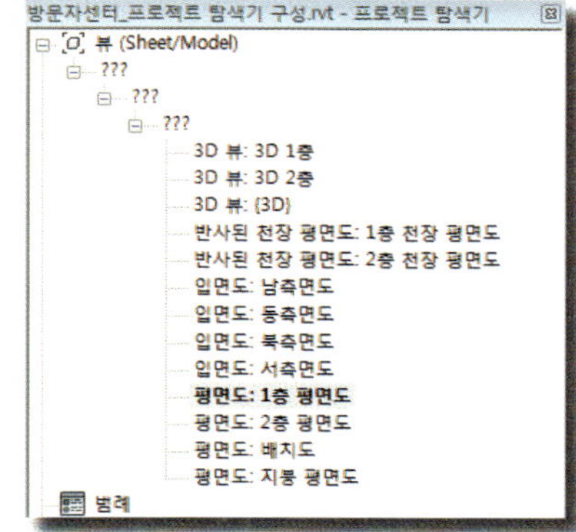

06 '1층 평면도' 뷰를 활성화한 후 [특성] 대화상자의 '문자' 매개변수 값을 수정합니다. ('뷰 대분류 : 01 Sheet', '뷰 중분류 : 01 건축', '뷰 소분류 : 'A 평면도' 입력합니다.) [프로젝트 탐색기]의 구성이 오른쪽 그림과 같이 변경됩니다.

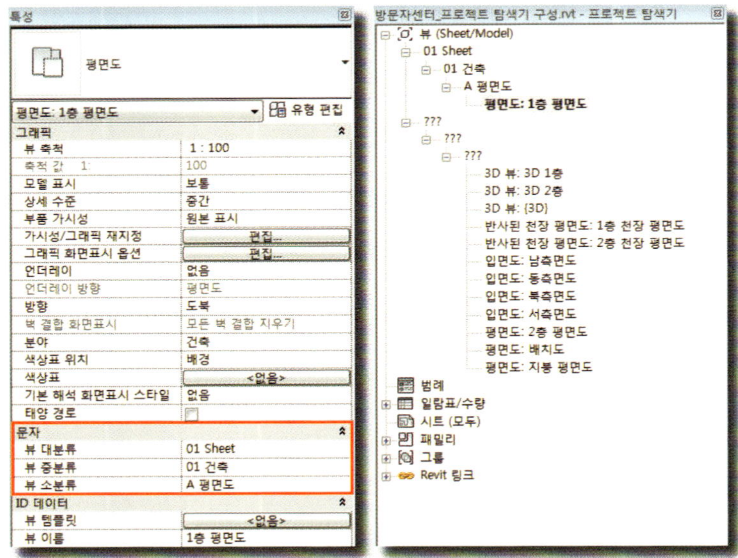

07 [프로젝트 탐색기]에서 '2층 평면도' 뷰를 선택한 후 [특성] 창의 '뷰 대분류', '뷰 중분류', '뷰 소분류'에 각각 '01 Sheet', '01 건축', 'A 평면도'를 입력합니다.

08 [프로젝트 탐색기]에서 '남측면도', '서측면도' 뷰를 선택한 후 [특성] 창의 '뷰 대분류', '뷰 중분류', '뷰 소분류'에 각각 '01 Sheet', '01 건축', 'B 입면도'를 입력합니다.

TIP

오른쪽 그림은 '방문자 센터' 프로젝트의 [프로젝트 탐색기] 구성화면입니다. 위와 같은 방법으로 '프로젝트 탐색기'를 구성할 수 있습니다.

현재 작업 단계에서 '단면도' 뷰, '콜 아웃' 뷰 등은 작성되어 있지 않습니다. 또한 위의 [프로젝트 탐색기]에서 보여 지는 바와 같이 '평면도'와 '입면도' 등 각각의 뷰가 복제되어 구성되어 있지 않습니다. 각각의 뷰들을 생성하거나 복제하는 방법은 다음 단계에서 설명하도록 하겠습니다.

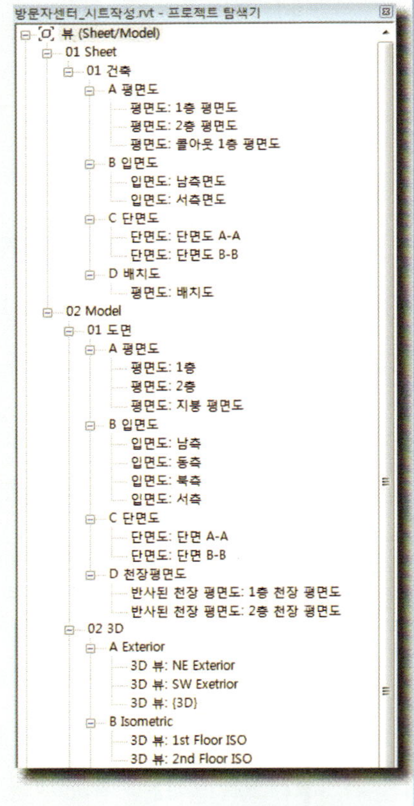

LESSON 39 뷰 생성 및 복제

Revit은 건물정보를 3차원으로 작성하는 프로그램 입니다. 3D로 작성된 건물정보를 시트로 작성된 건축도면으로 만들기 위해서는 '평면 뷰', '입면 뷰', '단면 뷰', '직교 3D 뷰', '투시도 3D 뷰' 등의 도면화된 '뷰'로 표현하는 과정이 선행되어야 합니다.

'뷰'는 프로젝트의 필수적인 요소로서 건물 모델의 특정부분에 대한 정보를 모아 요구된 방식으로 표현합니다. [프로젝트 탐색기]에 있는 '뷰' 목록은 건물 모델을 바라본 특정한 시점으로 분류된 것으로 이를 사용하여 다양한 방향과 각도에서 바라본 건물 모델을 표현할 수 있습니다.

Revit은 한 번에 하나의 '뷰'만 활성화하여 작업을 진행할 수 있지만 작업화면 영역에 여러 개의 '뷰' 창을 동시에 띄울 수 있으며, 작업도중 다른 '뷰'로의 전환이 가능하도록 구성되어 있습니다. 또한 Revit은 모델을 구성하는 객체 간에 양방향성(Bidirectional Associativity) 연관성을 가지며 구동됨으로 '3D' 뷰에서 특정 요소의 정보를 변경하면 평면, 입면, 단면 뷰 등 연관된 모든 뷰에 변경된 정보가 동시적으로 반영됩니다.

이번 단계에서는 '뷰'의 종류와 특징을 학습하며, 프로젝트에서 요구되는 다양한 '뷰'의 생성 및 복제 방법을 실습하도록 하겠습니다.

TIP

이번 단계에서는 다양한 '뷰'의 생성 방법만을 설명합니다. 평면도, 입면도, 단면도 뷰의 깊이, 범위 및 세부 특성들의 수정 방법은 도면 작성 단계에서 설명하도록 하겠습니다.

Step 01 '평면도' 뷰 생성

평면도 뷰는 프로젝트의 기본 '뷰'로서. 대부분의 프로젝트는 평면도를 하나 이상 포함합니다. 평면도 뷰는 프로젝트에 새 레벨을 추가할 때 자동으로 작성되며, 프로젝트에서 요구되는 필요에 따라 추가 생성이 가능합니다.

01 레벨 작성을 통한 평면도 뷰 생성

a. '입면도: 남측면도' 뷰를 활성화한 후 [건축] 탭 > [기준] 패널 > [레벨]을 클릭 합니다.

b. 그림과 같이 'Level 2' 레벨을 작성하면 [프로젝트 탐색기]에 '평면도: Level 2' 뷰와 '반사된 천장 평면도: Level 2' 뷰가 작성됩니다.

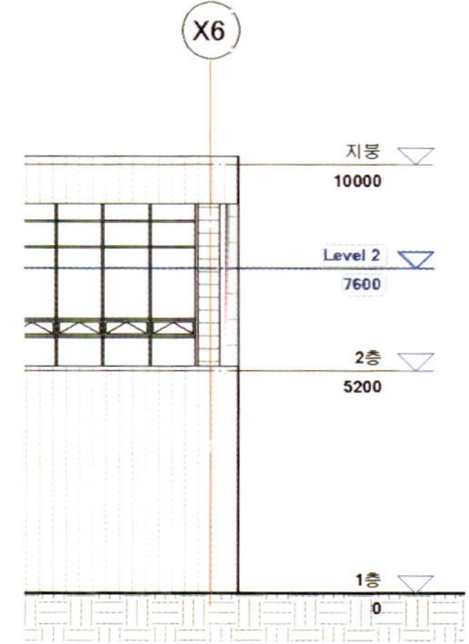

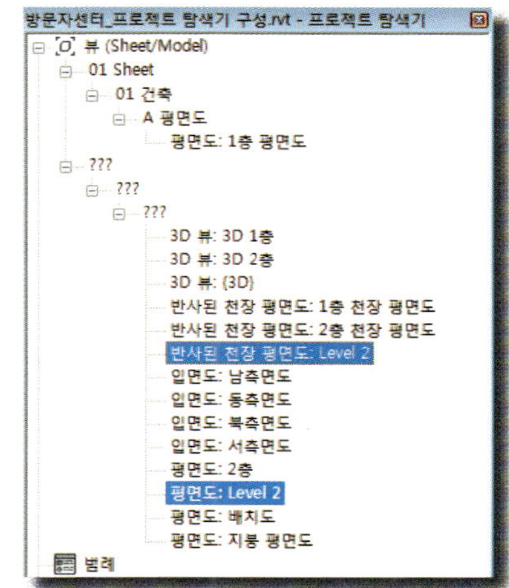

02 [평면도] 작성 명령을 이용한 평면도 뷰 생성

a. 먼저 앞에서 작성된 '평면도: Level 2' 뷰를 프로젝트 탐색기에서 삭제합니다.

b. [뷰] 탭 > [작성] 패널 > [평면뷰] 하위메뉴의 [평면도]를 클릭합니다.

c.. [새 평면도] 대화상자에서 새 뷰를 작성할 레벨을 선택합니다.

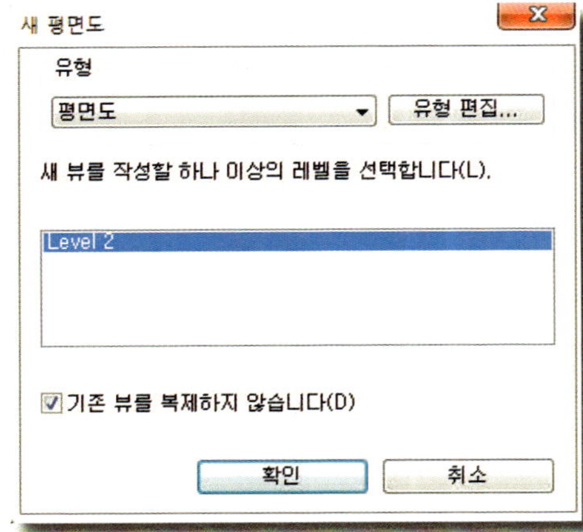

TIP

[새 평면도] 대화상자에서 선택 가능한 '레벨'은 프로젝트에 레벨에서는 작성되어 있지만 평면도 뷰가 존재하지 않는 경우에만 표시됩니다.

위 그림에서 'Level 2'가 선택 가능한 '레벨'로 표시되는 이유는 앞의 실습과정에서 작성된 '평면도: Level 2' 뷰를 프로젝트 탐색기에서 삭제하였기 때문입니다.

[새 평면도] 대화상자 하단의 '기존 뷰를 복제하지 않습니다'를 체크 해제하면 프로젝트에 작성된 모든 '레벨'이 표시됩니다. 체크 해제 후 추가로 표시되는 레벨은 이에 해당하는 평면도가 기 작성되어 있는 상태입니다.

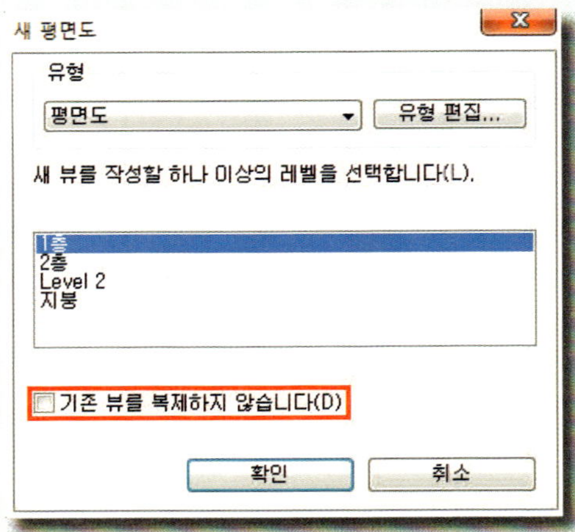

이미 평면도가 작성되어 있는 '레벨'을 선택한 후 [확인] 버튼을 클릭하면 기존 평면도가 다른 이름으로 추가 생성됩니다. 이때 생성되는 평면도는 기존 평면도의 주석 요소 및 그래픽 표시 등의 정보가 복제되지 않는 새로운 설정의 평면도로서 기존 평면도와 전혀 다른 뷰 설정이 필요한 경우에 사용할 수 있습니다.

Step 02 '입면도' 뷰 생성

입면도 뷰는 Revit 기본 템플릿의 일부로서 기본 템플릿을 사용하여 프로젝트를 시작하면 도북 기준의 동, 서, 남, 북의 네 가지 입면도 뷰가 포함되어 있는 것을 확인할 수 있습니다. 그러나 빌딩 형태나 프로젝트에 따라 기본 방위에서의 입면도 뷰 외에 추가되는 입면도 뷰나 실내 공간을 보여 줄 수 있는 입면도 뷰가 요구될 수 있습니다.

입면도 뷰는 평면도에 '입면 태그'를 배치하여 생성할 수 있으며, 배치되는 '입면 태그'는 인접한 기준 요소에 수직으로 스냅됩니다. 배치될 '입면 태그'에 인접한 기준 요소가 없을 경우 키보드의 tab 키를 눌러 입면의 방향을 전환할 수 있습니다.

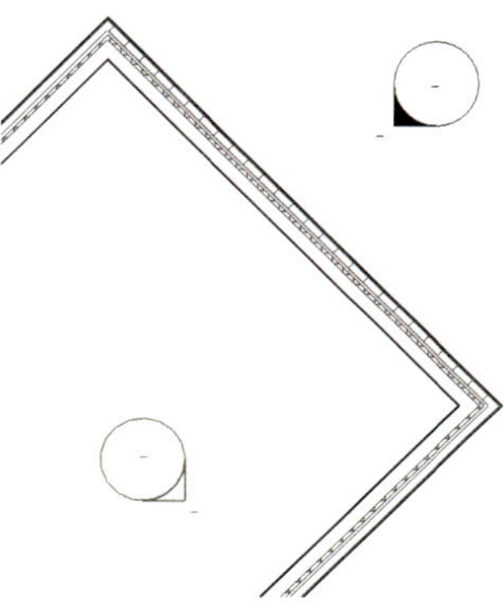

배치된 '입면 태그' 선택 시 나타나는 각 방향의 체크 박스를 활성화 시키면 여러 개의 입면도 뷰를 작성할 수 있습니다.

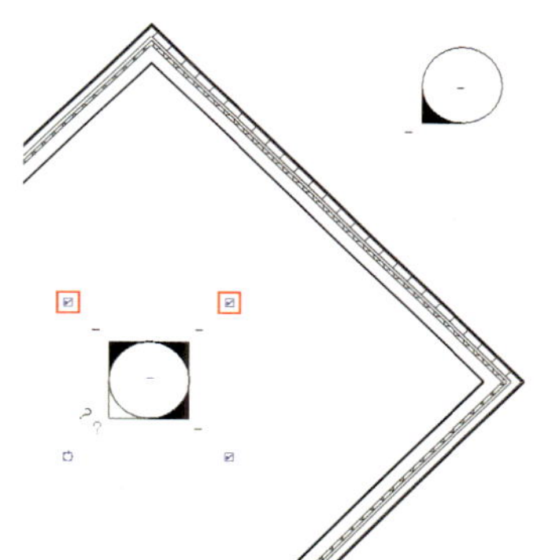

01 평면도 뷰를 활성화 한 후 [뷰] 탭 〉 [작성] 패널 〉 [입면도] 하위메뉴의 [입면도]를 선택합니다.

02 '입면 태그'를 기준 요소 근처에 위치시킨 후 마우스를 클릭하여 배치하면, 프로젝트 탐색기에 입면도 뷰가 생성됩니다.

03 하나의 '입면 태그'에서 여러 개의 입면도 뷰를 작성할 수 있습니다. 주로 실내 공간의 내부 입면도 뷰를 작성할 때 사용됩니다.

Step 03 '단면도' 뷰 생성

단면도 뷰는 3차원으로 작성된 모델 요소를 절단하여 생성되는 뷰로 '단면 태그'를 배치하여 생성합니다. 평면도만 배치할 수 있는 '입면 태그'와 달리 '단면 태그'는 평면, 입면, 단면, 상세 뷰 등 다양한 뷰에 배치할 수 있습니다.

01 평면도 뷰를 활성화 한 후 [뷰] 탭 〉 [작성] 패널 〉 [단면도]를 선택합니다.

02 단면을 생성할 모델 요소를 가로질러 시작점과 끝점을 지정합니다. '단면 태그' 배치 시 마우스로 클릭하는 시작점이 '단면 태그'의 머리가 되며, 끝점이 꼬리로 작성됩니다.

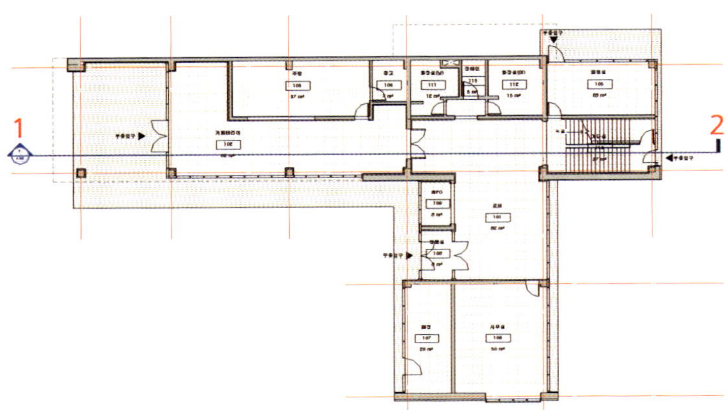

03 '단면 태그'를 선택한 후 a 단면도 뷰의 범위 수정, b 머리와 꼬리의 위치전환, c 단면도 뷰의 방향 전환, d 끊어진 단면선 표시를 설정할 수 있습니다.

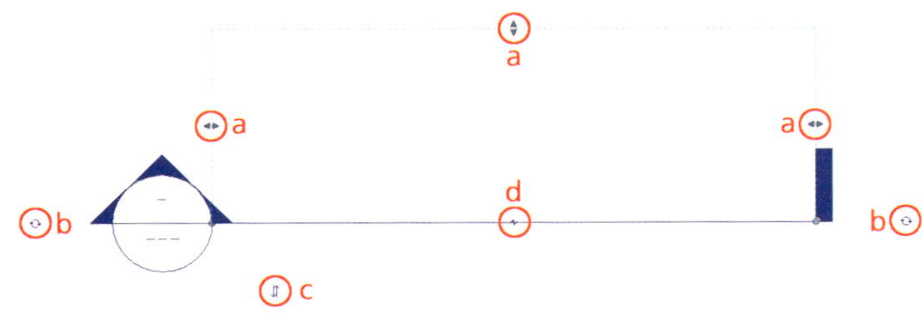

04 '단면 태그' 머리의 헤더를 더블 클릭하거나, [프로젝트 탐색기]에 생성된 단면도 뷰를 선택하여 작성된 단면도를 확인할 수 있습니다.

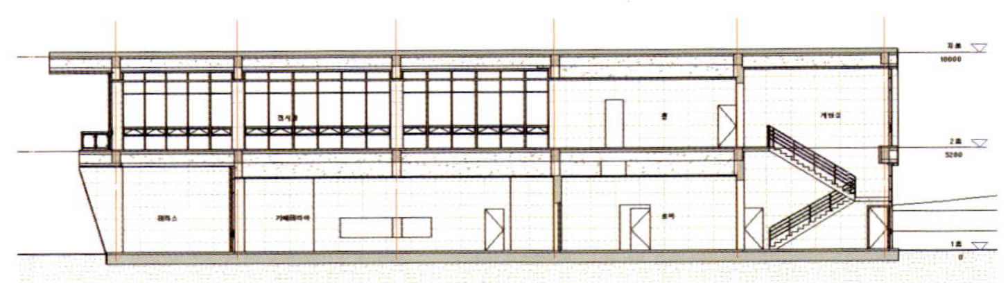

TIP

'단면 태그'의 세그먼트 분할을 통해 연속되지 않는 단면도 뷰를 작성할 수 있습니다.

a. '단면 태그'를 선택한 후 [수정 | 뷰]탭 > [단면도] 패널 > [세그먼트 분할]을 클릭합니다.

b. 단면선 상에서 분할하려는 부분에 커서를 위치시킨 후 클릭합니다. 이동할 세그먼트 방향으로 커서를 위치시킨 후 뷰 방향과 직각 방향으로 이동합니다.

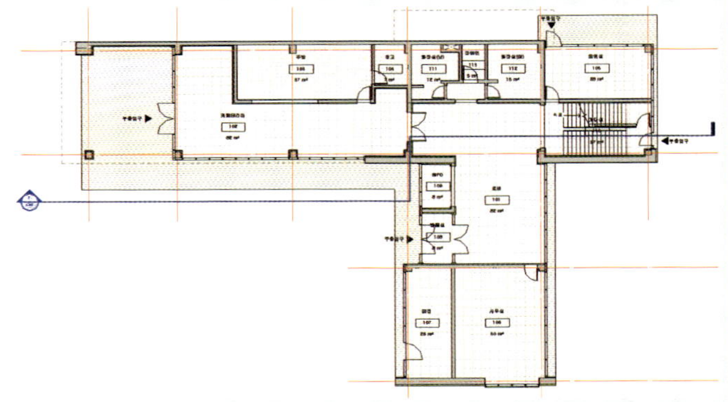

c. 그림과 같이 연속되지 않는 단면도 뷰가 작성됩니다.

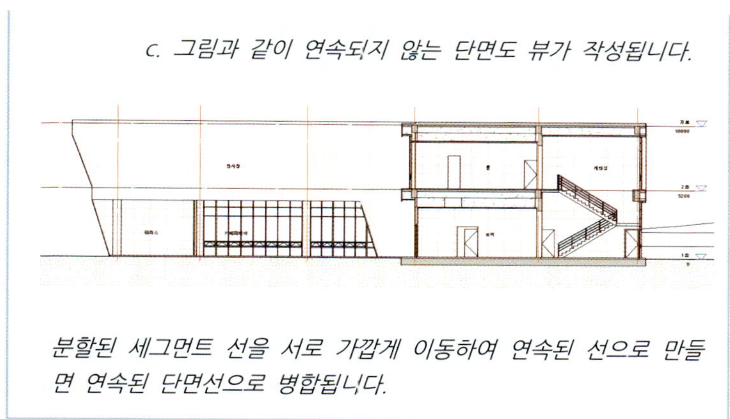

분할된 세그먼트 선을 서로 가깝게 이동하여 연속된 선으로 만들면 연속된 단면선으로 병합됩니다.

Step 04 '콜 아웃' 뷰 생성

'콜 아웃' 뷰는 '콜 아웃 태그'가 작성된 뷰의 한정된 영역을 더 큰 축적으로 지정하여 별도의 상세 뷰로 작성한 것입니다.

'콜 아웃 태그'는 평면/단면/입면 뷰 등 다양한 뷰에서 작성할 수 있으며, 콜 아웃 영역을 표시하는 '콜 아웃 버블', 콜 아웃 뷰가 배치된 시트 번호를 표시하는 '콜 아웃 헤드', 이 둘을 연결하는 '지시선'으로 구성됩니다.

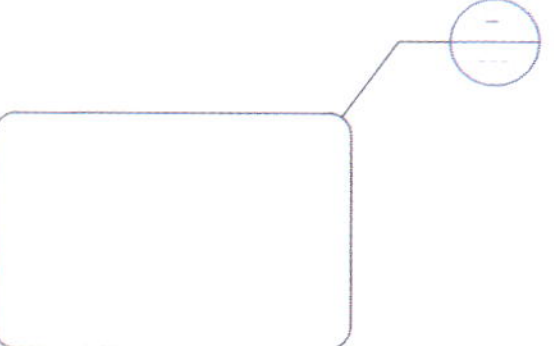

01 '콜 아웃'을 이용하여 방문자 센터 프로젝트 1층의 화장실/계단실 영역 확대 평면 뷰를 작성해보도록 하겠습니다.

02 '1층 평면도'를 활성화한 후 [뷰] 탭 〉 [작성] 패널 〉 [콜 아웃] 명령을 선택합니다.

03 아래 그림과 같이 '콜 아웃 버블'을 작성한 후, '지시선'과 '헤드'의 위치를 변경합니다.

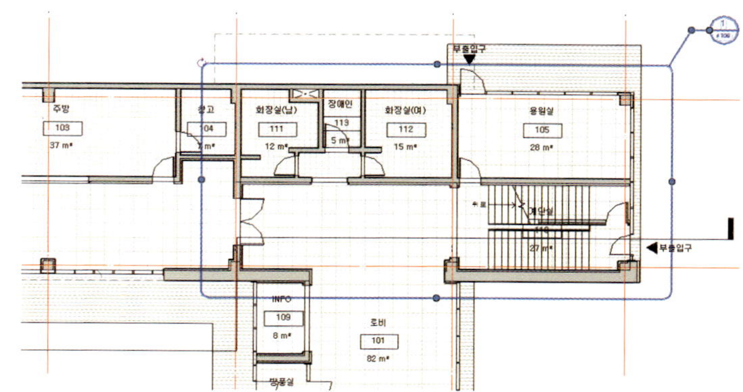

04 '콜 아웃 헤드'를 더블 클릭하거나, [프로젝트 탐색기]의 생성된 '평면도: 콜 아웃 1층 평면도' 뷰를 선택하여 화장실/계단실 영역의 '콜 아웃' 뷰를 활성화합니다.

05 '평면도: 콜 아웃 1층 평면도' 뷰의 '축척' 및 '상세 수준'을 변경합니다.

Step 05 '직교 3D' 뷰 생성

'3D' 뷰는 건물 모델의 형태와 기능을 시각화한 뷰로서 프로젝트의 수정 및 검토와 프레젠테이션 자료 작성에 유용하게 사용됩니다. Revit은 '직교 3D' 뷰와 '투시 3D'뷰를 사용하여 건물 모델을 3차원으로 시각화할 수 있습니다.

'직교 3D' 뷰는 평행선이 소실점으로 수렴되지 않고 평형을 유지하는 뷰로 모델 작성에 항시적으로 사용되며, 건물 모델을 축측투영법(axonometric projection)으로 시각화할 때도 유용하게 이용됩니다.

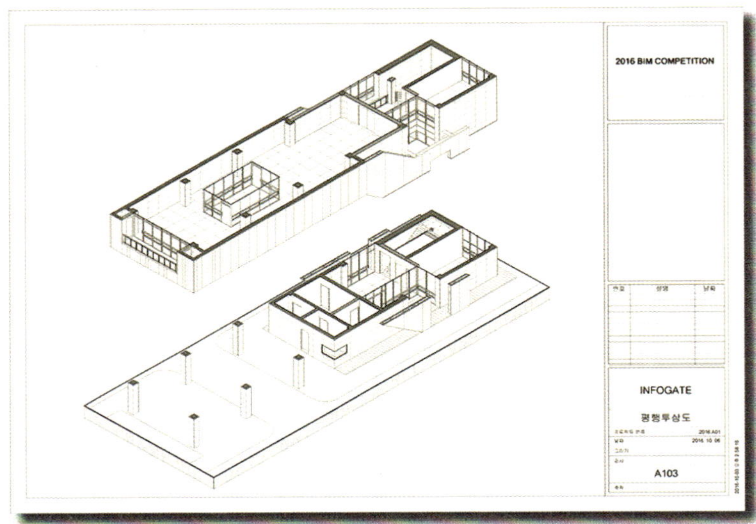

01 [뷰] 탭 〉 [작성] 패널 〉 [3D 뷰] 하위메뉴의 [기본 3D 뷰]를 클릭하면 '직교 3D' 뷰가 작성됩니다.

TIP

[프로젝트 탐색기]의 3D 뷰 이름이 '프로젝트 템플릿'의 초기 설정 값인 '3D 뷰: {3D}'인 경우 새로운 '직교 3D' 뷰가 생성되지 않으며, 기존 3D 뷰가 활성화 됩니다.

02 '뷰 큐브'를 드래그 또는 클릭하거나, 키보드의 shift +마우스 휠을 클릭한 상태로 드래그하여 시점을 조절합니다.

03 [특성] 창 매개변수의 '단면 상자'를 체크하면 3D 뷰의 가시 영역을 제한할 수 있는 '단면 상자'가 활성화됩니다.

특성
3D 뷰
3D 뷰: {3D} 유형 편집
범위
뷰 자르기
자르기 영역 보기
주석 자르기
먼 쪽 자르기 활성
단면 상자
카메라
렌더링 설정 편집...

TIP

작업의 효율적인 진행을 위해 건물 모델의 영역별, 단계별로 3D 뷰를 복제하여 사용하는 것이 편리합니다. 뷰의 복제 방법은 다음 단계에서 설명하도록 하겠습니다.

Step 06 '투시 3D(카메라)' 뷰 생성

'투시 3D' 뷰는 평행선이 소실점으로 수렴되는 뷰로서 가까이 있는 구성요소는 크게, 멀리 있는 요소는 작게 표현됩니다. '투시 3D' 뷰는 평면, 입면 또는 다른 3D 뷰에 카메라를 설치하여 생성하며, 관측점과 관측방향을 조정하거나, 뷰의 범위, 배경, 비율 등을 설정하여 건물 모델을 투시도법으로 시각화합니다.

01 '직교 3D' 뷰를 활성화한 후 시점을 평면으로 전환합니다. [뷰] 탭 〉 [작성] 패널 〉 [3D 뷰] 하위메뉴의 [카메라]를 선택합니다.

02 카메라가 설치될 관측점 a를 선택한 후 관측방향 및 대상점인 b를 선택합니다.

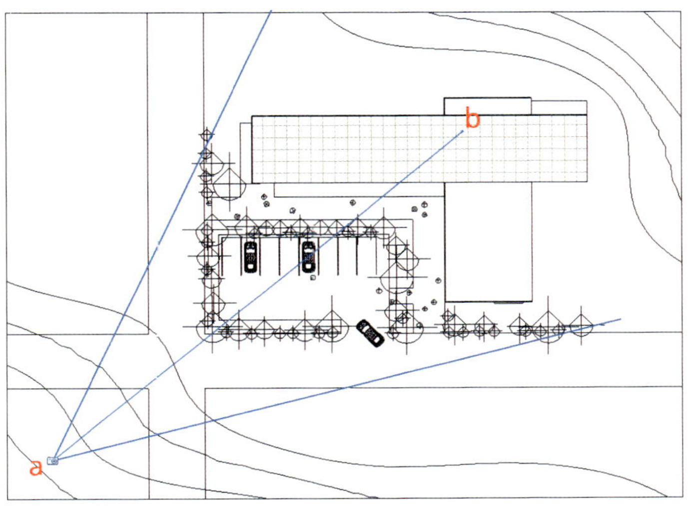

03 '3D 뷰: 3D 뷰 1'의 이름으로 '투시 3D(카메라)' 뷰가 생성됩니다. [뷰] 탭 〉 [창] 패널 〉 [티일]을 선택하여 생성된 '투시 3D' 뷰와 카메라가 설치된 '직교 3D' 뷰를 타일 배치합니다. (단축기 : W T)

04 [프로젝트 탐색기]에서 작성된 '투시 3D' 뷰를 선택한 후 마우스 오른쪽 버튼을 눌러 '카메라 표시'를 선택하거나, '투시 3D' 뷰에 외곽선으로 표시된 카메라 앵글 a를 선택합니다.

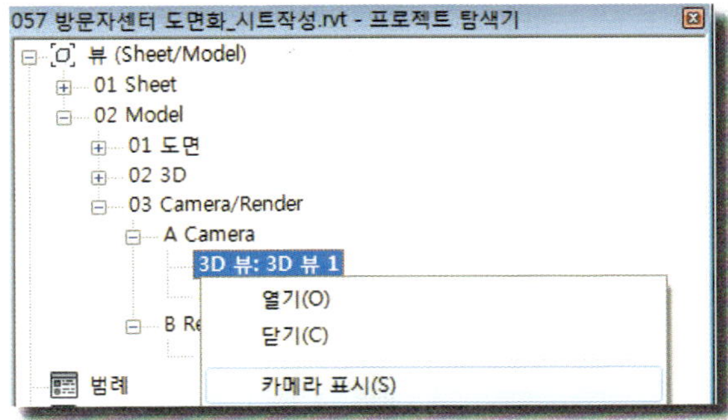

'직교 3D' 뷰에 설치되었던 카메라가 표시됩니다.

05 '직교 3D' 뷰의 시점을 정면으로 전환한 뒤 카메라의 관측점을 위쪽 방향으로 이동시킵니다. 관측점 레벨의 변동사항이 '투시 3D' 뷰에 반영됩니다.

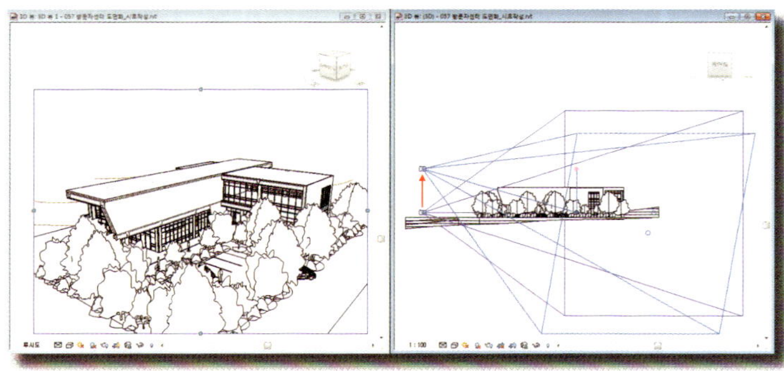

TIP

건물 모델의 형태가 잘 표현될 수 있도록 '직교 3D' 뷰의 평면, 입면 시점에서 카메라 및 대상점 위치를 조절합니다.

06 '투시 3D' 뷰에서 외곽선으로 표시되는 자르기 영역의 끌기점을 드래그하여 뷰의 범위를 수정할 수 있습니다.

07 [특성] 창 매개변수의 '단면 상자'를 체크하면 '투시 3D' 뷰의 가시 영역을 제한할 수 있습니다.

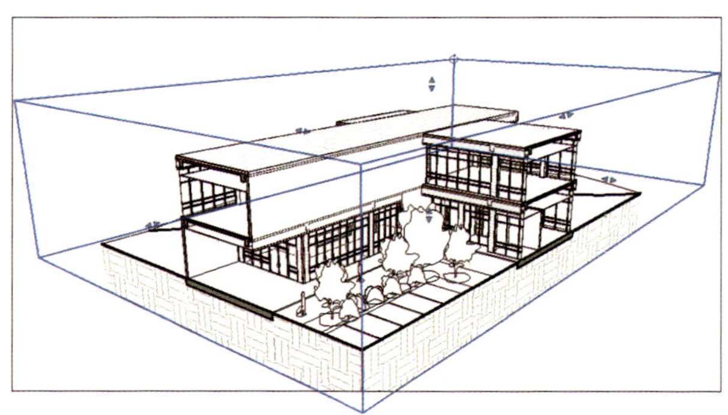

08 ‘비주얼 스타일’, ‘배경’, ‘그림자 표현’ 등을 조절할 수 있으며, 렌더링 기능을 이용하여 이미지 파일을 작성할 수 있습니다.

TIP

투시도 이미지 작성을 위한 재질 적용 및 렌더링 방법은 다음 장의 Lesson 45~46에서 설명하도록 하겠습니다.

Step 07 뷰 복제

동일한 레벨의 ‘평면 뷰’나 동일시점의 ‘입면 뷰’, ‘단면 뷰’일 경우라도 프로젝트에서 요구되는 상황에 따라 축척, 치수, 표시 영역, 그래픽 표현 등이 다르게 표현된 다양한 ‘뷰’가 추가로 필요하게 됩니다. 이러한 경우 작업 중인 원본 ‘뷰’를 복제하여 건물모델의 동일한 부분을 다른 ‘뷰’에서 볼 수 있습니다. ‘뷰’는 필요조건에 따라 다음의 3가지 옵션 값을 설정하여 복제할 수 있습니다.

01 [프로젝트 탐색기]에서 복제할 ‘뷰’를 선택한 후 [뷰] 탭 〉 [작성] 패널 〉 [뷰 복제] 하위메뉴의 복제 명령을 선택합니다.

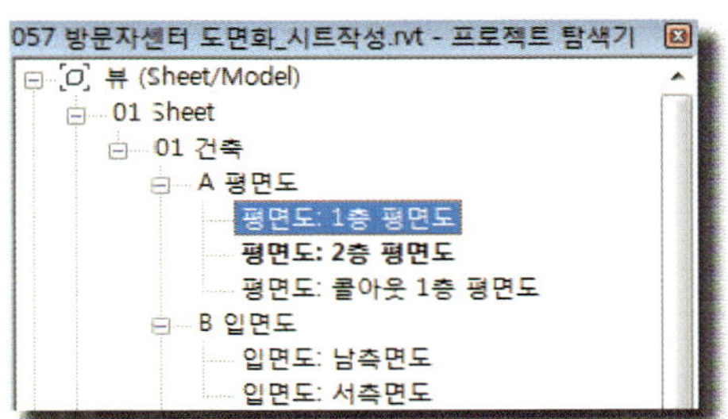

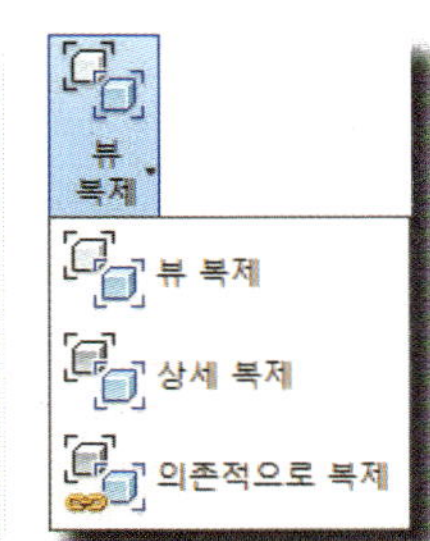

TIP

[프로젝트 탐색기]에서 위 그림과 같이 ‘뷰’가 선택되어 있을 경우 ‘평면도: 1층 평면도’가 복제됩니다. 굵은 글씨로 표기된 활성화된 ‘뷰’가 복제되는 것이 아니라 위 그림과 같이 파란색으로 선택된 뷰가 복제대상이 되는 ‘뷰’ 입니다.

a. 뷰 복제 : 3D로 작성된 원본 뷰의 모델 요소와 그리드, 레벨 등의 기준 요소에 해당하는 정보를 복제합니다. 복제 시 원본 뷰에 포함된 2D 요소 및 주석 요소에 관한 정보는 제외됨으로 일반적으로 모델 수정용 뷰가 필요할 경우 사용됩니다.

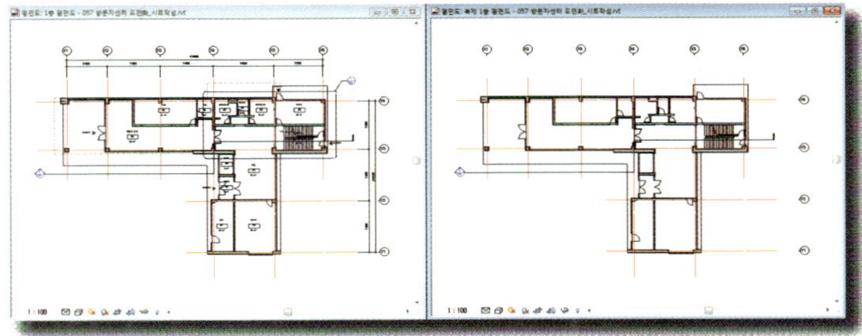

b. 상세 복제 : 3D로 작성된 원본 뷰의 모델 요소를 포함하여 2D 요소 및 주석 요소에 관한 정보를 모두 복제합니다.

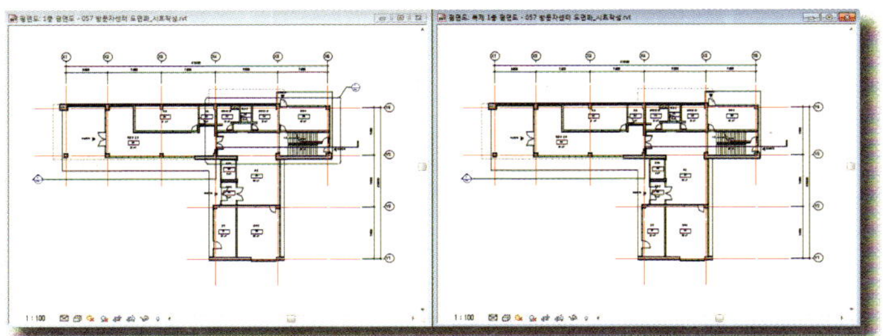

c. 의존적으로 복제 : '뷰 복제'와 '상세 복제' 옵션으로 복제된 뷰는 원본 뷰로부터 독립된 상태가 되지만 '의존적으로 복제'된 뷰는 원본 뷰에 종속된 상태가 됩니다. 즉 위의 두 방법으로 복제된 뷰는 원본 뷰의 2D 요소 및 주석 요소를 편집하여도 복제된 뷰에는 영향을 미치지 않지만 '의존적으로 복제'된 뷰는 원본 뷰에 종속되어 자동으로 수정되게 됩니다. 이 옵션은 주로 뷰의 일부분을 축척이 큰 상태로 시트에 작성하고자 할 때 즉, 부분 평/입/단면 뷰 등을 작성하고자 할 때 사용됩니다.

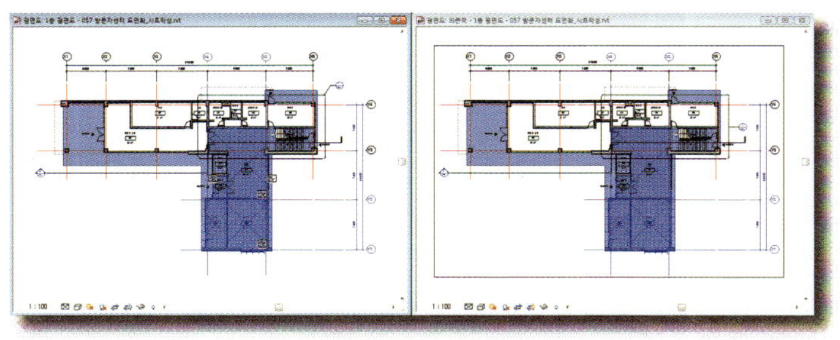

TIP

'뷰 복제', '상세 복제' 옵션과 달리 '의존적으로 복제'된 뷰는 그림과 같이 원본 뷰의 하위 카테고리 위치로 복제됩니다.

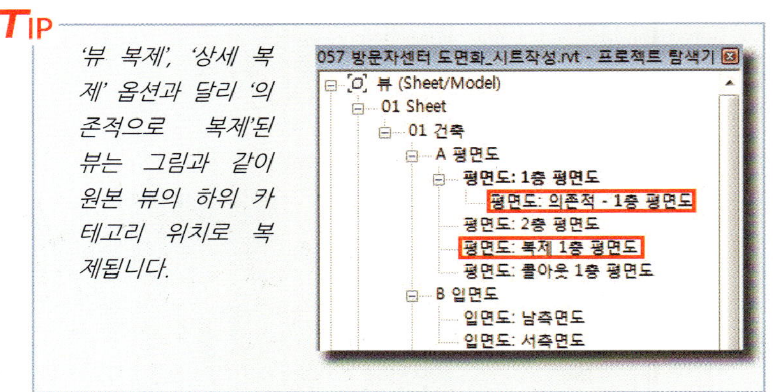

02 [프로젝트 탐색기]에서 복제할 '뷰'를 마우스 오른쪽 버튼으로 선택한 후 '뷰 복제' 하위메뉴의 복제옵션을 클릭합니다.

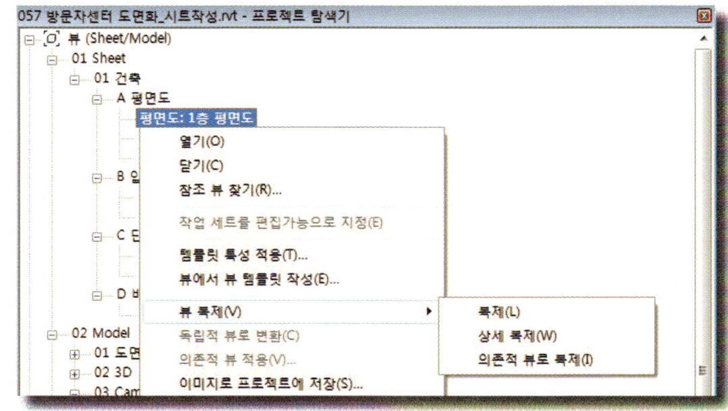

LESSON 40 뷰 템플릿 설정

[뷰 템플릿]은 뷰의 '축척', '상세 수준', '그래픽 화면 표시 옵션', '가시성/그래픽 재지정' 등과 같은 '뷰 특성'의 집합으로 특정 뷰의 '뷰 특성'을 다른 뷰에 동일하게 적용할 수 있도록 설정하는 기능입니다.

예로서 다수의 평면도가 필요한 프로젝트에서 각각의 평면 뷰들에 '뷰 특성'들을 일일이 적용할 경우 상당한 시간이 소비되게 됩니다. 이때 하나의 평면 뷰에 '축척'을 비롯한 다양한 '뷰 특성'들을 '평면 뷰 템플릿'으로 설정한 후 다른 평면 뷰들에 일괄적으로 적용함으로서 효율적인 작업을 진행할 수 있습니다.

Step 01 [뷰 템플릿] 대화상자 열기

'뷰 템플릿'은 아래의 네 가지 방법으로 '[뷰 템플릿] 대화상자'를 불러 작성이 가능합니다.

01 현재 뷰 설정을 기반으로 [뷰 템플릿] 작성 :

a. [뷰] 탭 > [그래픽] 패널 > [뷰 템플릿] 하위메뉴의 [현재 뷰에서 템플릿 작성]을 클릭합니다.

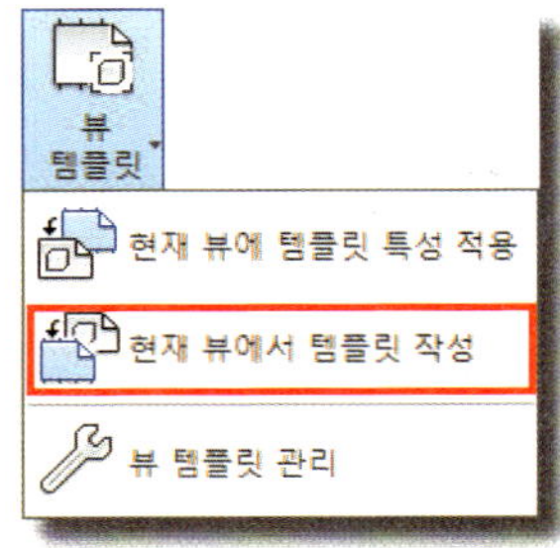

b. [새 뷰 템플릿] 대화상자에 새로 작성한 '뷰 템플릿' 이름을 입력한 후 [확인] 버튼을 클릭하면 '[뷰 템플릿] 대화상자'가 나타납니다.

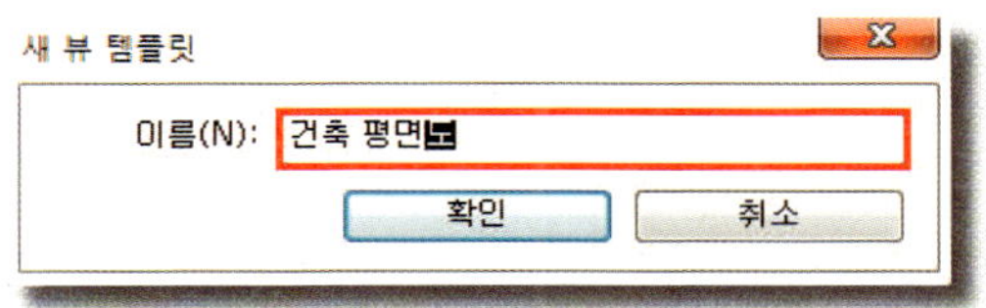

02 [뷰 템플릿 관리] 명령을 이용한 [뷰 템플릿] 작성 :

[뷰] 탭 > [그래픽] 패널 > [뷰 템플릿] 하위메뉴의 [뷰 템플릿 관리]를 클릭하면 '[뷰 템플릿] 대화상자'가 나타납니다.

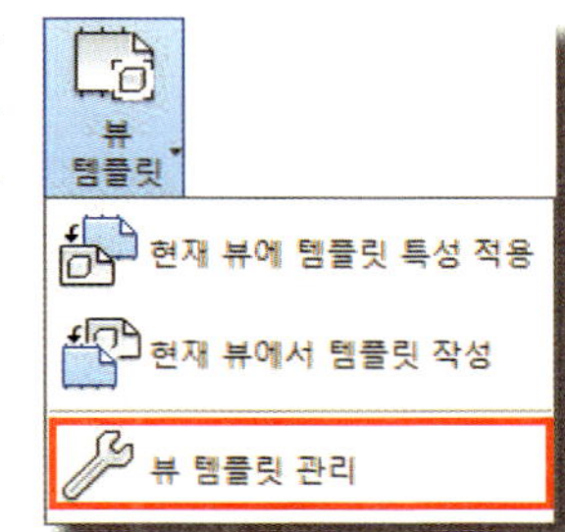

03 [그래픽 화면표시 옵션] 대화상자를 이용한 [뷰 템플릿] 작성 :

a. '뷰 조절 막대' > [비주얼 스타일] > [그래픽 화면표시 옵션]을 클릭합니다.

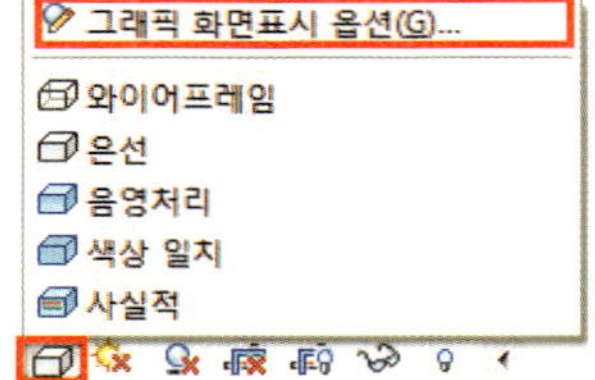

b. [그래픽 화면표시 옵션] 대화상자에서 '뷰 템플릿으로 저장...'을 클릭합니다.

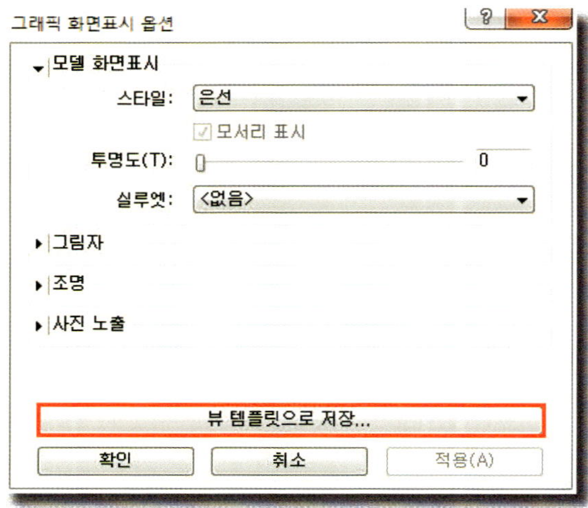

c. [새 뷰 템플릿] 대화상자에 새로 작성한 '뷰 템플릿' 이름을 입력한 후 [확인] 버튼을 클릭하면 '[뷰 템플릿] 대화상자'가 나타납니다.

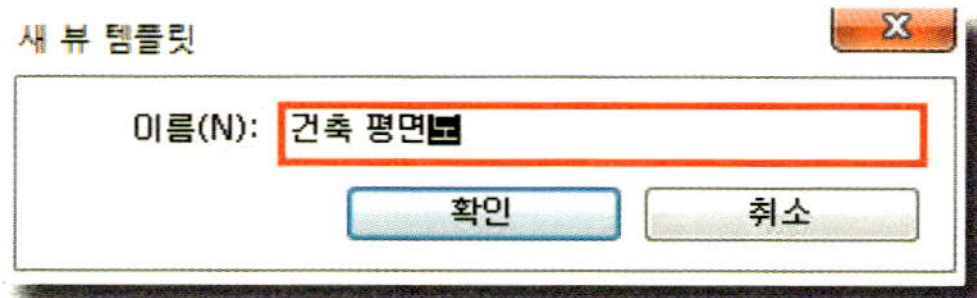

04 [프로젝트 탐색기]에서 뷰를 선택하여 [뷰 템플릿] 작성 :

a. [프로젝트 탐색기]에서 뷰를 선택한 후 마우스 오른쪽 버튼 클릭하여 [뷰에서 뷰 템플릿 작성]을 선택합니다.

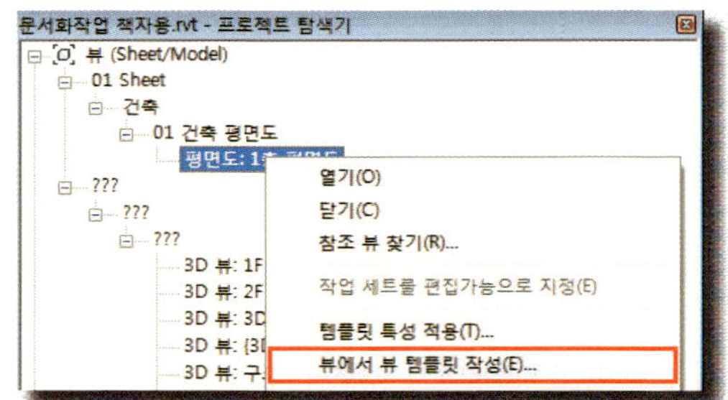

b. [새 뷰 템플릿] 대화상자에 새로 작성한 '뷰 템플릿' 이름을 입력한 후 [확인] 버튼을 클릭하면 '[뷰 템플릿] 대화상자'가 나타납니다.

새 뷰 템플릿

이름(N): 건축 평면

확인 취소

Step 02 [뷰 템플릿] 설정

앞의 네 가지 방법으로 불러온 '[뷰 템플릿] 대화상자'의 '뷰 특성' 매개변수 값을 변경하여 특정 뷰들에 표준 설정으로 적용될 [뷰 템플릿]을 작성합니다.

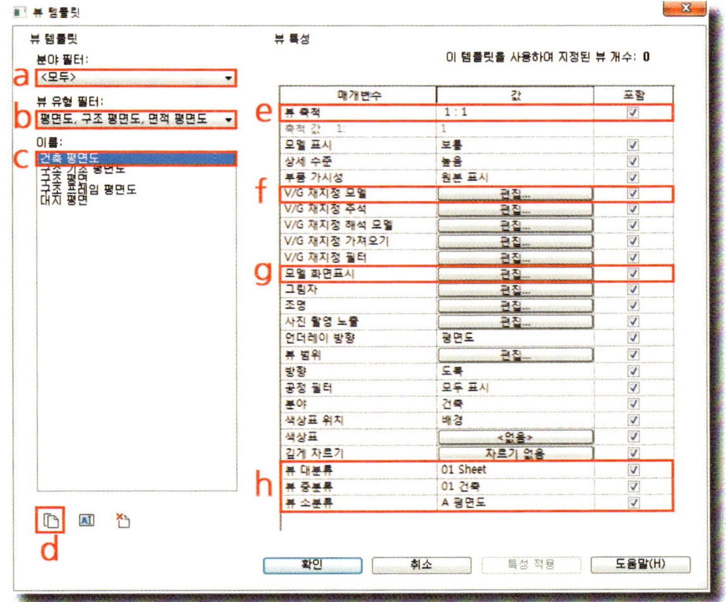

a. 건축, 구조, 기계, 전기 등 분야를 설정합니다.

b. '평면도', '입면도', '단면도' 등 뷰를 유형별로 필터링하여 관련된 [뷰 템플릿]만 화면에 표시합니다.

c. 적용 가능한 [뷰 템플릿] 종류를 보여줍니다.

d. 새로운 [뷰 템플릿]을 생성합니다.

e. [뷰 템플릿]이 적용될 뷰의 축척을 설정합니다.

f. 'V/G 재지정 모델' 매개변수의 '편집' 버튼을 클릭하면 모델 카테고리에 해당하는 [가시성/그래픽 재지정] 대화상자가 열립니다. 모델 카테고리에 해당하는 '가시성', '투영/표면 패턴' 등을 설정할 수 있습니다.

g. '모델 화면표시' 매개변수의 '편집' 버튼을 클릭하면 [그래픽 화면표시 옵션] 대화상자가 열립니다. 모델의 화면표시 스타일 및 투명도 등을 설정할 수 있습니다.

h. [프로젝트 매개변수]에서 추가한 '매개변수' 값의 입력이 가능합니다. 그림과 같이 설정된 매개변수 값을 입력하여 [뷰 템플릿]을 적용하면 [특성] 창의 '문자' 매개변수 값과 [프로젝트 탐색기]의 구성이 변경됩니다.

[뷰 템플릿] 대화상자의 '뷰 특성' 매개변수 항목 별 기능은 다음과 같습니다.

뷰 특성 매개변수	기 능
뷰 축척	뷰의 축척을 지정합니다. 사용자를 선택하는 경우 축척 값 특성을 편집할 수 있습니다.
축척 값 1:	뷰 축척에서 파생된 비율을 지정합니다. 예를 들어 뷰 축척이 1:100인 경우 축척 값은 100/1 또는 100의 비율입니다. 뷰 축척 특성에 사용자를 선택하는 겨우 이 값을 편집할 수 있습니다.
모델표시	상세 뷰에서 모델을 숨깁니다. 일반 설정은 모든 요소를 정상적으로 표시합니다. 이것은 모든 비상세 뷰에 사용됩니다. 표시하지 않음 설정은 상세 뷰 특정 요소만 표시합니다. 이들 요소에는 선, 영역, 치수, 문자 및 기호가 포함됩니다. 모델의 요소는 표시되지 않습니다. 중간색 설정은 모든 상세 뷰 특정 요소를 정상적으로 표시하는 반면, 모델 요소는 중간색으로 표시합니다. 중간색 모델 요소를 선 추적, 치수 기입 및 정렬에 대한 참조로 사용할 수 있습니다.
상세 수준	상세 뷰 설정을 뷰에 적용합니다.
부품 가시성	작성된 부품 및 요소를 뷰에 표시할지 여부를 지정합니다.
V/G 재지정 모델	모델 카테고리에 대한 가시성/그래픽 재지정을 정의합니다.
V/G 재지정 주석	주석 카테고리에 대한 가시성/그래픽 재지정을 정의합니다.
V/G 재지정 해석 모델	해석 모델 카테고리에 대한 가시성/그래픽 재지정을 정의합니다.
V/G 재지정 가져오기	편집을 클릭하여 가져온 카테고리의 가시성 옵션을 보고 수정합니다.
V/G 재지정 필터	필터에 대해 가시성/그래픽 재지정을 정의합니다.
V/G 재지정 작업 세트	작업 세트에 대해 가시성/그래픽 재지정을 정의합니다.
V/G 재지정 설계 옵션	설계 옵션에 대해 가시성/그래픽 재지정을 정의합니다.
모델 화면표시	표면(와이어프레임, 은선과 같은 비주얼 스타일), 투명도 및 실루엣에 대한 모델 화면표시 옵션을 정의합니다.
그림자	뷰에 대한 그림자 설정을 정의합니다.
라이트	조명 구성표, 태양설정, 인공조명 및 태양광 양, 주변 조명 및 그림자 등 조명 설정을 정의합니다.
사진노출	3D 뷰에 대해 이미지 렌더링의 노출 설정을 정의합니다.
배경	3D 뷰에 대해 하늘, 그라데이션 색상 또는 이미지 등 표시할 배겨을 지정합니다.
먼 쪽 자르기	입면도 및 단면도의 경우 먼 쪽 자르기 기준면 설정을 지정합니다.
언더레이 방향	언더레이를 사용하는 평면도와 반사된 천장 평면도의 경우 언더레이가 해당 평면도를 표시할지 아니면 반사된 천장 평면도를 표시할지 여부를 지정합니다. 예를 들어, 반사된 천장 평면도의 경우 조명 설비를 배치하는 데 도움이 되는 언더레이로 해당 평면도를 표시할 수 있습니다.
뷰 범위	평면도의 뷰 범위를 정의합니다.
방향	프로젝트의 방향을 도북이나 진북으로 지정합니다.
공정 필터	공정 특성을 뷰에 적용합니다.
분야	비내력벽의 가시성과 분야별 주석 기호를 결정합니다.
색상표 위치	색상표가 배경과 전경 중 어디에 적용되는지 지정합니다.
색상표	뷰의 룸, 영역, 공간 또는 구역에 적용할 색상표를 지정합니다. 기존 색상표를 선택하거나 새 색상표를 작성합니다.
시스템 색상표	파이프 및 덕트에 사용할 색상표를 지정합니다.
깊게 자르기	평면뷰에 대한 깊이 자르기 기준면 설정을 지정합니다.
렌더링 설정	3D 뷰에서 이미지를 렌더링할 때 사용할 설정을 지정합니다.
기둥 기호 간격 띄우기	겨사 구조 기둥에 대해 보 결합의 간격띄우기를 지정합니다. 이 설정은 상세 수준이 낮음이고 분야가 구조 또는 좌표인 경우에만 사용할 수 있습니다.

Step 03 [뷰 템플릿] 적용

[뷰 템플릿] 대화상자에서 작성한 템플릿은 아래의 세 가지 방법으로 특정 뷰 및 복수의 선택된 뷰에 적용 가능합니다.

01 현재 뷰에 템플릿 특성 적용 :

a. [뷰] 탭 > [그래픽] 패널 > [뷰 템플릿] 하위메뉴의 [현재 뷰에 템플릿 특성 적용]을 클릭합니다.

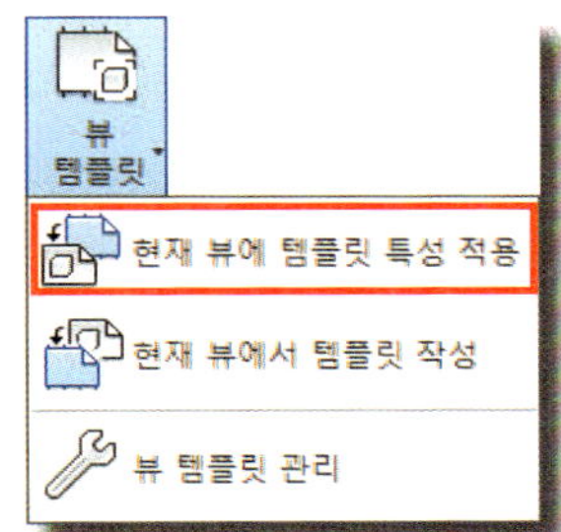

b. [뷰 템플릿 적용] 대화상자에서 '템플릿'을 선택한 후 [확인] 버튼을 클릭하여 현재 뷰에 '뷰 템플릿'을 적용합니다.

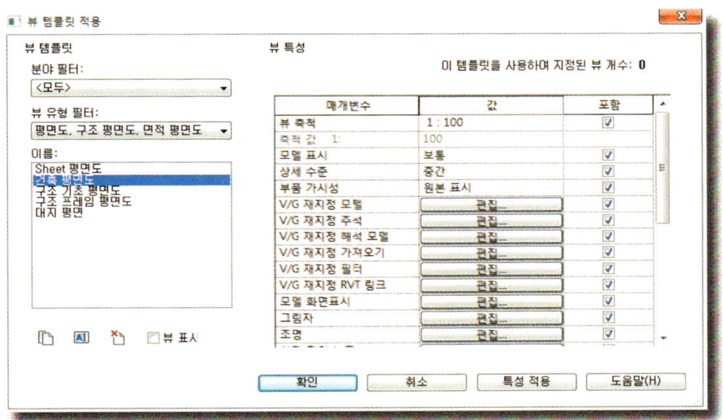

02 [특성] 창의 매개변수 변경을 통해 템플릿 특성 지정 :

a. [특성] 대화상자 > [ID 데이터] 탭 > '뷰 템플릿' 매개변수 > [없음]을 클릭합니다.

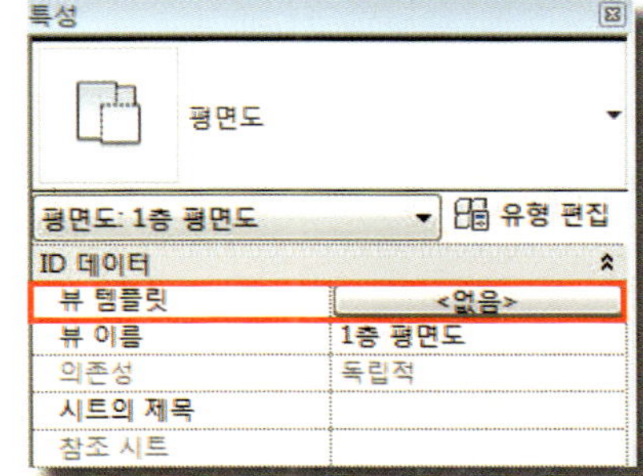

b. [뷰 템플릿 적용] 대화상자에서 '템플릿'을 선택한 후 [확인] 버튼을 클릭합니다. [특성] 대화상자의 '뷰 템플릿' 매개변수가 변경되며 '뷰 템플릿'이 선택된 뷰에 적용됩니다.

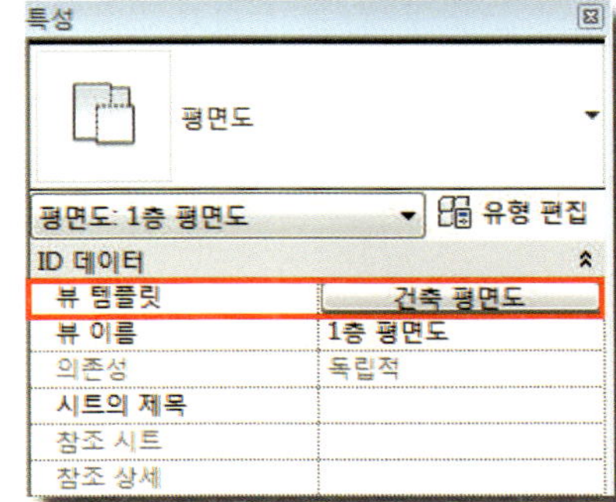

03 [프로젝트 탐색기]에서 뷰를 선택하여 템플릿 특성 적용 :

a. [프로젝트 탐색기]에서 '뷰 템플릿'을 적용할 뷰들을 선택한 후 마우스 오른쪽 버튼을 클릭하여 [뷰 템플릿 적용]을 클릭합니다.

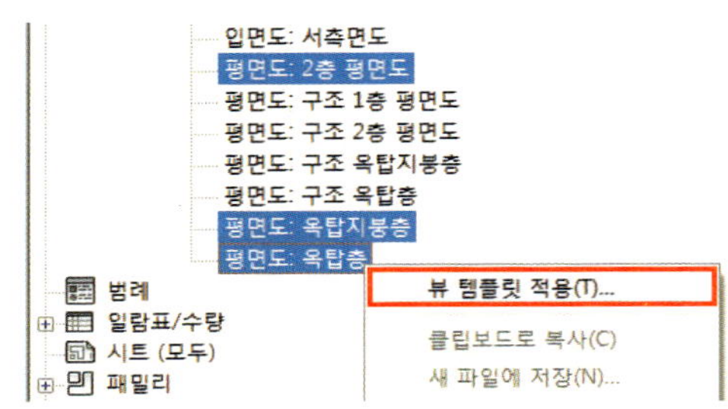

b. [뷰 템플릿 적용] 대화상자에서 '템플릿'을 선택한 후 [확인] 버튼을 클릭하여 선택한 뷰에 '뷰 템플릿'을 적용합니다.

TIP

- 동일한 '뷰 템플릿'이 적용된 뷰에는 [프로젝트 탐색기]의 카테고리 뿐만 아니라 '뷰 축척', '모델 표시' 방법, '상세 수준' 등 뷰 템플릿의 다양한 매개변수 값이 일정하게 적용됩니다.

- [뷰 템플릿]이 적용된 뷰는 [특성] 창의 '그래픽' 매개변수, '범위' 매개변수, 화면 하단의 '축척', '상세수준', '비주얼 스타일' 등이 비활성화 되며, [가시성/그래픽] 명령 또한 사용할 수 없게 됩니다.

- '뷰 템플릿'이 적용된 뷰들의 특성은 [뷰 템플릿] 대화상자에서 일괄적으로 수정하며, 특정 뷰의 특성을 바꾸기 위해서는 적용된 '뷰 템플릿'을 복제하여 수정하거나 '없음'으로 변경하여야 합니다.

- 특정 뷰에 적용된 템플릿을 '없음'으로 변경하면 비화성활 되어 있던 [특성]창의 매개변수 및 [가시성/그래픽] 명령이 활성화 됩니다.

LESSON 41 평면도 주석요소 작성

Step 01 그리드 헤드 수정

치수선 작성 전에 그리드 선과 헤드 사이의 간격조절을 위하여 기준요소인 '그리드'를 편집합니다. '그리드'는 시스템 패밀리로서 그리드 선의 두께, 색상, 패턴 등은 설정된 기본 매개변수로 조절할 수 있으나 헤드와 선의 간격 등 매개변수로 수정할 수 없는 사항들은 패밀리 편집을 통해 수정하여야 합니다.

01 [프로젝트 탐색기]의 '패밀리' 〉 '주석 기호' 카테고리를 확장한 후 현재 작성되어 있는 '그리드 헤드 - 원' 주석기호를 마우스 오른쪽 버튼으로 클릭하여 '편집' 명령을 선택합니다.

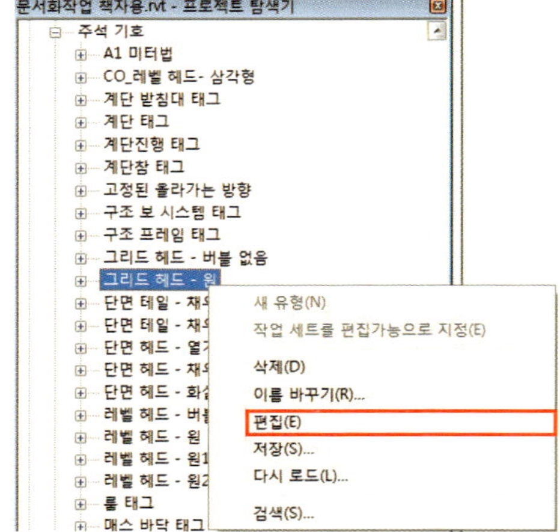

02 그리드 헤드 태그 패밀리 시트가 활성화됩니다.

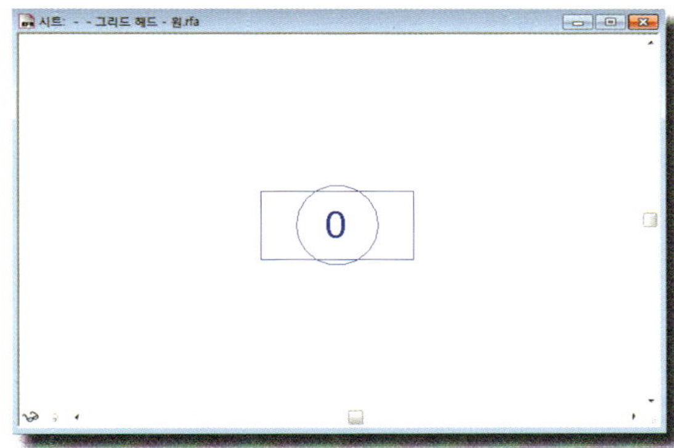

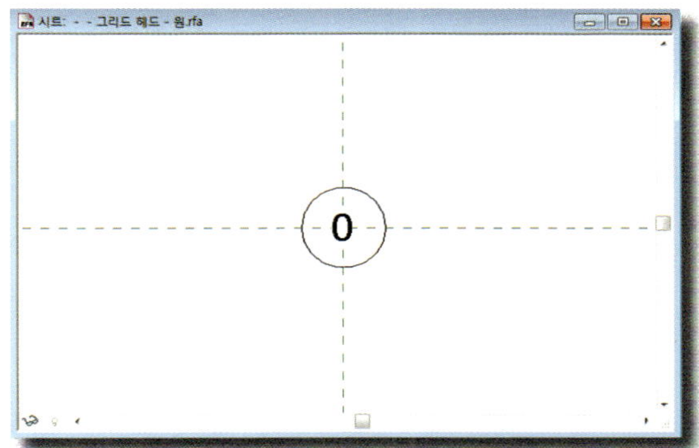

03 [가시성/그래픽] 명령을 실행하여 [시트: 가시성/그래픽 재지정] 대화상자를 불러옵니다. [주석 카테고리] 탭의 '참조평면' 가시성을 활성화합니다.

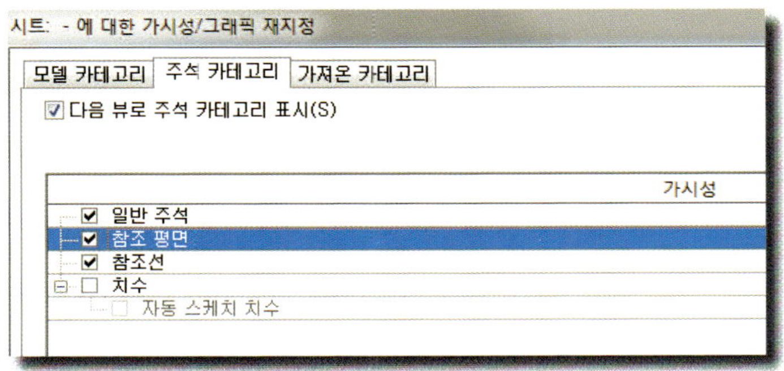

04 마우스를 드래그하여 모든 주석 패밀리를 선택한 후 [이동] 명령을 사용하여 위쪽으로 '40mm' 이동시킵니다.

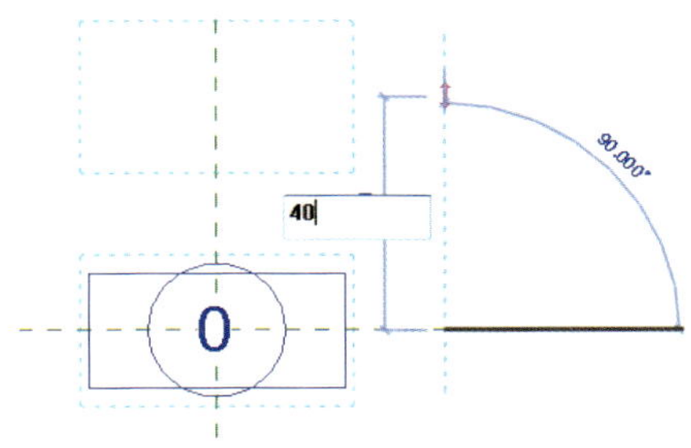

05 [작성] 탭 〉 [상세 정보] 패널 〉 [선]을 클릭합니다. [수정 | 배치 선] 탭 〉 [그리기] 패널 〉 [선]을 이용하여 헤드 아래쪽으로 5mm 길이의 선을 작성합니다.

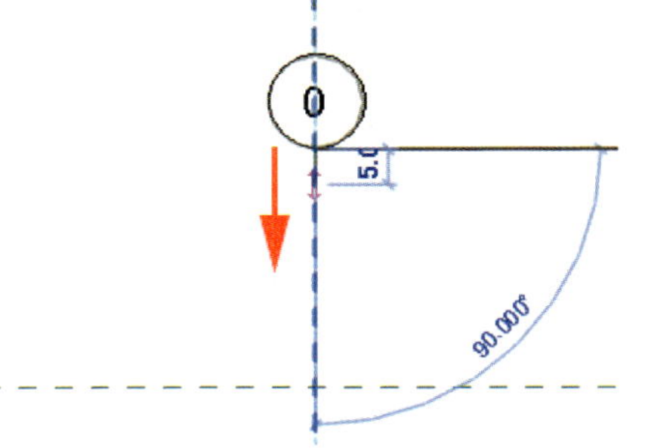

06 수정한 '그리드 헤드' 패밀리를 '방문자센터 그리드헤드.rfa'로 저장합니다.

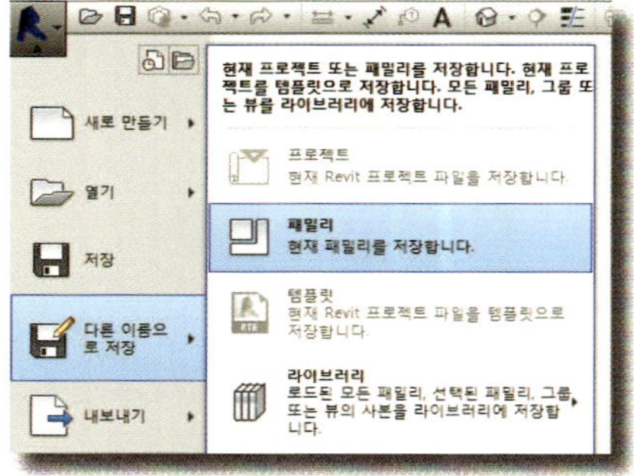

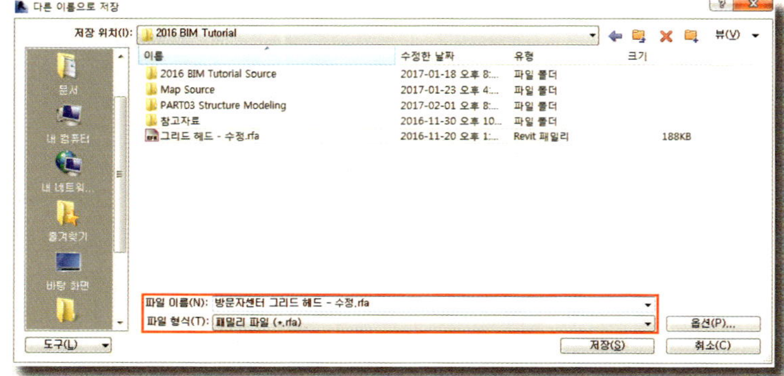

07 [패밀리 편집기] 패널 〉 [프로젝트에 로드]를 클릭합니다.

08 그리드를 선택한 후 [유형 특성] 대화상자 〉 '기호' 매개변수 값을 '방문자센터 그리드헤드'로 변경합니다.

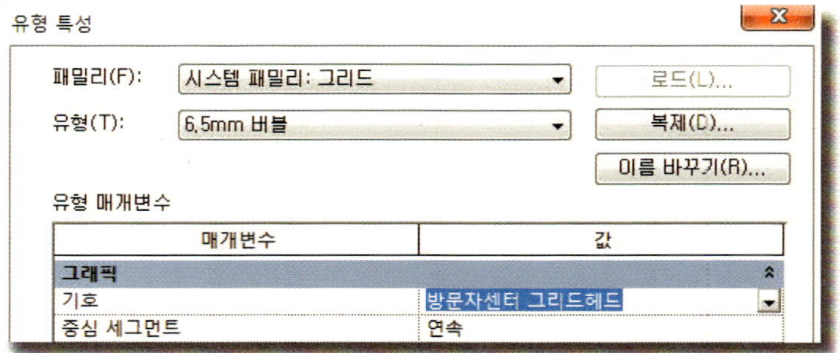

09 수정한 '그리드 헤드' 패밀리가 반영되며, 그리드 선과 헤드 사이에 치수를 넣을 수 있도록 간격이 조절됩니다.

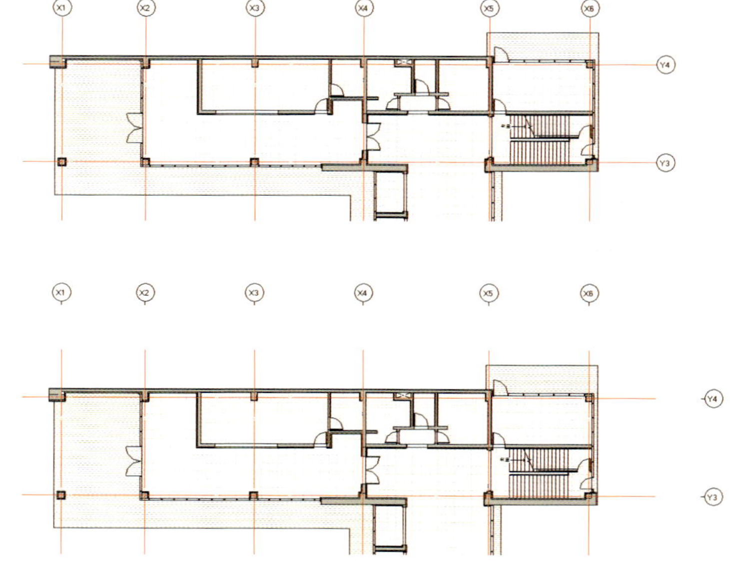

Step 02 치수 작성

01 '1층 평면도'를 활성화한 후 [주석] 탭 〉 [치수] 패널 〉 [정렬] 명령을 선택합니다.

02 [유형 특성] 대화상자의 [복제] 버튼을 클릭한 후 [이름] 대화상자에 '1/100 치수'를 입력합니다.

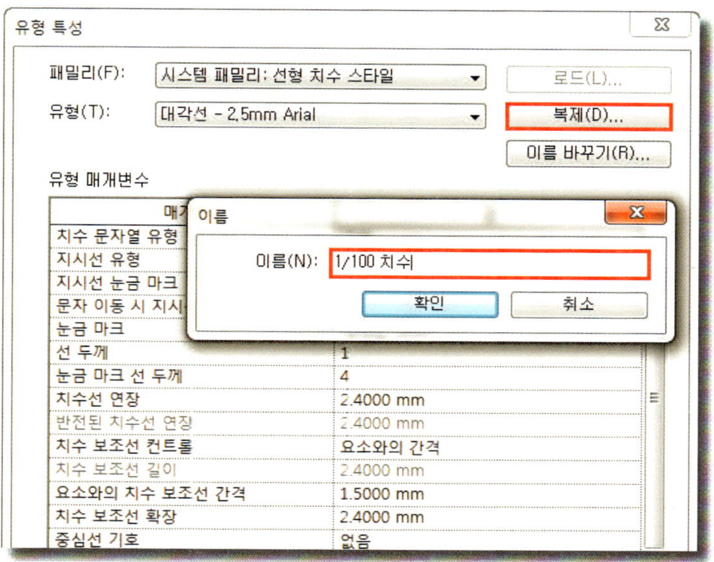

03 복제된 '1/100 치수' [유형 특성] 대화상자의 '색상', '문자크기', '문자 글꼴' 매개변수 값을 각각 '검은색', '4mm', '돋움'으로 변경합니다.

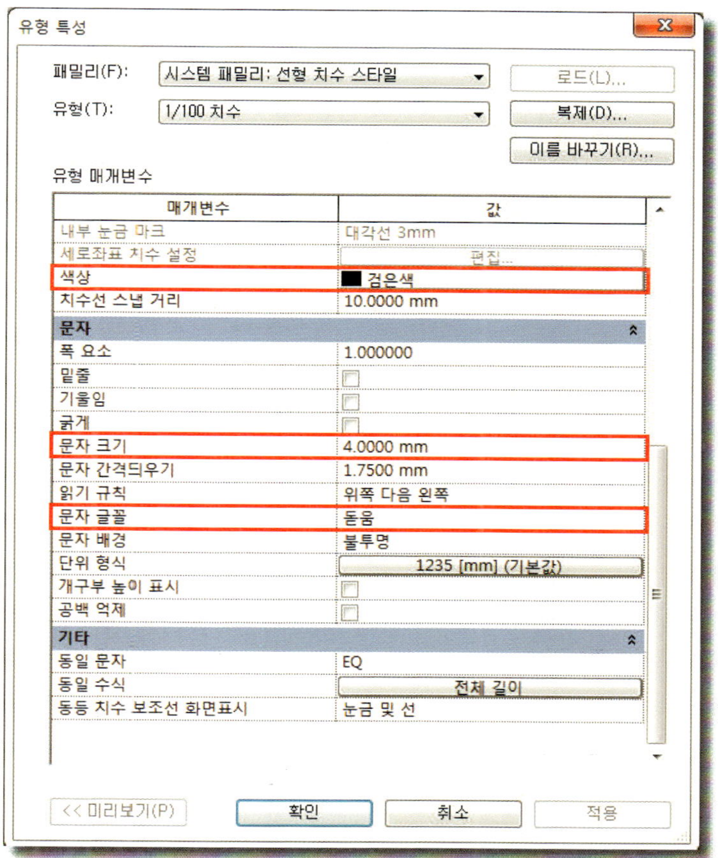

04 X1~X6 축렬을 기준으로 치수를 배치하기 위해 (a)~(f) 까지 그리드 선을 순서대로 클릭합니다.

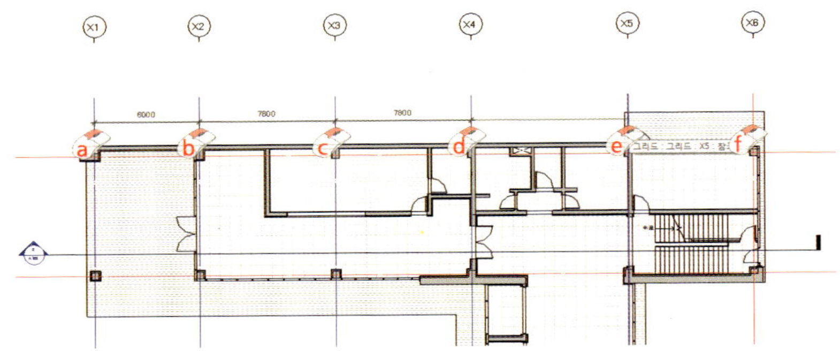

05 치수선이 작성될 위치를 고려하여 마우스 커서를 위쪽으로 이동시킨 후 치수선 위(g)에서 마우스 왼쪽 버튼을 클릭합니다.

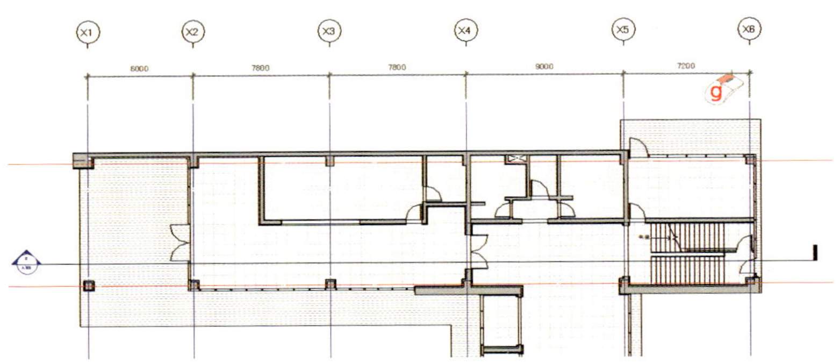

06 전체 치수를 작성하기 위해 (h)와 (i) 그리드 선을 선택한 후 전체 치수선이 작성될 위치(j)를 클릭합니다.

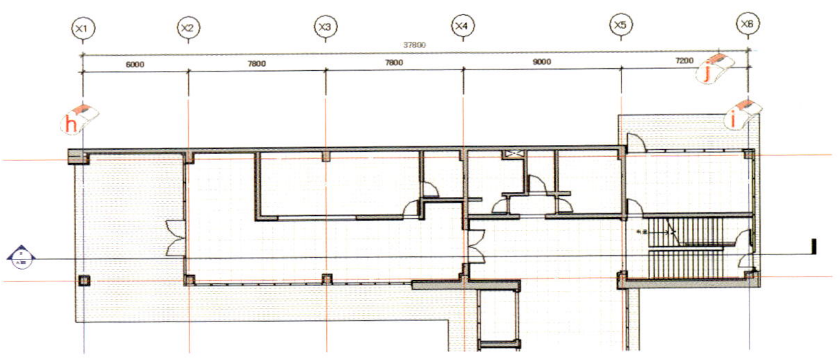

07 같은 방법으로 Y1~Y4 축열을 기준으로 치수를 작성합니다.

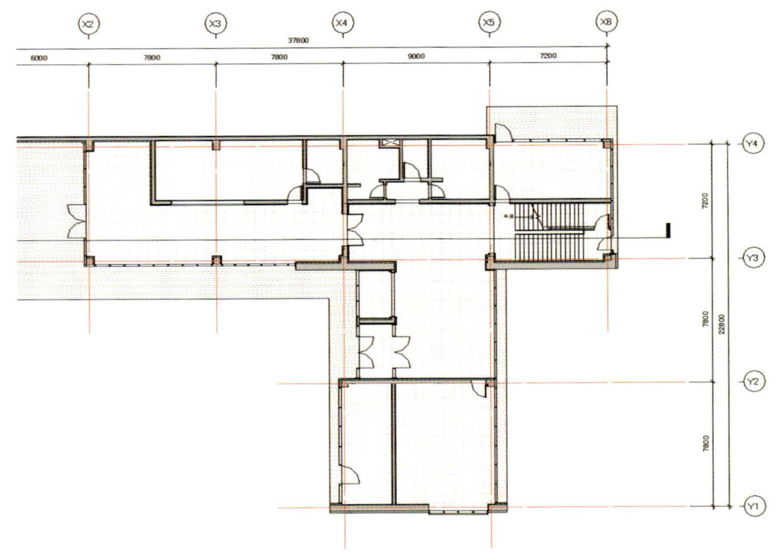

TIP

- 작성된 치수를 선택한 후 [수정 | 치수] 탭 > [치수 보조선] 패널 > [치수 보조선 편집] 명령을 사용하여 치수선을 추가하거나 삭제할 수 있습니다.

- 주석요소인 치수는 작성한 뷰에서만 표시되는 뷰 특정요소 입니다. 2층 평면도 및 입면도, 단면도에 표시될 치수는 첨부된 최종 시트를 참고하여 각 뷰에서 각각 작성하도록 합니다.

Step 03 룸 태그 작성

01 1층 평면도를 활성화합니다. [건축] 탭 〉 [룸 및 면적] 패널 〉 [룸] (단축키 : RM)을 클릭합니다.

02 평면도의 구획된 실위에 마우스 커서를 위치시면 '룸 태그'가 활성화됨과 동시에 '룸'이 작성될 영역이 나타납니다. 마우스를 클릭하여 룸을 배치합니다.

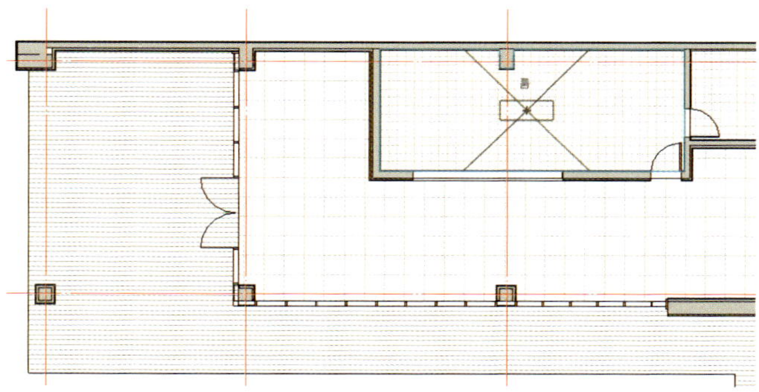

TIP

위 그림은 각 실의 '룸' 경계가 닫혀있는 상태일 때 나타나는 '룸 태그' 입니다. 그에 반하여 아래 그림은 '룸' 경계가 닫혀있지 않은 상태일 경우에 표시되는 '룸 태그' 입니다.

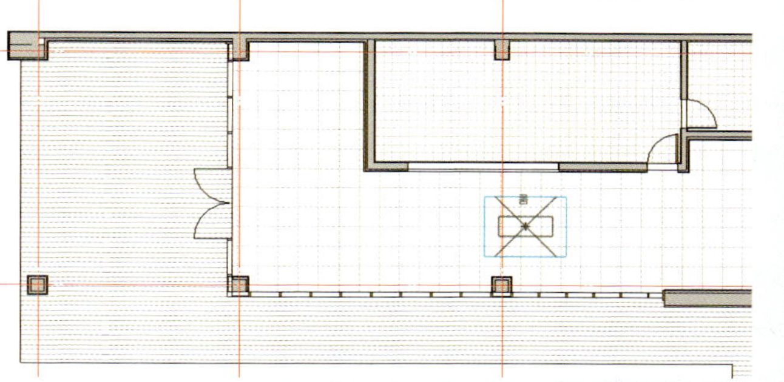

'룸' 경계가 닫혀있지 않은 경우 [건축] 탭 > [룸 및 면적] 패널 > [룸] (단축키 : RM)을 선택한 후 [수정 | 배치 룸] 탭 > [룸] 패널 > [경계 강조 표시] 명령을 실행하여 '룸' 경계를 확인할 수 있습니다. 아래 그림과 같이 룸 경계 요소가 '금색'으로 강조 표시 됩니다.

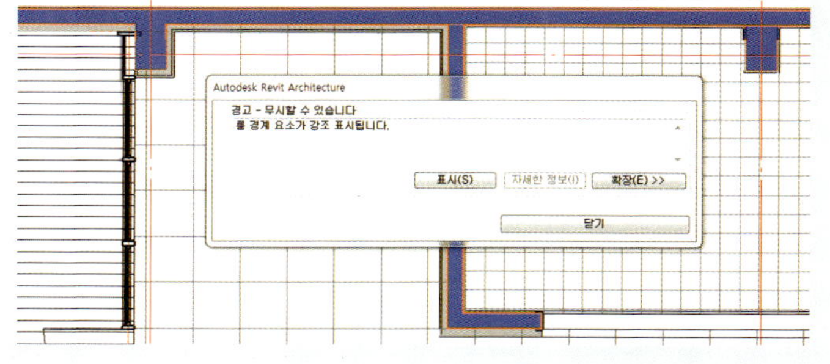

TIP

[경계 강조 표시] 명령으로 확인한 결과 경계가 형성되지 않은 요소는 [특성] 창의 '룸 경계' 매개변수가 활성화되어있는지 확인하도록 합니다.

특성
커튼월
방문자센터 커튼월
벽 (1) 유형 편집

구속조건	
베이스 구속조건	1층
베이스 간격띄우기	100.0
벽 베이스가 부착됩니다	☐
상단 구속조건	미연결
연결 안된 높이	4300.0
상단 간격띄우기	0.0
상단이 부착됩니다	☐
룸 경계	☑
매스와 관련됨	☐

03 벽으로 구획되지 않은 로비/계단실 부분의 룸 영역을 분할하여 작성하기 위해 [건축] 탭 〉 [룸 및 면적] 패널 〉 [룸 구분 기호] 클릭한 후 그림과 같이 계단실 영역이 구분되도록 [선]을 이용하여 스케치 합니다.

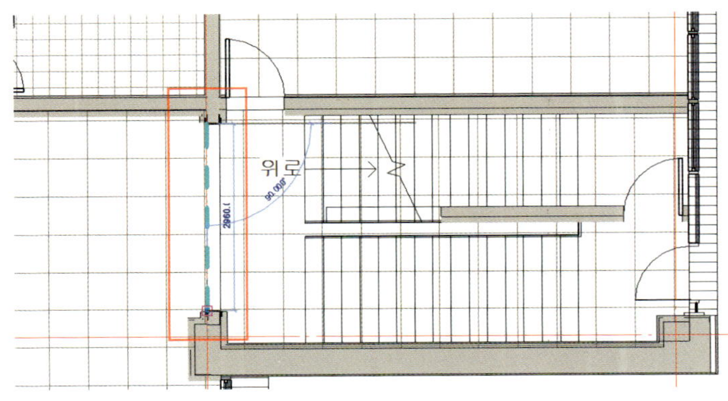

TIP

룸 영역 작성 시 '룸' 경계가 닫히지 않는 부분에 [룸 구분 기호] 명령을 사용하여 닫힌 룸 경계를 작성할 수도 있습니다.

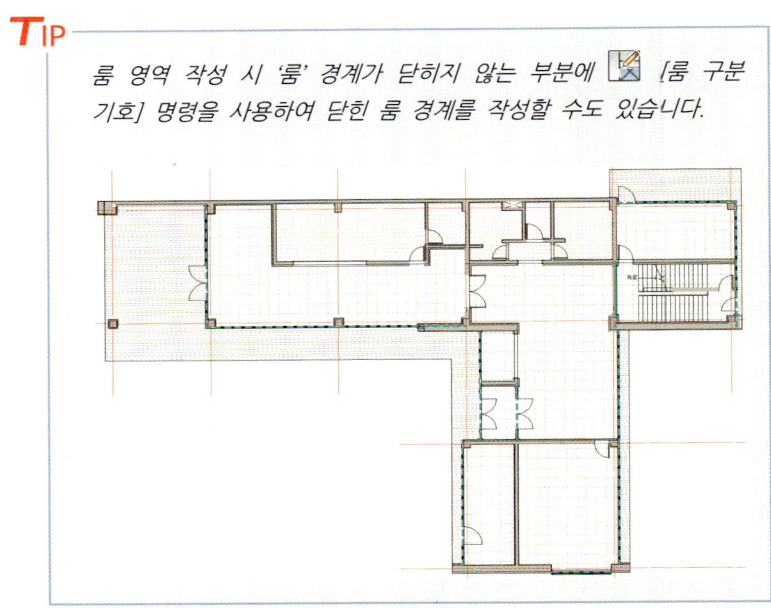

04 1층의 모든 실에 '룸'을 배치합니다.

05 [뷰] 탭 〉 [그래픽] 패널 〉 [가시성/그래픽]을 선택하거나 단축키 VG 또는 VV를 입력하여 [평면도 : 1층 평면도에 대한 가시성/그래픽 재지정] 대화상자를 엽니다. [모델 카테고리] 〉 '룸' 가시성의 '내부 채우기'와 '참조'를 활성화합니다.

평면도: 1층 평면도에 대한 가시성/그래픽 재지정

모델 카테고리 | 주석 카테고리 | 해석 모델 카테고리 | 가져온 카테고리 | 필터

☑ 다음 뷰로 모델 카테고리 표시(S)

필터 리스트(F): <다중>

가시성	투영/표면		
	선	패턴	투명도
☑ 래스터 이미지			
☑ 룸			
☑ 내부 채우기			
☑ 색상 채우기			
☑ 참조			
☐ 매스			
☑ 면적			

06 [비주얼 스타일]을 [은선]으로 설정하여 아래 그림과 같이 룸 영역이 채워진 상태로 화면을 표시합니다.

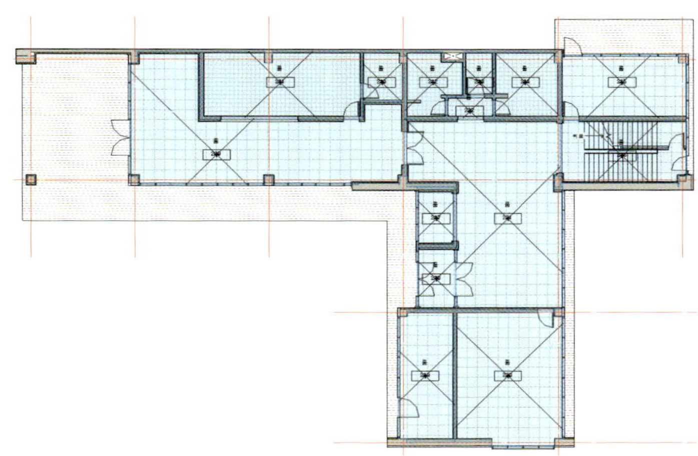

07 배치된 룸 태그 박스를 모두 선택합니다.

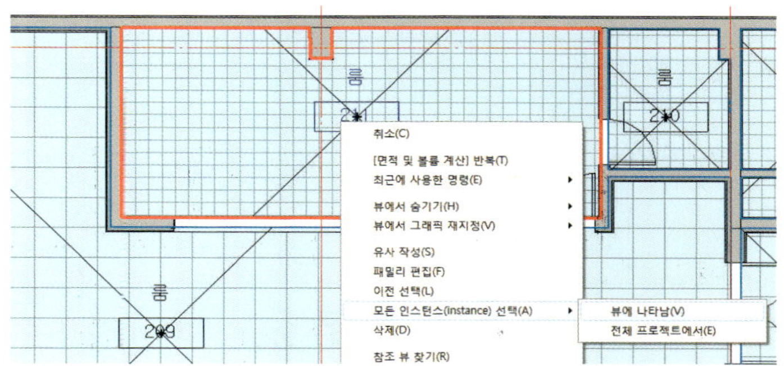

08 작업화면상의 룸 태그가 모두 선택된 상태에서 유형 탐색기를 선택하여 '면적이 있는 룸 태그'로 변경합니다.

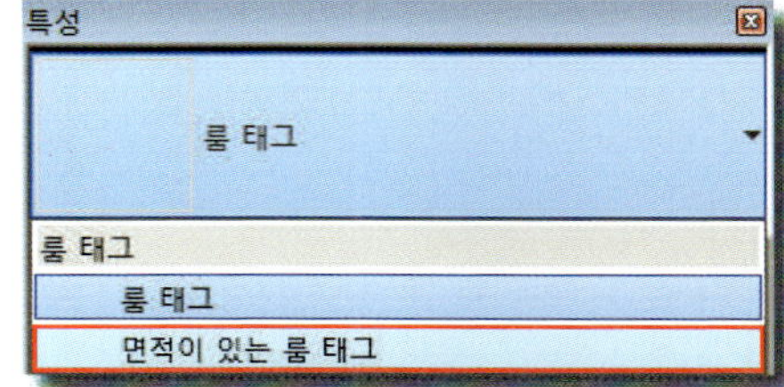

09 다음 그림과 같이 면적이 포함된 룸 태그로 변경됩니다.

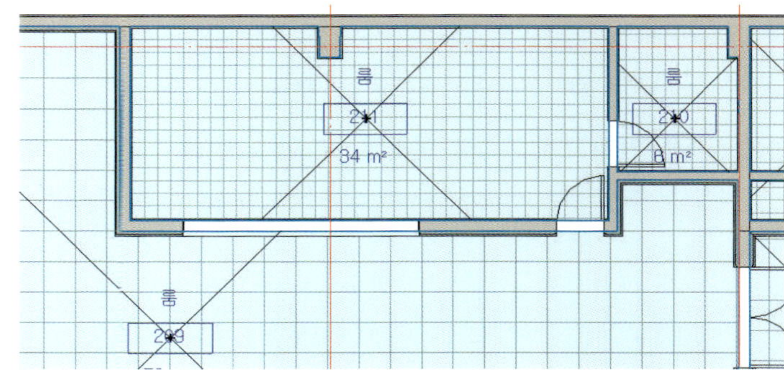

10 다음 그림과 첨부된 시트를 참고하여 '룸 이름'과 '룸 번호'를 수정합니다. 해당 항목을 더블클릭하면 수정 가능한 상태로 전환됩니다.

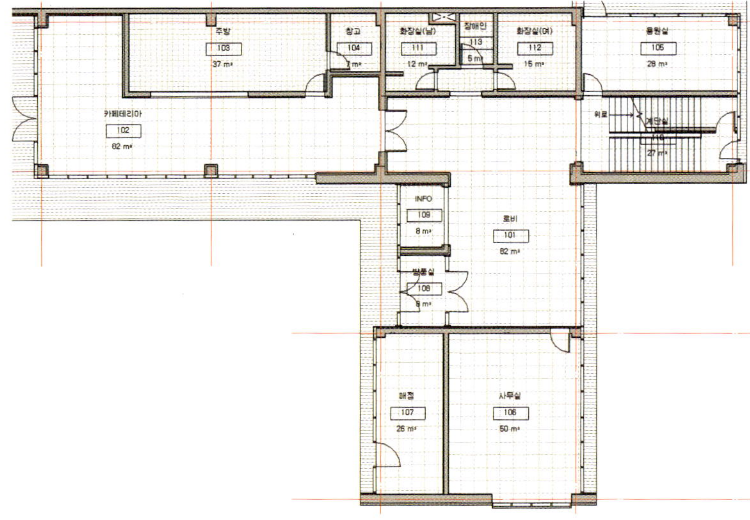

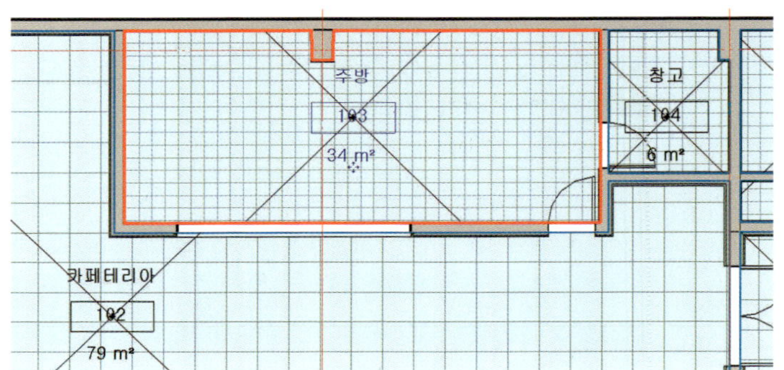

11 첨부된 시트를 참조하여 2층 평면도에도 룸 태그를 작성하도록 합니다.

12 현재 룸 태그에 표시된 면적은 '벽 마감 면'을 기준으로 계산된 결과입니다. 룸 면적 산출 기준을 벽 중앙으로 수정하도록 하겠습니다.

13 [건축] 탭 〉 [룸 및 면적] 패널의 하위 항목을 클릭하여 [면적 및 볼륨 계산]을 선택합니다.

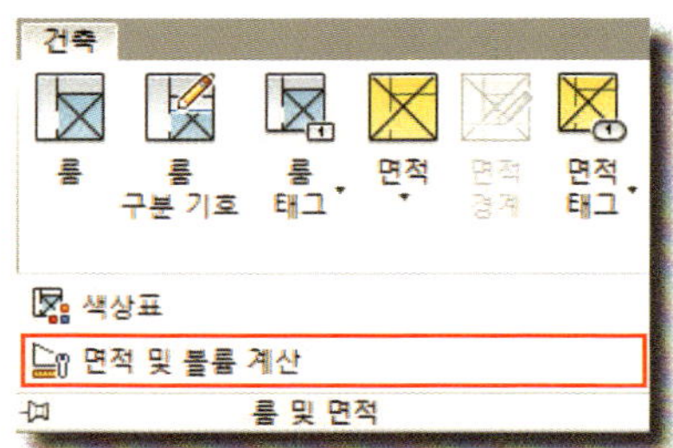

14 [면적 및 볼륨 계산] 대화상자의 '룸 면적 계산' 기준을 '벽 중앙에서'로 변경합니다.

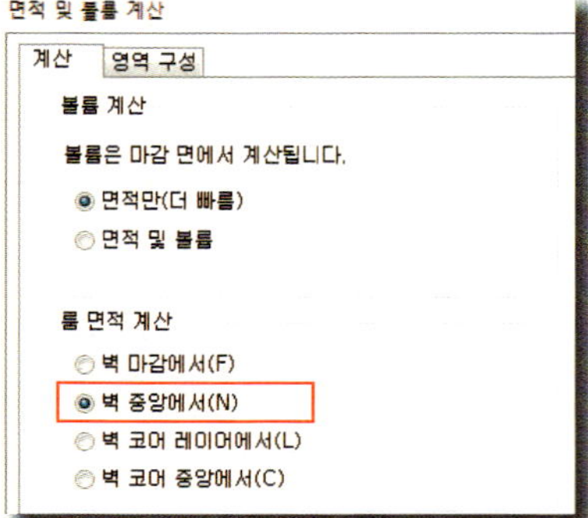

15 룸 면적 산출 기준이 벽 중앙으로 수정됩니다.

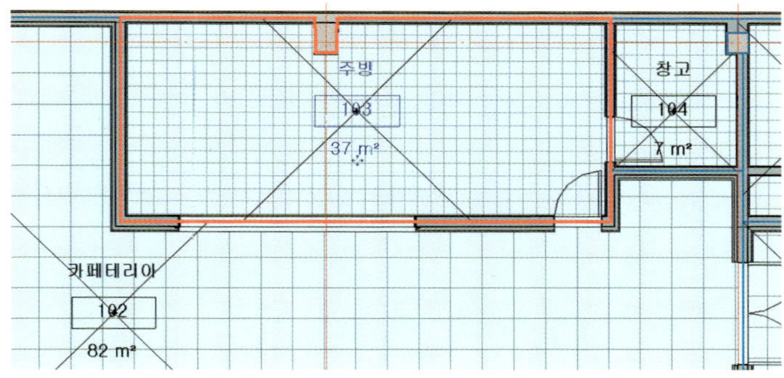

Step 04 상세 선 작성

'주석요소'인 '상세 선'은 작성한 뷰에만 표시되는 '뷰 특정 요소' 입니다. 특정 뷰가 아닌 모든 뷰에 나타나는 선을 작성하려면 [건축] 탭 〉 [모델] 패널의 [모델 선]을 사용해야 합니다.

01 [주석] 탭 〉 [상세정보] 패널 〉 [상세선]을 클릭합니다.

02 [수정 | 배치 상세 선] 탭 〉 [선 스타일] 패널 〉 [선 스타일]에서 '중심선'을 선택합니다.

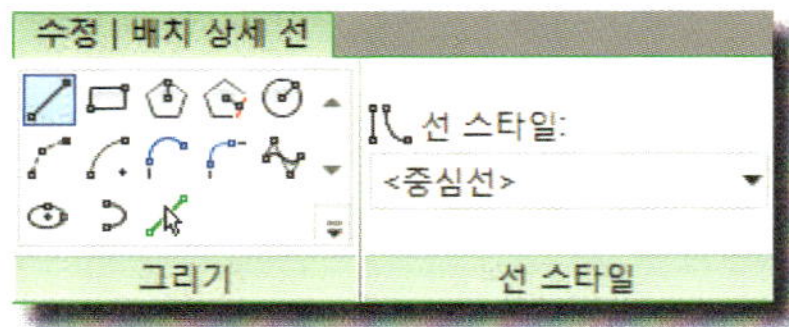

03 그림과 같이 Pipe Shaft(P.S) 영역에 선을 작성합니다.

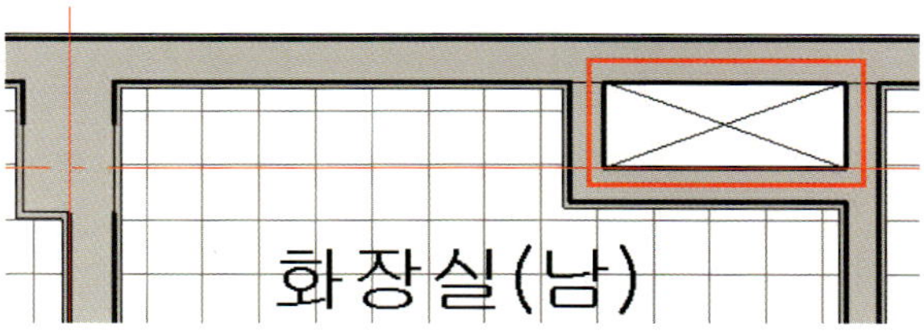

04 [가시성/그래픽 재지정] 대화상자를 활성화합니다. [모델 카테고리] 탭의 [선] 가시성 항목을 확장한 후 〈중심선〉의 선 투영/표면 '재지정'을 클릭합니다.

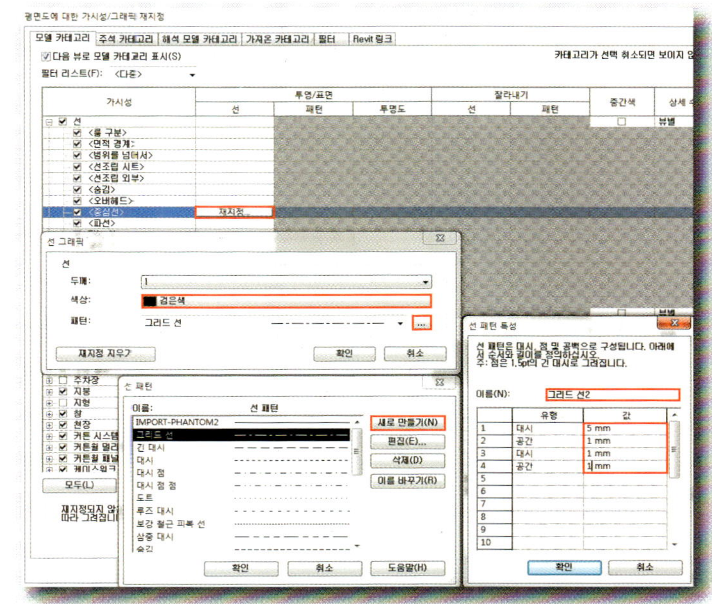

05 [선 그래픽] 대화상자의 '색상'을 검정색으로 지정합니다.

06 [선 패턴] 대화상자의 [새로 만들기]를 클릭합니다. [선 패턴 특성] 대화상자에 '그리드 선2'를 입력한 후 선 유형 별 값을 입력합니다.

07 앞에서 작성한 Pipe Shaft(P.S) 영역 중심선이 재지정 값으로 변경됩니다.

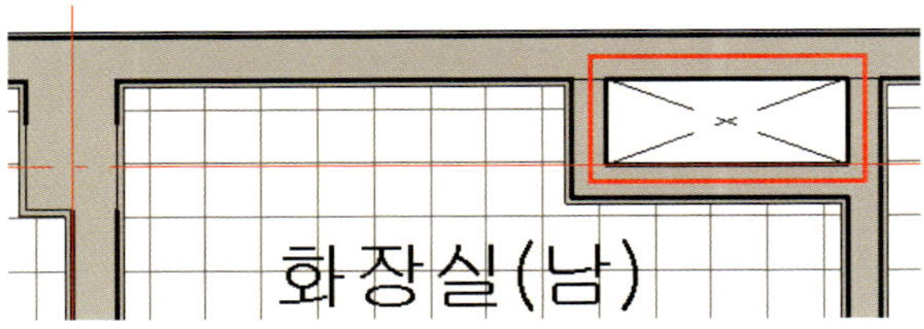

08 [특성] 창의 '언더레이' 매개변수 값을 '2층'으로 변경합니다.

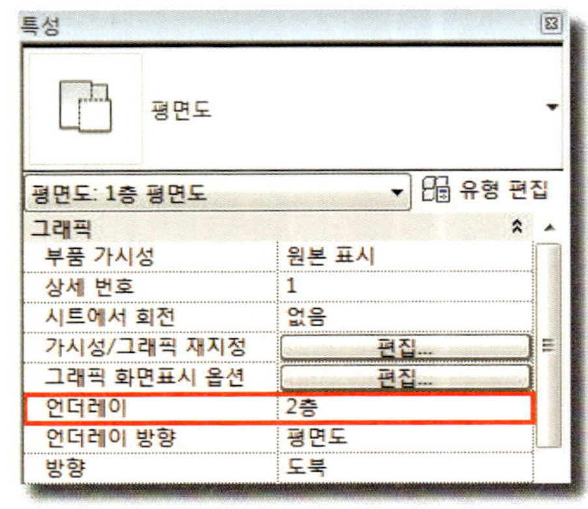

09 현재 활성화된 '1층 평면도'에 '2층 평면도' 뷰가 반투명하게 겹쳐져 표시됩니다.

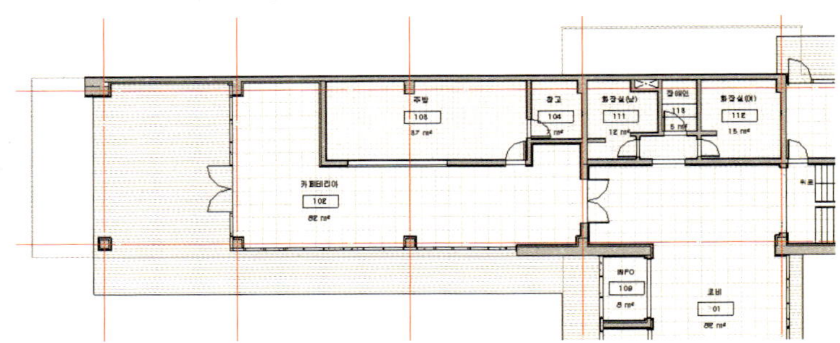

TIP

[특성] 창 매개변수의 언더레이 기능을 사용하여 현재 활성화된 평면뷰에 다른 레벨의 평면뷰를 표시할 수 있습니다. 주로 서로 다른 레벨에 작성된 모델요소 사이의 관계를 살펴보는데 사용되며, 언더레이로 표시된 요소를 스냅 기준으로 이용하거나 직접 선택하여 편집할 수도 있습니다.

10 [주석] 탭 〉 [상세정보] 패널 〉 [상세선]을 클릭합니다.

11 [수정 | 배치 상세 선] 탭 〉 [선 스타일] 패널 〉 [선 스타일]에서 '파선'을 선택합니다.

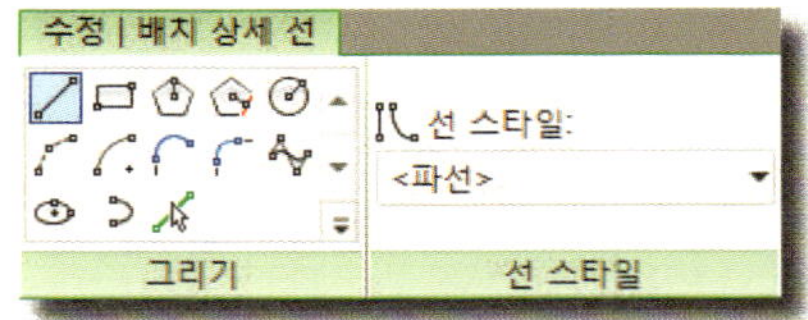

12 언더레이로 표시된 건물 2층 돌출부 외곽선을 따라 '파선'을 작성합니다.

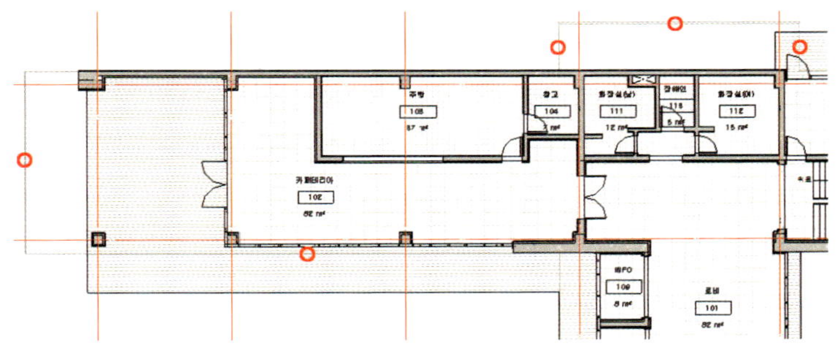

13 [가시성/그래픽 재지정] 대화상자 〉 [선] 가시성 〉 〈파선〉의 선 투영/표면 '재지정'을 클릭합니다. [선 그래픽] 대화상자의 선 '색상'과 '패턴'을 각각 '회색'과 '파선'으로 변경합니다.

선 그래픽
선
두께: 1
색상: RGB 128-128-128
패턴: 파선
재지정 지우기 | 확인 | 취소

14 [특성] 창의 '언더레이' 매개변수 값을 '없음'으로 변경하여 작성된 상세 선을 확인합니다.

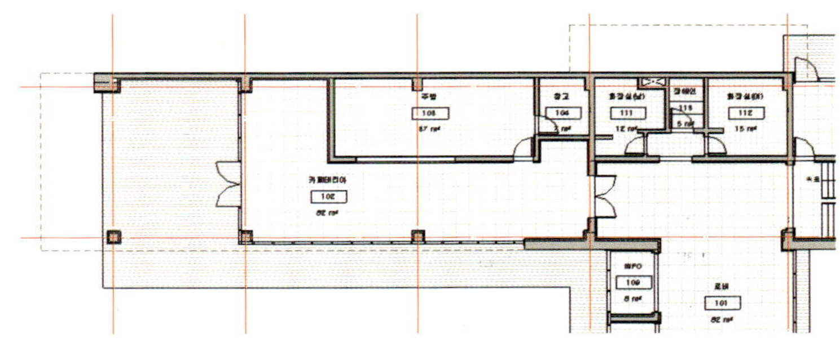

Step 05 화살표 작성

01 [주석] 탭 〉 [상세정보] 패널 〉 [영역] 하위메뉴의 [채워진 영역]을 클릭합니다.

02 [수정 | 채워진 영역 경계 작성] 탭 〉 [그리기] 패널 〉 [선]을 선택한 후 주 출입구 앞에 삼각형 모양으로 화살표를 스케치합니다.

03 [완료] 버튼을 클릭한 후 작성된 화살표를 선택하여 크기 및 위치를 조절합니다.

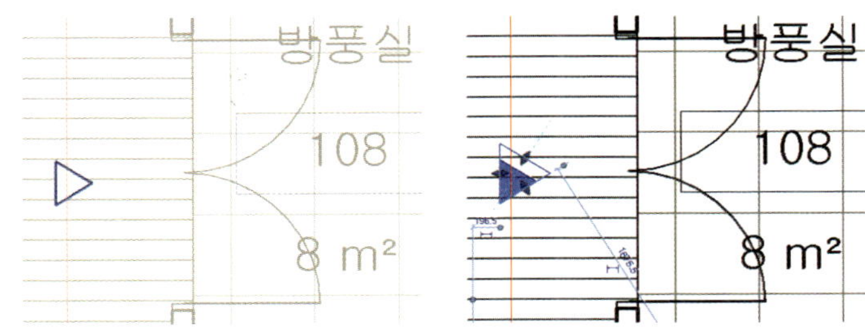

04 작성한 화살표를 선택한 후 [유형 특성] 대화상자를 엽니다. '그래픽' 매개변수의 '채우기 패턴', '배경', '색상'을 각각 '솔리드 채우기', '불투명', '검은색'으로 변경합니다.

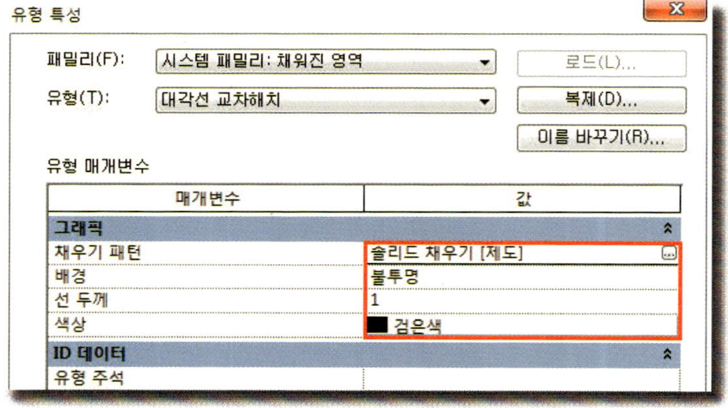

05 검은색이 채워진 화살표로 그래픽 표현이 변경됩니다.

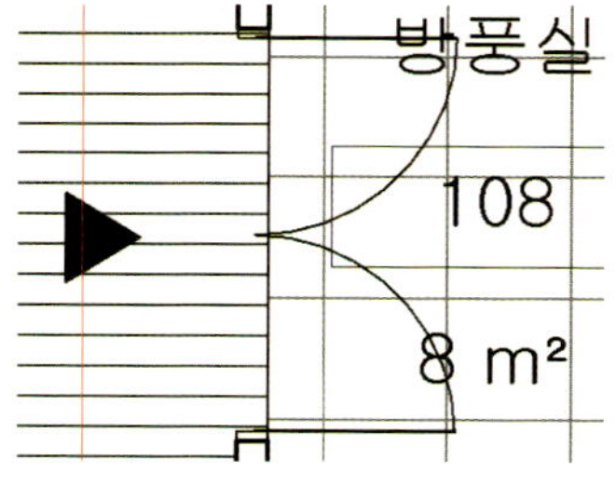

TIP

앞의 실습과정에서 사용한 [채워진 영역] 명령은 일반적으로 특정 영역에 패턴이나 색상을 넣을 때 사용하게 됩니다.

06 카페테리아 출입부의 화살표는 기 작성된 패밀리를 이용하여 작성하도록 하겠습니다. [주석] 탭 〉 [상세정보] 패널 〉 [구성요소] 하위메뉴의 [상세 구성요소]를 클릭합니다.

07 [수정 | 배치 상세 구성요소] 탭 〉 [모드] 패널 〉 [패밀리 로드]를 클릭합니다. [패밀리 로드] 대화상자의 [상세 항목] 폴더에서 '출입구.rfa' 패밀리를 불러옵니다.

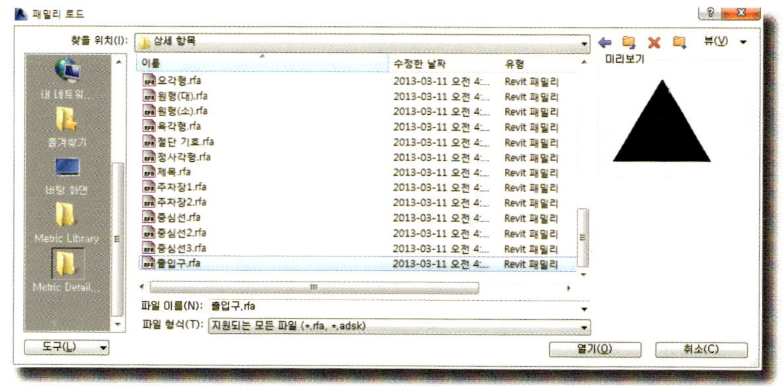

08 카페테리아 출입구에 '출입구' 패밀리를 배치합니다. 키보드의 Space Bar 를 눌러 방향 전환이 가능합니다.

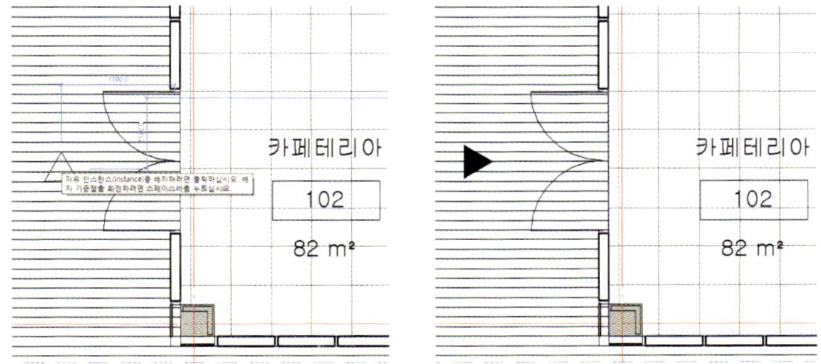

Step 06 문자 작성

01 [주석] 탭 〉 [문자] 패널 〉 A [문자]를 클릭합니다.

02 마우스를 드래그하여 문자 박스를 만든 후 텍스트를 입력합니다.

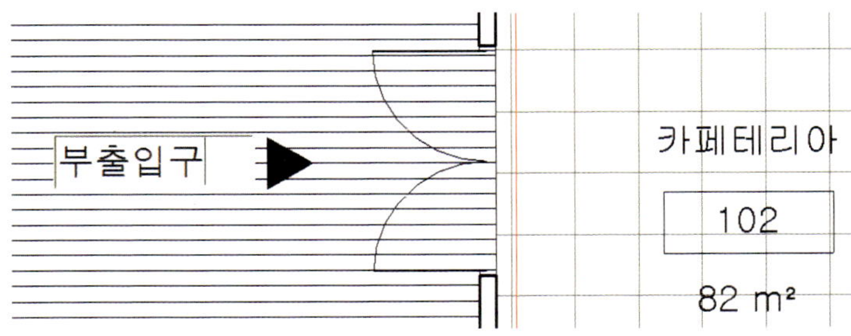

03 작성된 문자를 선택한 후 [특성] 창의 '부착' 및 '수평정렬' 기준을 변경합니다.

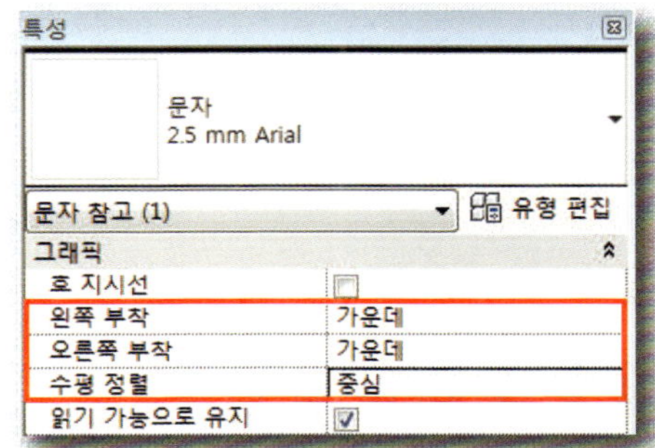

04 [유형 특성] 대화상자의 '그래픽' 매개변수 및 '문자' 매개변수 값을 수정합니다.

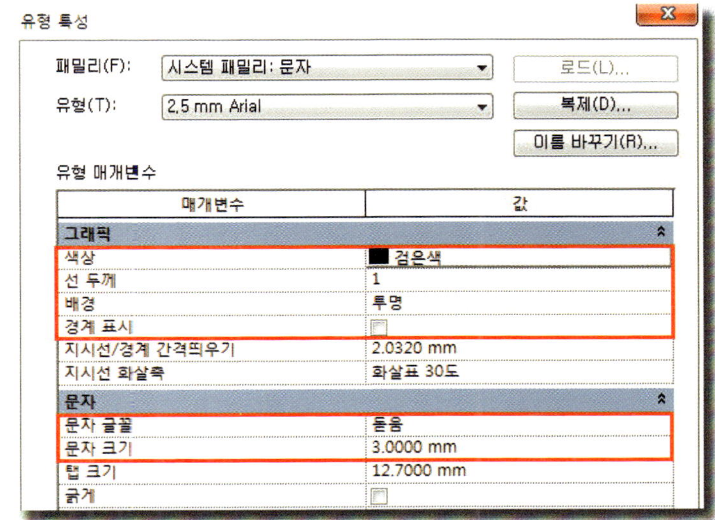

TIP

주석요소인 [문자], [상세선], [상세 구성요소] 등은 작성한 뷰에서만 표시되는 뷰 특정 요소입니다. 동일한 요소를 다른 뷰에서 작성해야하는 경우 [복사] 및 [붙여넣기] 명령을 이용하면 편리합니다.

LESSON 42 입면 뷰 설정 및 주석요소 작성

Step 01 입면도 그래픽 설정

01 '1층 평면도'에 작성된 남측면도 입면도 태그의 헤드(a)부분을 클릭한 후 [특성]창 〉 '범위' 항목의 '뷰 자르기' 매개변수(b)를 활성화 합니다. 세그먼트 핸들(c)과 먼 쪽 범위(d)를 마우스로 끌어 뷰 자르기 범위를 설정합니다.

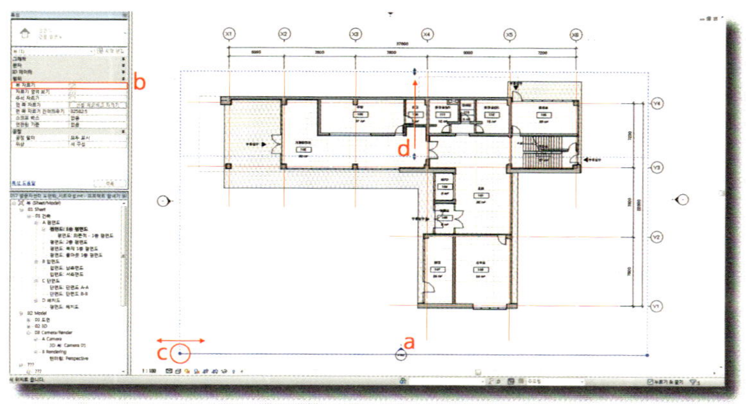

02 남측면도를 활성화한 후 '뷰 조절 막대'의 '비주얼 스타일'을 [은선]으로 설정합니다.

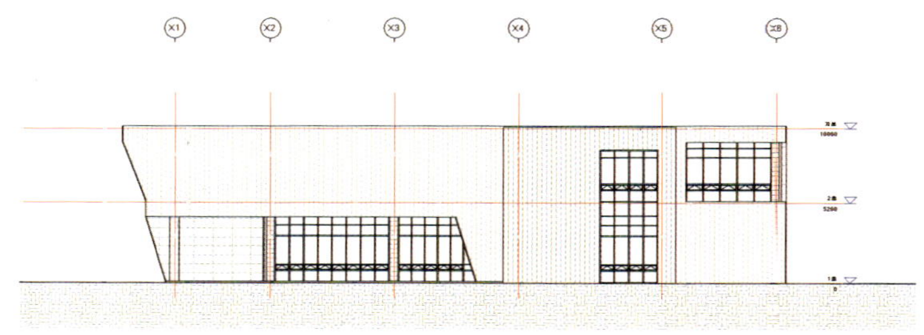

03 '뷰 조절 막대'의 [자르기 영역 표시]를 클릭한 후 자르기 영역의 범위 세그먼트를 조절하여 전체 모델요소 중 입면도에 표시할 범위를 설정합니다.

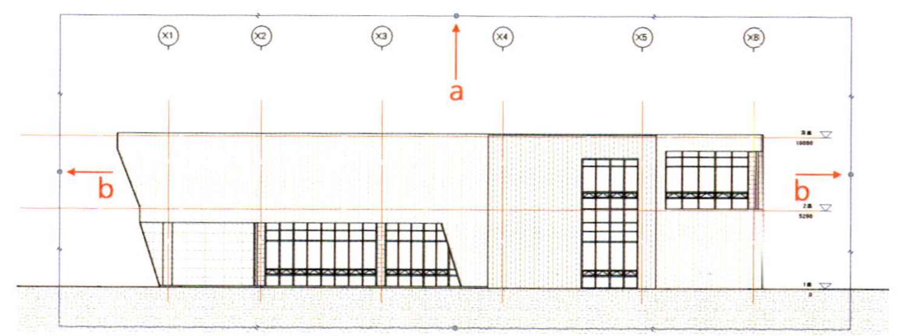

TIP

자르기 영역의 가로 범위를 조절하는 세그먼트(b)를 수정하면 평면 뷰에서 세그먼트 핸들로 조절한 뷰 자르기 범위가 동시에 변경됩니다.

04 '뷰 조절 막대'의 [뷰 자르기]를 클릭하여 자르기 영역 바깥쪽의 요소들이 화면에서 감춰지도록 합니다.

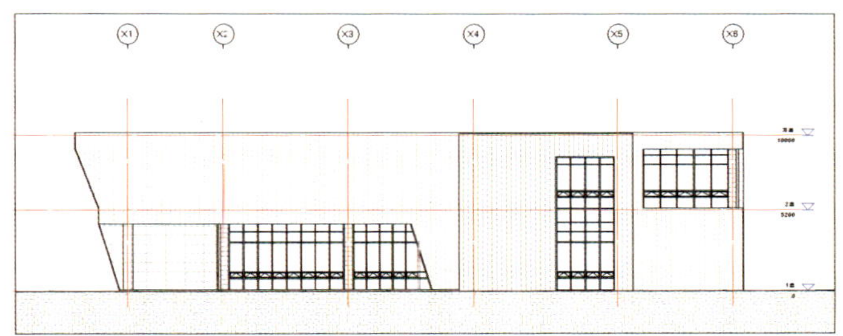

05 '뷰 조절 막대'의 [자르기 영역 숨기기]를 클릭하여 자르기 영역이 화면에서 보이지 않도록 설정합니다.

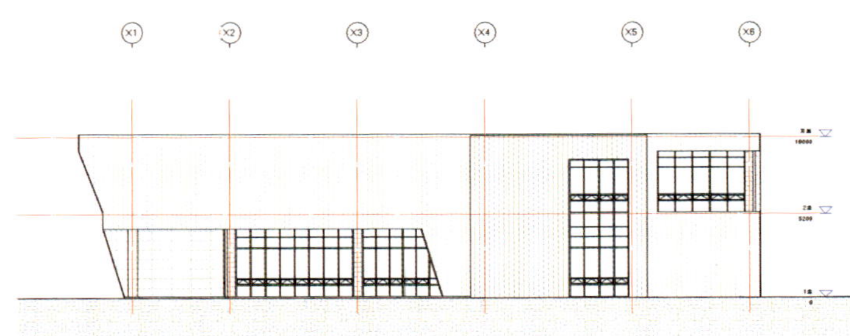

06 [가시성/그래픽 재지정] 대화상자에서 '수목' 요소의 가시성을 활성화합니다. 입면도에 표시되는 '수목' 요소는 건물의 스케일을 가늠하기 위한 요소로 건물보다 약한 선으로 표현되도록 조절하겠습니다. '수목' 요소 뒤로 건물이 보이도록 중간색을 활성화한 후 '투영/표면'의 투명도를 조절합니다.

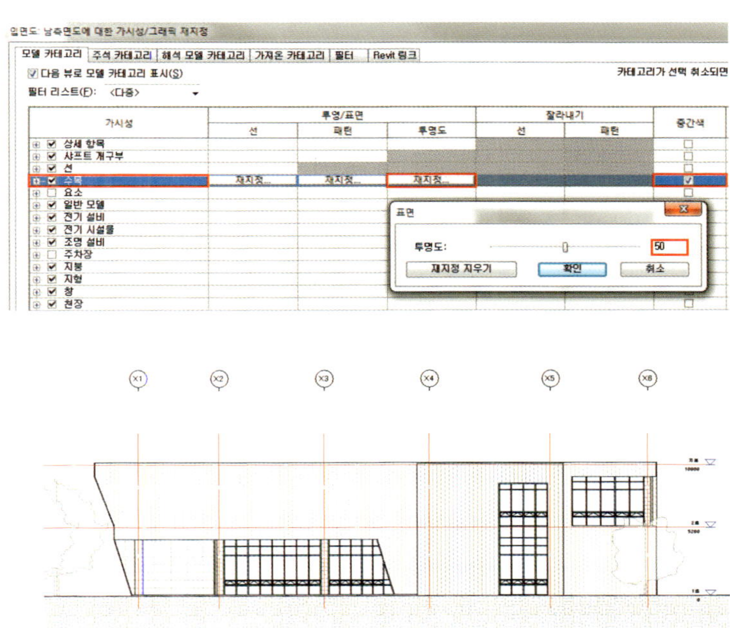

TIP

대지모델링 작업 시 '수목' 요소를 많이 작성해 놓았을 경우 건물 앞쪽의 '수목'들은 뷰에서 숨겨놓도록 합니다.

07 '뷰 조절 막대'의 [그림자 켜기]를 클릭하여 그림자가 표시되도록 설정합니다.

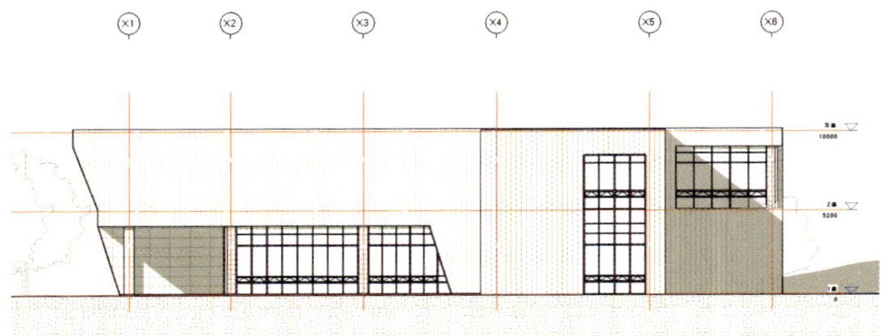

TIP

'뷰 조절 막대'의 [태양 설정...]을 클릭하여 태양의 방위와 고도 등을 설정할 수 있습니다.

[특성] 창의 '그래픽 화면표시 옵션'을 선택하면 [그래픽 화면표시 옵션] 대화상자가 열립니다. 앞에서 설정했던 '비주얼 스타일', '그림자 켜기', '태양 설정' 등을 비롯하여 '주변 조명'과 '그림자'의 강약 등을 한 번에 수정할 수 있습니다.

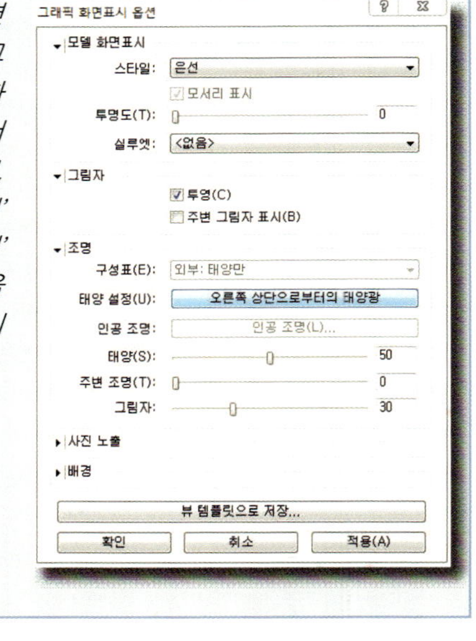

Step 02 치수 및 재료태그 작성

01 '입면도: 남측면도'를 활성화한 후 [주석] 탭 〉 [치수] 패널 〉 [정렬] 명령을 선택합니다.

02 [유형 특성] 대화상자에서 '1/100 치수'를 선택합니다.

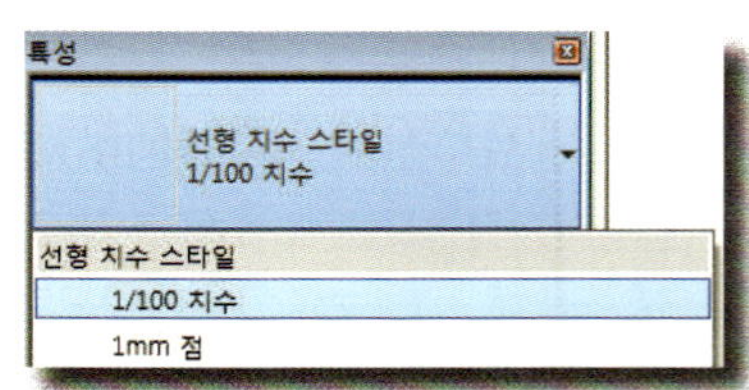

03 X1~X6 축렬을 기준으로 치수를 배치하기 위해 (a)~(f)까지 그리드 선을 순서대로 클릭합니다.

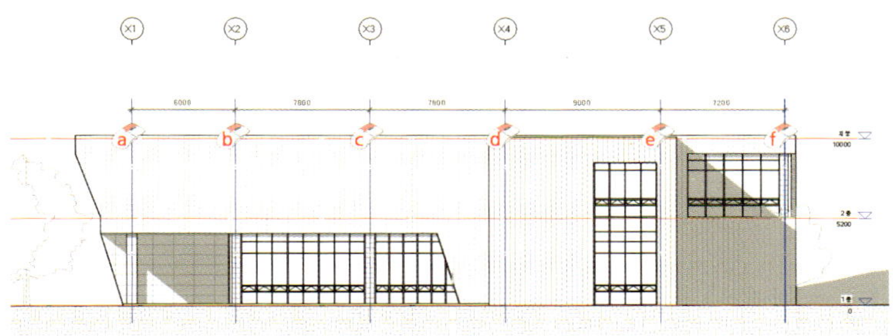

04 치수선이 작성될 위치를 고려하여 마우스 커서를 위쪽으로 이동시킨 후 치수선 위(g)에서 마우스 왼쪽 버튼을 클릭합니다.

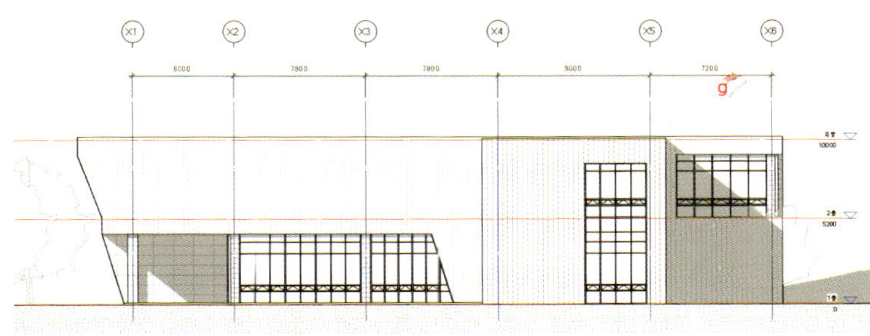

05 전체 치수를 작성하기 위해 (h)와 (i) 그리드 선을 선택한 후 전체 치수선이 작성될 위치(j)를 클릭합니다.

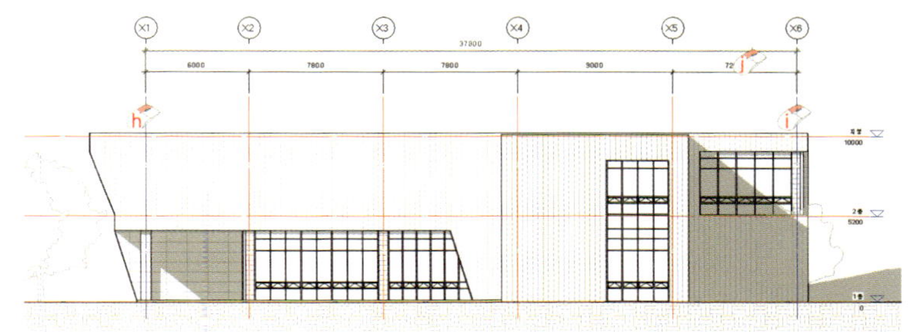

06 [주석] 탭 〉 [태그] 패널 〉 [재료 태그]를 클릭합니다.

07 패밀리 로드 여부를 묻는 [Revit] 대화상자에서 [예]를 클릭합니다.

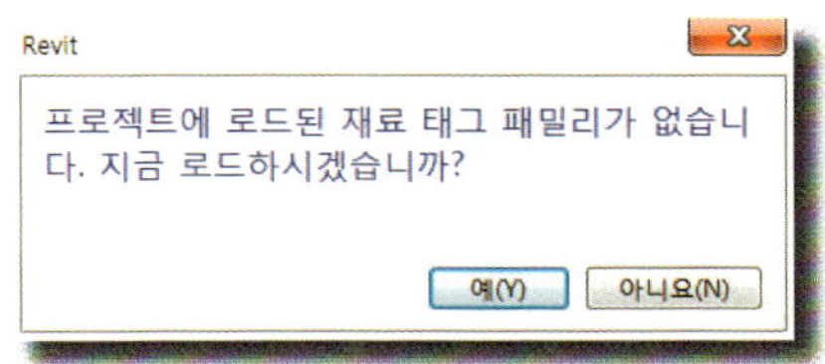

08 [패밀리 로드] 대화상자 〉 '주석' 폴더 〉 '건축' 폴더 〉 '재료 태그.rfa'를 선택합니다.

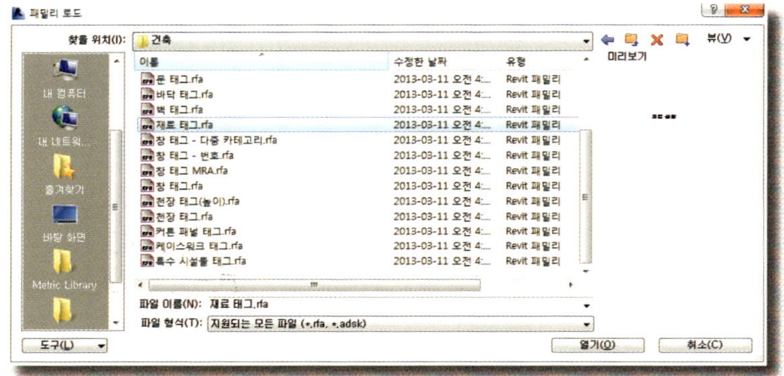

09 옵션막대의 '지시선'을 체크합니다.

10 아래 그림과 같이 (a), (b), (c) 순서로 마우스를 클릭하여 '재료 태그'를 배치합니다.

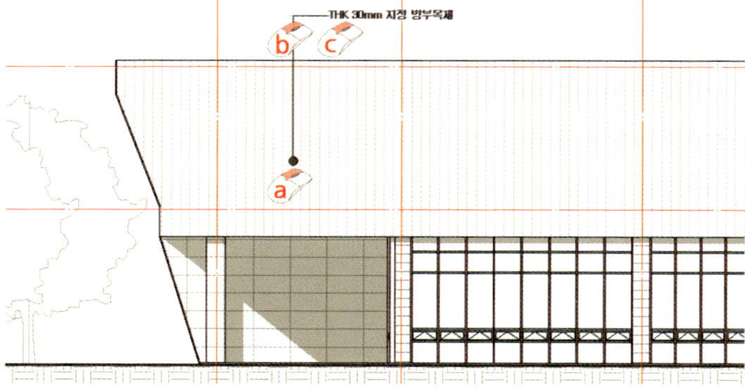

11 배치된 태그를 더블 클릭하여 재료의 이름을 변경할 수 있습니다.

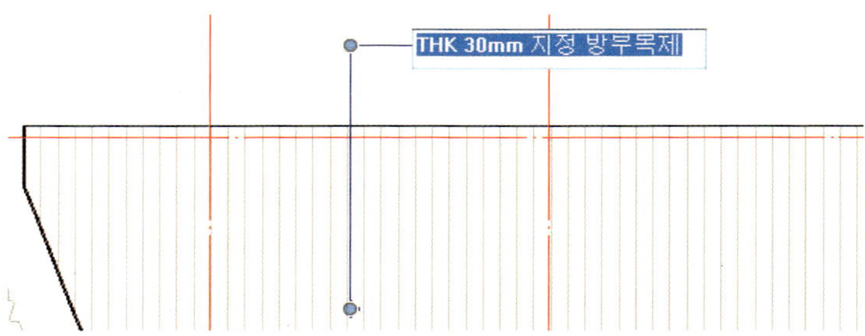

12 '재료 태그'를 선택한 후 [유형 특성] 대화상자의 '지시선 화살촉' 매개변수를 변경합니다.

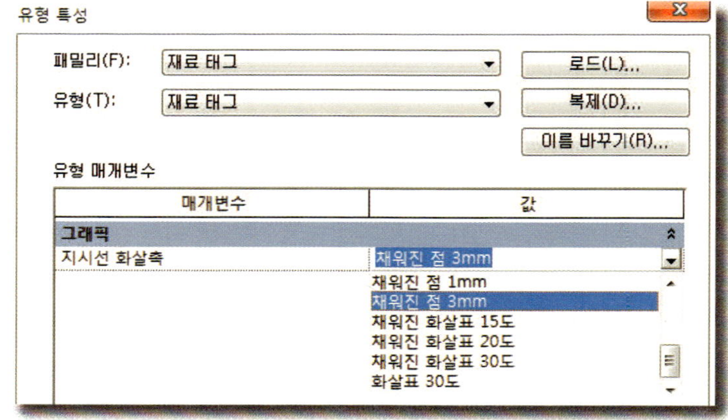

13 부록에 수록된 도면을 참조하여 아래 그림과 같이 입면도에 '재료 태그'를 작성합니다.

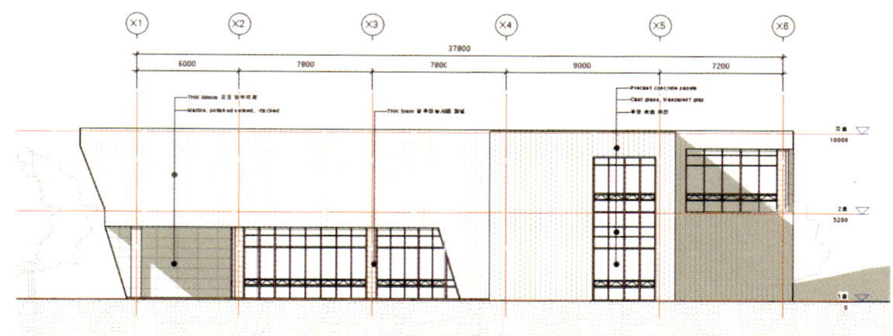

LESSON 43 단면 뷰 설정 및 주석요소 작성

Step 01 치수 및 실명 작성

01 '단면도: 단면도 A-A''를 활성화한 후 [주석] 탭 〉 [치수] 패널 〉 [정렬] 명령을 선택합니다. [유형 특성] 대화상자에서 '1/100 치수'를 선택합니다.

02 X1~X6 축렬을 기준으로 치수를 배치합니다.

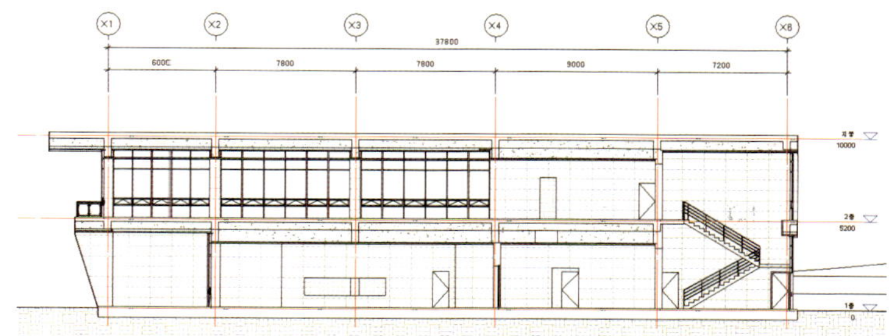

TIP

앞에서 작성한 '남측면도'의 치수를 복제하여 사용하는 방법도 가능합니다. '남측면도'의 치수를 선택한 후 [클립보드 복사]를 선택합니다. [붙여넣기] 하위 메뉴의 [선택한 뷰에 정렬]을 클릭한 후 [뷰 선택] 대화상자에서 붙여넣기 할 '뷰'를 선택합니다.

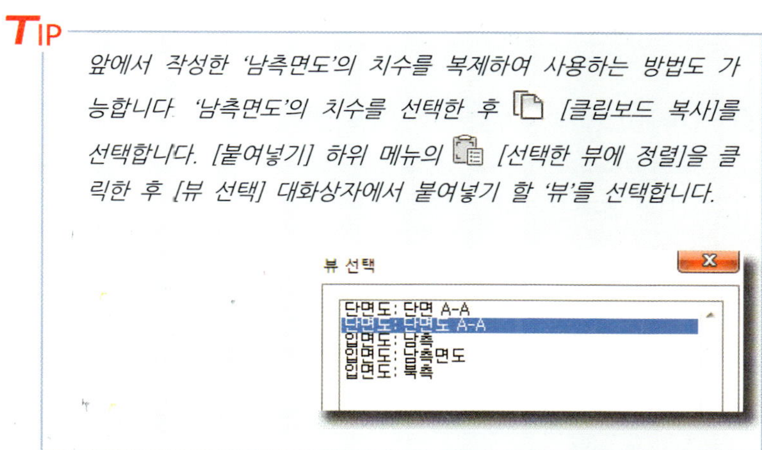

03 [주석] 탭 〉 [문자] 패널 〉 A [문자]를 클릭합니다.

04 각 실에 문자 박스를 만든 실명을 입력합니다.

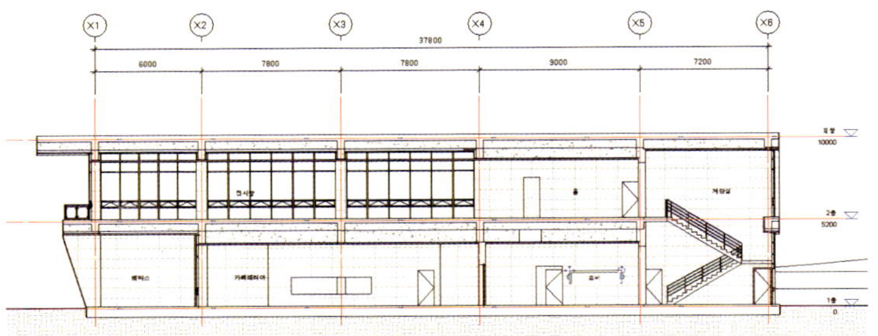

Step 02 단면도 그래픽 설정

01 [가시성/그래픽 재지정] 대화상자를 활성화합니다.

02 가시성 매개변수 '바닥' 항목의 '잘나내기' 〉 '패턴'의 '재지정'을 선택합니다.

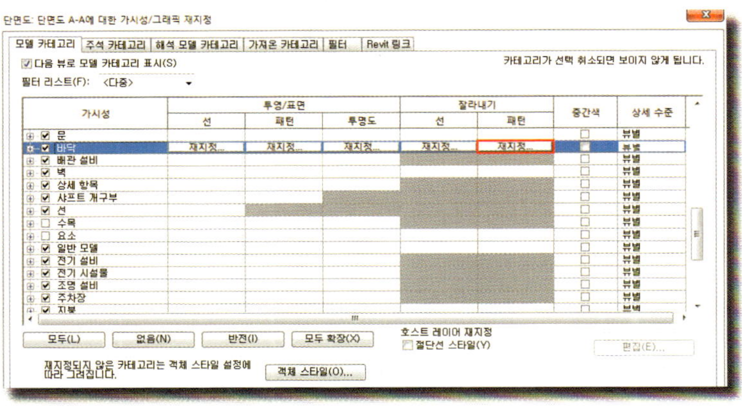

03 [채우기 패턴 그래픽] 대화상자의 '색상'을 클릭합니다.

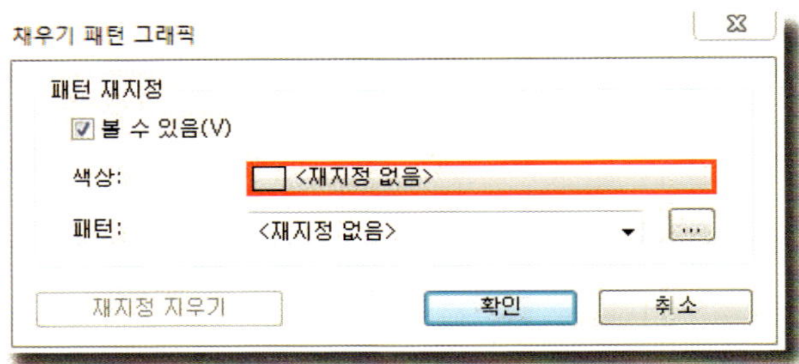

04 회색(192,192,192)을 선택한 후 [확인] 버튼을 클릭합니다.

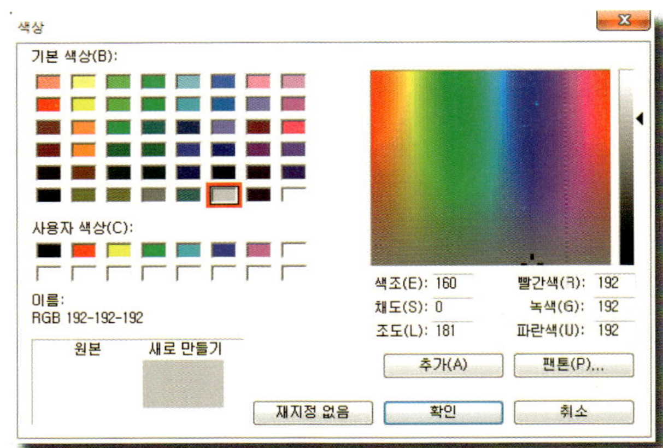

05 [채우기 패턴 그래픽] 대화상자의 '패턴'을 확장하여 '솔리드 채우기'를 선택합니다.

채우기 패턴 그래픽
패턴 재지정
☑ 볼 수 있음(V)
색상: RGB 192-192-192
패턴: 솔리드 채우기
재지정 지우기 확인 취소

06 바닥요소 단면의 '색상'과 '패턴'이 각각 '회색'과 '솔리드 채우기'로 변경된 것을 확인할 수 있습니다.

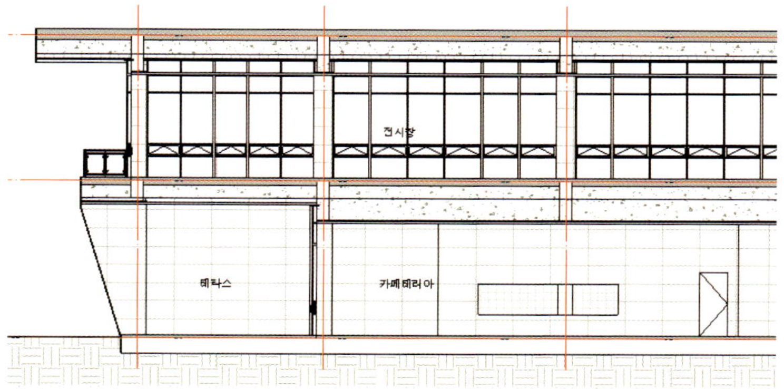

07 같은 방법으로 [가시성/그래픽 재지정] 대화상자에서 '구조기초', '구조 프레임', '벽' 요소 가시성의 '잘라내기' 〉 '패턴'을 '회색'과 '솔리드 채우기'로 변경합ㄴ 다.

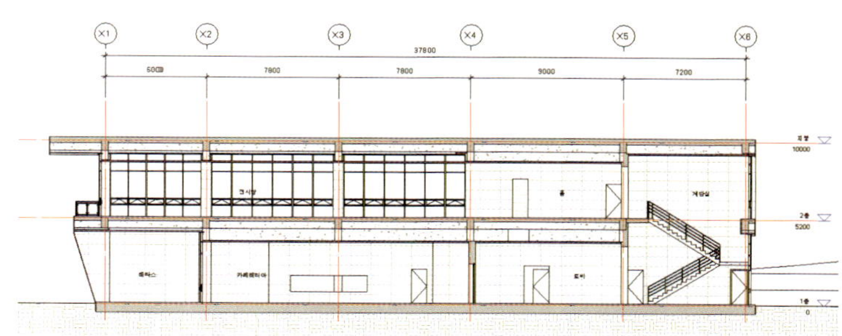

TIP

[가시성/그래픽 재지정] 대화상자 〉 '투영/표면' 및 '잘라내기'의 '선' 재지정 항목을 선택하면, 도면에 표현되는 각 요소의 선 두께 및 색상, 선 종류를 지정할 수 있습니다.

선 그래픽
선
두께: <재지정 없음>
색상: RGB 128-128-128
패턴: 대시
재지정 지우기 확인 취소

앞의 Lesson 40에서 설명한 바와 같이 사전에 [뷰 템플릿]을 설정하여 적용하는 방법을 권장합니다.

LESSON 44 시트 작성

Step 01 새 시트 생성

01 [프로젝트 탐색기] 〉 '시트' 카테고리를 마우스 오른쪽 버튼으로 클릭하여 '새 시트' 작성을 선택합니다.

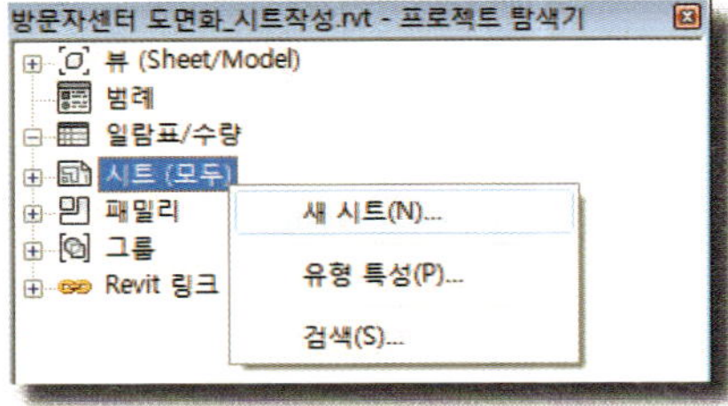

02 [새 시트] 대화상자에서 'A1 미터법' 시트를 선택한 후 [확인] 버튼을 클릭합니다.

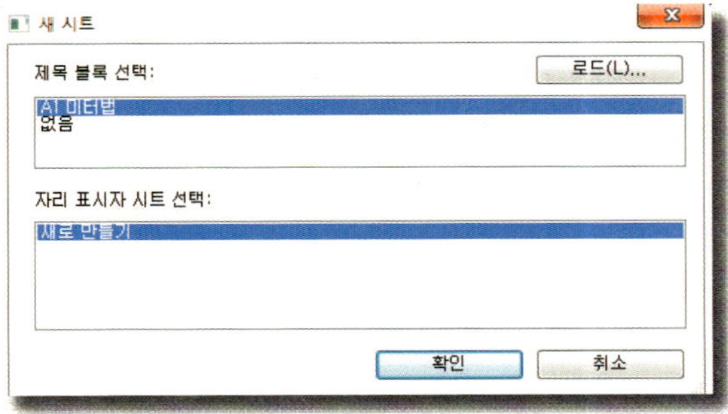

TIP

다른 크기의 시트가 필요한 경우 [새 시트] 대화상자의 [로드] 버튼을 클릭한 후 [패밀리 로드] 대화상자 〉 '제목 블록' 폴더에서 원하는 크기의 시트를 선택합니다.

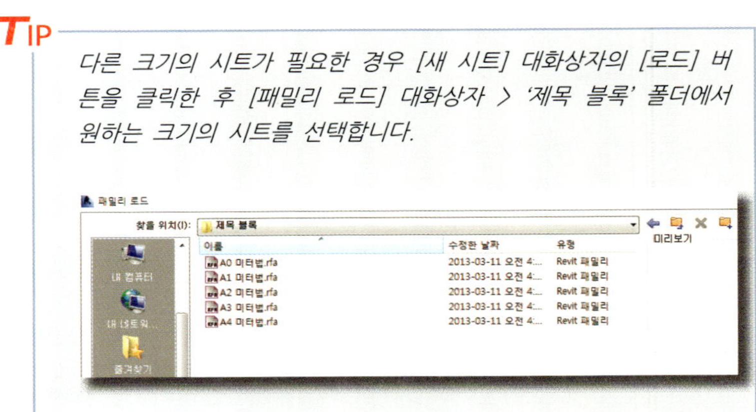

03 [새 시트] '시트 : A101'이 작성됩니다.

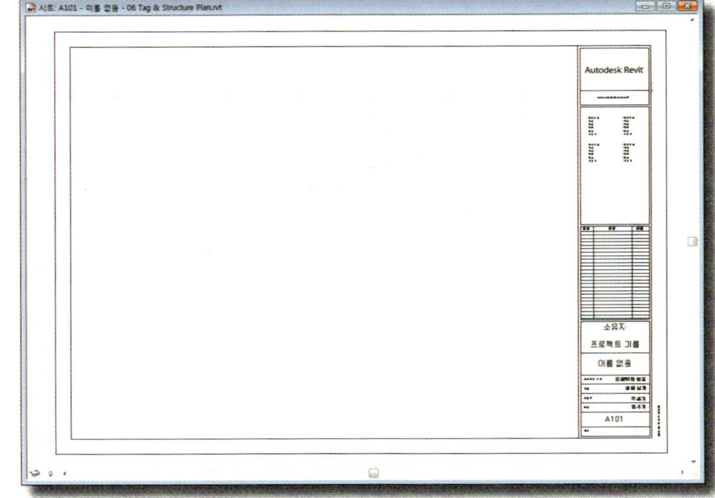

Step 02 시트 패밀리 편집

01 '시트'를 선택한 후 [유형 특성] 대화상자를 클릭하여 'A1 프로젝트 시트'로 복제합니다.

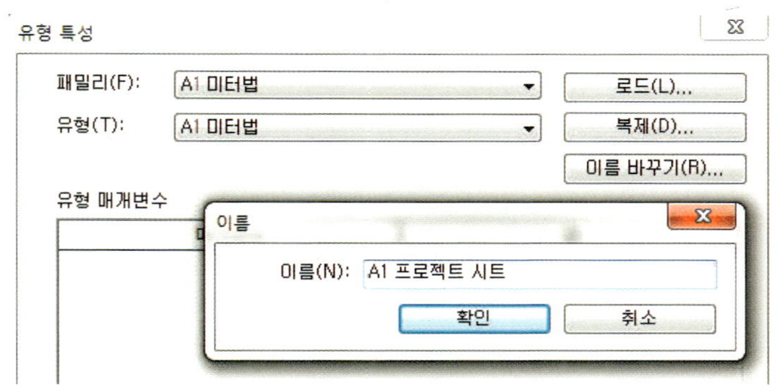

02 복제된 '시트'를 더블 클릭하거나, [수정 | 제목 블록] 탭 〉 [모드] 패널 〉 [패밀리 편집]을 선택합니다.

03 [시트: -A1 미터법.rfa] 패밀리 편집 창이 활성화 됩니다.

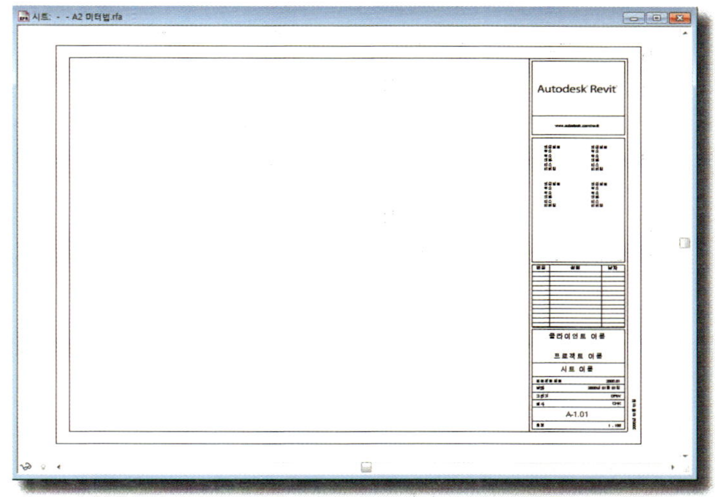

04 시트의 제목에 작성되어 있는 '래스터 이미지'를 삭제합니다.

05 [작성] 탭 〉 [문자] 패널 〉 **A** [문자]를 클릭하여 프로젝트 제목을 작성합니다. [특성] 창의 '문자 유형'과 '수평정렬'을 각각 '문자 6mm'와 '중심'으로 변경합니다.

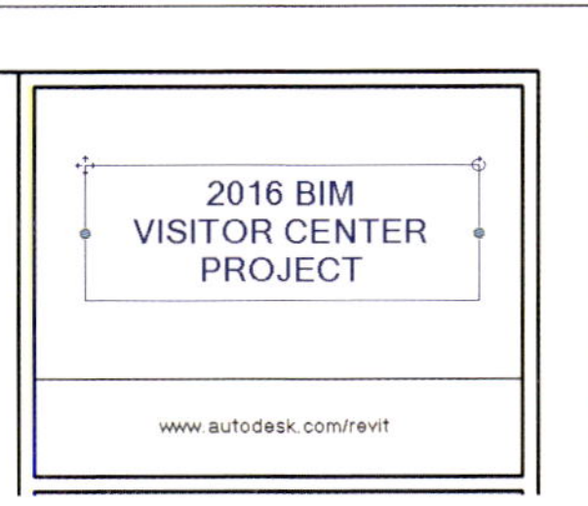

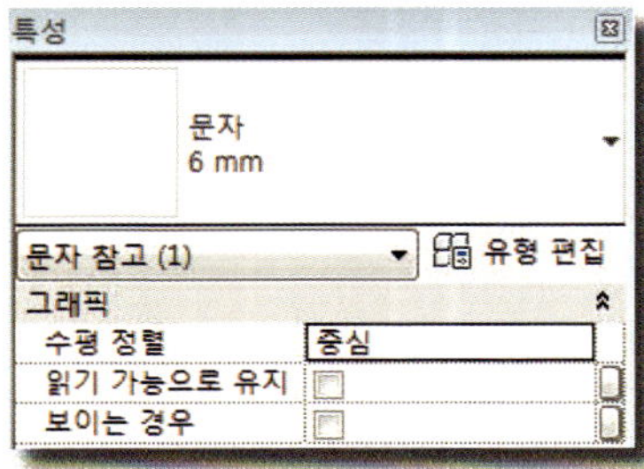

06 [유형 특성] 대화상자에서 색상, 글꼴, 크기 등 문자의 특성을 설정합니다.

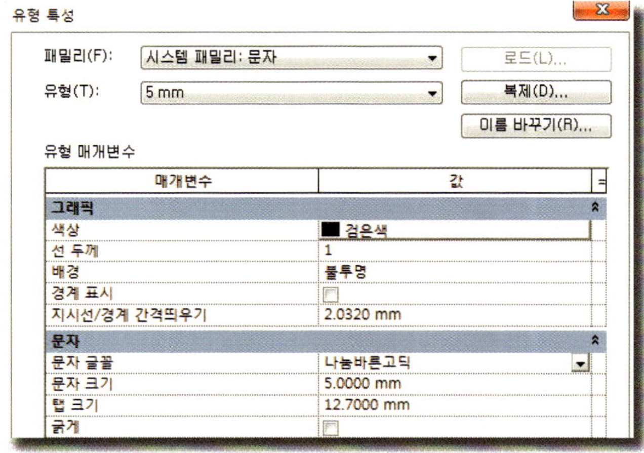

07 '프로젝트 이름'과 '시트 이름'을 선택한 후 [유형]을 '문자 5mm'로 변경합니다.

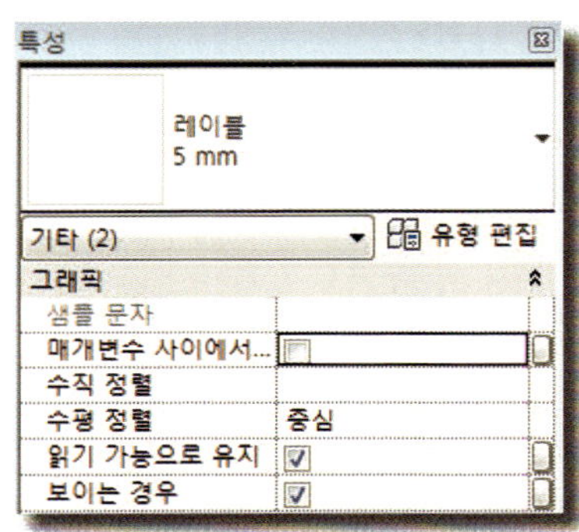

TIP

시트 패밀리 편집 상태에서 설정된 '프로젝트 이름'과 '시트 이름'의 유형은 '정렬' 및 '색상', '글꼴', '크기' 등 문자의 특성만을 지정한 것입니다. 해당 항목의 내용(텍스트)은 패밀리 편집을 완료한 후 편집된 시트가 적용된 작업화면에서 입력 가능합니다.

08 [패밀리 편집기] 패널 〉 [프로젝트에 로드]를 클릭합니다. [기존 버전 덮어쓰기]를 선택하여 작업 중인 프로젝트에 편집한 시트를 적용합니다.

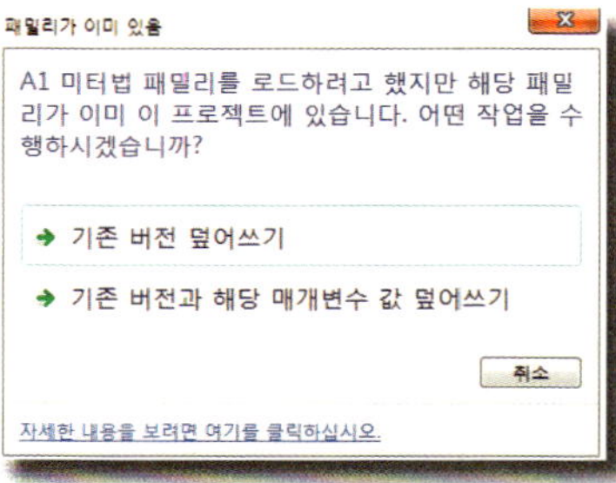

Step 03 시트 편집 및 작성

01 '시트 : A101' 뷰 우측하단의 각 항목에 텍스트를 입력하거나, 시트를 선택한 후 [특성] 창에 각 항목에 해당하는 텍스트를 입력합니다. '시트'와 [특성] 창의 항목에 입력되는 텍스트는 서로 연동되어 변경됩니다.

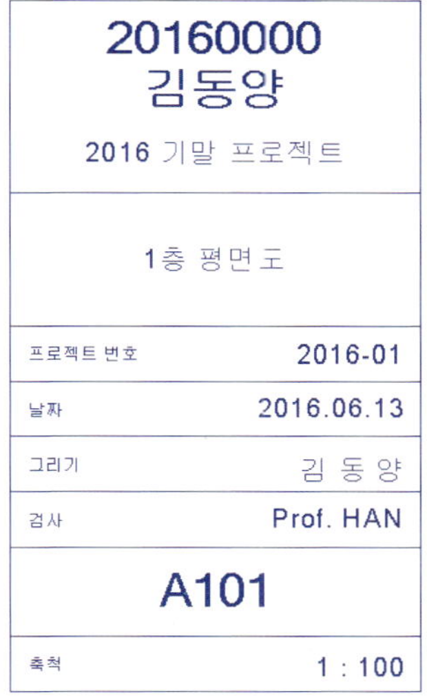

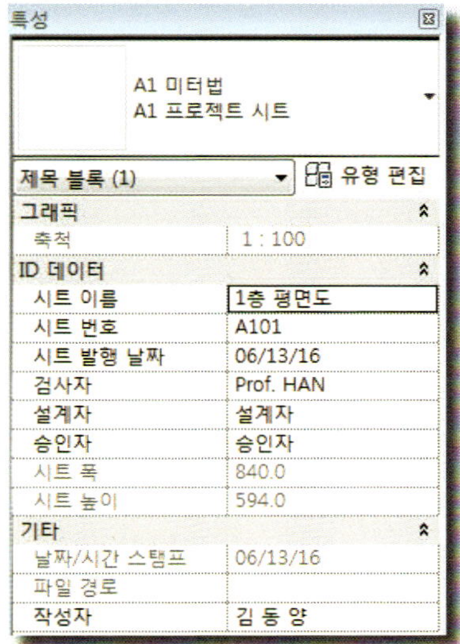

02 [프로젝트 탐색기]의 '1층 평면도' 항목을 '시트 : A101'로 드래그하여 배치합니다.

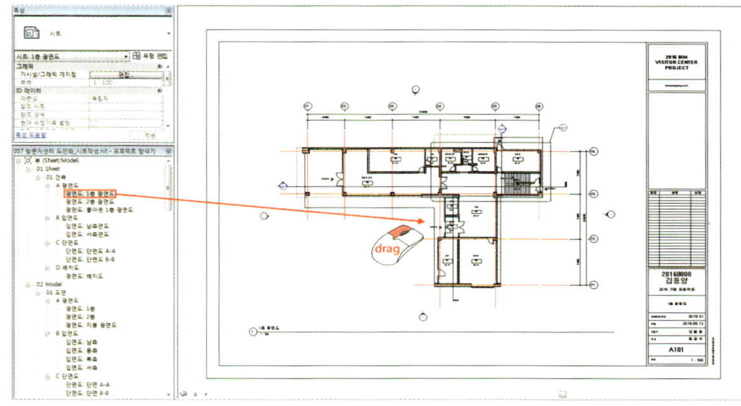

03 배치된 '1층 평면도'를 마우스 오른쪽 버튼으로 클릭한 후 '뷰 활성화' 명령을 선택합니다.

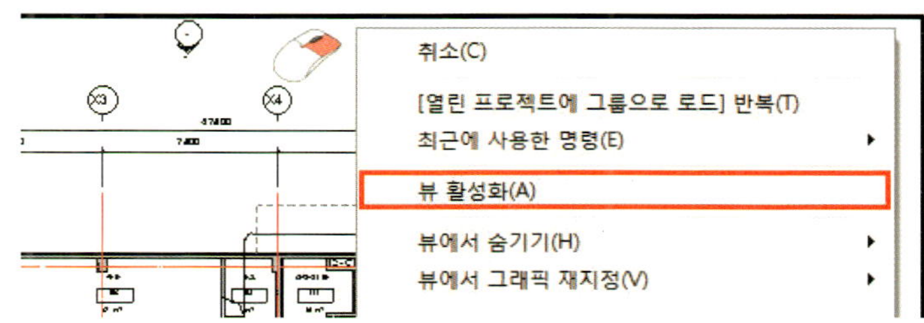

TIP

[프로젝트 탐색기]에서 드래그하여 시트에 배치된 도면은 '뷰 활성화' 명령을 적용한 후에 편집이 가능해 집니다. 시트에서 '뷰 활성화' 명령을 적용하여 수정된 사항은 원본 뷰에도 동시에 반영됩니다.

04 화면 하단 '뷰 조절 막대'의 [자르기 영역 표시]를 활성화한 후 뷰의 범위를 조절합니다.

05 화면 하단 '뷰 조절 막대'의 [뷰 자르기]를 클릭하여 뷰 범위 바깥쪽은 화면에 표시되지 않도록 설정합니다.

06 화면 하단 '뷰 조절 막대'의 [자르기 영역 숨기기] 버튼을 클릭하여 자르기 영역을 비활성화 합니다.

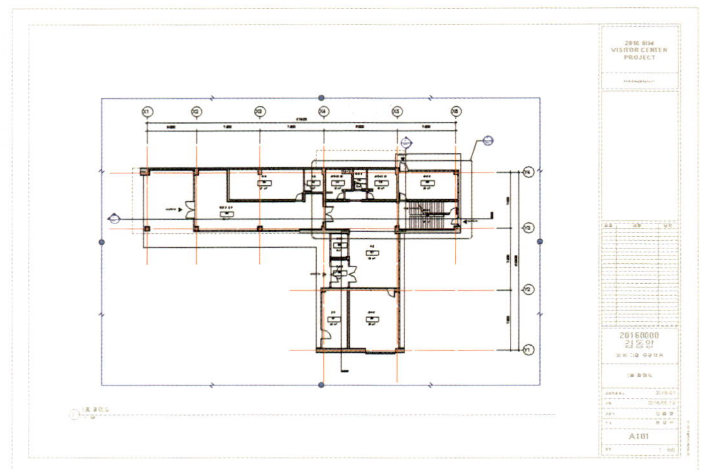

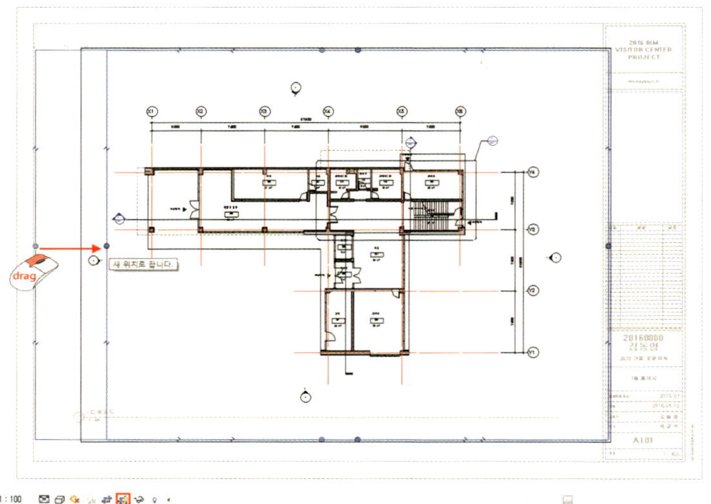

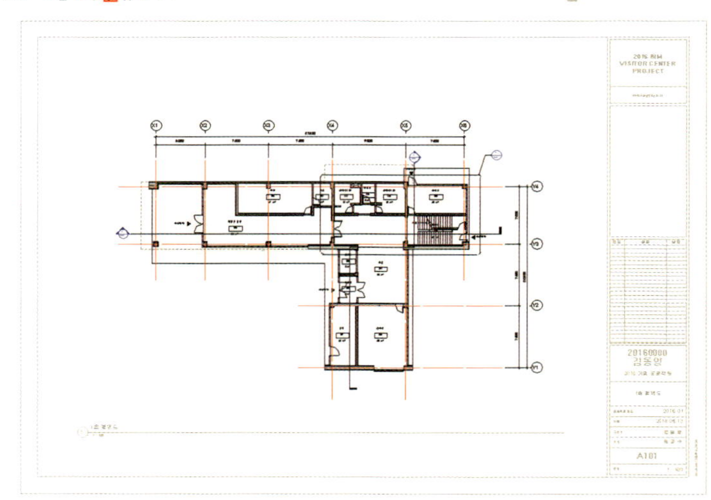

07 도면 뷰 위에서 마우스 오른쪽 버튼을 클릭한 후 '뷰 비활성화'를 선택하여 편집 상태를 종료합니다.

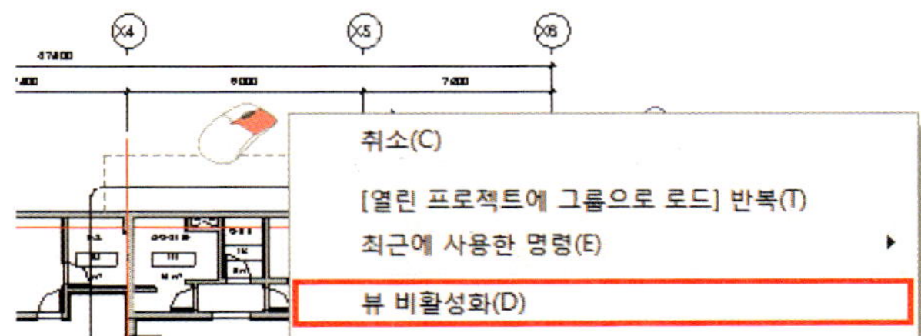

08 '뷰 제목'을 선택한 후 [특성] 창의 유형을 '제목 선 없음'으로 변경합니다.

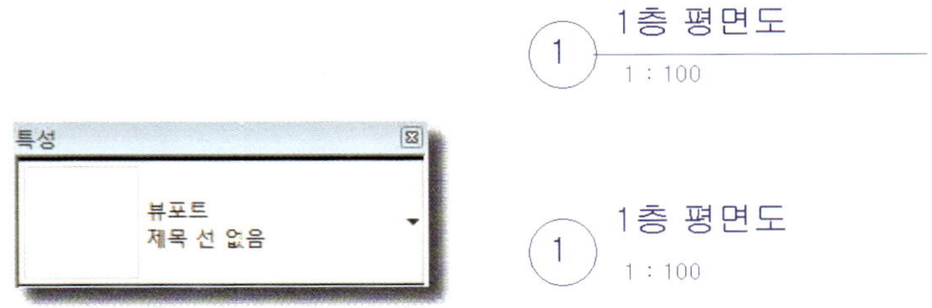

09 '뷰 제목'을 수정하기 위해 [프로젝트 탐색기] 〉 '패밀리' 〉 '주석기호' 〉 '뷰 제목'을 마우스 오른쪽 버튼으로 클릭하여 '편집'를 선택합니다.

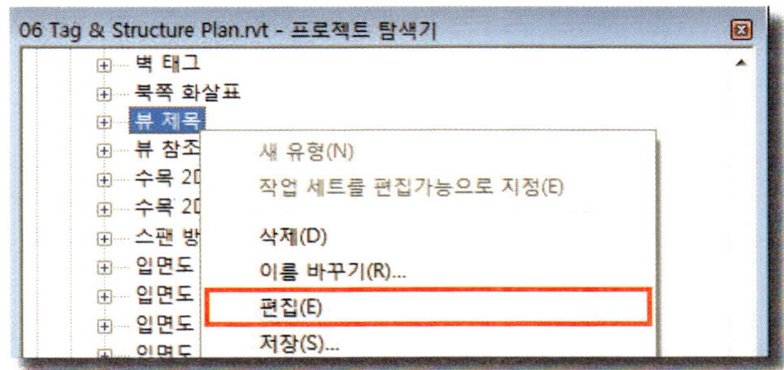

10 '뷰 제목'을 수정할 수 있는 패밀리 편집 창이 활성화됩니다. [작성] 탭 〉 [상세 정보] 패널 〉 [선]을 선택하여 그림과 같이 선을 작성합니다.

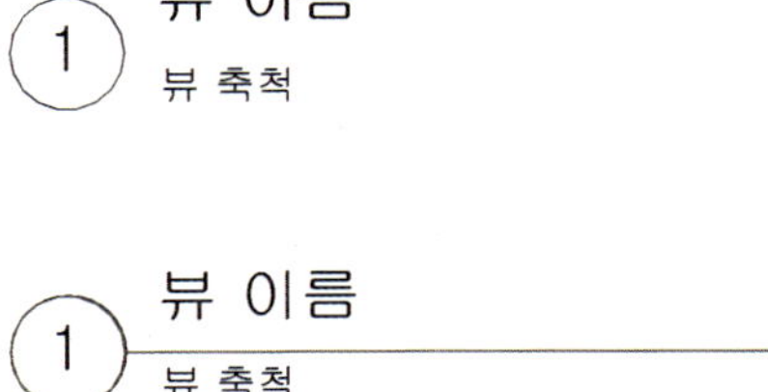

11 '텍스트 레이블'을 선택한 후 텍스트 박스의 크기를 조절합니다.

12 [특성] 창의 '수평 정렬'을 '오른쪽'으로 변경합니다. 뷰 축척 '텍스트 레이블'도 같은 방법으로 수정합니다.

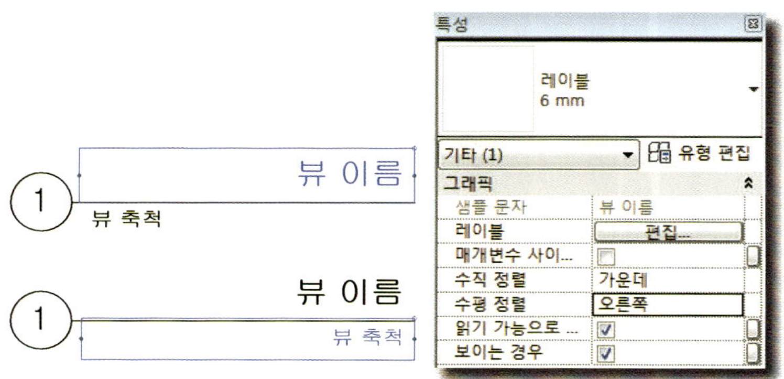

13 [패밀리 편집기] 패널 〉 [프로젝트에 로드]를 클릭한 후 [패밀리가 있음] 대화상자에서 [기존 버전 덮어쓰기]를 선택합니다.

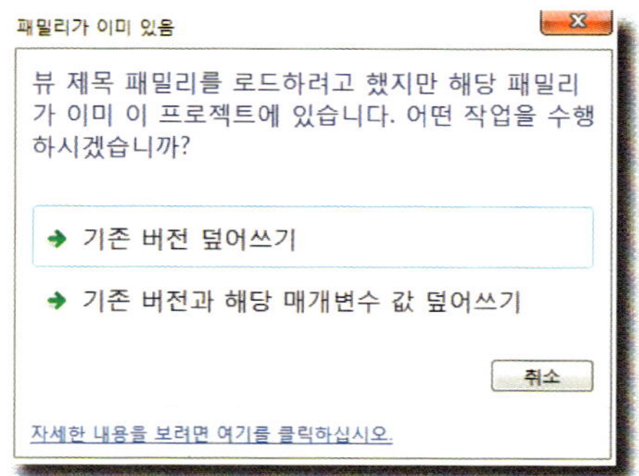

14 변경된 '뷰 제목' 패밀리가 프로젝트에 적용됩니다.

15 [뷰] 탭 〉 [시트구성] 패널 〉 [가이드 그리드]를 선택합니다. [가이드 그리드 지정] 대화상자에서 '새로 작성'을 체크한 후 [확인]을 클릭합니다.

16 작업 중인 시트에 '가이드 그리드'가 생성됩니다. '가이드 그리드'를 선택한 후 컨트롤 포인트를 드래그 하여 그리드의 범위를 조절합니다.

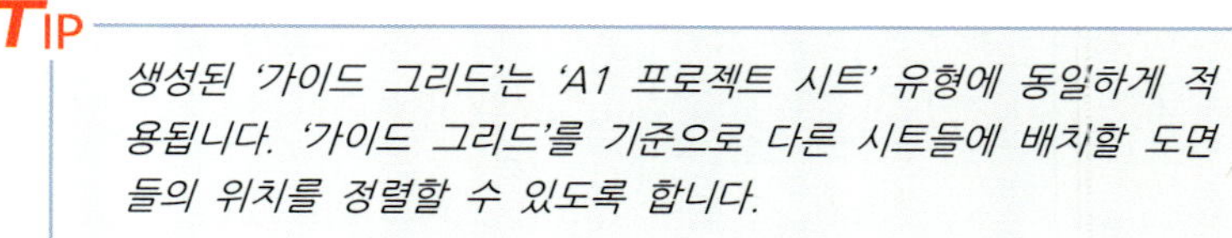

TIP

생성된 '가이드 그리드'는 'A1 프로젝트 시트' 유형에 동일하게 적용됩니다. '가이드 그리드'를 기준으로 다른 시트들에 배치할 도면들의 위치를 정렬할 수 있도록 합니다.

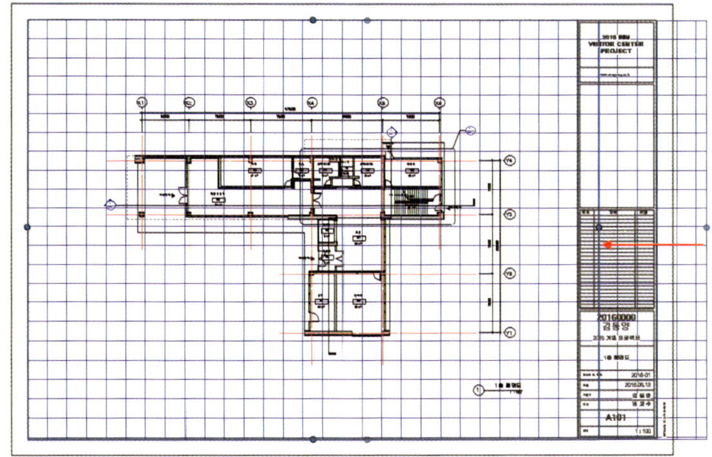

17 다음 페이지의 이미지를 참조하여 다른 시트들을 제작합니다.

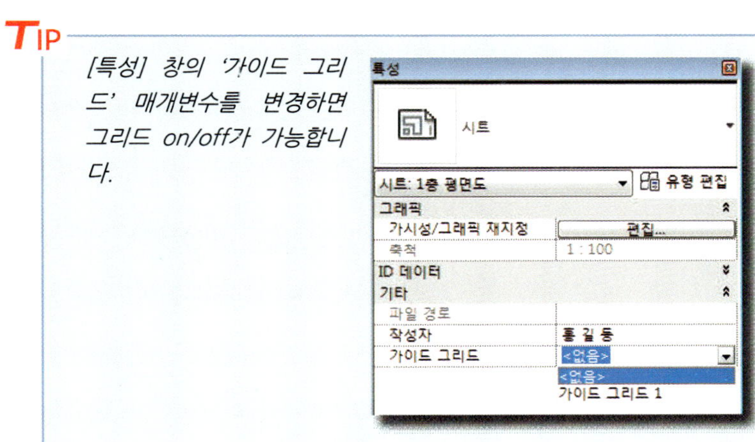

TIP

[특성] 창의 '가이드 그리드' 매개변수를 변경하면 그리드 on/off가 가능합니다.

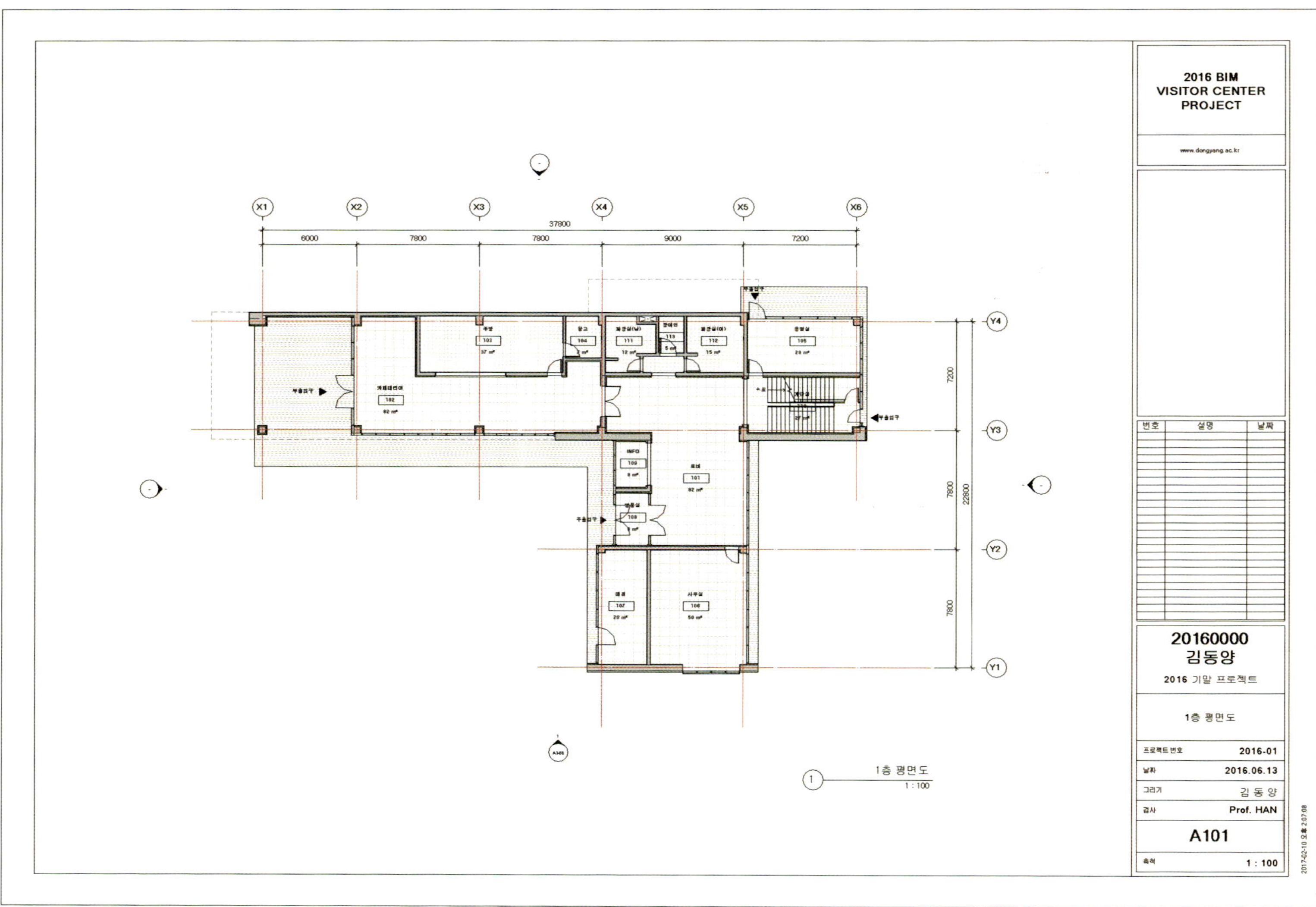
2016 BIM
VISITOR CENTER
PROJECT
www.dongyang.ac.kr
X1
X2
X3
X4
X5
X6
37800
6000
7800
7800
9000
7200
Y4
Y3
Y2
Y1
7200
7800
7800
22800
번호
설명
날짜
20160000
김동양
2016 기말 프로젝트
1층 평면도
프로젝트 번호
2016-01
날짜
2016.06.13
그린이
김 동 양
검사
Prof. HAN
A101
축척
1 : 100
1층 평면도
1 : 100

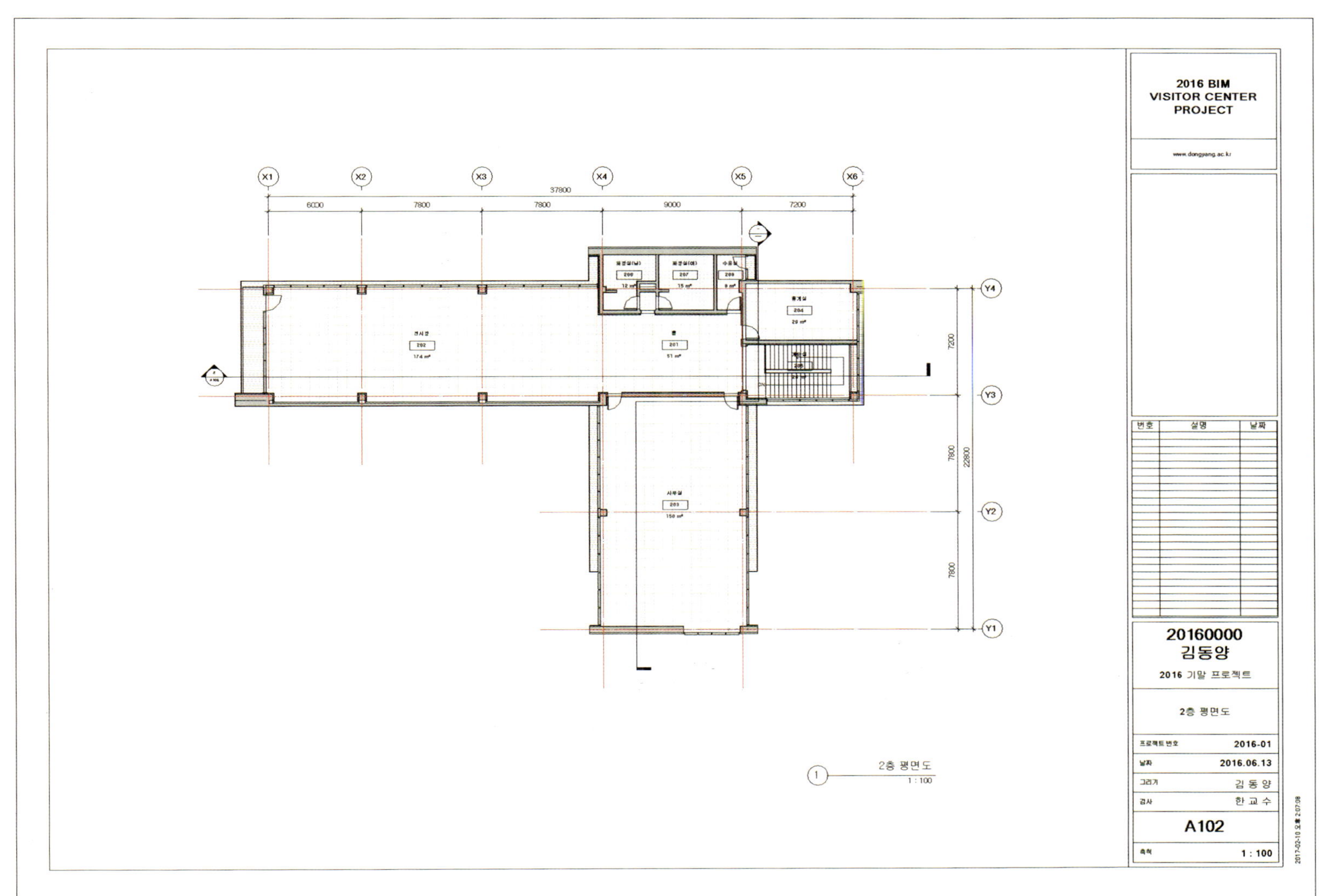
2016 BIM
VISITOR CENTER
PROJECT
www.dongyang.ac.kr
X1
X2
X3
X4
X5
X6
37800
6000
7800
7800
9000
7200
Y4
Y3
Y2
Y1
7200
7800
7800
22800
번호
설명
날짜
20160000
김동양
2016 기말 프로젝트
2층 평면도
프로젝트 번호
2016-01
날짜
2016.06.13
그린이
김 동 양
검사
한 교 수
A102
축척
1 : 100
2층 평면도
1 : 100

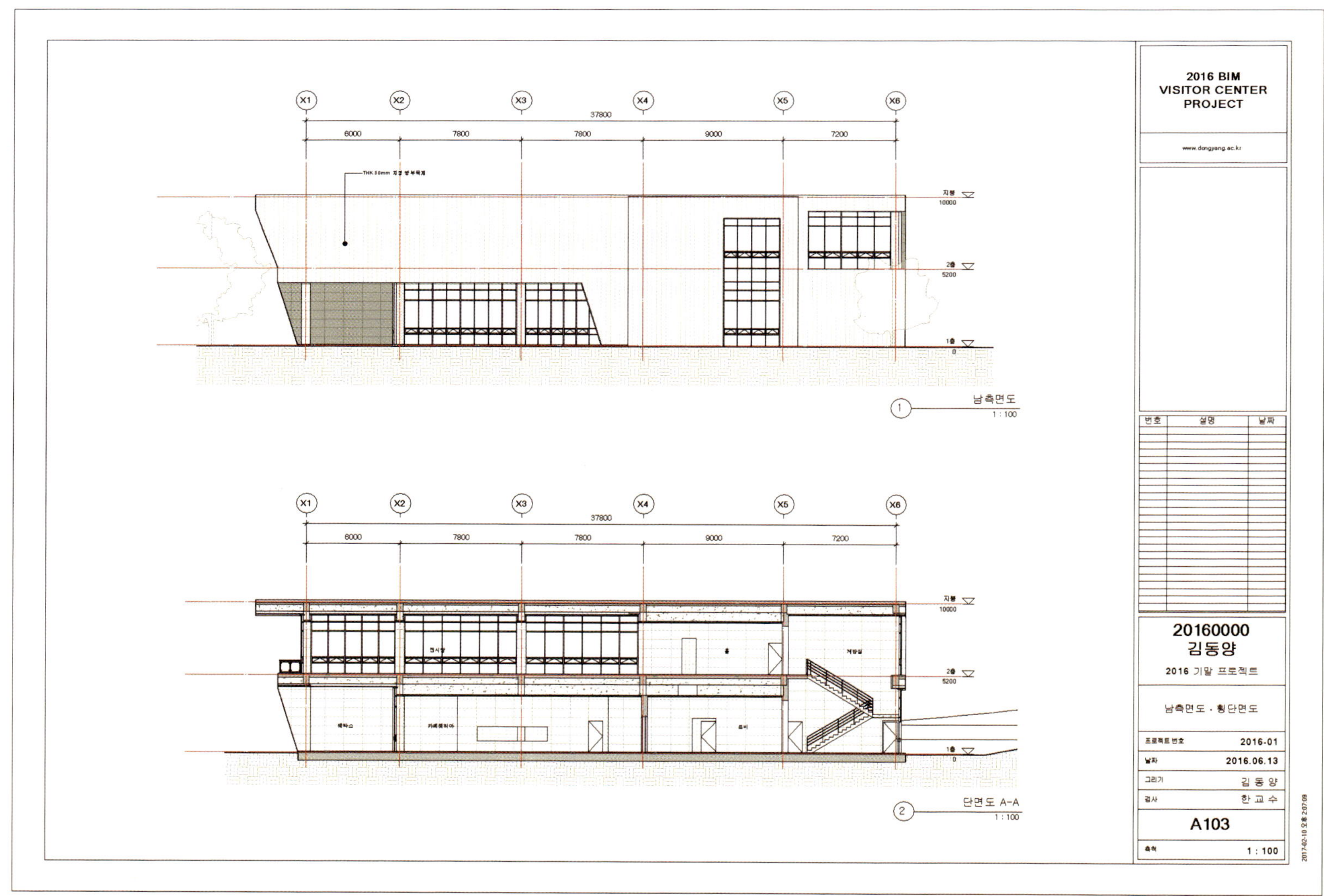
X1
X2
X3
X4
X5
X6
37800
6000
7800
7800
9000
7200
지붕
10000
2층
5200
1층
0
남측면도
1 : 100
단면도 A-A
1 : 100
2016 BIM
VISITOR CENTER
PROJECT
www.dongyang.ac.kr
번호
설명
날짜
20160000
김동양
2016 기말 프로젝트
남측면도 · 횡단면도
프로젝트 번호
2016-01
날짜
2016.06.13
그리기
김 동 양
검사
한 교 수
A103
축척
1 : 100
2017-02-10 오후 2:07:09

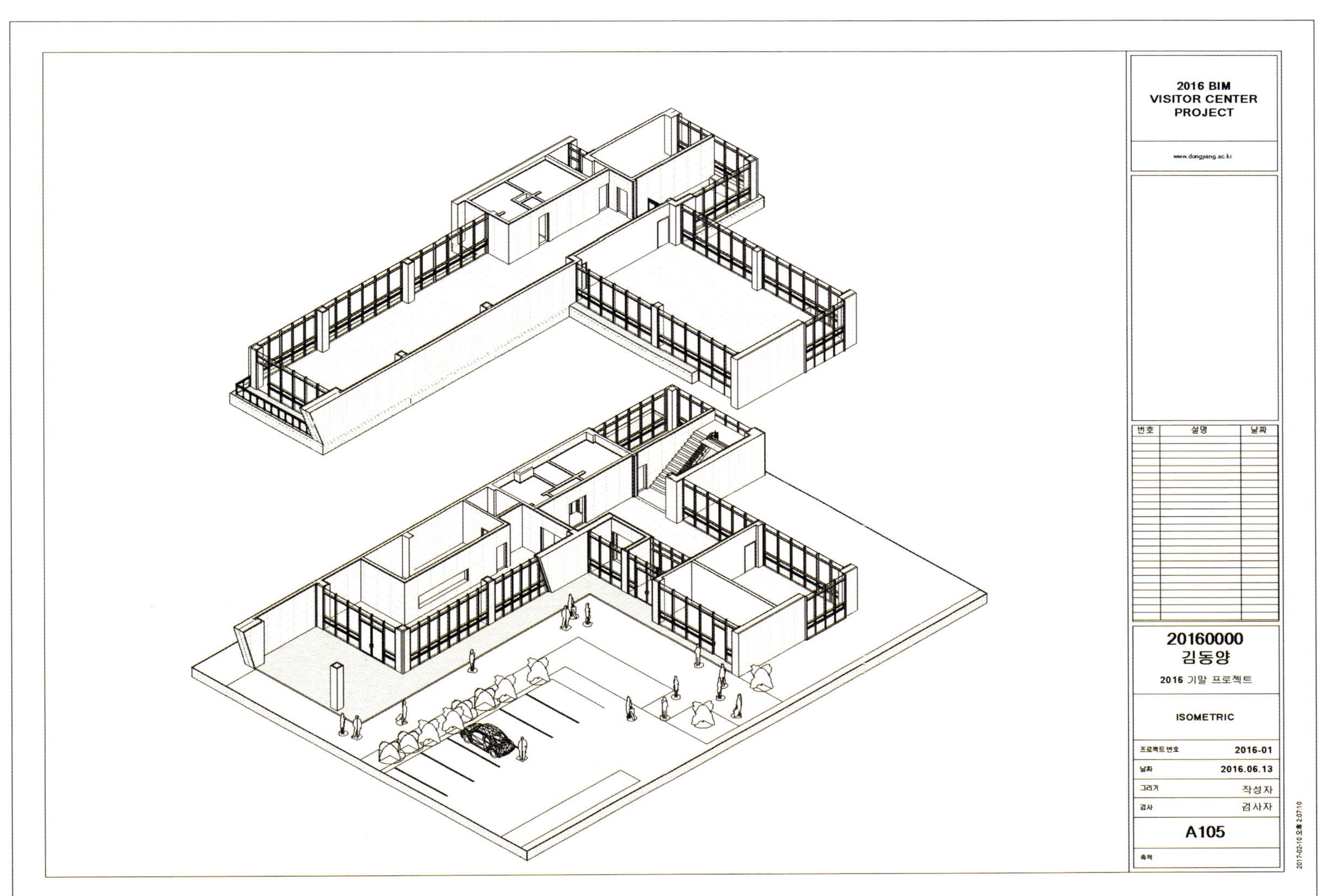
2016 BIM
VISITOR CENTER
PROJECT
www.dongyang.ac.kr
번호
설명
날짜
20160000
김동양
2016 기말 프로젝트
ISOMETRIC
프로젝트 번호
2016-01
날짜
2016.06.13
그리기
작성자
검사
검사자
A105
축척
2017-02-10 오후 2:07:10

PART 08
Visualization & Application

Revit 플랫폼으로 작성된 BIM 데이터는 건축 프레젠테이션을 위한 시각화 자료 생성은 물론, 간섭체크, 환경분석, 공정관리 등 다양한 방법으로 활용될 수 있습니다. 이번 파트에서는 재료 맵핑을 통한 투시도 작성, 이미지 및 CAD 포맷 데이터 추출, 보행시선을 활용한 동영상 작성, 일조분석 방법 등 Revit의 다양한 활용방법을 소개하도록 하겠습니다.

LESSON 45 재료 편집

Revit은 건축 프레젠테이션을 위한 시각화 기능으로 렌더링을 통한 투시도 제작 및 보행시선을 활용한 동영상 작성 기술을 제공합니다. 3DS MAX, LUMION 등의 프로그램처럼 다양하고 강력한 기능은 제공되지 않지만, 자체 렌더러를 이용하여 간단한 투시도나 동영상을 손쉽게 작성할 수 있습니다. 또한 Revit은 하나의 프로젝트를 여러 사람이 동시에 작업할 수 있는 공동작업 기능, 건물 요소 사이의 간섭이 발생하는 부분을 사전에 체크할 수 있는 간섭확인 기능, 건물의 일조를 분석할 수 있는 일조연구 등 다양한 활용 기술을 제공합니다.

다음 3개의 이미지는 각각 '비주얼 스타일 : 은선', '비주얼 스타일 : 색상일치', '렌더 이미지' 입니다. 비주얼 스타일이 '은선'과 '색상일치'로 설정된 뷰에서는 '목재 마감 벽'이나 '지붕 마감'의 재료가 스케일에 적합하도록 분할되어 있는 것이 보이지만 마지막 '렌더 이미지'에서는 재료의 분할 및 스케일감이 나타나지 않고 있습니다.

앞에서 모델요소 작성 시 [재료 편집기]에서 설정한 '색상', '표면 패턴', '절단 패턴' 등은 [재료 편집기]의 '그래픽' 탭에 해당하는 부분으로 여기서 설정한 옵션은 비주얼스타일이 '은선' 이나 '음영처리'로 설정되어 있는 프로젝트 뷰의 재료표시 방법을 조절한 것입니다.

효과적인 건축 프레젠테이션을 위한 사실적 이미지는 렌더링 과정을 거쳐 작성되어야 하지만 위의 세 번째 이미지에서 보이는 바와 같이 [재료편집기]의 '그래픽' 탭의 설정 값은 렌더링 결과에 반영되지 않는 것을 알 수 있습니다. 렌더링 결과에 재료표시 방법을 조절하기 위해서는 [재료편집기]의 '그래픽' 탭이 아닌 '모양' 탭에 속한 옵션들을 설정해야합니다.

이번 과정에서는 렌더링 결과물에 재료의 사실적인 표현이 가능하도록 [재료편집기] '모양' 탭의 옵션 설정과 [텍스쳐 편집기]를 이용한 맵 소스의 편집 방법을 알아보도록 하겠습니다. 맵 소스 적용에 따른 결과 이미지는 렌더링을 통해 확인할 수 있지만 렌더링 과정에는 많은 시간이 소요됨으로 '모양' 탭에서 설정한 맵 소스의 적용 결과를 실시간으로 확인할 수 있도록 작업 중인 프로젝트 뷰의 비주얼 스타일을 '사실적'으로 설정한 후 맵핑 작업을 진행하도록 하겠습니다.

01 '목재 마감 벽'에 새로운 맵 소스를 적용하도록 하겠습니다. 앞에서 생성한 카메라 뷰를 활성화합니다. '목재 마감 벽'에 적용될 맵 소스의 확인이 용이하도록 화면을 확대한 후 비주얼 스타일'을 '사실적'으로 변경합니다.

비주얼 스타일 : 음영처리

비주얼 스타일 : 사실적

02 '비주얼 스타일 : 음영처리' 상태에서는 '목재 마감 벽'의 표면 패턴이 표현되지만 '비주얼 스타일 : 사실적' 상태의 뷰에서는 표면 패턴이 표현되지 않는 것을 확인할 수 있습니다.

03 [관리] 탭 〉 [설정] 패널 〉 [재료]를 선택하여 [재료 탐색기]를 활성화 합니다.

04 현재 [재료 탐색기]에는 모든 재료가 표시되어 있습니다. 프로젝트에 적용된 재료만 표시될 수 있도록 '뷰 변경' 버튼을 눌러 문서재료의 '사용 중인 항목 표시' 항목을 선택합니다.

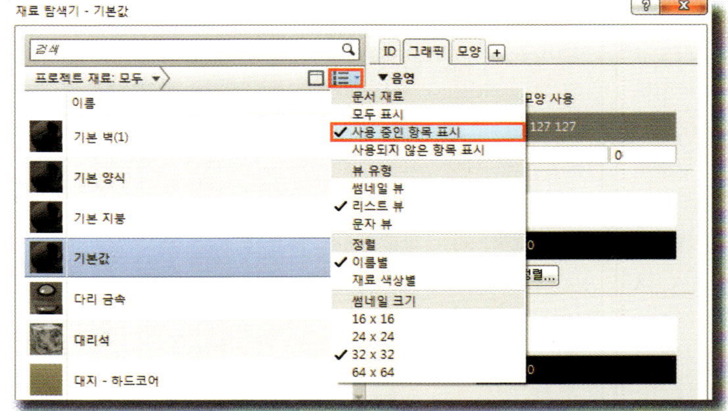

TIP

'뷰 변경' 하위 메뉴의 '재료표시 방법', '정렬 방법', '썸네일 크기' 등을 변경하여 [재료 탐색기]를 작업하기 편리하도록 설정할 수 있습니다.

05 ‘목재 마감 벽’에 적용된 재료인 ‘집성탄화목재’를 선택합니다. [재료 탐색기] 우측상단의 여러 탭 중 ‘그래픽’ 탭이 활성화되어 있는 것을 확인할 수 있습니다. ‘모양’ 탭을 클릭합니다.

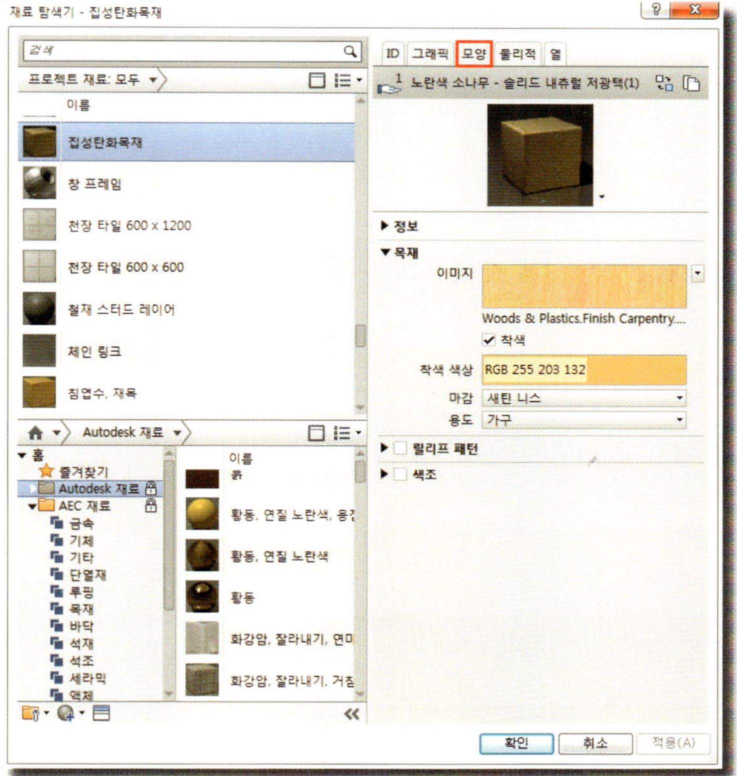

TIP

[재료 탐색기]의 ‘렌더링 모양 맵소스’ 탭은 ‘ID’, ‘그래픽’, ‘모양’, ‘물리적’, 열‘ 5개의 유형으로 구성되어 있습니다. 각각의 유형은 아래 내용에 해당하는 재료의 특성을 정의합니다.

- *ID : 재료의 이름과 유형, 제품의 코드, 비용 등을 설정합니다.*
- *그래픽 : 렌더링되지 않은 뷰(은선, 음영처리 뷰 등)에서 재료의 모양을 제어합니다.*
- *모양 : 재료가 렌더링 된 뷰(사실적 뷰 또는 레이트레이싱 뷰)에 나타나는 재료의 모양을 제어합니다.*
- *물리적 : 구조 해석에 사용되는 재료 특성을 제어합니다.*
- *열 : 에너지 해석에 사용되는 재료 특성을 제어합니다.*

06 렌더링 뷰에 적용될 ‘집성탄화목재’ 재료의 이미지가 Revit에서 제공하는 ‘Woods & Plastics Finish Carpentry Wood Pine.png’ 파일로 지정되어 있습니다. 맵소스를 변경하기 위해 이미지 하단의 파일 이름을 클릭합니다.

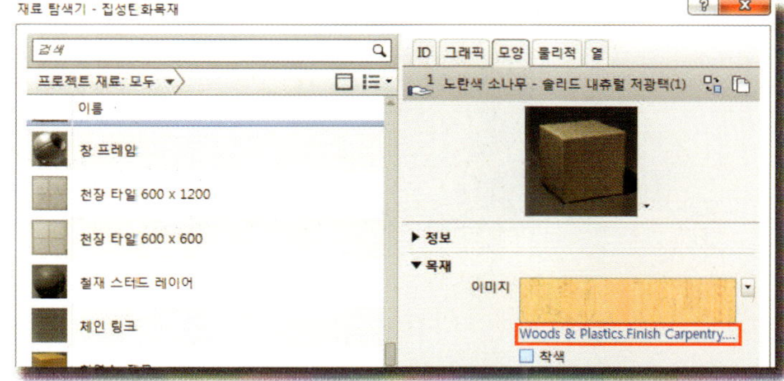

07 [파일 선택] 대화상자에서 다운받은 맵소스 중 '목재벽.jpg' 파일을 선택합니다.

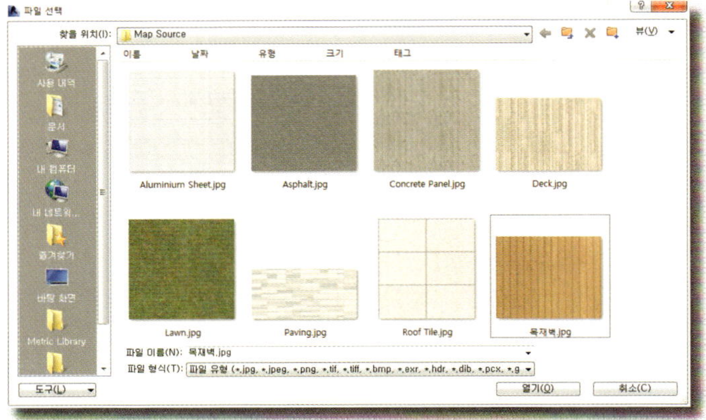

08 [재료 탐색기] 하단의 [적용] 버튼을 클릭한 후 변경된 맵소스가 반영된 사실적 뷰를 확인합니다.

변경 전

변경 후

09 '비주얼 스타일 : 사실적' 뷰에 변경된 '목재벽.jpg' 맵소스가 적용되었지만 목재판의 간격이 너무 촘촘하게 들어간 것을 확인할 수 있습니다. [재료 탐색기] 〉 '모양' 탭의 '이미지'를 클릭하거나 이미지 우측 화살표 하위메뉴의 '이미지 편집...'을 선택합니다.

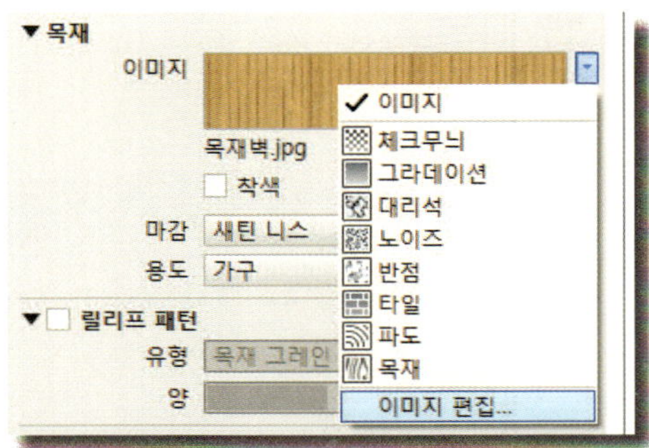

10 [텍스쳐 편집기] 대화상자가 나타납니다. '축척' 항목의 '견본 크기' 값이 폭 254mm ,높이 254mm로 설정되어 있습니다. 맵소스로 선택한 '목재벽.jpg' 이미지 하나가 폭 254mm, 가로 254mm 크기로 모델에 맵핑되는 것을 나타냅니다.

11 앞의 사실적 뷰에서 '목재벽.jpg'의 목재판 간격이 좁게 반영되어있음을 확인했습니다. '축척' 항목의 '견본 크기' 값을 폭 6000mm ,높이 6000mm로 설정 변경합니다. '목재벽.jpg'의 이미지를 확대하여 살펴보면 15개의 목재판이 배열된 것을 확인할 수 있습니다. 위에서 '견본 크기' 값을 6000mm로 변경했음으로 모델에 약 400mm 간격으로 목재판이 맵핑되게 됩니다.

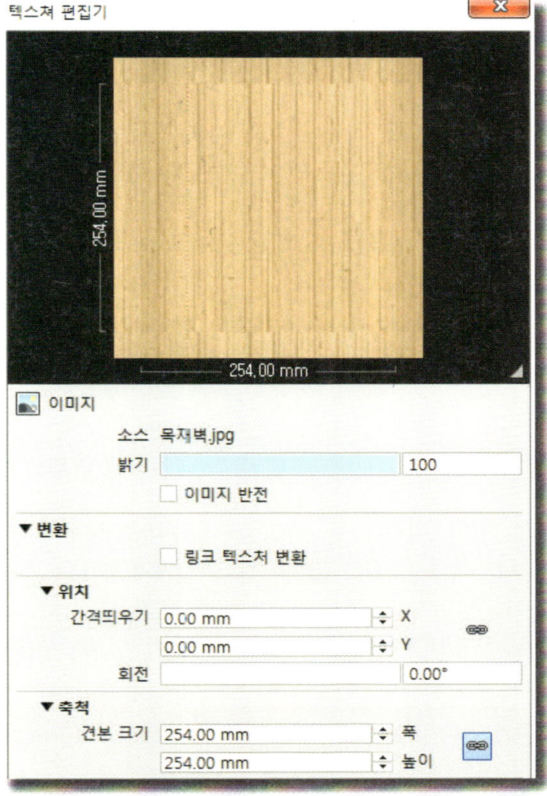

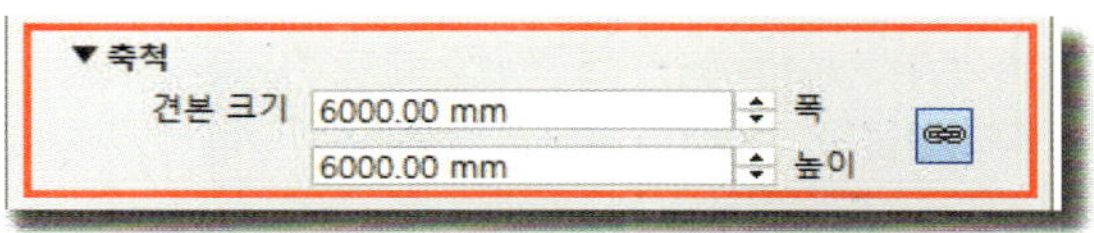

12 [재료 탐색기]의 [적용] 버튼을 눌러 사실적 뷰에 반영된 맵핑 결과를 확인합니다.

13 아래 이미지는 맵핑된 결과를 반영한 렌더링 이미지 입니다.

14 방문자 센터 프로젝트에서 제공하는 맵 소스 이미지는 아래와 같습니다. 다음의 Lesson 46에 수록된 렌더링 결과를 참조하여 '외부 마감'과 '대지 모델'에 적용된 재료의 맵 소스 이미지를 변경해 보시길 바랍니다.

LESSON 46 렌더링

Step 01 그림자 & 태양 설정

01 '카메라 뷰'를 활성화합니다. 그림자가 나타나는 위치를 확인하기 쉽도록 '비주얼 스타일'을 '은선'으로 변경합니다.

02 '뷰 조절 막대'의 [그림자 끄기]를 클릭하여 [그림자 켜기]를 활성화합니다.

03 '카메라 뷰' 화면에 그림자가 나타납니다. 그림자의 방향과 길이는 태양의 '방위각' 및 '고도' 설정 값에 따라 다르게 나타납니다.

04 '뷰 조절 막대' [태양 경로 끄기/켜기] 하위메뉴의 [태양 설정]을 클릭합니다.

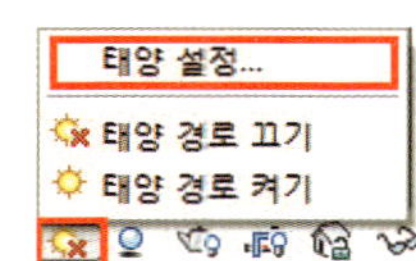

05 위의 '카메라 뷰' 그림자를 생성하는 태양 설정 값 입니다. [태양 설정] 대화상자의 '설정' 〉 '뷰에 상대적' 항목의 활성화 여부에 따라 태양의 '방위각'과 '고도'의 기준이 달라집니다.

a. '뷰에 상대적' 항목이 활성화 상태일 경우 작업 화면을 기준으로 태양의 방위각이 설정됩니다.

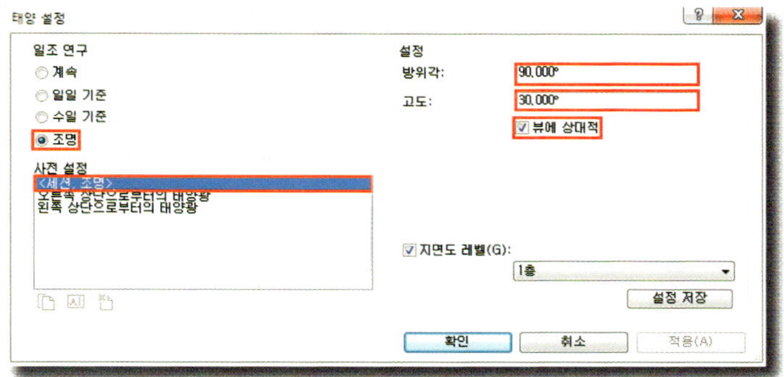

- 방위각 0°의 태양 위치는 모니터 뒤쪽
- 방위각 90°의 태양 위치는 모니터 우측
- 방위각 180°의 태양 위치는 모니터 앞쪽

방위각 0° 방위각 90° 방위각 180°

b. '뷰에 상대적' 항목이 비활성화 상태일 경우 프로젝트에 설정된 방위를 기준으로 태양의 방위각이 계산됩니다.

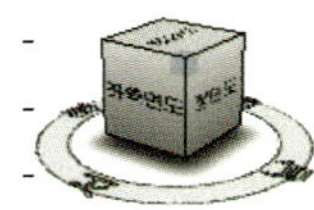

- 방위각 0°의 태양 위치는 프로젝트 북측 방위
- 방위각 90°의 태양 위치는 프로젝트 동측 방위
- 방위각 180°의 태양 위치는 프로젝트 남측 방위

방위각 0° 방위각 90° 방위각 180°

TIP

태양의 '고도' 값 역시 '뷰에 상대적' 항목의 활성화 여부에 따라 기준이 달라집니다.

06 렌더링 시 '카메라 뷰'에서 보이는 건물 파사드에 그림자가 발생하지 않도록 아래와 같이 태양 위치를 설정하겠습니다.

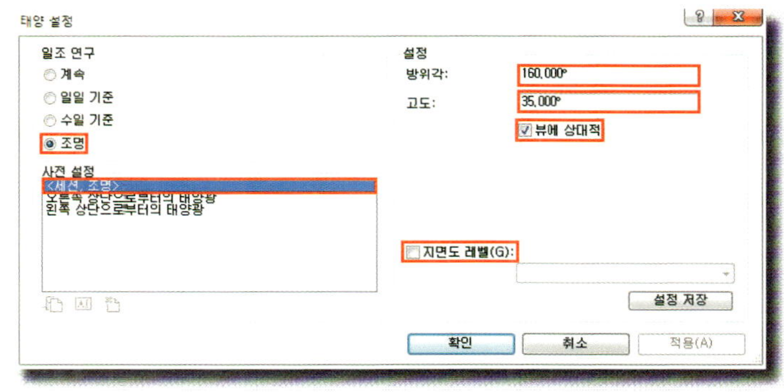

a. '뷰에 상대적' 항목을 활성화 시킨 후 태양의 위치가 '카메라 뷰' 전면의 우측에 위치하도록 '방위각'을 160°로 설정하였습니다.

b. 그림자가 길게 떨어지지 않도록 '고도' 값을 35°로 높여 설정하였습니다.

c. '지면도 레벨' 항목은 비활성화 시켰습니다. '지면도 레벨'은 지형이 없을 경우 그림자가 생성될 레벨을 설정하는 옵션입니다.

Step 02 렌더링 이미지 크기 설정

01 렌더링 옵션 설정에 앞서 출력물의 크기에 맞춰 렌더링 영역을 설정하도록 하겠습니다. '카메라 뷰'를 활성화한 후 '뷰 조절 막대'의 [숨겨진 요소 표시]를 활성화합니다.

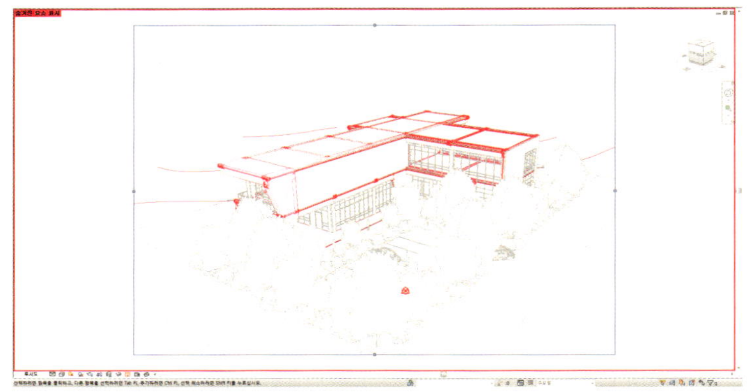

02 '숨겨진 요소 표시 화면'에서 카메라 뷰의 경계를 선택합니다. [수정 | 카메라] 탭 〉 [자르기] 패널 〉 [크기 자르기]를 클릭합니다.

03 [자르기 영역 크기] 대화상자가 활성화 됩니다. 현재 '모델 자르기 크기'는 '폭 : 158mm', '높이 : 113mm'로 설정되어 있습니다. A4 사이즈로 렌더링 이미지와 출력물을 작성하기 위해 '모델 자르기 크기'를 변경하겠습니다.

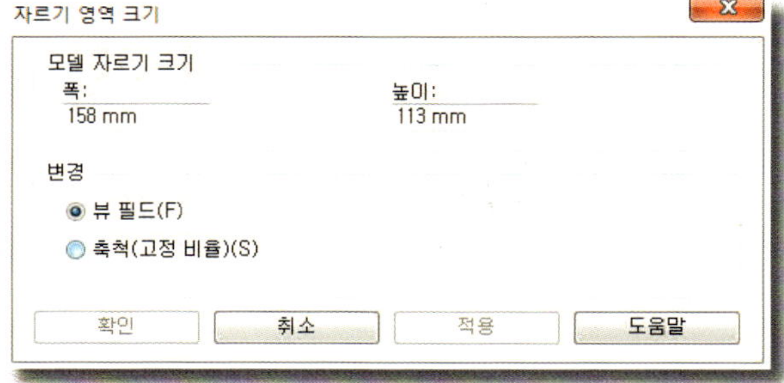

04 [자르기 영역 크기] 대화상자의 (a) '축척(고정 비율)'을 활성화합니다. '모델 자르기 크기'의 '폭' 값에 (b) '297mm'를 입력한 후 (c) [적용] 버튼을 클릭합니다. '모델 자르기 크기'는 변경되었지만 카메라 뷰의 경계 영역 범위는 변하지 않습니다.

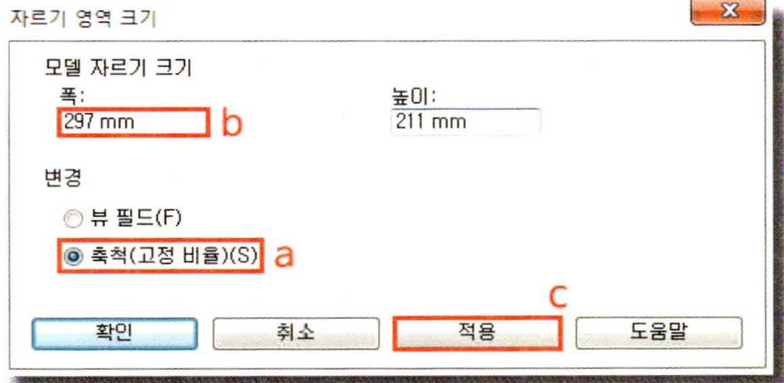

05 다시 '변경' 항목의 (d) '뷰 필드'를 활성화한 후 '모델 자르기 크기'의 '높이' 값에 (e) '210mm'를 입력합니다. (f) [확인] 버튼을 클릭하면 '카메라 뷰'의 경계 영역이 A4 사이즈로 변경됩니다.

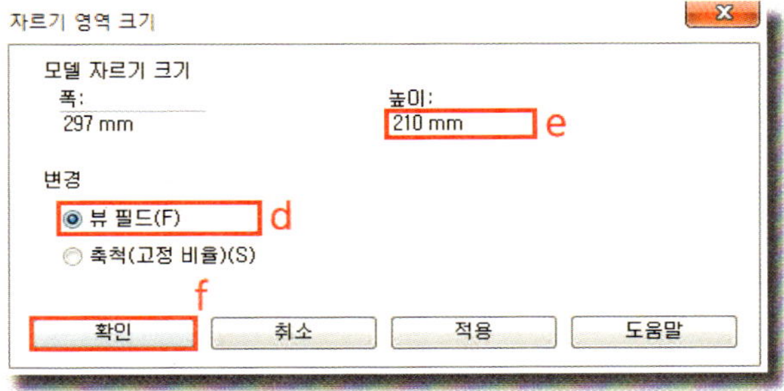

TIP

[자르기 영역 크기] 대화상자의 '축척(고정 비율)'이 비활성화된 상태 즉, '뷰 필드'가 활성화된 상태에서 '모델 자르기 크기'를 변경하게 되면 카메라 뷰의 경계 영역 범위가 바뀌게 됩니다.

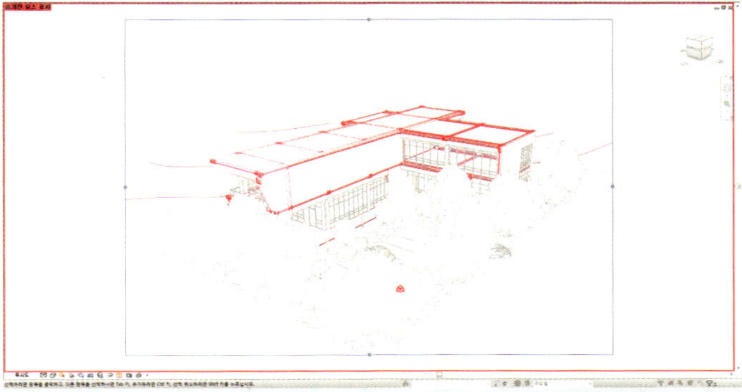

'축척(고정 비율)' 활성화 : '모델 자르기 크기' 변경 후 뷰

'뷰 필드' 활성화 : '모델 자르기 크기' 변경 후 뷰

06 '뷰 조절 막대'의 [숨겨진 요소 표시 닫기]를 활성화하여 '숨겨진 요소 표시' 화면을 닫습니다.

Step 03 렌더링 옵션 설정

01 '카메라 뷰'를 활성화 한 후 [뷰] 탭 〉 [그래픽] 패널 〉 [렌더링]를 클릭하거나 '뷰 조절 막대'의 [렌더링 대화상자 표시]를 선택합니다.

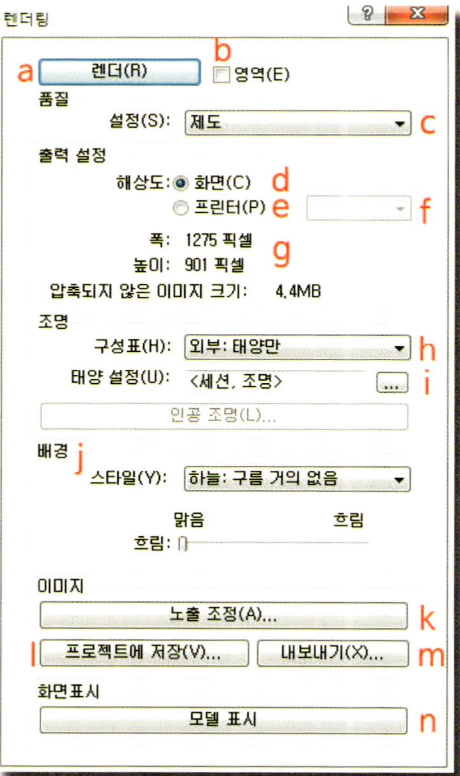

[렌더링] 대화상자의 각 기능은 아래와 같습니다.

a. [렌더] 버튼을 클릭하면 [렌더링] 대화상자에 설정된 값으로 렌더링을 시작합니다.

b. '영역'을 활성화 하면 3D 뷰의 지정된 부분만 렌더링 할 수 있습니다. 주로 특정 요소나 재료에 대한 테스트 렌더링 시 사용됩니다.

c. '품질' 항목의 설정 값을 선택하여 이미지의 품질을 지정할 수 있습니다. 품질이 높을수록 많은 시간이 소요됩니다.

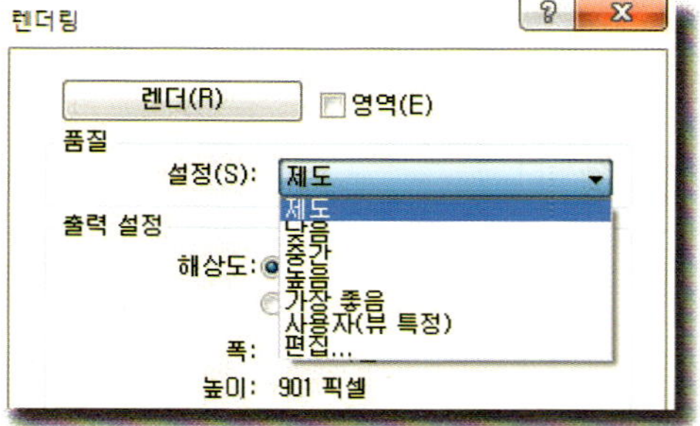

d. 해상도 설정이 '화면'으로 활성화 되어있을 경우 모니터에 보이는 크기로 렌더링이 진행됩니다. 화면을 확대/축소하면 '픽셀'과 '이미지 크기'가 변경되는 것을 확인할 수 있습니다.

e. 해상도 설정이 '프린트'로 활성화 되어있을 경우 앞의 [자르기 영역 크기]에서 설정한 크기로 렌더링이 진행됩니다.

f. 해상도 설정이 '프린트'로 체크되어있을 경우 활성화됩니다. DPI(Dot Per Inch) 값을 높게 설정하면 인치당 인쇄되는 도트 수가 증가함으로 이미지의 품질이 좋아집니다. 건축 프레젠테이션용 이미지 출력을 위해서는 최소 150DPI 이상으로 설정하는 것을 권하나 DPI 값을 높게 설정할수록 '픽셀'과 '이미지 크기'가 증가하며, 렌더링에 많은 시간이 소요됩니다.

g. 해상도 옵션이 '화면' 설정일 경우 작업화면의 확대/축소에 따라 변화하며, '프린터' 설정일 경우 DPI 값에 따라 변경됩니다. '픽셀' 및 '압축되지 않은 이미지 크기' 값이 높아질수록 이미지의 품질은 좋아지나 렌더링에 많은 시간이 소요됩니다.

h. 렌더링 시에 적용할 광원 구성을 설정합니다.

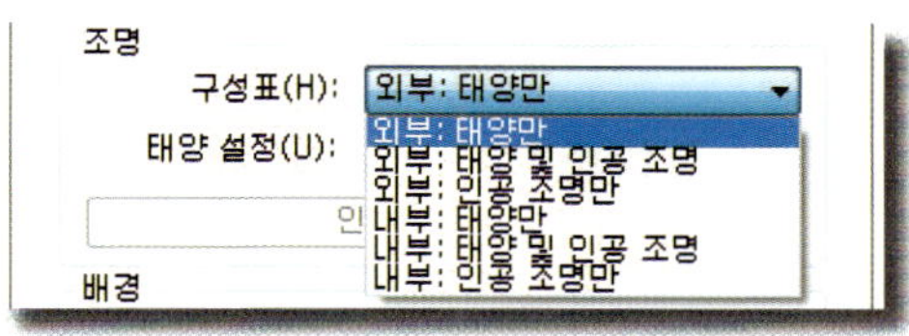

i. [...] 를 클릭하면 [태양 설정] 대화상자가 나타납니다. 태양의 '방위각', '고도' 등을 설정할 수 있습니다.

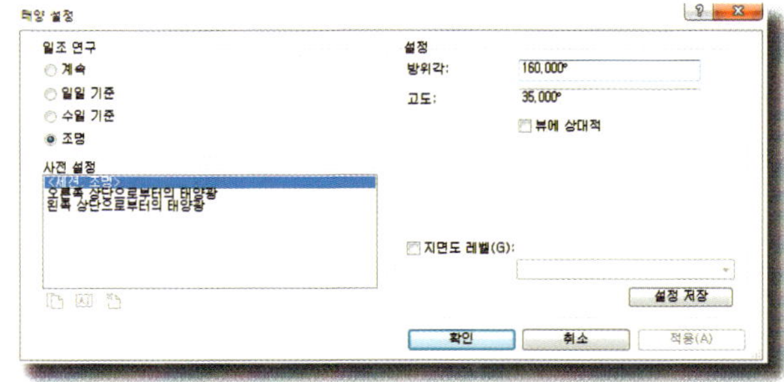

j. 렌더링될 이미지의 배경을 지정합니다. '하늘/구름' 배경, '솔리드 색상' 배경, '사용자 지정 이미지' 배경을 선택할 수 있습니다. 아래 슬라이드 바를 움직여 대기의 맑고 흐린 정도를 조절할 수 있습니다.

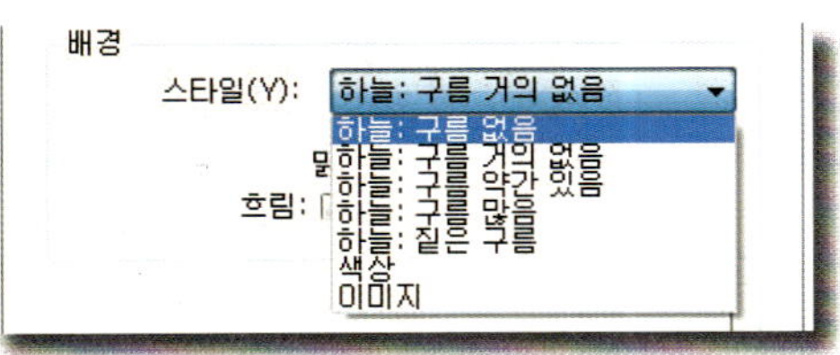

k. [노출 조정]을 클릭하면 [노출 컨트롤] 대화상자가 나타납니다. 노출 값을 설정하여 렌더 이미지의 색상, 채도, 대비 값 등을 조절할 수 있습니다.

노출 컨트롤
기본값으로 재설정
설정(S)
노출 값: 14 밝게 어둡게
강조 표시: 0.25 어둡게 밝게
중간톤: 1 어둡게 밝게
그림자: 0.2 연하게 어둡게
흰색 점: 6500 차갑게 온화하게
채도: 1 회색 짙음
확인(O) 취소 적용

l. 렌더링 작업을 완료하면 [프로젝트에 저장...] 버튼이 활성화 됩니다. 클릭하면 렌더링된 이미지를 프로젝트 뷰로 저장할 수 있습니다.

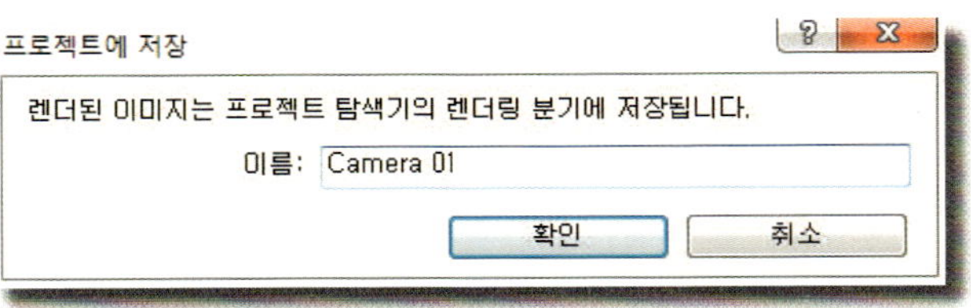

m. 렌더링 작업을 완료하면 [내보내기...] 버튼이 활성화됩니다. 클릭하면 렌더링된 이미지를 BMP, JPEG, PNG, TIFF 포맷으로 저장할 수 있습니다.

파일 이름(N): Camera 01
파일 형식(T): JPEG 파일 (*.jpg, jpeg)
비트맵 파일 (*.bmp)
JPEG 파일 (*.jpg, jpeg)
이동식 네트워크 그래픽 (*.png)
TIFF 파일 (*.tif)

n. 렌더링 작업을 완료하면 [모델 표시] 버튼이 활성화됩니다. 클릭하면 렌더링 결과를 보여주던 화면이 원래의 작업화면으로 전환됩니다. 렌더된 이미지를 다시 표시하려면 [렌더링 표시]를 클릭합니다.

02 [렌더링] 대화상자의 옵션 값을 다음과 같이 설정합니다.

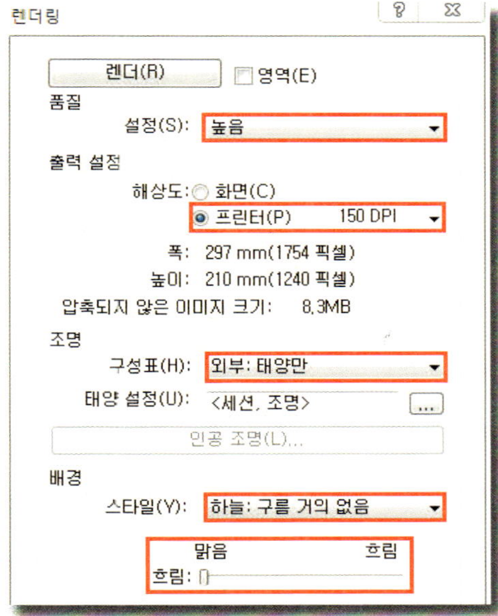

TIP

프레젠테이션을 위한 고해상도의 최종 출력물 렌더링 작업을 실행하기 전에 [렌더링] 대화상자의 '품질' 및 '출력설정'의 해상도를 낮게 설정하여 결과물을 미리 살펴볼 수 있도록 합니다.

03 [렌더] 버튼을 클릭하면 [렌더링 진행률] 대화상자가 나타납니다. '렌더가 완료되면 대화상자 닫기'를 활성화 합니다.

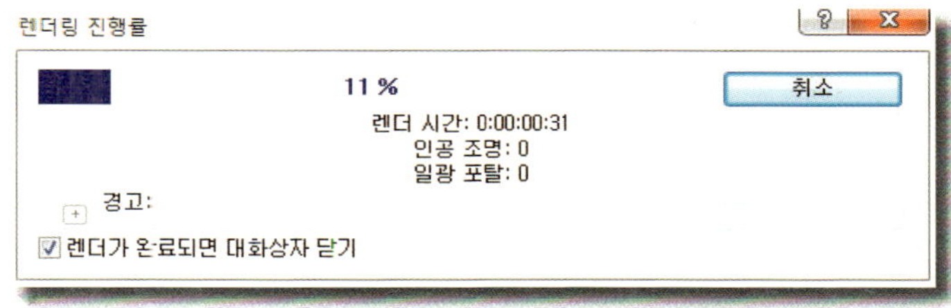

04 렌더링이 완료된 이미지입니다.

05 렌더링된 이미지를 프로젝트 뷰로 저장하기 위해 [프로젝트에 저장...] 버튼을 선택합니다. [프로젝트에 저장] 대화상자에 이름을 입력한 후 [확인] 버튼을 클릭하면 [프로젝트 탐색기]에 렌더링 결과물이 뷰로 추가됩니다.

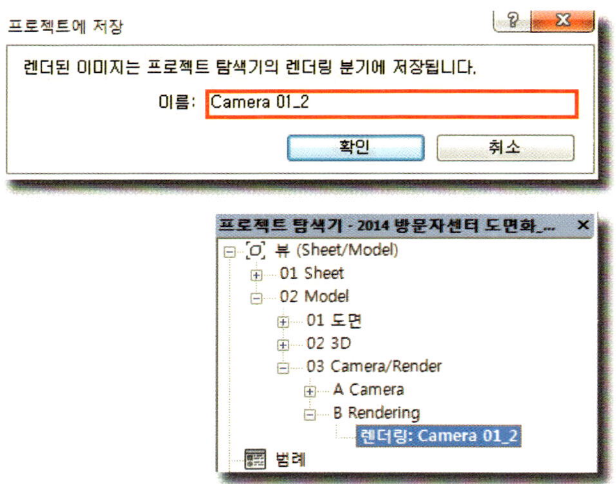

06 이미지를 파일로 저장하기 위해 [내보내기...] 버튼을 클릭합니다. [이미지 저장] 대화상자에서 '저장 경로', '파일이름', '파일 형식'을 지정한 후 이미지를 저장합니다.

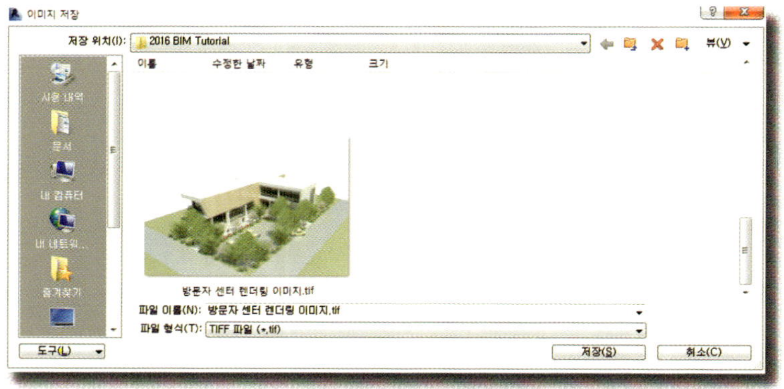

TIP

Adebe Photoshop을 이용한 후속 작업을 고려할 경우 이미지 손상이 없고 알파채널 값이 포함된 TIFF 포맷 저장을 추천합니다.

아래 그림은 앞에서 작성한 렌더링 이미지를 TIFF 포맷으로 저장한 후 Photoshop에서 불러온 결과입니다. 배경 부분이 알파채널로 저장되어 투명하게 표시되는 것을 확인할 수 있습니다.

LESSON 47 이미지 파일 작성

Revit에서 작성된 데이터는 다양한 포맷(BMP, JPEG, TIFF 등)의 이미지 파일로 전환하여 저장할 수 있습니다.

01 [시작] 〉 [내보내기] 〉 [이미지 및 동영상] 〉 [이미지]를 선택합니다.

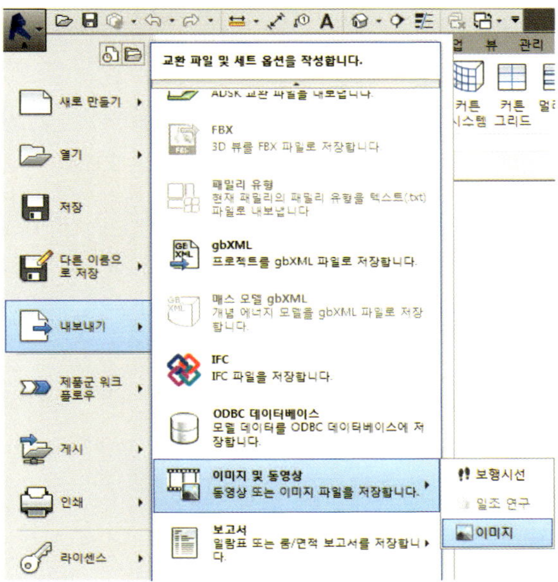

02 [이미지 내보내기] 대화상자의 설정 값을 조절합니다.

a. '출력' - [변경]을 클릭하여 이미지가 저장될 위치와 이름을 지정합니다.

b. '내보내기 범위' - '선택된 뷰/시트' : [선택]을 클릭하여 작성된 뷰 또는 시트를 선택합니다.

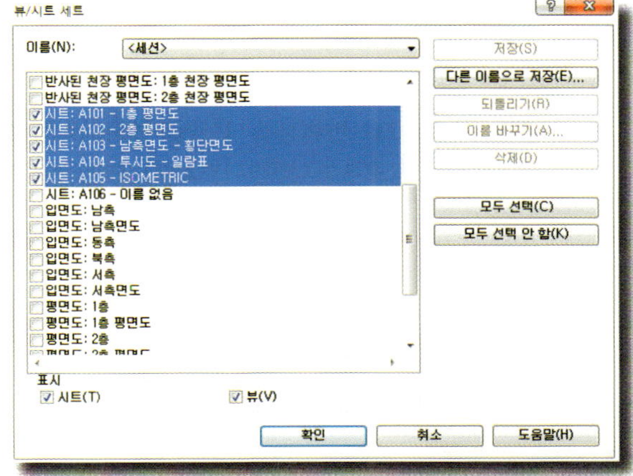

TIP

각각의 '시트'를 활성화한 후 '현재 창' 옵션을 선택하여 출력하는 방법도 가능합니다.

c. '이미지 크기' - '4000' 픽셀을 입력합니다. (제시된 이미지 크기는 실습용으로 설정된 예시입니다.)

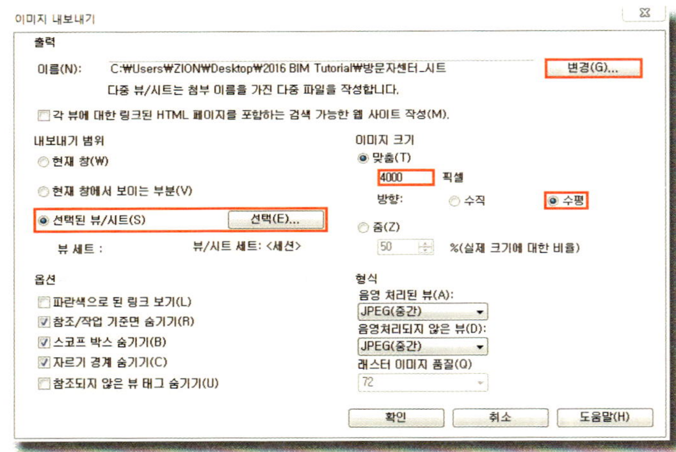

LESSON 48 DWG 파일 생성

Revit에서 작성된 데이터는 dwg, dwf, fbx 등 다양한 포맷의 파일형식으로 변환할 수 있습니다. 사용 빈도가 높은 dwg 포맷으로의 변환 방법을 설명하도록 하겠습니다.

01 1층 평면도를 활성화한 후 [시작] 〉 [내보내기] 〉 [CAD 형식] 〉 'DWG'를 선택합니다.

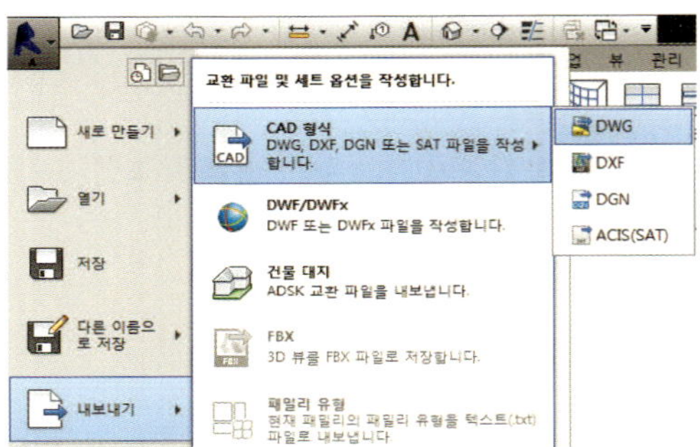

02 [DWG 내보내기] 대화상자 〉 '내보내기 설정 선택'의 ⊡ 버튼을 클릭합니다.

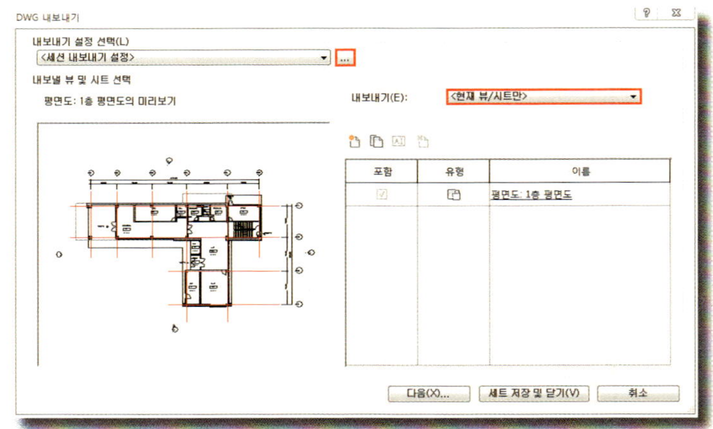

03 [DWG/DXF 내보내기 설정 수정] 대화상자 〉 '표준에서 레이어 로드'를 클릭하여 DWG 레이어의 설정 값을 선택한 후 [확인] 버튼을 선택합니다.

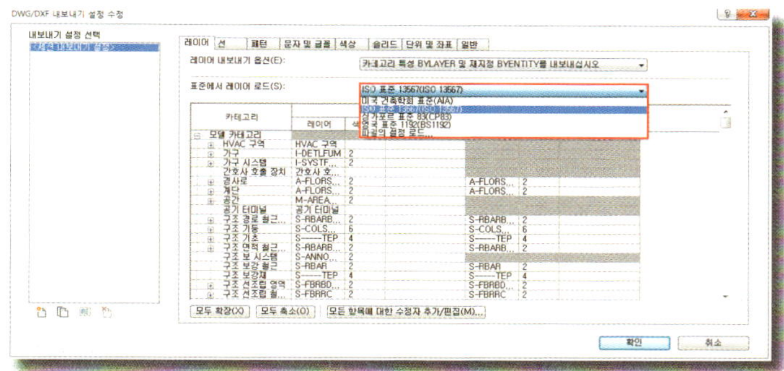

TIP

[DWG/DXF 내보내기 설정 수정] 대화상자에서는 각 카테고리에 대한 레이어 이름과 색상을 수정하여 DWG 파일로 전환할 수 있으며, '레이어 내보내기 옵션'의 설정 값에 따라 dwg로 변환되는 레이어의 속성이 달라집니다.

04 [DWG 내보내기] 대화상자에서 [다음] 버튼을 클릭하면 [CAD 형식 내보내기 - 대상 폴더에 저장] 대화상자가 나타납니다. 파일 이름 입력과 파일 포맷을 확인한 후 [확인] 버튼을 눌러 저장합니다.

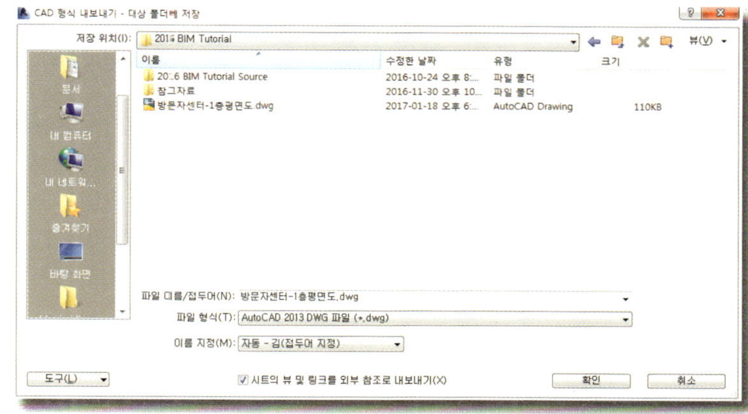

05 다음 그림은 생성된 dwg 파일을 AutoCAD에서 불러온 화면입니다.

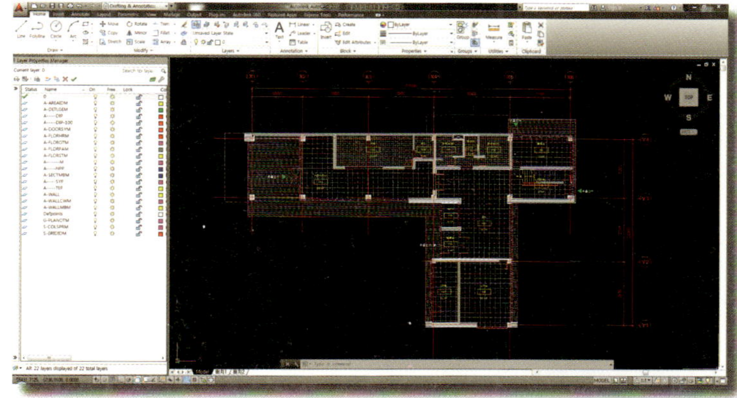

LESSON 49 보행시선

Revit은 고정된 카메라를 이용하여 단일 컷을 작성하는 렌더링 기술뿐만 아니라 카메라가 이동되며 작성되는 이미지를 연속적으로 붙여 재생하는 기술도 제공합니다. 고품질의 보행시선 영상을 만들기 위해서는 많은 제작시간과 높은 사양의 시스템 환경이 요구되지만 성공적인 프레젠테이션을 위한 효과적인 방법이기도 하며, 실제 건물이 시공되기 전에 다양한 문제점들을 사전에 검토해 볼 수 있는 장점이 있습니다.

Step 01 보행시선 작성 및 편집

01 3D 뷰를 활성화한 뷰의 방향을 평면 시점으로 전환합니다.

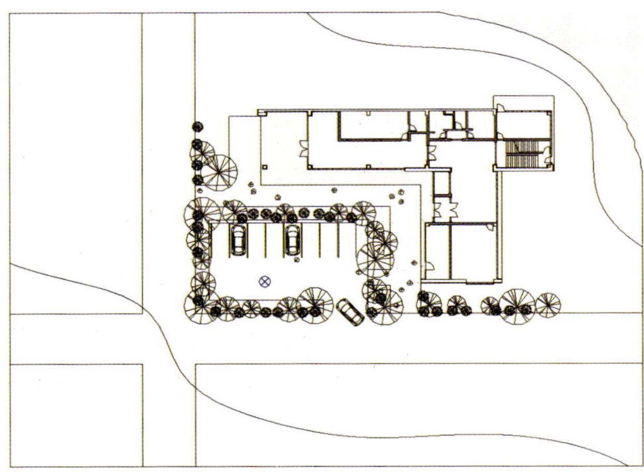

02 [뷰] 탭 〉 [작성] 패널 〉 [3D 뷰]를 확장한 후 [보행시선]을 클릭합니다.

03 건물 서측으로 부터 1층 주출입구 안쪽까지 경로가 작성되도록 그림을 참조하여 보행시선 카메라가 배치될 지점인 (a)~(k)를 차례로 클릭합니다. 카메라가 배치되는 점을 연결하는 스플라인 경로가 작성됩니다.

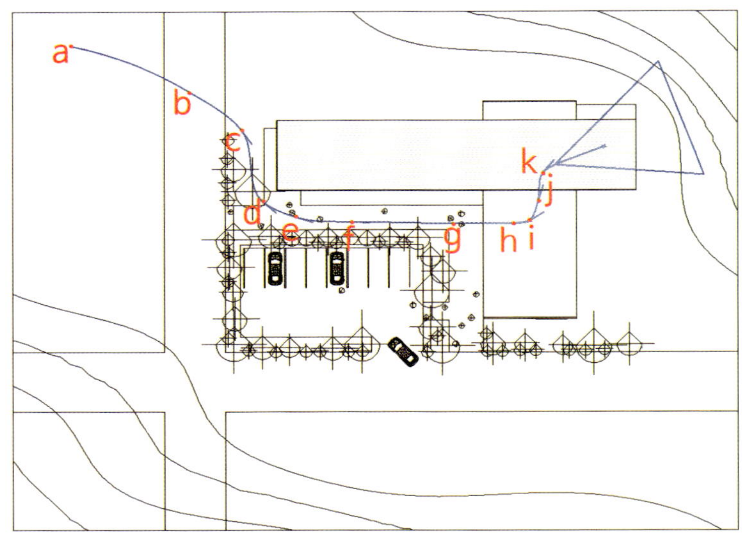

04 보행시선 카메라 배치가 완료되면 경로가 사라집니다. [프로젝트 탐색기]를 살펴보면 '3D 뷰: 보행시선 1' 뷰가 작성된 것을 확인할 수 있습니다. 보행시선 뷰를 활성화한 후 그림과 같이 '보행시선 1' 뷰와 경로를 작성한 '3D 뷰' 작업화면 창을 타일 형식으로 배치합니다.(단축키 W T)

05 '보행시선 1' 뷰의 경계영역을 선택하면 '3D' 뷰의 보행시선 경로가 활성화됩니다, [수정 | 카메라] 탭 〉 [보행시선] 패널 〉 [보행시선 편집] 버튼을 클릭합니다.

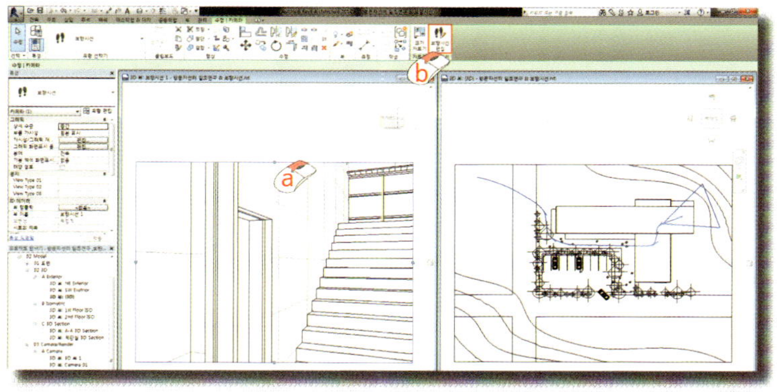

06 [옵션 막대]를 '컨트롤' 항목이 '활성 카메라'로 설정되어 있으며, 프레임이 총 300 중 '300'번에 위치하고 있음을 보여주고 있습니다. [보행시선] 탭 〉 [보행시선] 패널의 [이전 키 프레임]을 연속하여 클릭합니다. [이전 키 프레임] 버튼을 클릭할 때 마다 보행시선 경로 작성 시 카메라가 배치된 지점을 역으로 이동하게 됩니다.

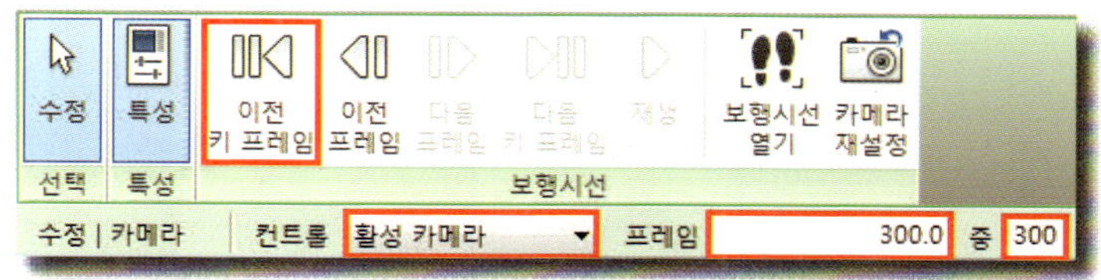

07 [이전 키 프레임]이 비활성화 될 때까지 클릭하면 [옵션 막대]의 프레임이 '1'번에 위치하게 됩니다.

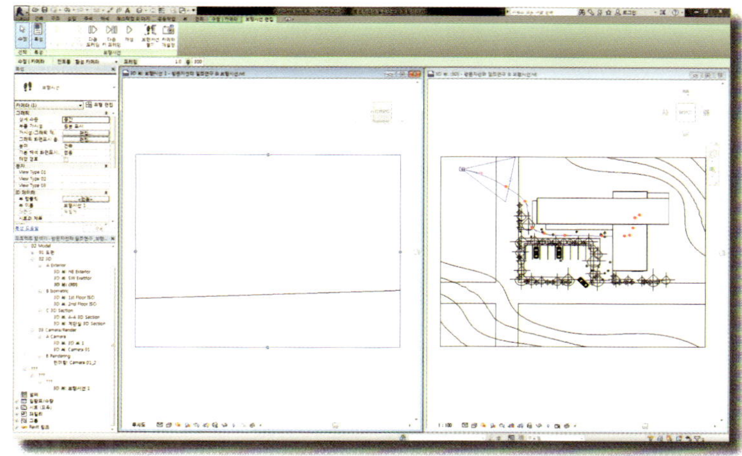

08 '1번' 프레임에서의 카메라 범위와 시선 방향이 적절하지 않아 적절한 뷰가 형성되어 있지 않습니다. 컨트롤 포인트 (a)를 드래그 하여 카메라의 깊이 범위를 조절합니다.

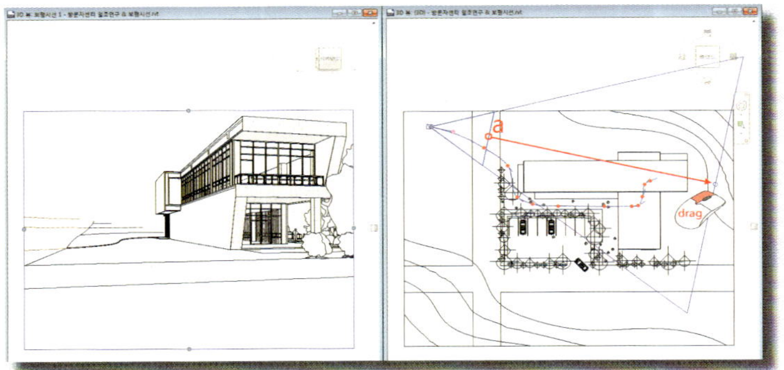

09 컨트롤 포인트 (b)를 이동하여 시선 방향을 건물 쪽으로 수정합니다.

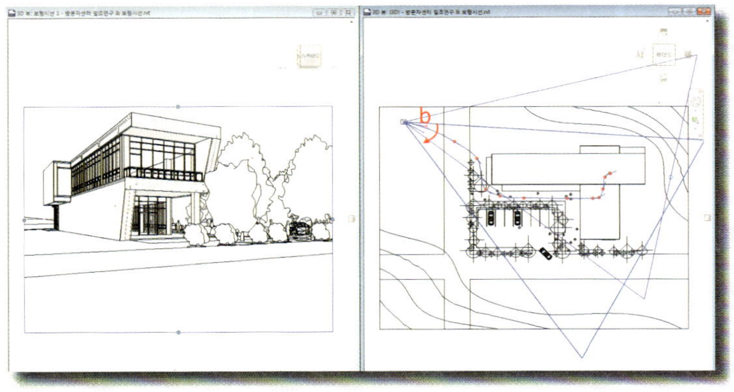

10 보행시선이 조감도 뷰에서 부터 시작될 수 있도록 시점과 시선 방향을 조절하겠습니다. '3D' 뷰를 입면뷰로 전환한 후 [옵션 막대]의 '컨트롤' 항목을 '경로'로 변경합니다.

11 그림과 같이 카메라의 위치를 이동한 후 다시 [옵션 막대]의 '컨트롤' 항목을 '활성 카메라'로 변경하여 시점을 조절합니다.

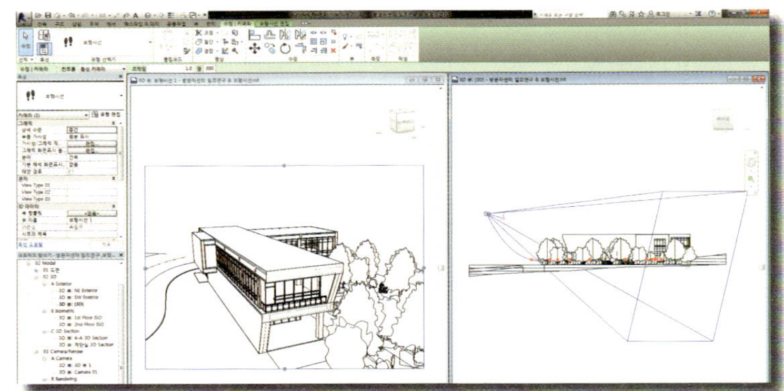

12 [다음 키 프레임]을 눌러 두 번째 카메라가 배치된 프레임으로 이동합니다. 경로가 스플라인 형식으로 작성되어 있어 카메라의 시점에도 영향을 미치게 됩니다. 두 번째 키 프레임의 시선방향을 위쪽으로 조절합니다.

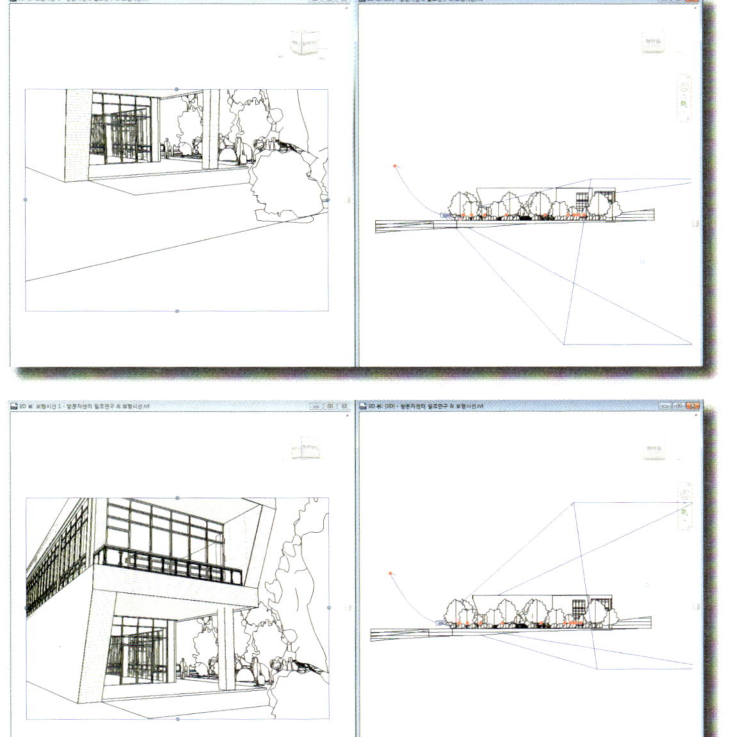

13 이상과 같은 방법으로 각각의 '키 프레임'을 이동하면서 자연스러운 시선흐름이 진행될 수 있도록 경로와 시선방향을 조절합니다.

TIP

[옵션 막대] '컨트롤' 항목을 확장하여 키 프레임을 추가하거나 삭제할 수 있습니다.

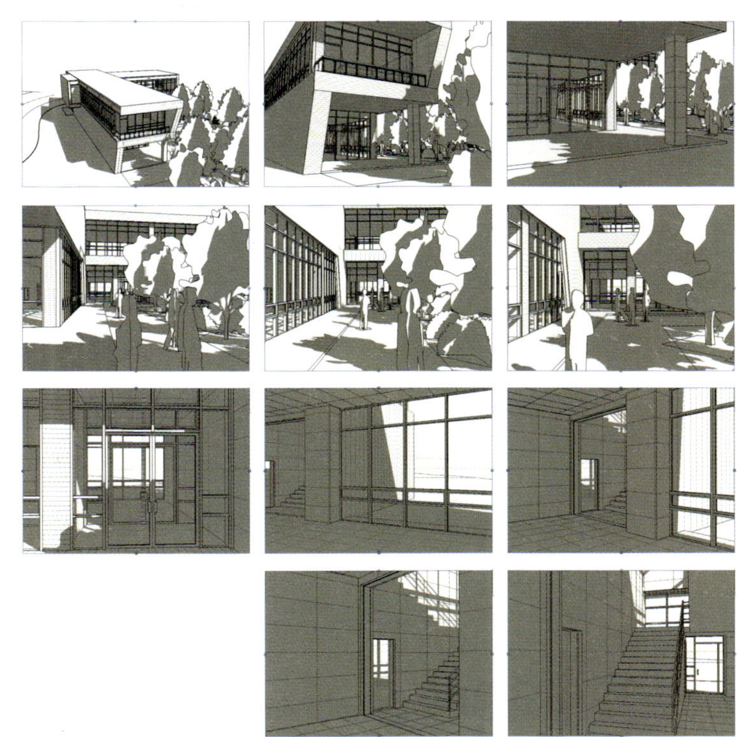

14 경로 및 시선방향 수정이 완료되면 첫 번째 프레임으로 이동한 후 '보행시선 1' 뷰 창이 활성화 된 상태에서 '그림자 켜기'를 클릭합니다. ▷ [재생] 버튼을 클릭하여 보행시선 경로를 확인합니다.

Step 02 보행시선 영상 내보내기

01 [특성] 창 〉 '기타' 항목의 '보행시선 프레임'을 클릭하면 [보행시선 프레임] 대화상자가 나타납니다.

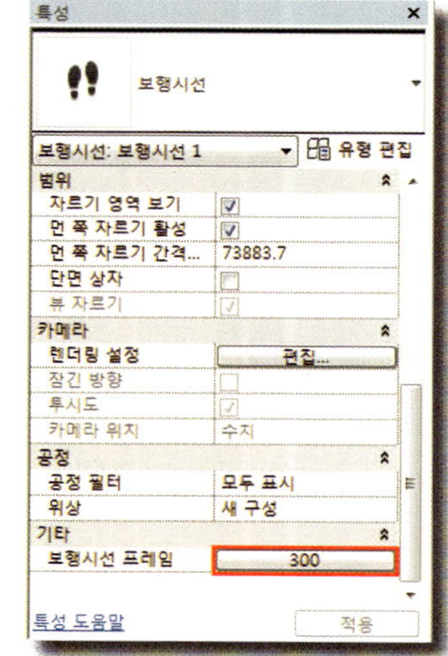

02 부드러운 재생영상을 작성하기 위해 '초당 프레임 수'에 '30'을 입력합니다. 15초 분량의 영상으로 만들기 위해 '총 프레임'에 '450'을 입력합니다.

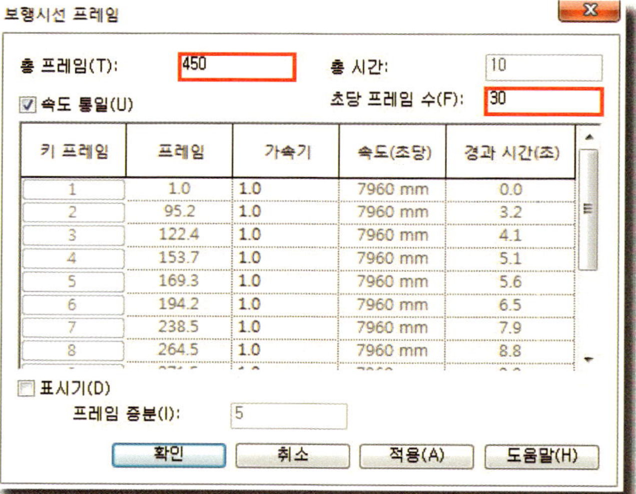

> **TIP**
> *[보행시선 프레임] 대화상자의 '속도 통일' 항목을 비활성화 시키면 '키 프레임' 별 재생 속도를 설정할 수 있습니다.*

03 [시작] 〉 [내보내기] 〉 [이미지 및 동영상] 〉 [보행시선]을 선택합니다.

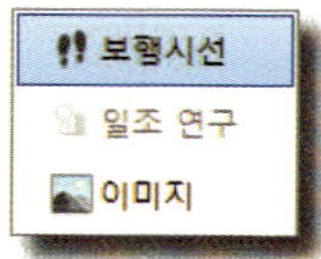

04 [길이/형식] 대화상자가 나타납니다. 앞에서 설정한 '초당 프레임 수'와 '총 시간' 등을 수정할 수 있습니다. 영상 크기를 키우기 위해 '형식' 항목의 가로 '치수'를 '1200'으로 변경합니다. 보행시선 영역 크기 비율에 맞춰 세로 크기는 자동 변경됩니다. [확인] 버튼을 클릭합니다.

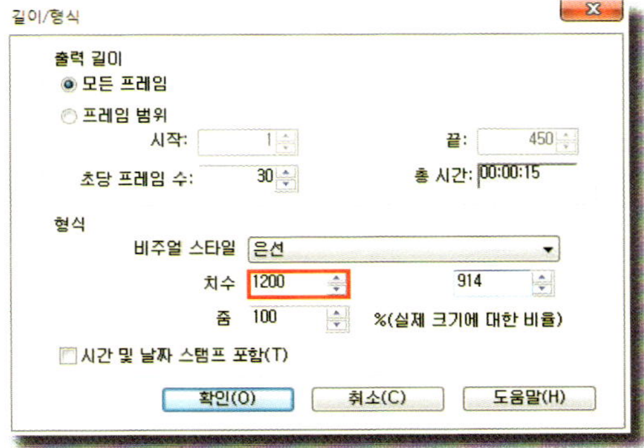

05 [보행시선 내보내기] 대화상자가 나타나면 '파일 이름'을 입력합니다. '파일 형식'을 'AVI 파일(*.avi)'로 설정한 후 [저장] 버튼을 클릭합니다.

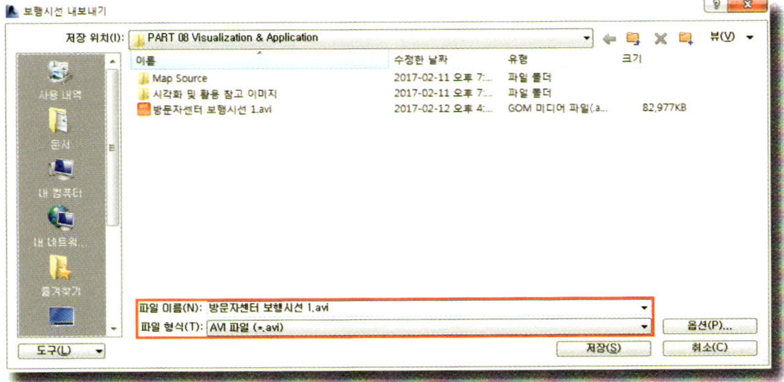

06 [비디오 압축] 대화상자의 '압축 프로그램'을 'Microsoft Video 1'로 변경한 후 [확인] 버튼을 클릭하면 영상이 제작됩니다.

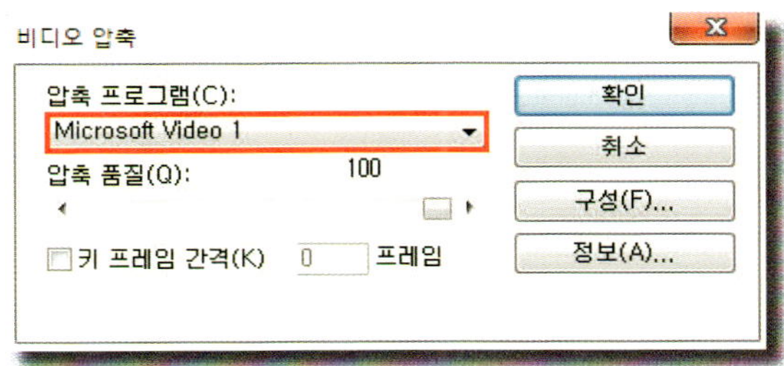

TIP

본 실습과정에서는 비주얼 스타일을 '은선'으로 설정한 후 영상을 제작해보았습니다. 프레젠테이션 상황을 고려하여 비주얼 스타일을 '사실적' 또는 '레이트레이싱'으로 변경하여 영상을 제작해보시길 바랍니다.

LESSON 50 일조연구

Revit은 프로젝트가 계획될 실제 위치의 태양 경로를 산정하여 계절별/시간대별 음영조건 분석결과를 시각적으로 제공합니다.

Step 01 진북 방향 설정

01 '평면도: 1층' 뷰를 활성화한 후 [가시성/그래픽 재지정] 대화상자를 엽니다. '모델 카테고리' 〉 '대지' 가시성 항목 중 '조사점'을 활성화 합니다.

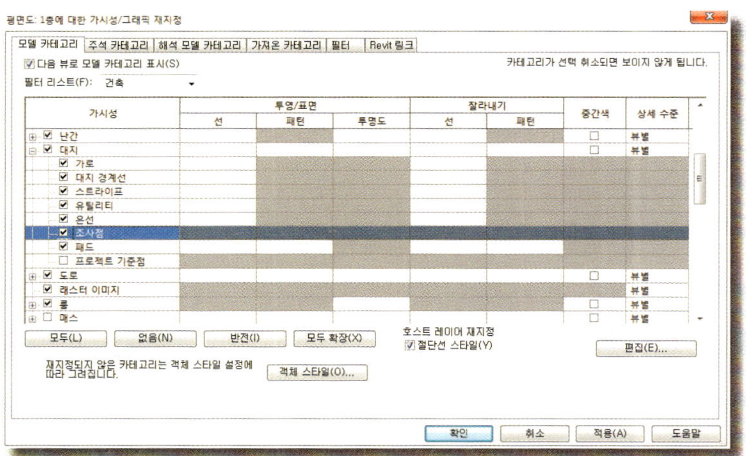

02 프로젝트의 '진북' 방향 설정 전에 방위표를 배치하도록 하겠습니다. [주석] 탭 〉 [기호] 패널 〉 [기호]를 선택합니다. '방위표' 패밀리 유형을 선택하기 위해 [수정 | 배치 기호] 탭 〉 [모드] 패널 〉 [패밀리 로드]를 클릭합니다. [패밀리 로드] 대화상자 〉 [주석] 폴더 내의 '방위각 1.rfa' 파일을 불러옵니다.

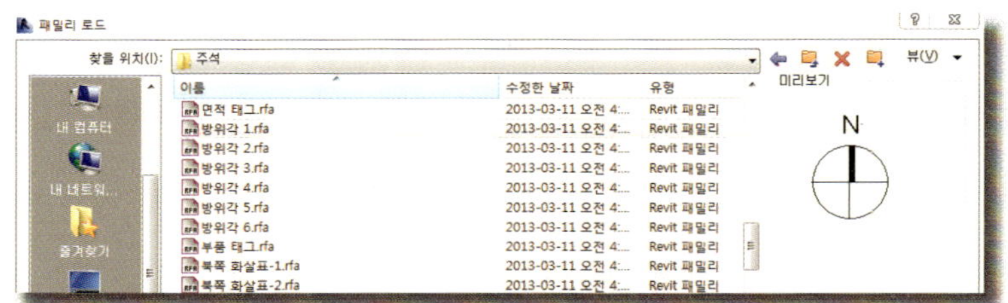

03 예제에서는 프로젝트의 위치관계를 파악하기 편리하도록 '조사점' 옆에 '방위표'를 배치하도록 하겠습니다.

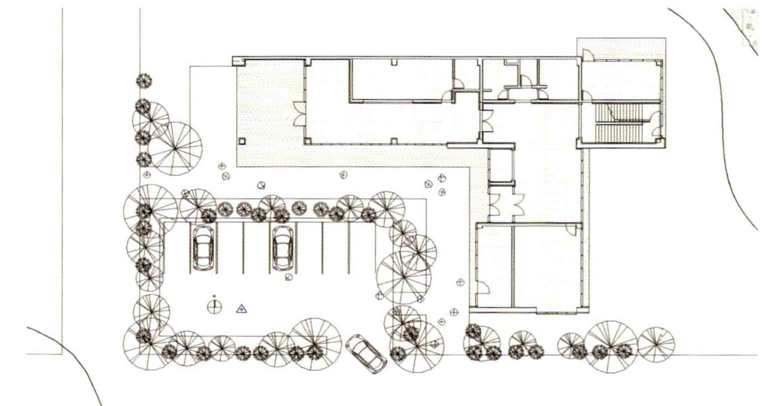

04 프로젝트의 '진북' 방향이 반시계 방향으로 30° 기울어져 있다고 가정하겠습니다. '방위표'를 선택한 후 [회전] 명령을 사용하여 방위표를 반시계 방향으로 30°으로 회전시킵니다.

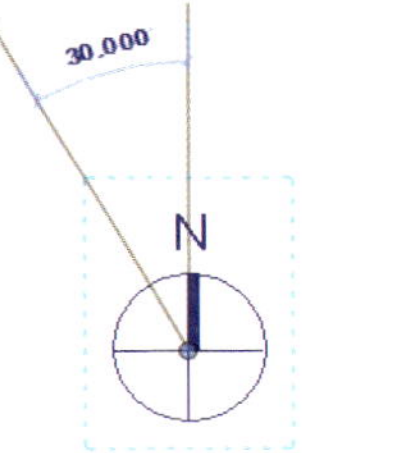

05 '조사점'을 선택하면 프로젝트의 현재 방위를 볼 수 있습니다.

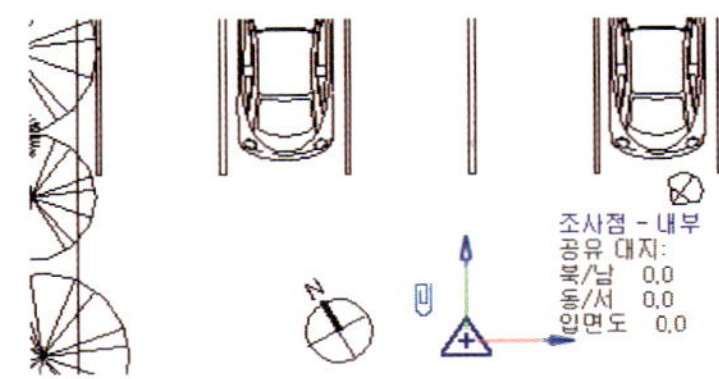

06 [특성] 창의 '방향' 매개변수를 '진북'으로 변경합니다.

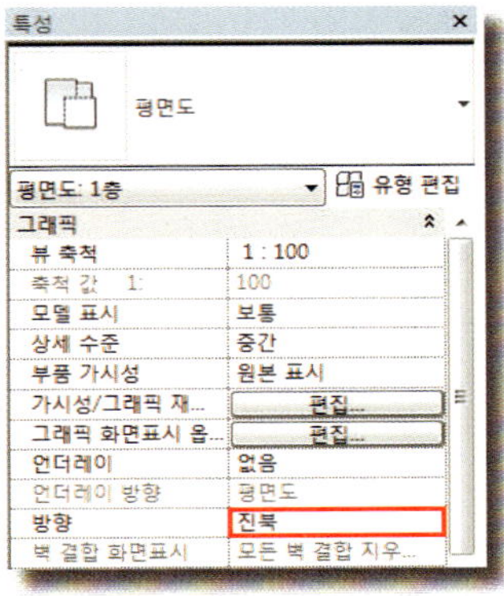

07 [관리] 탭 〉 [프로젝트 위치] 패널 〉 [위치] 하부명령에서 [진북 회전] 명령을 선택합니다. [옵션 막대]의 '프로젝트에서 진북까지 각도' 항목의 방향을 '서쪽'으로 설정한 후 각도 값에 '30'을 입력합니다.

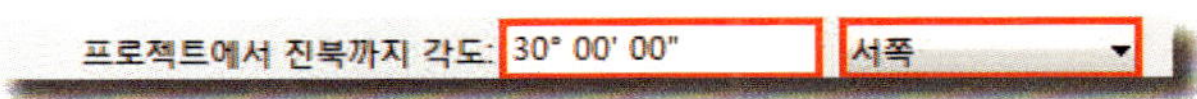

08 앞에서 배치된 방위표의 북쪽 방향이 작업화면의 북쪽을 향하도록 프로젝트의 방위가 변경되었습니다.

09 [특성] 창의 '방향' 매개변수를 다시 '도북'으로 변경합니다. '진북 회전' 전과 차이가 없어 보이지만 '조사점'을 선택해보면 진북 방향이 바뀐 것을 확인할 수 있습니다.

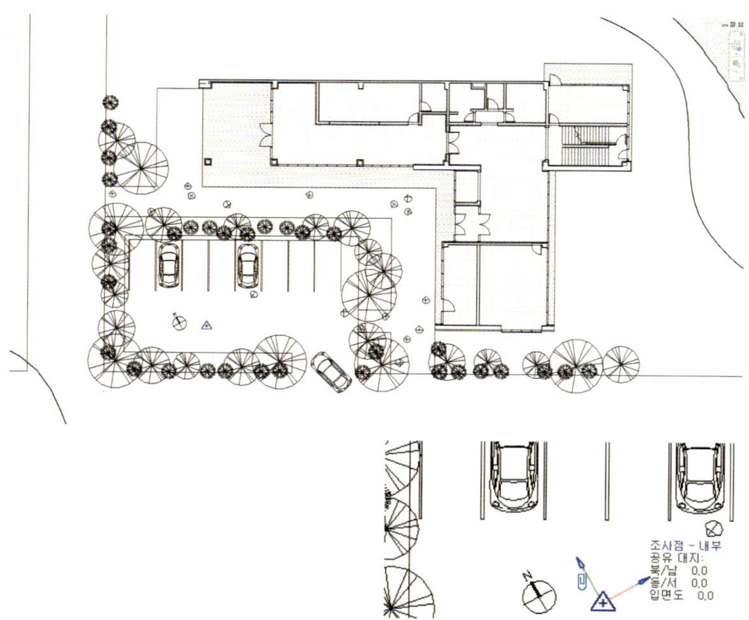

Step 02 태양경로 설정

01 '3D' 뷰의 평면도 시점으로 화면을 변경합니다. '뷰 큐브'의 방위 각도가 바뀐 것을 확인할 수 있습니다.

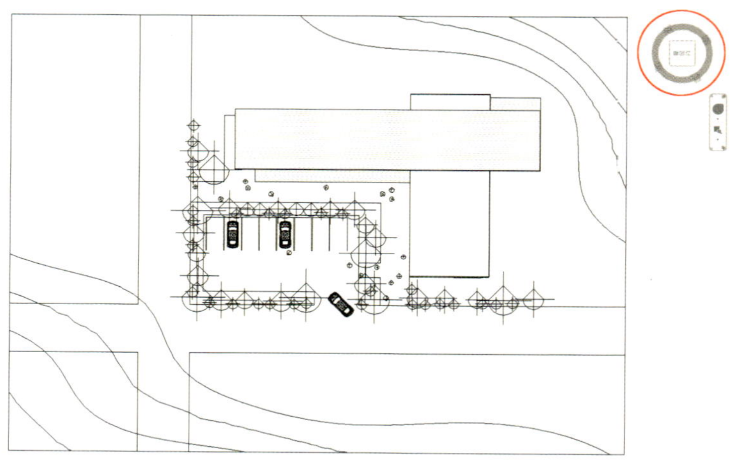

02 프로젝트가 위치할 지역을 선택하도록 하겠습니다. [관리] 탭 〉 [프로젝트 위치] 패널 〉 [위치] 명령을 클릭합니다.

03 [위치 날씨 및 대지] 대화상자의 '프로젝트 주소'에 'seoul'을 입력한 후 [검색] 버튼을 클릭합니다.

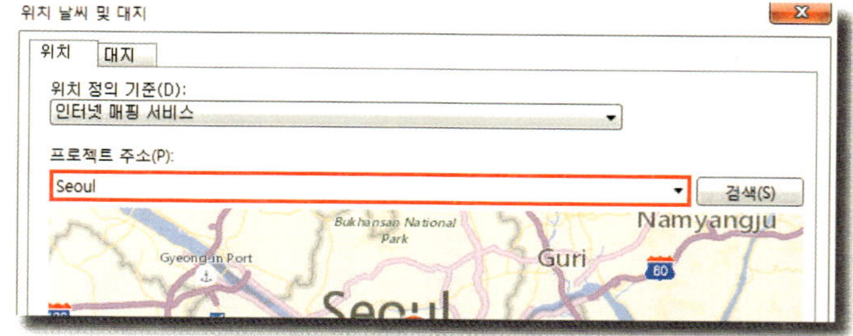

04 지도화면의 위치표시 마크를 드래그하여 프로젝트가 계획될 위치로 이동합니다. [확인] 버튼을 클릭하면 프로젝트 위치가 지정됩니다.

TIP

- 마우스 휠로 지도화면의 확대/축소가 가능합니다.
- 위도/경도를 직접 입력할 수도 있습니다.

05 [태양경로 끄기/켜기]를 확장한 후 [태양 설정...] 명령을 선택합니다.

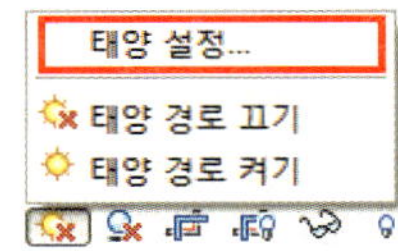

06 [태양 설정] 대화상자의 '일조 연구' 항목을 '일일 기준'으로 활성화합니다. '사전 설정' 항목을 '추분 일조 연구'로 체크한 후, 우측 설정 항목의 날짜를 2017년으로 설정하겠습니다. '시간'을 '일출에서 일몰까지'로 체크한 후 '시간 간격'을 '15분'으로 변경하겠습니다.

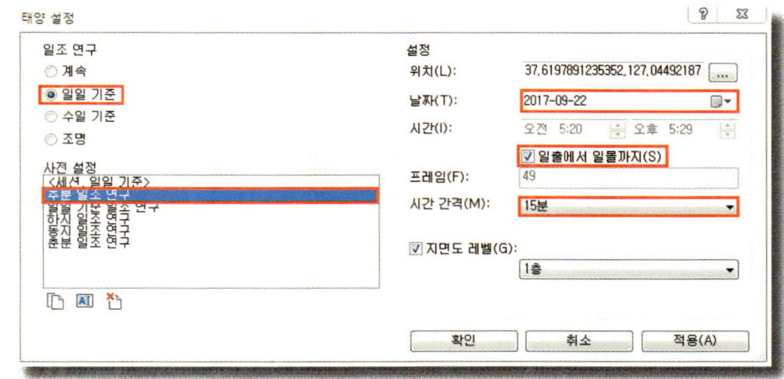

07 [태양경로 끄기/켜기]를 확장한 후 [태양 경로 켜기] 명령을 선택합니다. 작업 화면에 태양 경로가 표시됩니다.

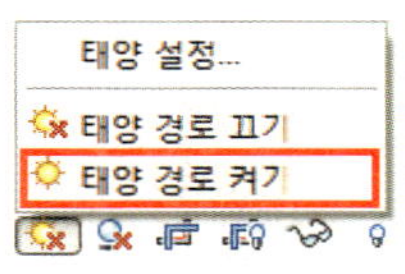

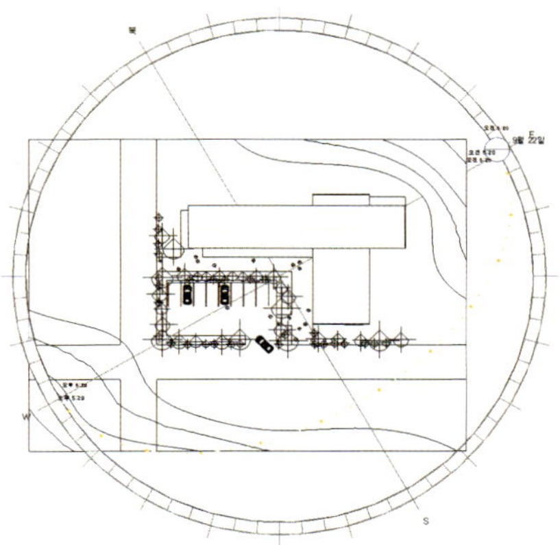

08 프로젝트가 3차원 상태로 보이도록 뷰의 시점을 조절한 후 [그림자 켜기]를 선택합니다. 경로를 따라 마우스로 태양을 선택하여 경로를 따라 드래그 하면 그림자가 변하는 것을 확인할 수 있습니다.

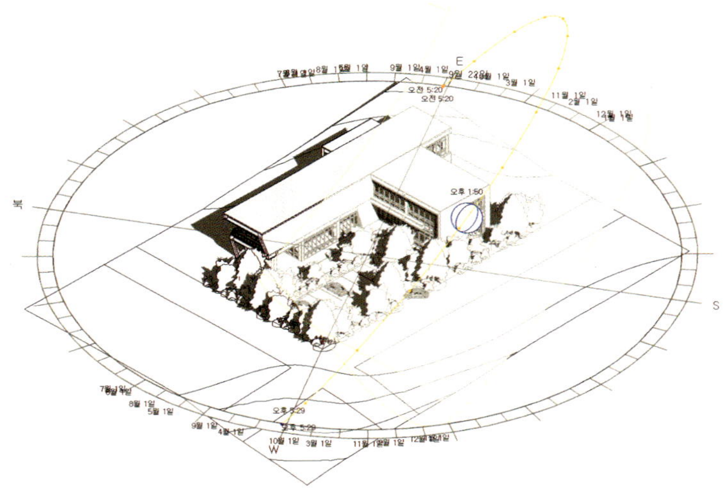

09 [태양경로 끄기/켜기]를 확장하면 [일조 연구 미리보기]가 생성되어 있습니다.

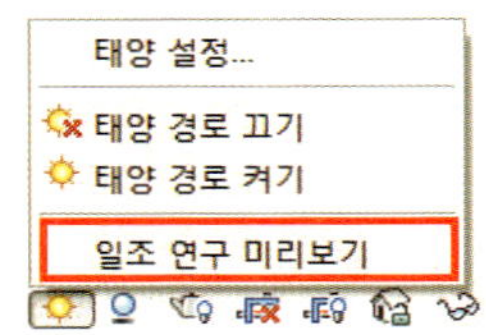

10 [일조 연구 미리보기]를 클릭하면 프레임, 날짜/시간, 프레임 컨트롤 버튼이 포함된 [옵션 막대]가 나타납니다. [재생] 버튼을 클릭하면 '일출에서 일몰까지'의 태양 경로가 이동하며 그림자와 음영 영역이 변화하는 재생화면을 확인할 수 있습니다.

11 재생화면을 동영상 파일로 저장하기 전에 영상이 작성될 영역을 설정하겠습니다. [특성] 창의 '자르기 영역 보기'를 활성화한 후 뷰 범위를 조절합니다.

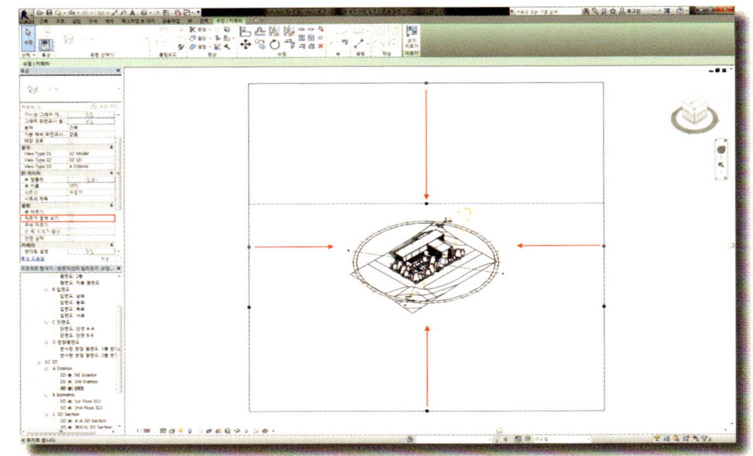

12 [시작] 〉 [내보내기] 〉 [이미지 및 동영상] 〉 [일조 연구]를 선택합니다.

13 [길이/형식] 대화상자가 나타납니다. 기본으로 설정된 '초당 프레임 수' '15'를 '5'로 변경하여 '총 시간'을 늘려주도록 하겠습니다. '형식' 항목에서 '치수'와 '줌'을 조절한 후 [확인] 버튼을 클릭합니다.

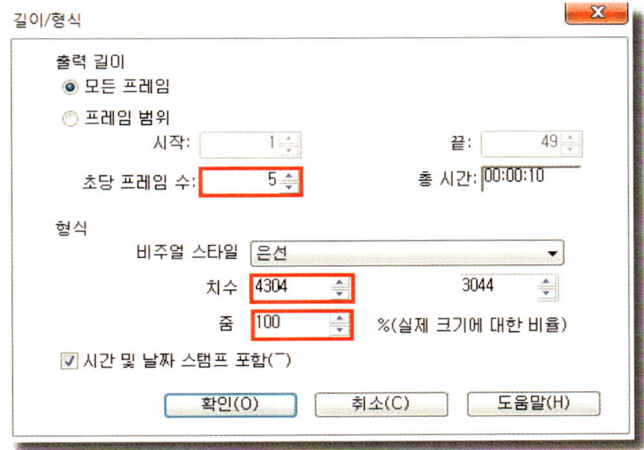

TIP

'시간 및 날짜 스템프 포함'을 활성화하면 날짜와 시간도 포함되어 동영상이 작성됩니다.

14 [동영상화된 일조 연구 내보내기] 대화상자에서 '파일 이름'을 입력합니다. '파일 형식'을 'AVI 파일(*.avi)로 설정한 후 [저장] 버튼을 클릭합니다.

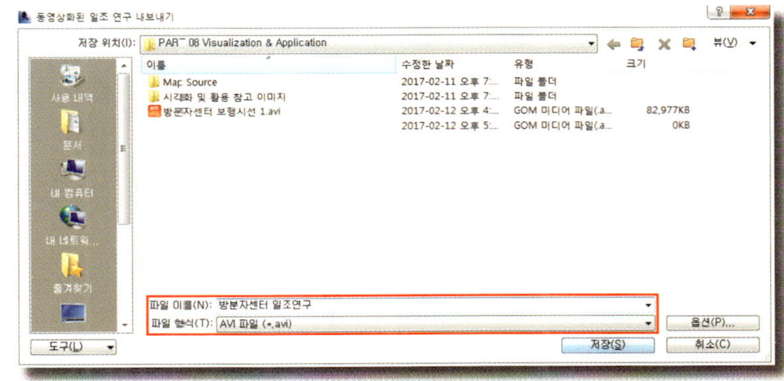

15 [비디오 압축] 대화상자의 '압축 프로그램'을 'Microsoft Video 1'로 변경한 후 [확인] 버튼을 클릭하면 영상이 제작됩니다.

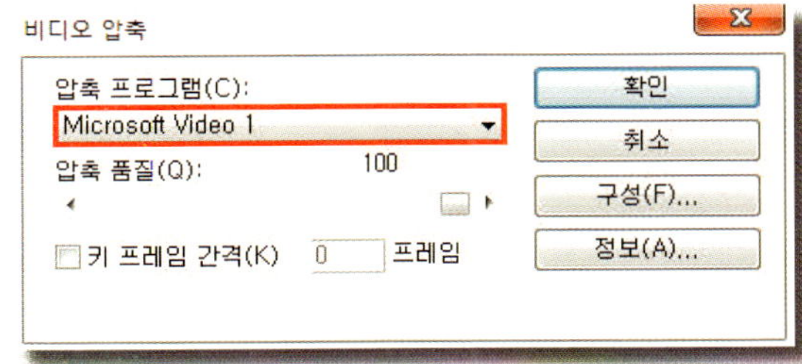

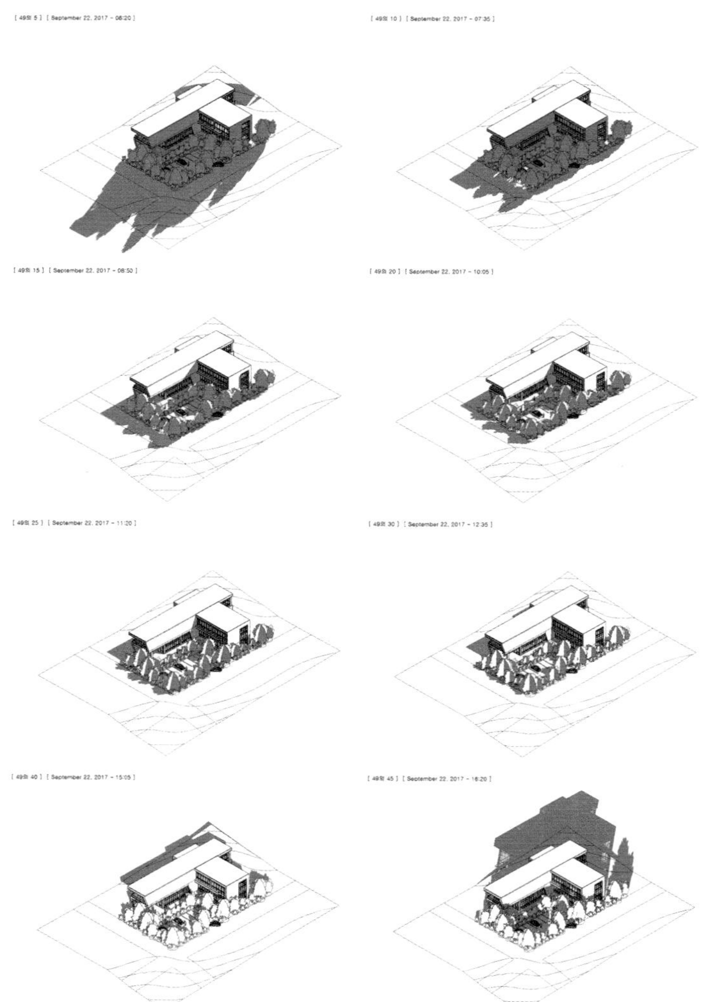
[49의 5] [September 22, 2017 - 06:20]
[49의 10] [September 22, 2017 - 07:35]
[49의 15] [September 22, 2017 - 08:50]
[49의 20] [September 22, 2017 - 10:05]
[49의 25] [September 22, 2017 - 11:20]
[49의 30] [September 22, 2017 - 12:35]
[49의 40] [September 22, 2017 - 15:05]
[49의 45] [September 22, 2017 - 16:20]

저자 소개

한 상 길 (Sanggil. Han)

(현) 동양미래대학교 건축과 조교수
(전) 국민대학교 건축학과 / 테크노디자인 대학원 강사
(전) 경민대학교 건축인테리어과 강사

김 진 모 (Jinmo. Kim)

(현) 동양미래대학교 건축과 부교수
(전) 신구대학교 실내건축과 조교수

박 종 현 (Jonghyun. Park)

(현) 동양미래대학교 건축과 조교수
(전) 경민대학교 건축인테리어과 조교수
(전) 서일대학교 건축과 강사

REVIT ARCHITECTURE
건축 BIM 설계를 위한 가이드

초판 1쇄 인쇄 | 2017년 2월 23일
초판 1쇄 발행 | 2017년 2월 28일

지 은 이 | 한상길 · 김진모 · 박종현

펴 낸 곳 | 김호석
펴 낸 곳 | 도서출판 대가
등 록 | 제 311-47호
주 소 | 경기도 고양시 일산동구 장항동 776-1, 로데오 메탈릭타워 405호
전 화 | 02) 305-0210 / 306-0201
팩 스 | 031) 905-0221
전자우편 | dga1023@hanmail.net
홈페이지 | www.bookdaega.com

ISBN 978-89-6285-170-0 13540

「이 도서의 국립중앙도서관 출판예정도서목록(CIP)은 서지정보유통지원시스템 홈페이지(http://seoji.nl.go.kr)와
국가자료공동목록시스템(http://www.nl.go.kr/kolisnet)에서 이용하실 수 있습니다.(CIP제어번호: CIP2017004212)」